Impressum:
„Jesus & Christus"
Gestaltung/Satz: Autor
Texte: © 2024 Copyright by Autor Schachar Shahar
Umschlag: © 2024 Copyright by Autor
Verantwortlich für den Inhalt: Autor
Verlag: BoD · Books on Demand GmbH, In de Tarpen 42,
22848 Norderstedt, bod@bod.de
Druck: Libri Plureos GmbH, Friedensallee 273,
22763 Hamburg

ISBN: 978-3-7693-2610-9

Inhalt

»Deine Kinder eilen herbei, deine Zerstörer
und deine Verwüster ziehen aus dir weg.«
(Jesaja 49-10)

Vorgeschichte

Eine der ältesten bekannten Konfrontationen, die zu einem unlösbaren Konflikt
führten, ereignete sich nach dem Aufstand der Israeliten gegen die von Wissenschaftlern in „Hyksos" umgetauften Amoriter, dem der Auszug aus Ägypten
folgte, was rein lokale Bedeutung hatte und im Vorfeld bereits bildhaft geschildert wurde. Jedoch wurde das Fundament für den europäischen Antisemitismus
in der Antike von griechischen und römischen Autoren reichlich angelegt.
Schon damals zeigten sich die Griechen gegenüber den „Juden" nicht ganz em-
pathisch, so dass sich Josephus Flavius in seinen Schriften gegen Ausfälle griechischer Historiker wehren musste, vor allem gegen Apion - in seinem Buch
„Antiquitates Judaica" fügte er in Klammern „gegen Apion" hinzu.

Die Geschichtsschreibung von Apion und seinen Berufskollegen war mög-
licherweise einseitig, zum Beispiel über den Spartakusaufstand. Die sparsamen
Auskünfte über Spartakus ergänzt Apion mit dem Bericht des Plutarch, wonach
Spartakus, aus Thrakien gebürtig, im römischen Heer als Söldner diente, deser-
tierte, dann wieder eingefangen und unter die Gladiatoren gesteckt wurde. (N.A.
Maschkin „Römische Geschichte") Für aufgeklärte Wissenschaftler waren die
Thraker ein „indogermanisches" Volk bzw. eine Völkergruppe in der Antike.
(1) Eine unüberwindbare Logik besagt dann, wenn Spartakus aus der Provinz
Thrakien kam und die thrakische Gladiatorenschule besuchte, muss er ein „Indogermane" gewesen sein. Und ist auch die Erklärung, dass Spartakus so hieß,
nur weil er aus Sparta stammte, überhaupt nötig?

Die Indizien sprechen für etwas anderes. Zum Dienst im römischen Heer
wurde er scheinbar gezwungen, was seine Fahnenflucht erklärbar macht. Bemerkenswert ist noch, dass, obwohl der Weg Richtung Alpen frei war, Spartakus durch das ganze Land bis Sizilien marschierte, immerhin 700 km, anstatt
sich in Gallien niederzulassen, um sich in den wohlverdienten Ruhestand zu
begeben. Um sein Profil zu erstellen, können ein paar charakteristische Merk-
male helfen, „er nahm keine Überläufer auf und verbot, an sein Heer Gold– und
Silbersachen zu verkaufen, nur Kupfer und Eisen." Und sein bescheidenes Ziel
war, „alle Sklaven, die ihren Herren entlaufen waren und sich ihm angeschlos-
sen hatten, in ihre Heimat zurückzuführen und ihnen die Freiheit wiederzugeben." Und wenn Plutarch sagt, Spartakus „habe mehr einem gebildeten Helle-
nen als einem Barbaren geglichen", dann war Spartakus weder Grieche noch

„Indogermane". Vor allem auch, weil nur jemand aus einem wesentlich anderen Geschichtskreis solchen Satz äußern konnte: „Es ist Unrecht, dass die Menschen für das Vergnügen von anderen sterben.", übrigens der einzige bekannte Spruch von Spartakus.

Am Ende: „Nach dem Tode des Spartakus löste sich seine Armee auf. Um diese Zeit kam aus Spanien Pompeius gerade noch zurecht, der gemeinsam mit Crassua eine regelrechte Jagd auf die flüchtigen Sklaven veranstaltete. Zwischen Rom und Capua wurden etwa 6000 Menschen gekreuzigt." Chronologisch gesehen folgte der Spartakusaufstand (71 v.) dem Aufstand der Makkabäer (Hasmonäer) gegen die Griechen (165 - 63 v.), und vielleicht war unter den in diesem Krieg erbeuteten Sklaven auch „Spartakus". Kurz darauf, im Jahr 63 v., schlug der gleiche Pompeius einen Aufstand gegen Rom nieder und eroberte Jerusalem. (504)

Dem Buch „Antiquitates Judaica" ist zu entnehmen, dass die mangelhafte Begeisterung der Griechen für die Hebräer mit Neid erklärbar sein könnte, denn die Hebräer waren Verbündete von Alexander dem Großen und nahmen an seinen Kriegszügen in Asien teil. Aus Dankbarkeit erlaubte er ihnen, seine ägyptische Stadt Alexandria zu bewohnen und ließ als Anerkennung eine Stele errichten. Im Gegenzug geben die Hebräer ihren Kindern bis zum heutigen Tag seinen Namen. Außerdem galten die Griechen für die Hebräer als Heiden. Verständlicherweise konnten die Griechen solch eine Einstellung nicht gut finden, auch wenn sie selber die anderen Völker herablassend behandelten und ihre berühmte Demokratie nur für Griechischstämmige reserviert war. Aber allein die Kränkung und schreckliche Diskriminierung durch die Hebräer können keinen Grund für so nachhaltige Vorurteile der Griechen sein.

Bei den Römern war die Anfeindung gegenüber den „Juden" ein Zacken schärfer, so schrieb jemand:

„Die Urteile der griechischen und römischen Literatur über die Juden sind, wie gesagt, sehr absprechend und zeugen von großer Verachtung gegen dieses Volk. Die Gebildeten erblickten in der jüdischen Religion einen barbarischen Aberglauben. Man verbreitete über die Juden sowie über ihre Geschichte die lächerlichsten und boshaftesten Fabeln, zum Teil aus Unwissenheit." Und weiter schrieb jemand: „Also gab es in der griechischen und römischen Welt überhaupt gar keinen Antisemitismus, sondern nur einen Antijudaismus, der selbst wieder mit der angeblichen jüdischen Rasse gar nichts, mit der jüdischen Religion dagegen alles zu tun hatte, was sonnenklar daraus folgt, dass sich die römische und griechische Antipathie gegen die Juden auch auf die nach Tausenden zählenden jüdischen Proselyten nichtjüdischer Abstammung erstreckte." (55)

Ein merkwürdiger Gedanke über den Unterschied zwischen Antisemitismus und Antijudaismus. Was darunter zu verstehen ist, wird tragischer Weise nicht erklärt, so steht es jedem frei, nach eigenem geistigen Vermögen zu urteilen. Ein Beispiel von Abu Abbas, PA Führer im Rang eines Abu Mazen: „Anti-Zionism can not be Antisemitism because Zionism itself is Antisemitism."

Scheinbar hatte die römische und griechische Antipathie reale Gründe. Mit den Hebräern und ihrer Verwandtschaft haben es die Griechen und dann die Römer schwer gehabt, angefangen vom Punischen Krieg, als Hannibals Elefanten Rom beinahe platt gemacht hatten, bis hin zu den Aufständen im Römischen Reich, ausgelöst durch den ersten großen Sklavenaufstand in Sizilien (137 v.). Der Anführer, kaum zu glauben, war weder ein nobler Hellene, noch ein heroischer Thraker, sondern ein „syrischer Sklave Namens Eunus", nach Enos, Adams Enkel, genannt. Auch seine Truppen bestanden hauptsächlich „aus Sklaven syrischer Herkunft". Aufs Entschiedenste jedoch belastete die Beziehung zu „Juden" die im NT geschilderten Ereignisse.

Definition von „Jude"
Das Verständnis für diese Fragen wird dadurch erschwert, dass die Frage aller Fragen, „Wer ist ein Jude?", bis heute nicht geklärt wurde. Im Vorfeld wurde bereits geschildert, wie die Wissenschaft vor, während und nach dem Nationalsozialismus die „Juden" einmal als „Mischvolk", also ethnisch undefinierbar bezeichnete und einmal für eine Religionsgemeinschaft hielt. Aus der Sicht von guten Christen, der noch besseren Juden und Nationalsozialisten sind die „Juden" ein „Mischvolk" und gleichzeitig eine geschlossene, hochwertig gezüchtete Gruppe, um nicht „Rasse" zu sagen. Das ist ein Widerspruch in sich, weil sich Inzest und „Mischvolk" gegenseitig ausschließen. Nach halachistischer (nicht zu verwechseln mit „Holocaust") Auslegung ist „Jude", dessen Mutter „Jüdin" ist, ein Mutterjude, sozusagen. Anders leiten Hebräer ihre Nationalität vom Vater, sowie von der Mutter ab. Und manche andere wiederum meinen, einer, der sich für einen „Juden" hält, ist einer.

Die Umstellung auf die Mutter beruht auf der rabbinischen Legende über Vergewaltigungen und Pogrome im Mittelalter, als massenhaft uneheliche „Bastarde" geboren wurden. Um sie zu schützen und in die Gesellschaft integrieren zu können, war eine Legitimierung notwendig, und deshalb wurde die Abstammung von der Mutter eingeführt. So eine Sorge um den Nächsten! Dass die Nationalität gleichermaßen von Vater und Mutter abgeleitet werden kann, wie es bei den Hebräern seit Adam gängig war, erahnten die Rabbiner nicht. Dazwischen vergingen 15 Jahrhunderte, und obwohl die Pogrome vorbei (das Mittelalter auch) und die armen „Bastarde" längst verstorben, wurde diese Einstellung nicht geändert und überhaupt nicht mehr hinterfragt. Scheinbar sahen die Gründe für einen Koordinatenwechsel ein wenig anders aus.

Vielleicht erforderte die Ausbreitung des Islam diese Umstellung, um Araber aus Abrahams Erbschaft auszuschließen und dadurch Isaak zum einzigen und unangefochtenen Erben zu erklären. Danach müssten sich die Ismaeliten mit dem Nachlass, einem Schlauch mit Wasser, begnügen. Unbestritten ist aber, dass nach arabischem Vaterrecht Abrahams Nachlass dem erstgeborenen Ismael zu-
steht, und gegen diesen Anspruch hilft auch die Umstellung auf das Mutterrecht nicht. Schon längst wurde dieser Fall einwandfrei abgeschlossen, denn gemäß damaliger Gesetzeslage bekam die Sklavin H'agar die Scheidung und für die Überbrückungszeit einen Schlauch mit Wasser. Diese Erbschaftssache erneut zu überprüfen, stellt die Rechtmäßigkeit von Abrahams Entscheidung in Frage und ist an sich fragwürdig, da dann jeder im Nachhinein und rückwirkend rehabilitiert oder, im Gegenteil, verurteilt werden könnte, z.B. Kain oder die im Mittelalter verbrannten Hexen. Diese Akrobatik kann längst vergangene Tatsachen kaum ändern, wie folgende Anekdote veranschaulicht:

Ein Jude tritt in das Christentum über. Der Priester besprenkelt ihn drei Mal mit Heiligem Wasser und sagt: „Du bist kein Jude, du bist kein Jude, du bist kein Jude! Nun, drei Tage darfst du keinen Fisch essen".

Nachts guckt der Priester durch das Schlüsselloch und sieht auf dem Tisch einen großen Fisch, der Jude besprenkelt ihn mit Heiligem Wasser und sagt: „Du bist kein Fisch, du bist kein Fisch, du bist kein Fisch!"

Eigentlich war Ismael, der erstgeborene Sohn des hebräischen Abraham, auch ein Hebräer. Einmal angenommen, Isaak wäre nicht geboren, dann ist Ismael als Abrahams Sohn ein Hebräer, genauso sein Sohn Nabat, dessen Nachkommen dann das große hebräische Reich der Nabatäer gründen. Die Geschichte hätte ganz anders aussehen können. Ob Nabat ein Sohn oder eine Tochter war, konnte die Bibelforschung nicht eindeutig klären, und wieder, was für ein Pech, nach dem Mutterprinzip wären auch die Nachkommen der Hebräerin Nabat ebenfalls Hebräer und würden damit Abrahams Erbe beanspruchen. Die Rabbiner im Mittelalter haben das, wenn überhaupt, gar nicht bedacht, es sei denn, sie haben eine andere Idee verfolgt.

Das war eine Gedankenspielerei, nun aber wird es ernst. Mohammed hatte acht Kinder, „von seinen Kindern sind acht namentlich bekannt. Fatima, seine jüngste Tochter, war das einzige Kind, dessen Nachkommen bis ins Erwachsenenalter überlebten." (2) Nach islamischer Überlieferung wird Mohammeds Frau Khadija/Chadidscha, die Mutter von Fatima, für eine Jüdin gehalten, wonach dann Mohammeds Nachkommen Juden sind. Welche Juden sind dann echt, die rabbinischen oder mohammedanischen, das ist noch die Frage. (3) Auch wenn Chadidscha keine Jüdin war, müsste sie erfunden werden, damit die „Juden" und Araber noch näher zusammenrücken und die Wissenschaft von „semitischen Völkern", das Judentum von „Onkelsöhnen" sprechen kann, mit der logischen Konsequenz: eine Familie, ein gemeinsamer Gott.

Die Umstellung auf das Muttergesetz hat auch ihre Vorgeschichte. Die Vorstellung von der „Rassereinheit" der Juden schöpft aus der Erzählung über die Ausweisung fremder Frauen nach der Rückkehr aus dem babylonischen Exil.

Esra

Babylonisches Exil

In Wikipedia steht geschrieben, mickrige „4.600" Volksangehörige wurden nach Babylon gebracht:

„Laut dem Buch Jeremia mussten bis 582 bei drei Ausweisungsaktionen insgesamt 4.600 Menschen ihre Heimat verlassen (Jer. 52, 28–30)." (4)

Nach Esras Angaben erreichte „die ganze Versammlung" der Ausreisewilligen, Knechte und Folkloregruppen mitgezählt, sogar insgesamt 49.897 Personen.

„Die ganze Versammlung insgesamt war 42.360, außer ihren Knechten und ihren Mägden; diese waren 7.337. Und sie hatten noch 200 Sänger und Sängerinnen."

Dazu schreibt ein Schreiber in Wikipedia rein:

„Die Richtigkeit dieser detaillierten, in sich schlüssigen Berichte wird in Zweifel gezogen. Vier Generationen zuvor gelangten nur höchstens 10.000 Judäer in das babylonische Exil, von denen aber eine große Anzahl nicht zurückkehrte. Die Zahlen scheinen insgesamt zu hoch zu sein."

Eine bewährte Methode: erst eine Zahl von 10.000 Juden unterstellen, dann erfolgreich widerlegen. Vier Generationen in 70 Jahren bedeutet, eine Generation dauert 18 (17,5) Jahre. Warum eigentlich nicht 5 Generationen? Liegt das an der Altersbeschränkung aus Rücksicht auf den gesetzlichen Jugendschutz bis 14 Jahre (70:5)? Und das scheint sogar für den Reinschreiber viel zu gering zu sein.

Das Babylonische Exil dauerte nicht ewig, nur klägliche 70 (50) Jahre. Ein Opa kam nach Babylon, und sein Sohn mitsamt Enkeln ist wieder da, in Judäa. 70 Jahre vorher, noch im Land Israel-Judäa, wären das abgerundet 50.000 Rückkehrer, berechnet mit minus 1,74 % Zuwachstempo, 14.633 Personen gewesen, also einige mehr als „4.600 Menschen". Handelte nun der jeweilige König so unwirtschaftlich, indem er alle vertrieb und auf Tributzahlungen verzichtete? Hauptsächlich wurden Intellektuelle und damalige Wikipedia-Schreiber nach Babylon verfrachtet, aber bestimmt nicht das ganze Volk Israel, die Arbeiter

9

und Bauern blieben im Land.

Nach ungeprüften Quellen Tiglat Palasar's III. wurden aus Samaria „27.290", nach assyrischen Quellen aus Galiläa noch weitere „13.250", zusammen also 40.540 abgeführt, so landeten im Babylonischen Exil viel mehr als die 14.633 Weggeführten. (5) Und umgekehrt, nach 70 Jahren in Babylon vermehrten sich die 40.540 Umsiedler auf 135.614, davon wurden mit Esra 50.000 nach Judäa heimgeholt, das heißt, die Mehrheit der 85.614 (135.614 -50.000) blieb in Babylon und arbeitete tüchtig am Talmud.

10 Stämme

Einer eingefahrenen Vorstellung nach kehrten nur eineinhalb Stämme zurück, die anderen lösten sich in Luft auf, aber seit ein paar tausend Jahren wird reinen Gewissens nach diesen 10 Stämmen gesucht und in den nächsten tausend Jahren weiter gefahndet. Generationen von Forschern und Wissenschaftlern bekommen dadurch eine Beschäftigung garantiert, bis sie sich dann nach mühevoller Arbeit in den wohlverdienten Ruhestand begeben können. Wie jemand sagte, ein gutes Gewissen ist manchmal ein Zeichen von Alzheimer.

Die eifrig gesuchten Stämme müssen irgendwo isoliert gelebt haben und nach 2000 Jahren doch noch erhältlich sein. War das ein langwieriger Inzest, oder kommt umgekehrt eine „hochrassige" Zucht dabei heraus? Ein Vergleich, laut Wissenschaft wird die Zahl der Assyrer auf 2.970.750 geschätzt, das ist alles, was von einem der größten Reiche der Antike übrigblieb. (6) Und vom Aramäischen Reich blieben weltweit 4 bis 6 Millionen Aramäer übrig. (7) Die Kinderfrage stellt sich: Wenn große Nationen in zweitausend Jahren auf 4 - 6 Millionen einschrumpften, wie viel der verlorenen Israeliten sollen übriggeblieben sein?

Längst ist bekannt, dass die von irgendjemand irgendwann erfundene Zahl 10 (Stämme) gar nicht stimmt. (8) Selbst bei dieser simplen Frage kommen die wissenschaftlichen Forscher zu keinem Ergebnis. Die verlorenen Stämme werden in Afghanistan, Pakistan, Äthiopien, Südafrika, Uganda, Japan, China, Russland vermutet, der Stamm Manasse sogar in Indien (Himalaja?). Kurzum, überall da, wo sie nicht sind. (9)

Zur allgemeinen Enttäuschung gibt es keine verschollenen 10 Stämme. Eine Stammesbezeichnung war schon längst passé, da sich die Stämme untereinander mächtig gekreuzt haben, im umgekehrten Fall wäre das wiederum ein Blutschande-Skandal. Vielleicht sind die aufgelösten Stämme doch da, wo sie waren, im Irak, und wurden inzwischen Iraker? Kam jemand auf die Idee, die DNA von Saddam Hussein auf Anteile eines Priestergenoms zu untersuchen?

Rückkehrer

Bis in die Zeit der Könige wurden die Stämme als „Hebräer" oder „Volk Israel" bezeichnet, dagegen begnügt sich Esra in seinem Buch mit den Bezeichnungen „Judäer" und „Benjamin", und das ist, wie heute üblich, nichts anderes als eine rein territoriale Zuschreibung. Das war Theorie und jetzt zur Praxis. Zurückgekehrt sind, so die Bibel, die „Häupter der Sippen aus Juda und Benjamin und die Priester und Leviten". Bitte sehr, nicht vom „Stamm Juda" und nicht vom „Stamm Benjamin", sondern von Sippen wird geschrieben, „AUS Judäa und Benjamin". Und noch etwas, der Stamm Benjamin wurde bereits zu Urzeiten ausgerottet und konnte beim besten Willen nicht am Exil teilnehmen, die Rede ist also von der Bevölkerung aus dem Land Benjamin. Davon abgesehen, das „Land Judäa" und das „Land Benjamin" wurden dank König David ein und dasselbe Land. Tatsächlich wurden die eingewanderten Auswanderer nicht nach Stammeszugehörigkeit klassifiziert, sondern territorial nach ihren Herkunftsorten:

„…die Söhne Pachath - Moabs", „die Söhne Bethlehems", „die Männer von Netopha", „die Söhne Kirjath - Arims, Kephiras und Beeroths", „die Männer von Bethel und Ai", „die Söhne Nebos", „die Söhne Lods, Hadids und Onos" und „die Söhne Jerechos".

„Mischvolk"

Esras großes Trauma, dass das „heilige Volk sich vermischt (hat) mit den Völkern des Landes", wurde zu seinem Hauptanliegen.

„Als das alles ausgerichtet war, traten die Oberen zu mir und sprachen: Das Volk Israel und die Priester und Leviten haben sich nicht abgesondert von den Völkern des Landes mit ihren Gräueln, nämlich von den Kanaanitern, Hetitern, Perisitern, Jebusitern, Ammonitern, Moabitern, Ägyptern und Amoritern; denn sie haben deren Töchter genommen für sich und für ihre Söhne und das heilige Volk hat sich vermischt mit den Völkern des Landes. Und die Oberen und Ratsherren waren die Ersten bei diesem Treubruch."

Was meinte er mit „Volk Israel" und „Völkern des Landes"? Die „Häupter der Sippen aus Juda und Benjamin und die Priester und Leviten" sind bei weitem noch kein „Volk Israel", und längst schon waren die „Kanaaniter, Hetiter, Perisiter, Jebusiter, Ammoniter, Moabiter, Ägypter und Amoriter" vergangen. Esra bezieht sich auf eine Vorgeschichte, als sich das „Volk Israel", die Priester und selbst die Leviten während ihres Aufenthalts in Ägypten mit Ägyptern, in Kanaan mit Kanaanitern und so fort tüchtig vermischten. Und jetzt, der ganze Witz, wollen Priester und Leviten, „die Oberen und Ratsherren", selbst Produkte von „Mischehen", plötzlich „Mischehen" den Kampf ansagen.

11

Eine löbliche Absicht.

Kommission

Nicht alle taten, wie versprochen, heftiger Widerstand kam gegen die Forderung auf, freiwillig auf fremde Frauen und Kinder zu verzichten, und eine Kommission nahm sich dieser Sache an.

„Doch die aus der Gefangenschaft gekommen waren, taten, wie sie versprochen hatten. Und der Priester Esra sonderte sich Männer aus, die Häupter ihrer Sippen, alle namentlich genannt, und sie traten zusammen am ersten Tage des zehnten Monats, um diese Sache zu untersuchen."

Die von der Kommission erwischten 107 Männer sollten sich freiwillig von ihren Frauen und Kindern scheiden lassen. Da „die Oberen und Ratsherren die Ersten bei diesem Treubruch (waren)", konnte es sich vom Alter her nur um Opas handeln, die noch im Land Israeljudäa geheiratet hatten. Der Ausschluss wegen einer „Mischehe" betraf zum Teil vier Generationen, 107 Frauen mit Kindern (Enkeln) wurden weggeschickt, aber, sieh mal an, kein einziger babylonischer Mann, warum?

Ob alle „Mischehen"-Verbrecher bestraft wurden, bleibt zweifelhaft. Wie war es wirklich? Nach Judäa kehrten „Sippen" und Großfamilien zurück, und falls sie mehrheitlich untereinander heirateten, riskierten sie Inzucht. Der Rest blieb scheinbar aus beruflichen und/oder familiären Gründen in Babel, z.B. wegen ihrer Ehen mit babylonischen Frauen.

Esras Entscheidung in Bezug auf „fremde Frauen" hatte schwerwiegende Folgen. Neuerdings schreiben Esras Vollstrecker die Bibel um, indem sie behaupten, dass, als der ägyptische König befahl, „Wenn es ein Sohn ist, so tötet ihn, und wenn eine Tochter, so mag sie leben.", daraufhin „das ganze Israel ist aufgestanden und vertrieb die fremden Frauen." Selbstverständlich wird diese absurde Szene rückwirkend und im Nachhinein mit dem Talmud belegt. (9) Der ahnungslose Mose hat davon nichts mitgekriegt, er heiratete die Midianiterin Zipora und hatte von ihr 2 Söhne, Gerschom und Elieser.

Edikt-Juden

Die Bezeichnung „Juden" taucht laut Wissenschaft und allgemeinem Konsens erstmals nach dem Babylonischen Exil auf - das erinnert an eine neuzeitliche Begebenheit, als im Jahr 1964 per Beschluss die Palästinenser ins Leben gerufen wurden. (10) Diese Edikt-Juden, oder verkürzt, deren klerikal-politische Führung, wurden von Persien für die Kolonialverwaltung erschaffen - eine bis heute weit verbreitete Praxis und keine neue Erfindung. Im Auftrag von Großmächten wurden immer schon einheimische Spezialkräfte in den Kolonien ausgewählt und eingesetzt, diese erledigen die Arbeit einfach besser. In die Weltgeschichte sind sie als Mamelucken im Osmanischen Reich, Quislinge und anderswo als Judenrat eingegangen und galten gemeinhin als Kollaborateure. Aber zu den Edikt-Juden gab es einen spezifischen Unterschied, in Judäa entstand, wie in Indien, eine Kaste, die über „Reinheit und Unreinheit" bestimmte, insofern könnte es spannend sein, die Bildung einer Kaste von Anfang an zu beobachten.

Zur gleichen Zeit (500 v.), als sich das Gebiet des Persischen Reiches bis zum Fluss Hindus ausdehnte, verkündete Dareios I. seine „arische Abstammung".

„Dareios I, König von Persien (521 bis 486 v..) proklamierte in einer Inschrift in Naqsch-e Rosta, in der Nähe des heutigen iranischen Schira: Ich bin Darius, der große König, ein Perser, Sohn eines Persers, ein Arier, welcher eine arische Abstammung hat." (11)

Die Rückkehrer wurden nicht wegen ihrer Abstammung vom Stamm Juda als „Juden" bezeichnet, oder weil sie einmal in Judäa lebten, sondern weil das Kyros-Edikt sie mit dem Aufbau des Tempels in Judäa beauftragte und ihr Bestimmungsort „Judäa" hieß.

„Nach Darstellung der Bibel ist das Kyros-Edikt von den Heimkehrern als Aufruf zum Wiederaufbau des Jerusalemer Tempels verstanden worden. Und dieser sollte auch nur für sie bestimmt sein. So verwehrte man unter Berufung auf Kyros' angeblichen Befehl – bis in die Zeiten Esra galten nur die „Erben" des Kyros-Edikts als Juden – der im Lande gebliebenen Bevölkerung, sich an dem Bau zu beteiligen. Zum anderen soll sich diese vehement gegen die Wiedererrichtung des Tempels gewandt haben." (12)

Manche bezweifeln die Existenz des Kyros-Edikts, da sich bisher keine außerbiblische Bestätigung fand.

Die Trennung von fremden Frauen und Kindern ließ das „heilige Volk" zu einem kleinen, „heiligen Volk" schrumpfen, klein, aber fein. Die neu erschaffenen Edikt-Juden sind schwer als Volk zu bezeichnen, nicht, weil auch 50.000 dafür nicht ausreichen, sondern weil das Wesentliche fehlt, die so genannte Arbeiterklasse und die Bauern. Aber was für ein Unglück, die Priester, Leviten, Folkloristen und Türvorsteher waren nicht für Bau und Landwirtschaft prädestiniert. Für den Tempelbau war die „im Lande gebliebene Bevölkerung" vorgesehen, die „sich vehement gegen die Wiedererrichtung des Tempels gewandt haben". Verständlich, denn nach der Zerstörung des I. Tempels und damit ausfallenden Konkurrenz in Jerusalem konnten die verbliebenen Israeliten endlich frei aufatmen. Und jetzt kommt eine babylonische Garde und usurpiert die Macht. Der Verlauf der Geschichte zeigt, wie oft Judäer gegen Israeliten ein Komplott schmiedeten, diesmal unter der Schirmherrschaft der Perser.

Gemisch von Völkern

Die einheimische Bevölkerung wurde wenig variabel, meist aber negativ beschrieben, auch in der christlichen Literatur, z.B. als „Gemisch von Völkern".

„Die Samariter, jenes Gemisch von Völkern, deren Vorfahren Sargon II. nach der Eroberung Samarias vor beinahe zweihundert Jahren dorthin gebracht hatte, wollten am Bau und an der Benutzung dieses Tempels teilhaben." („Vom Paradies bis Golgatha" von Nelson Beecher Keyes)

Die Samariter werden als „Gemisch von Völkern" erklärt und keiner bemerkt den rassistischen Beigeschmack.

Einmal heißt es, die Einheimischen „wollten an Bau und an der Benutzung dieses Tempels teilhaben", ein anderes Mal, sie haben sich „vehement gegen die Wiedererrichtung des Tempels gewandt". Die Zahlen sprechen für sich, die Errichtung des Tempels ging zügig voran, in 2 Jahren oder in 17 Jahren (macht das einen Unterschied?) war der Bau schon fertig.

„Nachdem der Perserkönig Kyros II. im Jahr 539 v. Chr. das babylonische Reich erobert hatte, erlaubte er die Rückkehr einzelner Personengruppen in ihre Heimat jenseits des Tigris. Namen nennt das Kyros-Edikt, mit dem dies verkündet wurde, nicht, und es enthält auch keine Anordnung zum Wiederaufbau des Jerusalemer Tempels, mit dessen Errichtung 517 v. Chr. begonnen wurde und der im März des Jahres 515 v. Chr. so weit fertiggestellt war, dass die Juden ihrem Gottesdienst dort wieder nachgehen konnten. (Flavius Josephus berichtet dagegen in seinem Werk „Über die Ursprünglichkeit des Judentums", dass im zweiten Jahr des Kyros das Fundament des Tempels gelegt und er im zweiten Jahr des Dareios I. fertiggestellt wurde. Danach währte der Bau von 538 bis 521 v. Chr.)."

Anscheinend widersetzte sich die arbeitsunwillige Bevölkerung doch, anders ist die per Erlass angedrohte Strafe des persischen Königs nicht zu erklären:

„Und von mir wird Befehl gegeben: Der Mensch, der diesen Erlaß abändern wird, von dessen Hause soll ein Balken ausgerissen und er, aufgehängt, daran geschlagen werden; und sein Haus soll dafür zu einer Kotstätte gemacht werden."

Nicht mehr und nicht weniger als persische Staatsräson war der Tempelbau nämlich, und an einem Balken hängen wollte keiner - eine gute Stimulation für den Bau des Tempels in 2 statt 17 Jahren.

Scheinbar ging es auch bei Esra nicht ohne Gewaltandrohung, die Einladung zur Debatte über das „Mischehe"-Verbot sieht so aus:

„Und wer irgend binnen drei Tagen nicht käme, nach dem Rate der Obersten und Ältesten, dessen ganze Habe sollte verbannt, und er selbst aus der Versammlung der Weggeführten ausgeschlossen werden."

Die Einheimischen wehrten sich „mit Gewalt und Macht", so dass Esra die königliche Befehlsgewalt in Anspruch nehmen musste: „Und ein jeder, der das Gesetz deines Gottes und das Gesetz des Königs nicht tun wird, an dem soll mit

Eifer Gericht geübt werden, sei es zum Tode, oder zur Verbannung, oder zur Buße an Gütern, oder zum Gefängnis." Und es wurde sogar eine militärische Unterstützung in Erwägung gezogen: „Denn ich schämte mich, von dem König eine Heeresmacht und Reiter zu fordern, um uns gegen den Feind auf dem Wege beizustehen (…)." Schon bei der Ankunft in Judäa musste Esra mit seinen Leuten „von der Hand des Feindes und des am Wege Lauernden" errettet werden. Dennoch, ein Teil der Volksfeinde war bereitwillig, den Tempel mitzugestalten, wurde aber abgelehnt.

„Und die Feinde Judas und Benjamins hörten, daß die Kinder der Wegführung dem Herrn, dem Gott Israels, einen Tempel bauten; und sie traten zu Serubbabel und zu den Häuptern der Väter und sprachen zu ihnen: Wir wollen mit euch bauen; denn wir suchen euren Gott wie ihr; und ihm opfern wir seit den Tagen Esar-Haddons, des Königs von Assyrien, der uns hierher heraufgeführt hat. Aber Serubbabel und Jeschua und die übrigen Häupter der Väter Israels sprachen zu ihnen: Es geziemt euch nicht, mit uns unserem Gott ein Haus zu bauen; sondern wir allein wollen dem HERRN, dem Gott Israels, bauen, wie der König Kores, der König von Persien, uns geboten hat. Da suchte das Volk des Landes die Hände des Volkes Juda schlaff zu machen und sie vom Bauen abzuschrecken."

Die Ablehnung betraf die assyrischen Verwandten der Hebräer. Ob sie weniger semitisch als Esra und seine Garde waren? Oder weniger "glaubensrein"? Wollte Esra den Kuchen mit niemandem teilen, oder glaubte er tatsächlich an einen anderen Gott als sie? Die assyrischen Verwandten zählten unglücklicherweise zur Kategorie eines besonders „unreinen Volks", nur weil sie unlängst Kriegsgegner Persiens waren, da half kein „reiner" Glaube. Aber sie waren diejenigen, die unbedingt am „Bau und an der Benutzung dieses Tempels teilhaben" wollten.

Tempelbau

Übrigens, was Esra da wirklich baute, wird in ein großes Geheimnis gehüllt. Oft wurden Tempelbauten von Herodes der Große als Esras Tempel ausgegeben. Hat Esra tatsächlich die ganze Tempelanlage des Herodes erschaffen? Auch darüber berichtet die Bibel, die Urkunde des königlichen Befehls ordnet eine sechzig Ellen (-bogen) hohe und sechzig Ellen breite Scheune an.

„Im ersten Jahre des Königs Kores gab der König Kores Befehl: Das Haus Gottes in Jerusalem anlangend: Dieses Haus soll wieder aufgebaut werden als eine Stätte, wo man Schlachtopfer opfert. Und seine Grundlagen sollen aufgerichtet werden: seine Höhe sechzig Ellen, seine Breite sechzig Ellen."

Eine Grundfläche von 100 qm entspricht etwa der eines Privathauses, kein Wunder, dass sein „Volk" nicht reinpasste und draußen im Regen stand. (13)

Und für etwas, das kaum größer als das Foyer König Salomos war, soll Esra, laut wissenschaftlichen Angaben, zwischen 15 und 22 Jahre gebraucht haben:

> „Und die Halle vor dem Haus: 20 Ellen war ihre Länge vor der Breite des Hauses her; 10 Ellen war ihre Breite vor dem Haus her."

Kyros II. soll es, aus wissenschaftlicher Sicht, gewesen sein, der im Jahr 539 v. das Edikt erließ und im Jahr 517 v. wurde der Tempelbau beendet. Pünktlich im Jahr 397 v. kam Esra nach Jerusalem, das sind 120 Jahre (517-397 v.) nach der Fertigstellung des Tempels.

> „(…) Wiederaufbau des Jerusalemer Tempels, mit dessen Errichtung 517 v. Chr. begonnen wurde und der im März des Jahres 515 v. Chr. so weit fertiggestellt war, dass die Juden ihrem Gottesdienst dort wieder nachgehen konnten." (12)

Alle wissen gut Bescheid, bei *bibelkommentare.de* beginnt der Tempelbau im Jahr 445 v., und nach 50 Jahren, im Jahr 396 v. erfolgt das Bauende. (14) Was hat Esra denn überhaupt gebaut, wenn der vollendete Tempel schon seit 120 Jahren dastand? Wer irrt sich nun - die Bibelweisen mit ihrem Tempelbau im Jahr 445 v. (oder sogar 350 v.) oder die Wissenschaftler mit dem Jahr 517 v.? Eine schwierige Frage.

Die Stellungnahme der Profis dazu: die von Esra und Nehemia initiierte und gesteuerte Einwanderungswelle, genannt „die Einwanderung von Esra und Nehemia", hat den Tempel im Jahr 515 v. fertig gestellt, und das, obwohl der langlebige Esra erst im Jahr 459 v. höchstpersönlich in Jerusalem auftauchte, also 56 Jahre später. Unbeantwortet bleibt die Frage nach den 120 Jahren. Mit welchem Organ denken die zuständigen Wissenschaftler? Unter den vielen Vorschlägen bei *bibleserver.com* ist anderes zu finden:

> „Zu den Zeiten Artasastas schrieben Bislam, Mitredat, Tabeel und ihre übrigen Genossen an Artasasta, den König von Persien. (…) Als nun der Brief des Königs Artasasta vor Rehum und Simsai, dem Schreiber, und ihren Genossen verlesen worden war, eilten sie nach Jerusalem zu den Juden und wehrten ihnen mit Gewalt und Macht. (…) hörte das Werk am Haus Gottes in Jerusalem auf, und es kam zum Stillstand bis in das zweite Jahr der Regierung des Königs Darius von Persien." (15)

Nochmal - der Protest von Rehum und Simsai bewirkte den Baustopp unter Artasastas (465-424 v.), der im zweiten Jahr der Regierung des Königs Darius II. (423 - 404 v.) wieder aufgehoben wurde.

Tragischer Weise besteht auch über die Datierungen der Regierungszeiten der persischen Könige keine Einigkeit, sogar die Reihenfolge ist unklar. Nur in deutscher Wikipedia wurde das letzte Wort gesprochen, die Daten wurden glatt aufeinander abgestimmt, wie eine glatte Lüge, denn die Regierungszeit von Darius I. bleibt ungewiss und über die von Artasasta gibt es gar keine Angaben. Zur Orientierung folgende Regierungszeiten:

Kyros I. „ca. 640 – ca. 600 v. Chr. datiert, doch wird eine spätere Datierung (ca. 610–585) erwogen". (16)
Kyros II. (559 v. Chr. bis 530 v.) (17)
Dareios I. (geb. * 549 v. Chr.; † 486 v. Chr.). (18)
Xerxes I. (486 bis 465 v.) (19)
Artasasta (465–424 v.), oder woanders „von 404 v. Chr. bis zu seinem Tod persischer Großkönig".
Dareios II. (423 bis 404 v.) (20)

Esras Angaben taugen noch weniger als die der Wissenschaftler, trotzdem lohnt sich vielleicht ein Blick in „Esras Buch", um ein eigenes Urteil zu bilden:
„Und im ersten Jahr (…) kündigte König Kores an: „Alle Königreiche der Erde hat der HERR, der Gott des Himmels, mir gegeben; und er hat mich beauftragt, ihm ein Haus zu bauen in Jerusalem, das in Juda ist."
Falls Kores II. den Tempelbau veranlasste, begann der Bau im Jahr 558 v., im zweiten Jahr seiner Regierung (559-1).
„Und im 2. Jahr ihres Kommens zum Haus Gottes in Jerusalem, im 2. Monat, (…) sie bestellten die Leviten von 20 Jahren an und darüber, um Aufsicht zu führen über das Werk des Hauses des HERRN."
Der Tempelbau endete im „6. Jahr der Regierung des Königs Darius", das war unter Perserkönig Darius II. und im Jahr 417 v. (423-6).
„…sie bauten und vollendeten nach dem Befehl des Gottes Israels, und nach dem Befehl Kores' und Darius' und Artasastas, des Königs von Persien. Und dieses Haus wurde beendet bis zum 3. Tag des Monats Adar, das ist das 6. Jahr der Regierung des Königs Darius."
Und erst im siebten Jahr des Königs Artasasta, als der Tempel schon längst fertig war, wurde nach einem Beschwerdebrief lediglich veranlasst, dass „man diesen Männern wehre, damit diese Stadt nicht gebaut" wird, und zwar im Jahr 458 v. (465-7). Den Beschwerdebrief verfassten Rehum, der Statthalter, und Simsai, der Schreiber, die eben auch, wie all ihre Genossen, aus jenen „Völkern" stammen, „die der große und berühmte Asnappar wegführte und in den Städten Samarias wohnen ließ, und in dem übrigen Gebiet jenseits des [Euphrat-]Stromes." Es waren dieselben, die mitmachen wollten, aber nicht durften, weil sie in den Städten Samarias gewohnt hatten und „unkoscherer" Abstammung waren. Ein schwerwiegendes Vergehen! Das gut gemeinte Angebot bereitwilliger Bauarbeiter, die zwar „reinen Glaubens", aber „unkoscherer" Herkunft waren, wurde selbstverständlich abgelehnt.
Gestoppt wurde der Bau der Stadtmauern nur, weil die Rückkehrer die „böse Stadt wieder aufbauen wollen und dass sie die Mauern vollenden und die

Grundfesten ausbessern wollen." Schon damals wurde den neugewonnenen Juden vorgeworfen, dass „sie keine Steuern, weder Zoll noch Weggeld mehr geben."

Nach Jerusalem kam Esra, laut eigenen Angaben, im 7. Regierungsjahr des persischen Königs Artasastas, 459 v. (465-7).

> „Und nach diesen Begebenheiten, unter der Regierung Artasastas, des Königs von Persien, zog Esra (…) herauf von Babel..."
> „Und mit ihm zogen herauf einige von den Kindern Israel und von den Priestern und den Leviten und von den Sängern, Torhütern und den Tempelsklaven nach Jerusalem, im siebenten Jahre des Königs Arthahsastha." (Esra 7,7)

Also, er kam im 5. Monat und im 7. Jahr des Königs nach Jerusalem, als der Tempel schon längst stand, und nun wurde unerlaubterweise die Stadtmauer gesetzt. Die Frage ist dann, warum und mit welchem Auftrag wurde Esra wirklich nach Jerusalem geschickt?

Eigentlich ist die Dauer des Tempelbaus zweitrangig, trotzdem soll ein Absatz im NT über den Tempelbau, der mit Unterbrechungen 46 Jahre dauerte, nicht unerwähnt bleiben:

> „Da fingen die Juden an und sprachen zu ihm: Was zeigst du uns für ein Zeichen, daß du dies tun darfst? Jesus antwortete und sprach zu ihnen: Brecht diesen Tempel ab, und in drei Tagen will ich ihn aufrichten. Da sprachen die Juden: Dieser Tempel ist in sechsundvierzig Jahren erbaut worden, und du willst ihn in drei Tagen aufrichten?" (Joh.)

Und erst dann, im 7. Jahr des Königs Artasasta, im Jahr 458 v. (465-7), kommt Esra endlich nach Jerusalem. Schon im 20. Jahr des Königs Artasasta, im Jahr 445 v. (465-20), 13 Jahre später, erfährt Esra in der weit entfernten, persischen Metropole Susa(n) von einem Unglück:

> „Und es geschah im Monat Kislew des 20. Jahres, als ich in der Burg Susan war, da kam Hanani, einer von meinen Brüdern, er und einige Männer aus Juda. Und ich fragte sie nach den Juden, den Entronnenen, die von der Gefangenschaft übriggeblieben waren, und nach Jerusalem. Und sie sprachen zu mir: Die Übriggebliebenen, die von der Gefangenschaft dort in der Landschaft übriggeblieben sind, sind in großem Unglück und in Schmach; und die Mauer von Jerusalem ist niedergerissen, und seine Tore sind mit Feuer verbrannt."

Bekannt sind in der Zeit von Darius I. „die Gründung von Persepolis und die Bautätigkeit in anderen Residenzstädten, vor allem in Susa". Ausgerechnet „Zion-Rückkehrer" Esra verlässt Jerusalem und begibt sich nach Susa.

Der Satz, „nach dem Befehl Kores' und Darius und Artasastas, des Königs von Persien", bestätigen Dauer und Umstände des Tempelbaus, denn alle Beteiligten sind aufgezählt, und weil Darius II. nach Artasastas kam, bleibt er in dieser

Namensreihe unerwähnt. Eben auch deshalb ging der Tempelbau nicht „weiter los im zweiten Jahr der Regierung des Königs Darius II. (423-404 v.)."

„Mischehe"

Die Tora-Schlaumeier enttarnen sich oft durch ihren Verweis auf die von den Herrschenden geschriebenen und umgeschriebenen Überlieferungen, woraus sie folgern, die Tora sei nicht objektiv. Von heute aus gesehen erscheint die damalige Gesellschaft schon als korrupt und heuchlerisch - eine gute Projektionsfläche. Aber falls Esra tatsächlich korrigierend in den Tanach eingriff, träfe genau das zu. Im Vergleich zu den fünf Büchern Moses ist in Esras Werk ein deutlicher Qualitätsverlust spürbar und ein merkwürdiger Satz zu finden: „Und nun, unser Gott, was sollen wir nach alledem sagen? Wir haben deine Gebote verlassen, die du durch deine Knechte, die Propheten, gegeben hast, als sie sagten: Das Land, in das ihr kommt, um es in Besitz zu nehmen, ist ein unreines Land durch die Unreinheit der Völker des Landes mit ihren Gräueln, mit denen sie es von einem Ende bis zum andern Ende in ihrer Unreinheit angefüllt haben. So sollt ihr nun eure Töchter nicht ihren Söhnen geben, und ihre Töchter sollt ihr nicht für eure Söhne nehmen. Und lasst sie nicht zu Frieden und Wohlstand kommen ewiglich, damit ihr mächtig werdet und das Gut des Landes esst und es euren Kindern vererbt auf ewige Zeiten".

Dieser Absatz bildet die Basis zum „Mischehe"-Verbot, aber um welche anonymen Propheten handelt es sich, und wo sollen sie das gesagt haben? Wieder nur Gerüchte und andere zuverlässige Quellen? Nicht wieder Wikipedia-Propheten! Aber „Propheten" trifft es schon mal gut, es war Mose selbst: „Wenn der HERR, dein Gott, dich in das Land bringt, wohin du kommst, um es in Besitz zu nehmen, und viele Nationen vor dir hinaustreibt: die Hethiter und die Girgasiter und die Amoriter und die Kanaaniter und die Perisiter und die Hewiter und die Jebusiter, sieben Nationen, größer und stärker als du, und der HERR, dein Gott, sie vor dir dahingibt, und du sie schlägst, so sollst du sie ganz und gar verbannen; du sollst keinen Bund mit ihnen machen, noch Gnade gegen sie üben. Und du sollst dich nicht mit ihnen verschwägern: deine Tochter sollst du nicht seinem Sohne geben, und seine Tochter sollst du nicht für deinen Sohn nehmen; denn sie würden deine Söhne von mir abwendig machen, daß sie anderen Göttern dienten; und der Zorn des HERRN würde gegen euch entbrennen, und er würde dich schnell vertilgen. Sondern so sollt ihr ihnen tun: ihre Altäre sollt ihr niederreißen und ihre Bildsäulen zerbrechen und ihre Ascherim umhauen und ihre geschnitzten Bilder mit Feuer verbrennen. Denn ein heiliges Volk bist du dem HERRN, deinem Gott; dich hat der HERR, dein Gott, erwählt, ihm zum Eigentumsvolke zu sein aus allen Völkern, die auf dem Erdboden sind. Nicht weil euer mehr wären als aller Völker, hat der HERR sich euch zugeneigt und euch erwählt; denn ihr seid das geringste unter allen Völkern; sondern wegen des HERRN Liebe zu euch, und weil er den Eid hielt, den er euren Vätern geschworen, hat der HERR euch mit starker Hand herausgeführt und dich erlöst aus dem Hause der Knechtschaft, aus der Hand des Pharao, des Königs von Ägypten." (5.Mose 7)

Aus den 7 Völkern bei Mose, „Hethiter und die Girgasiter und die Amoriter und die Kanaaniter und die Perisiter und die Hewiter und die Jebusiter", wurden bei Esra 8, „Kanaaniter, Hethiter, Perisiter, Jebusiter, Ammoniter, Moabiter, Ägypter und Amoriter." Bei Esra fallen die „Girgasiter" und „Hewiter" weg, die „Ammoniter, Moabiter, Ägypter" kommen hinzu, ausgerechnet die, die von Mose verschont blieben. Ein seltsamer Umgang mit der Heiligen Schrift, denn sogar ein „Tüpfelchen" darf darin nicht angetastet werden. Und die Idee, dass wenn „eure Töchter ihre Söhne heiraten und eure Söhne heiraten ihre Töchter, werden eure Kinder nicht erben", muss einer noch verstehen.

Was für ein freizügiger Umgang mit Zitaten aus der Tora! Anscheinend kannte Esra die Quelle nicht, oder verheimlichte dies, aber er kam auf eine höchst eigenwillige Interpretation. Hoffentlich endete damit sein Beitrag, und der Tanach wurde von anderen verfasst und punktiert.

Der Text von Mose entstand zeitgebunden vor 3.600 Jahren und berichtet von einer bestimmten Gegend mit längst vergangenen Völkern. Mit diesen Völkern konnte Esra beim besten Willen nicht in Kontakt treten und sie heiraten.

Kollektivschuld

Nicht unwesentlich ist ein Detail. Esra suchte die Ursache für das Unglück in „unserer Missetat" und begründete damit die Notwendigkeit des „Mischehe"-Verbots:

> „Von der Zeit unserer Väter an sind wir in großer Schuld gewesen bis auf diesen Tag, und um unserer Missetat willen sind wir und unsere Könige und Priester in die Hand der Könige der Länder gegeben worden, ins Schwert, ins Gefängnis, zum Raub und zur Schmach, so wie es heute ist."

Ein neuer Anfang und eine Wiedergutmachung sind immer lobenswert, die Frage ist nur, ob das Einspannen von Kollektivschuld für diesen Zweck berechtigt ist? Die schweren Anschuldigungen, wie „unsere Missetaten", „unsere Schuld ist groß geworden bis an den Himmel", erinnern etwa an die heutige Sprache der Regierenden. Eine eigenartige Konstruktion, er „schämt sich" der „Missetaten" längst Verstorbener, andere wiederum sollen dafür büßen. Unlogisch, aber wirkungsvoll.

> „Mein Gott, ich schäme mich und scheue mich, mein Angesicht zu dir, mein Gott, zu erheben! denn unsere Missetaten sind uns über das Haupt gewachsen, und unsere Schuld ist groß geworden bis an den Himmel."

Ein Vorgehen, wie bei der Serie verbrannter Hexen, erst unterstellen, dann anklagen und urteilen bzw. rehabilitieren. Wie es gelingt, diese Anschuldigungen mit Moses Gesetzen in Einklang zu bringen, ist ein Geheimnis, besonders, wo „der HERR geboten und gesagt hat: Nicht sollen Väter sterben um der Kinder willen, und Kinder sollen nicht sterben um der Väter willen, sondern sie sollen ein jeder für seine Sünde sterben." Das heißt in Kürze, jeder ist für sein eigenes Tun verantwortlich.

Motiv

Der kluge Gedanke könnte aufkommen, Moses Befehl, die midianitischen Frauen zu töten, verbirgt indirekt ein „Mischehe"-Verbot. Der Vergleich hinkt leider. Mose befand sich in einer schwierigen Situation, in einer Sackgasse. Die Moabiter versperrten den Weg nach Kanaan (Jericho), im Rücken standen verräterische Midianiter, auf rechter Flanke warteten die Amoriter-Könige Og und Sichon. Der Fleischvorrat war erschöpft, dazu kamen noch große Verluste durch Kämpfe und Säuberungen. Nur unter diesen Umständen, nicht vorher, nicht nachher, befiehlt Mose kurz vor dem Kampf gegen die Midianiter, jeden, der sich an den Baal-Peor hängt, zu töten. Nicht Geschlecht oder Hautfarbe, Beweggrund war das Bündnis der Midianiter mit den Moabitern gegen die Israeliten. Da in dieser kritischen Phase manche Israeliten eine Fünfte Kolonne bildeten, wurde, wohlgemerkt um der Gleichbehandlungwillen, zuerst ein israelitischer Mann getötet.

„Und Mose sagte zu den Richtern Israels: Erschlagt [sie], jeder seine Leute, die sich an den Baal-Peor gehängt haben! Und siehe, ein Mann von den Söhnen Israel kam und brachte eine Midianiterin zu seinen Brüdern vor den Augen Moses und vor den Augen der ganzen Gemeinde der Söhne Israel, als diese am Eingang des Zeltes der Begegnung weinten. Und als der Priester Pinhas, der Sohn Eleasars, des Sohnes Aarons, des Priesters, das sah, stand er aus der Mitte der Gemeinde auf und nahm einen Speer in seine Hand; und er ging dem israelitischen Mann nach in das Innere [des Zeltes] und durchbohrte die beiden, den israelitischen Mann und die Frau, durch ihren Unterleib."

Und sieh an, „die Hethiter und die Girgasiter und die Amoriter und die Kanaaniter und die Perisiter und die Hewiter und die Jebusiter, sieben Nationen (…) sollst du sie ganz und gar verbannen.", aber Midianiter, auch Edomiter, Amoniter und Moabiter blieben von diesem brutalen Übergriff verschont und in Moses „Eheschließungsverbot" unerwähnt - hat er sie vergessen?

Also war die Tötung midianitischer Frauen eine kurzfristige, durch eine extreme Situation bedingte Entscheidung. Aus dem gleichen Grund wurden in der Sowjetunion während des Kriegs mit Polen alle Polen aus dem Staatsapparat und der Armee entfernt, ausgenommen Felix Edmundowitsch Dschersinski, und im II. Weltkrieg alle Deutsche. Geschah das wirklich aus rassistischen Gründen?

Die alte Frage, was ist schlimm daran, wenn „eure Töchter ihre Söhne heiraten und eure Söhne heiraten ihre Töchter", und wieso werden „eure Kinder nicht erben", wenn es doch so einfach läuft, ich – dir, du – mir? Die Erfahrung zeigt an den Beispielen von Ismael und Esau bis in die Gegenwart hinein, dass Söhne, die „ihre Töchter" heirateten, für die Familie verloren waren. Zu den wenigen, die durch Scheidung diesem Schicksal entgingen, gehörten Abraham und Mose, sonst wäre die Genesis mit Abrahams Vater Terach beendet gewesen.

Farce
Die allererste Tat Esras bei seiner Ankunft in Jerusalem war das „Mischehe"-Verbot. Bereits in Babylon war er fragwürdige Priesterfamilien losgeworden, sie „konnten ihr Vaterhaus und ihre Abstammung nicht angeben, ob sie aus Israel wären." Die betroffenen 652 Söhne Barsillais', des Gileaditers, „suchten ihr Geschlechtsregisterverzeichnis, aber es wurde nicht gefunden; und sie wurden von dem Priestertum als unrein ausgeschlossen." Bürokratische Lappalie? Oder Beseitigung der Konkurrenz aus Gilead, jenseits des Jordans, d.h. „aus Israel" stammend und nicht aus Judäa und Benjamin? Schon König David ließ wegen Schwierigkeiten mit Barsillais dessen Nachkommen töten, „fünf Söhne Michals, der Tochter Sauls, die sie dem Adriel geboren hatte, dem Sohn Barsillais."

> „Und der König nahm die beiden Söhne Rizpas, der Tochter Ajas, die sie dem Saul geboren hatte, Armoni und Mephiboseth, und die fünf Söhne Michals, der Tochter Sauls, die sie dem Adriel geboren hatte, dem Sohn Barsillais, des Meholathiters, und er gab sie in die Hand der Gibeoniter; und sie hängten sie auf dem Berg vor dem HERRN auf. Und es fielen die sieben zugleich, und sie wurden getötet in den ersten Tagen der Ernte, im Anfang der Gerstenernte."

Die wahrscheinlichste Ursache für das „Mischehe"-Verbot war folgende: die große Anzahl von Zuwanderern löste durch ihre Ankunft eine Versorgungsnot aus, die Einheimischen reagierten nicht begeistert auf die neuen Juden und noch weniger erfreut darüber, sie verpflegen zu müssen. Zudem war Winter, und das mitgebrachte Volk befand sich in einer Notlage.

> „Da versammelten sich alle Männer von Juda und Benjamin in Jerusalem auf den dritten Tag, den zwanzigsten im neunten Monat. Und alles Volk saß auf dem Platz vor dem Hause Gottes, zitternd wegen der Sache und des strömenden Regens."

Ähnliches geschah am Berg Sinai, als die Israeliten in eine schlechte Lage gerieten und ein Goldenes Kalb (eine Maske) bauten, um ihre baldige Rückkehr nach Ägypten zu feiern. Auch da wich Mose nicht vom Prinzip der Gleichbehandlung ab, er ließ einige Israeliten töten. Als auch Esras Leute in vergleichbarer Lage an Rückkehr dachten, konnte sich Esra diesen Luxus nicht erlauben und traf stattdessen die liberale Entscheidung, dem unerwünschten Einfluss fremder Frauen ein Ende zu setzen und sie samt ihren Kindern loszuwerden. Esra hätte wegen mancher Parallelen als zweiter Mose in die Geschichte eingehen können, nun trat aber der Fall ein, dass die Wiederholung einer tragischen Geschichte in eine Farce ausartete.

Etwas Persönliches

Leider ist all das nicht das wahre Motiv für die Einführung des „Mischehe"-Verbots, auch ist es nicht die persische Kolonialpolitik, der wahre Grund verbirgt sich in der Biographie Esras. Denn war Esras mitgebrachtes Volk der Richter und Leviten „das heilige Volk", musste irgendwo als Gegensatz ein „unreines" Volk sein Unwesen treiben und das war nämlich das „Mischvolk". Wie aus dem Text hervorgeht, hatte Esra auf das unfreundliche Volk des Landes so gut wie keinen Zugriff und musste gezwungenermaßen das Reinheitsgebot auf seine Juden beschränken, um sich von dem „Mischvolk" des Landes abzusondern. Esras Volk durfte nicht mit Einheimischen in Kontakt treten, so dass im Ergebnis die Einheimischen als „unreines Volk" disqualifiziert und isoliert wurden.

Esras Buch endet mit seinem Bekenntnis: „Wir haben sehr böse gegen dich gehandelt und haben nicht beobachtet die Gebote und die Satzungen und die Rechte, die du deinem Knechte Mose geboten hast."

„Ach, HERR, Gott des Himmels, du, der große und furchtbare Gott, der den Bund und die Güte denen bewahrt, die ihn lieben und seine Gebote halten: laß doch dein Ohr aufmerksam und deine Augen offen sein, daß du hörest auf das Gebet deines Knechtes, das ich heute, Tag und Nacht, für die Kinder Israel, deine Knechte, vor dir bete, und wie ich die Sünden der Kinder Israel bekenne, die wir gegen dich begangen haben! Auch wir, ich und meines Vaters Haus, haben gesündigt. Wir haben sehr böse gegen dich gehandelt und haben nicht beobachtet die Gebote und die Satzungen und die Rechte, die du deinem Knechte Mose geboten hast."

Esras in üblicher Form gehaltener Satz „bekennt" „die Sünden der Kinder Israel". Auch Mose beschimpfte die Israeliten wegen des Goldenen Kalbs, vergriff sich aber nicht an ihren Vorfahren. Desgleichen klagte Jesus die Pharisäer wegen ihrer Untaten an und nicht ihre verstorbenen Ahnen. Esra dagegen beschuldigt die Vorfahren der „Missetaten", was mit Moses Gesetzen gar nichts zu tun. Und weil Esra erneut im Plural „Wir" (wer noch?) sprach, fragt sich, ob er selbst einmal Einsicht gewann und Selbstkritik übte, da ein Bekenntnis (und Reue) zur eigenen Schuld in Ich-Form fehlt. Insofern kann Esra als Ausrutscher der Geschichte betrachtet werden – das wäre halb so schlimm, würde sich nicht bis heute fortsetzen, dass Nachfahren mit Anschuldigungen gegen ihre Vorväter belastet werden.

Allerletzter Satz in Esras Buch ist: „Ich war nämlich Mundschenk des Königs."

„Ein Mundschenk ist ein hoher Beamter, der zum Beispiel das Amt des eponymen Beamten wahrnehmen konnte. Ein Vorkoster. Das Mundschenkenamt war ein Amt mit einer sehr hohen Verantwortung, aber auch Vertrauensstellung." (21)

Zweifellos besaß Esra die Qualifikation zum guten Mundschenk, aber von Größe in Glaubensfragen zeugt er nicht.

Persisches Märchen

Ein wichtiger Beitrag Esras, neben dem Tempelbau und der Initiierung des „Mischehe"-Verbots, war die Punktierung und teilweise Herausgabe des Tanach, aber auch hier sind Zweifel angebracht, ob diese mühevolle Arbeit ihm zu verdanken ist.

Die Tora, eine Mischung von Texten hebräischer Propheten und persischer Märchen, gekrönt durch Esras eigenen Beitrag, wurde punktiert und Tanach genannt. Die Erzählungen, z.B., wie jemand aus einem Ofen lebendig heraus kommt, unterschreiten bei weitem das Niveau der Fünf Bücher Mose.

„Da trat Nebukadnezar an die Öffnung des brennenden Feuerofens, hob an und sprach: Sadrach, Mesach und Abednego, ihr Knechte des höchsten Gottes, geht heraus und kommt her! Da gingen Sadrach, Mesach und Abednego aus dem Feuer heraus."

Oder das persische Märchen für Erwachsene über einen, der nicht von Löwen aufgefressen wurde, ergänzt durch weitere Märchen aus „1000 und eine Nacht", vervollständigte Esras Werk.

„Der König hob an und sprach zu Daniel: Daniel, Knecht des lebendigen Gottes, hat dein Gott, dem du ohne Unterlass dienst, vermocht, dich von den Löwen zu retten? Da sprach Daniel zu dem König: O König, lebe ewiglich! Mein Gott hat seinen Engel gesandt und hat den Rachen der Löwen verschlossen, dass sie mich nicht verletzt haben, weil vor ihm Unschuld an mir gefunden wurde; und auch vor dir, o König, habe ich kein Verbrechen begangen."

Natürlich endet Esras Beitrag nicht mit dem Lob für Gott, sondern für den persischen König, was das Verhältnis zum atomaren Iran auf fatale Weise prägt.

Nach hebräischer Tradition sollen alle Ereignisse, Wundertaten, Prophezeiungen, Salbungen usw. unbedingt öffentlich vor vielen Zeugen (dem Volk) stattgefunden haben, so aber nicht bei Esra. Seine Werke und ihn kann nur „sein Volk" aus seinem Buch bezeugen, gleich dem Prophet Mohammed, der nach eigenem Zeugnis von Allah den Heiligen Koran bekam, der bezeugt, dass er ein Prophet ist. Wie in einer Anekdote:

„Abram, woher hast du das Geld?" „Aus dem Schrank."
„Woher kommt das Geld im Schrank?" „Meine Frau Sara hat es dahin gelegt."
„Und woher hat sie das Geld?" „Ich habe es ihr gegeben."

„Und woher hast du das Geld?" „Aus dem Schrank."

„Unser Gott"

In seiner Volksrede sprach Esra über „unseren Gott":

„So lasst uns nun mit unserm Gott einen Bund schließen, dass wir alle fremden Frauen und die Kinder, die von ihnen geboren sind, hinaustun nach dem Rat meines Herrn und derer, die die Gebote unseres Gottes fürchten, dass man tue nach dem Gesetz."

Wessen Gott war das, der den Ausschluss von „allen fremden Frauen und die Kinder, die von ihnen geboren sind" verlangte? Ist das derselbe Gott wie bei Mose und Jesua? Die verräterische Sprache im folgenden Satz macht deutlich, dass mit „unserem" auch die babylonischen Städte gemeint sind:

„Unsere Oberen sollen die ganze Gemeinde vertreten, dass alle, die sich in unsern Städten fremde Frauen genommen haben, zu bestimmten Zeiten kommen und mit ihnen die Ältesten einer jeden Stadt und ihre Richter, bis der Zorn unseres Gottes um dieser Sache willen von uns gewendet werde."

Und das als Gegensatz zu einem „unreinen Land (das) durch die Unreinheit der Völker des Landes mit ihren Gräueln, mit denen sie es von einem Ende bis zum andern Ende in ihrer Unreinheit angefüllt haben", das geographisch dem Land Israel entspricht.

Monate

Esras willkürlich geänderte Zitate und seine Umdeutung der Tora wecken den Verdacht, dass noch mehr Ausrutscher zu befürchten sind. Vom Heiligen Text abzuweichen ist unzulässig, ganz zu schweigen davon, Gebote und Gesetze zu verändern - wie Jesua sagte:

„Wer im Geringsten treu ist, ist auch in vielem treu, und wer im Geringsten ungerecht ist, ist auch in vielem ungerecht." (Lk. 16,10)

Kein Geringerer als der HERR ordnete unwiderruflich an, das Jahr am Ersten Monat AVIV zu beginnen und die Monate als „Erster", „Zweiter" etc. zu bezeichnen.

„Dieser Monat soll euch der Anfang der Monate sein, er soll euch der erste sein von den Monaten des Jahres."

In Esras Schrift ist diese Zählung zwar vorhanden, aber nicht nur, denn so fängt Esras Buch an: „Und im ersten Jahre Kores (...)". Er datierte in babylonischer Zeitrechnung nach dem jeweiligen König und verwendete babylonische Monate:

„Und dieses Haus wurde beendet bis zum dritten Tage des Monats Adar, das ist das sechste Jahr der Regierung des Königs Darius."

Mit den nach Götzen benannten Monaten wurde in Jerusalem ein heidnischer Kalender eingeführt. Die 12 babylonischen Götzen sind:

TIShRI, HeShVaN, KISLeV, TeVeT, SheVaT, ADaR,
NISaN, IAR, SIVaN, TaMuS, AV, ELUL.

Diese Kalenderumstellung brachte die ganze biblische Ordnung durcheinander, die Monate verschoben sich. Dadurch entsteht eine völlige Verwirrung, der „Erste Monat" wird zum 7. babylonischen Monat und der „Siebte Monat" zum 1. Monat des Jahres.

Gemäß der Tora sollte mit dem „Ersten Monat" AVIV/„Frühling" die Jahreszählung beginnen, weil „Im Monat Abib bist du aus Ägypten ausgezogen." Nicht nur wurde dieser „Erste Monat" in Monat NISaN umgetauft, er wurde, wie im babylonischen Kalender, in den Herbst (Oktober) verschoben und an seiner Stelle der Monat TIShRI gesetzt, was „Anfang" bedeutet.

„Tischri bzw. Tishri (hebräisch תשרי) ist der erste Monat nach dem „bürgerlichen" jüdischen Kalender und der siebte Monat nach dem „religiösen" Kalender. Der Monat Tischri ist immer ein voller Monat, das heißt, er dauert 30 Tage, und beginnt im gregorianischen Kalender zwischen ersten Septemberdrittel und Anfang Oktober (siehe Jüdischer Kalender). Die Bezeichnung „Tischri" stammt von dem akkadischen Wort tašrīt „Anfang" ab, was auf seine Funktion als erster Monat hinweist. Ähnlich ist „Tischri" auch im Ugaritischen bezeugt." (22)

Bei Mose hat der Jahresanfang im „Ersten Monat" AVIV/März/April eine fundamentale Bedeutung. Dem zuwider, und obwohl der HERR wie ein Papagei unzählige Male wiederholt hat: „Ich bin der HERR, euer Gott, der ich euch aus dem Land Ägypten herausgeführt habe.", beginnt das „jüdische Jahr" mit dem Empfang der Tora und nicht mit dem epochalen Ereignis, dem Auszug aus Ägypten. Damit verliert die Befreiung aus der Sklaverei mit allen Wundertaten ihre zentrale Bedeutung. Auch der Aufstand der Makkabäer wurde auf einen Kerzengang reduziert, genannt „Fest Hanuka", dies, nach dem erfolgreichen Makkabäeraufstand, als Erinnerung „an die Wiedereinweihung des zweiten jüdischen Tempels im jüdischen Jahr 3.597 (164 v. Chr.)." (23)

Der Siebte Monat

Gewiss, die Jahreszeiten blieben dieselben, allein die Bezeichnungen wurden geändert, dennoch ein anderes Beispiel: Nach dem Auszug aus Ägypten wohnten die Israeliten in Laubhütten, „Sukot", und seitdem wird das Fest „Sukot" gefeiert. Geboten ist, das Fest im „7. Monat" am 15. Tag abzuhalten.

„Und der HERR redete zu Mose und sprach: Rede zu den Kindern Israel und sprich: Am 15. Tag dieses 7. Monats ist das Fest der Laubhütten sieben Tage dem HERRN."

Die Zahl „Sieben" hat in der hebräischen Tradition einen besonderen Sinn, deshalb wurde die Tora im „Siebten Monat" empfangen und keineswegs im 1. ba-

26

bylonischen Monat TISHRI. Nun aber wird „Sukot" im 1. Monat TISHRI gefeiert und nicht nach Moses Vorstellung im „7. Monat".
Das und noch mehr geschieht wegen der Umstellung auf den babylonischen
Kalender, und dann kratzen sich die Rabbiner unter dem Rücken und sagen:
„Was verbirgt die Tora vor uns?" Vor allem aber wurde die Weiterführung des
hebräischen Kalenders, der „Genesis", nach Esras Mutter-Tochter-Prinzip versucht, was schlicht nicht machbar ist, und aus diesem Grund wurde die Kette
von Erstgeborenen seit der Zeit Adams unterbrochen.

Wochenfest-Pfingsten
Wozu Rabbiner fähig sind, zeigt die Datierung des Wochenfestes „Pfingsten".
Darüber in Wikipedia zu lesen und anschließend auch noch zu verstehen, ist
eine aussichtslose Anstrengung. (23)
Das einzige undatierte Fest im AT ist der „Tag der Erstfrüchte". Das genaue
Datum kennt das AT nicht, aber dank Esras Eingriff weiß das Rabbinat aufs
Genaueste: „Das Wochenfest wird jeweils am 6. Siwan gefeiert.", das heißt im
9. Monat, also Mai/Juni.
> „Das Wochenfest wird jeweils am 6. Siwan gefeiert und bildet den Abschluss der
> Frühlingsfeste und der Erstlingsfrüchte, zu denen Pessach und das Omer-Zählen ge-
> hören." (23)
Für die Glaubensgenossenschaft, egal ob „Wochenfest" oder Tag der „Erstfrüchte", ist es dasselbe Fest, nur unterschiedlich benannt, zusammengewürfelt
und kräftig durchgemischt. Warum aber sollte das „Wochenfest" im Mai/Juni
am 6. Siwan gefeiert werden? Weil die frommen Weisen meinen, dass im „Dritten Monat", gleich bei Ankunft am Berg Sinai, das Volk Israel die Tora empfing, in den „Laubhütten"/Sukot saß und den „Tag der Erstfrüchte" feierte. Unglücklicherweise aber gab es im dritten Monat Mai/Juni in der Wüste Sinai
keine „Erstfrüchte" und überhaupt keine Ernte, höchstens Viehfutter. Und noch
unglücklicher wird das Fest in der Wüste Sinai ausfallen, wenn einer bedenkt,
dass die Ernte im Frühling unvorstellbar war. Selbstverständlich steht es jedem
frei, den Sommer im Winter voraus zu feiern, das ist nichts Ungewöhnliches,
auch der Friedensnobelpreis an Barak Obama wurde im Voraus vergeben.
   Dass im Herbst und nicht im Frühling geerntet wird, wurde im AT nicht speziell gesagt, weil Mose das, im Unterschied zu seinen Anbetern, für eine Selbstverständlichkeit hielt. Im AT gilt eine Ernte ohne „Erstfrüchte" als keine Ernte,
wenn sie nicht aus Sieben landwirtschaftlichen Kulturen besteht, dazu gehören
Weizen, Roggen, Feigen, Trauben, Granatapfel, Oliven und Honig (Datteln).
Der Erntebeginn orientiert sich am Weizen, dem wichtigsten Nahrungsmittel.
Mit der ersten Reife beginnt die Ernte, „erste Sichel" genannt, am „Tag der

Erstfrüchte". Dieser Tag kann wegen der Witterungsbedingungen nicht genau festgelegt werden. Auch im mitteleuropäischen Raum verfrüht sich die Ernte wegen der „Klimaänderung" um bis zu zwei Wochen.

„Während die Ernte der Wintergerste ursprünglich um den 14. Juli herum startete, geht es jetzt schon ab dem 9. Juli los. Die Sommergerste ist auch deutlich früher dran: am 21. Juli. Es war mal der 6. August." (24)

Dem „Tag der Erstfrüchte" folgen Sieben Wochen, das ist die eigentliche Erntesaison, in denen gearbeitet und nicht Talmud gelesen wird. Erst dann, am 50. Tag, wird das „Fest der Ernte"/ShaVUOT gefeiert, und auf diese Weise bilden die zwei Feste zwei Teile einer Einheit.

„Schawuot (...wörtl. „Wochen"; jiddisch Schwu'ess, Schwuos oder Schwijess) ist das jüdische Wochenfest, das 50 Tage, also sieben Wochen plus einen Tag nach dem Pessachfest gefeiert wird."

„In der Tora hat das Fest mehrere Namen, zum einen „Wochenfest" (2 Mos 34,22 EU und 5 Mos 16,10 EU), ... „Fest der Ernte" (2 Mos 23,16 EU), „Tag der Erstfrüchte" (4. Mos 28,26 EU). Mischna und Talmud kennen das Fest auch als עצרת Atzeret „feierliche Versammlung." (23)

Es ist hilfreich zu wissen, dass Sieben Wochen 7x7 Tage sind und das Wort Woche/ShaVUA „Sieben" bedeutet und auch als „schwören" oder als „satt" gelesen werden kann. Und das wunderschöne „Fest der Ernte" wird einen Tag lang im mosaischen 7. Monat (TIShRI/September) gefeiert und nicht im 3. Monat SIVaN, dem 9. babylonischen Monat nach halachistischer Auslegung.

Wie gesagt, der „Tag der Erstfrüchte" und ihm folgend das „Fest der Ernte" ist variabel, abhängig vom Saisonanfang und dem Ende der landwirtschaftlichen Arbeiten. Dagegen kann die siebentägige Abschlussfeier, „das Laubhüttenfest", konkret auf den Monat September festgelegt werden. So dauert das Fest nicht nur einen Tag, sondern ganze sieben Tage, vom 15. bis 21.TISchRI und ist eine richtige Abschlussfeier.

„Sukkot (hebräisch סֻכּוֹת oder סוּכּוֹת Plural von סֻכָּה Sukka „Laubhütten" jiddish Sukkes oder Sikkes) oder Laubhüttenfest gehört zu den jüdischen Festen. Das Fest wird im Herbst, fünf Tage nach dem Versöhnungstag, im September oder Oktober gefeiert und dauert sieben Tage, vom 15. bis 21. Tischri „dem ersten Monat des jüdischen Kalenders." (25)

Angeordnet wurde das „Fest der Laubhütten" von Mose, und wieder ist seine Satzung vollgespickt mit der „Sieben": „7. Monat" und „Sieben Tage". Offensichtlich plante er, Kanaan im 7. Monat nach dem Auszug aus Ägypten zu erreichen und dort sein erstes Erntefest in Laubhütten zu feiern.

„Rede zu den Kindern Israel und sprich: Am 15. Tag dieses 7. Monats ist das Fest der Laubhütten, sieben Tage dem HERRN. Am ersten Tag soll eine heilige Versammlung sein, keinerlei Dienstarbeit sollt ihr tun. Sieben Tage sollt ihr dem HERRN ein Feueropfer darbringen."

Und wo ist die Panne? Die Frömmsten aller Frommen berechnen das „Fest der Ernte" nicht nach dem „Tag der Erstfrüchte" (Ende Juli), sondern „nach dem Pessachfest" im Frühling. Zum Glück ist feiern nicht ernten, und sie bestimmen nicht, wann gesät wird und wann geerntet, sonst wären alle schon längst an Hunger gestorben. Bei so einer geistigen Nachbarschaft ist von Christen nichts Besseres zu erwarten:

„Pfingsten (gr πεντηκοστὴ ἡμέρα pentēkostē hēméra ‚fünfzigster Tag') ist ein christliches Fest. Am 50. Tag der Osterzeit, also 49 Tage nach dem Ostersonntag, wird von den Gläubigen die Entsendung des Heiligen Geistes gefeiert – als Mysterium oder ikonografische Aussendung des heiligen Geistes oder auch Ausgießung des heiligen Geistes genannt."

„Der Pfingstsonntag fällt damit stets auf die Zeit zwischen dem 10. und dem 13. Juni (spätester Termin). Wenn Ostern beispielsweise auf den 23. März fällt (wie im Jahr 2008), dann wird Pfingsten am 11. gefeiert." (26)

Das alles geschieht, wenn der ganze hebräische Kalender um 7 Monate verschoben wird, Winter wird zu Sommer, geerntet wird im Frühling und im Herbst gesät. (27)

7 Tage

Auch die schematische Darstellung der Erschaffung der Welt in sieben Tagen hat eine Logik. Wenn sich jemand darauf versteift, dass die Welt in sieben Tagen erschaffen wurde, behauptet er damit, dass, wenn die Welt in X Jahren erschaffen wurde, dies Tag für Tag in der Tora notiert worden wäre. Aber weil die X Jahre nicht akribisch beschrieben wurden, gab es sie auch nicht. Eine gute Übung, alles aufzuschreiben, dann würde das Gesamtwerk etwas dicker ausfallen.

Manche Eiferer glauben trotzdem an die Erschaffung der Welt in 7 Tagen und noch, dass es vor Adam, vor 577X Jahren, keine Dinosaurier und überhaupt kein Leben auf der Erde gab, was das AT in keiner Weise vertritt. Kein Wunder, dass die jüdische Religion zum Sammelbecken von Rückständigen und Zurückgebliebenen wurde. „Tora" heißt übersetzt „Lehre" und nicht „blinder Glaube".

Koscher

Auch das mosaische Reinheitsspeisegesetz wurde von Glaubenskreisen nicht übergangen, die Speisen wurden in „fleischige", „milchige" und „neutrale" Lebensmittel" aufgeteilt, obwohl Mose darüber kein Wort verloren hat. Das hätte er bestimmt getan, wenn es unbedingt erforderlich gewesen wäre. Der ganze Aufwand wurde nur wegen einem einzigen Satz betrieben: „Du sollst ein

Böckchen nicht in der Milch seiner Mutter kochen." (28) Und ist es mit der Milch einer fremden Mutter erlaubt? Was jeder Viehzüchter weiß, aber Talmudisten in Wikipedia nicht zur Kenntnis nehmen: nicht aus humanitären Aspekten sollte das Böcklein nicht in der Milch seiner Mutter gekocht werden. Aus Mangel an Wasser wird in Milch gekocht, und wenn das Böcklein vorzeitig, bevor es entwöhnt ist, seiner Mutter weggenommen wird, wirkt sich das unproduktiv auf das Schaf und auf den Bestand der Herde insgesamt aus. Zu Moses Zeiten bedeutete fehlender Nachwuchs eine Hungersnot.

So wird aus der Lehre ein Kult gemacht, eine effektive Methode, den Inhalt einer Lehre zu entstellen. Symptomatisch dabei ist die obsessive Fixierung auf Schweinefleisch, wie bei Muslimen, obwohl das Verspeisen von Kaninchen, Meerschweinchen, Pferden, Eseln, Hasen, Hunden, Katzen etc. ebenfalls gegen das Gebot verstößt. Außer Fischen und Heuschrecken betrifft dies eigentlich alle Tiere, die nicht gezüchtet werden. Und nicht unbedingt wegen „kannibalistischer" Züge durften hoch entwickelte Tiere nicht getötet und verzehrt werden, eher aus Rücksicht auf das Gleichgewicht der Natur. Andernfalls hat die Landwirtschaft mit schweren Folgen zu rechnen. In China kam die Raupenplage, nachdem alle Spatzen abgeschossen wurden, um die Ernte zu retten.

Samstag

Was aus dem heiligen Sabbat gemacht wurde, übertrifft bei weitem die Vorstellungen von Mose. Seit Abraham war der Sabbat bei den Hebräern ein Ruhetag, und wieso? Das wurde im Vorfeld erklärt. Für diesen einzigen freien Wochentag wies Mose an, genauer gesagt war es der HERR selbst, die Lehre/ Tora zu lernen, in der Hoffnung, dass doch etwas in den Köpfen bleibt. Eine bessere Lösung gab es nicht.

Die eifrigen Rabbiner belegten den Samstag mit einer Fülle von Verboten. Ein Frommer darf nicht Fahrrad fahren, Licht anzünden, nicht kochen und so unendlich weiter, nach dem Prinzip, wenn schon eine Woche lang nicht gearbeitet wird, dann am Heiligen Samstag erst recht nicht. Ein fiktiver Kult, dem das Wesentliche fehlt. Was „lernen" Gläubige aller Gewichtsklassen lebenslang am Heiligen Samstag „in der Tora", wenn sie beispielsweise von den zwei Volkszählungen im AT nichts ahnen, geschweige denn von anderen Geschichten, die beim ersten Durchblättern auffallen? Sind die Anhänger dieser Glaubensrichtung unfähig, aus der Bibel zu lernen, oder studieren sie dabei etwas ganz anderes?

„Blutschande"

Was heute landläufig unter „Blutschande" verstanden wird, entspricht nicht dem, was das AT meinte. Nach Moses Geboten gehörte sie zu den schlimmsten 4 Todsünden und heißt übersetzt "Unzucht". Seit damals erfuhr das Verständnis von der „Blutschande" eine unerwartete und doch historisch logische Metamorphose. Bei den gegenwärtigen Juden von Esras Schlag ist die Ehe zwischen Halbgeschwistern erlaubt, obwohl es in Moses Gebot absolut verboten und pechschwarz auf weiß geschrieben steht:

„Und wenn ein Mann seine Schwester nimmt, die Tochter seines Vaters oder die Tochter seiner Mutter, und er sieht ihre Blöße, und sie sieht seine Blöße: das ist eine Schande, und sie sollen ausgerottet werden vor den Augen der Kinder ihres Volkes." (Mo. 12,17)

Und nicht nur das, sie werden verflucht und Moses Fluch wirkt.

„Verflucht sei, wer bei seiner Schwester liegt, der Tochter seines Vaters, oder der Tochter seiner Mutter! Und das ganze Volk sage: Amen!" (5. Mo. 27)

Dieses Verbot zu übertreten führte offensichtlich zu unübersehbaren Folgen und verbindet sich indirekt mit dem Thema „Antisemitismus".

Nicht dass die Blutschande nicht eine verbreitete Norm gewesen war, auch den Hebräern war sie nicht völlig unbekannt, dennoch vermieden sie den Inzest wie die Pest, was nachvollziehbar ist.

Die Regeln haben, wie immer, Ausnahmen. Der älteste bekannte Notfall war die Ehe zwischen Nachor und den zwei Schwestern Milka und Iska, vermutlich nach einem ungeplanten Tod seines Bruders, erst damit ging ein nachhaltiger Riss durch die Familie.

Im nächsten Fall heiratete Abraham umständehalber Sara, belästigte sie aber nicht sexuell, was Sara bestätigte, indem sie sagte: „Ich habe keine EDNA (Zärtlichkeit) erlebt." Dieser Satz wurde auch so übersetzt: „Und Sara lachte in ihrem Innern und sprach: Nachdem ich alt geworden bin, sollte ich Wollust haben? Und mein Herr ist ja alt!" Für die Judenheit war Sara eine „Halbschwester" von Abraham, und die Geschwisterehe galt nicht als Unzucht. Eine vollkommen verständliche Haltung, wenn nach der Vertreibung fremder Frauen nur die Wahl der Qual zwischen Inzest oder Übergang zu alternativen Lösungen bleibt. Scheinbar schrieb Mose das Verbot nur für sich selbst.

Damit endet die Geschichte nicht, Sara gebar Isaak und tatsächlich heiratete Isaak seine Halbschwester Rebekka. In einer neuen Runde musste Saras Enkel Jakob wieder zwei Schwestern heiraten, bekam dazu als kleinen Harem zwei arabische Sklavinnen - gerade das wurde von Mose keineswegs empfohlen:

„Und du sollst nicht eine Frau zu ihrer Schwester nehmen, sie eifersüchtig zu machen, indem du ihre Blöße neben derselben aufdeckst bei ihrem Leben." (3. Mo. 18,18)

Wie weiter zu sehen ist: Geschwisterliebe ist nicht so harmlos, wie es scheint.

Gottesfrage

Nach so einer kreativen Umgestaltung der Lehre Moses ist nicht ganz klar, was überhaupt davon übrigblieb, besonders, wenn Veränderungen die Zusammenhänge unterbrechen und damit seine ganze historisch gewachsene Konstruktion zum Einsturz bringt. Hoffentlich blieb Gott unangetastet, den auch die Christen für ihren Gott halten und die Juden mit dem muslimischen Allah gleichsetzen... drei monotheistische Religionen in einem Pack.

Im Vorfeld wurde bereits angesprochen, wie Hebräer umgangssprachlich ihre höchste Gewaltinstanz kurz als EL bzw. lang als ELoHIM bezeichneten, was als „Gott" bzw. „Herr" übersetzt wird. Ein Beispiel darf nicht fehlen: Nach dem Abschied von Laban überquerte Jakob mit seiner Familie die Grenze Gil-Ad und „begegnete" den „Engeln Gottes" aus dem „Heerlager Gottes". Genauer gesagt, die „Engel Gottes" aus dem Zeltlager sind ihm „begegnet"/ IFGEU und zwar mit Gewalt.

> „Und Jakob zog seiner Wege. Da begegneten ihm Engel Gottes. Und Jakob sagte, als er sie sah: Das ist das Heerlager Gottes. Und er gab dieser Stätte den Namen Mahanajim."

Abends erreichte die Familie den Bach (keineswegs ein Fluss) Jabok und brachten das ganze Hab und Gut, ohne den nächsten Tag abzuwarten, schleunigst zum anderen Ufer. Die Befürchtungen waren berechtigt, denn bevor Jakob selbst übersetzen konnte, griff ihn ein „Mann" an. Nach langem Kampf gab der „Mann" auf, sah seine Niederlage ein und sagte: „Nicht mehr Jakob soll dein Name heißen, sondern Israel; denn du hast mit Gott und mit Menschen gekämpft und hast überwältigt."

> „Und er stand in jener Nacht auf, nahm seine beiden Frauen, seine beiden Mägde und seine elf Söhne und zog über die Furt des Jabbok; und er nahm sie und führte sie über den Fluß und führte hinüber, was er hatte. Und Jakob blieb allein zurück. Da rang ein Mann mit ihm, bis die Morgenröte heraufkam. Und als er sah, daß er ihn nicht überwältigen konnte, berührte er sein Hüftgelenk; und das Hüftgelenk Jakobs wurde verrenkt, während er mit ihm rang. Da sagte er: Laß mich los, denn die Morgenröte ist aufgegangen! Er aber sagte: Ich lasse dich nicht los, es sei denn, du hast mich [vorher] gesegnet. Da sprach er zu ihm: Was ist dein Name? Er sagte: Jakob. Da sprach er: Nicht mehr Jakob soll dein Name heißen, sondern Israel; denn du hast mit Gott und mit Menschen gekämpft und hast überwältigt."

Es liegt auf der Hand, dass „Gott" der „Mann" war, der mit Jakob gerungen hatte und seine „Engel Gottes" „Menschen" waren. Dieser „Mann", ein Big Boss, herrschte absolut über ein wenig Quadratkilometer großes Revier, wie ein

Zar konnte er seine Knechte bestrafen, enteignen, töten und vierteilen, kurz, er herrschte mit uneingeschränkter Macht, deshalb eben wurde er als EL(oHIM) bezeichnet. In diesem Sinn, nach direkter Anweisung durch den HERRn, war auch für Aaron der Bruder Mose ein ELoHIM:

„Er wird für dich zum Mund sein, und du wirst für ihn zum Gott (ELoHIM geschrieben) sein."

In der Regel aber stammt ein HERR/JaHWA, im Unterschied zu ELoHIM, aus der eigenen Familie. So entscheidet Abraham wegen der Opferung Isaaks den Konflikt zwischen ELoHIM und JaHWA zugunsten... für wen? Und wer das real war, wurde im Vorfeld bereits aufgedeckt.

Bei der Schlussredaktion des Tanach, weit über tausend Jahre nach den geschilderten Ereignissen, wurde Gott/JaHWA rückwirkend eingeführt und wie im folgenden Satz als HERR übersetzt:

„Und Jakob sprach: Gott meines Vaters Abraham und Gott meines Vaters Isaak, HERR, der du zu mir geredet hast: „Kehre zurück in dein Land und zu deiner Verwandtschaft, und ich will dir Gutes tun!"

Das Wort „JaHWA" hatte Abraham sicherlich nie gehört, der Name wurde überhaupt zum ersten Mal beim konspirativen Treffen zwischen Mose mit dem gewissen HERRn am Berg Sinai ausgesprochen. Aber unmöglich ist, dass 400 Jahre zuvor derselbe HERR/JaHWA mit Jakob oder sogar mit Abraham reden konnte. Formal ist das nicht falsch, wenn sich der Gott der Hebräer vorher unter dem Namen ShaDaI offenbarte, was übersetzt zu „Gott, der Allmächtige" geworden ist – und in Ägypten erschien er unter seinem neuen Namen HERR/JaHWA.

„Und Gott redete zu Mose und sprach zu ihm: Ich bin Jahwe. Ich bin Abraham, Isaak und Jakob erschienen als Gott, der Allmächtige; aber mit meinem Namen Jahwe habe ich mich ihnen nicht zu erkennen gegeben."

Und wer besuchte Abraham in Terebinthen Mamres? Bestimmt nicht JaHWA, es war EL ShaDaI. Einer verstümmelten Übersetzung in der Bibel nach sagte er: „Ich bin Gott, der Allmächtige."

Redaktionell wurde bei Kain genauso verfahren. Als ein HERR/JaHWA aus Fleisch und Knochen zu ihm sprach:

„Warum bist du zornig, und warum hat sich dein Gesicht gesenkt? Ist es nicht [so], wenn du recht tust, erhebt es sich? Wenn du aber nicht recht tust, lagert die Sünde vor der Tür. Und nach dir wird ihr Verlangen sein, du aber sollst über sie herrschen."

Der irdische HERR/ JaHWA ist nämlich einer aus der eigenen Familie gewesen und hieß Adam.

Nach einem dialektischen Sprung, und nur, weil der irdische JaHWA der Führer des Stammes Juda war, erklärten ihn die Judäer zum Gott, der die Welt er-

schuf. Dabei hatten die Hebräer bereits zu Zeiten Abrahams solch einen Obersten Gott ELION, „der Höchste", „der Himmel und Erde geschaffen hat".
„Und Melchisedek, König von Salem, brachte Brot und Wein heraus; und er war Priester Gottes, des Höchsten. Und er segnete ihn und sprach: Gesegnet sei Abram von Gott, dem Höchsten, der Himmel und Erde geschaffen hat! Und gesegnet sei Gott, der Höchste, der deine Bedränger in deine Hand ausgeliefert hat! - Und Abram gab ihm den Zehnten von allem."
Niemand kann im Ernst den „Heiligen Gott" ELoHIM mit JaHWA und AL-LAH gleichsetzen, gerade auch, weil die Götter verschiedene Namen tragen und durch unterschiedliche Gesetze erkennbar sind, sonst könnte sich hier noch der „monotheistische" Gott Voodoo einreihen. Ist er nicht auch der gleiche Gott wie die Drei?
„Voodoo kennt nur einen Gott, dieser wird Französisch Bondieu („Guter Gott"), davon abgeleitet kreolisch Bondyè genannt. Da Bondieu allerdings so gewaltig ist, dass der Gläubige sich nicht direkt an ihn wenden kann, gibt es die Loa als Vermittler."
(29)
Eine Verwechslung des Stammesgottes JaHWA mit JaHWA, der „Himmel und Erde geschaffen hat", ist nicht so harmlos, wie es scheint. JaHWA hat zwar für sein Vorhaben Israels Söhne auserwählt, war aber nicht jener Gott, der die Welt erschuf. Und auserwählt wurden die Söhne Israels in Ägypten und keinesfalls die in Babylon später geborenen „Juden" von Esras Format. Ein wesentlicher Unterschied, nicht wahr?
„So spricht der HERR: Mein erstgeborener Sohn ist Israel."

Esras Ahnen-Liste

Die genealogische Abstammungsliste von Esra wäre nicht von Bedeutung, wenn nicht er selbst so viel Wert daraufgelegt hätte, seine Ahnentafel in seinem Buch ausführlich vorzustellen:
„Esra, der Sohn Serajas, des Sohnes Asarjas, des Sohnes Hilkijas, des Sohnes Schallums, des Sohnes Zadoks, des Sohnes Ahitubs, des Sohnes Amarjas, des Sohnes Asarjas, des Sohnes Merajoths, des Sohnes Serachjas, des Sohnes Ussis, des Sohnes Bukkis, des Sohnes Abischuas, des Sohnes Pinehas', des Sohnes Eleasars, des Sohnes Aarons, des Hauptpriesters."
Die Theologie-Praktikanten fanden für die oben aufgelisteten 16 Generationen zwischen Aaron und Esra keine vernünftige Erklärung, und sie schweigen wie immer darüber wie die Fischchen. Doch ein williger Schreiber wagte eine Lösung zu finden, was ihm wie Salsa im Stechschritt gelang. Um die Zahlen anzupassen, berechnete er 20 Jahre für eine Generation mit dem Ergebnis, „zwischen Mose und Esra vergingen 320 Jahre", und es blieb ihm nichts übrig als einzusehen, dass das Buch von Esra „gestört ist". (30) Ebenfalls 320 Jahre, mit

17 Generationen zwischen Aaron und Esra, errechnet ein anderer gläubiger Schreiber, bei ihm dauert eine Generation 19 Jahre, und er befindet Josephus (Flavius) Angaben von 1500-1600 Jahren als stark „übertrieben". (31) Nach so einer Beschneidung der Geschichte bleibt nur ein Kopf übrig. Eine andere Variante ist zum Glück im AT/„Chronik" zu entdecken:

„die Söhne Amrams: Aaron und Mose; und Mirjam. Und die Söhne Aarons: Nadab und Abihu, Eleasar und Itamar. Eleasar zeugte Pinhas; Pinhas zeugte Abischua, und Abischua zeugte Bukki, und Bukki zeugte Usi, und Usi zeugte Serachja, und Serachja zeugte Merajot; Merajot zeugte Amarja, und Amarja zeugte Ahitub, und Ahitub zeugte Zadok, und Zadok zeugte Ahimaaz, und Ahimaaz zeugte Asarja, und Asarja zeugte Johanan, und Johanan zeugte Asarja; der ist es, der als Priester diente in dem Haus, das Salomo in Jerusalem gebaut hatte. Und Asarja zeugte Amarja, und Amarja zeugte Ahitub, und Ahitub zeugte Zadok, und Zadok zeugte Schallum, und Schallum zeugte Hilkija, und Hilkija zeugte Asarja, und Asarja zeugte Seraja, und Seraja zeugte Jozadak; und Jozadak zog mit, als der HERR Juda und Jerusalem durch Nebukadnezar [gefangen] wegführte."

Esras Angaben zu seiner Ahnentafel, das 16. Glied nach Aaron zu sein, können verglichen werden:
Aaron-Eleasar-Pinhas-Abischua-Bukki-Ussi-Serachja-Merajoth-
-Asarja-Amarja-Ahitub-Zadok-Schallum-Hilkija-Asarja-Seraja-Esra.

Im AT/„Chronik" ist Jozadak, der nach Babel in die Gefangenschaft ging, das 22. Glied nach Aaron.
Aaron-Eleasar-Pinhas-Abischua-Bukki-Usi-Serachja-Merajot-
-Amarja-Ahitub-Zadok-Ahimaaz-Asarja-Johanan-
-Asarja-Amarja-Ahitub-Zadok-Schallum-Hilkija-Asarja-Seraja-Jozadak

Demnach soll Esra (16.) 6 Generationen früher als Jozadak (22.) gelebt haben, was heißen würde, er kehrte nach Jerusalem zurück, lange bevor die Judäer nach Babel geholt wurden. Von etlichen seiner Vorfahren wusste Esra nichts, und das sind:
Amarja-Ahitub-Zadok-Ahimaaz-Asarja-Johanan.

Blamabel, denn darunter befand sich sogar kein geringerer als der Priester, der „in dem Haus, das Salomo in Jerusalem gebaut hatte", diente. Der große Bibelkenner hat entweder nicht in die „Chronik" reingeschaut oder falsch abgeschrieben, oder hatte vom AT gar keine Ahnung.

Wenig wahrscheinlich ist, dass Esra sich seiner Abstammung nicht bewusst war, sollte er aber ein Geheimsohn von Seraja oder der Sohn von dessen Tochter

(Ester) sein, würde dieser in der Ahnenliste selbstverständlich nicht aufgeführt. Dann aber wäre Esra nach 70 Jahren im Exil uralt und nicht mehr transportabel gewesen. Dies wiederum erweckt den Eindruck, letztendlich ist seine Ahnentafel eine weitere Fälschung und er selbst nicht der Original-Esra gewesen - ein Doppelgänger?

Im Stil einer klassischen Fälschung fing Esras Tafel mit seinem Namen an, aber im Unterschied zum AT in umgekehrter Reihenfolge, wie:

„der Sohn Serajas, des Sohnes Asarja", statt „Asarja zeugte Seraja".

Möglich auch, zu seiner Zeit war das so üblich. Kurz gesagt, Esra hat sich an das letzte bekannte Kettenglied Seraja angehängt und sich einen dynastisch-priesterlichen Status angeeignet. Dieser Trick wirkte vielleicht beim persischen König und bei „seinem Volk", nicht aber bei den Israeliten, die von ihm noch und viel mehr wussten. Für sie war er ein Hochstapler und Plebejer.

Auffälligerweise stimmt ein Teil in Esras Ahnentafel mit der Ahnenreihe im AT überein, die einzig mögliche Erklärung dafür wäre, dass Serajas Tochter von Nebukadnezar oder einem anderen Assyrer während der Gefangenschaft den Sohn Esra bekam.

Zadok-Schallum-Hilkija-Asarja-Seraja-Esra.

Somit war Esra ein Assyrer, und das macht deutlich, wie die Strafaktion gegen fremde Frauen und die Weichenumstellung auf die Mutterlinie Esras Abstammung legitimieren musste. Auch bemerkenswert ist die wiederholte Bekräftigung, „Esra, der Priester", als ob er keiner gewesen wäre, und auch das Lob für Esra, „dem Priester, dem vollkommenen Schriftgelehrten im Gesetz des Gottes des Himmels". Bei diesem „kundigen Schriftgelehrten in dem Gesetz Moses" ist wenig Ahnung vom Gesetz zu spüren, dafür aber davon, wie viel Selbstlob er benötigt.

Auch Esras Name fiel nicht vom Himmel, er muss erklärbar sein. Der assyrische König Tiglat-Pileser III., der im Jahr 734/733 v. das Land eroberte und Israeliten zum Teil umsiedelte, hieß auch „Esra", auf akkadisch Tukulti-apil-Ešarra III. Esras Lage wird noch trübseliger, wenn sich ergibt, dass sein Name von dem assyrischen Opa seines Opas stammt, dem Feind Israels und einem Verbündeten von Judäa.

„In assyrischen Inschriften um 740 v. Chr. taucht der Name Asarja auf, der als Usurpator erwähnt wird. Ob es sich um den biblischen Asarja handelt, wird in Fachkreisen kontrovers diskutiert. Im Syrisch-Ephraimitischen Krieg 734/733 v. Chr. verbündeten sich König Rezin von Aram mit Pekach von Israel und den phönizischen Städten gegen Ahas (in assyrischen Quellen: Jahukhazi), den König von Juda. Ahas rief Tiglatpilesar zur Hilfe. Tiglat-Pileser eroberte Damaskus und tötete Rezin. Er eroberte auch

Teile des Reiches Israels und ließ zahlreiche Bewohner deportieren. Auch das Land der Philister geriet damals unter die Kontrolle Assyriens. Dem biblischen Bericht zufolge (2. Könige 15 und 16) soll dagegen Hoschea Pekach getötet und sich zu seinem Nachfolger erklärt haben, während assyrische Quellen berichten, Tiglat-Pileser habe Pekach ab- und Hoschea als Vasallenkönig eingesetzt. Dem entspricht auch die Inschrift III R 10, Nr. 2, in der Tiglat-Pileser davon berichtet, dass die samarische Bevölkerung Pekach tötete und Hosea als neuen König wählte". (32)
Als geborener Assyrer konnte Esra schwer das Amt eines Priesters bekleiden, und selbst für Priester war er lediglich ein persischer Beamter und nicht mehr. Diesem Umstand ist der Vorstoß gegen fremde Frauen zu verdanken, der sich vor allem gegen den Widerstand der Priesterschaft richtete. Von der Strafaktion betroffen waren sie und ihre Söhne: „Und es fanden sich unter den Söhnen der Priester, die fremde Frauen heimgeführt hatten (…)". Erstaunlich, wie viele Priestersöhne „babylonische Frauen" mitbrachten, was für Hebräer bis dahin ganz selbstverständlich war. War die Vertreibung fremder Frauen die Fortsetzung einer bürokratischen Auslese, die in Babel begann, als israelitische Komponenten schon im Voraus nicht zur Rückkehr zugelassen wurden?

Nach einem Schlenker nach Jerusalem kehrte Esra in seine persische Heimat zurück und setzte seine Karriere als enger Berater (Mundschenk) beim persischen König Artasasta fort, enger als gedacht. Tatsache ist, bei der Aktion gegen fremde Frauen musste Esra keine eigene Frau entbehren, und überhaupt war er ein Fundamentalist.

Mit Esras Beitrag wird ein neues Kapitel eröffnet. Seit Mose die Leviten über die anderen 11 (12) israelitischen Stämme setzte, regierten sie nach dem einfachen Prinzip, wer die Gesetze schreibt und danach richtet, hat die Macht. Übrigens ist dieses Rezept nicht ganz ungewöhnlich, bei Inka-Indianern verlief die Teilung nicht viel anders.

„Der Willaq Umu hatte die Macht über alle Tempel und religiösen Gebäude und konnte die Priester ernennen oder abberufen. Seine Amtszeit war lebenslang. Neben der Überwachung der Einhaltung des Sonnenkults krönte er den jeweils neuen Herrscher und leitete die Trauungszeremonie des Inka. Der Willaq Umu wurde im Tawantinsuyu von zehn Hatun Willaq unterstützt, die ausschließlich aus dem Ayllu Tarpuntay stammen durften. Zusammen bildeten sie den Obersten Rat, in dem der Villac Umu den Vorsitz hatte. Miloslav Stingl wies auf die Parallele zum jüdischen Brauch im alttestamentlichen Israel hin, bei dem die Priester fast ausschließlich dem Stamme Levi entstammten". (33)
Und jetzt kamen Esras Juden ans Ruder.

Das „Mischvolk" in Zahlen
Also, die Juden aus Babylon waren „die Guten" und das „Mischvolk" waren

„die Schlechten". Nun endlich ist die Frage erlaubt, wer war das, dieses „Mischvolk"? Noch bevor die Priestergarde 70 Jahre zuvor nach Babylon kam, musste das „Mischvolk" im Land Israel noch gelebt haben, falls dieses nicht in 70 Jahren schnell ausgetauscht wurde oder sich in Luft aufgelöst hat. Und mitten drin lebten die Priester und Leviten problemlos in diesem Volk und feierten ihre Gottesdienste. War das Volk zu dieser Zeit noch kein „Mischvolk" oder wurde es erst durch Esras Definition rückwirkend zum „Mischvolk" herabgestuft?

Laut den Quellen mit wissenschaftlichem Anspruch lebten im Königreich von David „5 000 Tausend Israeliten". Die Zahlen wurden nicht von Wikipedisten erfunden, aber in dieser Art von einem anderen Vorschreiber. (34) Bei demselben Vorschreiber erreicht die Zahl der Israeliten, die aus Ägypten auszogen, „2500 Tausend". So was geschieht, wenn Menschen nur bloße Zahlen sind und er niemals schwerere Gegenstände als eine (PC-) Maus gehoben hat.

Die Geschichte der Israeliten im Land Israel fing mit Hosea/Josua (1543 v.) an und mit Hosea, dem letzten König von Israel, ging sie zu Ende im Jahr 734/733 v. (722 v.), zu größten Freude der Judäer. (35)

Der letzte König (nach König Manasse) im Land Judäa hielt länger stand und zwar bis Nebukadnezar II. im Jahr 597 v. Jerusalem einnahm. (36) Das heißt, für die Israeliten dauerte das Babylonische Exil 175 Jahre (733-558 v., Anfang des Tempelbaus von Kores I.) und für Judäer klägliche 39 Jahre (597-558 v.). Auch Apostel Matthäus ging von nur 2 Generationen im Exil aus: „Josia zeugte Jojachin und seine Brüder um die Zeit der babylonischen Gefangenschaft. Nach der babylonischen Gefangenschaft zeugte Jojachin Schealtïl".

Eher vergrößerte sich in diesen Jahren die Landbevölkerung beiderseits des Jordans bis auf 700 000. Warum ausgerechnet 700 000? Im Osmanischen Reich wurden im Jahr 1900 in Palästina 400 000 bis 500 000 Einwohner gezählt, das laut Pilgerberichten „wüst und leer" war. Herauszufinden, was unter „Palästina" verstanden wird und welche Grenzen es hat, ist eine Lebensaufgabe. Für manchen befindet sich das „historische Palästina" innerhalb der Grenzen des Staates Israel, für andere im Mandatspälastina zwischen Mittelmeer und Euphrat, für den nächsten im palästinensischen Autonomiegebiet, und für den letzten beschränkt sich Palästina auf die Gegend, in der Jesus Christus herumwanderte und predigte.

Das türkische Palästina, so Mordechai Naor („Eretz Israel. Das zwanzigste Jahrhundert"), „umfasst Gebiete zu beiden Seiten des Jordans. Der unabhängige Bezirk Jerusalems untersteht direkt dem Gouverneur. Der Bezirk Beirut, westlich des Jordans, erstreckt sich von Beirut südwärts bis nach Akko und Nablus. Die Landesteile östlich umschließen auch Damaskus." Die Einwohnerzahl in diesem Gebiet zu berechnen ist schwer möglich, aber auch nicht nötig. In der Regel entspricht die Bevölkerungsmenge der Anzahl vorhandener Arbeitsplätze, nur bei einem Vorschreiber mit Mausklick können im Land 1-2 Millionen Menschen gewohnt haben, obwohl das Land lediglich 700 000 ernähren kann. Die extensive Landwirtschaft im türkischen Palästina lässt sich mit dem Stand in der Zeit des Königreichs Davids vergleichen, davon abgeleitet konnten diesseits des Jordans schätzungsweise nur 700.000 Einwohner leben.

„Nordreich Israel" und Judäa

Teilung

Nach König Salomos Tod spaltete sich das Land wieder in das „Nordreich Israel" mit der Hauptstadt Samaria, und in „Judäa".

„Samaria (hebräisch שומרון Shomron, griechisch Σαμάρεια Samareia, später Σεβάστη Sebaste, arabisch سبسطية, Sebastia) war die Hauptstadt des Königreiches Israel seit etwa 876 v. Chr. Sie liegt in Zentralpalästina, nicht weit von der modernen Stadt Nablus, dem antiken Sichem, auf einem etwa 90 m hohen Hügel." (37)

Besser gesagt, das Königsreich Israel ist Judäa gerne losgeworden und nicht unbedingt wegen der „hohen Steuern". Die Israeliten haben das Heiligtum in Jerusalem nie anerkannt und verehrten ihre eigene Kultstätte auf dem Berg Garizim, die noch von Josua eingeweiht wurde.

„Die Samaritaner lokalisieren auf der Höhe des Berges den Altar, der nach Dt. 27,4 und Jo. 8,30 von Josua im Auftrag des Mose gebaut worden sei. Hier stand der Tempel der Samariter, der im 4. Jh. v. Chr. gebaut und um 129 v. Chr. durch den Hasmonäer-König Johannes Hyrkanos I (135 – 104 v. Chr.) zerstört wurde. Bei Grabungen seit 1964 wurde die Tempelanlage auf 881 m freigelegt. Münzfunde aus Nablus (antik Neapolis) belegen das Aussehen der Anlage." (38)

Eine wesentliche Kleinigkeit: Als König Omri im Land Israel regierte, gründete er die Stadt Samaria, die nach ihm Sh-OMR-ON/Samaria benannt wurde, keineswegs aber nach den zeitlich und territorial weit entlegenen „Sumerern".

„Der israelitische König Omri gründete um 876 v. Chr. als Ersatz für das weniger gut gelegene Tirza die neue Hauptstadt Samaria auf einem davor unbesiedelten Berg." (39)

Spätestens nach der Teilung entstanden zwei Völker, die Israeliten, ihrer eigenen Selbstbezeichnung nach, und die verselbstständigten Judäer. Etwa so, wie sich nach der Oktoberrevolution die Russen (vorher „Großrussen") in Russen, Weißrussen und Ukrainer (vorher „Malorossi") aufgeteilt haben.

Über die Samariter schreibt ein Schreibtischtäter:

„Unterschieden werden Bewohner von Samaria (hebr. schomronim) und die israeliti-

schen Samaritaner (hebr. שׁוֹמְרִים schomerim). Der Begriff Schomronim bezeichnet die Bewohner von Samaria. Schomronim leitet sich vom Namen Samaria hebr. shomron) ab. Die Schamerim hingegen sind eine israelitische Glaubensgemeinschaft. Nicht alle Bewohner von Samaria, nicht alle Schomronim also, sind auch Schamerim (israelitische Samaritaner). Der hebräische Begriff shamerim bedeutet Bewahrer, Beobachter, Observanten. Die Schamerim (israelitische Samaritaner) verstanden und verstehen sich als Observanten und Einhalter der Satzungen Mose (Tor oder Pentateuch). Sie sehen sich als die Vertreter des alten Israels und vertreten dessen Gottesbild."
Leider Gottes, das Hebräische hatte und hat das Wort „Schamerim" nicht. Korrekt ist, im Königreich Israel war das zentrale Heiligtum der Israeliten auf dem Berg Garizim platziert, in der Hauptstadt Samaria, wonach die Israeliten rein administrativ „Samariter" genannt wurden. Bezugspunkte für die israelitischen Samariter oder samaritischen Israeliten bildeten das Heiligtum auf dem Berg Garizim, ein Heiliger Ort in Bet El, und das Grab ihres Vorvaters Joseph in Nablus (Sichem):
„Der Garizim, auch Gerizzim, Garizin (hebräisch גריזים arabisch جرزيم جبلDschabal Dscharizīm, griechisch Γαριζ(ε)ιν) ist ein 881 m hoher Berg aus Nummulitenkalk in Palästina, an dessen Nordfuß Nablus (das biblische Sichem) liegt." (38)
Dabei besaßen die Judäer ihrerseits, nach Moses Teilungsplan, das Doppelgrab von Sara und Abraham, einem noch wichtigeren Heiligtum als das Grab Josephs.
Nach Vertreibung, Islamisierung und in Folge eines zunehmenden Inzests wurde die Zahl der übrig gebliebenen Samariter in Palästina weniger als klein:
„Waren die Samaritaner im Mittelalter noch ein recht zahlreiches Volk, so sank ihre Zahl im Zuge der Islamisierung extrem. Die Samaritaner praktizieren, auch zu ihrem eigenen Schutz, eine strenge Endogamie. Im Jahre 1918 zählten die Briten im damaligen Mandatsgebiet Palästina 146 Samariter in fünf miteinander verwandten Familien, davon eine Priesterfamilie."
„Es gibt heute in Israel und im Westjordanland etwa 700 Samaritaner." (40)

Hebräer

Jetzt ist die Frage, wer diese Samariter-Israeliten waren, die den Ersten Tempel nicht anerkannten und die Bauarbeiten am zweiten Tempel sabotierten? Sie wohnten nicht irgendwo-anderswo als „in Samaria und in dem übrigen Gebiete jenseits des Stromes." (Esra) und hießen Israeliten, das ist soweit klar. Nur, wie bereits im Vorfeld geschildert und belegt, hielten sie sich für Hebräer. Auch ihre Umgebung nannte sie so und zwar alle Generationen hindurch (2000 Jahre), von Abraham angefangen bis hin zu König David, siehe AT.
„Viele" namenlose „Exegeten und Altorientalisten" schaffen den Abstieg vom Baum der Erkenntnis nicht, für sie müssen „Apiru, Habiru" und „Hebräer" ein-

fach eins und das Gleiche und dasselbe sein:

„Viele Exegeten und Altorientalisten nehmen einen Zusammenhang zwischen der biblischen Konsonantenfolge HBR und dem Wort Apiru / Habiru an, auch wenn sie eine direkte Ableitung für unwahrscheinlich halten."

„Einige" sind bestrebt, die Apiru mit Hebräern gleichzusetzen, zu diesem Zweck wird sich auf eine „Erinnerung" berufen und eine namentlich bekannte Größe herangezogen, wie Roland de Vaux:

„Einige halten es für möglich, dass allmählich eine Verschiebung zur ethnischen Bedeutung stattfand: So könne die Verwendung des Worts „Hebräer" im Buch Exodus (…) eine Erinnerung daran bewahren, dass die Vorfahren Israels als ʿApiru galten. Roland de Vaux interpretierte beide Ausdrucke ʿApiru und „Hebräer" als ethnische Bezeichnung für Gruppen, die von der Wüste ins Kulturland vorgedrungen waren."

Leider fehlt eine Begründung, scheinbar ist sie in den hinteren Annalen der Wikipedia verschollen.

Im Vorfeld wurde erklärt, dass die hEBRäer nach ihrem Urahn EVeR genannt wurden, und dass die Bezeichnungen haBIRu und aPIRu nicht mehr als „Wilde", „Heiden" oder auch „PIRaten" bedeuten können. So wurde Aaron wegen des Goldenen Kalbs von Mose als ein Wilder/Heide/PaRA beschimpft, was in der Übersetzung vorsorglich ausgelassen wurde.

„Und Mose sah das Volk, dass es zügellos war; denn Aaron hatte es zügellos gemacht, zum Gespött unter ihren Widersachern."

Und in der Bibel wird Ismael als ein „Wildesel"/PeRE ADaM punktiert und übersetzt. Obwohl, anders gelesen bedeutet PeRE ADaM ein „fruchtbarer Mensch", so wie es in der Regel bei den Segnungen versprochen wurde und so, wie der Engel des HERRN sprach: „Ich will deine Nachkommen sehr vermehren, so dass sie nicht gezählt werden sollen vor Menge."

Näheres über die Hebräer kann jeder selbst aus den fünf Büchern Mose erfahren. Die hebräischen Gesetze wurden von Mose autorisiert, deshalb Moses Gesetze als „jüdische Gesetze" zu bezeichnen, kann nicht ganz fair sein. Mose war kein „Jude", seine Gesetze rückwirkend als „jüdisch" und als mosaische „Religion" zu erklären, kann daher nur als ein Vorstoß zur Vereinnahmung bewertet werden. Falls nicht, dann stimmt im Heiligen Koran die Bezeichnung „Muslime" auch rückwirkend für Jesus, Moses und Abraham.

Kurz, die Hebräer in Samaria waren bis zu Lebzeiten Jesus Christus sehr wohl präsent, worauf die Schreibweise in den Qumranrollen und Schriften aus Masada hinweist. Sogar das Wort „Berg Garizim" wurde, wie vor der Landspaltung, in alter Schreibart „Berggarizim" zusammengeschrieben. (41)

„Unreine" Erzväter

Das Rückgrat der Bibel bildet der genealogische Kalender, „Genesis" genannt. Die Zeitberechnung in diesem Kalender folgte, wie schon im Vorfeld ausgeführt, vom Vater zum erstgeborenen Sohn, vom erstgeborenen Sohn zum nächsten und so fort. Seit Adam entstand auf diese Weise eine genealogische Linie aus lauter Erstgeborenen, daher begriffen sich die Hebräer als „Gemeinde der Erstgeborenen" („Hebräer", NT), wobei ihre Vorväter vorbehaltlos fremde Frauen heirateten:

Abraham mit H`agar und Ketura,
Isaak mit aramäischen Rebekka,
Jakob mit aramäischen Schwestern Lea und Rahel und zwei arabischen Frauen, Bilha und Silpa,
Juda mit Kanaanitin Bat Schoa und Aramäerin Tamar,
Joseph mit Ägypterin Asnat,
Moses mit midianitischer Zipora und mit einer Kuschitin. Und so unendlich weiter. (42)

In Kanaan ging es nicht anders zu, und Esras Urteil über die Israeliten als einem „Mischvolk" ist voll berechtigt und bestätigt. Die Erzväter Abraham, Isaak, Jakob bis hin zu Mose waren alle „unrein", selbst Adam heiratete Eva/HaVA aus dem Stamm Eva/HaVA. Hierbei fehlt die Logik, denn nach dem Mutterprinzip sind die Nachkommen Kanaaniter, wenn aber Kanaaniter Kanaaniter heiraten, werden sie plötzlich ein „Mischvolk". Auch nach Mose ging es in gleichem Tempo weiter, Simson wurde von einem Engel gezeugt und selbst König David war ein Nachkomme der Midianiterin Ruth. Einzelheiten über die Geburt von König David wurden in der Bibel vorsorglich eingespart, dafür gab es sehr gute Gründe.

Goi

Im Sprachgebrauch werden Nichtjuden mit dem Wort „Goi" bezeichnet. Der Ausdruck hat einen negativen Beigeschmack, aus welcher Ecke er kommt, ist leicht zu erraten.

Im AT bedeutet das Wort „Goi" „Bund der Völker", „eine Nation". Ein Goi zu werden ist im AT überhaupt die größte Wunschvorstellung, höchster Segen und viel wichtiger als ein langes und gesundes Leben. In der Verheißung Abrahams wurden Nachkommen so „viel wie Sterne im Himmel" versprochen, und er selbst „wird ein großer GOI" werden:

> „Abraham soll doch zu einer großen und mächtigen Nation werden, und in ihm sollen gesegnet werden alle Nationen der Erde!" יִהְיֶה לְגוֹי גָּדוֹל, וְעָצוּם

Auch Isaak wird zu einem „großem GOI", sowie Jakob und Mose.

„Und der HERR sprach zu Mose: (...) dich aber will ich zu einer großen Nation machen." וְאֶעֱשֶׂה אוֹתְךָ, לְגוֹי גָּדוֹל

Sogar Esra brachte eine Schar von lauter GOIs nach Jerusalem.

Als größter Segen der Welt versprach Gott nicht materielle Güter, sondern eine GOI-Werdung. In der Bibel wird „Goi" einmal als „Nation", ein anderes Mal als „Völker" übersetzt. War das „Mischvolk" nicht ein solcher „GOI"? Was für Erzväter gut, ist schlecht für fromme Juden, für sie ist Goi ein Nichtjude (Mose rotiert im Grab). Eine realistische Anekdote über „Nichtjuden":

Ein junger Goi wollte eine junge jiddische Frau heiraten, der Vater der jungen Frau sagt ihm: „Du weißt doch, zuerst musst du jüdischen Glaubens sein. Zudem muss der Mann vorher für eine materielle Basis sorgen." Der junge Mann konvertierte zum Judentum, studierte und wurde Chef einer großen Firma. Dann kam er wieder, aber die Frau war schon mit einem anderen verheiratet. Der Vater sagte ihm: „Das ist nicht schlimm. Du hast viel erreicht und jetzt kannst du genau wie alle anderen jiddischen jungen Männer eine Schickse heiraten."

Schicksen

Ein „Mischvolk" ohne „fremde Frauen" ist nicht denkbar, wie ein GOI ohne „Schicksen". Unter „Schicksen" sind „Nichtjüdinnen" gemeint, dieser Ausdruck hinterlässt gleichfalls einen schlechten Beigeschmack und kommt aus der gleichen Küche. Der Volksmund hat sich über Schicksen eine ganze Reihe von Anekdoten ausgedacht, zum Beispiel:

Ein junger Mann geht am Kolleg studieren. Sein Vater sagt ihm zum Abschied: „Die Studenten heute führen ein frivoles Leben, aber eine Sache darfst du nicht machen, du sollst keine Schickse heiraten!"

Nach einiger Zeit kommt der junge Mann nach Hause, verheiratet mit einer blonden, blauäugigen, skandinavischen Schickse. „Und?", fragt der Vater. „Alles cool, Papa, außer dass meine Frau am Samstag Kerzen anzündet und koscheres Essen eingeführt hat." „Habe ich dir nicht gesagt, keine Schickse zu heiraten?", sagte der Vater.

Halacha

Nun, wie stand es mit der „Reinheit" bei den Juden selbst? Der Übergang zum Mutterprinzip, initiiert von Esra und seinen selbsterklärten Juden, birgt manche Schwierigkeiten. Der Verzicht auf fremde Frauen deutet mindestens auf eine Männergemeinschaft, oder auf einen Inzest und demzufolge auf das düstere Schicksal der Samariter und Drusen hin. Woher, übrigens, haben sich die Edikt-Juden Frauen herangeschafft, wenn die babylonischen Frauen weggeschickt wurden und sie mit dem „unreinen" Volk auf Kriegsfuß standen? Oder gingen sie zu einer nicht-traditionellen Ehe über?

Der (babylonische) Talmud wurde zwar 400-500 Jahre nach Esra schriftlich verfasst, dennoch, schon mit Nehemias-Esras Rückkehr brachten die Juden die babylonische Gesetzgebung mit. (47) Zweifellos ist der Talmud ein großes, kulturelles Werk aus der Antike, aber anstatt sich mit ihm zu beschäftigen, wäre es lehrreich zu erfahren, was Talmud-Lehrer und Talmud-Schüler da gelehrt und gelernt haben und was daraus wurde.

Die Erschaffung der Welt in Sieben Tagen und die Entstehung der Welt vor 577X Jahren sind für Talmud-Weise unwiderlegbare Tatsachen. Dass Adam überhaupt der erste Mensch war, und dass einzig Noah mit seiner Familie die Sintflut überlebte, ist für Lehrer und Schüler ein Axiom. Schade, aber mit dieser Auffassung wird den Armen indirekt ein Inzest unterstellt. So steht es zwar nicht im AT, wird aber von Talmud-Genossen gerne herausgelesen.

Der Talmud besteht aus Richtlinien für die Gemara/Gericht und Halacha/Praxis. Nach den Halacha-Bestimmungen für Fremde, und vor allem für die Hebräer, ist Giur vorgesehen. Wie in der Anekdote mit dem Juden und dem „großen Fisch", werden die fremden Frauen nach zweijährigem Lehrgang für Jüdinnen erklärt und in die Partei aufgenommen. Im Endergebnis waren Juden nichts anderes als die Hebräer, nämlich ein „Mischvolk", beide heirateten fremde Frauen. Der einzige Unterschied: bei Juden waren fremde Frauen „ein großer Fisch", der halachistisch zum Judentum konvertiert wurde.

Manche Gelehrte meinen, dass Johanan Hurkanos I. (104-135 v.) den allerersten Giur den Edomitern verpasst und sie beschnitten hat. (48) Dabei wird einiges verschwiegen: was haben die Frauen mit Giur und konkret mit der Beschneidung zu tun? Selbst das Wort „Giur" war damals unbekannt. Und sieh mal an, welche Logik? Die Edomiter wurden „reinen Glaubens", der Edomiter Herodes der Große durfte deshalb sogar den Zweiten Tempel errichten, aber die verwandten Assyrer, ebenfalls „reinen Glaubens", wurden von Esra abgelehnt und durften nicht am Tempelbau teilnehmen.

Ein „Giur", in der Art von Johanan Hurkanos I., gab es doch noch. Der Stamm Hamor (Emor) ließ sich ganz ohne zweijährige Umschulung beschneiden. Selbst Abraham brachte die Beschneidung hinter sich, ohne zu ahnen, dass es ein „Giur" war. Vom „Giur" hat im AT keiner gehört, und keine einzige in der Bibel erwähnte Frau absolvierte den vorgeschriebenen Lehrgang, bevor sie heiratete. Selbstverständlich steht es jedem frei, die Eingliederung in einer Familie hinterher für „Giur" zu erklären, das wäre dann wieder ein Fall von rückwirkender Vereinnahmung und Umschreibung der Geschichte.

Nun stellt sich die Frage, wieweit „Giur" mit Moses Gesetz übereinstimmt. Noch schwieriger wird die Antwort, wenn das Gebot: „Du sollst nicht einen anderen Gott anbeten" die Existenz anderer Götter anerkennt. Damit wird ihren Anbetern ein Recht auf Religionsfreiheit eingeräumt und jede Art der Missionierung, auch in Form von „Giur", ausgeschlossen.

„Giur" leitet sich vom Wort „Ger" ab, was „fremder Einwohner" bedeutet. Abraham durfte als Ger bei den Philistern wohnen, wohlgemerkt, ohne seinen Glauben aufzugeben. Auch Mose machte als „Fremder" bei den Midianitern seine Erfahrung und nahm ohne jegliche Zeremonie Zipora zur Frau. Dem Status „Fremder" wurde in der Bibel viel Platz gewidmet, zum Beispiel darf keiner die Fremden bedrücken, geschweige denn mit einer Konvertierung drangsalieren.

„Und wenn ein Fremder sich bei dir aufhält in eurem Land, so sollt ihr ihn nicht bedrücken."

„Ein Gesetz soll sein für den Einheimischen und für den Fremden, der sich in eurer Mitte aufhält."

Nicht lange her, da konnte jeder in Europa ein Bürger werden, vorausgesetzt, er anerkennt die bürgerlichen Gesetze, bezahlt Steuern und leistet seinen Militärdienst. Auch im AT war nicht unbedingt ein Glaubensbekenntnis Voraussetzung für die Aufnahme und das Aufenthaltsrecht Fremder. Dem Gebot „Habe keinen Gott neben mir." waren Fremde und eingeheiratete Frauen nicht verpflichtet. Zum Beispiel, Jakobs Frau, die Aramäerin Rahel, nahm ihren Hausgötzen Teraphim mit:

„Und Laban war gegangen, um seine Schafe zu scheren; und Rahel stahl die Teraphim."

Im Gegensatz zur Halacha musste ein Fremder nur die 5 Gebote Noahs befolgen, und das war alles. Bis in die Zeit von Jesus Christus hat sich die Einstellung kaum geändert:

„Du sollst nicht ehebrechen; du sollst nicht töten; du sollst nicht stehlen; du sollst nicht falsch Zeugnis reden; du sollst deinen Vater und deine Mutter ehren!"

All diese Fragen machen eigentlich schon einige Differenzen zwischen Hebräern und Juden sichtbar.

Patriarchat

Vor unserer Zeit, in einer schrecklichen, patriarchalen Gesellschaft, traf ein Stammesführer die Entscheidung über lebenswichtige Fragen wie Krieg und Frieden, aber interne Angelegenheiten, die Nachkommenschaft betreffend, bestimmten (auch) die Frauen. Trotz Abrahams Widerwillen wurden zum Beispiel die Belange Saras anschließend mit Gottes Wort verkündet, ein Matriarchat im Patriarchat.

„Und die Sache war sehr übel in den Augen Abrahams um seines Sohneswillen. Aber

Gott sprach zu Abraham: Lass es nicht übel sein in deinen Augen wegen des Knaben und wegen deiner Magd; was immer Sara zu dir sagt, höre auf ihre Stimme; denn in Isaak soll dir ein Same genannt werden."

Hier nur kurz zur damaligen Familienstruktur: ein Vaterhaus bestand aus autonomen Mutterhäusern, und von Bedeutung war, aus welchem Mutterhaus jemand stammte. Heute ist das nicht viel anders, gefallene Hisbollah-Kämpfer in Syrien wurden auf DNA untersucht und nach der Mutter identifiziert.

Wie im Vorfeld gezeigt, waren die hebräischen Familien im Unterschied zu den Nachbarvölkern monogam. Die Vielweiberei fällt in Moses Gesetzen unter den Paragraphen 10, „begehre nicht…". Aber bei der Vielweiberei kann die Abstammung von der Mutter wieder sinnvoll sein. War das nicht ein Hintergedanke bei der Einführung des Mutterprinzips?

Zwei Mutterhäuser

Wie gesagt, der Umgang mit zwei Schwestern war nach Moses Gesetzgebung ganz verboten. Ausnahmsweise musste Jakob zwei aramäische Schwestern heiraten, Lea und Rahel, und bekam dazu noch Silpa und Bilha. Die Missstände fingen an, als Jakob die Bedingung gestellt wurde, zuerst die ältere Lea zu heiraten und dann die Frau seiner Wahl, Rahel.

„Und Laban sprach: Es geschieht nicht so an unserem Ort, die Jüngere vor der Erstgeborenen zu geben."

Solche Regeln stellte Laban nicht ganz ohne Eigennutz auf, der mittellose, zwanzigjährige Jakob musste Laban sieben Jahre länger dienen und für ihn insgesamt zwanzig Jahre Arbeit leisten. In der Folge entstanden zwei Mütterhäuser, Leas und Rahels. Um sich gegenseitig noch mehr in ihren Positionen zu stärken, bekam Jakob zusätzlich ihre Dienerinnen. Das Ergebnis: ein Konkurrenzkampf um höhere Geburtenraten, den Leas Haus mit 9 zu 4 eindeutig gewann.

Der Altersunterschied zwischen Jakobs Söhnen, die älteren Levi und Juda und die jüngsten Joseph und Benjamin, führte im Laufe von 400 Jahren zu gravierenden Folgen, die noch beschrieben werden. Anzumerken bleibt, dass die Rivalität zweier Mütter zum Konflikt zwischen Levi-Juda und Joseph-Benjamin führte.

So führte die Heirat mit zwei Schwestern von einem Gesetzesbruch zum nächsten. Und Jakobs Geburtstagsgeschenk für Joseph, ein buntes Hemdchen, machte einige Brüder neidisch. Die jüngsten Söhne aus Leas Konkurrenzhaus begannen vom „Anschlag, dass sie ihn töteten." zu reden. Wie bei Jugendlichen üblich, wären das einfach so dahingesagte, große Sprüche geblieben, hätte sich nicht der ältere Juda eingemischt und vorgeschlagen: „Kommt, lasst uns ihn den

Ismaeliten verkaufen, damit sich unsere Hände nicht an ihm vergreifen; denn er ist unser Bruder, unser Fleisch und Blut." Joseph wurde verkauft, er wurde Pharao in Ägypten und gründete eine eigene Dynastie. Erst dann nahm der Konflikt zwischen Levi-Juda und Joseph-Benjamin greifbare Konturen an.

Auch Jakob trug zum Konflikt bei. Von entscheidender Bedeutung können seine Segnungen und auch Flüche sein, der erstgeborene Ruben wurde verflucht und gleichfalls Simeon mit Levi wegen des Vorfalls mit Dina. Alle drei sind Söhne der Zwangsehefrau Lea gewesen.

„Simeon und Levi sind Brüder, Werkzeuge der Gewalttat ihrer Waffen. Meine Seele komme nicht in ihren geheimen Rat, meine Ehre vereinige sich nicht mit ihrer Versammlung! Denn in ihrem Zorn haben sie den Mann erschlagen und in ihrem Mutwillen den Stier gelähmt. Verflucht sei ihr Zorn, denn er war gewalttätig, und ihr Grimm, denn er war grausam! Ich werde sie verteilen in Jakob und sie zerstreuen in Israel."

Dem anderen Sohn der ungeliebten Lea, Juda, versprach die Segnung zwar Erfolg, aber nicht mehr:

„Nicht weichen wird das Zepter von Juda, noch der Herrscherstab zwischen seinen Füßen weg, bis Schilo kommt, und ihm werden die Völker gehorchen."

Schilos fatale Bedeutung wird später noch erläutert. Dagegen bekam Rahels Sohn Joseph das höchste Rating und die allerbeste Segnung, nämlich sämtliche Segnungen seit Adam „bis zur Grenze der ewigen Hügel."

„Von dort ist der Hirte, der Stein Israels: von dem Gott deines Vaters, und er wird dir helfen, und dem Allmächtigen, und er wird dich segnen mit Segnungen des Himmels droben, mit Segnungen der Tiefe, die unten liegt, mit Segnungen der Brüste und des Mutterleibes. Die Segnungen deines Vaters überragen die Segnungen meiner Voreltern bis zur Grenze der ewigen Hügel. Sie werden sein auf dem Haupt Josephs und auf dem Scheitel des Abgesonderten unter seinen Brüdern."

Unter solchen Voraussetzungen wurde die Partie Levi-Juda kontra Joseph-Benjamin weitergeführt, und so betrachtet bekommt die Teilung nach dem Mutterprinzip erst einen Sinn, wie auch bei der Hisbollah.

Vier Mütter

Die Hebräer leiteten ihre Herkunft von Jakob-Israel ab, und so nannten sie sich selbst und ihr Land. Im Unterschied dazu sehen die Juden ihre Herkunft bei Vier Müttern, den vier Ehefrauen Jakobs. Eine Kinderfrage stellt sich: „Wen liebst du mehr, Vater oder Mutter?" Den Vater hatten die Hebräer schon längst besetzt, den Juden blieb dann nur noch die Mutter. Dadurch wurde die Abstammung von zwei Sklavinnen festgelegt und auch Vielweiberei ermöglicht.

Die Suche nach den wertvollen Genomen der Vier Mütter bei Sefarden und Aschkenasen, wohlgemerkt aramäische und arabische, brachte der modernen

Intensivwissenschaft, außer verbalen Handgreiflichkeiten, kein eindeutiges Ergebnis. Die Zeitschrift „Nature Communications" der britischen Universität (von Martin Richards, University of Huddersfield) berichtet, dass 80 % des Aschkenasen-Genoms eine europäische, die restlichen 20 % eine Abstammung aus dem Mittleren Osten aufweist. (49) Ein gutes Ergebnis, aber das Rest-Genom erreicht im besten Fall 3%, also bedeutet Abstammung nichts anderes als ein Etikett, so wie deutsche, im Ausland produzierte Waren, wo nur der „Made in Germany"- Aufkleber „deutsch" ist. Schwierige Frage, was da noch „deutsch" ist.

Schon die Enkelkinder von Jakob waren autochthone Ägypter und Halbafrikaner, und diese Tatsache relativiert die frühere wissenschaftliche Erkenntnis vom Genom der Vier Mütter. Ein anderes Kapitel ist, welche Wissenschaftler in altbewährter Methode vorgehen: zuerst schießen und dann markieren. Ist derartige genetische Forschung so glaubwürdig, wie die Suche nach den 10 verlorenen Stämmen?

Kurzgefasst, die Hebräer, wie auch die Juden mit ihrem Patent, stammen von Europäern ab. Wie viele der restlichen 20 % hebräisch oder jüdisch sind, vermag die Wissenschaft nicht zu sagen. Dennoch wird die belanglose und obsessive Beschäftigung mit den Vier Müttern fortgesetzt. Im Jahr 2017 stellte die „Puah conference" im gleichnamigen Institut ihre Entdeckung des Genoms „jüdische Mutter" vor. Der Leiter des Zentrums für Tora-Studien „Eretz Hemda", zugleich Vorsitzender des religiösen Gerichts „Gasit" in Jerusalem, Josef Karmel, sagte: "Eine einfache Speichelprobe ermöglicht, einen langen und schweren Giur Prozess zu vermeiden." Aus dieser Sensation aber wird nichts, und nicht, weil die „Spucke" der Orthodoxie Werte unter Null ergeben. Sollte es einmal ein Genom „jüdische Mutter" geben, niemand würde auf einen kostenpflichtigen, „langen und schweren Giur Prozess" verzichten, da das für Rabbiner und für Forschungsfans ein todsicherer Job bedeutet. Es könnte sich hier ein rationaler Grund verbergen, der inzwischen weitgehende Auswirkungen zeigt.

Wie treffend Friedrich Engels Satz über die „Wilden" war, die ihre Abstammung von der Mutter ableiten, konnte er nicht ahnen. In „Ursprung der Familie, des Privateigentums und des Staats" schrieb er, dass „bei einzelnen Völkern der alten Geschichte sowie bei einigen noch existierenden Wilden die Abstammung nicht vom Vater, sondern von der Mutter gerechnet, also die weibliche Linie als die allein gültige angesehen wurde."

Frauenemanzipation
Auf den ersten Blick gewannen die Frauen mit der Umstellung auf das Mutter-

prinzip in der jüdischen Rechtsprechung mehr an Wert und mehr Vorteile gegenüber den Männern. Ein rabbinisches Gericht ist für Frauen oft günstiger als ein säkulares, das nur mit männlichen Chauvinisten besetzt ist. Über Frauenrechte bei Jesus Christus legten Juden wie Christen eine zweitausendjährige Schweigeminute ein. Eine beeindruckende Zahl von Frauen folgte ihm, nicht, weil er für sie der Erste Mann im Dorf verkörperte oder messianische Talente zeigte, sondern weil er ihre Interessen vertrat. Aus dem folgenden Satz wurde die katholische Ehe postuliert:

„Es ist aber gesagt: Wer irgend seine Frau entlassen wird, gebe ihr einen Scheidebrief. Ich aber sage euch: Wer irgend seine Frau entlassen wird, außer auf Grund von Hurerei, macht, daß sie Ehebruch begeht; und wer irgend eine Entlassene heiratet, begeht Ehebruch."

Leider doch nicht, denn der Spruch richtet sich gegen männliche Willkür und hat ganz konkrete, historische Rahmen und Adressen. Die Kritik am „doppelten Ehebruch" galt nur einer Person, und das war Herodes Antipas, und nicht den Katholiken:

„Herodes Antipas verliebte sich in seine Schwägerin und Nichte Herodias, die Frau seines Halbbruders Herodes Boethos (der Sohn der zweiten Mariamne). Herodias verließ ihren Mann aus Liebe zu ihm, und Herodes Antipas wiederum verstieß seine erste Frau, die Tochter des nabatäischen Königs Aretas IV. Dieser doppelte Ehebruch erregte bei den Juden Anstoß. Der gekränkte Schwiegervater Aretas brachte ihm in einem Grenzkrieg eine schwere Niederlage bei. Nach biblischer Darstellung hielt Johannes der Täufer dem Herodes um 28 n. Chr. den doppelten Ehebruch öffentlich vor, worauf Johannes verhaftet, in die Bergfestung Machärus gebracht und später auf Veranlassung der Herodias enthauptet wurde." (50)

Massiv wurden Männer des „Ehebruchs" bezichtigt, was möglicherweise in Jesuas persönlichem Konflikt eine Erklärung findet:

„Ihr habt gehört, daß gesagt ist: Du sollst nicht ehebrechen. Ich aber sage euch, daß jeder, der eine Frau ansieht, ihrer zu begehren, schon Ehebruch mit ihr begangen hat in seinem Herzen".

Eine andere Geschichte zur Frauenemanzipation spielt in einem Ort, wo jeder jeden kennt (und noch mehr). Eine Ehebrecherin wurde vorgeführt, und da sagte Jesua seinen berühmten Satz:

„Wer hat (mit ihr?) nicht gesündigt, werfe den ersten Stein."

Keiner meldete sich freiwillig, die Frömmigkeit ging nicht so weit, nämlich Moses Gesetz forderte bei Ehebruch/NIUF die Steinigung beider Beteiligten.

„Wenn ein Mann mit einer Frau Ehebruch treibt, wenn ein Mann Ehebruch treibt mit der Frau seines Nächsten, müssen der Ehebrecher und die Ehebrecherin getötet werden."

Die Todsünde NIUF/Wollust in dem Satz. „Du sollst nicht ehebrechen", wurde von guten Literaten mildernd als „Ehebruch" übersetzt, aber solcher Seitensprung bedeutet ein wenig mehr als das. Zum Beispiel muss keiner verheiratet sein und einen Sprung machen, um diesen „Ehebruch" zu begehen:

„Und wenn ein Mann bei einem Mann liegt, wie man bei einer, so haben beide einen Gräuel verübt; sie sollen gewisslich getötet werden, ihr Blut ist auf ihnen."

Auserwählt

Die unterschiedliche Auslegung der Gesetze Gottes bei Israeliten und Juden lässt vermuten, dass sie an verschiedene Götter glaubten. Diese Frage scheint umso aktueller, als eine zunehmende Zahl von Juden und Christen meinen, Gott JaHWA und Allah sind ein und derselbe Gott.

Eine Umfrage darüber, warum die Juden ein auserwähltes Volk sind, könnte spannend sein. Die Weltöffentlichkeit meint, die Juden halten sich selbst für ein auserwähltes Volk, andere meinen, Gott hat die Juden aus allen Völkern auserwählt. Eine Legende erzählt, wie die Slawen nach Konstantinopel kamen und Reichtum und Wohlstand sahen, woraufhin sie beschlossen, dem Gott zu dienen, der Reichtum und Wohlstand bringt. Auch wenn Völker ihren Gott selbst gewählt, oder den Gott ihrer Vorväter einfach blind übernahmen, könnten die Juden und Christen wissen, dass bei Israeliten die Konstellation eine andere war: sie hatten keine freie Wahl, da der HERR über sie bestimmt hat.

„Denn ein heiliges Volk bist du dem HERRN, deinem Gott; und dich hat der HERR erwählt, ihm ein Eigentumsvolk zu sein, aus allen Völkern, die auf dem Erdboden sind."

Sollten Israeliten „links oder rechts abweichen", drohen drakonische Strafen, die Mose drastisch schilderte. Eine Anekdote illustriert dieses Dilemma:

Die Juden fragen Gott:
„Kannst Du für Dich statt uns ein anderes Volk auswählen?"
„Welches denn?"
„Eines, das Dir nicht zu schade ist."

Die Hebräer hielten sich an die Tradition des „Erstgeborenen", das bedeutet auch „Auserwählter". Zum besseren Begreifen: Seit Adams Zeiten trug der Erstgeborene die Verantwortung (ist auserwählt). Die Aufgaben fielen ihm nach dem Tod des Vaters zu, und so löste über Generationen hinweg der Sohn den Vater ab. Dagegen wurden die Edikt-Juden vom Persischen König ausgewählt und mit materiellen Vorteilen versehen. Nicht, dass die Juden nicht begeistert in ihre Heimat zurückkehrten, um sich der großen Aufgabe zu widmen, den Tempel wieder herzurichten, aber das war von außen gelenkt, zudem an Privilegien und Korruption gekoppelt, was wieder eine Vorgeschichte hat.

Prophet Samuel

Metamorphosen
In seinem Buch „Die Religion in der Geschichte der Völker" verglich S.A. Tokarew verschiedene Religionen, mit dem Ergebnis, alle Religionen durchlaufen ähnliche Entwicklungsstufen. Durch die Entwicklung der Produktivkräfte bildete sich eine Klassenordnung, die Stammesordnung verfiel, und Schamanen wurden zur Priesterkaste, die zur institutionellen Kirche wurde. Dem folgte die Trennung säkularer königlicher Macht von der Priesterschaft. Keine Religion entging dieser Metamorphose.

Ein Rezept, die Segnung
Nach der Besetzung Kanaans folgten 391 (1543-1100-40-12) Jahre der Richter-Zeit. Die Leviten richteten und regierten, bis das Volk eines Tages Saul zum König auserwählte und gerade zu dieser Zeit lebte der Prophet Samuel. Wie seine 4 Geschwister wurde er geboren, nachdem der Priester Eli seine Mutter Hanna mit Segnungen versah.

„Und Eli segnete Elkana und seine Frau und sprach: Der Herr gebe dir Samen von dieser Frau an Stelle des Geliehenen, das man dem Herrn geliehen hat. Und sie gingen nach Hause. Und der Herr suchte Hanna heim, und sie wurde schwanger; und sie gebar drei Söhne und zwei Töchter. Und der Knabe Samuel wurde groß bei dem Herrn."

Nach biblischem Sprachgebrauch war Gott ein „Herr"/EL im Himmel, und der „Herr"/EL auf Erden, eine Obrigkeit aus Fleisch und Knochen, hieß auch „Eli", seine Samen „lieh" er fünf Mal Alkanas Frau. Mit Enkeln bekam Elkana sogar sieben Nachkommen („Die Unfruchtbare hat sieben geboren.").

Sh-MU-EL (Samuel), eine „Kontraktion aus schamuael „erhört von Gott", so im „Lexikon zur Bibel" von Schwergläubigen übersetzt, kann, ohne weit zu hopsen, auch „Der-Von-EL(i)" bedeuten.

„Und sie gab ihm den Namen Samuel: Denn vom HERRN habe ich ihn erbeten."

Egal, wie gelesen, sei es „von Eli" oder „erhört von Eli", der Name des Priesters war Eli. Folgerichtig wuchs Samuel „bei dem Herrn/Eli" auf, was heißen darf, bei seinem Papa. Das mit der Segnung könnte eine übertriebene Unterstellung sein, faktisch aber erhielt Samuel nicht den Namen vom Opa Jeroham, dem Vater von Elkana, „Sohn des Jeroham, des Sohnes Elihus, des Sohnes Tohus, des Sohnes Zufs."

Elis Söhne taten nichts anderes, als sie von ihrem Papa gelernt haben. Wie diese wirkungsvolle „Segnung" funktioniert, demonstriert folgender Satz:

„Und Eli war sehr alt; und er hörte alles was seine Söhne dem ganzen Israel taten, und daß sie bei den Frauen lagen, die sich scharten am Eingang des Zeltes der Zusammen kunft."

Der künftige Prophet wuchs in korrupter Priesterfamilie auf, das Ausmaß der Korruption schildert die etwas längere, aber erschöpfende Beschreibung:

„Und die Söhne Elis waren Söhne Belials, sie kannten den HERRN nicht. Und die Weise der Priester gegen das Volk war so: So oft jemand ein Schlachtopfer opferte, kam der Knabe des Priesters, wenn man das Fleisch kochte, und hatte eine Gabel mit drei Zinken in seiner Hand; und er stieß in das Becken oder in die Mulde oder in den Kessel oder in den Topf: alles was die Gabel heraufbrachte, nahm der Priester damit weg. So taten sie zu Silo allen Israeliten, die dahin kamen. Sogar ehe man das Fett räucherte, kam der Knabe des Priesters und sprach zu dem Manne, der opferte: Gib Fleisch zum Braten für den Priester! denn er will kein gekochtes Fleisch von dir annehmen, sondern rohes. Und sprach der Mann zu ihm: Sogleich werden sie das Fett räuchern, dann nimm dir, wie deine Seele begehrt; so sprach er: Nein, sondern jetzt sollst du es geben, und wenn nicht, so nehme ich es mit Gewalt. Und die Sünde der Jünglinge war sehr groß vor dem HERRN; denn die Leute verachteten die Opfergabe des Herrn."

„Belial" spielt hier auf den Priesternamen Eli an, und obwohl ein reicher Sprachschatz mit vielen Möglichkeiten vorhanden war, wurde Priester Eli nicht anders als B-eLI-AL/„ohne Gott" genannt. Seine „Söhne" Hophni und Pinhas und der unerwähnte Sohn Samuel fielen nicht weit vom korrupten Baum, sie waren „Söhne Belials".

„Und es geschah, als Samuel alt geworden war, da setzte er seine Söhne als Richter ein über Israel. Und der Name seines erstgeborenen Sohnes war Joel, und der Name seines zweiten Abija; sie richteten zu Beerseba. Aber seine Söhne wandelten nicht in seinen Wegen; und sie neigten sich dem Gewinne nach und nahmen Geschenke und beugten das Recht."

Schlechte Erfahrungen mit dem Priester Eli und seinem Sohn Samuel brachten wieder zwei mythische Gestalten, Belial und Samael, in Erinnerung. Lilit, die Vampirin und Samael waren ein Paar, und der Name Samael hat nicht nur eine akustische Ähnlichkeit mit Samuel.

„In der Himmelfahrt des Jesaj, die sowohl jüdische als auch frühchristliche Elemente enthält, werden die Namen Belial und Samael synonym für Satan gebraucht und im Sibyllinischen Orakel wird Samael unter den Engeln des letzten Gerichts genannt." (51)

Auch die Söhne Samuels hielten in Beerscheba in gewohnter Manier Gericht: mit Moses Gesetz richten und dieses zugleich beugen. Immerhin schufen sie die Grundlagen für die moderne Raubjustiz.

Aber nicht die Korruption bereitete Samuel Sorgen. Unter seiner missglückten Führung geschah viel Unfug, zum Beispiel entwendeten Philister die Bundeslade. An Endes Ende konnten die Unteren nicht mehr und die Oberen wollten die Missstände nicht weiter ertragen und verlangten nach einem König.

„Da versammelten sich alle Ältesten von Israel und kamen zu Samuel nach Rama; und sie sprachen zu ihm: Siehe, du bist alt geworden, und deine Söhne wandeln nicht in deinen Wegen. Nun setze einen König über uns ein, daß er uns richte, gleich allen Nationen. Und das Wort war übel in den Augen Samuels, als sie sprachen: Gib uns einen König, daß er uns richte!"

Samuels Autorität und Privilegien, Schreck lass nach, waren gefährdet, woraufhin er seine berühmte, anarchistische und lange Rede mit kurzem Sinn hielt:

„Und ihr werdet an jenem Tage schreien wegen eures Königs, den ihr euch erwählt habt; aber der Herr wird euch an jenem Tage nicht erhören."

Zweifellos war Samuel ein „Mann Gottes" und Prophet, aber leider ist sein Wirken bis heute spürbar.

Saul

Widerwillig musste der Prophet Samuel die ersten demokratischen Wahlen hinnehmen und Saul zum König salben. Der gesalbte Saul, bekannt durch Bescheidenheit und seine getreue Umsetzung der Gesetze Moses, war ein vollständiger Antipode Davids. Dennoch galt er als paranoid, sein Tod wurde als Selbstmord abgestempelt, und als düstere Gestalt ging er in die Geschichte ein, wie eine Art Robespierre. Er gründete das erste Königreich und handelte gemäß der mosaischen Rechtsprechung, aber gerade das geriet ihm zum Verhängnis, noch mehr aber seine Herkunft vom Stamm Benjamin.

Das Charakterkilling an seiner Person beginnt mit dem Satz: „Saul war…Jahre alt, als er König wurde; und er regierte zwei Jahre über Israel." Genauer steht im Originaltext: „König Saul war ein Jahr alt, als er König wurde; und zwei Jahre König über Israel..." (ein Baby?). Jemand hatte große Schwierigkeiten mit ihm und seiner Regierungszeit, das ist eindeutig. Diese Angaben lassen trotzdem Rückschlüsse zu. Er war mit 41 Jahren im üblichen Alter, als er König wurde (vgl. Ischboschet) und regierte 12 Jahre lang. Bei Wissenschaftlern regierte Saul 25 Jahre und bei Forschern 40 Jahre. Wenn das so wäre, wäre die Geschichte ganz anders verlaufen.

Nach dem Sieg über die Amalekiter brachte Saul die Beute, „Schafe und Rinder, das Beste vom Gebannten, um [es] dem HERRN, deinem Gott, in Gilgal zu opfern". Für seine Mannschaft und sich behielt er nichts zurück, so, wie es Abraham damals nach dem Sieg über Amrefel tat. Den gefangenen König Agag ließ König Saul am Leben, da sich die Hinrichtung eines Gefangenen nicht mit seinem Ehrenkodex vertrug. Leider war seine Unbestechlichkeit sein Todesurteil. Der Prophet Samuel warf ihm vor, Agag, trotz Moses Fluch, „Töte den

Amalek", verschont zu haben. Das ist, als würde der Kampf gegen den Kapitalismus die konkrete Hinrichtung der Kapitalisten meinen.

Nun, warum auch immer, wählte Samuel im Gegenzug den Sohn einer Sklavin und salbte ihn zum König. Das geschah trotz des lebendigen, demokratisch gewählten Königs Saul und ist als Staatsstreich zu qualifizieren. Über weitere Aktivitäten Samuels berichtet die Bibel nicht, aber Sauls Leben war ständig bedroht, als geplagt vom „bösen Geist" wurde er als paranoid diffamiert.

Davids Vater

Wegen welcher außerordentlichen Fähigkeiten verdiente der halbwüchsige Sohn einer Sklavin, namens David, so eine Ehre? Nur weil er „noch jung war", und „rötlich und schön von Aussehen"?

Der unerklärliche Name „David" wurde wider jede grammatische Regel auf noch weniger erklärbare Weise „DOD" geschrieben und als „Onkel" übersetzt. Was immer wieder vorkam, auch bei Prophet Samuel: David sollte keinesfalls den Namen seines Opas, sondern den seines inoffiziellen Vaters tragen. Der heilige Name blieb unausgesprochen, er wurde als DOD/"Onkel" gerufen, ein Onkelsohn.

Davids Mutter NiTSeVeT wurde als Tochter von ADaEL (נצבת בת עדאל) im Midrasch erwähnt, und darin steckt wieder der Name des unvergesslichen ELi. Trifft dies zu, dann war die Legende mit der Sexmaschine Ahiva sehr wohl nötig, und Isais geduldige Frau schlich nicht nach 3 Jahren zu Isai. Er war noch bei klarem Verstand und musste davon ganz genau gewusst haben. Der „rötliche" David vor allem, rothaarig wie sein Onkelvater Samuel, hatte das untrügliche Markenzeichen. Erschreckend, aber der 7. Sohn von Isai kann nie David gewesen sein, er war nicht dabei, als Isai „seine sieben Söhne" vorführte.

„Und Isai ließ sieben seiner Söhne vor Samuel vorübergehen; aber Samuel sprach zu Isai: Der HERR hat diese nicht erwählt. Und Samuel sprach zu Isai: Sind das die Jünglinge alle? Und er sprach: Noch ist der Jüngste übrig, und siehe, er weidet das Kleinvieh."

Trotz Isais dreijähriger Enthaltsamkeit gebar seine Frau weitere 2 Söhne, Ozem und David, den jüngsten, was die Satzteilung zeigt:

„Isai zeugte seinen ersten Sohn Eliab; Abinadab, den zweiten; Simea, den dritten;

14 Nathanel, den vierten; Raddai, den fünften;

15 Ozem, den sechsten; David, den siebenten. 16 Und ihre Schwestern waren: Zeruja und Abigail."

David selbst schreibt in seinen „Psalmen": „Ich war für meine Brüder ein Mamser (MU-ZAR/von einem Fremden) und „fremd zu den Söhnen seiner Mutter."

מוּזָר, הָיִיתִי לְאֶחָי; וְנָכְרִי, לִבְנֵי אִמִּי (52)

Auch Davids Brüder empfanden es nicht als große Ehre, vom heiligen Propheten Samuel einen Bruder zu haben, oder wollten sie ihn umbringen, weil bei ihnen Inzest nicht großartig geschätzt wurde? Danach verschwanden die Brüderchen von David spurlos. Keiner von ihnen machte später in Davids Reich Karriere, keiner wurde zu „seinen Helden" gezählt.

Aus allen Söhnen seiner Schwester wählte Samuel ausgerechnet David aus und salbte ihn. War David sein Sohn, oder gab es dafür eine andere vernünftige Erklärung? Warum sonst sollte der große Prophet Samuel einen Teenager aus naher Nachbarschaft ausgewählt und protegiert haben, es sei denn, es handelte sich um seinen eigenen Sohn? Wie Samuel selbst war jedenfalls auch David ein Mamser, und eben um ihn sorgten sich die Rabbiner, als die Weichen auf die Mutter umgelenkt und ihre „Bastarde" legitimiert werden sollten.

Isaias Frau war Samuels Schwester, was nicht der Rede wert wäre, wenn dieses Kapitel nicht mit noch einem Onkelsohn endete. Und was sagt die Halacha dazu? Nach dem Stiefvater Isai ist David ein mehrfacher Kanaaniter, mütterlicherseits ein Doppel-Levit, für Kanaaniter ein Philister und für Leviten ein Levit. Um alle Beteiligten zu befrieden, ein Kompromissvorschlag: Ahiva schlich sich bei Prophet Samuel ein, gebar David, rötlich und rothaarig wie seine Eltern. Wie David geboren wurde, ist aber nicht von Bedeutung, das Ergebnis zählt: ein neuer BeLIAL kam in die Welt.

Halachistische Abkunft von König David
Wikipedia datiert König David sehr ungenau:

„Er lebte um 1000 v. Chr." (43) Nach Meinung anderer Leistungswissenschaftler lebte er exakt von 1040 v. bis 970 v., und seine Regierungszeit dauerte bei einem anderen 39 Jahre (1004-965 v), wovon die Bibel-Chronisten nichts gewusst und geschrieben haben: „David war 30 Jahre alt, als er König wurde; er regierte 40 Jahre." (44)

Aber auch eine Angabe über Sauls Sohn Isboseth wurde ausgelassen, er „war 40 Jahre alt, als er König wurde über Israel, und er regierte 2 Jahre."

Über Davids Geburt verliert die Bibel kein Wort, aber der Midrash: „David war der Sohn von Ahiva. David war der Sohn einer Verhassten." (Frau). Drei Jahre lang pflegte sein Vater Isai keinen Kontakt mit seiner Ehefrau, unterhielt aber ein Verhältnis mit der Nebenfrau/Sklavin Ahiva, die ihre Herrin über diese Beziehung unterrichtete. Daraufhin fand ein Austausch statt, anstelle der Sklavin Ahiva schlich sich nachts die Ehefrau zu ihrem Mann Isai (er hat nichts gemerkt) und gebar David. (45)

Noch verworrener geht die Geschichte weiter, der Sohn sah „rötlich" aus, und von seinen Brüdern unterschied er sich deutlich. Daher beabsichtigten die Brüder, „sie" und ihren Sohn David zu töten. Ob mit „sie" die Mutter oder die

Sklavin gemeint war, ist nicht klar, nahe liegend ist eher die Sklavin als die Mutter. Nur die Einmischung von Isai verhindert Mordgelüste: „Lassen sie ihn in Ruhe, wir werden einen Sklaven haben, einen Hirten." sagte er. Also doch die Sklavin, weil der Sohn einer Sklavin ist ein Sklave oder war er ein „Bastard"?

Wie weit diese Überlieferung authentisch ist, bleibt unbekannt, bekannt ist nur, dass David keinen hebräischen Namen trug. Im Nachhinein wird „David" als „Geliebter" übersetzt, auch der Name der Sklavin „Ahiva" war nicht unbedingt hebräisch und könnte „Liebe machen" bedeuten. Eins ist klar, „verhasst" war „die Mutter" von David und jeder kann raten, ob diese die Sklavin oder die Ehefrau von Isai war? Falls Davids Mutter eine Edomitin war, wäre das nicht ungewöhnlich, die berühmte Moabiterin Ruth war die Oma von Isais Vater und damit Davids Urgroßmutter.

„Salmon aber zeugte Boas von der Rahab; Boas aber zeugte Obed von der Ruth; Obed aber zeugte Isai. Isai aber zeugte David, den König." (46)

Eine andere Berühmtheit, Davids Uropa Boas, war Sohn „einer Hure, namens Rahab", einer Schlüsselfigur beim Fall Jerichos. Somit ist die Familiengeschichte Davids komplett.

„So ließ Josua Rahab, die Hure, und das Haus ihres Vaters und alle ihre Angehörigen am Leben; und sie hat in der Mitte Israels gewohnt bis auf diesen Tag, weil sie die Boten versteckte, die Josua abgesandt hatte, um Jericho auszukundschaften."

Das „Rötliche" an David könnte auf eine „edomitische" Herkunft deuten. Von sieben Brüdern war er der jüngste wie Bin Laden, der ebenfalls „Sohn einer Sklavin" war. Eliab charakterisierte seinen Bruder David so: „Ich kenne deine Vermessenheit wohl und die Bosheit deines Herzens; denn um den Streit zu sehen, bist du herabgekommen."

War das eine dunkle Geburtsgeschichte, wie bei B.H.Obamas Geburtsurkunde? Das Ende der Welt kommt, so Salomos Spruch, wenn „der Sklave König wird". Jemand wusste scheinbar darüber Bescheid und hinterließ seine Spur in den Bibeltexten. Der übersetzte Satz wurde ein wenig gestylt:

„Unter dreien erzittert die Erde, und unter vieren kann sie es nicht aushalten: unter einem Knecht, wenn er König wird, und einem gemeinen Menschen, wenn er satt Brot hat; unter einer unleidlichen Frau, wenn sie zur Frau genommen wird, und einer Magd, wenn sie ihre Herrin beerbt."

Sogar eine Kritik an Papas Mutter Ahiva, die „ihre Herrin beerbt", wurde hier nicht unterlassen.

Goliat

David war nach heutigen Maßstäben noch minderjährig, König Saul sprach ihn deshalb mit „mein Sohn" an, was auf 20 - 30 Jahre Altersunterschied hindeutet. Das wehrpflichtige Alter hatte David noch nicht erreicht, denn als seine drei älteren Brüder Eliab, Abinadab und Schamma zum Kampf gegen Goliat zogen, war er nicht unter ihnen. Eine Einberufung kam erst bei Eintritt in das festgesetzte Wehrdienstalter, das damals nicht von Laune oder Freude am Dienst abhing, so dass David für den Wehrdienst zu jung war und das tat, was den Jugendlichen in seinem Alter aufgetragen wurde: das Vieh weiden. Und in diesem zarten Alter sollte David Löwen und Bären erschlagen haben, wie er selbst schilderte:

„Wenn dann ein Löwe oder ein Bär kam und ein Schaf von der Herde wegtrug, so lief ich ihm nach und schlug auf ihn ein und entriß es seinem Rachen. Erhob er sich gegen mich, so ergriff ich ihn bei seinem Bart, schlug ihn und tötete ihn."

Ein psychiatrischer Fall.

Unmittelbar vor der Goliat-Geschichte wurde David Musikant und Waffenträger König Sauls, aber im Kampf gegen die Philister war der „Waffenträger" nicht dabei, er weidete „die Schafe seines Vaters in Bethlehem".

„So kam David zu Saul und diente ihm. Und [Saul] gewann ihn sehr lieb, und er wurde sein Waffenträger."

Und noch ein unglaublicher Hammer, David bringt den Kopf Goliats nach Jerusalem, das noch nicht existierte.

„Und David nahm den Kopf des Philisters und brachte ihn nach Jerusalem; seine Waffen aber legte er in sein Zelt."

Aber wenn Jerusalem anachronistisch gemeint war, ist es noch schlimmer, er brachte den Kopf in die amoritische Stadt Ebus, und wie die Umstände zeigen, konnte das nicht der Kopf des Philisters gewesen sein. Nicht David erschlug Goliat, das wird beim Weiterlesen langsam klar, sondern diese Heldentat wurde ihm erst im Nachhinein zugeschrieben. Obwohl, diese Geschichte war keine reine Erfindung, keine pure Wunschvorstellung, sie hatte einen realen Hintergrund. Nicht der Philister Goliat war überdimensional groß, sondern ein anderer war einen „Kopf größer als alles Volk", das war König Saul, dem die Philister den Kopf abhieben.

„Und David lief und trat zu dem Philister und nahm dessen Schwert, zog es aus seiner Scheide und tötete ihn [vollends] und hieb ihm den Kopf damit ab."

Im 2. Buch Samuel erschlug Elhanan den Goliat, ohne ihn zu köpfen, und im Ersten Buch/Chronik tötete er auch Goliats Bruder Lachmi. Das heißt, Goliat wurde niemals von David geköpft, ein anderer wurde geköpft, und der Einzige, der das sein konnte, war König Saul.

„Und wieder kam es bei Gob zum Kampf mit den Philistern. Und Elhanan, der Sohn des Jaare-Oregim, der Bethlehemiter, erschlug Goliath, den Gatiter; und der Schaft seines Speeres war wie ein Weberbaum." (2. Samuel)

„Und wieder gab es einen Kampf mit den Philistern. Und Elhanan, der Sohn Jairs, erschlug Lachmi, den Bruder Goliats, den Gatiter; und der Schaft seines Speeres war wie ein Weberbaum." (2. Chronik)

Diese und andere Unstimmigkeiten sind schon allgemein bekannt, auch wenn sie nicht zur Kenntnis genommen werden. Doch eine glatt gebügelte Biographie hat manche wahren Momente, David bildete eine „40"-köpfige Bande, die von Erpressung und Schutzgeldern lebte.

„Und es sammelten sich um ihn lauter Bedrängte und solche, die verschuldet waren, und andere mit erbittertem Gemüt. Und er wurde ihr Anführer. Und es waren bei ihm etwa vierhundert Mann."

Abigail

In Maon, in „Jordanien", schickte David „zehn junge Männer" mit dem gütigen Angebot zu Nabal: „Gib nun deinen Knechten und deinem Sohn David, was deine Hand findet!" Unglücklicherweise war Nabal ein sturer Arbeiter und Bauer, der sein schwer erarbeitetes Hab und Gut nicht gerne mit jedem hergelaufenen Vagabunden teilen möchte: „Wer ist David, und wer ist der Sohn Isais? Heutzutage gibt es viele Knechte, die alle ihren Herren davonlaufen, ein jeder seinem Herrn. Und ich sollte mein Brot und mein Wasser nehmen, mein Geschlachtetes, das ich für meine Scherer geschlachtet habe, und es Männern geben, von denen ich nicht weiß, woher sie sind?"

Nabals Frau Abigail, „eine Frau von klarem Verstand und von schöner Gestalt", erkannte schnell die Konjunktur und brachte heimlich eine Menge „Segensgeschenke" ihres Mannes zu David, einzig darum, um ihn davor zu bewahren, „in Blutschuld zu geraten". Mit stillschweigendem Einverständnis zur Blutschuld-Frage sagte ihr David: „Und gepriesen sei deine Klugheit, und gepriesen seist du, daß du mich heute davon zurückgehalten hast, in Blutschuld zu geraten und mir mit meiner [eigenen] Hand zu helfen!" Ansonsten wäre die zweite Phase eingetreten, wie David selbst sagte: „Wenn du mir nicht eilends entgegengekommen wärest, so wäre dem Nabal bis zum Morgenlicht nicht [einer], der männlich ist, übrig geblieben!"

Die Übergabe des „Segensgeschenks" dauerte deutlich länger als ein Tag und eine Nacht, so dass, „als Abigajil zu Nabal kam, siehe, da hatte er ein Mahl in seinem Haus wie das Mahl eines Königs zubereitet. Und sein Herz war guter Dinge, und er war über die Maßen betrunken."

Und dann, „es geschah am Morgen, als der Rausch von Nabal gewichen war, berichtete ihm seine Frau alles. Da erstarb sein Herz in seiner Brust, und er wurde wie ein Stein." Mit erstorbenem Herzen (in Komazustand?) lebte Nabal noch etwas länger als „bis zum Morgenlicht", nämlich „ungefähr zehn Tage, da schlug der HERR den Nabal, so daß er starb." Also, letztendlich wurde Nabal doch vom HERRn David ermordet/IGaF, und danach kam zwischen David und Abigail eine Blut-Ehe zustande. Gerade solches Verhalten versetzte Abraham damals im Philisterland in Todesangst, er sagte: „Gewiß gibt es keine Gottesfurcht an diesem Ort, und sie werden mich erschlagen um meiner Frau willen." Einer Blut-Ehe folgt die nächste. König David hatte den Kriegsmann (Hetiter) Uria so lange in den Krieg geschickt und durchgenudelt, bis er im Krieg umkam, um daraufhin dessen Frau Batseba zu heiraten. Nach Moses Gebot „Begehre nicht" war das eine Todsünde, und daraus lässt sich schließen, dass sich David nicht nur im Philistergebiet aufhielt, er selbst war ein praktizierender Philister.

Die zweite Abigail

Folgende Frage quält die Bibel-Experten bestimmt nicht: Wieso, als David am Horizont auftauchte, verließ Abigail sofort den reichen Bauer und wechselte mit ihrem „Segensgeschenk" zu David? Zu der Zeit war er noch kein König und ein Gottesmann sowieso nicht.

Die Bibel nennt Avigail einmal „Nabals Weib, des Karmeliten", deren Sohn Chileab hieß. An anderer, gekürzter Stelle ist sie einfach eine „Karmelitin", diesmal gebiert sie einen „Daniel".

„Und es wurden David Kinder geboren zu Hebron: Sein erstgeborener Sohn: Amnon, von Ahinoam, der Jesreelitin; 3 der zweite Chileab, von Abigail, Nabals Weib, des Karmeliten; der dritte: Absalom, der Sohn Maachas, der Tochter Thalmais, des Königs zu Gessur; 4 der vierte: Adonia, der Sohn der Haggith; der fünfte: Sephatja, der Sohn der Abital; 5 der sechste: Jethream, von Egla, dem Weib Davids." (2. Sam 3.3).

„Die sind die Kinder Davids, die ihm zu Hebron geboren sind: der erste: Amnon, von Ahinoam, der Jesreelitin; der zweite: Daniel, von Abigail, der Karmelitin; 2 der dritte: Absalom, der Sohn Maachas, der Tochter Thalmais, des Königs zu Gessur; der vierte: Adonia, der Sohn Haggiths; 3 der fünfte: Sephatja, von Abital; der sechste: Jethream, von seinem Weibe Egla." (1. Chron 3.1)

Ansonsten stimmen die Listen von Davids Kindern überein, nur bei Abigail hatte jemand ein Problem. Ein Sohn Abigails wurde in den Listen gar nicht registriert, sein Vater soll „Jether, ein Ismaeliter" und einmal „Jethra, ein Israeliter, welcher einging zu Abigail", gewesen sein. Und von beiden gebar sie wohl den gemeinsamen Sohn Amsa.

„Isai zeugte seinen ersten Sohn Eliab; Abinadab, den zweiten; Simea, den dritten; 14 Nathanel, den vierten; Raddai, den fünften; 15 Ozem, den sechsten; David, den siebenten. 16 Und ihre Schwestern waren: Zeruja und Abigail. Die Kinder Zerujas sind Abisai, Joab, Asahael, die drei. 17 Abigail aber gebar Amasa. Der Vater aber Amasas war Jether, ein Ismaeliter".

„Und David kam gen Mahanaim. Und Absalom zog über den Jordan und alle Männer Israels mit ihm. Und Absalom hatte Amasa an Joabs statt gesetzt über das Heer. Es war aber Amasa eines Mannes Sohn, der hieß Jethra, ein Israeliter, welcher einging zu Abigail, der Tochter des Nahas, der Schwester der Zeruja, Joabs Mutter".

Wenn das nicht ein Protogeschichtsschreiber phantasierte, gebar die gleiche Abigail drei Söhne von drei verschiedenen Männern, Chileab, Daniel und Amsa. Offensichtlich war es schwer, bei so einem Bestand an Ehefrauen und Nebenfrauen die Übersicht zu behalten, trotzdem entging jemandem diese Privatsache nicht. Unbedingt musste er schriftlich festhalten, wie ein Ismaelitisraelit „einging zu Abigail" und sie als „Tochter des Nahas" bezeichnen.

Das „Lexikon zur Bibel" gibt über die zweite Abigail an, eine „Mutter Amasas und Schwester Davids (1 Chron 2,16.17), nach 2 Sam 17,25 aber nur seine Halbschwester zu sein." Ihr Vater ist Nahas, nicht Isai, aber die Mutter, eine hoch frequentierte, ist dieselbe. Ist das Entschuldigende „aber nur seine Halbschwester" etwa deshalb nötig, weil Davids Mutter doch nicht 3 Jahre in Keuschheit lebte und Nahas, der Ammoniter, bei ihr wie in einen Selbstbedienungsladen ein- und ausging? War das ein Scherz oder hielt jemand Abigail für „NaHaSh"/„Nahas" Tochter, übersetzt „Tochter einer Schlange"? Blitzschnell wird hier klar, vom wem Davids Brüder sprachen. Sie wollten „ihn und sie" töten, den eben geborenen David und „sie", seine 2 Jahre ältere Halbschwester Abigail. Nun, wenn und weil Abigail die gleiche „Karmelitin" war, kam David mit seinen Jungs rechtzeitig zur Hochzeit seiner Schwester Abigail an, gerade als Nabal „ein Mahl in seinem Haus wie das Mahl eines Königs zubereitet. Und sein Herz war guter Dinge, und er war über die Maßen betrunken." Als Nabal sich weigerte, einen gerechten MOHaR/Brautpreis zu zahlen, pfiff David seine Schwester zurück, heiratete sie, und ihr Sohn Chileab setzte als Onkelsohn die Familientradition fort.

Ungewisse Vaterschaft wie bei dem Ismaelitisraeliten, der zu Abigail rein-raus ging, betraf auch Davids Söhne, die nicht seine leiblichen waren. Die enorme Dimension seines Harems von 1000 und einer Frau sollte nichts anderes als König Davids unvorstellbare Kapazitäten demonstrieren, spricht aber eher für eine steigende Impotenz. Deswegen entsprechen die Namen von Davids Söhnen nicht der offiziellen Version seiner Vorfahren. Ausgenommen war Salomo, den Batsebas erst nach einer Fehlgeburt beim zweiten Versuch gebar und der nach seinem offiziellen Ururopas Salma (Salma-Boas-Obed-Isai-David) benannt wurde. Und sollte die Annahme zutreffen, dass Salomo der einzige leibliche Sohn Davids war, musste dieser gegenüber seinen älteren Brüdern einzige und entscheidende Vorteil ihn zum Thronfolger bestimmt haben.

Bei König Achis

König Davids allgemein bekannte Verbrechen könnten einen ganzen Katalog füllen. Zum Beispiel war David „1 Jahr und 4 Monate" lang mit seinen „sechshundert Mann" (60) bei den Philistern gut aufgehoben. Er führte Kriege gegen „Gesuriter und den Girsiter und den Amalekiter; denn diese waren die Bewohner des Landes von alters her, bis nach Sur hin und bis zum Land Ägypten". Und er „ließ weder Mann noch Frau am Leben, um sie nach Gat zu bringen, denn er dachte: Damit sie nicht gegen uns aussagen und berichten: So hat David gehandelt!" Hier fragt sich, was und wem könnten die Amalekiter „aussagen und berichten", dass David sich so sehr davor fürchtete?

Was von Amalekitern noch übrig sein könnte, ist unklar, da „sooft David das Land verwüstete, ließ er weder Mann noch Frau am Leben. Und er nahm Schafe, Rinder, Esel, Kamele und Kleider mit und kehrte wieder zu-rück und kam zu Achisch". Der Philisterkönig Achis scheint blöder, als er war. Jedes Mal, als er fragte: „Habt ihr heute keinen Einfall gemacht?", antwortete David, „In den Süden von Juda.", „In den Süden der Jerachmeeliter.", oder „In den Süden der Keniter." Wer im „Süden von Juda" überfallen wurde, bedarf keiner Antwort, auch nicht die Frage, wen er im „Südland der Keniter" überfiel. Die verwandten Keniter waren nämlich König Sauls Verbündete.

Dieses komplette Ausschalten der Zeugen, die hätten „aussagen und berichten" können, legt nahe, dass es sich bei den Überfallenen nicht um „Amalekiter" handelte. Und noch wahrer muss es sein, wo selbst der naive Achis sprach: „Er hat sich bei seinem Volk, bei Israel, ganz stinkend gemacht, und er wird mir zum Knecht sein ewiglich.", und als Belohnung „ihm an diesem Tag Ziklag" gab.

Achis, dem Namen nach Grieche, zeigt Zuneigung, obwohl er Philister war und kurz zuvor sein gallischer Kämpfer Goliat von David getötet wurde.

Mag sein, die Raubzüge und Tötung der Zeugen betrafen doch nicht die Judäer, Jerachmeeliter und Keniter, aber Tatsache bleibt den Berichten zufolge, Davids Bande kreuzte in allen genannten Gebieten auf und König Saul heftete sich ihm ständig an die Ferse. Einer Erzählung nach schnitt der verfolgte David unbemerkt, als König Saul im (tiefen) Koma lag und nichts spürte, ein Zipfelchen von der Kleidung des Königs ab. Im gleichen Zustand befand sich das ganze Heer, mitsamt dem Heerführer Avner, als David von Avners Kopfende den Speer und den Wasserkrug wegnahm, aber „niemand merkte es, und niemand wachte auf. Denn sie schliefen alle, weil ein tiefer Schlaf von dem HERRN auf sie gefallen war." Wer das glaubt, kann auch glauben, dass David schon im zarten Alter Bären und Löwen mit bloßen Händen tötete, und nicht, trotz seiner

Bereitschaft, an der letzten Schlacht gegen König Saul teilnahm:

„Und David sagte zu Achisch: Was habe ich denn getan, und was hast du an deinem Knecht gefunden seit der Zeit, da ich dir gedient habe, bis heute, daß ich nicht herkommen und gegen die Feinde meines Herrn, des Königs, kämpfen soll?"

Ziklag

Kurz bevor „David und seine Männer am dritten Tag nach Ziklag kamen", fielen Amalekiter in Ziklag ein, die eigentlich inzwischen alle tot sein müssten.
Sie „hatten Ziklag geschlagen und mit Feuer verbrannt. Und sie hatten die Frauen und was [sonst] in [der Stadt] war, gefangen weggetrieben, vom Kleinsten bis zum Größten. Sie hatten aber niemand getötet, sondern sie weggetrieben und waren abgezogen."

Chronologisch auf diese Weise dargestellt, muss die Erzählung den Eindruck erwecken, David habe wirklich nicht am letzten Kampf gegen König Saul teilgenommen. Zwar zog er zusammen mit Achis in den Krieg, bekam aber von den Philisterfürsten einen Platzverweis erteilt, indem sie seinem Herrn Achis sagten: „Schicke den Mann zurück, dass er an seinen Ort zurückkehre, wohin du ihn bestellt hast, und dass er nicht mit uns in den Kampf hinabziehe und uns nicht zum Widersacher werde im Kampf." Wohin hat Achis ihn bestellt? Kurz vor der Schlacht sagte ihm Achis: „Wisse bestimmt, dass du mit mir ins Lager ausziehen sollst, du und deine Männer." David weihte daraufhin Achis in sein Geheimnis ein: „So sollst du denn auch erfahren, was dein Knecht tun wird." Was wird er denn tun?

Am nächsten Tag machte David „sich früh auf, er und seine Männer, dass sie am Morgen fortzögen, um in das Land der Philister zurückzukehren." Wohlgemerkt, nachdem „Saul und seine drei Söhne und sein Waffenträger, auch alle seine Männer an demselben Tag zugleich" in der Schlacht starben.
Erst „am dritten Tag" erreichte David Ziklag, d.h., ein Tag bleibt übrig, an dem sich David mit seiner Mannschaft am Krieg gegen König Saul hätte beteiligen können.
Als David und seine Leute in Ziklag ankamen, hörten sie vom Überfall der friedfertigen Amalekiter: „Sie hatten aber niemand getötet."
Dem folgte der ruhmreiche Feldzug gegen die Amalekiter, die Beute verteilte David an die „Ältesten Judas" und „seine Freunde".

„Und David kam nach Ziklag; und er sandte von der Beute den Ältesten Judas, seinen Freunden, und sprach: Siehe, da habt ihr ein Geschenk von der Beute der Feinde des HERRN: denen in Bethel und denen in Ramoth im Süden und denen in Jattir und denen in Aroer und denen in Siphmoth und denen in Estemoa und denen in Rakal und denen in den Städten der Jerachmeeliter und denen in den Städten der Keniter und denen in Horma und denen in Bor-Aschan und denen in Athak und denen in Hebron, und nach allen Orten, wo David umhergezogen war, er und seine Männer."

Die „Beute der Feinde des HERRN" wurde an Freunde des HERRN in Orten verteilt, an denen David während seiner Raubzüge „umhergezogen" war und wo er die „Amalekiter" effektiv bekämpfte, darunter „Städte der Jerachmeeliter" und „Städte der Keniter". Wer sind „die Feinde des HERRN", und wofür verteilte David welche „Beute der Feinde des HERRN" an die „Ältesten Judas" und „seinen Freunden"? Bestand die Beute aus dem den Amalekitern geraubten Klein- und Rindvieh, bekam jeder Freund ein Geschenk in homöopathischer Menge.

„Und David rettete alles, was die Amalekiter genommen hatten, und David rettete auch seine beiden Frauen. Und es fehlte ihnen nichts, vom Kleinsten bis zum Größten, und bis zu den Söhnen und den Töchtern und von der Beute bis zu allem, was sie ihnen genommen hatten; alles brachte David zurück. Und David nahm alles Klein- und Rindvieh; sie trieben es vor dem anderen Vieh her und sprachen: Dies ist die Beute Davids!"

Oder aber, nicht die Amalekiter waren „Feinde des HERRN" und die Rede ist von ganz anderer Beute.

Sauls Tod

Zwei Könige in einem Land, das endet in Zwietracht. In der Folge konnte Saul nicht genug Kräfte gegen die Philister mobilisieren, er starb im Kampf wie seine beiden Söhne. Für die Geschichte war Saul damit ein Verlierer, Samuels von langer Hand vorbereiteter Mord erfüllte sich, auch sein Fluch:

„Und ihr werdet an jenem Tage schreien wegen eures Königs, den ihr euch erwählt habt; aber der Herr wird euch an jenem Tage nicht erhören."

Leichtgläubigen wurde über Sauls Tod erzählt, von Schützen getroffen, nahm er das Schwert und „stürzte sich darein".

„Und der Kampf wurde heftig gegen Saul, und es erreichten ihn die Schützen, Männer mit dem Bogen; und es wurde ihm sehr Angst vor den Schützen. Da sprach Saul zu seinem Waffenträger: Zieh dein Schwert und durchbohre mich damit, dass nicht diese Unbeschnittenen kommen und mich durchbohren und mich misshandeln! Sein Waffenträger aber wollte nicht, denn er fürchtete sich sehr. Da nahm Saul das Schwert und stürzte sich darein. Und als sein Waffenträger sah, dass Saul tot war, da stürzte auch er sich in sein Schwert und starb mit ihm. So starben Saul und seine drei Söhne und sein Waffenträger, auch alle seine Männer an demselben Tag zugleich."

Wer konnte so genau Bescheid wissen und darüber berichten, wie Saul und „alle seine Männer an demselben Tag zugleich" starben? Wer konnte im Tumult des Gefechts Saul identifizieren und so gut die Bogenschützen positionieren, um gezielt König Saul töten und damit die Kampfhandlungen sofort beenden zu können?

In einer anderen Version im AT war Saul mit einem Speer bewaffnet, ihn griffen nicht Schützen, sondern Reiter und Streitwagen an, aber getötet hat ihn ein barmherziger Amalekiter.

Und was für ein Mist, nach der Schlacht gegen die Amalekiter, „blieb David zwei Tage zu Ziklag. Und es geschah am dritten Tag, siehe, da kam ein Mann aus dem Heerlager Sauls, seine Kleider waren zerrissen, und Erde war auf seinem Haupt." Er berichtete David über das Kriegsgeschehen, und dabei nannte er David nicht anders als „mein Herr." Dieser „Jüngling" (in der Übersetzung) wendet sich mit seiner Berichterstattung wohlgemerkt direkt an David, nicht an den Allerobersten König Achis. Sogar die Beute bringt er als Beweis mit, ein „Diadem, das auf seinem (Sauls) Haupt, und die Armspange, die an seinem Arm war." Gibt es dafür eine Erklärung?

„Jüngling" ist oft eine missglückte Übersetzung von „Jungs" in heutiger Sprache, gemeint ist damit aber ein Krieger. Der folgende kurze Dialog könnte einer zwischen Auftraggeber und seinem Auftragskiller gewesen sein:

David: „Woher kommst du?"

Krieger: „Ich bin aus dem Heerlager Israels entronnen."

David: „Wie steht die Sache? Berichte mir doch."

Krieger: „Das Volk ist aus dem Streit geflohen, und auch viele von dem Volk sind gefallen und gestorben, und auch Saul und sein Sohn Jonathan sind tot. Ich geriet zufällig auf das Gebirge Gilboa, und siehe, Saul lehnte sich auf seinen Speer; und siehe, die Wagen und die Reiter setzten ihm hart nach. Und er wandte sich um und sah mich und rief mir zu, und ich sprach: Hier bin ich. Und er sprach zu mir: Wer bist du? Und ich sprach zu ihm: Ich bin ein Amalekiter. Und er sprach zu mir: Tritt doch her zu mir und töte mich, denn die Verwirrung hat mich ergriffen; denn mein Leben ist noch ganz in mir! Da trat ich zu ihm hin und tötete ihn, denn ich wusste, er würde seinen Fall nicht überleben. Und ich nahm das Diadem, das auf seinem Haupt, und die Armspange, die an seinem Arm war, und brachte sie zu meinem Herrn hierher."

Eine Zwischenbemerkung, rein „zufällig" geriet der „Jüngling" mitten in die Schlacht und just in the moment, als König Saul mit seinem Speer versucht, einen Streitwagen abzuwehren.

David: „Woher bist du?"

Krieger: „Ich bin der Sohn eines amalekitischen Fremden."

Noch eine Zwischenbemerkung: der überraschende „Jüngling" ist einer der Amalekiter, die David so eifrig ausrottete. Für manche ist er Amalekiter, für andere ein halachistischer Jude, mütterlicherseits.

David: „Wie hast du dich nicht gefürchtet, deine Hand auszustrecken, um den Gesalbten des HERRN zu verderben? Dein Blut komme auf dein Haupt! Denn dein Mund hat gegen dich gezeugt und gesprochen: Ich habe den Gesalbten des HERRN getötet."

Noch eine Schlussbemerkung, es gab noch jemanden, der seinen Mund nicht hielt und deshalb nicht mehr „aussagen und berichten" konnte. Dieser Vorfall, wie auch die Überfälle im großen Stil auf Judäer, Jerachmeeliter und Keniter, deutet auf eine systematische Zeugenbeseitigung hin: „Damit sie nicht gegen uns aussagen und berichten: So hat David gehandelt!" So können Saul und sein Waffenträger keinesfalls zwei Kamikaze gewesen sein, die sich mit Harakiri töteten, wie die erfundene Geschichte zwecks Spurenverwischung nahelegt. Diese Vorkommnisse machen auch verständlich, warum Sauls Tochter Michal, die einmal „David liebte" und seine Frau wurde, David verachtete.

> „Und es geschah, als die Lade des Bundes des HERRN in die Stadt Davids kam, schaute Michal, die Tochter Sauls, aus dem Fenster; und sie sah den König David hüpfen und tanzen, und sie verachtete ihn in ihrem Herzen."

Die Überprüfung zeigt, dass der „Jüngling" nach der Kontrolltötung seinem Herrn zu Fuß hinterher ging und für die Strecke von 140 km bis Ziklag drei Tage länger (am 6. Tag) brauchte, als Davids berittene Truppe (am 3. Tag). Und die „200" (20) Mann nahmen nicht an der Verfolgungsjagd von Amalekitern teil, sondern blieben am lächerlichen Bach Besor stehen, weil sie nach der Schlacht und den 3 Tagen unterwegs „zu ermattet waren."

> „Da zog David hin, er und die 600 Mann, die bei ihm waren; und sie kamen an den Bach Besor, wo die Zurückbleibenden stehen blieben. Und David jagte nach, er und 400 Mann; denn 200 Mann blieben stehen, die zu ermattet waren, um über den Bach Besor zu gehen."

Waren sie wirklich zu „ermattet", um den Bach zu überqueren oder fehlte es an Motivation, ihre friedfertigen, amalekitischen Volksgenossen zu verfolgen?

Kurzgefasst, das Heer von König Saul wurde zwar von Philistern in die Zange genommen, scheiterte aber durch Verrat. Das Reich wurde unter den Siegern aufgeteilt, dabei bekam David als seinen wohlverdienten Anteil Judäa, und so war Ziklag nur ein kleiner Vorschuss.

Bundeslade

Mit dem Ende von Sauls Reich fing die wirre Zeit an: „In jenen Tagen war kein König in Israel. Jeder tat, was recht war in seinen Augen." Der Krieg gegen die Israeliten ging weiter. Im Kampf mit den Philistern sind 40 Kämpfer gefallen, und dann wurde die Bundeslade als ein wirksames Bollwerk aus Silo an die Vorderfront herangebracht.

„Und die Philister stellten sich Israel gegenüber auf. Und der Kampf breitete sich aus, und Israel wurde von den Philistern geschlagen; und sie erschlugen in den Schlachtreihen auf dem Feld etwa viertausend Mann. Und als das Volk ins Lager zurückkam, sagten die Ältesten von Israel: Warum hat uns der HERR heute vor den Philistern geschlagen? Lasst uns von Silo die Lade des Bundes des HERRN zu uns holen, dass er in unsere Mitte komme und uns aus der Hand unserer Feinde rette!"

Die Philister zeigten sich hoch motiviert und riefen: „Seid tapfer und seid Männer, ihr Philister, damit ihr nicht den Hebräern dienen müsst, wie sie euch gedient haben!" Aber wann sollten die Hebräer ihnen gedient haben, wenn nicht in Ägypten, als der HERR bei der 10. Plage die Erstgeburten tötete? Wer diese „Philister" waren, belegt folgender Satz:

„Und die Städte, die die Philister Israel abgenommen hatten, kamen wieder an Israel, von Ekron bis Gat. Auch ihr Gebiet errettete Israel aus der Hand der Philister. Und es wurde Friede zwischen Israel und den Amoritern."

Die Erinnerung an die 10. Plage ist bei den Philistern noch nicht ganz verduftet. „Warum wollt ihr euer Herz verstocken, wie die Ägypter und der Pharao ihr Herz verstockt haben? Ließen sie sie nicht ziehen, als der HERR ihnen mitgespielt hatte, und sie zogen weg?", sagten die Oberen der Philister.

Tragischer Weise wirkte die Bundeslade nicht mehr, und im weiteren Kampf fielen noch 30 israelitische Kämpfer. Die Bundeslade erbeuteten die Philister, dabei starben die Priester Hofni und Pinhas.

„Und die Niederlage war sehr groß, und es fielen von Israel 30 000 Mann zu Fuß. Und die Lade Gottes wurde weggenommen, und die beiden Söhne Elis, Hofni und Pinhas, kamen um."

Wegen des Pestausbruchs in den Philistergebieten Aschdod, Gaza, Aschkelon, Gat und Ekron wurde die „Lade des HERRN" nach 7 Monaten zurückgegeben und nach Bet Schemesch gebracht. Die Philister fanden die Ursache für die Epidemie in ihrem neuen Erwerb und schickten die Bundeslade mit Beigaben zurück, das war „das Kästchen mit den goldenen Springmäusen und den Abbildern ihrer Beulen". Diese hochgradig ansteckende Infektionskrankheit verursachen „Mäuse", genauer gesagt, bei der Beulenpest erfolgt die Ansteckung gewöhnlich „durch den Biss eines Rattenflohs".

„Und sie stellten die Lade des HERRN auf den Wagen und das Kästchen mit den goldenen Springmäusen und den Abbildern ihrer Beulen. Und die Kühe gingen geradeaus auf dem Weg nach Bet-Schemesch."

Die Krankheit machte an der Grenze nicht halt, es starben 70 Israeliten.

„Da gab der HERR die Pest in Israel, vom Morgen an bis zu der bestimmten Zeit. Und es starben von dem Volk, von Dan bis Beerscheba, 70 000 Mann."

Die Bundeslade stand weitere 20 Jahre in Gibea/Kirjat-Jearim, ohne jegliches Interesse zu wecken, weder beim gelobten König David noch beim Propheten

Samuel. Aus „Gibea" wurde in der Übersetzung ein bloßer „Hügel", was nicht ganz korrekt ist. Am Schluss waren die Israeliten noch intakt, die Bundeslade wurde in Gibea/„Hügel", Sauls Stadt, aufbewahrt, und Sauls Enkel Eleasar hielt die Wache bei der „Lade des Herrn".

„Und die Männer von Kirjat-Jearim kamen und holten die Lade des HERRN hinauf, und sie brachten sie in das Haus Abinadabs auf dem Hügel. Und sie heiligten seinen Sohn Eleasar, über der Lade des HERRN zu wachen."

„Und es geschah, daß von dem Tag an, da die Lade in Kirjat-Jearim blieb, eine lange Zeit verging; es wurden zwanzig Jahre."

Erst nach Ablauf dieser 20 Jahre und als der letzte Widerstand gebrochen war, erinnerte sich König David plötzlich an die Bundeslade. In der Absicht, die Bundeslade nach Jerusalem zu holen, sagte er vor einer Versammlung:

„Wir wollen die Lade unseres Gottes zu uns herüberholen; denn in den Tagen Sauls haben wir sie nicht aufgesucht. Und die ganze Versammlung sagte, daß man es so tun solle. Denn die Sache war recht in den Augen des ganzen Volkes. Und David versammelte ganz Israel, vom Schihor Ägyptens bis nach Hamat hin, um die Lade Gottes vom Kirjat-Jearim zu holen."

Mit der Pluralform „Wir" bestätigte König David selbst, „die Lade unseres Gottes" nie aufgesucht zu haben, nicht zu Sauls Zeit und sowieso nicht später in Kirjat-Jearim, bei Sauls Enkel Eleasar.

Mit einem Trick wurde die Bundeslade zum zweiten Mal entwendet, und König David stellte sie für weitere 3 Monate bei dem Vertrauten Obed-Edom ab.

„Und David ließ die Lade nicht zu sich in die Stadt Davids bringen; und er ließ sie beiseite schaffen in das Haus Obed-Edoms, des Gatiters. Und die Lade Gottes blieb bei dem Haus Obed-Edoms, in seinem Haus, drei Monate."

20 Jahre und 3 Monate vergingen, bis die Bundeslade endlich in Jerusalem landete. Wo betete König David bis dahin welchen Gott an und zelebrierte seine Gottesdienste? In Jebus, beim Jebusiter Arauna, „auf der Tenne Ornans". Die Jebusiter waren eine Unterabteilung von Amoritern gewesen.

„Und der Engel des HERRN sprach zu Gad, daß er zu David sage, David solle hinaufgehen, um dem HERRN einen Altar zu errichten auf der Tenne Ornans, des Jebusiters."

Mehr Beleidigung für den HERRN, als ihm ein Altar auf der Opferungsstelle des amoritischen Erzfeinds einzurichten, ist kaum vorstellbar, besonders wenn Er befohlen hatte, an 7 Völkern, darunter die Jebusiter, unbedingt den Bann zu vollstrecken, was nicht erfüllt wurde. Vielleicht betete König David einen anderen Gott an, und sein Altar wurde nicht dem Gott JaHWA gewidmet. Sicher ist, dass die Bundeslade nach dem Aufenthalt bei den Philistern leer war und in Jerusalem letztendlich eine Attrappe installiert wurde. Und fraglich ist, ob sich inzwischen der HERR noch darin befand und angesichts der Umstände die

Hütte überhaupt irgendwann nochmals besuchte.

Die Gatiter

Der Gatiter Obed-Edom (Sklave von Edom) bewahrte die ihm anvertraute Lade drei Monate lang auf. Mitsamt seiner Familie wurde er mit dem Dienst an der „Lade des Bundes des HERRN" im Jerusalemer Tempel belohnt.

„Und David ließ dort, vor der Lade des Bundes des HERRN, den Asaf und seine Brüder, damit sie ständig vor der Lade Dienst täten nach dem täglichen Bedarf; und Obed-Edom und seine Brüder, 68 [Mann], und [zwar] Obed-Edom, den Sohn Jedutuns, und Hosa als Torhüter."

Diese Ehre und solch Vertrauen könnte mit einer „Blutsverwandtschaft" erklärt werden. Möglich wäre, dass Obed-Edom nach seinem Opa Obed genannt wurde, der auch Davids Opa Obed war.

„Boas zeugte Obed, und Obed zeugte Isai. Und Isai zeugte Eliab, seinen Erstgeborenen; und Abinadab, den zweiten; und Schamma, den dritten; Netanel, den vierten; Raddai, den fünften; Ozem, den sechsten; David, den siebten."

Andere, bereits bekannte Gatiter sind: „Goliat, der Philister von Gat", „Achis, der König von Gat", wo David lange beheimatet war, und „Ittai, der Gatiter".

Durch den ständigen Aufruhr der Israeliten ließen sich die 32,6 Jahre der Regierungszeit Davids scheinbar nicht ganz idyllisch gestalten. Einmal musste er mitsamt Belegschaft aus Jerusalem fliehen: „alle Kreter und alle Pleter und alle Gatiter, sechshundert Mann, die aus Gat in seinem Gefolge gekommen waren."

„So zog denn der König hinaus und sein ganzes Haus in seinem Gefolge. Und der König ließ zehn Nebenfrauen zurück, das Haus zu hüten. Als nun der König hinausgezogen war und alles Volk in seinem Gefolge, machten sie halt beim letzten Haus. Und alle seine Knechte zogen an seiner Seite vorüber, und zwar alle Kreter und alle Pleter und alle Gatiter, sechshundert Mann, die aus Gat in seinem Gefolge gekommen waren, zogen vor dem König vorüber."

In dieser trostlosen Lage tauchte der Gatiter Ittai auf, David sagte zu ihm: „Komm und zieh vorüber!", und „Ittai, der Gatiter, zog vorüber mit allen seinen Männern und dem ganzen Troß, der bei ihm war". Bei der Musterung wurde Gatiter Ittai nicht vergessen und bekam ein Drittel von Davids Garde unter seinen Befehl. Mit diesen „sechshundert Mann", Kreter, Pleter und Gatiter, hat König David 32,6 Jahre lang über das ganze Land geherrscht.

„Und David musterte das [Kriegs]volk, das bei ihm war, und setzte über sie Oberste über Tausend und Oberste über Hundert ein. Und David sandte das Volk aus: ein Drittel unter Joab, ein Drittel unter Abischai, dem Sohn der Zeruja, dem Bruder Joabs, und ein Drittel unter Ittai, dem Gatiter."

Philister

Obwohl die Eindringlinge von Norden („Syrien") ins Land einmarschierten, nennt sie die Bibel pauschal „Philister", genauso wie die im „Südland" beheimateten Räuberstämme. Im Vorfeld wurde erklärt, dass „Philister" ein Sammelbegriff für Räuberbanden verschiedener Herkunft und ein Synonym für „Terroristen" in der zeitgenössischen Bezeichnung ist. Hier ein Beispiel dafür.

Nach Erkenntnissen in Wikipedia griffen die „Seevölker" ausgerechnet in dieser Zeit zwischen „1194 und 1186 v. Chr." Ugarit an und zerstörten es.

> „Der Begriff Seevölker wird seit dem späten 19. Jahrhundert als Sammelbezeichnung für die in ägyptischen Quellen des Neuen Reich erwähnten „Fremdvölker" verwendet, die zu Beginn des 12. Jahrhunderts v. Chr. nach Berichten von Ramses III zur ernsten Bedrohung für Ägypten wurden. Wahrscheinlich handelt es sich um die gleichen Kräfte, die zwischen 1194 und 1186 v. Ugarit angriffen und zerstörten. Auch für eine Reihe weiterer Zerstörungen und Umwälzungen im östlichen Mittelmeergebiet werden diese Völker verantwortlich gemacht." (53)

Wikipedisch gesehen war das eine „Indogermanische Einwanderung", und wie erwartet, haben „viele" anonyme „Althistoriker, Sprachwissenschaftler und Archäologen" diesbezüglich etwas zu sagen. Dagegen meinen „andere", die in der Stadt „Jabesh Gilead" Funde von „Indogermanen" entdeckten: „In der Stadt siedelten die Philister."

> „Viele Althistoriker, Sprachwissenschaftler und Archäologen gingen früher davon aus, dass es sich in der Mehrzahl um Indogermanen aus dem Balkan gehandelt habe. Ihr Vordringen führte demnach zum Niedergang der mykenischen Kultur in Griechenland (Pylos, Mykene usw.) und besiegelte auch das Schicksal des Hethiterreichs."

> „Bei dem im Tal am Jordan nahe der Grenze zu Israel gelegenen Siedlungshügel Tell Abu al-Khara dürfte es sich um die in der Bibel erwähnte Stadt „Jabesh Gilead" handeln. Die Ergebnisse der Ausgrabungen stützen die Theorie, dass Gruppen der ursprünglich aus Süd- und Osteuropa stammenden Seevölker die östliche Mittelmeerregion bis zum Tal des Jordan besiedelten. Kulturelemente aus dem europäischen Raum sind in Tell Abu al-Kharaz gefunden worden. In der Stadt siedelten die Philister. Keramikfunde weisen in Form und Dekor auf Griechenland und Zypern. Zylinderförmige Webgewichte wurden zur gleichen Zeit in Zentral- und Südosteuropa benutzt." (53)

Dagon, der Name des Philister-Gottes, könnte „Fisch(er)" bedeuten, was nahe liegt, sollten sie ägäischer oder „indogermanischer" Herkunft sein, und wenn sie nach ihrem Brauch beurteilt werden: „Sie zogen ihn (Saul) aus und nahmen seinen Kopf (...) und seinen Schädel hefteten sie an das Haus Dagons."

> „Und es geschah am folgenden Tag, da kamen die Philister, um die Erschlagenen auszuziehen; und sie fanden Saul und seine Söhne auf dem Gebirge Gilboa liegen. Und sie zogen ihn aus und nahmen seinen Kopf und seine Waffen; und sie sandten in das

Land der Philister ringsumher, um die frohe Botschaft ihren Götzen und dem Volk zu verkünden. Und sie legten seine Waffen in das Haus ihres Gottes, und seinen Schädel hefteten sie an das Haus Dagons. Als aber ganz Jabes-Gilead alles hörte, was die Philister mit Saul getan hatten, da machten sich alle tapferen Männer auf und nahmen den Leichnam Sauls und die Leichname seiner Söhne und brachten sie nach Jabes; und sie begruben ihre Gebeine unter der Terebinthe bei Jabes und fasteten sieben Tage."

Nicht tapfere Judäer holten den Leichnam Sauls, sondern Israeliten von jenseits des Jordan. Nebenbei eine unappetitliche Frage, wenn die „Philister" Saul auszogen und seinen Kopf und seine Waffen nahmen, wie kam der „Jüngling" in den Besitz des Diadems, das auf Sauls Haupt war und an seine Armspange, die er seinem Herrn David brachte?

Dank der Wissenschaft sieht die in der Bibel beschriebene Schlacht zwischen Hebräern und „Philistern" so aus, dass eine erste Begegnung mit der „indogermanischen Einwanderung" stattfand. Das genaue Datum lässt sich errechnen, gleich nach König Sauls Tod beginnt die 40-jährige Karriere Davids, und als er im Jahr 1094 v. starb (siehe weiter), wurde der Tempelbau gestartet.

„Und die Tage, die David über Israel regierte, waren 40 Jahre; in Hebron regierte er 7 Jahre, und in Jerusalem regierte er 33 Jahre." (1. Kön. 2,11)

Demzufolge ereignete sich die Schlacht zwischen Israeliten und „Indogermanen" im Jahr 1134 v. (1094+40), genau in dem sagenhaften 12. Jahrhundert v., als, laut der gleichen Wissenschaft, Mose mit seinem Volk Kanaan erreicht haben soll. Andererseits ist „Dagon" ein „personal Amorit name", und die Vorliebe, mit der sie Sauls „Schädel an das Haus Dagons" angeheftet haben, zeugt von Amoritern und anderen Räuberstämmen, die seit Abraham „Philister" und zu Davids Zeit verkürzt die „Pleter" genannt wurden.

„The god Dagon first appears in extant records about 2500 BC in the Mar texts and in personal Amorit names in which the Mesopotamia gods Ilu (Ç), Dagan, and Ada are especially common." (54)

Zugleich sehen „einige Forscher" die „große Nähe der so genannten Philister-Keramik zur mykenischen Keramik der Stufe SH im 12. v.", danach wäre die logische und elementare Schlussfolgerung: „Indogermanen" waren „Philister".

„Einige Forscher vermuteten, bei den „Seevölkern" habe es sich zu großen Teilen um Mykene gehandelt, die also nicht Opfer, sondern Auslöser der Unruhen gewesen wären. Diese Theorie gilt aber bis auf weiteres als sehr problematisch, wenngleich sich etwa in der materiellen Kultur der späteren Philister durchaus einige Parallelen zur mykenischen finden lassen. So besteht eine sehr große Nähe der sogenannten Philister-Keramik zur mykenischen Keramik der Stufe SH im 12.Jahrhundert v. Die Phase SH setzte sich bereits um 1200 v. auf Zypern durch." (55)

Das „Buch der Richter" nennt die „Philister" namentlich, es waren Amoriter: „Und die Amoriter drängten die Söhne Dan ins Gebirge, denn sie gaben (ihnen) nicht

(die Möglichkeit), in die Ebene herabzukommen."
Dagegen war Goliat, GoLI-aT geschrieben, möglicherweise ein Gallier, aber nicht so sehr wegen seiner spezifischen Größe.
Die Neophilister waren Amoriter, um nicht zu sagen, sie waren "Indogermanen", die im Zuge der „indogermanischen Einwanderung" aus der Ägäis kamen und nun als "Seevölker" betitelt wurden. Beides stimmt, sie werden im AT „Kreter und Pleter" genannt.
Bedauerlich, aber die Gleichstellung von „Seevölkern" und „Philistern" scheitert an der hundertjährigen wissenschaftlichen Theorie, die besagt, die Israeliten, von Wissenschaftlern für Apiru/Habiru gehalten, kamen im 12.-13. Jahrhundert v. nach Kanaan, gerade dann, als die „Seevölker" im Gange waren.
„Geschichte: Nach 1300 v. Chr. besiedelten die Israeliten vorher warsch. Nomadenstamm, zugleich mit anderen semit. Volksstämmen Palästina."
(Das neue Fischer Lexikon in Farbe, Band 5, Fischer Taschenbuch Verlag. 1981).
„Belegt in ägyptischen Quellen sind Zwangsarbeit von semitischen Nomaden (genannt Apiru) für Bauprojekte von Pharaonen des Neuen Reichs (18. bis 20. Dynastie, etwa 1500–1000 v. Chr.) und gelegentliche Fluchten von Kleingruppen solcher Zwangsarbeiter." (56)

Kreter und Pleter
Etliche Philister standen im Dienst von König David, und Benaja befehligte sie: „Und Benaja, der Sohn Jojadas, war über die Kreter und Pleter (gesetzt)." Zur Orientierung: Nach Ankunft der „indogermanischen" Neophilister mussten Philister neu definiert werden, die „Seevölker" wurden „Kreter" (aus Kreta), die gewöhnlichen, altbekannten Philister wurden „Pleter". Diese „Kreter und Pleter" kommen als eigentliche Stützen des Regimes vor, und mehr noch, sie waren es und nicht das Volk, die Davids Sohn Salomo zum König krönten.
„So zogen der Priester Zadok und der Prophet Nathan und Benaja, der Sohn Jojadas, und die Kreter und Pleter hinab und ließen Salomo auf der Mauleselin des Königs David reiten und führten ihn zum Gihon".
Und was für ein Wunder, nach König Davids Machtübernahme gingen die Kriege gegen die Philister und Amalekiter plötzlich und auf einmal für immer zu Ende. Eine berechtigte Frage ist, ob David berufsmäßig vielleicht selbst ein Philister war, und kamen nach Sauls Tod in Wirklichkeit Philister an die Macht? Wie jemand sagte, ein Sklave will keine Freiheit, er will ein Herr sein.

„Schuldlos"
Alle Nachkommen Sauls wurden systematisch und vollständig ausgerottet, König David hielt seine Hände sauber und lieferte 2 Söhne und 5 Enkel Sauls zur

Hinrichtung an die „Gibeoniter" aus (2 Sam 21,1-14). Als zwei „benjaminitische" Heerführer den Sohn und legitimen Nachfolger König Sauls, Ischboschet, überfielen und seinen Kopf nach Hebron brachten, ließ David sie sofort hinrichten (2 Sam 2-4). Die Köpfe rollten im wörtlichen Sinn, so dass Sauls Kopf bei weitem nicht der letzte war.

Es gab Zeugen des Mordkomplotts gegen König Saul, die aber ausgeschaltet wurden. Bewährte sich hier nicht wieder das Spurenvernichtungsprogramm? Wenn ja, dann handelte es sich möglicherweise um ein besonders heimtückisches System angesichts Davids Schwur: „So schwöre mir nun bei dem HERRN, daß du meine Nachkommen nicht ausrotten und meinen Namen nicht austilgen wirst aus dem Haus meines Vaters! Und David schwor es Saul." Nicht umsonst sagte König Saul über David, dass „er sehr listig ist".

König Ischboschets Schicksal war besiegelt, nachdem Avner, ein Heeresführer Sauls und Garant für Ischboschet, ebenfalls hinterrücks ermordet wurde. Davon erfährt David, versteht sich, erst „nachher" und sagt: „Schuldlos bin ich und mein Königtum vor dem HERRN." Der legitime König Ischboschet wurde ermordet, und dieser Präzedenzfall geschah tausend Jahre vor dem schuldlosen Pontius Pilatus.

„Als nun Abner nach Hebron zurückkam, führte ihn Joab beiseite in das Tor, um in der Stille mit ihm zu reden. Dort stach er ihn in den Bauch, so daß er starb - um des Blutes seines Bruders Asael willen. Als David nachher davon hörte, sagte er: Schuldlos bin ich und mein Königtum vor dem HERRN auf ewig an dem Blut Abners, des Sohnes Ners!"

Töten und morden, immer mit weißer Weste, das kann selbst Carlos Castaneda nicht nachmachen. Mitleid und Barmherzigkeit bei König David sind ein Thema für sich, die Säuberungen verliefen aber etwa so: „Aus Mitleid" und „wegen des Schwures bei dem HERRN" übergab David 7 Kinder Sauls in die Hand der „Gibeoniter", darunter „fünf Söhne Merabs, der Tochter Sauls, die sie Adriel, „Sohn des Barsillai", geboren hatte. Und sie „hängten sie auf dem Berg vor dem HERRN (David) auf".

„Aber der König hatte Mitleid mit Mefi-Boschet, dem Sohn Jonatans, des Sohnes Sauls, wegen des Schwures bei dem HERRN, der zwischen ihnen war, zwischen David und Jonatan, dem Sohn Sauls. Und der König nahm die beiden Söhne Rizpas, der Tochter des Ajja, die sie dem Saul geboren hatte, Armoni und Mefi-Boschet, und die fünf Söhne Merabs, der Tochter Sauls, die sie dem Adriel geboren hatte, dem Sohn des Barsillai, des Meholatiters, und er gab sie in die Hand der Gibeoniter. Die hängten sie auf dem Berg vor dem HERRN auf. So fielen die sieben auf einmal, und sie wurden in den ersten Tagen der Ernte, am Anfang der Gerstenernte, getötet. Da nahm Rizpa, die Tochter des Ajja, das Sackgewand und breitete es für sich auf dem Felsen aus vom Anfang der Ernte an, bis das Wasser sich vom Himmel über die Toten ergoß. Und sie ließ nicht zu, daß bei Tag die Vögel des Himmels sich auf ihnen niederließen und bei Nacht die Tiere des Feldes."

Alles „wegen des Schwures bei dem HERRN", welchem „HERRN" muss jedem langsam einleuchten.

Die Hinrichtung erfolgte auf Bitte der „Gibeoniter", ihr Wunsch, die sieben Männer aus Sauls Familie „zugleich" im „Gibea Sauls" zu hängen, wurde aus reinem Mitleid und Gerechtigkeitswillen er-füllt:

> „Da sagten sie zum König: Der Mann, der uns vernichtet hat und der gegen uns plante, daß wir ausgerottet werden sollten, so daß wir nicht mehr hätten bestehen können im ganzen Gebiet Israels - man gebe uns sieben Männer von seinen Söhnen, daß wir sie dem HERRN aufhängen bei [dem] Gibea Sauls, des Erwählten des HERRN. Und der König sagte: Ich will sie [euch] geben."

An anderer Stelle ist zu lesen, dass die „Gibeoniter" nicht „von den Söhnen Israel, sondern vom Rest der Amoriter" sind, was bedeutet, in kurzer Zeit fand ein Bevölkerungsaustausch statt.

Auch mit Gefangenen, geschweige mit Getöteten, ging David nicht vorbildlich um, auch nicht nach der Genfer Konvention. Schon Davids Werbung um die Hand von Sauls Tochter Michal zeigte seinen Einfallsreichtum, er brachte „sogar 200 Vorhäute von getöteten Philistern". (43) Nach Moses Geboten fällt eine solche Handlung unter den § „Morde nicht".

Spaltung

Manche der Knechte Samuels schreiben in Wikipedia, König David habe das Land vereinigt, andere schreiben, was sie scheinbar selbst nicht verstehen:

> „Die Selbstverständlichkeit, mit der eine Spaltung Israels in ein Nord- und ein Süd- reich schon für Davids Lebenszeit berichtet wird, lässt den Schluss zu, dass diese Zweiteilung, die die Bibel erst für die Zeit nach dem Tode Salomos bezeugt, womög- lich wesentlich älter war."

So kann das nicht stehen bleiben. Die Teilung kam nach Sauls Tod, und König David, der „Recht und Gerechtigkeit an seinem ganzen Volk" übte, konnte erst sieben Jahre später das Land „vereinigen", im mildesten Fall ist das als „An- schluss" zu bewerten. Von Dauer war es nicht, nach kläglichen 69 Jahren er- folgte die endgültige Zweiteilung, 443 Jahre später existierte es nicht mehr. Sa- muels versprochene Strafe wegen „eurem König" Saul ist gänzlich eingetreten:

> „Ihr werdet an jenem Tage schreien wegen eures Königs, den ihr euch erwählt habt; aber der Herr wird euch an jenem Tage nicht erhören."

Als Gegengewicht zum israelitischen Heiligtum in Garizim gründete König Da- vid seine Hauptstadt „David" mit einer zentralen Tempelanlage auf dem Berg Zion, was die Spaltung des Landes auf logistischer Ebene verewigte.

Nach so vielen Morden und Verbrechen sprach Gott zu David: „Du sollst meinem Namen kein Haus bauen! Denn du bist ein Mann der Kriege und hast Blut fließen lassen." Dennoch kann Stalins Spruch bei einem Urteil über König David helfen:

„Russische Zaren haben viel Schlechtes gemacht. Sie haben das Volk beraubt und versklavt. Aber sie haben eine gute Sache gemacht: sie haben einen großen Staat bis Kamtschatka zusammengestellt. Diesen Staat haben wir bekommen." („Russische Nation", Wdovin A.I.)

Die Wissenschaft sieht König David als mythische Gestalt: „In letzter Zeit wird von einigen Forschern sogar in Frage gestellt, ob es David je gegeben hat." Sogar die Existenz seiner Grabstätte wird angezweifelt:

„Auf dem Berg Zion in Jerusalem wird als Davids Grabstätte das Davids Grab verehrt. Es ist eine wichtige Heilige Stätte des Judentums. Die Authenzität als tatsächliche Grabstätte Davids ist zweifelhaft." (43)

Von Erfolg gekrönt ging König David in die Geschichte ein, ungeachtet seiner von übelsten Übeln wie Pest, Landflucht und Aufstände begleiteten Herrschaft. Vielleicht war das Geheimnis seines Erfolgs simpel wie bei Popstar Michel Jackson oder in unterschwelligen Praktiken verborgen wie bei Barak H.Obama und Jasir Arafat? Wie David selbst sagte, bedeutete ihm seine tödliche Liebe zu Sauls Sohn Jonathan „mehr als Frauenliebe" (2 Sa 1,26). (57) Dennoch wurde David verewigt, da aus seinem Haus die Ankunft eines zukünftigen Messias erwartet wurde. Diese kurze, aber etwas länger geratene Skizzierung König Davids scheint für das Verständnis darüber nötig zu sein, aus welchem Haus der sehnsüchtig erwartete Messias kommen muss.

Kuckucksei

Einmal beobachtete David Batseba beim Baden und ließ sie daraufhin „zu sich holen, um mit ihr außerehelich zu verkehren". (58) Nach der gelungenen, aus purem Neid erfolgten Beseitigung von Batsebas hetitischem Ehemann Uria, der in Davids Dienst stand, heiratete König David Batseba. Aus Moses Sicht sind beide sichere Todeskandidaten. Das natürliche Produkt dieser Blut-Ehe, genannt „Salomo", hat mit „Frieden" so wenig zu tun, wie „Bat Schua" mit „Batseba". Der Originalname lautete nicht „Batseba" (hebräisch), sondern sie hieß „Bat Schua", wie die kanaanitische Ehefrau Judas.

„Und diese wurden ihm in Jerusalem geboren: Schimea und Schobab und Nathan und Salomo, vier, von Bathschua, der Tochter Ammiels." (59)

König David zeigte in seinen letzten Tagen alle Anzeichen von Schwachsinn (Demenz), gleich dem Spruch, wenn Gott jemanden bestrafen will, nimmt er ihm den Verstand. Für die Pflege wurde Abischag herangeschafft, „aber der König erkannte sie nicht".

„Und man suchte ein schönes Mädchen im ganzen Gebiet Israels; und man fand Abischag, die Schunemiterin, und brachte sie zum König. Das Mädchen aber war überaus schön, und sie wurde Pflegerin des Königs und bediente ihn; aber der König erkannte sie nicht." Mit Davids Einverständnis, mindestens seiner Kenntnis, wurde Adonia, sein erstgeborener Sohn, als rechtmäßiger Nachfolger zum König gekrönt, die Priester Joab, Zeruja, Abjatar folgten ihm. „Nicht mit Adonija" waren die Priester Rei, Benaja, Jojadas, Nathan, Schimi, Zadok und „die Helden".

„Adonija aber, der Sohn der Haggit, überhob sich und sagte: Ich bin es, der König wird! Und er schaffte sich Wagen und Reiter an und fünfzig Mann, die vor ihm herliefen. Sein Vater aber hatte ihn, solange er lebte, nie gekränkt, daß er gesagt hätte: Warum handelst du so? Und auch war er sehr schön von Gestalt; und seine Mutter hatte ihn nach Absalom geboren. Und er hatte seine Verabredungen mit Joab, dem Sohn der Zeruja, [getroffen] und mit dem Priester Abjatar; und sie standen mit ihrer Hilfe hinter Adonija. Aber der Priester Zadok und Benaja, der Sohn Jojadas, und der Prophet Nathan und Schimi und Rei und die Helden, die David hatte, waren nicht mit Adonija."

Dem Brauch nach wurde Adonia als Erstgeborener in aller Öffentlichkeit „vor ganz Israel" zum König gesalbt, auch Salomos Mutter Batseba "(an)erkannte" widerspruchlos die Rechtmäßigkeit, nahm sie aber nicht einfach hin.

„Und Adonija, der Sohn der Haggit, kam zu Batseba, der Mutter Salomos. Und sie sagte: [Bedeutet] dein Kommen Friede? Und er sagte: [Ja,] Friede. Und er sagte: Ich habe ein Wort an dich. Und sie sagte: Rede! Da sagte er: Du hast selbst erkannt, daß mir das Königtum zukam und daß ganz Israel sein Gesicht auf mich gerichtet hatte, daß ich König werden sollte."

Nun, unter Umständen lässt sich das Rad der Geschichte ein Stück zurückdrehen. Da der „König aber sehr alt war" und in seinem Delirium „nichts erkannt hat", nutzten Batseba und die Priester-Clique Zadok, Nathan und Benaja dies aus, und in Davids Namen wurde Salomo gekrönt.

„Da sagte Nathan zu Batseba, der Mutter Salomos: Hast du nicht gehört, daß Adonija, der Sohn der Haggit, König geworden ist? Und unser Herr David hat nichts erkannt."

„Da ging Batseba zum König hinein in das Gemach; der König aber war sehr alt, und Abischag, die Schunemiterin, bediente den König."

Ob jemals das Treffen mit König David und das Gespräch über die Krönung stattfanden, kann niemand bezeugen, außer der Vierer-Bande selbst.

„Darauf sagte der König David: Ruft mir den Priester Zadok und den Propheten Nathan und Benaja, den Sohn Jojadas! Und sie kamen herein vor den König. Und der König sprach zu ihnen: Nehmt die Diener eures Herrn mit euch und laßt meinen Sohn Salomo auf meiner eigenen Mauleselin reiten und führt ihn zum Gihon hinab! Und der König hat den Priester Zadok und den Propheten Nathan und Benaja, den Sohn

Jojadas, und die Kreter und Pleter mit ihm gesandt, und sie haben ihn auf der Maul-eselin des Königs reiten lassen."

Und wieder, trotz des lebendigen und legitimen Königs Adonia, wurde im Schnellverfahren diesmal Salomo gesalbt, unter Ausschluss der Öffentlichkeit: „Und der Priester Zadok holte das Ölhorn aus dem Zelt und salbte Salomo." Das Gesetz in jedem Land würde das als Staatsstreich auffassen.

Den Ausgang eines Putsches entscheiden immer die „Helden", je nachdem, welche Seite sie wählen, und für Salomo entschieden sich die Söldner, „Kreter und Pleter". Nach demselben Rezept verfuhr auch das Römische Reich nach Julius Caesars Tod (44 v.), schicksalsentscheidend war, welchen Senator die germanischen Soldaten unterstützten.

Adonia, der gesetzmäßige König, wurde von Salomo und der Vierer-Bande niedergemacht, und „Salomo hat sich auf den Königsthron gesetzt". Ein Usurpator. Vielleicht gab es doch keinen Putsch, und solche Gedanken sind irregeleitet? Als legaler König hielt es Adonia nicht für nötig, die Opposition zu verfolgen. Doch trotzdem mussten sich die Putschisten behaupten und Adonia Machtambitionen unterstellen (wie typisch): er „überhob sich". Unverzichtbar ist auch der Auftragsschreiber Scheja gewesen, damit die Geschichte nach erfolgreichem Umsturz so gelesen wie aufgeschrieben, exakt, wie es bei Papa David zu seiner Zeit der Fall war. Und Salomo erwies sich in seinen Handlungen als ein wahrer Sohn seines Vaters.

Ein Übel gebiert das andere, ganz wie David die Konkurrenten aus der Nachkommenschaft von König Saul ermorden ließ, verfuhr Salomo mit den Nachkommen seines eigenen Vaters David. Zu Adonia sandte er Benaja, und „der stieß ihn nieder. So starb er". Das Blut wurde direkt im Tempel vor dem Altar, pardon, der Attrappe, vergossen. Mose dreht sich im Grab um, und noch wird gesagt, Salomo bedeutet „Frieden".

„Da erschraken all die Geladenen, die bei Adonija waren, und standen auf und gingen weg, jeder seines Weges. Und Adonija fürchtete sich vor Salomo; und er machte sich auf, ging hin und ergriff die Hörner des Altars. Das wurde Salomo berichtet, indem man sagte: Siehe, Adonija fürchtet den König Salomo, und siehe, er hält die Hörner des Altars fest und sagt: Der König Salomo schwöre mir heute, daß er seinen Knecht nicht mit dem Schwert töten wird! Und der König Salomo schwor bei dem HERRN und sprach: So soll mir Gott tun und so hinzufügen! Um [den Preis] seines Lebens hat Adonija dieses Wort geredet! Und nun - so wahr der HERR lebt, der mich bestätigt hat und mich auf den Thron meines Vaters David gesetzt und der mir ein Haus gemacht hat, wie er geredet hat - fürwahr, heute [noch] soll Adonija getötet werden! Und der König Salomo sandte hin zu Benaja, dem Sohn Jojadas, der stieß ihn nieder. So starb er."

Ein merkwürdiges Detail sind die „Hörner des Altars". Warum ergreifen alle so gerne diese Hörner? Das sind die Hörner des Goldenen Kalbs, der Gott der Amoriter, das inzwischen zum Stier heranwuchs.

Danach, auf Befehl des friedfertigen König Salomos, „stoß ihn nieder und begrabe ihn!", wurde Joab ebenfalls vor dem Altar umgebracht.

„Da floh Joab ins Zelt des HERRN und ergriff die Hörner des Altars. Und es wurde dem König Salomo berichtet: Joab ist in das Zelt des HERRN geflohen, und siehe, er [befindet sich] neben dem Altar. Da sandte Salomo Benaja, den Sohn Jojadas, mit dem Auftrag: Geh hin, stoß ihn nieder! So ging Benaja in das Zelt des HERRN und sagte zu Joab: So spricht der König: Geh hinaus! Er aber sagte: Nein, sondern hier will ich sterben. Da brachte Benaja dem König Antwort und sagte: So hat Joab geredet, und so hat er mir geantwortet. Der König sagte zu ihm: Tu, wie er geredet hat, und stoß ihn nieder und begrabe ihn!"

„So ging Benaja, der Sohn Jojadas, hinauf, stieß ihn nieder und tötete ihn; und er wurde in seinem Haus in der Wüste begraben."

Sogar der Benjaminiter und Opportunist Schimi, der „nicht mit Adonija" war, musste sterben:

„Und der König gab Benaja, dem Sohn Jojadas, Befehl; der ging hinaus und stieß ihn nieder; so starb er."

„Das Königtum war in der Hand Salomos fest gegründet." Bei der Machtergreifung Salomos entschied der Einsatz der Philister, „Kreter und Pleter", insofern war er auch ein Philister-König. Die Römer lagen nicht so falsch, als sie nach Jerusalems Zerstörung das Land „Syrien-Palästina" nannten.

Salomo

Das Gebot „Begehre nicht" gehörte nicht zu Salomos Lebenspostulat, er „hatte neben seiner ägyptischen Gemahlin moabitische, ammonitische, edomitische, phön. und hethitische Frauen: 700 aus fürstlichen Geschlecht und 300 Nebenfrauen" (70 und 30). Lauter fremde Frauen, deutlich mehr, als die berühmten 72 Jungfrauen und das trotz des Verbots des HERRN, kanaanitische Frauen zu heiraten.

„Und du sollst dich nicht mit ihnen verschwägern: Deine Tochter sollst du nicht seinem Sohn geben, und seine Tochter sollst du nicht für deinen Sohn nehmen; denn sie würden deine Söhne von mir abwendig machen, dass sie anderen Göttern dienten."

Dazu kommt Vielweiberei, obwohl kein geringerer als der HERR speziell für Könige geboten hat:

„Und er soll sich nicht viele Frauen anschaffen, damit sein Herz sich nicht [von Gott] abwendet. Auch Silber und Gold soll er sich nicht übermäßig anschaffen."

Und sieh mal an, über König Salomo, mit seinen „vielen fremden Frauen", verlor der Gottesmann Esra kein Wort. Also richtete sich seine Kritik tatsächlich speziell gegen die Hebräer, was schon beinahe „antisemitisch" anmutet.

Der Unterhalt für den Harem und anderen Protz zwangen König Salomo zur Einführung immer höherer Steuern, besonders hoch aber wurde der Stamm Ephraim (Joseph) besteuert. (60) Mit hohen Steuern verfolgten die Judäer gezielt den Zweck, israelitische Rivalen niederzumachen.

Wikipedia traut sich nicht, die Zeit von König David genau zu datieren: „Er lebte um 1000 v.".

„David (hebr. דָּוִדund דָּוִידDāwīd) war laut 1. und 2. Buch Samuel, dem 1. Buch der Könige und dem 1. Buch der Chronik des Tanach und des Alten Testments der Bibel König von Juda und als Nachfolger Sauls zeitweise auch von Israel. Er lebte um 1000 v. Chr. und gilt als Verfasser zahlreicher Psalmen, der Davidpsalmen." (61)

Die Lage von Davids Sohn Salomo sieht in Wikipedia auch nicht besser aus, er war König „im 10. Jahrhundert v. Chr.":

„König Salomo bzw. Salomon (hebr שְׁלֹמֹה Šᵊlomoh) war - nach der Darstellung der Bibel -im 10. Jahrhundert v. Chr Herrscher des vereinigten Königreichs Israel". (62)

Bemerkenswert, Mose lieferte schon in der Steinzeit eine bestmögliche Chronik, aber der legendäre Papa und sein Sohn hinterließen wenig brauchbare Angaben über ihre Zeit. David und Salomo wurden auch deswegen, und nicht nur wegen spezifischer Neigungen bei Wikipedia, für zwei mythische Gestalten gehalten: „Ob Salomo als historische Person gelten kann, ist wie bei seinem Vater David umstritten." (62)

Manch biographisches Detail dieser mythischen Gestalten wird von Wikipedia verschwiegen, aber nicht bei Theologen. Zum Beispiel steht im Midrasch, dass Salomo (848-796 v. laut Midrasch) im Alter von 12 Jahren zum König wurde und insgesamt 52 Jahre lebte. (63) Was beschämt so, dass Wikipedia darüber schweigt? Für ein Genie sind Tempel bauen und regieren mit 12 Jahren keine Umstände, auch Sarrazin sprach ja vom „jüdischen Gen". Warum aber sollte Salomo bei einer damals durchschnittlichen Lebensdauer von 80 Jahren nur kurz leben? Sogar als Folge eines Inzests wäre sein Leben zu kurz gewesen. War er plötzlich erkrankt oder wurde er umgebracht? Oder vielleicht stimmen die Datierungen nicht ganz?

Tempel

Sind die Datierungen über Salomo wirklich nicht ermittelbar? In Wikipedia kann jeder in der „Liste der Pharaonen" das Stichwort „König Scheschonq I." finden, den vermutlich biblischen „Sisak", und erfahren:

„Scheschonq I. Hedjcheper-Re um 946–924 v. Chr. unternahm einen Feldzug nach Palästina und plünderte den Tempel von Jerusalem."

Ein Wunder, geplündert wird der noch nicht gebaute Tempel (848-796 v. laut Midrasch), was weder König Salomo noch die Talmud-Gelehrten bemerkten.

Das war Scheschonqs streng geheime Aktion.

König Salomo regierte 40 Jahre lang, und nach streng wissenschaftlicher Vorstellung begann seine Regentschaft im Jahr 961 v., demnach sollte er doch etwas vom Überfall Sisaks gehört haben (946 v.).

„Nach biblischen Angaben (1 Kön. 6,1) wurde der Bau des ersten festen Tempels von Salomo im vierten Jahr seiner Regentschaft begonnen. Das entspricht nach biblischer Chronologie dem Jahr 957 v. Die Bauzeit betrug sieben Jahre (1 Kön. 6,38). Salomos Regentschaft begann demnach 961 v. Chr." (64)

Nach anderer Quelle regierte Salomo in den Jahren (ohne Spaß) 965-928 v. (65) Zu behaupten, der Tempel sei zu Salomos Zeit ausgeraubt worden, auch wenn historische Hinweise fehlen, riskieren sogar Geschichtsfälscher nicht. Andererseits stirbt Pharao Scheschonq I. (924 v.) knapp nach Salomo (961-921 v.), ihm würden für seinen Last-Minute-Feldzug nur zwei Jahre gelassen.

„Scheschonq führte den Feldzug nach ägyptischer Chronologie im Frühjahr oder Sommer 926 v. Chr. durch, etwa zwei Jahre vor seinem Tod." (66)

Gewiss, an unterschiedlichen Datierungen mangelt es nicht, die Wissenschaft litt niemals an zu wenig Pluralismus. Aber die Stichproben erlauben den Einblick in die wissenschaftliche Küche und in die „Methode Finkelstein": wie am falschen Ort nach der falschen Zeit gesucht und nichts gefunden wird.

Da hier nicht Aufgabe und Absicht ist, den Wissenschaftlern und Forschern Arbeit wegzunehmen, soll hier lediglich die Aufmerksamkeit auf die Datierung im folgenden Satz gelenkt werden, die keinesfalls aus Esras Buch stammt, dabei aber aufschlussreich ist:

„Und es geschah im vierhundert und achtzigsten Jahre nach dem Auszuge der Kinder Israel aus dem Lande Ägypten, im vierten Jahre der Regierung Salomos über Israel, im Monat Siw, das ist der zweite Monat, da baute er dem HERRN das Haus." (1. Kön. 6,1)

וַיְהִי בִשְׁמוֹנִים שָׁנָה וְאַרְבַּע מֵאוֹת שָׁנָה לְצֵאת בְּנֵי יִשְׂרָאֵל מֵאֶרֶץ מִצְרַיִם בַּשָּׁנָה הָרְבִיעִית זוּ הוּא הַחֹדֶשׁ הַשֵּׁנִי לִמְלֹךְ שְׁלֹמֹה עַל יִשְׂרָאֵל וַיִּבֶן הַבַּיִת לַה,מלכים א, ו

Diese Übersetzung führte Wissenschaftler und Schriftgelehrte zu „im vierten Jahr der Regierungszeit von König Salomon". Ist etwa sein halbwüchsiges Alter für 12 Jahre Anlaufzeit verantwortlich? In Plattdeutsch erklärt, 480 Jahre nach dem Auszug aus Ägypten und noch 3 Jahren gingen im Monat Ziv die Baumaßnahmen zu Ende, d.h. im Jahr 1066 v. (1549 v. Ausgangs-jahr-480-3).

Über den Monat „Ziv" streiten die Geister mit Dämonen, für manchen ist das der Monat Nisan, für andere ist das der Monat Tischri, all das wegen Esras Beitrag zur Verunstaltung des hebräischen Kalenders. Der Erste Monat Nisan wurde bei Esra der 7. Monat, der 7. Monat Tischri wurde der erste.

Dieses besonders unlösbare Rätsel ist merkwürdig angesichts der Tatsache, dass

Salomo in diesem angesagten Monat Nisan (Ziv) bereits 1 Monat lang König über Israel war.

Wie lange er brauchte, um seine Herrschaft über Israel auszubreiten, steht nicht geschrieben. Auch das kann berechnet werden. Geschrieben steht nur, dass er den Tempel 7 Jahre lang, den Palast noch 13 Jahre lang baute, insgesamt sind das 20 Jahre.

„Und an seinem Haus baute Salomo 13 Jahre, und er vollendete sein ganzes Haus."

„Und es geschah am Ende von 20 Jahren, während der Salomo die beiden Häuser, das Haus des HERRN und das Haus des Königs, gebaut hatte."

Im Unterschied zur Vaterstadt auf dem Berg Zion, genannt „Stadt David", ließ Salomo seine Stadt „Jerusalem" („Stadt Salomo") nennen.

Noch eine kleine Überraschung: ZiV entspricht der Zahl 13 (7+6), so wird der „Monat Ziv" einfach zum 13. Monat im Schaltjahr 1066 v. Demzufolge brauchte Salomo auf den Monat genau 7 Jahre, um Israel zu unterjochen und stellte einen Rekord auf, weil er für die Vereinigung beider Länder nur 7 Jahre benötigte, etwas weniger als sein Papa David mit seinen 7,5 Jahren. Und das wiederum bedeutet, König Salomon begann sofort bei Regierungsantritt mit dem Tempelbau im Jahr 1073 v. (1066+7), früher als gedacht. Für Baumaßnahmen hatte er somit genügend Zeit, er war weder 12 Jahre alt noch ein „Genie" und starb nicht mit kläglichen 52 Jahren. (67)

Selbstverständlich gelingt es Geschichtsprofis wie Israel Finkelstein und Neil Asher Silberman nicht, Salomos Bauwerk mit archäologischen Funden des 10. Jahrhunderts „in Einklang zu bringen". Vielleicht hilft ein guter Ratschlag: einmal im 11. Jahrhundert v. gucken.

„Eine Forschergruppe um Israel Finkelstein und Neil Asher Silberman hält die biblische Darstellung der Zeit Davids und Salomos für ein Werk der Literatur, das mit den archäologischen Funden des 10. Jahrhunderts (Low Chronology: Eisenzeit I) nicht in Ein-klang zu bringen sei." (68)

Noch fehlt das Todesdatum König Salomos, um zu wissen, ob Scheschonq ihn verfehlte oder nicht. Kurz nach der Vereinigung, als der durchgenudelte Uria starb und die Blut-Ehe von König David und Batseba stattfand, wurde Salomo im Jahr 1105 v. (1073+32) geboren, das war 32 (32,6) Jahre vor Davids Tod. Salomo regierte 40 Jahre, den Rest kann sich jeder allein ausrechnen.

„Und die Tage, die Salomo in Jerusalem über ganz Israel regierte, waren 40 Jahre."

Er lebte 72 Jahre (32+40), davon regierte er die letzten 33 (40-7) Jahre über beide Länder und starb im Jahr 1033 v. (1066-33). Der Hinweis aus dem „Lexikon zur Bibel": „Er wurde etwa um 990 v. Chr. geboren", das sind etwa 43 (1033-990) Jahre nach seinem eigenen Tod.

Sisak

Laut Wikipedia hatte Pharao Siamun als erster Herrscher den Königstitel „Pharao" („Per aa").

„Siamun war der sechste altägyptische König (Pharao) der 21. Dynastie (Dritte Zwischenzeit) und regierte von 978 bis 959 v. Chr. Er ist der erste Herrscher, der den Titel „Pharao" (Per aa) als Königstitel trägt." (69)

Über Siamun sollten ein paar Wörtchen mehr verloren werden. In der wirren Dritten Zeit kamen in Ägypten „Libyer" an die Macht und stellten Siamun als König (978 v. bis 959) auf. Aber es war Scheschonq I., der „neueren Untersuchungen" zufolge Jerusalem plünderte, im Jahr 926v. „einen Palästinafeldzug durchführte" und laut Wissenschaft „seine Tochter mit Salomo vermählte".

„Der alttestamentlich vermerkte Palästinafeldzug, der mit Siamun in Verbindung gebracht wurde, konnte nach neueren Untersuchungen Scheschonq I. zugeordnet werden. In dessen Ortsnamenliste tauchte der von ihm zerstörte Ort Gezer ebenfalls auf. Der alttestamentliche Text bezüglich der Zerstörung von Gezer enthält keinen Namen eines Pharaos und wird daher als „nachbearbeitete volkstümliche Überlieferung" gewertet. Dazu zählt auch die Erwähnung von „Salomos Wiederaufbau von Gezer", einem späteren redaktionellen Zusatz, sowie der Bericht, dass „Siamuns Tochter Salomos Frau wurde". Als einzig mögliche historische Überlieferung verbleibt der Kern, dass ein ägyptischer Pharao Gezer zerstörte und seine Tochter mit Salomo vermählte. Eine mögliche Verbindung lässt sich jedoch nur zu Scheschonq I. ziehen, der 926 v. Chr. nach einem längeren Zeitraum als erster Pharao wieder einen Palästinafeldzug durchführte." (69)

Bei diesem Thema wurde die Klärung der Frage ausgelassen, wer letztendlich der biblische Sisak war, Siamun oder Scheschonq I. Das soll gelegentlich bei der Korrektur der Chronologie geschehen.

Den Auszug aus Ägypten im Jahr 1549 v. verschob die praktizierende Wissenschaft, je nach Bedarf, ins 12. oder 13. v. Jahrhundert und sparte damit 300 Jahre ein. Die fehlenden Jahre machen sich bemerkbar, die Pharaos in der Warteschlage bekommen immer weniger Zeit zum Regieren, Salomo übernimmt sein Amt im Alter von 12 Jahren, Scheschonq I. besetzt Jerusalem im Last-Minute-Verfahren und die Lebenserwartungen werden drastisch gekürzt.

Auch archäologische Ausgrabungen in der Wüste Negev stießen nicht auf Sisaks Unternehmungen im Jahr 926 v. oder 922 v. (924-2), sondern auf das 11. Jahrhundert v. (Irit Jaakov „Sisaks Krieg gegen Königreich Juda") (70)

Für die Hochwissenschaft ist der Bericht über „Siamuns Tochter Salomo Frau" lediglich ein „späterer redaktioneller Zusatz" und allein deswegen muss er ganz falsch sein. So gesehen sind die Beiträge in Wikipedia insgesamt spätere redaktionelle Zusätze, aber was für eine Nachlässigkeit, Siamun wurde im AT mit keinem Wort erwähnt, er war ein namenloser Pharao:

„Und Salomo verschwägerte sich mit dem Pharao, dem König von Ägypten; und er nahm die Tochter des Pharao und brachte sie in die Stadt Davids, bis er den Bau seines Hauses und des Hauses des HERRN und der Mauer von Jerusalem ringsum vollendet hatte."

Auf jeden Fall „heiratete" Salomo den namenlosen Pharao, Vorgänger des libyschen Sisak, und mit ihm schloss er damit einen Friedensbund. Salomo baute Tempel, und in all dieser Zeit ist seine ägyptische Frau bei ihm. Er „brachte sie in die Stadt Davids, bis er den Bau seines Hauses und des Hauses des Herrn und der Mauer von Jerusalem ringsum vollendet hatte.", und zwar im Jahr 1053 v. (1073-20). Und es war Rehabeam, der König von Judäa, Salomos Sohn und Nachfolger, der vier Jahre („im fünften Jahre") nach Salomos Tod von Sisak im Jahr 1029 v. (1033-4) überfallen wurde:

„Und Salomo suchte Jerobeam zu töten; da machte Jerobeam sich auf und entfloh nach Ägypten zu Sisak, dem König von Ägypten; und er war in Ägypten bis zum Tode Salomos."

„Und es geschah im fünften Jahre des Königs Rehabeam, da zog Sisak, der König von Ägypten, gegen Jerusalem herauf".

Und das ist genau das 11. Jahrhundert v., wie die archäologischen Funde bezeugen, und nicht im 10. Jahrhundert, wie es die „Forschergruppe" um Israel Finkelstein und Neil Asher Silberman haben will.

Multikulturalismus

Im Tempel wurden Götzendienste für Salomos tausend und eine Frau gefeiert.

„Und so tat er für alle seine fremden Frauen, die ihren Göttern räucherten und opferten." (1. Kön. 11,8).

Das ist gerade der Fall des Falles gewesen von: „Eure Söhne werden ihre Töchter heiraten".

Der Herrgott war scheinbar gar nicht dort anwesend, zu lesen ist hier: „Salomon aber baute ihm ein Haus. Aber der Höchste wohnt nicht in Wohnungen, die mit Händen gemacht sind." Um Jerusalem herum, so ordnete König Salomo vor seinem Tod an, soll ein Tempel für alle Religionen entstehen.

„Und Salomo wandelte der Astoreth nach, der Gottheit der Zidonier, und dem Milkom, dem Gräuel der Ammoniter. Und Salomo tat was böse war in den Augen des Herrn, und er folgte dem Herrn nicht völlig nach wie sein Vater David. Damals baute Salomo eine Höhe dem Kamos, dem Gräuel der Moabiter, auf dem Berge, der vor Jerusalem liegt, und dem Molech, dem Gräuel der Kinder Ammon. Und so tat er für alle seine fremden Frauen, die ihren Göttern räucherten und opferten."

Das Gebot Nummer 1: „Du sollst keine Götter neben mir haben", wurde missachtet, und die Landesspaltung bekam einen unwiderruflichen Charakter.

Wie Jesus Christus sagte:

„Niemand kann zwei Herren dienen; denn entweder wird er den einen hassen und den anderen lieben, oder er wird einem anhangen und den anderen verachten. Ihr könnet nicht Gott dienen und dem Mammon."

Salomos Sprüche

Der selbstkritische Spruch: „Selbst ein lebendiger Hund ist besser daran als ein toter Löwe." (David und Saul?) gehört sicherlich zu Salomos Perlen, und die defätistische „goldene Mitte" bildet den Grundsatz seiner Lebensphilosophie. Zweifelhaft, ob die Israeliten mit solcher Einstellung jemals Ägypten verlassen hätten.

Vor allem wurde ein fatalistischer Satz aus seinen Predigten bekannt: „Es ist gar nichts Neues unter der Sonne.", so lange das einen selbst nicht trifft. Und sein Spruch „Jedem das Seine" wird am Tor zum KZ gewürdigt.

Salomo folgte den „Satzungen seines Vaters David", posthum wurde über ihn geschrieben: „Und Salomo liebte den HERRN, indem er in den Satzungen seines Vaters David wandelte; nur opferte und räucherte er auf den Höhen." (1. Kön. 3,3). Und schlimm genug, „er folgte dem HERRN völlig nach wie sein Vater David."

Eine komische Frage: warum stammt der Messias eigentlich aus Davids Haus und nicht aus Salomos, mit seinen 1000 Frauen? Jemand, der Macht hat, definiert und dann punktiert er (Esra). Für welchen von beiden würde sich jemand mit Esras Mutterliebe entscheiden? Natürlich für König David, erster König der Judäer und „Sohn einer Sklavin" - und dann über die „Mischehe unserer Väter" jammern!

Eine fatale Verkettung: der „Belial"-Samuel salbt der „Sklavin Sohn" David zum König, aus der „Blut-Ehe" mit Batseba ist Salomon hervorgegangen, der persische Knecht Esra übernimmt die Staffel, und die von ihm gegründete Kaste schafft Jesus Christus aus dem Weg, so wie Moses das voraussah:
„Siehe heute [schon], während ich noch bei euch lebe, seid ihr widerspenstig gegen den HERRN gewesen; wieviel mehr nach meinem Tod!"

Rehabeam, Sohn von Salomo

Mit Salomos Tod kam die Dynastie von David noch lange nicht zum Ende, die Mutter seines Sohnes Rehabeam war wieder eine Araberin, vergebens sind die Wehklagen von Esra über die „Unzucht unserer Väter" so laut gewesen.
„Sein Vater war König Salomo, seine Mutter die Ammoniterin Naami. Nach Salomos Tod gelang es ihm nicht, das von König David begründete Königreich Israel zu bewahren. Außer seinem eigenen Stamm Juda und dem Stamm Benjamin fielen alle Stämme vom davidischen Königshaus ab und erwählten sich Jerobeam zum König

des Nordreichs Israel."

Rehabeam erweist sich nicht als so produktiv wie sein Vater Salomo, er unterhielt nur 18 Frauen und 60 Nebenfrauen. Allen Erwartungen gemäß übernahm er den Götzendienst und pflegte ihn weiter. Er ordnete an, auf allen hohen Hügeln und unter den grünen Bäumen „Steinmale und Aschera-bilder" aufzustellen. Kurzum, er wandelte nach Satzungen seines Vaters Salomo oder wie Jesus Christus sagte: „Ihr tut nach eures Vaters Gelüsten."

„Und es geschah, als das Königtum Rehabeams befestigt, und er stark geworden war, verließ er das Gesetz des Herrn, und ganz Israel mit ihm."

Außer Vielweiberei und Okkultismus war das Hauptanliegen König Rehabeams der Krieg gegen die Israeliten (Jerobeam).

„Und es war Krieg zwischen Rehabeam und Jerobeam alle Tage seines Lebens".

Die Israeliten verweigerten, Steuern zu zahlen und brachten seine Steuereintreiber um.

„Und der König Rehabeam sandte Hadoram, der über die Fron war; aber die Kinder Israel steinigten ihn, und er starb."

Auch die Leviten bekamen einen Tritt:

„Und die Priester und die Leviten, die in ganz Israel waren, stellten sich bei ihm ein aus allen ihren Grenzen. Denn die Leviten verließen ihre Bezirke und ihr Besitztum und zogen nach Juda und nach Jerusalem; denn Jerobeam und seine Söhne hatten sie aus dem Priesterdienst des HERRN verstoßen."

So wurde die Reichsteilung komplett, die Israeliten hielten von Judäa Abstand und Jerusalem wurde bald von Sisak, und zwar ohne jeglichen heldenhaften Widerstand, eingenommen:

„Im fünften Jahr des Königs Rehabeam zog Schischak, der König von Ägypten, herauf gegen Jerusalem und nahm die Schätze aus dem Hause des HERRN und aus dem Hause des Königs, alles, was zu nehmen war." (71)

„Gottes Sohn"

Parallelen

Vorausgesetzt, zwischen Mose und Jesua bestand eine historische und biographische Parallele, dann könnten die Ereignisse im NT anders aussehen. Im Buch „Der Gral" wurde in der Genealogie von Jesua beschrieben, wie sich die regierende Linie von Mose und die priesterliche von Aaron mit Jesuas Biographie überkreuzte.

„Dann kann Johannes als Nachkomme Aarons den Titel des Priestermessias beanspruchen, Jesus, der sowohl von Aaron wie von David abstammt, kann Anspruch auf dem Titel des Priestermessias und des königlichen Messias erheben." (Loncoln, Baigent,

Leigh: „Der Gral").

Leider waren zu dieser Zeit die 12 Stämme untereinander bereits mächtig durchgemischt und durchgekreuzt, so dass jeder seine Linie von Mose oder Aaron ableiten konnte, aber hier fehlt etwas Wesentliches.

*Zufällig oder nicht entsprach Jesuas Name dem Namen von Moses Sohn Hosea/Josua.

*Jesua wurde vom Volk beim Einzug in Jerusalem als „Hosea(na)" begrüßt, dem Geburtsnamen von Moses Sohn Hosea/Josua. Der vorletzte König Israels (722 v.) hieß auch Hosea.

*Die Gottesmutter Maria trug den gleichen Namen wie die Ehefrau von Mose (Miriam), die logischerweise die Mutter von Hosea/Josua war.

*Josef, der Ziehvater von Jesua, wurde nach Joseph, dem Herrscher über Ägypten, genannt. Ein nicht unwesentliches Detail, da Zweifel bestehen, ob bei Juden der Name „Joseph" so populär war.

*In Hoseas/Josuas Biographie kommen die zwei Stämme Ephraim (Joseph) und Levi zusammen; es ist zu erwarten, dass diese zwei Dynastien auch zu Jesuas Profil passen, besonders, da der Stamm Ephraim (Joseph) mit dem allgemeinen Begriff „Israel" bezeichnet wurde und später als „Samariter" bekannt wird.

*Niemand weiß, wo Jesua begraben wurde, vergleichbar mit Mose „keiner weiß sein Grab".

Diese und andere Anzeichen deuten darauf hin, dass Jesua ein Wiedergänger von Mose und Hosea/Josua sein könnte und das ganz bewusst. So Jesuas Spruch: „Ich bin gekommen, die Gesetze zu erfüllen.", meinte keine anderen „Gesetze" als Moses Gesetze. Schließlich muss die Voraussage im AT, der nächste Prophet wird dem Mose „gleich" sein, nicht unbedingt im biometrischen Sinn aufgefasst werden.

„Und der HERR sprach zu mir: Gut ist, was sie geredet haben. Einen Propheten, gleich dir, will ich ihnen aus der Mitte ihrer Brüder erwecken; und ich will meine Worte in seinen Mund legen, und er wird zu ihnen reden alles, was ich ihm gebieten werde. Und es wird geschehen." (5. Mose 18,15)

Parteien

Nach der Schilderung im NT waren Jesuas Gegner die Pharisäer und die Schriftgelernten. Josephus Flavius beschrieb die drei Parteien von damals, Pharisäer, Essener und Zadokäer, ziemlich verworren. Nach Flavius vertraten die Zadokäer den Adel, sie hielten die Seele für sterblich und Gott nicht für alles bestimmend, und die Essener waren einfach Fatalisten. Die Pharisäer folgten einer Philosophie des „Halbe-Halbe" zwischen beiden, ihre Anhänger charakterisierte Josephus Flavius als „Plebejer".

Eine Geschichte im NT erzählt, wie Jesua die Tische der Händler umkippte. Die Aktion findet im Vorhof des Tempels statt, wo sich Juden wie auch Nichtjuden aufhielten. Heute bietet der Platz vor dem Tempel das gleiche Bild, der Zugang zum Tempelberg ist von arabischen Händlern bevölkert, die ihre sakralen Waren in Geld umsetzen.

Damals sprach Jesua: „Tragt das weg und macht nicht meines Vaters Haus zum Kaufhaus!" (Joh.) Der erste Eindruck ist, Jesua habe mit den Tischen der nichtjüdischen Händler aufgeräumt, weil ihr Gott nicht Jesuas Gott war, aber in dem Satz deutet nichts auf einen Glaubenskonflikt hin.

Als die Epopöe sich dem Ende nähert, wo Jesua gerichtet und hingerichtet wird, tauchen die „Juden" auf und verlangen seine Kreuzigung. War das antisemitische Wühlerei des Bibelverfassers, oder brach dort eine realpolitische Konfrontation aus?

Vaterkomplex

Trotz vieler Niederlagen gaben die von guten Wissenschaftlern in Samariter umgetauften Israeliten nicht nach, in einem Gegenschachzug stellten sie einen Messias, den „Sohn Gottes", auf und vervollständigten die Bibelgeschichte durch einen dritten und letzten Teil, der Neues Testament heißt.

Manche finden den Begriff „Sohn Gottes" witzig, denn der Gott hat ja keinen Körper (-teil), wie konnte er einen Sohn zeugen? Sogar der Heilige Koran hält diese Vorstellung für ungeheuerlich.

„Fast möchten die Himmel darob zerreißen, und die Erde möchte sich spalten, und es möchten die Berge sich stürzen in Trümmer, dass sie dem Erbarmer einen Sohn beilegen, dem es nicht geziemt, einen Sohn zu zeugen."

Der Erbarmer kann keinen einzigen Sohn zeugen, aber drei Töchter, al-Lāt, al-'Uzzā und Manāt.

„Es ist bisher nicht wissenschaftlich geklärt, ab wann diese drei alten Göttinnen zu Töchtern des Hochgottes, Allah, umgedeutet wurden." (72)

Das NT erwähnt noch „die Kinder Gottes":

„Denn sie können hinfort auch nicht sterben; denn sie sind den Engeln gleich und Gottes Kinder, weil sie Kinder der Auferstehung sind." (Lk.).

War Adam nicht ein „Sohn Gottes"? Zu „Gottes Sohn" hat Wikipedia auch was zu melden:

„In der hebräischen Bibel bezeichnet „Sohn Gottes" zum einen jeden gottesfürchtigen Israeliten, zum anderen das ganze Volk (Hos 11,1 EU), meist aber den König Israels (2 Sam7, 14 EU; Ps. 2,7 EU; 89,27f EU u. ö.). Texte aus Qumran verwendeten den Titel einmal auch für den Heilsbringer. Im NT wird er in dieser Form von Kajaphas an Jesus herangetragen (Mk 14,61 EU) und dann im hellenistisch beeinflussten Urchristentum verwendet." (73)

Auch Jesuas Abstammung vom Haus David mittels seines Ziehvaters Josef wird lächerlich gemacht. Eingangs wurde erklärt, dass bei Hebräern ein Ziehvater als Vater galt und nicht der Spende-Vater. Abraham zum Beispiel, dessen Sohn Isaak gleichfalls nicht sein Leibessohn war, wird aber bis heute für seinen Sohn gehalten.

Bei Hebräern galten sämtliche Kinder, auch die angenommenen (adoptierte), als Kinder des Vaters. Beispielsweise zeigt Moses Biographie, wie er von seinen Pflegeeltern adoptiert wurde, das waren Mered aus dem Stamm Juda und Bitia aus dem Stamm Ephraim. Aber nach seinen Bioeltern war er zugleich ein Ephraimit und Levit und damit eine lebendige Zusammensetzung aus Judäern, Ephraimitern und Leviten in einer Person gewesen.

Jedenfalls stammte Jesua aus dem Haus David, weil sein Ziehvater Joseph aus demselben stammt, und nicht nur deshalb. Seltsamerweise wird seine Herkunft aus Davids Haus zugleich bezeugt und relativiert, indem er für einen Sohn Josefs „gehalten" wurde. Wer war dann der Spende-Vater?

„Und Jesus war, als er auftrat, etwa dreißig Jahre alt und wurde gehalten für einen Sohn Josefs, der war ein Sohn Elis, der war ein Sohn Mattats." (Lk.)

Im NT wird viel zu oft auf den „Vater" Bezug genommen, noch mehr geht einfach nicht. Es wird sich auf einen Gott berufen, der als „unser Vater", „himmlischer Vater", „euer Vater, der in den Himmeln ist" und „mein Vater, der in den Himmeln ist" angesprochen wird. Je mehr aber die Geschichte zum Ende kommt, wird nur noch vom „Vater", ohne die Zusätze „himmlisch", „in den Himmeln" oder so ähnlich, gesprochen.

„Alles ist mir übergeben von meinem Vater; und niemand erkennt den Sohn, als nur der Vater, noch erkennt jemand den Vater, als nur der Sohn, und wem irgend der Sohn ihn offenbaren will."

„Ich sage euch aber, dass ich von nun an nicht mehr von diesem Gewächs des Weinstocks trinken werde, bis an jenem Tag, da ich es neu mit euch trinken werde in dem Reich meines Vaters."

„Mein Vater wirkt bis jetzt, und ich wirke."

„Wer den Sohn nicht ehrt, ehrt den Vater nicht, der ihn gesandt hat."

„Ich aber habe das Zeugnis, das größer ist als das des Johannes; denn die Werke, die der Vater mir gegeben hat, damit ich sie vollbringe, die Werke selbst, die ich tue, zeugen von mir, dass der Vater mich gesandt hat."

„Alles, was mir der Vater gibt, wird zu mir kommen, und wer zu mir kommt, den werde ich nicht hinausstoßen."

„Nicht dass jemand den Vater gesehen habe, außer dem, der von Gott ist, dieser hat den Vater gesehen."

„Abba, Vater, alles ist dir möglich; nimm diesen Kelch von mir weg; doch nicht was ich will, sondern was du willst!"

„Wer mich hasst, hasst auch meinen Vater."

„Ich und der Vater sind eins."

Diese häufigen Wiederholungen sind verdächtig, als würde es sich um einen Vaterkomplex handeln.

Samaritische Frau

In einer Erzählung über die samaritische Frau wurde Jesua gefragt: „Wie bittest du, der du ein Jude bist, von mir zu trinken, die ich eine samaritische Frau bin?" Darauf erwidert Jesua ausweichend: „Wenn du die Gabe Gottes kenntest, und wer es ist, der zu dir spricht (...)."

Während des unterschwelligen Krieges zwischen Juden und Samaritern befand er sich mitten im samaritischen Wespennest, in der Stadt der Samariter Sichar, und wollte verständlicherweise nicht sein Leben riskieren. Solche Anpassung unter gesellschaftlichem Druck ist bekannt, wie in dieser Anekdote:

Gestapo Chef Müller fragt den höchstgeheimen sowjetischen Agent Stirliz: „Sind sie Jude, Herr Stirliz?"

„Was fragen Sie, ich bin ein Russe!"

Wie erkannte die samaritische Frau in Jesua einen Juden? Sprach er mit „jüdischem Akzent", oder konnte die Frau seinen Beruf (Prediger) an den Kleidern und an seiner hochgestochenen Sprache ablesen? Oder weil Jesua aus Jerusalem kam? (Sherlock Holmes ist nichts dagegen) Die Jünger staunten nicht darüber, dass Jesua mit einer Samaiterin spricht, sondern dass er überhaupt „mit einer Frau redete". Vielleicht hatte Jesua auf einer früheren Reise ein Auge auf die Frau geworfen, sich über sie erkundigt und mit einem alten Trick erfahren, dass die Frau momentan geschieden ist: „Gehe hin, rufe deinen Mann und komm hierher."

„Jesus spricht zu ihr: Geh hin, rufe deinen Mann und komm hierher! Die Frau antwortete und sprach zu ihm: Ich habe keinen Mann. Jesus spricht zu ihr: Du hast recht geantwortet: Ich habe keinen Mann. Fünf Männer hast du gehabt, und der, den du jetzt hast, ist nicht dein Mann; das hast du recht gesagt." (Joh.)

So oder anders, nach diesem Flirten blieb er „dort zwei Tage". Anpassung war aber nicht der Grund, warum Jesua eine klare Antwort auf die Frage der samaritischen Frau vermied und zu sagen wagte: „Das Heil ist aus den Juden."

„Jesus spricht zu ihr: Frau, glaube mir, es kommt die Stunde, da ihr weder auf diesem Berge, noch in Jerusalem den Vater anbeten werdet. Ihr betet an und wisset nicht, was; wir beten an und wissen, was, denn das Heil ist aus den Juden." (Joh.)

Erstaunlich, trotz dieses provokativen Spruchs glaubten „viele der Samariter aus dieser Stadt" an ihn, baten ihn sogar, „bei ihnen zu bleiben; und er blieb zwei Tage da". Eine seltsame Begeisterung bei Samaritern für einen Juden.

Barmherziger Samariter

Schandtat von Gibea

Rückt die berühmte Geschichte vom Barmherzigen Samariter ins Blickfeld, schließt sich folgende Überlegung an: sie ähnelt der alten Geschichte über die „Schandtat von Gibea in Benjamin" (Richter, 19). Jesua rollte die Geschichte neu auf, was aber hat er damit bezweckt?

Die Erzählung über die Ausrottung des Stammes Benjamin ist nicht so glatt, wie sie scheint. Ein „Mann" aus einer Ecke des Landes im Gebirge Ephraim nimmt eine Nebenfrau „aus Bethlehem-Juda". Aber „als sie über ihn erzürnt war, lief sie von ihm fort zu ihrem Vater „nach Bethlehem in Juda und war dort vier Monate lang".

Ungewiss bleibt, ob die Frau wegen Liebesentzugs oder, im Gegenteil, wegen sexueller Belästigung, oder vielleicht aus anderen Gründen erzürnt zu ihrem Vater floh. Bethlehem war scheinbar traditionell eine Pilgerstadt für eine Art Sextourismus, hatte diese Rolle noch viel später, als Elisabeth nach Bethlehem kam, schwanger wurde und „sich fünf Monate (verbarg)". Ihre Verwandte Maria schloss sich an und wurde ebenfalls schwanger.

In der Luther-Bibel war die Frau „erzürnt", bei den Spezialisten aus *bibelkommentare.de* dagegen hat sie "gehurt". Übersetzten sie verschiedene Bibel-Ausgaben? Der Satz TiZNE ALaV, wörtlich übersetzt „gehurt über ihn", bedeutet auch „went after foreign gods". Also ging doch ein heftiger Streit voraus.

„Und seine Nebenfrau hurte neben ihm; und sie ging von ihm weg in das Haus ihres Vaters, nach Bethlehem-Juda, und war dort eine Zeitlang, vier Monate." (74)

Ihr ungeduldiger „Mann" kam nach vier Monaten (dauerte die Reise so lange?) mit „seinem Knecht und ein Paar Esel" nach Bethlehem, um seine Frau abzuholen, aber der Schwiegervater hinderte ihn 5 Tage lang an der Abreise. „Stärke dein Herz", „Laß dein Herz fröhlich sein!", „Stärke doch dein Herz", wiederholte er und stärkte sein Herz mit „trinken". Hatte der „Mann" ein schwaches Herz, oder war er schwer depressiv, gar suizidgefährdet, dass sein Schwiegervater versuchte, mit Drinks zu bestechen, die Abreise zu sabotieren?

„Und sein Schwiegervater, der Vater der jungen Frau, hielt ihn zurück, und er blieb drei Tage bei ihm; und sie aßen und tranken und übernachteten dort. Und es geschah am vierten Tage, da machten sie sich des Morgens früh auf, und er erhob sich, um fortzugehen. Da sprach der Vater der jungen Frau zu seinem Schwiegersohn: Stärke dein Herz mit einem Bissen Brot, und danach möget ihr ziehen. Und sie setzten sich und aßen und tranken beide miteinander. Und der Vater der jungen Frau sprach zu dem Manne: Laß es dir doch gefallen und bleibe über Nacht und laß dein Herz fröhlich sein! Und als der Mann sich erhob, um fortzugehen, da drang sein Schwiegervater in ihn, und er über-nachtete wiederum dort. Und am fünften Tage machte er sich des Morgens früh auf, um fortzugehen; da sprach der Vater der jungen Frau: Stärke doch dein Herz und verziehet, bis der Tag sich neigt! Und so aßen sie beide miteinander. Und der Mann erhob sich, um fortzugehen, er und seine Nebenfrau und sein Knabe. Aber sein Schwiegervater, der Vater der jungen Frau, sprach zu ihm: Siehe doch, der Tag nimmt ab, es will Abend werden; übernachtet doch! Siehe, der Tag sinkt, über-nachte hier und laß dein Herz fröhlich sein; und ihr machet euch morgen früh auf euren Weg, und du ziehst nach deinem Zelte. Aber der Mann wollte nicht übernachten, und er erhob sich und zog fort; und er kam bis vor Jebus, das ist Jerusalem, und mit ihm das Paar gesattelter Esel, und seine Nebenfrau mit ihm.''

Anschließend, nach langem Abschied, ging der „Mann" mit „seiner Nebenfrau und seinem Knaben" endlich fort, „und bei ihm war das Paar gesattelter Esel, und seine Nebenfrau war bei ihm".

Unterwegs wollten die Reisenden in Gibea übernachten, aber niemand, außer einem Landsmann, wollte sie aufzunehmen.

„Und er kam hinein und setzte sich hin auf den Platz der Stadt; und niemand war, der sie ins Haus aufgenommen hätte, um zu übernachten. Und siehe, ein alter Mann kam von seiner Arbeit, vom Felde, am Abend; und der Mann war vom Gebirge Ephraim, und er hielt sich in Gibea auf; die Leute des Ortes aber waren Benjaminiter."

Und wie im Gleichnis vom Barmherzigen Samariter, am gleichen Ort (Land Benjamin), auf der gleichen Strecke wurde der „Mann" angepöbelt, seine Frau vergewaltigt, die daraufhin starb. Ein Horrorszenario, wie aus der Geschichte von Sodom abgeschrieben. Die Männer der Stadt Gibea, ruchlose Männer, um-ringten das Haus, „trommelten gegen die Tür und sagten zu dem alten Mann, dem Herrn des Hauses: Führe den Mann, der in dein Haus gekommen ist, her-aus, wir wollen ihn erkennen!" Wozu? Das ist nicht erklärt und sexuellen Fan-tasien überlassen.

„Als sie nun ihr Herz guter Dinge sein ließen, siehe, da umringten die Männer der Stadt, ruchlose Männer, das Haus, trommelten gegen die Tür und sagten zu dem alten Mann, dem Herrn des Hauses: Führe den Mann, der in dein Haus gekommen ist, her-aus, wir wollen ihn erkennen! Da ging der Mann, der Herr des Hauses, zu ihnen hinaus und sagte zu ihnen: Nicht doch, meine Brüder, tut doch nichts übles! Nachdem dieser Mann in mein Haus gekommen ist, dürft ihr solch eine Schandtat nicht begehen! Siehe, meine Tochter, die [noch] Jungfrau [ist] und seine Nebenfrau, sie will ich [euch] herausbringen. Ihnen tut Gewalt an und macht mit ihnen, was gut ist in euren Augen. Aber an diesem Mann dürft ihr so eine schwere Schandtat nicht begehen! Aber die Männer wollten nicht auf ihn hören."

Der gastfreundliche Landsmann bot dem Mob großzügig seine eigene „Tochter, die [noch] Jungfrau [ist]" an, noch dazu (ungefragt) die Nebenfrau des „Mannes", und dann, anders als in der Sodom-Geschichte, „ergriff der Mann seine Nebenfrau und führte sie zu ihnen hinaus auf die Straße", aber auf die jungfräuliche Tochter verzichteten sie. Der bis an die Zähne bewaffnete „Knabe" (im Sinne von „Knecht") nutzte nichts, er war verduftet.

In Sodom dagegen „streckten die Männer ihre Hand aus und brachten Lot zu sich herein ins Haus; und die Tür verschlossen sie". Und nicht wie in der Sodom-Geschichte, „erkannten" die Schurken „sie und trieben ihren Mutwillen mit ihr die ganze Nacht hindurch bis an den Morgen." Der „Mann" lieferte seine Nebenfrau aus und ging schlafen. „Die Frau kam beim Anbruch des Morgens und fiel nieder am Eingang des Hauses des Mannes, wo ihr Herr war, [und lag dort], bis es hell wurde.", und keiner öffnete ihr die Tür. Am nächsten Morgen stolperte der „Mann" über seine Frau. Als er „aufstand und die Tür des Hauses öffnete und hinaustrat, (…): siehe, da lag die Frau".

„Da ergriff der Mann seine Nebenfrau und führte sie zu ihnen hinaus auf die Straße. Und sie erkannten sie und trieben ihren Mutwillen mit ihr die ganze Nacht hindurch bis an den Morgen. Und sie ließen sie gehen, als die Morgenröte aufging. Und die Frau kam beim Anbruch des Morgens und fiel nieder am Eingang des Hauses des Mannes, wo ihr Herr war, [und lag dort], bis es hell wurde. Und ihr Herr stand am Morgen auf, öffnete die Tür des Hauses und trat hinaus, um seines Weges zu gehen. Siehe, da lag die Frau, seine Nebenfrau, am Eingang des Hauses, ihre Hände auf der Schwelle. Da sagte er zu ihr: Steh auf und laß uns gehen! Aber niemand antwortete."

Wie zu erwarten, sagte der liebe „Mann" zu seiner am Boden liegenden Frau: „Steh auf und laß uns gehen!", aber „niemand antwortete" Vielleicht dachte er, seine geliebte Frau verlor ihr Gehör, allerdings bestand er nicht auf eine Antwort, da er wusste, dass sie tot war. Er zerstückelt sie, so schilderte er es später selbst bei einer Vollversammlung: „Mich gedachten sie umzubringen, und meiner Nebenfrau taten sie Gewalt an, so daß sie starb. Da ergriff ich meine Nebenfrau, zerlegte sie in [Stücke] und schickte sie in das ganze Gebiet des Erbteils Israels." Die Frau des „Mannes" wurde nicht dem Gebot nach noch am gleichen Tag begraben. Da erwies sich der zweite Esel als sehr praktisch, der „Mann" nahm sie „auf den Esel" und „zog an seinen Ort".

„Da nahm er sie auf den Esel, und der Mann machte sich auf und zog an seinen Ort. Und als er in sein Haus gekommen war, nahm er das Messer, ergriff seine Nebenfrau und zerlegte sie, Glied für Glied, in zwölf Stücke und schickte sie ins ganze Gebiet Israels."

Er schleppte den Leichnam zu sich nach Hause, sogar bis ins „äußerste Ende des Gebirges Ephraim". Und „als er in sein Haus gekommen war", zerteilte er seine Nebenfrau für einen geistlichen Leviten unerwartet operativ und ungewöhnlich geschickt. Nach so einer langen Reise war, was er zerlegte, schon Gammelfleisch, es sei denn, der „Mann" verlebte Tage des „unfröhlichen Herzens" damit, auf der Stelle seine Nebenfrau bei lebendigem Leib zu zerstückeln und nicht erst zu Hause am „äußersten Ende des Gebirges Ephraim".

Die Frau wurde stückweise an 12 Stämme verschickt. Hat der „Mann" dabei den Stamm Levi vergessen? Der ganze Aufwand wurde ausschließlich um der Gerechtigkeitwillen betrieben, und weil sie „ein Verbrechen und eine Schandtat begangen in Israel " (und nicht in Judäa). Die Einwohner des Landes Benjamin gestanden die Schandtat nie und verweigerten, die Schuldigen auszuliefern. Vielleicht gab es keine?

Die Israeliten waren absolut nicht begeistert, gegen die Benjaminiter vorgehen zu müssen, erst nach massivem Druck wurde der Stamm Benjamin ausgerottet.

War der „Mann" wirklich imstande, allein die gerechte Strafe einzufordern, und wenn ja, warum blieb sein Name unbekannt? Da sich der „Mann" in juristischen Fragen als sehr kundig erwies und vergaß, ein Stück Fleisch an den Stamm Levi zu schicken, war er vermutlich ein Levit und hinter seiner Forderung stand der Clan der Leviten. Und tatsächlich war er „ein levitischer Mann", der sich „an der äußersten Seite des Gebirges Ephraim aufhielt".

Der kleinste Stamm Benjamin, dies zur Orientierung, war ein „Front-Staat" zwischen Israeliten (Land Ephraim) und Judäer (Land Jehuda). Als Mose das Heer aufstellte, setzte er am Ende des Zugs die Söhne Benjamins zusammen mit den Söhnen von Ephraim und Manasse (Stamm Joseph) auf. Diese 3 (2) Stämme befehligte Hosea/Josua selbst und höchstpersönlich im Kampf gegen Amalek, so dass bei der Strafaktion gegen die Benjaminiter in erster Linie die Stämme Ephraim und Manasse (Stamm Joseph) Kampfkameraden verloren.

Bis in die Zeit Jesuas hatte sich die Lage kaum gebessert, die Samariter kauften die Waren nicht bei Judäern und nahmen Reisende nicht auf, nur weil sie auf dem Weg nach/von Jerusalem waren:

> „Und er sandte Boten vor seinem Angesicht her; und sie gingen hin und kamen in ein Dorf der Samariter, um für ihn zuzubereiten. Und sie nahmen ihn nicht auf, weil sein Angesicht nach Jerusalem hin gerichtet war."

Vorgehen gegen Gibea

Die Benjaminiter waren bei der Versammlung gar nicht anwesend, wurden aber trotzdem zur Rede gestellt. Stellvertretend, wie in einer Fernsehshow oder bei Gericht mit Anklägern, aber ohne Verteidiger, beteuerte der geschädigte „Mann": „Mich gedachten sie umzubringen". „Umbringen" und nicht „ihn erkennen", wie es vorher behauptet wurde.

„Und die Kinder Israel sprachen: Redet, wie ist diese Übeltat geschehen? Da antwortete der levitische Mann, der Mann der ermordeten Frau und sagte: Ich war nach Gibea gekommen, das zu Benjamin gehört, ich und meine Nebenfrau, um [dort] zu übernachten. Da erhoben sich die Bürger von Gibea gegen mich und umringten meinetwegen nachts das Haus. Mich gedachten sie umzubringen, und meiner Nebenfrau taten sie Gewalt an, so daß sie starb. Da ergriff ich meine Nebenfrau, zerlegte sie in [Stücke] und schickte sie in das ganze Gebiet des Erbteils Israels; denn sie haben ein Verbrechen und eine Schandtat begangen in Israel. Siehe, nun seid ihr alle zusammen, Söhne Israel: So bildet euch hier eine Meinung und [schafft] Rat!"

Von der Sache waren die Israeliten nicht überzeugt und noch weniger motiviert, gegen den Bruderstamm vorzugehen. In dieser Patt-Situation musste der eigentliche Initiator einen Vorstoß unternehmen, und das war der „HERR" und der sprach: „Juda zuerst".

„Und die Kinder Israel machten sich auf und zogen hinauf nach Bethel und befragten Gott, und sie sprachen: Wer von uns soll zuerst hinaufziehen zum Streit mit den Kindern Benjamin? Und der HERR sprach: Juda zuerst."

Der Konflikt eskalierte, erstaunlich, wie alt die Methode ist. Umgerechnet 260 Krieger und 700 Mann Volkswehr vom Stamm Benjamin kämpften brav gegen 400 Israeliten.

„Und an jenem Tag wurden die Söhne Benjamin aus den Städten gemustert: 26 000 Mann, die das Schwert zogen, abgesehen von den Bewohnern von Gibea; [auch] sie wurden gemustert: 700 auserlesene Männer. Unter diesem ganzen [Kriegs]volk waren 700 auserlesene Männer, die Linkshänder waren. Diese alle schleuderten mit dem Stein aufs Haar [genau] und verfehlten [ihr Ziel] nie."

„Und die Oberhäupter des ganzen Volkes traten zusammen, alle Stämme Israels, zur Versammlung des Volkes Gottes: 400 000 Mann zu Fuß, die das Schwert zogen."

Die Benjaminiter erschlugen am ersten Tag 220, am zweiten 180 Israeliten (22 und 18).

„Und die Kinder Benjamin zogen aus Gibea heraus, und sie streckten unter Israel an diesem Tage zweiundzwanzigtausend Mann zu Boden."

„Und die Kinder Israel nahten sich den Kindern Benjamin am zweiten Tage. Und Benjamin zog am zweiten Tage aus Gibea heraus, ihnen entgegen, und sie streckten nochmals unter den Kindern Israel achtzehntausend Mann zu Boden; diese alle zogen das Schwert."

Diese ständigen Niederlagen, trotz kräftemäßiger Überlegenheit, erklären sich aus der mangelnden Bereitschaft der Israeliten, gegen ihren Bundesgenossen und Bruderstamm zu kämpfen. Und sie haben „geweint" (geklagt).

„Da zogen alle Söhne Israel und das ganze [Kriegs-]Volk hinauf und kamen nach Bethel. Und sie weinten und saßen dort vor dem HERRN und fasteten an jenem Tag bis zum Abend; und sie opferten Brandopfer und Heilsopfer vor dem HERRN. Und die Kinder Israel befragten den HERRN - denn die Lade des Bundes Gottes war dort in jenen Tagen, und Pinehas, der Sohn Eleasars, des Sohnes Aarons, stand vor ihr in jenen Tagen - und sprachen: Soll ich wiederum ausziehen zum Streit mit den Kindern meines Bruders Benjamin, oder soll ich aufhören? Und der HERR sprach: Ziehet hinauf, denn morgen werde ich ihn in deine Hand geben."

Dann sprach der HERR: „Ziehet hinauf, denn morgen werde ich ihn in deine Hand geben." Ein Hinterhalt erwies sich als erfolgreich und am Ende blieben von den Benjaminitern nur „Sechshundert Mann" (60) übrig.

„Sechshundert Mann aber wandten sich und flohen in die Wüste zum Felsen Rimmon hin; und sie blieben am Felsen Rimmon vier Monate. - Und die Männer von Israel kehrten zu den Söhnen Benjamin zurück und schlugen sie mit der Schärfe des Schwertes, [alles] in der Stadt, [von den] Männern bis zum Vieh, bis zu allem, was sich vorfand. Auch alle die Städte, die sich vorfanden, steckten sie in Brand."

Gerade „in jenen Tagen" wurde überraschenderweise in Bethel die Bundeslade entdeckt, hier ist der einzige und unerklärliche Beleg dafür.

Mindestens ein Name blieb nicht verborgen, der Priester „Pinehas, der Sohn Eleasars, des Sohnes Aarons". Pinhas startete seine Karriere, als er auf Befehl Mose wegen dem Gott Peor einen Israeliten und seine midianitische Frau tötete. Wohlgemerkt, einen Israeliten und nicht einen Judäer.

„Und als Pinehas, der Sohn Eleasars, des Sohnes Aarons, des Priesters, es sah, da stand er auf aus der Mitte der Gemeinde und nahm eine Lanze in seine Hand; und er ging dem israelitischen Mann nach in das Innere des Zeltes und durchstach sie beide, den israelitischen Mann und die Frau, durch ihren Bauch."

Traurig, aber dieser Pinhas starb schon vor Ewigkeiten. Und die ganze schändliche Geschichte von Gibea wurde im Abteil „Richter, 20" platziert, vor dem „Buch Ruth" mit dem Bericht über Davids Abstammung und vor einer Fortsetzung im Buch Samuel. Wonach der Eindruck entsteht, dass die Ereignisse in der Zeit von Richterkönig Micha stattfanden, oder sogar noch früher, wegen der Zuschreibung, „Pinehas, der Sohn Eleasars, des Sohnes Aarons". Das wäre frisch nach der Besetzung Kanaans möglich gewesen und erst kurz nach dem Tod von Josua und dem Hohen Priester Eleasar, dem Vater von Pinhas.

Jabesch an der Reihe

Nach der Blutorgie kam die Ernüchterung:

„Und die Söhne Israel hatten Mitleid mit ihrem Bruder Benjamin und sie sagten: Heute ist ein [ganzer] Stamm von Israel abgehauen worden! Was sollen wir für sie, die übriggebliebenen, tun, [um ihnen] zu Frauen [zu verhelfen]? Wir selbst haben ja bei dem HERRN geschworen, ihnen keine von unseren Töchtern zur Frau zu geben."

Zu allem Unglück mussten sie dem HERRn noch den Schwur leisten, dass „gegen den, der nicht zu dem HERRN nach Mizpa heraufkäme", „Getötet, getötet (soll er) werden!". Das war der Stamm Manasse aus Jabesch in Gilead.

„Die Männer von Israel aber hatten in Mizpa geschworen: Niemand von uns darf seine Tochter [einem aus] Benjamin zur Frau geben! Und das Volk kam nach Bethel, und sie saßen dort bis zum Abend vor Gott. Und sie erhoben ihre Stimme und brachen in ein großes Weinen aus. Und sie sagten: HERR, du Gott Israels, wozu ist dies in Israel geschehen, daß heute ein [ganzer] Stamm aus Israel fehlt?" Und es geschah am andern Tag, da machte sich das Volk früh auf, und sie bauten dort einen Altar und opferten Brandopfer und Heilsopfer. Und die Söhne Israel sprachen: Wer ist es, der von allen Stämmen Israels nicht in die Versammlung zu dem HERRN heraufgekommen ist? Denn gegen den, der nicht zu dem HERRN nach Mizpa heraufkäme, war der große Schwur ergangen, der besagte: Getötet, getötet soll er werden! Und die Söhne Israel hatten Mitleid mit ihrem Bruder Benjamin und sie sagten: Heute ist ein [ganzer] Stamm von Israel abgehauen worden! Was sollen wir für sie, die übriggebliebenen, tun, [um ihnen] zu Frauen [zu verhelfen]? Wir selbst haben ja bei dem HERRN geschworen, ihnen keine von unseren Töchtern zur Frau zu geben. Und sie sagten: Wer ist der eine von den Stämmen Israels, der nicht zu dem HERRN nach Mizpa heraufgekommen ist? Und siehe, da war niemand von Jabesch [in] Gilead ins Lager, in die Versammlung, gekommen. Da wurde das Volk gemustert, und siehe, dort war niemand von den Bewohnern von Jabesch [in] Gilead."

Der Schwur, „ihnen keine von unseren Töchtern zur Frau zu geben", erinnert in grotesker Weise an Esras Mischeheverbot. Diese wollen keine Töchter geben und Mose will keine Töchter nehmen, ein Gleichgewicht in der Natur.

„Deine Tochter darfst du nicht seinem Sohn geben, und seine Tochter darfst du nicht für deinen Sohn nehmen."

Warum mussten eigentlich ausgerechnet die Bewohner des jenseits des Jordan an der "syrischen" Grenze weit weg gelegenen Jabesch dran glauben? Das ist leicht erklärbar: mitgehangen, mitgefangen. König Saul kam ihnen unverzeihlicher Weise zu Hilfe, musterte umgerechnet 3000 Israeliten und klägliche 300 Judäer, als der Ammoniter Nahas (Schlange) heraufzog und Jabesch belagerte.

„Und er musterte sie bei Besek; und die von den Söhnen Israel waren 300 000 und die Männer von Juda 30 000."

„Und es geschah am nächsten Tag, da stellte Saul das Volk in drei Heerhaufen auf. Und sie kamen mitten in das Lager um die Zeit der Morgenwache und schlugen Ammon bis der Tag heiß wurde. Und was übrigblieben wurde zerstreut, so daß von ihnen nicht zwei beieinander blieben."

Die „tapferen Männer" aus Jabesch nahmen zudem, nach Sauls Tod, „die Leiche Sauls und die Leichen seiner Söhne und brachten sie nach Jabesch; und sie begruben ihre Gebeine unter der Terebinthe bei Jabesch und fasteten sieben Tage". Eine noch schlimmere Tat war kaum vorstellbar, vor allem aber waren die Stämme Manasse und Benjamin „Söhne" von Rahel.

Nach Sauls Niederlage besetzten die Philister das Land, so konnten die Einwohner von Jabesch nicht zur Versammlung kommen und keinen von ihren

Kämpfern schicken:

„Da sandte die Gemeinde zwölftausend Mann von den tapferen Männern dorthin, und sie befahlen ihnen: Geht hin und schlagt die Bewohner von Jabesch [in] Gilead mit der Schärfe des Schwertes, samt den Frauen und Kindern! Und das ist es, was ihr tun sollt: An jedem Mann sowie an jeder Frau, die das Beilager eines Mannes gekannt hat, sollt ihr den Bann vollstrecken! Und sie fanden unter den Bewohnern von Jabesch [in] Gilead vierhundert Mädchen, Jungfrauen, von denen keine einen Mann im Beilager erkannt hatte; die brachten sie ins Lager nach Silo, das im Land Kanaan [liegt]. Und die ganze Gemeinde sandte hin und redete zu den Söhnen Benjamin, die am Felsen Rimmon waren, und rief ihnen zu: Friede! So kehrte Benjamin in jener Zeit zurück. Und sie gaben ihnen die Frauen, die sie hatten leben lassen von den Frauen von Jabesch [in] Gilead; aber die reichten so nicht aus für sie."

Das alles ohne jeglichen Kampf, wohlbemerkt. Die „zwölftausend Mann von den tapferen Männern" waren umgerechnet 120 „Helden" aus Davids Garde, die sich an dieser Strafaktion gegen schutzlose Zivilisten beteiligten. Die Bewohner von Jabesch wurden „mit der Schärfe des Schwertes, samt den Frauen und Kindern!" gerichtet. Erbeutet und ins Lager nach Silo gebracht waren „vierhundert Mädchen, Jungfrauen, von denen keine einen Mann im Beilager erkannt hatte". Und von dort sollten die restlichen Benjaminiter ihre Bräute selbst holen. Die 40 Jungfrauen, die nach redaktionellem Schliff zu 400, wurden, „reichten so nicht aus". Scheinbar verfehlten sie ihre Adressaten, deshalb wurde „ein Fest des HERRN von Jahr zu Jahr in Silo" eingeführt und den Söhnen Benjamin befohlen:

„Geht hin und legt euch in den Weinbergen auf die Lauer! Und wenn ihr [dann] seht, siehe, die Töchter von Silo ziehen heraus, um im Reigentanz zu tanzen, dann kommt hervor aus den Weinbergen und fangt euch unter den Töchtern von Silo jeder seine Frau und zieht [wieder] hin ins Land Benjamin!"

An diesem Lebensborn-Programm im weit entlegenen Silo (26 km) durften die Benjaminiter einmal im Jahr teilnehmen, um Jagd auf Frauen zu machen. Dieses Reglement sehen Moralprediger des Judentums nicht als vorsätzliche und zusätzliche Erniedrigung der Gibeaniter-Benjaminiter, und eher scheinen sie selbst von diesem anzüglichen Angebot des HERRn angetan. Für sie steht es außer Frage, dass der Stamm Benjamin nicht ausgerottet wurde, und dank dem gütigen Angebot, „400" Jungfrauen für „600" Benjaminiter, konnte der Stamm weiter bestehen. Falls aber die kollektive Bluthochzeit zu Lebzeiten von „Pinehas, Sohn Eleasars, des Sohnes Aaron" 500 Jahre zuvor gefeiert wurde, hätten sich die Benjaminiter in den 500 Jahren unter jüdischer Mehrheit vollständig aufgelöst, so wie es mit dem Stamm Simon mittendrin in Judäa auch geschah. Dann wären einige Vorfahren von Saul keine Benjamiter, was seine Ahnenliste nicht belegt.

Und noch eine Spitzfindigkeit. Damals, 500 Jahre zuvor, gab es kein „Bethlehem", und beim besten Willen hätte der „Mann" in der Stadt keine Trinkrunde mit dem Schwiegervater abhalten und seine Nebenfrau abholen können. Denn die Stadt wurde erst von Kalebs erstgeborenem Sohn Hur gegründet und nach Hurs Mutter Ephrata genannt. Später hieß sie „Ephrata Bethlehem" und dann nur noch „Bethlehem". Dieser Hur und Pinhas, „der Sohn Eleasars, des Sohnes Aarons", waren im gleichen Alter, deshalb könnte an diesem Ort, 500 Jahre zuvor, der beschädigte „Mann" höchstens Kalebs Sohn Hur mit seiner Familie antreffen und mit ihm saufen. (75)

Also, diese Veranstaltung ereignete sich weder zu Urzeiten noch zu Lebzeiten von Richterkönig Micha, und es war gerade nicht Pinhas, der „Sohn Eleasars, des Sohnes Aaron", der die Versammlung in Bethel mit seiner Anwesenheit beehrte. Übrig bleibt nur der zweite Pinhas, und zwar einer von „Bileals Söhnen". Seine Bezeichnung, der „Sohn Eleasars, des Sohnes Aaron", ist nicht falsch, aber sehr weit hergeholt und nicht aus falscher Bescheidenheit so irreführend geschrieben.

Dennoch, wer war der HERR gewesen, der nach dem Blutbad eine kollektive Blut-Ehe anordnete? Mit der Vollversammlung in Mizpa („eine Übersichtsstelle") war das so eine Sache, manche finden Mizpa auf der Straße Jerusalem-Samaria-Sichem, 10 km vor Rama. (76) Nach anderer Sicht war Mizpa eine strategisch dominante Höhe, unmittelbar vor Jerusalem (siehe Emmaus gegen Jerusalem). Sicherlich lag Mizpa, dieser gemeinsame Treffpunkt für Israeliten und Judäer, direkt an der Grenze zu Judäa, und in Mizpa wurde Saul zum König gesalbt (1 Sam 10,17).

Kurz nach Sauls Tod wurde David judäischer König, deshalb konnte er nicht der HERR in Mizpa sein. aber derjenige, der damals in Mizpa die Söhne Israels richtete, das war der Prophet Samuel.

Und wer sind „sie" gewesen, die den Befehl gaben: „Geht hin und schlagt die Bewohner von Jabesch [in] Gilead mit der Schärfe des Schwertes, samt den Frauen und Kindern!" Es waren Belials Söhne, Prophet Samuel und Pinhas. Und wer noch? Der, der dem Befehl folgte und die Bewohner von Jabesch mit der Schärfe des Schwertes erschlug? Jemand, der nicht lange her „ließ weder Mann noch Frau am Leben, um sie nach Gat zu bringen, denn er dachte: Damit sie nicht gegen uns aussagen und berichten: So hat David gehandelt!" - ein verräterischer Arbeitsstil. Gemäß Befehl: „Juda zuerst" griffen die judäischen Streitkräfte an, ihr Befehlshaber musste irgendwo da sein, und es war der in Hebron ansässige und frischgesalbte König David.

Proportion

Vielleicht kann die politische Situation Klarheit schaffen. Für die Philister hatte das Land Judäa am Randgebiet keine wirtschaftliche oder strategische Bedeutung, deshalb wurde David für seinen treuen Dienst und entscheidenden Beitrag im Kampf gegen die Israeliten mit der Stadt Hebron in Judäa belohnt. Damit war für ihn der Krieg aber noch lange nicht beendet, das Problem mit Sauls Stamm Benjamin wurde zwar aufgeschoben, aber nicht aufgehoben. Gegen die Benjaminiter und ihre Verbündeten vorzugehen war für den neuen, gesalbten judäischen König David ein aussichtsloses Unterfangen.

Im Konflikt zwischen Saul und David, oder zwischen Josephs und Judas Nachkommen, fehlt eine Komponente, die Leviten. Nach Moses Plan erhielten die Leviten kein Land, denn sie sollten ein Bindemittel zwischen den Stämmen sein, eine Art Trennung zwischen Staat und Religion.

Aus Moses Statistik können Proportionen berechnet werden: das Lager Juda (674 Kämpfer) betrug 9% (674x100:7 469), der Anteil des Lagers Ephraim (540) mit Manasse (232) und Benjamin (435) erreichte 16% (1207x100:7 469) der 7.469 (Israel 6 148+Levi 1 321) vorhandenen Kämpfer. Durch ein Bündnis mit dem Stamm Levi (1 321) gewann der Stamm Juda 26,7%.

Einsicht

Nicht zu unterschätzen ist die damalige geopolitische Lage, denn nur über das Land Benjamin führte ein Weg aus Judäa hinaus, es lag wortwörtlich im Weg. Nachdem die chronologische Reihenfolge im AT korrigiert wurde, erscheint einiges anders. Nach Sauls Tod besetzten die Philister das Land, David bekam Hebron, und in der restlichen freien Zone machte sich Prophet Samuel breit. Und wenn geschrieben wurde, „Samuel richtete Israel alle Tage seines Lebens.", war das nicht verkehrt. Die gestohlenen 12 Jahre, während der Regierung seines Todfeinds König Saul, verbrachte Samuel seine Zeit nicht ganz untätig. Er schmiedete ein Komplott, in dem für David eine Schlüsselrolle vorgesehen war. Mit ihm blieb er im ständigen Kontakt, und gleich nach Sauls Tod wurde David in Hebron eingesetzt.

Es ging flott ab: König Saul starb und mit Beginn der Zwischenzeit, die „sieben Jahre und sechs Monate" dauerte, gewann Samuel sofort seine Machtpositionen zurück, wechselte nach Mizpa und rief eine Vollversammlung ein. Es kann, muss aber nicht sein, dass in dieser kritischen Phase zum Glück jemand auf eine Idee kam, diese Eingebung bekam Priester Pinhas.

Im Rahmen der Kriegsvorbereitung gegen Gibea rückte die Bundeslade mit Pinhas von Silo nach Bethel vor, und am Ende wurde der erste Stolperstein Gibea im Land Benjamin beseitigt. Ein Schelm, wer Böses dabei denkt, aber der alte Konflikt, der „Streit zwischen dem Haus Davids und dem Haus Sauls" hatte eine neue Stufe erreicht.

Elis „Söhne" Hofni und Pinhas

Belials Söhne Hofni und Pinhas waren Richter in Silo, Samuel richtete in Bethel, Gilgal und in Mizpa, Belial selbst befand sich im Ruhestand und war in der Wolfsschanze der Familie in Rama ansässig. Die Glaubenskameradschaft hält Hofni und Pinhas für Elis Söhne, und es ist besser, nicht zu wissen, mit welchen Methoden ihr Alter an eine fiktive Geschichte angepasst wurde. (77) Kein Nobelpreisträger ist nötig, um die elementare Tatsache, dass Söhne und Enkelsöhne als „Söhne" ihres Vaters galten, wissen zu können. Eine Aufgabe für Schulkinder:

Als die Bundeslade entwendet wurde, starben am gleichen Tag der 98-jährige Eli, seine „Söhne" Hofni und Pinhas und auch Pinhas' Frau bei der Geburt ihres Sohns Ikabod.

Die Frage ist, wie alt war Eli, als er seine Söhne Hofni und Pinhas gezeugt haben soll?

Und die zweite Frage ist, wenn er in diesem Alter Hofni und Pinhas gezeugt hatte, wie alt war Pinhas, als er Ikabod zeugte?

„Und die Lade Gottes wurde weggenommen, und die beiden Söhne Elis, Hofni und Pinhas, kamen um. Eli aber war 98 Jahre alt".

„Eli aber war 98 Jahre alt, und seine Augen waren starr geworden, so daß er nicht [mehr] sehen konnte. Da sagte der Mann zu Eli: Ich bin der, der von dem Schlachtfeld gekommen ist, und bin heute vom Schlachtfeld geflohen. Und [Eli] sagte: Wie ist es gegangen, mein Sohn? Und der Bote antwortete und sagte: Israel ist vor den Philistern geflohen. Auch hat es eine große Niederlage im Volk gegeben, und auch deine beiden Söhne, Hofni und Pinhas, sind tot, und die Lade Gottes ist weggenommen worden. Und es geschah, als er die Lade Gottes erwähnte, fiel [Eli] rücklings vom Stuhl an der Tür und brach das Genick und starb; denn alt war der Mann und schwer. Er hatte Israel vierzig Jahre gerichtet. Und seine Schwiegertochter, die Frau des Pinhas, war schwanger und sollte [bald] gebären. Und als sie die Nachricht hörte, daß die Lade Gottes weggenommen worden war und daß ihr Schwiegervater und ihr Mann tot waren, kauerte sie sich nieder und gebar, denn ihre Wehen überfielen sie. Und als sie im Sterben lag, sagten die Frauen, die um sie her standen: Fürchte dich nicht, denn du hast einen Sohn geboren! Aber sie antwortete nicht und nahm es nicht [mehr] zu Herzen. Und sie nannte den Jungen Ikabod, um damit auszudrücken: die Herrlichkeit ist von Israel gewichen! - weil die Lade Gottes weggenommen war und wegen ihres Schwiegervaters und ihres Mannes."

Um das Leben zu erleichtern, hier eine kurze Übersicht von Elis Familie:

Eli-Hofni-Pinhas-Ahitub und Ikabod
Eli-Samuel-Joel und Abija
Eli-Tochter-David

Fluch und Samuels Tod

Das Vorgehen gegen den Stamm Benjamin hatte sich gelohnt, Samuel aber war schon nicht mehr am Leben. Nachdem er die alte Rechnung mit dem Haus Sauls beglichen hatte, kehrte er nach Rama zurück, „denn dort war sein Haus, und dort richtete er Israel". Über seinen letzten Lebensimpuls an diesem Ort berichtete das AT lieber nicht, als ob seine Todesumstände besonders schändlich wären. Samuel müsste so alt wie sein Halbbruder Hofni gewesen sein und hätte gut das Alter seines Vaters Eli erreichen können. Länger als die beiden atmete er allerdings nicht, da der Fluch über Belials Familie ebenfalls Samuel traf: „Aber aller Nachwuchs deines Hauses soll im [besten] Mannesalter sterben." Auch der Priester Eli und seine „Söhne", die nichts Besseres als ihr Vater gelernt haben und „bei den Frauen lagen, die am Eingang des Zeltes der Begegnung Dienst taten", starben allesamt.

„Denn die mich ehren, werde [auch] ich ehren, und die mich verachten, sollen [wieder] verachtet werden. Siehe, Tage kommen, da werde ich deinen Arm und den Arm des Hauses deines Vaters abhauen, daß es keinen Greis [mehr] in deinem Haus geben wird. Und du wirst [deinen] Feind im Heiligtum sehen, bei allem, was der HERR Gutes tun wird an Israel. Und es wird keinen Greis mehr in deinem Haus geben alle Tage. Doch nicht jeden werde ich dir von meinem Altar ausrotten, um deine Augen erlöschen und deine Seele verschmachten zu lassen; aber aller Nachwuchs deines Hauses soll im [besten] Mannesalter sterben. Und das soll dir das Zeichen sein, das über deine beiden Söhne Hofni und Pinhas kommen wird: An einem Tag sollen beide sterben."

Überraschenderweise und im Widerspruch zur ganzen Stimmungslage fällte in der Verheißung über Elis Haus (drei Generationen) das Urteil kein anderer als der HERR, der „Gott Israels".

„Warum tretet ihr mit Füßen mein Schlachtopfer und mein Speisopfer, die ich für [meine] Wohnung geboten habe? Und du ehrst deine Söhne mehr als mich, daß euch müßtet von den Erstlingen aller Opfergaben meines Volkes Israel. Darum spricht der HERR, der Gott Israels: Ich habe allerdings gesagt: Dein Haus und das Haus deines Vaters sollen ewig vor mir einhergehen! - aber nun spricht der HERR: Das sei fern von mir!"

Große Kämpfer waren Hofni und Pinhas gewiss nicht, und ob sie im Letzten Kampf bei der Verteidigung ihrer Loge auf die Bundeslade fielen, ist unbekannt. Oder endete am gleichen Tag die Geduld, und es folgte die Abrechnung für die zerstückelte junge Frau aus dem Stamm Ephraim, für Gibea, für Jabesch und schließlich für den Verlust der Attrappe, die Samuel mit großen Versprechungen zusammen mit Hofni und Pinhas ins Kampfgebiet brachten.

Samuels Ende ist kein Thema für die Gerichtsmedizin (Schweigepflicht?), sicherlich stieg er nicht wie Elia(s) im feurigen Wagen gen Himmel, die Umstände seines Todes waren viel prosaischer, dennoch grauenhaft genug, dass die Bibel darüber zweitausend Jahre lang schwieg, nach dem Motto, „besser über den toten Samuel schweigen, als etwas Schlechtes sagen". So alt ist der Gedanke, und sollte alles nach dem Fluch des HERRN Gott, „Nachwuchs deines Hauses soll im [besten] Mannesalter sterben", verlaufen sein, bekam auch Samuel keine Amnestie. Aber aufgepasst, der HERR, „der Gott Israels", ergreift erstmals für die Israeliten Partei, den Judäern und Leviten aber gibt er noch eine Chance zur Wiedergutmachung, er wird aus ihren Nachkommen „einen Priester erwecken" (aus Rama), „und er wird vor meinem Gesalbten alle Tage einhergehen".

„Ich aber werde mir einen Priester erwecken, der beständig ist; der wird tun, wie es meinem Herzen und meiner Seele gefüllt. Und ich werde ihm ein Haus bauen, das beständig ist, und er wird vor meinem Gesalbten alle Tage einhergehen. Und es soll geschehen, daß jeder, der von deinem Haus [noch] übrigbleibt, kommen wird, um sich vor ihm niederzuwerfen für eine kleine Silbermünze und ein Stück Brot, und wird sagen: Gib mir doch Anteil an einem der Priesterdienste, daß ich einen Bissen Brot zu essen habe!"

Silo, Bethel, Rama, Bethlehem

Nach diesem geschichtlichen Überflug kann der Vorfall mit dem „Mann" und seiner Nebenfrau noch einmal und genauer betrachtet werden. Der Täter sollte folgende Voraussetzungen erfüllen: hohen Rang besitzen, nicht alt, in den teuflischen Plan eingeweiht und eine Vertrauensperson sein, vor allem eine aus dem engen Familienkreis. Der levitische „Mann" aus dem „äußersten Ende des Gebirges Ephraim" lebte im Status eines Fremden, ausgerechnet eben da, wo der levitische Clan von Priester Eli, ebenfalls fremd, ansässig war.

„Und es geschah in jenen Tagen - einen König gab es [damals] nicht in Israel - es geschah also, daß ein levitischer Mann am äußersten Ende des Gebirges Ephraim als Fremder wohnte, der nahm sich eine Nebenfrau aus Bethlehem [in] Juda."

Zur biographisch-geographischen Orientierung: geboren wurde Prophet Samuel in Rama (-taim-Zofim), mütterlicherseits war er Ephraimiter, väterlicherseits Levit. Ausgerechnet in Silo, woher die Gibeaniter ihre „400" Bräute holen sollten, wurde Samuels Mutter Hanna schwanger. Jahr für Jahr hatte sie sich mit ihrem Mann Elkana aufgemacht, „um den HERRN der Heerscharen anzubeten und ihm in Silo zu opfern", bis Priester Eli sie eines Tages segnete.

Samuel wuchs mit Halbbruder Hofni bei seinem Vater Eli in Rama auf, wo er später, wie in Bethel, Gilgal und Mizpa, „richtete (er) Israel"

„Und Samuel richtete Israel alle Tage seines Lebens. Und er zog Jahr für Jahr umher und kam nach Bethel, Gilgal und Mizpa und richtete Israel an all diesen Orten. Dann kehrte er nach Rama zurück, denn dort war sein Haus, und dort richtete er Israel."

Nach Sauls Tod sandte David von Hebron aus „von der Beute den Ältesten Judas, seinen Freunden" und „denen in Bethel und denen in Ramoth (Rama)" im Land Ephraim.

Weiter im Süden, in Bethlehem-Judäa, wurde David geboren und von Prophet Samuel ausgesucht und gesalbt. Diese durchgehende Kette der Ortschaften von Davids „Freunden", Bethlehem-Rama-Bethel, wurde mittendrin von Gibea unterbrochen, Sauls Geburtsort und Bastion seiner Familie. Wie groß war das ganze Gebiet, wenn von einer Ausdehnung bis an das „äußerste Ende des Gebirges Ephraim", noch hinter dem Ural, die Rede ist? Helfen kann das Abmessen der Abstände zwischen den an der Straße liegenden Ortschaften:

Silo bis Bethel 16 km	Bethel bis Rama 5 km
Rama bis Kreuzung Gibea 5 km	Kreuzung Gibea bis Ebus 9 km
Ebus bis Bethlehem 7 km	Bethlehem bis Hebron 20 km
	Hebron bis Beerscheba 40 km

Selbstverständlich können die Entfernungen abweichen, aber kaum mehr als einige Kilometer. Bethel lag an einer strategisch wichtigen Kreuzung nach Jericho und war 6 km von Jerusalem entfernt.

„Bet-El ist der in der Bibel am zweithäufigsten genannte Ort, nach Jerusalem. Auch kreuzten sich in Bet-El einige Straßen und verbanden den zu biblischer Zeit bedeutenden Ort mit Jerusalem, Bethlehem, Hebron und Be'er Scheva (Nord-Süd-Verbindung) sowie mit Joppe am Mittelmeer (West-Verbindung) und mit dem am Jordan gelegenen Jericho (Ost-Verbindung)." (78)

Den Abmessungen im Volkslexikon (mit Google Maps?) nach, liegt Bethel 17 km „nördlich von Jerusalem" (Ebus).

„Bet-El (hebräisch „Haus des El" oder „Haus Gottes"; auch Bethel genannt) ist ein in der Bibel erwähnter Ort, 17 km nördlich von Jerusalem und 16 km südlich von Silo in Israel bzw. dem Westjordanland." (79)

Die Jungfrau und seine Nebenfrau

Die biblischen Auftragsschreiber vermochten anscheinend nicht, gänzlich auf den Wahrheitsgehalt zu verzichten, zwischen den Zeilen verbargen sie diesen so gut, dass keiner, geschweige denn die Wissenschaftsforscher, diese Stellen entdeckte. Wie in dem berühmten Satz, „hinrichten verboten begnadigen", sind manche Formulierungen undeutlich. Zum Beispiel soll der gastfreundliche Landsmann gesagt haben: „Siehe, meine Tochter, die [noch] Jungfrau [ist] und seine Nebenfrau, sie will ich [euch] herausbringen. Ihnen tut Gewalt an und macht mit ihnen, was gut ist in euren Augen. Aber an diesem Mann dürft ihr so eine schwere Schandtat nicht begehen!" Im Hauptsatz ist seine Tochter „Jungfrau und seine (des „Mannes") Nebenfrau". Trifft das zu, dann bleibt unklar, welche Techniken ihr „Mann" praktizierte, da seine Nebenfrau noch immer jungfräulich war, und das, obwohl sie sogar „gehurt" hat? Oder wurde der Satz zwecks größerer Wirkung aus der Sodomgeschichte abgeschrieben, und aus „zwei Töchtern, die keinen Mann erkannt haben" wurden eine „Tochter, die [noch] Jungfrau [ist]", und „seine Nebenfrau"? Und entstand aus zwei Männern („Nur diesen Männern tut nichts.") ein „Mann" („Aber diesem Mann tut so eine Schandtat nicht."), wobei sein armer Knecht dabei ganz vergessen wurde (ist er abgehauen?)?

„Und sie riefen nach Lot und sagten zu ihm: Wo sind die Männer, die diese Nacht zu dir gekommen sind? Führe sie zu uns heraus, daß wir sie erkennen! Da trat Lot zu ihnen hinaus an den Eingang und schloß die Tür hinter sich zu; und er sagte: Tut doch nichts Böses, meine Brüder! Seht doch, ich habe zwei Töchter, die keinen Mann erkannt haben; die will ich zu euch herausbringen. Tut ihnen, wie es gut ist in euren Augen! Nur diesen Männern tut nichts, da sie nun einmal unter den Schatten meines Daches gekommen sind!"

Und sieh mal an, die Aufforderung der Sodomisten: „Wo sind die Männer, die diese Nacht zu dir gekommen sind? Führe sie zu uns heraus, daß wir sie erkennen!" ist mit derjenigen der „Söhne BeLIALs" in Gibea fast identisch: „Führe den Mann, der in dein Haus gekommen ist, heraus, wir wollen ihn erkennen!" Aber was für ein Unfug, dass der Mob in Gibea noch sehr alttestamentarisch und hochgestochen gefordert haben soll, ihn „erkennen" zu wollen. Jemand hatte eindeutig zu viel Ahnung von der Heiligen Schrift, so dass er beruflich ein Levit und das ganze Konstrukt sein Werk sein muss. Und was wollten die „ruchlosen" Männer aus Gibea („Söhne BeLIALs") „erkennen"? Auch der Satz: „Führe sie zu uns heraus, daß wir sie erkennen!" stammt aus der Sodomgeschichte, dabei war dort mit „erkennen" nicht mehr gemeint als eine „Befragung". Schon im Vorfeld wurde dies erläutert, alles andere ist eine freudianische Fantasie. Aus der „Erkennung" wurde also nichts, nur eine Frage bleibt offen, nach des „Mannes" eigener Aussage „gedachten sie (ihn) umzubringen", und warum? Was hat er getan und was wurde ihm vorgeworfen?

Worin genau bestand letztendlich die „Schandtat"/NBaLA, und wieso wusste der Landsmann davon im Voraus, als er „solch eine Schandtat", „so eine schwere Schandtat" sagte? Die Nebenfrau war noch nicht tot, aber der Landsmann sprach schon von „dieser" Schandtat, war er ein Seher? Im Originaltext sprach er konkret: „diese Schandtat", und falls Esra den Satz richtig punktierte, war es NBaLA/„Schandtat", und falls nicht, das Wort NVeLA/„Aas" gewesen, ein verwandtes Wort und gleich geschrieben. Bei beiden fällt die Wortwahl auf, weil Aas eine verwesende Leiche ist. Eine Leiche darf niemand berühren, die Priesterschaft sowieso nicht, geschweige denn zerstückeln. So wie Mose verboten hat: „Von ihrem Fleisch dürft ihr nicht essen, und ihr Aas dürft ihr nicht berühren."

Wer die Schandtat wirklich beging, wird viel zu eindeutig angedeutet: „die Söhne Belials", so nannte vorher derselbe Autor Elis Söhne Hofni, Samuel u.s.w. Die konspirative Übersetzung übertrug sie als „ruchlose Männer", anstatt wörtlich zu schreiben: „Da umringten die Männer der Stadt, die Söhne BeLIALs, das Haus." Außer den „Söhnen BeLIALs" in Gibea gab es im AT noch einmal einen „Menschen BeLIAL", der ekelhafte Nabal/NaVaL, der verweigerte, das Schutzgeld an David zu zahlen. Der „Mensch BeLIAL" wurde diesmal ungeschickt als „boshafter Mensch" übersetzt und NBaLA als „Torheit". Über Nabal äußerte sich seine Ehefrau Abigail: „Mein Herr (David) ärgere sich doch nicht über diesen boshaften Menschen, über Nabal! Denn wie sein Name so ist er: Nabal ist sein Name, und Torheit ist bei ihm."

אַל-נָא יָשִׂים אֲדֹנִי אֶת-לִבּוֹ אֶל-אִישׁ הַבְּלִיַּעַל הַזֶּה, עַל-נָבָל, כִּי כִשְׁמוֹ כֶּן-הוּא – נָבָל שְׁמוֹ וּנְבָלָה עִמּוֹ

Sie sagte wirklich: „Mein Herr beachte ihn doch nicht, diesen Mensch BeLIAL, den NaVaL, denn wie sein Name so ist er, NaVaL ist sein Name, und NBaLa ist mit ihm." Tatsächlich starb Nabal kurz darauf und wurde zu Aas. Aufschlussreich, den gleichen Slang nutzen Abigail, der geschädigte „Mann" und der Bibelschreiber. Am Ende siegt das Gute, die Nebenfrau/NBaLA und Nabal/NBaLA wurden zu Aas/NVeLA. Vielleicht hasste der „Mann" doch seine Nebenfrau, hatte Mordgelüste und war darum „schweren Herzens"?

„Greueltat in Gibea", anders gelesen

Der „Mann" war ein levitischer Mann, der „am äußersten Ende des Gebirges Ephraim als Fremder wohnte", auch sein Landsmann, bei dem er in Gibea übernachtete, war „vom Gebirge Ephraim und wohnte als Fremder in Gibea". Zwei „Fremde" hatten sich durch einen Zufall zusammengefunden.

Die Tochter des Schwiegervaters, des „Mannes" Nebenfrau, war eine „junge Frau". Auch die Tochter des Landsmannes in Gibea war eine junge Frau, sogar und immer noch eine „Jungfrau", obwohl er ein „alter Mann" war. Ein Paradox. Vielleicht war die Tochter des gastfreundlichen Landsmannes gar keine

Jungfrau, sondern die Nebenfrau des „Mannes"? Und vielleicht waren Schwiegervater und Landsmann ein und dieselbe Person? Dann kann die Geschichte anders aussehen: Die Nebenfrau lief aus Wut auf ihren „Mann" von ihm weg, hin zu ihrem Vater nach Bethlehem, dort blieb sie einige Zeit, nämlich vier Monate. Ihr „Mann" machte sich auf die Socken, ging ihr nach, um zu ihrem Herzen zu reden und sie zurückzubringen.

Mit den „vier Monaten" ist es so eine Sache: der „Mann" holt seine Frau nach „Vier Monaten", die Benjaminiter bleiben „Vier Monate" auf dem Berg Rimon, und „Vier Monate" braucht Esra von Babel bis Jerusalem. Sind die Geschichten nicht zufällig von dem gleichen Literaten geschrieben?

Die junge Frau aber führte ihn in das Haus ihres Vaters, ein Ephraimiter vom Gebirge Ephraim, der als Fremder nicht in Gibea, sondern in Bethlehem-Judäa wohnte und gerade nicht zuhause war. Erst spät abends kam er von der Arbeit, nicht von der Nachtschicht, aber es war einfach abends, nur spät. Und als der Vater der jungen Frau seinen Schwiegersohn in Begleitung seiner Leibwache und zweier Esel sah, kam er ihm freundlich, trotz des Ärgers seiner Tochter, und mit Ehrerbietung entgegen, da sein Schwiegersohn einen hohen Status besaß und von einem bewaffneten Knecht begleitet wurde.

Der Vater der jungen Frau hielt den „Mann" systematisch auf, der dann drei Tage bei ihm blieb, sie aßen und tranken und übernachteten dort. Obwohl der Vater versuchte, sie am Abreisen zu hindern, machten sie sich am vierten Tag früh am Morgen bereit zur Abreise, und als der „Mann" sich erhob, sagte der Vater der jungen Frau zu ihm: „Stärke dein Herz mit einem Bissen Brot, und danach könnt ihr gehen!" So blieben sie dann, aßen beide miteinander und tranken. Und der Vater der jungen Frau sagte zu dem „Mann": „Tu mir doch den Gefallen und bleib über Nacht und laß dein Herz fröhlich sein!" Doch der „Mann" erhob sich, um fortzugehen. Da drang sein Schwiegervater in ihn, so dass er wieder dort übernachtete.

Die Pflicht ruft, und am fünften Tag machte der „Mann" sich früh am Morgen auf, um fortzugehen. Da sagte der Vater der jungen Frau: „Stärke doch dein Herz und verweilt, bis der Tag sich neigt!" So aßen sie beide miteinander. Dann erhob sich der Mann, um fortzugehen, er und seine Nebenfrau und sein Knecht. Aber sein Schwiegervater, der Vater der jungen Frau, sagte zu ihm: „Sieh doch, der Tag nimmt ab, es will Abend werden. Über-nachtet doch! Siehe, der Tag sinkt, übernachte hier und laß dein Herz fröhlich sein! Morgen früh könnt ihr euch dann auf euren Weg machen, und du magst zu deinem Zelt gehen." Das war ein langer, schwerer Abschied, aber der „Mann" war nicht aufzuhalten, wollte nicht mehr übernachten, er erhob sich und zog fort. Hatte der „Mann" die Absicht, vor Samstag, am sechsten Tag abends, daheim zu sein, vor allem, falls er Priester und seinem Priesterdienst verpflichtet war. Ihm würden ein bis zwei Tage ausreichen, um seinen Ort in Eselsgeschwindigkeit zu erreichen. Dann müsste das „äußerste Ephraim-Gebirge" ganz nahe sein. Und, o Schreck, das Wort „äußerste" steht da nicht, sondern lediglich „Rand des Ephraim-Gebirges", das direkt vor der Nase, hinter der Grenze Benjamin-Ephraim und weniger als 26 km von Betlehem entfernt, liegt. Und der erste Ort in diesem Gebirge heißt Rama.

Nach 9 km erreichte der „Mann", als der Tag zu Ende ging, Jebus (Jebusalem?), mit ihm seine Nebenfrau und beide gesattelten Esel. Da sagte der Knecht zu seinem Herrn: „Komm doch und laß uns in diese Stadt der Jebusiter einkehren und darin übernachten!" Sein patriotischer Herr aber sagte zu ihm: „Wir wollen nicht in einer Stadt von Fremden einkehren, die nicht von den Söhnen Israel sind, sondern wir wollen nach Gibea hinübergehen." Und er schlug dem Knecht vor: „Komm, wir wollen uns einem der Orte nähern und in Gibea (7 km) oder in Rama (12 km) übernachten!" Klar, so konnten die Orte im Satz nicht genannt worden sein!

So zogen sie weiter, aber nah bei Gibea ging ihnen im Westen die Sonne unter und versank. Wenn die Abendsonne „bei Gibea" steht, zeigt das eine bestimmte Stunde an und zwar 18 Uhr, und in dieser Abendstunde stand die Reisetruppe vor dem Abzweig nach Gibea. Ob sie sich wirklich dorthin wandten, „daß sie hineinkämen, um in Gibea zu übernachten", ist keine unlösbare Frage. Im feindlichen Wespennest der Benjaminiter zu übernachten, noch dazu in einer heißen Phase, war für einen wie Pinhas, der noch mit dem „Haus des Herrn (Samuel/David) geht" (in der Übersetzung völlig ausgelassen), keine Frage.

Aber die Rechnung geht viel einfacher, nach links abbiegen und Gibea nach 6 km erreichen, am nächsten Tag wieder zurücklaufen - das würden nur Wissenschaftler und Theoretiker, denn Rama ist von da aus nur 5 km entfernt. Auf jeden Fall hatte Pinhas „spät abends" auch Rama erreicht.

Der Erzählung nach kam Pinhas nach Hause, nahm das Messer, ergriff seine Nebenfrau und zerlegte sie mit schwerem Herzen, Glied für Glied, in zwölf Stücke und schickte sie ins ganze Gebiet Israels. Ein Hohepriester zerlegt die Leiche, Mose rollt sich im Grab.

Kein persönliches Motiv, aber ein teuflischer Plan bestand scheinbar darin, eine junge Frau (wenn nicht Jungfrau) aus dem Stamm Ephraim für eine gute Sache zu opfern, um Zwietracht zwischen Benjamin und Ephraim zu stiften. Nun war alles eher banal, die junge Frau war hochschwanger und überlebte die

Reise nicht. Ein Arbeitsunfall sozusagen, und die Schuld daran, selbstverständlich, trug ihr Vater, der entscheidende 5 Tage lang die Abreise verhinderte, und zudem hatte sie „gehurt".

Nach offizieller Version starb die Frau von Pinhas, „als sie die Nachricht hörte, daß die Lade Gottes weggenommen worden war und daß ihr Schwiegervater und ihr Mann tot waren". Ihren Sohn nannte sie Ikabod, „um damit auszudrücken: die Herrlichkeit ist von Israel gewichen! - weil die Lade Gottes weggenommen war und wegen ihres Schwiegervaters und ihres Mannes".

„Und seine Schwiegertochter, die Frau des Pinhas, war schwanger und sollte [bald] ge-bären. Und als sie die Nachricht hörte, daß die Lade Gottes weggenommen worden war und daß ihr Schwiegervater und ihr Mann tot waren, kauerte sie sich nieder und gebar, denn ihre Wehen überfielen sie. Und als sie im Sterben lag, sagten die Frauen, die um sie her standen: Fürchte dich nicht, denn du hast einen Sohn geboren! Aber sie antwortete nicht und nahm es nicht [mehr] zu Herzen. Und sie nannte den Jungen Ikabod, um damit auszudrücken: die Herrlichkeit ist von Israel gewichen! - weil die Lade Gottes weggenommen war und wegen ihres Schwiegervaters und ihres Mannes. Darum sagte sie (in Koma?): Die Herrlichkeit ist von Israel gewichen, denn die Lade Gottes ist weggenommen!"

Der eingeschobene Zwischensatz, „weil die Lade Gottes weggenommen war" und der zweite Satz „wegen ihres Schwiegervaters und ihres Mannes", sind zwei verschiedene Schuhe. Ihren Sohn nannte sie Ikabod/IKaVOD, was „ehrlos" bedeutet, aber das war nicht wegen einer, erst eine Weile später entwendeten, Bundeslade. Vermutlich starb die Frau 4 Monate nach König Sauls Niederlage und Tod. Sie floh wegen des Kriegsgeschehens zum Vater nach Betlehem, König David wurde in Hebron installiert, und Pinhas fand frühestens im 4. Monat Zeit, seine hochschwangere Frau nach Hause zu holen. Die Frau war eine Ephraimitin (Israelitin), und sie erlebte unmittelbar, wie die Herrlichkeit von Israel wich, sie erfuhr von Verrat und Machenschaften „ihres Schwiegervaters Eli und ihres Mannes Pinhas" und anderen Schwächen der Familie. Vor allem, weil sie schlecht behandelt wurde, sprach sie von Ehrlosigkeit/Ikavod. Übrigens, kann es purer Zufall sein, dass beide Namen, der Name der Frau des „Mannes" und der Name von Pinhas Frau, unbekannt sind? Vielleicht wurde die junge Frau nicht nur Zeugin von Segnungsexzessen „am Eingang des Zeltes der Begegnung" und von Korruption, sondern erfuhr auch von einem Komplott und war deshalb „wütend auf ihn und lief weg von ihm ins Haus ihres Vaters". Gewiss spielte auch das eine Rolle, führt aber in die falsche Richtung, denn vermutlich war diesmal die Geburt Ahitubs/AHITOV, des älteren Halbbruders von Ikabod, der Auslöser. Ahitub bedeutet „Bruder des Guten" oder einfach „der Gute", und ihn erwartete eine Karriere unter König David.

„The word אח (ah) meaning brother is used, obviously, to indicate a male child of one's parents, or one's mother, other than oneself". (80)

Etwas zu befürchten gab es Grund genug, Parallelen zu Moses Mutter Jochevet drängen sich auf. Wie war es bei Moses? Sie blieb im Versteck bis Mose geboren wurde und „verbarg ihn drei Monate", weil er ein Todeskandidat war. Auch Elisabet wurde schwanger und „verbarg sich fünf Monate". Und Jesus Christus Geburt war sogar eine geheime Operation. Alle drei entwischten. Vielleicht hatte die Nebenfrau aber Pech, und ihr „Mann" ging nach Betlehem, um sie umzubringen und nicht, weil sie „gehurt" hatte? Die lange Geschichte nahm ein kurzes Ende. In Rama und nicht in Gibea ergriff der jähzornige Pinhas seine Nebenfrau und führte sie hinaus auf die Straße.

„Und die Frau kam beim Anbruch des Morgens und fiel nieder am Eingang des Hauses des Mannes, wo ihr Herr war, [und lag dort], bis es hell wurde. Und sie kauerte sich nieder und gebar, denn ihre Wehen überfielen sie. Und als sie im Sterben lag, sagten die Frauen, die um sie her standen: Fürchte dich nicht, denn du hast einen Sohn geboren! Aber sie antwortete nicht und nahm es nicht [mehr] zu Herzen. Und ihr Herr stand am Morgen auf, öffnete die Tür des Hauses und trat hinaus, um seines Weges zu gehen. Siehe, da lag die Frau, seine Nebenfrau, am Eingang des Hauses, ihre Hände auf der Schwelle. Da sagte er zu ihr: Steh auf und laß uns gehen! Aber niemand antwortete."

Und die Wiederholungen, einmal, „Aber sie antwortete nicht", und anderes Mal, „Aber niemand antwortete". Eine sehr herzliche Geschichte, oder ein herzlicher Mensch schrieb sie mit den gleichen Redewendungen auf, „um zu ihrem Herzen zu reden", „Stärke doch dein Herz", „Stärke dein Herz", aber sie „antwortete nicht und nahm es nicht [mehr] zu Herzen".

Zusammengefasst: Pinhas hatte eine Frau und eine Nebenfrau, der missglückte „Mann" auch. Der Tod seiner Nebenfrau und die Schandtat in Gibea geschehen kurz nacheinander. Und Pinhas erfüllte alle Voraussetzungen für einen Täter: er war nicht alt, ein Familienangehöriger des Elis-Clans und ist einer von vier Autoritäten. Noch mehr Vertraute kann es nicht geben. Und damit ein Unglück nicht umsonst geschieht und weil die politische Lage drängt, muss eine Ephraimitin im Format einer Märtyrerin für eine edle Sache geopfert werden. Noch dazu galt sie als Nebenfrau wenig, um die es sowieso nicht schade war. Ein guter Vorwand wurde gesucht und gefunden, um das ganze Haus Sauls in Gibea aufzuräumen, obwohl das Gesetz für die vorgebliche Straftat überhaupt nicht die Ausrottung eines ganzen Stammes rechtfertigt. Es war ein Präzedenzfall.

Letzten Endes schlugen die Judäer ihren Konkurrenten Ephraim (Joseph), nahmen das Land Benjamin ein und brachten den wichtigen Handelsweg Jerusalem-Jericho unter ihre Kontrolle. König Salomo konnte sein Vorhaben vollenden, den übrigen Teil des Landes Benjamin sich einzuverleiben und sogar noch ein Stück des Landes Israel an Judäa anzugliedern. Die Message dieser Geschichte: dafür opferten Levi und Juda eine junge Frau aus dem Stamm Ephraim (Joseph).

Gleichnis vom barmherzigen Samariter

Im Gleichnis über den barmherzigen Samariter liefen im Land Benjamin ein Levit und ein Priester auf derselben Straße, so wie vorher der „Mann" mit seiner Nebenfrau, und übersahen einen verunglückten Menschen. Anders als in der Geschichte von Gibea wurde die Frau in Jesuas Erzählung ausgelassen und der Mann geopfert, vielleicht wegen biographischer Empfindlichkeiten oder weil es davor einen realen Vorfall gab.

Der verunglückte „Mensch" „ging von Jerusalem hinab nach Jericho und fiel unter die Räuber; die zogen ihn aus und schlugen ihn und machten sich davon und ließen ihn halbtot liegen". War er ein Jude auf dem Weg nach Jericho, oder ein Samariter, der nach dem Besuch in Jerusalem die Rückreise antrat? Scheinbar war der Konflikt, bis hin zu Exzessen mit Mord und Vergewaltigung, zwischen Israeliten und Judäern älter, als einer sich denken kann.

„Es traf sich aber, daß ein Priester dieselbe Straße hinabzog; und als er ihn sah, ging er vorüber. Desgleichen auch ein Levit: als er zu der Stelle kam und ihn sah, ging er vorüber."

Die Räuber konnten keine Benjaminiter sein, denn im Land Benjamin war es mit Benjaminitern schon längst vorbei. Und weil weder Priester noch Levit dem armen „Menschen" Hilfe leisteten, war der „Mensch" sicher ein Samariter, so kümmerte sich ein barmherziger Samariter um den anderen Samariter.

„Ein Samariter aber, der auf der Reise war, kam dahin; und als er ihn sah, jammerte er ihn; und er ging zu ihm, goß Öl und Wein auf seine Wunden und verband sie ihm, hob ihn auf sein Tier und brachte ihn in eine Herberge und pflegte ihn. Am nächsten Tag zog er zwei Silbergroschen heraus, gab sie dem Wirt und sprach: Pflege ihn; und wenn du mehr ausgibst, will ich dir's bezahlen, wenn ich wiederkomme."

Die Benjaminiter wurden wegen der „Schandtat in Gibea" zu Opfern, möglich, es beruhte auf diesem Präzedenzfall. Wurden diesmal der Priester und der Levit wegen einer Wiederholungstat in verklausulierter Form angeschuldigt? Worin eigentlich bestand die Beschuldigung? Missachteten der Priester und der Levit das Gebot „Liebe deinen Nächsten" und verweigerten einem Krüppel erste Hilfe? Offensichtlich handelten sie nicht aus „religiösen" Gründen, z.B., weil Blut berühren verboten und Gedärme anfassen nicht erlaubt war. Auch nicht, weil Moses Gesetz die Berührung von „Aas" untersagt, sondern weil der

„Mensch" ein Samariter und nach der Formulierung von Esra „unrein" war. Deshalb traf das „Liebe deinen Nächsten"- Gebot auf ihn nicht zu.

Die Parteinahme Jesuas für den missglückten Samariter ist eindeutig. Wieso eigentlich, wenn er selbst ein „Jude" war, dazu noch aus dem Haus Davids? Und was für ein Pech, sogar die Juden hielten ihn für einen Samariter:

„Die Juden antworteten und sprachen zu ihm: Sagen wir nicht recht, daß du ein Sa- mariter bist und einen Dämon hast?" (Joh. 8,48)

Einer nannte ihn ein Jude, für andere war er ein Samariter.

Der Nächste

Auf die gestellte Frage „Wer ist denn mein Nächster?", erzählte Jesua dieses Gleichnis, das hochphilosophisch in Sätzen endete, die ohne Wodka nicht zu begreifen sind: „Wer von diesen dreien dünkt dich der Nächste gewesen zu sein von dem, der unter die Räuber gefallen war? Der die Barmherzigkeit an ihm tat." Wer ist nun der Nächste? Vielleicht kann Mose behilflich sein, der wegen dem Goldenen Kalb befahl, die Unwilligen zu töten. Hier tat sich jemand wieder schwer und übersetzte „seinen Nächsten" als „seinen Nachbar".

„Und Mose stellte sich auf im Tor des Lagers und sprach: Her zu mir, wer für den HERRN ist! Und es versammelten sich zu ihm alle Söhne Levis. Und er sprach zu ihnen: So spricht der HERR, der Gott Israels: Legt ein jeder sein Schwert an seine Hüfte, geht hin und wieder, von Tor zu Tor im Lager, und erschlagt ein jeder seinen Bruder und ein jeder seinen Freund und ein jeder seinen Nachbar. Und die Söhne Levis taten nach dem Wort Moses; und es fielen an diesem Tag etwa 3000 Mann von dem Volk".

Und dann, am nächsten Tag, sprach Mose ein Segen: „Weiht euch heute für den HERRN - denn jeder [von euch ist] gegen seinen Sohn und gegen seinen Bruder [gewesen] - um heute Segen auf euch zu bringen! ". Soweit ist es mit dem Gebot der Nächstenliebe bei Moses gewesen: „Du sollst deinen Nächsten lieben wie dich selbst."

Geburtsumstände

Herodes der Größte

Der römische Bürger Gaius Iulius Herodes, als „jüdischer König Herodes" ver- marktet, war Sohn eines Edomiters und einer Araberin und setzte Salomos und Esras Werk fort. War Esras Tempel der zweite, dann baute Herodes eigentlich den dritten und nicht nur das. Wie seine Vorgänger auch missachtete er Gesetze aufs Schändlichste und hinterließ eine blutige Spur in der Geschichte. Mütterlicherseits war Herodes ein Araber, dennoch, halachistisch gesehen, ein

Jude, weil er die jüdische Religion praktizierte, die damals, nach Esras Eingriff, ohnehin halbmosaisch war. Obwohl Herodes sich sehr bemühte, sogar einen prächtigen Gottestempel bauen ließ, wurde ihm vorgeworfen, dass er kein Jude sei, weil in der Tora steht: „Nur aus der Mitte deiner Brüder darfst du einen König über dich einsetzen."

„Es soll also niemand als König anerkannt werden, der nicht Israeli ist." (81) Herodes der Große, von Römern eingesetzt, heiratete der Legitimation wegen die zwölfjährige hasmonäische Prinzessin Mariamne I., und entledigte sich nach Festigung seiner königlichen Macht seiner anwachsenden Konkurrenten aus dieser Ehe. Der sechzehnjährige Sohn Aristobulos III. wurde wegen Umsturz plänen im Jahr 36 v. hingerichtet, später auch der Großvater Hyrkan.

Im Jahr 29 v. erledigte Herodes seine Frau Mariamne I., kurz danach ihre Mutter Alexandra. Weiter ließ Herodes noch Söhne aus der Ehe mit Mariamne hinrichten, „da er wohl befürchtete, dass diese ihre Mutter rächen könnten". (82)

Im Jahr 7 v. wurden die Söhne von Mariamne, Alexandros und Aristobulos IV. hingerichtet, dabei starb Aristobulos IV. in Sebaste, der Hauptstadt der Samariter. Bald darauf, fünf Tage vor Herodes Tod im Jahr 4 v., wurde wegen verschwörerischer Pläne auch der Thronfolgekandidat, ältester Sohn Antipatros aus einer anderen Ehe (mit Doris), getötet. Drei hasmonäische Generationen gingen unter, der Opa Hyrkan, Oma Alexandra, Mariamne selbst und ihre Söhne, Alexandros (geb. 36 v.) und Aristobulos IV (geb. 35 v.).

„Mariamne gebar Herodes mehrere Kinder: Alexandros und Aristobulos IV, sowie die Töchter Salampsio und Kypros III."

Anzunehmen, die Brüder Alexandros und Aristobulos seien einem heimtückischen Meuchelmord zum Opfer gefallen, wäre falsch, nein, wegen Verschwörung und versuchtem Staatsstreich fand ein ordentlicher Schauprozess statt. Auch gab es ein Motiv für den Staatsstreich, z. B. traumatische Erlebnisse.

„Ein traumatisches Erlebnis für Aristobulos und Alexander, das ihr ganzes Leben prägen (und schließlich zerstören sollte) war die Hinrichtung ihrer Mutter Mariamne durch ihren Vater Herodes 29 v. Chr. wegen angeblicher Untreue. Aristobulos war zum Zeitpunkt dieser Tragödie etwa sechs Jahre alt." (83)

Wichtig ist, Aristobulos starb in Sebaste, der Hauptstadt der Samariter, seine Mutter hieß Mariamne (Maria), und die Hinrichtung fand im Jahr 7 v. statt.

Empfängnis

Über die unbefleckte Empfängnis der Gottesmutter Maria wundert sich die ganze Welt, ihre Verwandte Elisabeth wurde dabei ungerechterweise nicht mit solcher Aufmerksamkeit verwöhnt. Eine unfruchtbare Frau zu schwängern ist sicherlich eine schwerere Aufgabe als eine Jungfrau, wobei Muslime ununterbrochen Kinder von Jungfrauen bekommen, und keiner staunet darüber.

Die Geburt von Jesua folgte nach der Geburt von Johannes dem Täufer. Johannes Vater, Zacharias, war Priester „von der Ordnung Abija".

„Zu der Zeit des Herodes, des Königs von Judäa, lebte ein Priester von der Ordnung Abija, mit Namen Zacharias, und seine Frau war aus dem Geschlecht Aaron und hieß Elisabeth."

Zacharias hielt sich für alt, er sagte: „Ich bin alt, und meine Frau ist betagt." Ähnlich wie Abraham, der in seinem Herzen sprach: „Sollte einem Hundertjährigen geboren werden, und sollte Sara, sollte eine Neunzigjährige gebären?", und er bekam einen Sohn ohne Eigenleistung. Zacharias' Frau Elisabeth war „betagt", sogar „unfruchtbar", eine Wiederholung der Geschichte von Sara:

„Und Sarai war unfruchtbar, sie hatte kein Kind."

Die Besserung kam erst, nachdem ein Engel das Gebet Zacharias mithörte und die Botschaft verstand, denn beide befanden sich zugleich im gleichen Raum im Gebetshaus.

„Aber der Engel sprach zu ihm: Fürchte dich nicht, Zacharias, denn dein Gebet ist erhört, und deine Frau Elisabeth wird dir einen Sohn gebären, und du sollst ihm den Namen Johannes geben."

Wie es oft in der Bibel bei „unfruchtbaren" Frauen vorkam, wurde Elisabeth nach der „Segnung" schwanger, so wie Samuels Mutter nach Elis Segnung.

Popenkinder übten einer ehernen Logik folgend den Beruf ihrer Väter aus. Der Sohn eines Priesters wurde auch Priester, und weil Priester Leviten sind, war der Sohn eines Leviten auch Levit, und weil Leviten alle Priester waren, mussten alle Söhne Priester werden, also Samuel zum Priester, Simson zum Mönch.

Die „Segnung" wirkte bei Elisabeth sofort: „Nach diesen Tagen wurde seine Frau Elisabeth schwanger und hielt sich fünf Monate verborgen und sprach: „So hat der Herr an mir getan in den Tagen, als er mich angesehen hat, um meine Schmach unter den Menschen von mir zu nehmen." Warum sich Elisabeth „fünf Monate verborgen" hielt, was sie zu verstecken hatte, bleibt unklar.

Nach der erfolgreichen Geburt entstand Verwirrung, das Kind sollte, wie üblich, „nach seinem Vater Zacharias" (seinem Opa) benannt werden, erhielt aber den Namen „Johannes", obwohl niemand in Zacharias Verwandtschaft so hieß. Ja, Zacharia wusste den Namen des echten Vaters, „er forderte eine kleine Tafel und schrieb: Er heißt Johannes."

„Und es begab sich am achten Tag, da kamen sie, das Kindlein zu beschneiden, und wollten es nach seinem Vater Zacharias nennen. Aber seine Mutter antwortete und sprach: Nein, sondern er soll Johannes heißen. Und sie sprachen zu ihr: Ist doch niemand in deiner Verwandtschaft, der so heißt. Und sie winkten seinem Vater, wie er ihn nennen lassen wollte. Und er forderte eine kleine Tafel und schrieb: Er heißt Johannes."

Richtig, wenn das der Name des wirklichen Vaters war. Gott bleibt nichts verborgen, Johannes' Vater müsste demnach im NT irgendwo erwähnt sein - und wurde erwähnt. Es war einer der fünf Brüder aus der priesterlichen Dynastie Johannes (Hannas/Hanan Ben Set), die sich nach Jesuas Tod versammelten.

„Als nun der Morgen kam, versammelten sich ihre Oberen und Ältesten und Schriftgelehrten in Jerusalem, auch Hannas, der Hohepriester, und Kaiphas und Johannes und Alexander und alle, die vom Hohenpriestergeschlecht waren." (Apg.)

Zwischenzeitlich bekam auch Maria einen Engelsbesuch, dieser hieß ausgerechnet Gabriel („Gabra" bedeutet „Männlichkeit", „manhood, manliness, virifity"), und kündigte ihr ihre Schwangerschaft an.

„Der Engel antwortete und sprach zu ihr: Der heilige Geist wird über dich kommen, und die Kraft des Höchsten wird dich überschatten; darum wird auch das Heilige, das geboren wird, Gottes Sohn genannt werden. Und siehe, Elisabeth, deine Verwandte, ist auch schwanger mit einem Sohn, in ihrem Alter, und ist jetzt im sechsten Monat, von der man sagt, daß sie unfruchtbar sei."

Komisch, Engel Gabriel besuchte auch Mohammed, der aber nicht schwanger wurde.

„Beeilen"

Scheinbar blieb nach den Säuberungen in der hasmonäischen Familie doch ein geschichtlich nicht erfasstes Mitglied übrig, und das war Maria, die Tochter von Mariamne I. und Schwester des hingerichteten Aristobolos, aber sie war nicht verheiratet, unglücklicherweise.

Ihre schwangere Verwandte Elisabeth „hielt sich fünf Monate verborgen", und im sechsten Monat ihrer Schwangerschaft schickte der HERR seinen Engel Gabriel mit dem Auftrag zu Maria, einen Thronfolger zu sichern und „ihm den Thron seines Vaters David" zu geben.

"Und im sechsten Monat wurde der Engel Gabriel von Gott gesandt in eine Stadt in Galiläa, die heißt Nazareth, zu einer Jungfrau, die vertraut war einem Mann mit Namen Josef vom Hause David; und die Jungfrau hieß Maria."

Nach dem Gespräch mit dem Engel Gabriel ging Maria „eilends" zu Elisabeth nach Bethlehem.

„Maria aber machte sich auf in diesen Tagen und ging eilends in das Gebirge zu einer Stadt in Juda und kam in das Haus des Zacharias und begrüßte Elisabeth."

Im Vorfeld wurde erklärt, dass die Bibel mit dem Ausdruck „beeilen" oft auf Verkupplungsversuche hinweist, das heißt, in diesem Stadium war Maria noch nicht schwanger. Der Engel versprach ihr:

„Der heilige Geist wird über dich kommen, und die Kraft des Höchsten wird dich überschatten; darum wird auch das Heilige, das geboren wird, Gottes Sohn genannt werden."

Und weiter:

„Siehe, du wirst schwanger werden und einen Sohn gebären, und du sollst ihm den Namen Jesus geben. Der wird groß sein und genannt werden; und Gott der Herr wird ihm den Thron seines Vaters David geben, und er wird König sein über das Haus Jakob in Ewigkeit, und sein Reich wird kein Ende haben."

Bei solchen Versprechungen wird jede schwach und wird sich „beeilen". Auch Abraham lockte H'agar mit ähnlichen Versprechungen nach Hause zurück:

„Und der Engel des HERRN sprach zu ihr: Kehre zu deiner Herrin zurück und demütige dich unter ihre Hände. Und der Engel des HERRN sprach zu ihr: Ich will sehr mehren deinen Samen, dass er nicht gezählt werden soll vor Menge."

Eine rhetorische Frage, warum macht sich Maria auf eine weite Reise und bleibt drei Monate lang fern, wenn das nicht ein Rendezvous mit einem Mann war?

3 Geburten und 2 Ahnenverzeichnisse

Erste Geburt von Jesus Christus (Lk.)

Zum Orientieren: Elisabeth versteckte sich 5 Monate, zum Rendezvous kam Maria im „sechsten Monat" (ELUL/August) und wurde gleichfalls schwanger.

„Und siehe, Elisabeth, deine Verwandte, auch sie erwartet einen Sohn in ihrem Alter, und dies ist der sechste Monat bei ihr, die unfruchtbar genannt war." (Lk.)

Nach weiteren 3 Monaten (KISLeV/November) war es soweit:

„Für Elisabeth aber erfüllte sich die Zeit, daß sie gebären sollte, und sie gebar einen Sohn." (Lk.)

Zu diesem wichtigen Familienereignis machte sich Maria aber „in diesen Tagen auf und ging mit Eile in das Gebirge, in eine Stadt Judas". (Lk.) Im dritten Monat der Schwangerschaft kam sie „in das Haus des Zacharias und begrüßte Elisabeth. Und es geschah, als Elisabeth den Gruß der Maria hörte, hüpfte das Kind in ihrem Leib." (Lk.)

Maria blieb bei Elisabeth, „dann nach fast drei Monaten" (ELIL/September) „kehrte sie zurück nach Hause." (Lk.)

Für die Geburt Jesuas ergab sich der Monat NISaN/März. Nun die Geschichte 6 Monate zurückspulen: im Monat TIShRI/September gebar Elisabeth ihren Sohn Johannes. Aus der Beschreibung in der Bibel ist nur zu entnehmen, dass Johannes Täufer 6 Monate älter war, sonst nichts. Aber ohne jeglichen Hinweis wird der Geburtstag von Johannes Täufer traditionell am 7 Juli gefeiert. „Johannes der Täufer, lateinisch Johannes Baptista (geboren etwa 5 v. Chr.; gestorben um 30 bzw. vor 36 n. Chr.)"

„В Евангелиях не указано, за что был убит отец Иоанна Захария. Традиционно считается, что Захария был убит в храме за то, что не сказал воинам Ирода, избивавшим младенцев, где укрыт его сын. Кроме того, на Руси приобрёл фольклорные эпитеты, например, Иван Самокрестител, а два посвящённых ему праздника получили самостоятельные прозвания: Иван Купала (день Рождества святого Иоанна, 7 июля) и Иван Головосек (день казни, 11 сентября)."

Inzwischen fand sich, zwecks Legitimierung und Fürsorge, ein stellvertretender Vater, der „fromme" Josef. Bei der Verlobung entdeckte Josef, dass Maria „von dem Heiligen Geist" geschwängert wurde. Wie entdeckt sich das? Kann sein, Name und Adresse des Heiligen Geistes waren ihm bekannt.

„Als Maria (...) dem Josef vertraut war, fand es sich, ehe er sie heimholte, dass sie schwanger war von dem Heiligen Geist. Josef aber, ihr Mann, war fromm und wollte sie nicht in Schande bringen, gedachte aber, sie heimlich zu verlassen." (Mt.)

Und seltsamerweise fragt niemand, wie war das möglich, dass Josef mit Maria laut Bibel-Übersetzung „verheiratet" und sie noch Jungfrau war? Warum, falls Joseph „verheiratet" war, dachte er nicht über eine Scheidung nach, sondern wie er sie „heimlich (zu) verlassen" könnte. Oder ist das hier die Wunschvorstellung eines Übersetzers? So viel Unsicherheit bei einer einfachen Frage, war Maria „vertraut" oder „verheiratet"?

Welch drängende Not, außer großen Versprechungen, führte Maria nach Bethlehem? War es die „Niedrigkeit" in Form gesellschaftlichen und sozialen Abstiegs wegen der Hinrichtung ihrer Brüder?

„Und Maria sprach: und mein Geist freut sich Gottes, meines Heilandes; denn er hat die Niedrigkeit seiner Magd angesehen."

Nämlich in diesem Jahr starben ihre Brüder, Aristobulos im Alter von 28 Jahren und Alexander mit 27 Jahren.

„Sobald Herodes sich mit der hasmonäischen Prinzessin Mariamne verlobt hatte, verstieß er seine Frau Doris und deren Sohn Antipater. Er heiratete nun die aus dem königlichen Haus der Hasmonäer stammende Prinzessin Mariamne, eine Enkelin des letzten hasmonäischen Ethnarchen Johannes Hyrkanos II."

„Aristobulos (* um 35 v. Chr.; +v. Chr.) war ein Sohn des jüdischen Königs Herodes und seiner zweiten Frau, der hasmonäischen Prinzessin Mariamne I. Sein älterer Bruder Alexander (* um 36 v. Chr.) stammte ebenfalls aus dieser Ehe. Beide Söhne galten lange Zeit als Thronfolger, wurden aber 7 v. Chr. auf Veranlassung ihres Vaters wegen angeblicher Umsturzpläne hingerichtet." (83)

Falls Aristobulos und Alexander wirklich Marias ältere Brüder waren, könnte sie 26 Jahre alt sein (im Jahr 32 v. geb.), Maria war also nicht unbedingt eine 18-jährige Jungfrau, wie einige das erträumen, sondern eine fortgeschrittene Frau, die nur durch ihre „Niedrigkeit" beschwert war. Im Juni/TaMUZ 7 v. wurde sie schwanger, und im März /NISaN/Jahr 6 v. gebar sie einen Sohn.

Am achten Tag (Lk.)

Nach der Beschreibung Apostel Matthäus bekam der Neugeborene den Namen „Immanuel", das bedeutet „Gott mit uns", und „er gab ihm den Namen Jesus".

„Das ist aber alles geschehen, damit erfüllt würde, was der Herr durch den Propheten gesagt hat, der da spricht (Jesaja 7,14): „Siehe, eine Jungfrau wird schwanger sein und einen Sohn gebären, und sie werden ihm den Namen Immanuel geben", das heißt übersetzt: Gott mit uns." (Mt.)

„Als nun Josef vom Schlaf erwachte, tat er, wie ihm der Engel des Herrn befohlen hatte, und nahm seine Frau zu sich. Und er berührte sie nicht, bis sie einen Sohn gebar; und er gab ihm den Namen Jesus." (Mt.)

Ordnungsgemäß verlief am 8. Tag nach der Geburt die Beschneidung, jedoch trotz aller Erwartungen in Abgeschiedenheit und unspektakulär. Sehr seltsam angesichts des Massenandrangs im Tempel des Festes wegen. Und wo blieben die Familie, die Verwandten und zahlreichen Gäste? Oder aber, das alles ereignete sich ganz privat, nach Ladenschluss und gar nicht im Tempel, sondern im Palast eines Hohepriesters?

„Und als die Tage ihrer Reinigung nach dem Gesetz Moses erfüllt waren, brachten sie ihn nach Jerusalem hinauf, um ihn dem Herrn darzustellen. Und siehe, es war in Jerusalem ein Mensch, mit Namen Simeon; und dieser Mensch war gerecht und gottesfürchtig und wartete auf den Trost Israels; und der Heilige Geist war auf ihm. Und es war ihm von dem Heiligen Geist ein göttlicher Ausspruch geworden, dass er den Tod nicht sehen solle, ehe er den Christus des Herrn gesehen habe. Und er kam durch den Geist in den Tempel. Und als die Eltern das Kind Jesus hereinbrachten, um mit ihm nach der Gewohnheit des Gesetzes zu tun, da nahm auch er es auf seine Arme und lobte Gott und sprach: Nun, Herr, entlässt du deinen Knecht, nach deinem Wort, in Frieden; denn meine Augen haben dein Heil gesehen, das du bereitet hast vor dem Angesicht aller Völker: ein Licht zur Offenbarung der Nationen und zur Herrlichkeit deines Volkes Israel. Und es war eine Prophetin Anna, eine Tochter Phanuels, aus dem Stamm Aser. Diese war in ihren Tagen weit vorgerückt und hatte sieben Jahre mit ihrem Mann gelebt von ihrer Jungfrauschaft an; und sie war eine Witwe von 84 Jahren, die nicht von dem Tempel wich, indem sie Nacht und Tag mit Fasten und Flehen diente. Und sie trat zu derselben Stunde herzu, lobte den Herrn und redete von ihm zu allen, die auf Erlösung warteten in Jerusalem." (Lk.)

Von Geburt an war der neugeborene Jesus Christus von Verschwörern umgeben. Anwesend waren Joseph mit Maria, „Jesus" selbst und der „Herr", selbstverständlich, sowie Simeon und Anna. Marias Eltern fehlen, auch ihre Brüder, die im Jahr zuvor (7 v.) „wegen angeblicher Umsturzpläne" hingerichtet wurden und so nicht an der Zeremonie teilnehmen konnten. Die angeblichen Wissenschaftler wissen gut Bescheid darüber, was angeblich ist und was nicht.

„Beide Söhne galten lange Zeit als Thronfolger, wurden aber 7 v. Chr. auf Veranlassung ihres Vaters wegen angeblicher Umsturzpläne hingerichtet." (81)

116

Von Simeon wird erzählt, nicht aber in deutscher Wikipedia, dass er einer von 7 Priestern war, die in Alexandrien die Thora übersetzt haben und er 360 Jahre lebte, eben so lange, bis er die Geburt des Erretters durch eine „Jungfrau" erleben konnte, um gleich danach zu sterben.

„…er solle den Tod nicht sehen, er habe denn zuvor den Christus des Herrn gesehen."

Wenn mit 360 (300+60) Jahren klassisch 60 (30 Vaters Zeugungsalter + seine 60 Jahre) Jahre gemeint sind, ist fraglich, ob der 60-jährige imstande war, seine Aufgabe zu erledigen und ordentlich geschnipselt hat. Zudem starb Simeon nicht gleich danach, sondern zeigte sich noch einmal 23 (6 v. + 17 n.) Jahre später sehr aktiv, so amtierte er zwischen 17. und dem 18. Jahr n.u.Z.

„Der direkte Vorgänger des Kajaphas war Josephus zufolge ein Simeon, der aus der Priesterfamilie Kamith stammen soll, von 17 bis 18 n. Chr. amtierte und wohl auch in verschiedenen späteren rabbinischen Texten erwähnt ist." (81)

Auf übliche Art geschrieben und gelesen war Simeon bei der Beschneidung 36 Jahre alt und starb wirklich bald nach „Jesus Christus" mit fast 80 Jahren (78/36+6 v. + 36 n.). Darum konnte er Marias Ende überdauern und im Nachhinein darüber prophezeien.

Übrig bleibt noch die schwerwiegende Prophetin Anna. Das war eher der Name des Hohepriesters Hanan („Hannas"), und das Prozedere wurde in seinem Palast abgehalten.

„Hannas ben Seth (auch Annas, lat. Ananus, im Hebräischen Hanan oder Hanin) amtierte zwischen 6 und etwa 15 n. Chr., in den letzten Jahren der Regierungszeit des römischen Princeps Augustus." (81)

„Dem Johannesevangelium zufolge war Kajaphas der Schwiegersohn des Hannas (Joh. 18,13 EU), der nach Darstellung des Josephus selbst neun Jahre lang Hohepriester gewesen war und einer einflussreichen Priesterfamilie vorstand." (81)

Die Prophetin Anna gehörte Kreisen an, die „auf die Erlösung Jerusalems warteten". Auch sie war keine Jüdin, sondern Israelitin aus dem „Stamm Aser" im Norden. Diese eiserne Frau hatte „sieben Jahre mit ihrem Mann gelebt von ihrer Jungfrauschaft an; und sie war eine Witwe von 84 Jahren, die nicht von dem Tempel wich". Und weil sie vom Tempel nicht wich, musste sie erlebt haben, wie im Jahr 30 v. (oder 27 v.) Herodes mit römischen Truppen Jerusalem einnahm, wobei ihr Mann umkam. Das bedeutet, vor 31 (30 v. - 6 v. + 7) Jahren im Alter von 23 Jahren („ihrer Jungfrauschaft") heiratete sie ihn, der wahrscheinlich ein Priester aus Hanans Familie war. Und jetzt kam die 54 (84-30 Vatersalter) -jährige Anna zur Geburt ihres Enkels. Das heißt, ihr Sohn ist der 31 (54-23) -jährige Joseph Zimmermann gewesen, aber ihr Mann (Eli) fehlte aus verzeihlichen Gründen.

Anschließend, „als sie alles vollendet hatten nach dem Gesetz des Herrn",
„kehrten sie nach Galiläa zurück in ihre Stadt Nazareth", ganz ohne Hektik,
geschweige denn nachts in halsbrecherischer Flucht vor Herodes und nicht
nach Ägypten.

Erstgeborener

Nachdem Maria nach Hause zurückkehrte, vergingen der Legende nach 3 Monate, und anstatt sich über die Grenze nach Syrien in Sicherheit zu bringen, gingen Josef und Maria wieder nach Bethlehem, in die Höhle des Löwen, denn
Herodes' Residenz befand sich im nur 9 km entfernten Jerusalem.

Über Bethlehem führt der Weg nach Ägypten, dort war die Lage sicherer und
in Alexandria konnte die Familie in einer großen israelitischen Gemeinschaft
untertauchen, wie es auch Herodes Agrippa I., nachdem er „hohe Schulden an-
häufte", getan hatte, um sich dem Zugriff seiner Gläubiger zu entziehen. (84)
Dennoch kommen sie zurück nach Bethlehem, die gastfreundliche Elisabeth
war spurlos verschwunden, Bethlehems Raststätten waren hoffnungslos über-
füllt, und Maria gebiert ihren „Erstgeborenen" in einer Hütte.

„Und es geschah, als sie dort waren, wurden ihre Tage erfüllt, dass sie gebären sollte;
und sie gebar ihren erstgeborenen Sohn und wickelte ihn in Windeln und legte ihn in
eine Krippe, weil in der Herberge kein Raum für sie war. Und es waren Hirten in
derselben Gegend, die auf freiem Feld blieben und des Nachts Wache hielten über
ihre Herde." (Lk.)

Warum aber fanden Josef und Maria drei Monate später „sonst keinen Raum in
der Herberge" und mussten in der Pampa übernachten? War die Verwandte Elisabeth nicht mehr ansprechbar, oder versteckten sie sich aus konspirativen
Gründen in einer Krippe, wie Lenin in Schuschenskoje? Aber umherziehende
Hirten entdeckten sie.

„Und sie kamen eilend und fanden beide, Maria und Josef, dazu das Kind in der
Krippe liegen. Als sie es aber gesehen hatten, breiteten sie das Wort aus, das zu ihnen
von diesem Kinde gesagt war." (Lk.)

Nun hat Maria ihren „Erstgeborenen", gab es aber noch einen zweiten Sohn?
Warum wurde der erste nicht ordnungsgemäß Joseph zugeordnet, war dieser nie
sein leiblicher Vater, und ist daher erst Marias zweiter Sohn Josephs Erstgeborener?

Der Vorstellung des Schreibers entsprechend geschieht dies „in jenen Tagen,
dass eine Verordnung vom Kaiser Augustus ausging, den ganzen Erdkreis einzuschreiben. Die Einschreibung selbst geschah erst, als Kyrenius Statthalter von
Syrien war." Wieso aber im 6ten Jahr nach? - verstehen missglückte Theologen
noch weniger als die Paläontologen.

„Es geschah aber in jenen Tagen, dass eine Verordnung vom Kaiser Augustus aus-
ging, den ganzen Erdkreis einzuschreiben. Die Einschreibung selbst geschah erst, als
Kyrenius Statthalter von Syrien war. Und alle gingen hin, um sich einschreiben zu
lassen, jeder in seine eigene Stadt. Es ging aber auch Joseph von Galiläa aus der Stadt
Nazareth, hinauf nach Judäa in Davids Stadt, die Bethlehem heißt, weil er aus dem
Haus und Geschlecht Davids war, um sich einschreiben zu lassen mit Maria, seiner
verlobten Frau, die schwanger war." (Lk.)
„Von den Römern wurde er Quirinius genannt. Er war im Jahr 6 n. Chr. Statthalter
von Syrien und führte damals eine Einschreibung durch, auf welche wahrscheinlich
in Apostelgeschichte 5,37 verwiesen wird. Dies führte lange Zeit zu einer Schwierigkeit in Bezug auf die Einschreibung von Kyrenius um 7 v. Chr., dem Zeitraum, in
welchem der Herr geboren wurde. Es ist allerdings zu berücksichtigen, dass unter dem
Wort „Statthalter" nicht unbedingt ein Verwaltungsbeamter zu verstehen ist. Vielmehr
kann auch der Militärbefehlshaber von Syrien gemeint sein. Diese Funktion hatte Kyrenius nachweislich während des Krieges gegen die Hormonadenser (11-7 v. Chr.)
inne. Die Einschreibung zu dieser Zeit mag nur zur Erfassung der Bevölkerung und
ihres Vermögens gedient haben. In seiner 2 zweiten Amtszeit als Statthalter mit eher
administrativen Aufgaben handelte es sich dann wohl um eine Einschreibung für die
Besteuerung. Dies war immer ein Anlass zum Hass für die Juden und führte wahrscheinlich zu ihrem Aufstand."

Der erste Satz spricht von einer „Verordnung vom Kaiser Augustus", von wegen Registrierung der Eheschließungen, eine Art Volkszählung. Ob nur als
Druckmittel, oder als eine weitere Steuerschlinge gedacht: nicht Verheiratete
werden hoch besteuert und benachteiligt, und nicht offiziell registrierte Kinder
als Bastarde eingestuft. Verständlicherweise lehnt „Jesus" solch „bürgerliche",
dazu noch „katholische", Ehe strikt ab.

Im zweiten Satz setzt Kyrenius, der „Statthalter von Syrien", damals nur noch
ein Militärbefehlshaber, eine Frist, und aus dem Grund reist Joseph Zimmermann nach Jerusalem, „um sich einschreiben zu lassen mit Maria". Nun, das
geschieht 12 Jahre später, hier ist offensichtlich eine kleine Verwechslung zwischen dem 6. Jahr vor und dem 6. Jahr nach Chr. passiert. Deswegen war die
verwandte Elisabeth nicht mehr in Sicht und eine Hütte mit Hirten ist aus einer
anderen Oper.

„Vor gut 2000 Jahren hat der römische Kaiser Augustus versucht, die Moral seiner
Untertanen mit solchen Gesetzen zu verbessern. Bei der Ehe- und Sittengesetzgebung
handelt es sich um ein ganzes Gesetzespaket, mit dem Kaiser Augustus zwischen 23
und 9 n. Chr. den Versuch unternahm, die Moral vor allem der oberen Schichten zu
verbessern. Zum einen war dies die lex Iulia de adulteriis coercendis, ein Gesetz über
die staatliche Sanktionierung von Ehebruch, und zum anderen die lex Iulia de mari-
tandis ordinibus und die lex Papia Poppaea, eingebracht im Auftrag des Kaisers von
den Konsuln des Jahres 9 n. Chr., Papius und Poppaeus, Gesetze über den Heirats-

zwang in den einzelnen Ständen."

„Per Gesetz wurde den Römern nun eine Ehepflicht verordnet. So mussten Männer zwischen 25 und 60 Jahren und Frauen zwischen 20 und 50 Jahren den Nachweis erbringen, dass sie gerade eine offizielle Ehe führten. Konsequenterweise wurde per Gesetz die Scheidung praktisch unmöglich gemacht, Wiederverheiratung nach dem Tod des Ehepartners galt als Pflicht. Wer nicht verheiratet war oder wer keine Kinder aufweisen konnte, wurde schwerstens bestraft, zum Beispiel mit dem Entzug der Erlaubnis, ein Theater aufsuchen zu dürfen (was für einen Römer wirklich hart war) oder mit dem Verbot, testamentarische Erbschaften anzunehmen. Nichtverheiratete wurden bei der Vergabe öffentlicher Ämter bewusst benachteiligt. Im Gegenzug wurden diejenigen, die drei oder mehr Kinder hatten, bei der Stellenvergabe bevorzugt." (Prof. Dr. Sonnabend hielt zu diesem Thema im April 2007 im Rotary Club Stuttgart einen Vortrag. Das Statistische Landesamt Baden-Württemberg dankt für die freundliche Abdruckgenehmigung einer leicht gekürzten Fassung.)"

Solch drakonische Sanktionen kommen bekannt vor, wie die gegen die Corona-Impfgegner.

12 Jahre später

Verständlicherweise waren alle Raststätten wegen der angereisten Registrierungswilligen besetzt. Die Eltern haben auch den „Knaben Jesus" mitgebracht. Für die angeblichen Wissenschaftler ist das ein Beweis für den Geburtstag von „Jesus" am Pesach - Fest, nach der Logik, weil seine Jugendweihe/BAR MITZWA an Pesach gefeiert wird, müsste er an Pesach geboren sein. Mit 12 Jahren konnte „Jesus" höchstens BAT MITZWA für Mädchen feiern.

Um die Sache nicht zu spannend zu machen: hier im Text, in der Verordnung von Kaiser Augustus und ein Stück weiter bis zur „Jugendweihe" wird mittendrin und kurz Jesus Geburt und seine Beschneidung erwähnt. Die Erklärung dafür ist einfacher als einfach, der Absatz fängt an mit: „Es geschah aber in jenen Tagen, dass eine Verordnung vom Kaiser Augustus ausging." Und die Fortsetzung: „Und seine Eltern gingen alljährlich am Pesachfest nach Jerusalem. Und als er 12 Jahre alt war und sie [nach Jerusalem] hinaufgingen, nach der Gewohnheit des Festes." Also, nichts mit Geburt und nichts mit Beschneidung im besagten Jahr der Volkszählung. Und wenn die „Jugendweihe" am Pesach stattfand, dann ist noch eine weitere Parallele zwischen Jesua und Mose möglich, beide waren am 1. Tag im gleichen Monat NISaN geboren.

Dennoch wird Jesuas Geburtstag am julianischen 1.1. gefeiert. Verkehrt ist das nicht, der Einfachheit halber und aus praktischen Gründen wurde, anstatt sich jedes Mal mit dem 1. NISaN zu beschäftigen, der 1.1. (NISaN) des hebr. Kalenders auf den 1.1. des julianischen übertragen.

Ungewöhnlich, aber während der „Jugendweihe" vernachlässigten die Eltern ihre Aufsichtspflicht, und erst „nach drei Tagen, da fanden sie ihn im Tempel sitzen (…)." Diese Inszenierung war für Leichtgläubige gedacht, selbst der 12-jährige „Jesus" fragte misstrauisch seine Mutter: „Was ist es, dass ihr mich gesucht habt? Wusstet ihr nicht, dass ich in dem sein muss, was meines Vaters ist?" Hat er im Tempel einen zuverlässigen Kinderbetreuer gehabt?

„Und seine Eltern gingen alljährlich am Passahfest nach Jerusalem. Und als er 12 Jahre alt war und sie [nach Jerusalem] hinaufgingen, nach der Gewohnheit des Festes und die Tage vollendet hatten, blieb bei ihrer Rückkehr der Knabe Jesus in Jerusalem zurück; und seine Eltern wussten es nicht. Da sie aber meinten, er sei unter der Reisegesellschaft, kamen sie eine Tagereise weit und suchten ihn unter den Verwandten und Bekannten; und als sie ihn nicht fanden, kehrten sie nach Jerusalem zurück und suchten ihn. Und es geschah, nach drei Tagen fanden sie ihn im Tempel, wie er inmitten der Lehrer saß und ihnen zuhörte und sie befragte. Alle aber, die ihn hörten, gerieten außer sich über sein Verständnis und seine Antworten. Und als sie ihn sahen, erstaunten sie; und seine Mutter sprach zu ihm: Kind, warum hast du uns das getan? Siehe, dein Vater und ich haben dich mit Schmerzen gesucht. Und er sprach zu ihnen: Was ist es, dass ihr mich gesucht habt? Wusstet ihr nicht, dass ich in dem sein muss, was meines Vaters ist?" (Lk.)

In der Tat war das das erste (eigentlich das zweite) konspirative Treffen zwischen dem leiblichen Vater und seinem Sohn und wieder im Palast von Hohepriester Hanan, gleich nach dessen Amtsantritt im Jahr 6 n. (1 Adar B, 5 n.) Der Grund für das konspirative Treffen: der zukünftige „Sohn Gottes" wird begutachtet. Und der Rest erledigt sich von allein, in einem Schaltjahr 6 v. geboren, und 36 n., gleichfalls ein Schaltjahr, starb „Jesus" im Alter von 42.

Zweite Geburt von Jesus Christus (Mt.)

Die zweite Geburt verlief wohl nicht so glimpflich. Es „kamen Weise aus dem Morgenland nach Jerusalem und sprachen: Wo ist der neugeborene König der Juden?" Herodes „erschrak" und „ließ zusammenkommen alle Hohepriester und Schriftgelehrten des Volkes", um den Geburtsort zu lokalisieren.

„Als Jesus geboren war in Bethlehem in Judäa zur Zeit des Königs Herodes, siehe, da kamen Weise aus dem Morgenland nach Jerusalem und sprachen: Wo ist der neugeborene König der Juden? Wir haben seinen Stern gesehen im Morgenland und sind ge-kommen, ihn anzubeten. Als das der König Herodes hörte, erschrak er und mit ihm ganz Jerusalem, und er ließ zusammenkommen alle Hohenpriester und Schriftgelehrten des Volkes und erforschte von ihnen, wo der Christus geboren werden sollte. Und sie sagten ihm: In Bethlehem in Judäa; denn so steht geschrieben durch den Propheten (Micha 5,1): „Und du, Bethlehem im jüdischen Lande, bist keineswegs die kleinste unter den Städten in Juda; denn aus dir wird kommen der Fürst, der mein Volk Israel weiden soll." (Mt.)

Hier aufmerken, die Rede ist vom „neugeborenen König der Juden", dem „Christus", einem „Fürst, der mein Volk Israel weiden soll". Die Vorstellung von einem König der Juden, der das Volk Israel weiden soll, ist nämlich abwegig, und ein gemeinsamer König der Israeliten und der Judäer gehört in den Bereich des Unmöglichen.

Herodes rief „die Weisen heimlich zu sich und erkundete genau von ihnen, wann der Stern erschienen wäre, und schickte sie nach Bethlehem".

„Die Weisen folgten dem Stern, „den sie im Morgenland gesehen hatten, (der Stern) ging vor ihnen her, bis er über dem Ort stand, wo das Kindlein war. Als sie den Stern sahen, wurden sie hoch erfreut und gingen in das Haus und fanden das Kindlein mit Maria, seiner Mutter, und fielen nieder und beteten es an und taten ihre Schätze auf und schenkten ihm Gold, Weihrauch und Myrrhe".

Davon erfuhr Herodes nichts, weil „Gott befahl ihnen im Traum, nicht wieder zu Herodes zurückzukehren; und sie zogen auf einem andern Weg wieder in ihr Land."

Weiter folgt die berühmte Flucht nach Ägypten. Als sie (die Weisen) „aber hinweggezogen waren, siehe, da erschien der Engel des Herrn dem Josef im Traum und sprach: Steh auf, nimm das Kindlein und seine Mutter mit dir und flieh nach Ägypten und bleib dort, bis ich dir's sage; denn Herodes hat vor, das Kindlein zu suchen, um es umzubringen. Da stand er auf und nahm das Kindlein und seine Mutter mit sich bei Nacht und entwich nach Ägypten und blieb dort bis nach dem Tod des Herodes."

Die Familie kehrt erst aus Ägypten zurück, nachdem „der Engel des Herrn dem Josef im Traum in Ägypten (erschien) und sprach: Steh auf, nimm das Kindlein und seine Mutter mit dir und zieh hin in das Land Israel; sie sind gestorben, die dem Kindlein nach dem Leben getrachtet haben."

Herodes starb im Jahr 4 v., im Monat März, 2 Jahre nach Jesuas erster Geburt (6 v.). Warum wartete Herodes 2 Jahre lang, dann erst ließ er „alle Kinder in Bethlehem töten und in der ganzen Gegend, die zweijährig und darunter waren, nach der Zeit, die er von den Weisen genau erkundet hatte"?

„Herodes (als römischer Bürger Gaius Iulius Herodes, genannt Herodes der Große; um 73 v. Chr.; † im März 4 v. Chr. in Jericho) war römischer Klientelkönig in Judäa, Galiläa, Samaria und angrenzenden Gebieten. Bekannt ist Herodes vor allem durch den ihm im Evangelium nach Matthäus zugeschriebenen Kindermord in Betlehem." (81)

Knabenmord (Mt.)

Ob Herodes befahl, die Neugeborenen im Alter bis zu zwei Jahren zu töten, weil er nur bis zwei zählen konnte?

„Als Herodes nun sah, daß er von den Weisen betrogen war, wurde er sehr zornig und schickte aus und ließ alle Kinder in Bethlehem töten und in der ganzen Gegend, die zweijährig und darunter waren, nach der Zeit, die er von den Weisen genau erkundet hatte."

Oder entdeckte er noch einen Konkurrenten, der schon zwei Jahre alt war? Dieser befand sich in Gefahr, wie Josef von einem Engel mitten in der Nacht erfuhr. Erstaunlich die Vernetzung und schnelle Reaktionszeit der Nachrichtendienste beiderseits! Die Hirten „breiteten" die Nachricht über die Geburt des erwarteten „Sohn Davids" aus, und als erster erfuhr davon der, von dem Jerusalem erlöst werden sollte. Nach tradiert- koptischer Auffassung verschwand die Familie am 1. Juni.

Falls der Gedankensprung stimmig, dann war „Jesus Christus" der Nachfolger der hasmonäischen Familie, und im Jahr 4 v. war er gerade 2 Jahre alt. Der Knabenmord verweist auf noch eine Parallele zur Geburt Mose.

Auch eine römische, außerbiblische Quelle belegt den Knabenmord.

„Um 400 n. Chr. berichtet der römische Philosoph Ambrosius Theodosius Macrobius in seiner Schrift Saturnalia davon, dass Augustus, als er davon gehört hatte, dass Herodes, König der Juden, alle Knaben in Syrien unter dem Alter von zwei Jahren töten ließ und dabei auch sein eigener Sohn umgebracht worden sei, kundtat: „Bei Herodes ist es besser, sein Schwein zu sein als sein Sohn (…) Das Wortspiel des Augustus hebt auf die Ähnlichkeit der griechischen Worte für Schwein und Sohn (hyn - hyiós) ab." (85)

Nach unkritischen oder doch kritischen Wikipedia-Quellen wurden einmal 14.000 ermordete Knaben unter zwei Jahren, an anderer Stelle 144.000 angenommen und weiter „etwa sechs bis zwanzig erschlagene Kinder" aufgezählt:

„Während die griechische Liturgie 14.000 ermordete Knaben nennt und mittelalterliche Autoren bis zu 144.000 Opfer annahmen, sprachen spätere Theologen (Joseph Knabenbauer, August Bisping) aufgrund der anzunehmenden Größe des Ortes Betlehem zu biblischen Zeiten nur noch von etwa sechs bis zwanzig erschlagenen Kindern." (85)

Erstaunlich, so viele Knaben in einem Dorf, obwohl zu gleicher Zeit sogar in der Großstadt Jerusalem die Bevölkerungszahl zwischen 30 und 50 Tausend Einwohnern schwankte. Übersetzt in menschliche Zahlen waren es 140-144 Knaben.

Auffallend ist das aus Jeremia 31,15 eingesetzte Zitat über Rahel, „die ihre Kinder beweinte und wollte sich nicht trösten lassen, denn es war aus mit ihnen".

„Da wurde erfüllt, was gesagt ist durch den Propheten Jeremia, der da spricht: „In Rama hat man ein Geschrei gehört, viel Weinen und Wehklagen; Rahel beweinte ihre Kinder und wollte sich nicht trösten lassen, denn es war aus mit ihnen." (Mt.)

Alle Kinder Rahels waren stets Israeliten aus dem Stamm Joseph und Benjamin, insofern galt der Anschlag den Israeliten, und „es war aus mit ihnen" Der Knabenmord beschränkte sich scheinbar nicht nur auf Bethlehem, auch „In Rama hat man ein Geschrei gehört, viel Weinen und Wehklagen." Gerade in Rama, nach dem Tod des Propheten Samuel, wollte der „Gott Israels" „einen Priester erwecken" und „ihm ein Haus bauen, das beständig ist, und er wird vor meinem Gesalbten alle Tage einhergehen."

Die selbsternannte Wissenschaft findet „nur einen außerbiblischen" Beweis über Herodes' Kindermord, der besagt, „dass unter den bis zu zweijährigen Knaben, die Herodes, König der Juden, in Syrien töten ließ, auch sein eigener Sohn war". Wie viele zweijährige Knaben Herodes töten ließ, geht nicht daraus hervor, weil die Zahl zu gering war, um das zu erwähnen. Es sei denn, die kabbalistische Zahl 140 (70+70) vergrößerte sich mit der Zeit auf 144 (12X12) und ist dann auf 144.000 angestiegen. Aber allein die Vorstellung, dass sich sein eigener Sohn unter den Knaben befand, wird nicht geduldet. Zwar ließ Herodes zwei seiner Söhne (Antipatros und Aristobulos) hinrichten, „aber keinen davon als Säugling":

„Es gibt nur einen außerbiblischen – aber nicht zwingend unabhängigen – und zudem sehr späten Beleg für den Kindermord des Herodes, und zwar bei Ambrosius Theodosius Macrobius in seiner Schrift Saturnalia (Saturnalien), geschrieben um 420 nach Christus. Dort zählt der Autor etliche Bonmots des Kaisers Augustus auf, darunter folgendes: „Cum audisset inter pueros, quos in Syria Herodes rex Iudaeorum intra bimatum iussit interfici, filium quoque eius occisum, ait: melium est Herodis porcum esse quam filium.". Als er [Augustus] hörte, dass unter den bis zu zweijährigen Knaben, die Herodes, König der Juden, in Syrien töten ließ, auch sein eigener Sohn war, sagte er: Bei Herodes ist es besser, sein Schwein zu sein als sein Sohn." – Macrobius, Saturnalia 2,4,11 Es wurde überlegt, ob diese Nachricht eine unabhängige Bestätigung für den Kindermord des Herodes sein könnte. Theo Mayer-Maly bejaht dies, da Macrobius Heide gewesen sei und daher seine Kenntnis kaum aus dem Matthäusevangelium habe. Dagegen gehen die Althistoriker Walter Otto und Hermann Bengtson davon aus, dass Macrobius sein Wissen vom bethlehemischen Kindermord aus der christlichen Tradition übernommen hat. Für den geringen Quellenwert der Macrobius-Notiz spricht, dass Macrobius hier offensichtlich zwei verschiedene Überlieferungen gekoppelt bzw. vermischt hat: Denn Herodes ließ zwar laut Flavius Josephus (Antiquitates Iudaicae 16,4,1–5) zwei seiner Söhne (Antipatros und Aristobulos) hinrichten, aber keinen davon als Säugling oder in Kontext mit einem Kindermord in Bethlehem, wie Macrobius hier nahelegt." (603)

Dabei im Visier waren sogar 2 andere „Söhne" Herodes', „Jesus" und „Christus", weil und wenn ihre Mutter Herodes' Tochter war. Denn erstaunlich ist das nicht, dass am Ende ein weiterer Sohn von Herodes, Antipas Herodes,

„freute sich sehr", als er seinen Bruder „Jesus" sah und das bestimmt nicht nur, weil „er vieles über ihn gehört hatte".

„Als aber Herodes Jesus sah, freute er sich sehr; denn er wünschte schon seit langer Zeit, ihn zu sehen, weil er vieles über ihn gehört hatte, und er hoffte, irgendein Zeichen durch ihn geschehen zu sehen."

Jesuschristus

Bei Matthäus beginnt die Erzählung mit „Jesus", dem „erstgeborenen Sohn", und anschließend ist übergangslos von „Christus" die Rede.

„Dies alles geschah aber, damit erfüllt würde, was von dem Herrn geredet ist durch den Propheten, der spricht: „Siehe, die Jungfrau wird schwanger sein und einen Sohn gebären, und sie werden seinen Namen Emmanuel nennen", was übersetzt ist: Gott mit uns. Joseph aber, vom Schlaf erwacht, tat, wie ihm der Engel des Herrn befohlen hatte, und nahm seine Frau zu sich; und er erkannte sie nicht, bis sie ihren erstgeborenen Sohn geboren hatte; und er nannte seinen Namen Jesus." (Mt.)

„Als aber der König Herodes es hörte, wurde er bestürzt und ganz Jerusalem mit ihm; und er versammelte alle Hohenpriester und Schriftgelehrten des Volkes und erkundigte sich bei ihnen, wo der Christus geboren werden solle. Sie aber sagten ihm: In Bethlehem in Judäa;" (Mt.)

So wie aus „Jesus" und „Christus" ein „Jesus Christus" gemacht wurde, mußte auch zwangsläufig aus 2 Biographien eine Geschichte gemacht werden.

Bei Matthäus ist im ersten Teil von „Jesus" die Rede, einem „erstgeborenen Sohn", der von einer „Jungfrau" erwartet wird. Und es versteht sich von selbst, dass der 2. Sohn nicht in die Verlegenheit kommt, von einer Jungfrau geboren zu sein. Dieser „Jesus", unmissverständlich geschrieben, wird das „Volk Israel weiden", aber nicht die „Judäer".

„Und du, Bethlehem, Land Juda, bist keineswegs die Geringste unter den Fürsten Judas; denn aus dir wird ein Führer hervorkommen, der mein Volk Israel weiden wird." (Mt.)

Der einzige, dafür aber eindeutige Hinweis für seine Geburt ist die „Erscheinung des Sternes". Die wissenschaftlich-theologische Perversion über die „Erscheinung des Sternes" kennt keine Grenzen, zum Beispiel: „Denken wir an den Stern von Bethlehem, haben wir einen Kometen mit einem langen Schweif vor Augen. Möglicherweise war es aber kein Komet, sondern eine besondere Konstellation von Jupiter und Saturn, die den Weisen aus dem Morgenland den Weg gewiesen hat." (605)

Und das alles wird über ein ganz gewöhnliches Schaltjahr 4 v. ausgeführt. Kurz danach starb Herodes, bei wissenschaftlicherm Klientel geschah das „im März 4 v. Chr."

Jetzt aber zusammenzählen, 6 v. - 2 Jahre = 4 v. Geboren 4 v. Chr., starb

„Christus" nach 40 (4 v.+36) Jahren im Alter von 40 Jahren.

Dritte Geburt von Jesus Christus (Lk.)

Die skrupulöse Wissenschaft findet in der Bibel einen krassen Widerspruch: nach Apostel Matthäus wurde „Jesus Christus" zur Zeit Herodes des Großen geboren, aber bei Apostel Lukas „zu der Zeit, daß ein Gebot von dem Kaiser Augustus ausging, daß alle Welt geschätzt würde."
Herodes starb im Jahr 4 v., und die erste bekannte von Quirinius durchgeführte Volkszählung in Syrien war im Jahre 6 n. (86) Daraus schließen die Religionsforscher, dass „die Angabe einer Volkszählung im Lukas-Evangelium ein literarisches Mittel sei, das erklären sollte, warum es zur Geburt Jesu in Bethlehem kam: Auch diese sei gemäß dieser Betrachtungsweise nicht als historische Angabe zu werten, sondern als Ausdrucksmittel der Messianität Jesu."

Die zwei namentlich genannten Größen, „Gerd Theissen" und „Annette Merz", vermuten, „daß Lukas nicht zueinander passende chronologische Angaben versehentlich falsch harmonisiert hat." Andere wiederum machen den berühmten Spagat und meinen, die Volkszählung hatte 14 Jahre gedauert.

„Dieser erste von Quirinius in Syrien durchgeführte Zensus könnte sich über mehrere Jahre hingezogen haben, vielleicht von 7 v. Chr. bis 7 n. Chr." (86)
War Apostel Lukas nicht ganz sachkundig oder erlaubte er sich eine kleine Verwechselung und packte zwei verschiedene Erzählungen in eine zusammen? Oder wurde im Jahr 6 n. doch noch ein Heiland geboren?

Zwei Ahnenbäume

Bei Apostel Matthäus ist die Ahnentafel von „Jesus, der da heißt Christus" mit 42 „Gliedern" ab Abraham erhältlich. Die Ahnenreihe wurde beliebig in 3 Teile zu je 14 Vorvätern aufgegliedert.

„Alle Glieder von Abraham bis zu David sind vierzehn Glieder. Von David bis zur babylonischen Gefangenschaft sind vierzehn Glieder. Von der babylonischen Gefangenschaft bis zu Christus sind vierzehn Glieder." (Mt.)

Abraham-Isaak-Jakob-Juda-Perez-Hezron-Ram-	
-Amminadab-Nachschon-Salmon-Boas-Obed-Isai-König David-	14
-Salomo-Rehabeam-Abija-Asa-Joschafat-Joram-	
-Usija-Jotam-Ahas-Hiskia-Manasse-Amon-Josia-Jojachin-	14
-Schealtiël-Serubbabel-Abihud-Eljakim-Asor-	
-Zadok-Achim-Eliud-Eleasar-Mattan-Jakob-Josef-Jesus	<u>14</u>
	42

Die Ahnentafel passt zu keiner Datierung, darüber schweigen die Fische. Sollten die Angaben stimmen, lebte Abraham 1260 (30 Generationsalter x 3 x 14 Generationen) Jahre vor Chr.

Im Vorfeld berechnete Daten sagen Folgendes: bei einem Zeugungsalter von 30 Jahren vergehen zwischen der Geburt Abrahams (2108 v.) und der Geburt Jesus (2109-6 v.):30=70 Generationen und nicht 42 (14x3).

Was besagt die Aufteilung in drei Gruppen mit je 14 Gliedern? Nicht mehr, als dass diese Liste halt so aufgeteilt wurde und jemand wie Esra sein eigenes Werk einfach schick fand. Vergessen dabei wurden leider 14 Generationen in Ägypten (430:30), was sich nicht allein durch Unwissenheit erklärt, es sei denn, die Ahnenliste wurde aus anderem Grund und für einen bestimmten Zweck erstellt. Und nicht genug, in der Version von Apostel Lukas wird Jesus für einen Sohn Josefs (nur) „gehalten", und bei ihm konnten im „Jesu Stammbaum" weitere 20 geheime Vorväter entdeckt werden, also wesentlich mehr als bei Apostel Matthäus.

Jesus-Josef-Eli-Mattat-Levi-Melchi-	
-Jannai-Jose-Mattitja-Amos-Nahum-Hesli-Naggai-Mahat	14
-Mattitjas-Schimi-Josech-Joda-Johanan-Resa-	
-Serubbabel-Schealtïl-Neri-Melchi-Addi-Kosam-Elmadam-Ers-	14
-Joschua-Elïser-Jorim-Mattat-Levi-Simeon-	
-Juda-Josef-Mattat-Levi-Simeon-Juda-Josef-Jonam-	14
-Eljakim-Melea-Menna-Mattat-Nathan-David-	
-Isai-Obed-Boas-Salma-Nachschon-Amminadab-Admin-Arni-	14
-Hezron-Perez-Juda-Jakob-Isaak-Abraham-	6
-Terach-Nahor-Serug-Regu-Peleg-Eber-Schelach	
-Kenan-Arpachschad-Sem-Noah-Lamech-Metuschelach-Henoch-	14
-Jered-Mahalalel-Kenan-Enosch-Set-Adams, der Sohn war Gottes	6
	82

Diesmal übersteigt, dank doppelter Ausführung mancher Namen, die Zahl der Geschlechter sogar 70 Generationen:

    -Mattat-Levi-Simeon-Juda-Josef-Mattat-Levi-Simeon-Juda-Josef

Und noch einmal:

    -Jesus-Josef-Eli-Mattat-Levi

und wieder:

    -Mattat-Levi zum dritten Mal.

Jemand pfuschte hier eindeutig oder wollte damit unbedingt etwas sagen. Zu den 3 Geburten erhielt Jesus noch zusätzlich zwei verschiedene Biographien. Wenn bei Apostel Lukas die Opas von Jesus „Eli und Mattat" (Jesus-Josef-Eli-Mattat) sind, so kann Apostel Matthäus mit „Jakob und Mattan" (Mattan-Jakob-Josef-Jesus) aufwarten. Dieser Überschuss an Opas erschwert die Entscheidung, welche die richtigen sind.

Beide Apostel haben sich vertan, einig aber sind sie in einer Sache, beide haben in ihrer Statistik die Generationen in Ägypten vergessen. Zur Orientierung: Jesua ist 2103 (2109-6) Jahre nach Abraham geboren und das sind 552 (558-6) Jahre nach der Rückkehr aus dem babylonischen Exil.

Astronomie

Stern

Den Tag der Geburt genau herauszufinden, scheint schier unmöglich. Eine hebräische Datierung fehlt und eine Berechnung des Tages ist aufgrund der Abweichung vom Schaltjahr aussichtslos, aber zum Glück wurde ein Stern erwähnt. Wie war es mit dem Stern, den die Hirten „im Morgenland gesehen hatten, ging vor ihnen her, bis er über dem Ort stand, wo das Kindlein war."? Sie sahen in Anatolien den Stern im „Morgenland" und liefen ihm die ganze Strecke hinterher. Das soll ihnen einer nachmachen. Damit ist die Grenze des Unmöglichen noch nicht erreicht, sie waren „Magier", die „laut späteren Überlieferungen aus verschiedenen Kontinenten kamen, aus Europa, Asien und Afrika." (87)

Nicht viel Besseres bietet die Wissenschaft über den Stern von Bethlehem an, eine Fülle von Meinungen. Das könnten sein:

- der Halleysche Komet im Jahr 12 v.
- Sternenkonstellation von Saturn und Jupiter im Jahr 7 v. oder von Saturn und Venus im Jahr 2 v.

Besonders fantasievoll schlägt Johannes Kepler eine Supernova (ohne Datierung) vor. (88)

In deutschsprachiger Interpretation sind das:
- Halleysche Komet (12–11 v. Chr.)
- eine große Konjunktion im Sternbild Fisch (7 v. Chr.)
- eine komplexe Konstellation von Sonne, Jupiter, Venus und Mond im Sternbild Widder (6 v. Chr.)
- ein unbekannter, anderer Komet, oder eine Nova (5 oder 4 v. Chr.)
- oder zwei verschiedene Konjunktionen von Venus und Jupiter (3–2 v. Chr.) (89)

Welche Theorie ist richtig? Einmal raten, oder besser doch Lotto spielen. Ansonsten kann bei diesem großen Überangebot an Theorien nur eine „komplexe Konstellation von Sonne, Jupiter, Venus und Mond im Sternbild Widder (6 v. Chr.)" von Interesse sein.

Den Hirten sind diese galaktischen Phänomene scheinbar entgangen, eher ging es um triviale Sachen, wie die Führung eines Mondkalenders. Der Neumond am Anfang des Monats hieß MOLaD. An jenem Monatsende warteten die Hohenpriester das Zeichen von MOLaD ab, und sobald der MOLaD kam, war es der erste Tag des nächsten Monats. Falls keiner den MOLaD sah, wurde ein Tag zu dem ausgehenden Monat addiert (29+1) und der Monat mit 30 Tagen wurde ein „voller" Monat genannt. (89)

Zur Festlegung reichte der Neumond allein nicht aus, erforderlich waren noch die Konstellationen der Sterne und die Lage von Sonne und Mond.

„Der jüdische Kalender rechnet den Tag vom Abend zum Abend („und es war Abend und es war Morgen, ein Tag", Gen. 1,5). Der Tag endete im früheren jüdischen Kalender, wenn mindestens drei „mittlere" Sterne sichtbar wurden, die zu einem Himmels-dreieck verbunden werden konnten, wobei sich die Bezeichnung „mittlere" auf Sterne erster und zweiter Größe bezieht." (90)

Die mit der Zeit entstandenen Differenzen wurden mit einem Schaltjahr korrigiert. Eine Korrektur wurde nach der Entscheidung von Beit Din vorgenommen und ein dreizehnter Monat ADaR B dazu gesetzt, so dass das Jahr aus 13 Monaten bestand. Ein verlängertes Schaltjahr könnte, unter Vorbehalt, in den Jahren 7 v., 5 n. und 35 n. gewesen sein. Dem folgend hätten die Hirten in der Nacht des 29. Monats ADaR zu 1. NISaN keinen Johannes Kepler im Himmel beobachtet, sondern den Stern MOLaD. An einem von diesen Tagen könnte Jesuas Geburtstag gewesen sein, und jetzt bleibt nur das Einfachste zu entscheiden: welcher Wochentag war es?

Mamser

Über Jesuas Geburtsumstände waren die Juden auch nicht ganz ahnungslos, nach dem Talmud soll der Vater Jesuas der römische Soldat Panthera gewesen sein. Das könnte als Lob aufgefasst werden, wäre es nicht eine Verleumdung. War Jesua, halachistischer Auslegung nach, deswegen kein „Jude"? Aber über Prophet Samuel und andere „Bastarde" kräht kein Rabbiner.

Der Talmud berichtet über verschiedene „Jesu", die mit Jesua nichts zu tun haben, das stellten die Rabbiner im 12., 13., 17. und 18. Jahrhundert fest und das bestätigten die Bibelforscher. (91)

Der abgekürzte Name „Jesu", erst später erfunden, hat einen diskriminierenden Unterton. „Jesu" wird als „Jimah SHmo Ve-secher" (JeShU) aufgeschlüsselt,

129

was nichts Gutes bedeutet. Dennoch könnte eine Stelle authentisch sein. Nach dem Babylonischen Talmud wurde Jesua wegen „Hexerei", und weil er „Israel gehetzt und abgestoßen" vom Glauben, von Sanhedrin gerichtet und hingerichtet. Auch aus talmudischer Sicht sind die „Juden" und „Israel" zwei verschiedene Komponenten. Außerdem soll Jesua nicht mehr als fünf Jünger gehabt haben, was der katholischen Kirche gar nicht passte, die diese Stelle zensierte. (92)

Christlicherseits diente zur Bestätigung von Jesuas Geburt sogar die Ikone mit dem Sujet „Einführung der Gottesmutter in den Tempel", die im Nachhinein entworfen wurde. In seinem Buch „Ikonen" schrieb dazu Bernhard Bomheim:

„Die Quelle des Themas ist wiederum das Protoevangelium des Jakobus. Um ca. 150 nach Chr. verfaßt, beschäftigt es sich mit der Geschichte der Gottesmutter bis zu Geburt Christi nicht zuletzt in der Absicht, jüdische Angriffe abzuwehren, die in Jesus ein uneheliches Kind sehen wollen, welches Maria mit einem Soldaten namens Panthera gezeugt habe."

Als steten Beweis der ordnungsgemäßen Geburt Jesuas wurde die Ikone eingeführt und kanonisiert. Die Christen hatten schwer um die „unbefleckte Geburt" zu kämpfen und Anschuldigungen wegen einer unehelichen Geburt abzuwehren. Nur wird damit nicht gesagt, welches Kompromat (kompromittierendes Material) die Talmud-Juden gegen Jesua angesammelt hatten. Für Hebräer, wie vorher erklärt, war die Vorstellung von „unehelichen Bastarden" ein Unfug, sogar das Wort für „Bastard" fehlte.

Die Bezeichnung „Mamser" für „Bastard" entstand in der rabbinischen Literatur und bezog sich unter anderem auf Karäer, die damals 40 % der „Juden" ausmachten. Die Karäer erkannten das AT, aber nicht den Talmud an, insofern waren sie eindeutig Israeliten und keine Juden. (93)

Gerade die Rabbiner in Europa stellten aus Sorge um die armen „Bastarde" die Weichen auf die Mutter um, mit einer Ausnahme, für Jesua. War er Auslöser für diese Umstellung oder sorgten sie sich, ungeachtet seiner Person, um ihre eigenen Mamseren?

Kurz, Jesua, Lenin und Stalin haben umsonst gelehrt, im konkreten historischen Rahmen zu urteilen, denn nach damaligen Normen war es keine „uneheliche Geburt", weil Maria in einem ordentlichen Eheverhältnis mit Josef stand. Und wenn das nicht ausreicht und nicht stimmt, warum eigentlich wurde der Prophet Samuel nicht unter den „Bastarden" aufgeführt?

Großer Samstag
Jeder hat zu Jesuas Alter eine andere Zahl, aber keine, auch die verbreitete Vorstellung von 33 Jahren, wurde richtig belegt.

„Daher stimmen Forscher allgemein überein, dass Jesus zwischen 30 und 36 n. Chr. gekreuzigt wurde." (606)

Zum Alter gibt die Bibel den spärlichen Hinweis: „Und Jesus war, als er auftrat, etwa dreißig Jahre alt und wurde gehalten für einen Sohn Josefs, der war ein Sohn Elis (…)." (Lk)

Auch ist bekannt, dass er vor einem „Großen Samstag" starb. Der „Große Samstag" ist ein Tag, an dem Samstag und erster Pesach Tag zusammenfallen. Ob der erste Pesach -Tag am 15. NISaN ein Freitag, ein Samstag oder sogar ein Sonntag war, können Rabbiner und Priester bis heute nicht beschließen, Gott verzeihe ihnen. Manche schreiben, einen Tag vor Pesach „es wird geopfert", andere schreiben, es wird gefastet:

„Das Fasten der Erstgeborenen ist die Verpflichtung eines jeden jüdischen Erstgeborenen (hebr. bechor), am Tag vor Pessach, dem Fest des Auszugs aus Ägypten, zu fasten." (94)

Am Tag vor Pesach, „Rüsttag" genannt, „wird der Festtag vorbereitet oder „zugerüstet". Diesen Begriff hat Martin Luther eingeführt:

„Luther suchte einen passenden Ausdruck für das griechische παρασκευή,(paraskeue, wörtlich für „Zurüstung"), mit dem im griechischen Neuen Testament die Vorbereitung eines jüdischen Festtags am Vortag gemeint ist." (95)

Rüsttag im Sinne von „zurüsten" kann nicht ganz falsch sein, in solcher Nacht kam nämlich die zehnte Plage und tötete die Erstgeburten Ägyptens. Und noch etwas Spezielles, am Rüsttag fand im Tempel ein Schichtwechsel in Anwesenheit der Obrigkeiten, der Hohepriester und von Herodes statt. Ausgerechnet an diesem Tag spitzt sich die Handlung zu.

„Am Rüsttag war auch der Wechsel der so genannten Wöchner im Tempel, denn der Tempeldienst der Priester betrug eine Woche. Alle diensthabenden Priester versammelten sich hier, die abgehenden um alles zu reinigen und zu ordnen, die neu antretenden, um die Schaubrote zu backen."

Bei Wikipedisten fand das Letzte Abendmahl am Rüsttag statt, und Jesua starb einmal am 15. NISaN, einmal am 14. NISaN, jeder kann sich frei entscheiden, welches Mahl besser mundete.

„Auch der Todestag Jesu von Nazaret steht in unmittelbarem Zusammenhang mit dem Pessachfest, wobei unklar ist, ob es sich dabei um den 14. Nisan (den sogenannten Rüsttag) oder den 15. Nisan (das Pessachfest selbst) handelte." (90)

„Nach den synoptischen Evangelien fand das letzte Abendmahl an einem Sederabend statt (M 14,12E) und Jesus starb an einem 15. Nisan. Nach dem Johannesevangelium fand das letzte Abendmahl vor dem Sederabend statt (Jo 13,1E), und der Todestag Jesu war sowohl der Rüsttag zu einem Sabbat (Jo 19,31E) als auch der Rüsttag zu Pessach und damit der 14. Nisan (Jo 18,28E, Jo 19,14E)." (95)

In der ersten Quelle des AT „ist Passah dem HERRN" (Rüsttag) am Vorabend des 14. NISaN, und dann, ab 15. NISaN, folgt „eine Nacht des Wachens" und weiter sieben Tage des ungesäuerten Brots.

„Im ersten Monat, am Vierzehnten des Monats, zwischen den zwei Abenden, ist Passah dem HERRN. Am fünfzehnten Tag dieses Monats ist das Fest der ungesäuerten Brote dem HERRN; sieben Tage sollt ihr ungesäuertes Brot essen. Am ersten Tag soll für euch eine heilige Versammlung sein, keinerlei Dienstarbeit dürft ihr tun. Und ihr sollt dem HERRN sieben Tage [lang] ein Feueropfer darbringen. Am siebten Tag ist eine heilige Versammlung, keinerlei Dienstarbeit dürft ihr tun."

Aber die Frage zu klären, auf welchen Wochentag der 15. NISaN fiel, ist schier unmöglich, allein schon deshalb, weil in jener Zeit drei kalendarische Berechnungen, pharisäische, zadokäische, auch der Mond-Sonne-Kalender aus Qumran, im Umlauf waren.

Dennoch fiel der Erste Pesach -Tag auf Samstag, den 15. NISaN, und das ist einfacher als gedacht: der Erste Pesach an einem Sonntag ist ausgeschlossen, weil dann Maria Magdala wegen des Feiertags nicht mit ihrer Truppe zu Jesuas Grab gekommen wäre.

Folgende Regelung kann aber nützlich sein: damit keine zwei Feiertage aufeinander folgen, wird dazwischen ein Päuschen eingelegt. Und der erste Tag von Pesach fängt niemals am Zweiten, Vierten und Sechsten Wochentag an. (96) Somit kann der Erste Tag von Pesach (15. NISaN, Samstag) nicht der Sechste Tag (14. NISaN, Freitag) sein. (97)

Wenn ein 15. NISaN auf den Samstag (7. Tag) fällt und der Rüsttag nicht am „Tag vor dem Sabbat" gefeiert wurde, verschob das eingelegte Päuschen den Rüsttag auf den 12. NISaN (4. Tag). (98)

Nach der Berechnung von „Shimushon GmbH" soll der erste Pesach Tag zugleich ein Samstag (15. NISaN) sein, das wäre der 29. März 36. Unbekannt ist, mit welcher Akrobatik diese Berechnungen angestellt wurden, aber sie genügen, um sich zu orientieren. (99)

Dass Jesua schon mit 33 Jahren im Jahr 27 (33-6) starb, kann nicht sein, da ein Großer Samstag am 15. NISaN im Jahr 33 absolut ausgeschlossen ist, zudem bleibt ein weiterer Hinweis über Jesuas Alter erklärungsbedürftig: „Da sprachen die Juden zu ihm: Du bist noch nicht fünfzig Jahre alt und hast Abraham gesehen?" Darum muss Jesua im vierten Lebensjahrzehnt gewesen sein, was vorstellbar, wenn er im Jahr 36 im Alter von 42 (6v.+36) gestorben wäre. Dafür spricht manches.

In diesem Jahr, am entscheidenden Tag, wurde der Hohepriester Kaipha abgesetzt und an seine Stelle Hannas, der neue Hohepriester, gerückt. Pilatus und der Hohepriester Kaipha, Hauptfiguren im Gerichtsprozess, feierten im Jahr 36 ihren letzten Großen Samstag gemeinsam. Der Statthalter Pilatus regierte in

Judäa nämlich bis zum „Jahr 36 n. Chr. oder Anfang 37 n. Chr.", und auch der Hohepriester Kaipha beendete seinen Dienst „etwa" „37. Jahr n. Chr." Also, Kaipha ist noch vorhanden und übergab gerade sein Amt an seinen frischen Nachfolger, seinem Schwager Hannas (Jonatan Ben Hanan). Deshalb eben wurde Jesua nach der Verhaftung zuerst in den Palast von Hannas und erst danach zum Hohepriester Kaipha gebracht. (100) Daher die leise Mutmaßung, dass Jesua in diesem Krisenjahr 36, im Monat NISaN/März, im Alter von 42 (36+6) Jahren starb.

Die großen historischen Abstände machen Abweichungen von ein paar Jahren verzeihlich. Selbst Papst Benedikt XVI. bemerkte, auch wenn historische Forschung nicht zu seinen Kompetenzen gehört, das Fehlen einiger Jahre zwischen dem offiziellen und dem realen Geburtsdatum von Jesus Christus, und schlug noch eine falsche Datierung vor.

Drei Tage

Obiges zeigt, womit große Geister ihr Leben verbringen. Aber nun zurück zur Sache: mit den wenigen erhaltenen Datierungen können die letzten 3 Tage eingeordnet werden.

*Am 1. NISaN hat Jesua seinen 42. Geburtstag gefeiert.

*Am 12. NISaN, 16:00 Uhr, wurde das Letzte Abendmahl abgehalten, das muss 2 Tage vor Pesach gewesen sein:

> „Und es geschah, als Jesus alle diese Reden vollendet hatte, sprach er zu seinen Jüngern: Ihr wisst, dass nach zwei Tagen das Passah ist, und der Sohn des Menschen wird überliefert, um gekreuzigt zu werden." (Mt.)

*In folgender Nacht, 13. NISaN, wurde Jesua verhaftet und nach dem Gerichtsverfahren um 18:00 Uhr gekreuzigt.

*Der Rüsttag am 14. NISaN fängt nach 18:00 Uhr an und um 21:00 Uhr starb Jesua. Weil „die Leichname nicht am Kreuz bleiben sollten den Sabbat über", baten die Juden Pontius Pilatus, „daß ihnen die Beine gebrochen und sie abgenommen würden". Am gleichen „Abend", und „weil Rüsttag war, das ist der Tag vor dem Sabbat", wagte es Josef von Arimathäa „und ging hinein zu Pilatus bat um den Leichnam Jesu".

*Morgens, es ist immer noch der 14. NISaN, kaufte Josef von Arimathäa ein Leinentuch und „legte ihn in ein Grab" am Abend, als „der Sabbat brach an". Das war schon der 15. NISaN/Großer Samstag.

> „Am nächsten Tag, der auf den Rüsttag folgt", der Große Samstag, baten die Hohepriester und die Pharisäer Pilatus, „daß man das Grab bewache bis zum dritten Tag, damit nicht seine Jünger kommen und ihn stehlen".

*Am „ersten Tag der Woche" kam Maria Magdala zum leeren Grab.

Ablauf der Ereignisse in kurzer Fassung:

7.Tag	1.NISaN	15.3.36/Sa.	Geburtstag
4.Tag	12.NISaN	26.3.36/Mi.	Letztes Abendmahl 16:00
5.Tag	13.NISaN	27.3.36/Do.	Verhaftung, Vernehmung bis 5:00
			Sanhedrin 9:00, Prätorium 15:00, Kreuzigung 18:00
6.Tag	14.NISaN	28.3.36/Fr.	Rüsttag. Tod um 21:00, Bestattung
7.Tag	15.NISaN	29.3.36/Sa.	Großer Samstag/ Pesach
1.Tag	16.NISaN	30.3.36/So.	Auferstehung

Drei Auferstehungstage sind vorhanden, er starb am 14. NISaN, am 16. NISaN war er schon wieder auf, wie gesagt: „Der Menschensohn muß überantwortet werden in die Hände der Sünder und gekreuzigt werden und am dritten Tage auferstehen."

Eine gründlichere Berechnung von Jesuas Alter wäre umständlich, weil sich die Jahre überschneiden. Das hebräische Jahr beginnt im Monat NISaN/ März, der halachistische Kalender im Monat TISHRI/ September und der julianische im Januar. Aber unnötige Mühe, Jesua ist im Jahr 6 v. geboren, starb im Jahr 36 n. am 14. NISaN (Mittwoch, 27 März) und ist am 16. NISaN (Sonntag, 30. März) wiederauferstanden. Das sind volle 41 Jahre. Und noch eine Nuance, ein Jahr vor der Kreuzigung, das Jahr 35, war ein Schaltjahr.

Großer Samstag am 14. NISaN oder am 15. NISaN?

Wie löst ein Rabbiner dieses Problem, ohne mit der Wimper zu zucken? Ob der Große Samstag am 14. NISaN oder am 15. NISaN war, lässt sich durch Angaben im AT überprüfen. In der Regel startete Mose seine Operationen Anfang des Monats Abib (1. NISaN), jedoch begann der Auszug aus Ägypten mit 2-wöchiger Verzögerung, warum? Offensichtlich schlug Mose nicht 2 Wochen lang die Zeit tot, und die verdeckte Operation wurde gleich am 2. NISaN (So.) in die Wege geleitet. Das Waffenarsenal musste am geheimen Ort verbuddelt, die Kämpfer in unmittelbarer Nähe des Geschehens konzentriert sein. Solche Aktivitäten waren im Sinai aber nicht möglich, da lange Transportwege, sowie tagelange Truppenbewegungen und die notwendige Versorgung das Risiko erhöhten, entdeckt zu werden.

Am 14. NISaN abends, „zwischen den zwei Abenden", sollte ein Lamm geschlachtet. „in derselben Nacht", schon am 15. NISaN, aufgegessen werden, aber: „So aber sollt ihr es essen: eure Lenden gegürtet, eure Schuhe an euren Füßen und euren Stab in eurer Hand; und ihr sollt es essen in Eile." Das Blut des geschlachteten Lammes sollte an „die beiden Türpfosten und die

Oberschwelle" gestrichen werden, damit der HERR am Haus vorübergeht „und wird dem Verderber nicht erlauben, in eure Häuser zu kommen, [euch] zu schlagen".

Für den Kenner Leonhard Rost war das Bestreichen der Türen nur ein Aberglauben, ein „nomadischer Schutzritus, um Wüstendämonen aus der Behausung fernzuhalten", und nicht mehr als das.

„Leonhard Rost erklärte die Tierschlachtung zum Bestreichen der Türen (Ex 12,21–23) als nomadischen Schutzritus, um Wüstendämonen aus der Behausung fernzuhalten. Ähnliche, nur bei besonderen Anlässen geübte Familienriten sind bei nicht sesshaften Araberstämmen bekannt (ragah- und dabiha-Opfer)." (101)

Das Lamm, „am Feuer gebraten", sollte in der Nacht vom 15. NISaN vollständig und nicht „roh" aufgegessen werden, damit keiner unterwegs Durchfall bekommt.

Verordnet wurden eine Sperrstunde und eine Nachrichtensperre, „von euch darf bis zum Morgen keiner zur Tür seines Hauses hinausgehen".

Schon am 14. NISaN rückten die Truppen vor und schlugen in der Nacht zum 15. NISaN (Sa.) zu.

„Und es geschah um Mitternacht, da erschlug der HERR alle Erstgeburt im Land Ägypten vom Erstgeborenen des Pharao, der auf seinem Thron saß, bis zum Erstgeborenen des Gefangenen im Kerker, auch alle Erstgeburt des Viehs."

Nach vollendeter Arbeit (Subbotnik) verließen „etwa 600 000 Mann zu Fuß, die Männer ohne die Kinder", die Stadt Avaris.

Möglich, Jesua orientierte sich an diesem Vorbild, aber Pech gehabt. Wie die Geschichte zeigt, ist es nur schwer möglich, zwei Mal in ein und denselben Fluss zu steigen, sogar für einen „Sohn Gottes".

Damit niemand bei den ganzen Ausführungen durcheinanderkommt, wurden Zeitkoordinaten, beginnend, mit 1. NISaN, festgelegt. Überhaupt sollte dieser Monat „der erste von den Monaten des Jahres!" sein, nicht aber für Esra und andere Kandidaten.

„Und der HERR sprach zu Mose und Aaron im Land Ägypten: Dieser Monat soll für euch der Anfangsmonat sein, er sei euch der erste von den Monaten des Jahres!"

Warum ausgerechnet dieser Monat gewählt und noch „Abib"/Frühling genannt wurde? Weil in diesem Monat, am Samstag, feierten Abraham und Isaak ihren Geburtstag und auch Mose selbst. Womöglich war der Tag des Auszugs aus Ägypten am 1. NISaN auch ein Samstag, dann sind der 8. NISaN, 15. NISaN und natürlich der 22. NISaN ebenfalls Samstage gewesen.

Der Jahresanfang könnte auch mit der Geburt der Patriarchen erklärt werden, aber nicht die geplante 10. Plage am Samstag, dem 15. NISaN. Strategisch gedacht, am Samstag, dem zwingenden Ruhe- und Gebetstag, rechneten die

„Ägypter" am wenigsten mit einer Überraschung. Deshalb fand am Samstag, 8. NISaN, eine Generalprobe statt, und am nächsten Samstag, 15. NISaN, wurde zugeschlagen. Letztendlich relevant für die Entscheidung, an welchem Tag Pesach gefeiert wurde, ist eine spätere, sehr unterschiedlich ausfallende Auslegung, zum Beispiel war es, je nach Bedarf, auch ein Dienstag:

> „Die Tempelrolle unter den Schriftrollen vom Toten Meer bestätigt das Mindestalter von 20 Jahren für Pessachpilger und die Schlachtung durch Priester. In einem Kalenderfragment wird der Pessachtermin nach dem Sonnenjahr von 364 Tagen immer auf einen Dienstag gelegt; damit wollte man den Konflikt des beweglichen Datums mit einem Sabbat vermeiden." (101)

Im nächsten Schritt wurde das Pesachfest mit dem „Fest der ungesäuerten Brote" gleichgesetzt und volle „Sieben Tage" gefeiert. Für Verhinderte, die den Tag versäumten, steht sogar ein zusätzliches „kleines Pessach" im Angebot, der „nur einen Tag" dauert und „im folgenden Monat (am 14. Ijjar) nachgefeiert" werden darf. „Pessachregeln" wurden „wiederholt" und „ergänzt":

> „Wer aus irgendeinem Grund – etwa einer weiten Reise oder einer kultischen Unreinheit– an der Teilnahme gehindert ist, darf Pessach im folgenden Monat (am 14. Ijjar) nachfeiern (Pessach scheni: „zweites Pessach", auch „kleines Pessach" genannt). Das zweite Pessach dauert nur einen Tag, das Verbot des Gesäuerten gilt nicht. Dennoch werden zum Andenken auch an diesem Tag u. a. Matzen gegessen." (101)

Zum Glück oder nicht, Jesua wurde von diesen Reglements verschont. Und war der 15. NISaN im Auszugsjahr der Samstag und der 15. NISaN im Jahr 36 n. der Große Samstag, sind die beiden Jahre kalendarisch identisch. Darum waren im Jahr 36 n. der 1. NISaN, 8. NISaN, 15. NISaN und der 22. NISaN gleichfalls Samstage gewesen.

1. NISaN (15. März)   8. NISaN (22. März)
15. NISaN (26. März)   22. NISaN (5. April)

Politruk Jesus Christus

Jungs

Jesua könnte den Eindruck erwecken, ein Erzieher von Jugendlichen gewesen zu sein, weil ständig die Rede über „seine Jünger" ist. Oder es war gar ein Jugendinternat, wenn nicht, noch was ganz anderes. Aber die Bezeichnung „Jünger" hat mit den Altersgruppen zu tun, diese entsprachen ihrer Stellung und Funktion in der Gesellschaft. Den Kindern folgen dann ab 14 (12) Jahren die Jugendlichen, die ihren Eltern im Familienbetrieb mithalfen und einen Beruf erlernten. Mit 20 Jahren bestritten die „Jünger", oder jungen Männer, selbstständig ihre eigene wirtschaftliche Existenz und waren Krieger. Mit 30 waren sie Familienväter und Kommandeure, und mit 40 Jahren haben sie die Führungspositionen besetzt. Bis heute veränderte sich die Wortwahl kaum, der Militärjargon nennt Soldaten auch „Jungs", und die Terrorgruppe „El Shabab" heißt übersetzt „Jünger" („junge Männer").

„Hunderte" und „Tausende"

Wie Jesua seine Jünger anwarb, war kein Geheimnis - bei der Taufe:
> „Als nun Jesus erfuhr, daß den Pharisäern zu Ohren gekommen war, daß er mehr zu Jüngern machte und taufte als Johannes, obwohl Jesus nicht selber taufte, sondern seine Jünger, verließ er Judäa und ging wieder nach Galiläa."

Neue Rekruten sollten manche Voraussetzungen erfüllen:
> „Wenn jemand zu mir kommt und haßt nicht seinen Vater, Mutter, Frau, Kinder, Brüder, Schwestern und dazu sich selbst, der kann nicht mein Jünger sein."

Die Jungs wurden in „Hunderten" und „Tausenden" gezählt, wie in der Geschichte mit „fünftausend Mann" und „fünf Brote und zwei Fische"
> „Denn es waren etwa fünftausend Mann. Er sprach aber zu seinen Jüngern: Laßt sie sich setzen in Gruppen zu je fünfzig. Und sie taten das und ließen alle sich setzen. Da nahm er die fünf Brote und zwei Fische und sah auf zum Himmel und dankte, brach sie und gab sie den Jüngern, damit sie dem Volk austeilten. Und sie aßen und wurden alle satt; und es wurde aufgesammelt, was sie an Brocken übrigließen, zwölf Körbe voll."

Ein anderes Mal aßen „viertausend" Mann die doppelte Menge, die ganzen „sieben Brote".
> „Und er nahm die sieben Brote, dankte und brach sie und gab sie seinen Jüngern, damit sie sie austeilten, und sie teilten sie unter das Volk aus. Und sie hatten auch einige Fische, und er dankte und ließ auch diese austeilen. Sie aßen aber und wurden satt und sammelten die übrigen Brocken auf, sieben Körbe voll. Und es waren etwa viertausend; und er ließ sie gehen."

Da Jesua die Jünger befehligte, müsste er selbst im Alter von +/- 40 Jahren sein, ein Familienvater und Kommandeur. Aber ungeachtet der großen Reserve an Rekruten wurden nur 72 gezählte Jünger mit einer Botschaft nach Jerusalem geschickt.
> „Danach setzte der Herr weitere zweiundsiebzig Jünger ein und sandte sie je zwei und zwei vor sich her in alle Städte und Orte, wohin er gehen wollte, und sprach zu ihnen: Die Ernte ist groß, der Arbeiter aber sind wenige." (Lk.)

Auch an anderer Stelle wurden „siebzig" Jünger vorgeschickt. So wenig Boten, vielleicht weil ihm „viele seiner Jünger" wegliefen?
> „Von da an wandten sich viele seiner Jünger ab und gingen hinfort nicht mehr mit

ihm. Da fragte Jesus die Zwölf: Wollt ihr auch weggehen?"

Am Ende blieben nur seine treuen „Zwölf" übrig. Jesua sandte sie mit einer Botschaft voraus, zu verkünden ausschließlich „den verlorenen Schafen des Hauses Israel", und wies sie an, die Stadt der Samariter einzusparen. Judäer zählten nicht zum „Hause Israel" und waren nicht im Programm.

„Diese zwölf sandte Jesus aus und befahl ihnen und sprach: Gehet nicht auf einen Weg der Nationen, und gehet nicht in eine Stadt der Samariter; gehet aber vielmehr zu den verlorenen Schafen des Hauses Israel."

Ein dramatischer Rückgang von „fünftausend Mann" auf „Zwölf" – zeugt das von einer totalen Pleite, oder hatte sich jemand verzählt? Wie es zu dieser Größenordnung kam, kann geklärt werden. Mit Moses Methode gezählt sind „5 Tausend Mann" insgesamt 5 Krieger. Und 5 Krieger sind doch imstande, ein Brot zu bewältigen.

Ein simpler mathematischer Trick schafft aus Qualität eine Quantität, so wurden aus den zwei Brüdern Zebedäus, Jesuas eiserner Leibwache, „Zwölf". Zusammen mit 5 anderen waren sie aber 7 („siebzig") Jünger an der Zahl.

„Jesua zog durch Städte und Dörfer mit ihnen und predigte und verkündigte das Evangelium vom Reich Gottes; und die Zwölf waren mit ihm."

An anderer Stelle waren „Zwölf" 2 Kuriere, die Jesua nach Jerusalem vorausschickte.

„Er nahm aber zu sich die Zwölf und sprach zu ihnen: Seht, wir gehen hinauf nach Jerusalem, und es wird alles vollendet werden, was geschrieben ist durch die Propheten von dem Menschensohn."

Familie von Jesua

„Vaterstadt", Jahr 35

Katholiken glauben, Jesus war Einzelkind und Josef übte lebenslang Keuschheit oder ging fremd:

„Bereits in sehr früher Zeit bestanden Meinungsverschiedenheiten über die Frage, was unter Brüdern in dieser Beziehung zu verstehen sei. Die röm. Kirche lehrt noch immer, dass Maria ihr Leben lang Jungfrau blieb und dass die in NT genannten Brüder Jesu eigentlich seine Vettern waren." („Lexikon zur Bibel").

Für Protestanten war das eine groß angelegte, protestantische Familie:

„Sonst nimmt man allgemein mit Recht an, dass es sich bei diesen Brüdern um Kinder von Joseph und Maria handelt, die nach der Geburt Jesu geboren wurden."

Leider Gottes war Maria keine Gebärmaschine und die Katholiken liegen auch richtig, wenn sie über „Vettern" sprechen. Doch, doch, Zimmermann Josef hat nachgeholt und überholt, was er versäumte. Offensichtlich war auch Jesua kein

Mönch, so wie es sich manche wünschen. Vor allem, weil er Rabbiner („Rabbi") war, scheint es möglich, er war auch Familienvater. Von den Anforderungen her kann ein Lediger Rabbiner sein, aber praktizierende Rabbiner sind in der Regel verheiratet. Ob Jesus eine Ausnahme darstellt, muss zu klären möglich sein.

Mit „etwa dreißig Jahren", und als Johannes-Täufer „im fünfzehnten Jahr der Herrschaft des Kaisers Tiberius" das Wort Gottes hörte, wurde Jesua aktiv, getauft wurde er im Alter von 35 (6+15+14) Jahren, das geschah im Jahr 30 n., weil „Erst ab dem 10. März 15 bekleidete (Kaiser Tiberius) das Amt des pontifex maximus." Wäre Jesua im Alter von 42 Jahren gestorben, entspräche sein Alter dem der Familienväter und Kommandeure, das heißt, er müsste eine Familie gehabt haben.

Nach der Gefangennahme von Johannes-Täufer im Jahr 33 fing Jesua an zu predigen und Johannes-Täufer zu preisen: „Tut Buße, denn das Himmelreich ist nahe herbeigekommen!"

„Als nun Jesus hörte, daß Johannes gefangengesetzt worden war, zog er sich nach Galiläa zurück. …Seit der Zeit fing Jesus an zu predigen: Tut Buße, denn das Himmelreich ist nahe herbeigekommen!"

Als er mit Familie in seiner „Vaterstadt" erschien, fragten die Einheimischen: „Ist er nicht der Zimmermann, Marias Sohn, und der Bruder des Jakobus und Joses und Judas und Simon? Sind nicht auch seine Schwestern hier bei uns? Und sie ärgerten sich an ihm." (Mk.)

Jemand könnte fälschlich „Zimmermann, Marias Sohn" als Jesua, der Zimmermann, verstehen. Ursprünglich lautete der Text so: „Ist er nicht der Zimmermann (Josef), Marias Sohn (Jesua) und die Brüder Jakobus und Joses, und Judas und Simon?"

Apostel Matthäus machte „Jakobus und Josef und Simon und Judas" der Einfachheit halber „zu seinen Brüdern", und Jose ward zu Josef. Oder es waren wiedermal die willigen Dolmetscher, die den missglückten Text noch mehr verunstalteten. Wessen „Brüder" „Jakobus und Josef" sind, muss noch speziell ermittelt werden.

„Ist er nicht der Sohn des Zimmermanns? Heißt nicht seine Mutter Maria? Und seine Brüder Jakobus und Josef und Simon und Judas? Und seine Schwestern, sind sie nicht alle bei uns?" (Mt.)

Die Ausdrucksweise wie „seine Schwestern" spricht in erster Linie von einem, der diese Meldung gemacht hat, und bei der Gelegenheit kann seine typische Vulgata-Sprache gelernt werden. „Seine Schwestern" können einzig die zwei im NT erwähnten Schwestern Maria und Marta sein. Und gewiß ist die geschilderte Familie nicht komplett. „Sind sie nicht alle bei uns?", nein, die

139

Gottesmutter und Salome, die später bei der Kreuzigung dabei waren und mitgezählt wurden, fehlen noch.

Magdala

Eine eingefahrene Vorstellung von der Sünderin Maria Magdala erweist sich als hartnäckig, manche Sittlichkeitsverbrecher, im guten Sinn, postulierten zuerst Jesuas Beziehung mit einer Prostituierten, der (Sünderin) Maria (Magdalena), und dann sind sie über sie hergezogen.

Auf den ersten Blick ist das ein enger Familienkreis. Ob die Liebhaberin von Jesua dabei sein muss, wie es manche sich so gerne vorstellen? An Marias gibt es im NT ein Überangebot, trotzdem kann „Maria von Magdala" identifiziert werden. „Maria Magdala" musste eine ältere Dame sein, weil sie in der Reihenfolge nach Rang und Alter ständig an erster Stelle ist, und mehr noch, sie war eine Person mit Status.

Für die Leistungswissenschaft war ein Dorf „am Westufer des See Genezaret" der Geburtsort Magdalas, und das, weil dort ein arabisches Dorf Majdala gesucht und gefunden wurde.

„Das neutestamentliche Magdala ist bekannt als die Heimat von Maria Magdalena (Maria von Magdala), einer frühen Anhängerin Jesu" (…) Migdal (hebr. מגדל „Turm", im Neuen Testamen in der aramäischen Form Magdala, bei Flavius Josephus unter dem Namen Tarichea) ist ein Dorf am Westufer des See Genezaret, etwa 6 km nördlich von Tiberia." (505)

Das Dorf „Majdala", „Majd-el-Krum" (Pracht von KeReM) mit vollem Namen, liegt keineswegs in Galiläa, sondern am Tiberias See, 8 km von Kapernaum entfernt. Das arabische Dorf, mit dem typisch arabischen Namen Majdallah, korrespondiert in keiner Weise mit dem hebräischen Magdala, und mit MIGDaL/„Turm" sowieso nicht. Flavius Josephus kannte das Dorf „unter dem Namen Tarichea". Trug das Dorf zwei Namen oder wurde es blitzschnell umbenannt? (102) Von allen möglichen arabischen Dörfern diesseits und jenseits des Jordans wurde das Dorf Majdala wegen des ähnlich klingenden Namens, und weil es nur „8 km von Kapernaum" entfernt ist, favorisiert. Wenn schon, warum nicht Majdal Shams auf Golan?

Wer sucht, der findet, aber bedeutet „Magdala" wirklich „Turm"? Leider, das alles ist eine pure wissenschaftliche Hypothese. Nicht pur wissenschaftlich hingegen ist die Annahme, dass MaGDaLa, geschrieben und gelesen Me-GDOLa, „von der Großen" bedeutet, die „Große" war nämlich die hasmonäische Prinzessin Mariamne I., die von Herodes im Jahr 29 umgebracht wurde.

„Mariamne I (* um 54 v. Chr.; † 29 v. Chr.) war eine Prinzessin der Hasmonäer-Dynastie und die zweite Gemahlin von Herodes I., dem Großen. Ihre Eltern waren

Alexandra und deren Cousin Alexandros, und die Urgroßmutter war Königin Salome Alexandra (78–67 v. Chr.)."

Im Jahr 7 v. wurden ihre Söhne Alexandros (* um 36 v. Chr.) und Aristobulos (* um 35 v. Chr.; + 7 v. Chr in Sebasta) vom Großen Herodes hingerichtet. Und wenn zufällig Magdala das dritte Kind von Mariamne I. war, konnte sie im besagten Jahr 26 Jahre alt sein. Die Apokryphen beschreiben ihre Kindheit in einem Palast, und wenn das nicht bloß eine literarische Beigabe ist, war sie majestätischer Herkunft. Dann wäre eine Geburt und eine in einem vergessenen arabischen Dorf verbrachte Jugend ungewöhnlich, im Gegensatz zu einer Hauptstadt wie Sebasta, wo ihr Bruder Aristobulos hingerichtet wurde. Vielleicht versteckte sie sich erst nach der Hinrichtung ihres Bruders Aristobulos in einem Dorf, aber es fehlt ein Beweis, dass ein Dorf jemals ihren Namen trug.

Sogar die sittlichen Autoren des NT konnten der Gottesmutter kein sündhaftes Verhalten unterstellen, dafür war sie viel zu alt (57), und im Gegensatz zur „Sünderin" Maria wurde sie zu einer unbefleckten Jungfrau Maria stilisiert. Von Maria Magdala ist noch bekannt, dass sie für jemanden so unerträglich war, dass er sie für unheilbar schizophren hielt, aus ihr sind ganze sieben böse Geister „ausgefahren".

„Maria, genannt Magdalena, von der sieben böse Geister ausgefahren waren."

„Als aber Jesus auferstanden war früh am ersten Tag der Woche, erschien er zuerst Maria von Magdala, von der er sieben böse Geister ausgetrieben hatte." (Lk.)

Und es war Maria Magdala, die Jesua als erste nach seiner Auferstehung begegnete, und das bezeugt ihren erstrangigen Status. Und ob er wohl nackt war? Seine Klamotten, Leinentücher, und sogar das Schweißtuch ließ er im Grab liegen.

„Die Leinentücher liegen, aber das Schweißtuch, das Jesus um das Haupt gebunden war, nicht bei den Leinentüchern liegen, sondern daneben, zusammengewickelt an einem besonderen Ort."

Wenn nach seinem Tod und ganz früh, als „es noch finster war", seine Liebhaberin als erste zu seinem Grab kommt und nicht seine Mutter, das wäre doch ungewöhnlich. Vielleicht kam doch seine Mutter zuerst, sie hieß Maria Magdala und war seine Mutter. Diese nahe Verwandtschaft erklärt die innige Bindung zwischen Jesua und Maria Magdala, wie auch ihren Vorrang gegenüber den an deren Jüngern, vor allem aber gegenüber Petrus.

Die Erinnerung an Maria Magdala wurde geschichtlich regelrecht formatiert und Petrus zum „ersten Bischof" erhoben, Maria Magdala dagegen verschwand spurlos, rückwirkend erklärte das Papsttum sie zur Prostituierten:

„(...) die gängige Überlieferung, Maria Magdalena habe ihren Lebensunterhalt als Prostituierte verdienen müssen, geht keineswegs auf die Bibel, sondern auf eine päpst-

liche Auslegung des fünften Jahrhunderts zurück."
Die Darstellung Magdalas in Gestalt einer Prostituierten hat eine gewisse Logik und sagt eher etwas über die Heilige Katholische Kirche aus: War Jesua ein „Bastard", dann war seine Mutter eine Prostituierte. Ein heftiges und sehr wirksames Argument ist, wie immer, jemanden als Prostituierte, Homosexuellen, Pädophilen, Verrückten oder Vergewaltiger und Selbstmörder zu erklären. Diese Gepflogenheit, oft wiederholt und erfolgreich angewandt, traf zum Beispiel Lavrentij Beria, Ghaddafi, Ossange, Klaus-Kahn, Silvio Berlusconi und Roman Polanski usw. usw. Sie alle haben „gehurt". Und in dieser unendlichen Liste, eröffnet durch die „Schandtat von Gibea", ist für Maria Magdala ganz vorne als Prostituierte und Verrückte ein Ehrenplatz gesichert. Und um alles auf einen gemeinsamen Nenner zu bringen: die Selbstjustiz der Justiz war entscheidend in all diesen Fällen.

Maria

Eine Spur von „Maria Magdalena" wurde doch noch entdeckt, das war ein Fetzen Papyrus mit einer koptischen Aufschrift: „Jesus sagte zu ihnen, „meine Frau". Karen King, Historikerin an der Harvard-University, stellte auf einer Tagung in Rom ein Papyrus-Fragment vor:

„Dabei soll es sich um keine Geringere als Maria Magdalena handeln. Die renommierte Religionswissenschaftlerin liest den 3,8 mal 7,6 Zentimeter großen Schnipsel als Dialog Jesu mit seinen Jüngern. Darin geht es um die Frage, ob Maria würdig sei, ein Jünger zu sein – was Jesus mit seiner Wendung bejaht."

Dazu schreibt „Die Welt" ganz vernünftig: „Allerdings ist nicht klar, wer mit Maria gemeint ist, Maria Magdalena, Jesu Mutter oder eine andere Frau". Und dann kommt unausweichlich eine Wende, „Maria Magdalena" ist doch eine „Gefährtin (des Erlösers)", aber ein Kuss muss „nicht unbedingt erotisch gedeutet werden, sondern wird in der Regel als Übertragung der Lehrkompetenz gesehen." Wie in der katholischen Kirche?

„Sicherlich als Maria Magdalena kann eine Figur des sogenannten Philippus-Evangeliums angesprochen werden. Auch dabei handelt es sich um eine gnostische Schrift, die wohl im 3. Jahrhundert entstand und die 1945 mit zahlreichen anderen Texten bei Nag Hamadi in Ägypten ans Licht kam. Darin heißt es unter anderem: „Die Gefährtin (des Erlösers) ist Maria Magdalena. Der (Erlöser liebte) sie mehr als (alle) Jünger und er küsste sie (oft) auf ihren (Mund)". Dieses Zeichen der Zuneigung muss aber nicht unbedingt erotisch gedeutet werden, sondern wird in der Regel als Übertragung der Lehrkompetenz gesehen." (103)

Ein Lehrgang mit der Übertragung von Lehrkompetenz - eine Art Softsex. Kann der jesuitische Judas- Kuss homoerotischer Natur auch als eine „Übertragung" verstanden werden? So unterschiedlich kann der Geschmack sein, wie in einer Anekdote:

Einmal wurde der israelische General Raful gefragt, wie sein erster Kuss gewesen ist? „Als ich in den Arsch geküsst wurde.", antwortete er.

Und es ist wahr, mit „seiner Frau" ist „Maria" gemeint und nicht „Maria Magdalena". Sie wurde gefragt, „ob sie würdig sei, ein Jünger zu sein – was Jesus mit seiner Wendung bejaht". Wie gesagt, diese „Sünderin" Maria wird gerne mit der „schizophrenen" Maria Magdala verwechselt.

Nochmals zu dem Satz, „Ist er nicht der Sohn des Zimmermanns? Heißt nicht seine Mutter Maria? Und seine Brüder Jakobus und Josef und Simon und Judas? Und seine Schwestern, sind sie nicht alle bei uns?" (Mt.) Wenn Maria Magdala „seine Mutter Maria" war, dann bleibt von allen übriggebliebenen Marias, außer Maria, der Schwester von Marta, keine übrig. Sie hat ja „das gute Teil erwählt":

„Der Herr aber antwortete und sprach zu ihr: Marta, Marta, du hast viel Sorge und Mühe. Eins aber ist not. Maria hat das gute Teil erwählt; das soll nicht von ihr genommen werden."

Kurz, „seine Schwestern" sind nicht seine Schwestern, sondern die Schwestern Maria und Marta, ihre Namen gingen in dem Satz unter und das nicht, weil der Text von einem halbwissenden Halbanalphabeten übersetzt wurde.

Die Dialoge im NT wurden nicht mit irgendwelchen zufälligen Passanten abgehalten, auch wenn die Namen von manchen Beteiligten fehlen. Die Personen mussten wichtig genug sein, um ins Visier eines Berichterstatters zu geraten, deswegen wurden ihre Namen bewusst ausgelassen. Auf dem Weg von Judäa nach Galiläa durch die samaritische Hauptstadt Sichar flirtete Jesua mit einem samaritischen Weib, der berühmten „Sünderin" Maria. Sie hatte fünf Männer gehabt, und der sechste war nicht ihr Mann. Diese erste Begegnung mit ihr wurde selbstverständlich registriert. Was danach geschah, wurde schon erwähnt, die Samariter waren von Jesua begeistert, „und er blieb dort zwei Tage". Sollte das stimmen, dann lebte Jesuas Frau Maria in der samaritischen Bastion Sichar und war eine Samariterin.

Ehe

Vom Standpunkt der Kirche aus sollte Jesua am liebsten ein Single sein, in der Art von Prophet Esra und seinen Aposteln Petrus und Paulus. Dagegen unterstellen ihm die fortgeschrittenen Moralprediger eine frevelhafte Beziehung zu einer Sünderin. Unwidersprochen darf das nicht bleiben, auch wenn über Jesuas Lehre wenig bekannt ist, sind ein paar Reste seiner Einstellung zur Frauenfrage und zur Ehe doch erhalten.

Gegen die Vorwürfe wegen seiner außerehelichen Geburt und seiner nichtehelichen Beziehung zu Maria musste sich Jesua offensichtlich kräftig wehren. Als Gegenargument warf er seinen Kritikern vor, selbst Ehebruch begangen zu haben: „Wer eine Frau ansieht, sie zu begehren, der hat schon mit ihr die Ehe gebrochen in seinem Herzen." Angriff ist immer die beste Verteidigung, so gesehen beging jeder Verheiratete Ehebruch und hatte deshalb kein Mitspracherecht. Und wenn sich jemand noch dazu scheiden lässt, oder eine geschiedene Frau heiratete, desto schlimmer: „Wer sich von seiner Frau scheidet, es sei denn wegen Ehebruchs, der macht, daß sie die Ehe bricht; und wer eine Geschiedene heiratet, der bricht die Ehe." (Mt.)

Eine Ansicht wie bei Essenern, die nach einer Scheidung die zweite Ehe wegen Ehebruchs ablehnten. Potente Wissenschaftler erklärten sie für Mönche. Daraus lässt sich gesund folgern, jemand, der nicht durch Ehevertrag gebunden ist, kann keinen Ehebruch begehen. Schnell begriffen die Jungs die Idee und fragten ihn: „Steht die Sache eines Mannes mit seiner Frau so, dann ist's nicht gut zu heiraten."

Daraufhin sagte Jesua: „Einige sind von Geburt an zur Ehe unfähig; andere sind von Menschen zur Ehe unfähig gemacht; und wieder andere haben sich selbst zur Ehe unfähig gemacht um des Himmelreichs willen."

Zur letzten Kategorie zählte er sich selbst. Sein Spruch beflügelte die katholische Kirche. Tragisch, aber seine Message war eine andere, wie bei der Antwort auf die Frage der Pharisäer: „Ist's erlaubt, daß sich ein Mann aus irgendeinem Grund von seiner Frau scheidet?"

Jesua erwiderte: „Was nun Gott zusammengefügt hat, das soll der Mensch nicht scheiden!"

Damit meinte er keineswegs eine (bürgerliche) Vertragsehe und fügte hinzu: „Wer es fassen kann, der fasse es!" (Mt.)

Scheinbar können nicht alle „fassen", was Jesua zur Begründung anführte, als er vom „Anfang", als Gott Mann und Frau schuf, die „ein Fleisch sein" werden, sprach. Dieser Anfang geschah ohne jegliche Eheschließung, erst viel später wurde sie von Mose reglementiert.

„Habt ihr nicht gelesen: Der im Anfang den Menschen geschaffen hat, schuf sie als Mann und Frau und sprach: „Darum wird ein Mann Vater und Mutter verlassen und an seiner Frau hängen, und die zwei werden ein Fleisch sein"? So sind sie nun nicht mehr zwei, sondern ein Fleisch. Was nun Gott zusammengefügt hat, das soll der Mensch nicht scheiden!"

Anders formuliert sagte Jesua: „Was nun Gott zusammengefügt hat, das sollen die Kritiker nicht scheiden!" Damit meinte er sich und Maria.

Zu Jesuas Zeit fielen Urteile wegen Ehebruchs scheinbar nicht so streng aus, da seine Frau Maria sechs Männer hatte, aber nicht sechs Mal gesteinigt wurde.

Auch in der Geschichte von der frisch ertappten Ehebrecherin ging alles recht freundlich zu, und Jesua konnte seinen berühmten Vorschlag anbringen: „Wer von euch ohne Sünde ist, werfe zuerst den Stein auf sie." Nach Moses Gesetz sind nämlich zwei an einem Verbrechen beteiligt:

„Und wenn ein Mann Ehebruch treibt mit der Frau eines Mannes, wenn er Ehebruch treibt mit der Frau seines Nächsten, so sollen der Ehebrecher und die Ehebrecherin gewisslich getötet werden."

Und im Dorf, wo jeder jeden kennt, passte das keinem:

„Als sie aber dies hörten, gingen sie einer nach dem anderen hinaus, anfangend von den Ältesten bis zu den Letzten."

Der Einzige im NT, der gegen eine „Sünderin" eiferte und seine kritischen Bemerkungen meistens hinterrücks und indirekt äußerte, wie bei dem Vorfall mit der teuren „Alabasterflasche mit Salbe", war der Moralapostel Petrus. Er wagte nicht, offen Jesuas frevelhaften Lebensstil anzuklagen, stellte aber seinen Prophetenstatus infrage: „Wenn dieser ein Prophet wäre, so würde er erkennen, wer und was für eine Frau es ist, die ihn anrührt; denn sie ist eine Sünderin."

„Als es aber der Pharisäer sah, der ihn geladen hatte, sprach er bei sich selbst und sagte: Wenn dieser ein Prophet wäre, so würde er erkennen, wer und was für eine Frau es ist, die ihn anrührt; denn sie ist eine Sünderin." (Lk.)

Scheinbar bedurfte es wegen der nichtehelichen Beziehung zu Maria einiger Rechtfertigungen, bis heute sind die Vorwürfe wegen Jesuas außerordentlicher Geburt und dem außerehelichen Verhältnis seiner Mutter noch aktuell. Wegen dieser außerehelichen Affäre stand allerdings selbst der „Heilige Geist" in der Kritik, insofern war Jesua mit seiner Familiengeschichte nicht allein.

Klein Jakobus

Als im Jahr 35 die komplette Familie „Vaters Stadt" erreichte, war Klein Jakobus etwa 4 Jahre alt und wurde „Kleiner Jakobus" genannt, aber nicht nur wegen seines Alters. Sein Bruder Jose war noch kleiner und wurde deswegen an zweiter Stelle erwähnt, nach seinem Bruder Jakobus, hieß aber nicht „Klein Jose". Irgendwo im Umfeld musste ein „Großer" Jakobus vorhanden sein.

Später, am Tag der Kreuzigung, waren „Maria von Magdala und Maria, die Mutter Jakobus' des Kleinen und des Joses, und Salome" präsent. Der Kleine Jakobus war inzwischen älter, der Zusatz „Klein" wurde aber beibehalten. Das „Lexikon zur Bibel" machte aus dem Kleinen Jakobus einen Liliputaner:

„Dann wäre er der Kleine genannt worden, wegen seiner Gestalt."

Der Kleine Jakobus konnte kaum der leibliche Sohn von Josef und Maria Magdala sein, sondern, wenn überhaupt, wegen ihrem hohen Alter eher ihr Enkelsohn. Aber das ist noch weniger möglich, weil Maria Magdala und Maria, die Mutter des Kleinen Jakobus, zwei verschiedene Frauen waren. Wurde der Name Klein Jakobus nach seinem Opa Jakob aus der Ahnenliste gewählt, so ist er ein leiblicher Sohn von Jesua gewesen, und nicht nur deshalb.

„Mattan zeugte Jakob. Jakob zeugte Josef, den Mann der Maria, von der geboren ist Jesus, der da heißt Christus."

Die Religionprofis legten verschiedene Jakobs zusammen, aus dem Kleinen Jakobus entstand der Sohn von Alphäus und/oder ein „Herrenbruder Jakobus":

„In der Kirchengeschichte wurde Jakobus, der Sohn des Alphäus, auch mit Jakobus dem Kleinen und Jakobus dem Gerechten, dem Bruder Jesu, gleichgesetzt." (104)

Ob die Experimentatoren befähigt und wirklich interessiert waren, den wahren Sachverhalt aufzuklären, ist noch die Frage. Die Zusammenlegung wurde auf dem Konzil von Trient beschlossen und „verbindlich gemacht".

„Die Gleichsetzung von Jakobus Alphäus mit Jakobus, dem Kleinen, und Jakobus, dem Herrenbruder, wurde im sechzehnten Jahrhundert auf dem Konzil von Trient für die katholische Kirche verbindlich gemacht, ist aber schwer begründbar und teils auch innerhalb der katholischen Exegeten umstritten." (104)

Dagegen zog sogar Wikipedia in Zweifel, ob der Herrenbruder „mit Jakobus, dem Sohn des Alphäus, (auch Jakobus der Jüngere genannt) oder mit Jakobus dem Kleinen" identisch ist.

„Der Großteil der Forschung ist mittlerweile bereit, in Jakobus einen leiblichen Bruder Jesu zu sehen. Daher ist der Herrenbruder wohl weder mit Jakobus, dem Sohn des Alphäus, (auch Jakobus der Jüngere genannt) noch mit Jakobus dem Kleinen, der in den Evangelien nur dem Namen nach erwähnt wird, identisch."

Können Wissenschaftsforscher eine Theorie ausdenken, die sie selbst nicht verstehen - das ist keine Frage. Aber noch etwas, „etwa 58 n. Chr." wurde Paulus von Jakobus und den Ältesten empfangen:

„Mit großer Wahrscheinlichkeit übernahm er nach dem Weggang des Petrus nach Antiochia um 49/50 n. Chr. die alleinige Leitung: Als Paulus etwa 58 n. Chr. nach Jerusalem kam, um die Kollekte der Missionsgemeinden zu überbringen, wurde er von Jakobus und den Ältesten empfangen (Ap. 21,18)." (105)

Ist das ernst gemeint? „Etwa 58 n" wäre Klein Jakobus 27 (58-31) Jahre alt, und er soll schon in diesem Alter „die alleinige Leitung" übernommen haben?

Jose, „Jesuas Bruder"

Jose ist der nächste im Familienkreis. Die Lektüre des NT könnte den Eindruck vermitteln, es handele sich bei dem Kleinen Jakobus um Jesuas „Lieblingsjünger", so ganz unpädagogisch gegenüber dem zweiten Sohn Jose. Beides trifft nicht zu, denn der 5-jährige Klein Jakobus war sein Erstgeborener, und Jose war noch ein Baby und hing an der Brust. Und jetzt eine schicksalshafte Frage: Falls Jose ein Sohn von Jesua und Maria die „Mutter des Jakobus und Joses" war, warum wurde er nach seinem Opa Josef Zimmermann benannt, wenn doch derjenige nicht der leibliche Vater von Jesua war? Richtig, er wurde nach Jesuas leiblichem Vater genannt, und der musste den Namen „Josef" tragen. Aber wissenschaftlich wird Jose zu einem weiteren „Bruder" Jesuas gerechnet, er ist ja das jüngere Brüderchen von Jesua, mit einer Altersdifferenz von 40 (41-1) Jahren.

Nicht genug, Wikipedia bestückte Jesua mit ganzen vier „Geschwistern": „Klein Jakobus, Jose, Judas und Simon".

„Geschwister Jesu werden im Neuen Testament der Bibel mehrmals erwähnt. Namentlich genannt werden der Klein Jakobus, Jose (oder Josef), Judas und Simon." (106)

Juda Iskariot und Simon Zelot

Und jetzt nochmals zurück zu dem Satz: „Ist er nicht der Zimmermann, Marias Sohn, und der Bruder des Jakobus und Joses und Judas und Simon?" (Mk.) Wer sind „Judas und Simon", und was tun sie plötzlich im engen Familienkreis? Eine Menge „Judas" sind bekannt, wer von ihnen ist der richtige und gehört zum engen Kreis der Familie?

Judas Makkabäus	jüdischer Freiheitskämpfer im 2. Jahrhundert v. Chr.
Judas Ischariot	einer der 12 Apostel von Jesu von Nazaret.
Judas Thomas	Vorname des Thomas (Apostel in der syrischen Tradition).
Judas Barsabbas,	Gesandter des Apostelkonzils.
Judas Thaddäus	ein anderer der 12 Apostel Jesu.
Judas der Sohn des Ezechias	ein Rebell gegen die römische Oberherrschaft über Sepphoris.
Judas, der Bruder des Herrn	eines der Geschwister Jesu.
Judas der Galiläer	Anführer eines Aufstands gegen Herodes Archelaos in Galiläa um 6 n. Chr.
Judas Gorbatschow	

sowie andere unzählige Judas.

Die Evangelien führen Juda als „Judas Iskariot" auf. Der Name „Iskariot" ist als Einzelexemplar erhältlich, im Sprachgebrauch existierte er kaum und erweist sich als eine schändliche Schöpfung und Uminterpretation des Wortes „Sikarier" (Schwerter). In europäischen Sprachen ist „Sikar"/Dolch in der Form von „Sekira" eingegangen, sicarius im Lateinischen und im Deutschen als „Dolch". Und fast übersehen: „Gladio", „ital. „Kurzschwert" von lat. Gladius." (107)

Judas war ein „Provinzler", diese befriedigende Erklärung wurde für Gutgläubige erfunden, obwohl nach zweitausend Jahren intensiver Forschung bekannt ist, dass Simon Zelot und Judas etwas mit dem „Widerstand" zu tun haben.

„Mit Simon Zelote gehörte mindestens ein ehemaliger Angehöriger dieser Widerstandskämpfer zu Jesu Jüngern."

„Anknüpfend an die mögliche Ableitung des Beinamens Iskariot von „Sikrier", wird Judas von christlichen Exegeten oft als Zelot eingeordnet."

Dieser Meinung schließt sich der Fatah Führer an, Jesus war „first Palestinian" and „first Islamic Martyr" (12.2019).

Mit solchen Fragen beschäftigte sich Jörg von Uthmann in seinem Buch „Pontius Pilatus":

„Ihre Beinamen „Iskariot" und „Zelotes" deuten darauf hin, dass sie zur radikalen Partei der Zeloten gehörten. (In unseren Tagen werden sicarios die Killer genannt, die ihr Gewerbe im Dienst der kolumbianischen Rauschgifthändler ausüben)."

Leider Gottes, im Hebräischen existiert das Wort „Zelot" nicht (griechische Erfindung), nun einmal raten, welchen Beinamen trug Simon wirklich? (108)

Juda Galiläer

Gleichzeitig gab es noch einen Simon, der Sohn von Judas Galiläer, Anführer des Aufstands gegen die römische Besatzung. Und wieder ist Näheres darüber im wikipedischen Geschichtswerk kaum zu erfahren, z.B., wann fand der Aufstand statt, und wann kam Judas Galiläer um?

„Judas der Galiläer (auch „Judas Galilaeus" oder „Judas von Gamala" genannt) war ein jüdischer Rebell gegen die römische Oberherrschaft zurzeit Jesu. Der Beginn seiner Aktivitäten fällt in die Zeit des Coponius, der als erster römischer Präfekt in Judäa amtierte und etwa von 6 bis 9 n. Chr. für dieses Gebiet zuständig war." (109)

Die Seite *http://www.wissen.de/lexikon/judas-der-galilaeer* macht einen besseren Eindruck, da Judas der Galiläer im Kampf gegen die Römer gefallen ist.

„Judas der Galiläer Haupt der Zeloten zur Zeit des Herodes Antipas, entfesselte 7 n. Chr. eine Revolte gegen Rom, nachdem dieses 6 n. Chr. die Verwaltung Judäas mit dem Tempel übernommen hatte, und fiel selbst im Kampf (Apostelgeschichte nach Lukas 5,37)."

Das ist ausnahmsweise richtig, nach wissenschaftlichen Erkenntnissen wurden die Söhne von Judas Galiläer, Simon und Jakobus, „von dem römischen Prokurator Tiberius Alexander (45–48 n. Chr.) gekreuzigt", und „Jesu war zu diesem Zeitpunkt etwa 10–12 Jahre alt." Aha, einer der Söhne hieß Simon, war er nicht zufällig Simon Zelot? Und Jakobus, der andere Sohn, war er nicht der „Große" Jakobus, im Gegensatz zu dem „Kleinen Jakobus"?

„Judas der Galiläer hatte zwei Söhne, Simon und Jakobus, die wie ihr Vater ihr Leben in den Dienst der Rebellion gegen die römische Fremdherrschaft stellten. Sie wurden (46–48 n. Chr.) von dem römischen Prokurator Tiberius Alexander gekreuzigt

(Altertümer XX 5,2). Nach Josephus vertrat Judas der Galiläer eine eigene ideologische Richtung, die er von den drei traditionellen „Philosophenschulen" der Juden (den Sadduzäer, den Pharisäer und den Essener) getrennt behandelt." (109)
Über Juda Galiläer, den Gründer der Zeloten-Bewegung, müssen ein paar Wörter mehr verloren werden. Genannt wurde er nach Juda Makabäer, Name ist ja Omen, und seine Nachkommen starben nach und nach im Widerstand gegen die Römer. Nach seinen Söhnen Simon und Jakob wurde im Jahr 66 n. Menachem getötet, und der Enkel Eleazar starb durch kollektiven Selbstmord in Massada (73 n.). (110) Die Namen zweier seiner Söhne fallen auf, es sind Simon und Jakob. (109)

I.	Juda Galiläer (starb 6 n.)	
II. Simon und Jakob	Menachem	Jair
(gekreuzigt 45-48 n.)	(ermordet, 66 n.)	(Selbstmord in Massada, 73 n.)
III.	Eleazar und Juda und Simon	

Juda Galiläer gehörte zur Generation von Maria und Josef, seine Söhne Simon und Jakob waren Jesuas Altersgenossen, so dass Simon Galiläer, Jakob Galiläer, Menachem Galiläer und Jair Galiläer in dieser Zeit gelebt und in der gleichen „galiläischen" Gegend verkehrt haben müssen wie Jesua, Juda, Simon und Jakob. Und weiter hießen auch die Enkelsöhne von Juda Galiläer wiederum, und nicht ohne Grund, Juda und Simon. Jetzt wird klar, warum der Kleine Jakobus „Klein" genannt wurde, im Unterschied zu dem „Großen Jakobus" namens Jakob Galiläer. Hier ist der „Große" Jakobus.
Zu Juda Galiläer konnten doch noch ein paar Details gefunden werden:
„Im großen jüdischen Krieg schlug sich die Stadt auf die Seite der Zeloten. Sie entschied sich für den Widerstand gegen die Römer. Nach längerer Belagerung fiel sie im Winter 67 n. Chr. in die Hände der Römer. Die römischen Truppen – unter Vespasian – zerstörten und plünderten die Stadt vollständig (...) Als Herodes der Große Statthalter der Provinz Galiläa war, trat der Rebellenführer Hezekia aus Gamla auf (ca. 40 v. Chr). Herodes der Große bekämpfte die Rebellen und tötete Hezekia. Später, bei der jüdischen Revolte nach dem Tode Herodes des Großen, trat Hezekias Sohn Juda auf. Dieser Juda hatte die Widerstandsbewegung der Sikarier (Krummdolch-Träger) gegründet. Seine Widerstandsbewegung war maßgeblich am Aufstand der Juden von Sepphori, dem Verwaltungssitz von Herodes dem Großen in Galiläa, beteiligt (6/7 n. Chr.). Wahrscheinlich ist Juda von den römischen Truppen gefangengenommen und hingerichtet worden. Befehlshaber war damals der Statthalter von Syrien, Publius Quinctilius Varus (...) Ein Nachkomme derselben Familie, Eleasar Ben Jair, war der Anführer beim Widerstandskampf der Juden in Masada im Jahre 70 n. Chr." (111)
Also wurde Jesua „Galiläer" nach Juda Galiläer genannt, und nicht, weil er in

Galiläa hockte. Sein Einzugsgebiet in Bethsaida/Kapernaum, am See Genazareth, befand sich sowieso nicht in Galiläa, und nun wird auch verständlich, warum Petrus sich in die Hosen machte, als er gefragt wurde: „Auch du warst mit Jesus, dem Galiläer?", und noch mehr bei dem Verdacht: „Wahrhaftig, du bist einer von ihnen, denn du bist auch ein Galiläer." Auch vor Gericht war die zentrale Frage, ob Jesua ein Anhänger von (Juda) Galiläer ist: „Als aber Pilatus von Galiläa hörte, fragte er, ob der Mensch ein Galiläer sei." Diese Verbindung mit dem Aufstand von Judas Galiläer gehört zu den streng gehüteten Geheimnissen in der Wissenschaft und Theologie.

Simon Zelot

Laut Bericht von Apostel Lukas kamen die unbenannten „sie" „in das Haus Simons und Andreas', mit Jakobus und Johannes", auch die kranke „Schwiegermutter Simons" trug keinen Namen.

„Und sogleich gingen sie aus der Synagoge und kamen in das Haus Simons und Andreas', mit Jakobus und Johannes. Die Schwiegermutter Simons aber lag fieberkrank danieder; und sogleich sagen sie ihm von ihr. Und er trat hinzu und richtete sie auf, indem er sie bei der Hand ergriff; und das Fieber verließ sie sogleich, und sie diente ihnen." (Lk. 4,3)

Hier könnte es so aussehen, als ereignete sich die wunderbare Heilung im Haus von Simon Petrus und Andreas in Kapernaum. Petrus aber stammte nicht aus Kapernaum, sondern aus „Betsaida, der Stadt des Andreas und Petrus" (Joh.), vielleicht hatte er einen zweiten Wohnsitz in Kapernaum. Apostel Matthäus wandelte „das Haus Simons und Andreas" zum Eigentum „des Petrus" um:

„Und als Jesus in das Haus des Petrus gekommen war, sah er dessen Schwiegermutter fieberkrank daniederliegen." (Mt.)

Noch einmal zurück zum Satz: „Ist er nicht der Zimmermann, Marias Sohn, und der Bruder des Jakobus und Joses und Judas und Simon?" Juda und Simon werden in der Bibel ständig zusammen erwähnt, wie zwei Backen eines Wissenschaftlers, und zu den Familienmitgliedern gezählt, was nur einen Sinn bekommt, wenn sie mit der Familie Josef/Maria verwandt waren. Die Reihenfolge Juda-Simon verrät, dass Juda der Ältere von beiden war.

Vorher stellt sich die Frage, was sucht Simons Schwiegermutter kurz vor einer Hochzeit bei Simon im Haus? Vielleicht war sie Simons Mutter und die Schwiegermutter des Bräutigams X. Und Simon war keineswegs Petrus, sondern Simon Zelot, der um der Täuschungwillen als „Simon, der Kananäer" (fast „Kanaanäer") betitelt wurde und seinen Wohnsitz in Kana hatte. In dem kleinen geographischen Gebiet (50 km mal 30 km), mit niedrigem Bevölkerungsstand, wo jeder jeden kennt und ein und derselbe Name nicht häufig vorkommt, war

Simon Zelot ziemlich sicher mit dem Simon Kananäer identisch. Und wahr ist, Simon Zelot stammt aus Kana, gerade daher, wo ein anonymer Bräutigam X frisch vermählt war.

„Simon, der aus Kana stammte, wird auch „Simon, der Zelot" genannt. Er war einer der zwölf Jünger Jesu. In den Evangelien Matthäus und Markus wird er „Simon von Kana" genannt. Da er zur Partei der Zeloten gehörte, wird er auch „Simon der Zelot" genannt." (112)

Also genau, „sie kamen in das Haus Simons", noch dazu Andreas, Jakobus und Johannes (Zebedäus). Petrus fehlte, und er zeigte überhaupt keine Anzeichen, dass er jemals eine Schwiegermutter hatte.

Die Bezeichnung „Schwiegermutter Simons" kann schwer als Name gelten. Umgangssprachlich erinnert sie an andere Ausdrucksweisen wie „seine Schwestern", „seine Brüder" oder einfach „sie", was auf denselben Sprachkünstler hinweist. Dieses pathologische Unterschlagen von Namen könnte mit der undefinierbaren Schwiegermutter und ihrem schrecklichen Schwiegersohn zu tun haben, dessen Name für besagten Sprachkünstler unaussprechlich war. Und die geheimnisvollen „sie", außer Jesua, müssten „Simon, der Kananäer" und seine zweite Backe Juda sein.

Hochzeit in Kana im Jahr 29

Sein erstes Wunderwerk vollbrachte Jesua bei der Hochzeit in Kana. Bestimmt war er nicht der Bräutigam X, da er anschließend „hinab nach Kapernaum" ging und „seine Mutter, seine Brüder und seine Jünger" die Hochzeit weiterfeiern ließ.

„Danach ging Jesus hinab nach Kapernaum, er, seine Mutter, seine Brüder und seine Jünger, und sie blieben nicht lange da." (Joh.)

Die Hochzeit war das Anliegen seiner Mutter, „Jesus aber und seine Jünger waren auch zur Hochzeit geladen.", als Gäste.

„Und am dritten Tage war eine Hochzeit in Kana in Galiläa, und die Mutter Jesu war da. Jesus aber und seine Jünger waren auch zur Hochzeit geladen." (Joh.)

Es könnte das Anliegen von Jesuas Mutter sein, würden ihr Sohn oder ihre Tochter heiraten. Da es Jesua nicht war, der alte Papa Josef sowieso nicht - wer war dieses namenlose Brautpaar? Und was geschah zuvor in der Synagoge, dass sie sogleich in das Haus Simons kamen? Ein Vermählungakt.

Salome

Jemand, der glaubt, dass Salome sich gut ins Familiengefüge einordnete, weil sie ebenfalls nach hasmonäischen Vorfahren genannt wurde, und zwar nach Salome Alexandra, Königin von Judäa in den Jahren 78–67 v., die wiederum

Großmutter von Josefs Maria war, befindet sich nicht unbedingt auf dem falschen Weg. Ausgeschlossen ist das alles nicht, in der Rangfolge war sie jünger als Maria Magdala, und überhaupt die Jüngste von den Dreien gewesen: Maria Magdala-Maria-Salome.

> „Es waren aber auch Frauen, die von ferne zusahen, unter denen auch Maria Magdalene war und Maria, Jakobus' des Kleinen und Joses' Mutter, und Salome."

Nach Angaben der Pedanten in Wikipedia war Salome, der christlichen Tradition zufolge, die Mama der Söhne Zebedäus gewesen.

> „Der christlichen Tradition zufolge soll der Name der Mutter der Zebedäusöhne Salome gelautet haben. Dies geht auf eine Auslegung von M 27,56E zurück, wo an Stelle der bei M 15,40E erwähnten „Salome" von der „Mutter der Söhne Zebedäi" die Rede ist." (113)

Nur schade, als solche erschien Salome in beiden von Wikipedia angegebenen Quellen gar nicht - das ist noch ein Beispiel für die Arbeitsweise von Dichtern und Denkern und wie sie im Sprung einen wissenschaftlichen Spagat schaffen. Andere dagegen grübeln, ob Salome die Frau von Zebedäus war:

> „Unklar ist, ob die vom Matthäusevangelium zu den Frauen unter dem Kreuz gezählte Gattin des Zebedäus (M 27,56E) identisch ist mit der in M 15,40E genannten Salome." (114)

Und wie es das Schicksal will, nennen wissenschaftliche Kreise sie „Salome von Galiläa" und noch korrekter, worauf einer noch kommen muss, hieß sie „Salome von Galiläer". Die ganze Ansammlung von „Galiläern" ist bekannt, angefangen mit Juda Galiläer und seinen Söhnen, Jakob Galiläer, Simon Galiläer, Menachem Galiläer und Jair Galiläer. Eine echte Terroristenfamilie. Und von welchem Galiläer Salome die Schwester war, ist keine Frage.

Wenn Salome nicht die Mama der Zebedäus-Söhne war, dann die Braut des unterschlagenen Bräutigams X. Und der Bräutigam X ist der Letzte, der noch in der Reserve übrigblieb, und das war Juda. So konnte am Kreuzigungstag von Magdala und ihren beiden Schwiegertöchtern berichtet werden: „Maria Magdalene und Maria, Jakobus' des Kleinen und Joses' Mutter, und Salome."

Hose

Ein letztes Mitglied der Familie darf auch nicht untergehen, er wurde im NT zunichte gemacht, genau wie sein Papa Juda, und sein Name wird - seeeehr unentschieden - einmal „Jose", andersmal „Hose" - geschrieben. Aber wenn jemand bedenkt, dass Jose nach Jesuas himmlischem Vater genannt wurde, bekam Hose seinen Namen nach seinem irdischen Opa Josef Zimmermann.

Lieblingsjünger

Manche Texte sind nur bei Apostel Johannes erhältlich, zum Beispiel die Geschichte von dem einen „Lieblingsjünger" beim Letzten Abendmahl:

„Es war aber einer unter seinen Jüngern, den Jesus lieb hatte, der lag bei Tisch an der Brust Jesu."

Dem Apostel Johannes zufolge gab es beim Abendmahl eine Runde mit 12 Männern, darunter ein „Lieblingsjünger" und eine Liebeserklärung:

„Das ist mein Gebot, daß ihr euch untereinander liebt, wie ich euch liebe." (Joh.)

Die Theologen haben den „Lieblingsjünger, den Jesus liebte", mit Apostel Johannes identifiziert:

„Die Tradition sieht in ihm den Apostel Johannes, der mit den Aposteln Petrus und Jakobus dem Älteren eine besondere Beziehung zu Jesus hatte."

Nach Auffassung der Bibelexperten wird Johannes „in den Evangelien als Sohn des Zebedäus und als Bruder von Jakobus dem Älteren vorgestellt". Bernhard Strigel malte (1505 n.) dazu sogar ein Bild: „Zebedäus mit seiner Frau Maria Salome und seinen Kindern Johannes Evangelista und Jakobus maior." (115) Könnte sich jemand ein Bild vorstellen, auf dem der erwachsene und verheiratete Johannes sein Köpfchen auf die Brust des Familienvaters Jesua legt, und die Debatte mit Petrus über die Liebe geht los, dann ist das Bild vollständig. Was reizte Apostel Johannes so sehr, dass er manche Details unterschlägt? Details finden sich in einem anderen Text über Jesua am Kreuz, der sich unterhält.

„Es standen aber bei dem Kreuz Jesu, seine Mutter und seiner Mutter Schwester, Maria, die Frau des Klopas, und Maria von Magdala. Als nun Jesus seine Mutter sah und bei ihr den Jünger, den er lieb hatte, spricht er zu seiner Mutter: Frau, siehe, das ist dein Sohn! Danach spricht er zu dem Jünger: Siehe, das ist deine Mutter! Und von der Stunde an nahm sie der Jünger zu sich."

Hier fängt das Spielchen mit Namensunterschlagung von vorne an. Wessen Mutter war „seine Mutter"? „Seine Mutter und seiner Mutter Schwester" können nur die Schwestern Maria und Marta sein, also ist die Rede von Marias Sohn, dem Kleinen Jakobus. Und dann, statt eines tödlich philosophischen Gedankenschwungs bekommt die Szene den Charakter eines Kindergartengesprächs in Metasprache. Jesua hängt am Kreuz und sagt seiner Frau Maria: „Frau, siehe, das ist Dein Sohn!" Und dem Kleinen Jakobus sagt er: „Siehe, das ist Deine Mutter!"

Das Ergebnis ist, beim Letzten Abendmahl lag an Jesuas Brust sein Sohn Klein Jakobus. Anwesend waren noch Jesuas Frau Maria mit Jose und ihre Schwester Marta, die unzertrennlichen Simon und Juda, Judas Frau Salome mit Hose, die Brüder Jakob und Johannes Zebedäus mit ihrer Mutter, und, selbstverständlich, die Gottesmutter Maria Magdala. Zwischen ihr und Petrus brach ein Rangstreit aus.

Nach streng patriarchalischer Sichtweise nahmen am Letzten Abendmahl Jesua und 5 Männer, dazu noch drei Kinder und fünf Frauen teil, die in der Bibel zu „Jüngern" gemacht wurden, insgesamt vierzehn. Von den ruhmreichen „Zwölf" gab es effektiv nur 5, Petrus, Jakobus Zebedäus, Johannes Zebedäus, Simon und Juda, einer ist der Verräter, wer?

Familie im Jahr 29 in Kana

```
                        HERR-
Salome                          -Jesua (35)/Maria
Alexandra-  -Mariamne I.- -Maria Magdala (62)-
(140-67 v.)  (54-29 v.)             -Juda (34)/Salome (29)
                     Josef Zimmermann-
```

Jemand, der nicht faul ist, kann eine andere Konfiguration der Familie vorschlagen, viele Möglichkeiten gibt es leider nicht.

Spross

Nazaret

Erst nach der „Jugendweihe" im Jahr 6 n. kam sein nächstes Lebenszeichen, als Esua „etwa 30" Jahre alt war. Wo er 18 (30-12) Jahre verbrachte, ist unbekannt. Zuerst kehrte die Familie aus Ägypten zurück, aber aus Furcht vor Archeläus, dem Sohn des Herodes dem Großen, vermieden sie Judäa und kamen nach „Nazaret".

„Als aber Herodes gestorben war, siehe, da erschien der Engel des Herrn dem Josef im Traum in Ägypten und sprach: Steh auf, nimm das Kindlein und seine Mutter mit dir und zieh hin in das Land Israel; sie sind gestorben, die dem Kindlein nach dem Leben getrachtet haben. Da stand er auf und nahm das Kindlein und seine Mutter mit sich und kam in das Land Israel. Als er aber hörte, daß Archelaus in Judäa König war an-statt seines Vaters Herodes, fürchtete er sich, dorthin zu gehen. Und im Traum empfing er Befehl von Gott und zog ins galiläische Land und kam und wohnte in einer Stadt mit Namen Nazareth, damit erfüllt würde, was gesagt ist durch die Propheten: Er soll Nazoräer heißen." (Mt.)

Das bedeutet, sie hielten sich in Ägypten nur sehr kurzfristig auf. Im Jahr 4 v. floh die Familie nach Ägypten, und als Herodes der Große starb, kam sein Sohn Herodes Archeläus an die Macht. Herodes Archeläus „wurde zusammen mit seinem Bruder (Antipas) in Rom erzogen". Der Kerl war brutal, und nachdem er den Aufstand niederschlug, bei dem „3000 Juden ums Leben kamen", wurde Galiläa seinem Bruder Herodes Philipus zugeteilt.

„Sein Vater, Herodes der Große, hatte ihn in der letzten Fassung seines Testaments zu seinem Nachfolger als König bestimmt. Nachdem sein Vater im Jahr 4 v. Chr., wenige Tage nach der Hinrichtung des Antipaters, gestorben war und Archelaos einen Aufruhr der Pharisäer im Tempel - bei dem 3000 Juden ums Leben kamen - brutal niedergeschlagen hatte, begab er sich nach Rom, um von Kaiser Augustus seinen Herrschafts-anspruch bestätigt zu bekommen." (116)

Angeblich wegen einer Volkszählung „etwa von 6 bis 9 n. Chr." brachen dann neue Unruhen aus. (109) Simon Zelot hätte von seinem Schwert Gebrauch machen können, aber er war zu jung (13) dafür.

Aus dem ägyptischen Exil wechselt Josef nach der nicht existierenden "Stadt Nazareth" über, „damit erfüllt würde, was gesagt ist durch die Propheten: Er (wer, Josef?) soll Nazoräer heißen". Wieder „Die Propheten", wie bei Esra, durch welche Propheten? Durch Prophet Mohammed?

Nach neuestem wissenschaftlichem Stand existierte die Stadt Nazaret zu Jesuas Zeit noch gar nicht.

„Aufgrund des Fehlens jeglicher Erwähnung der Ortschaft Nazareth im Tanach, im Talmud oder in außerbiblischen Quellen aus dem ersten und zweiten Jahrhundert (wie etwa Flavius Josephus) wurde seit dem 19. Jahrhundert seine Existenz zur Zeit der Geburt Jesu selbst in Zweifel gezogen." (117)

Die Stadt gründeten Priester aus dem Dienst von Pizaz erst nach der Zerstörung des Tempels (62 n.). Manch andere wiederum „behaupten", dass NaZeReT die Abkürzung von „NeZeR von Haus David" ist. NeZeR bedeutet „ein Spross" im Sinne eines Nachkommen von König David. NeZIR im AT heißt "Nachfolge" eben "Nachkomme". וַיֹּאמֶר נָקֵל מִהְיוֹתְךָ לִי עֶבֶד לְהָקִים אֶת שִׁבְטֵי יַעֲקֹב וּנְצִירֵי [וּנְצוּרֵי קְרִי]

יִשְׂרָאֵל לְהָשִׁיב | וּנְתַתִּיךָ לְאוֹר גּוֹיִם לִהְיוֹת יְשׁוּעָתִי עַד קְצֵה הָאָרֶץ:

Die Idee ist nicht neu, und tatsächlich wird „Christus" „aus dem Geschlecht (NeZeR) Davids und aus dem Ort Bethlehem" kommen.

„Andere sprachen: Er ist der Christus. Wieder andere sprachen: Soll der Christus aus Galiläa kommen? Sagt nicht die Schrift: aus dem Geschlecht (NeZeR) Davids und aus dem Ort Bethlehem, wo David war, soll der Christus kommen?"

Doch wurde die Stadt „Nazaret" vielleicht in der Gegend gegründet, wo Maria Magdala sich versteckt hielt. Zunächst wurde das Dorf zu einem Domizil der Familie Jesuas und später entsprechend genannt. Die Priester aus dem Dienst von Pizaz waren noch Zeitgenossen und Zeugen, sie wussten, was sie tun, als sie die Stadt Nazareth gründeten. Grabungen legten Überreste „eines in späthellenistischer Zeit (zwischen 141 und 30 v. Chr.) gegründeten kleinen Dorfes" frei.

„Archäologische Grabungen haben eine Besiedlung der Areale um die heutige Stadt seit dem 2. Jahrtausend vor Chr. nachgewiesen: Auf diese Zeit geht ein Grabfeld zurück, das in dem Berghang gefunden worden ist, und auf das 13. Jahrhundert vor Chr.

ein eisenzeitliches Dorf. Auch wurden die Überreste eines in späthellenistischer Zeit (zwischen 141 und 30 v. Chr.) gegründeten kleinen Dorfes freigelegt." (117) Unbekannt bleibt, ob die Familie wirklich jemals in diesem Dorf wohnte, klar ist nur, dass nach der Hochzeit in Kana „ging Jesus hinab nach Kapernaum", er ging nach Hause. Sein Haus war um die Ecke, in Kapernaum, und nicht in „Nazareth", 45 km weiter, ansonsten würde er es bis Eintritt der Dunkelheit nicht schaffen. Auch „Kafar Kana", 7 km von „Nazareth" entfernt, ist nicht unbedingt mit dem Hochzeitsort Kana gleichzusetzen. Von da aus würde Jesua erst bei Morgenröte Kapernaum erreichen, vorausgesetzt, er könnte in der Nacht den Weg finden.

Die Erklärung für das Wort NeZeR ist doch ein wenig anders. Es ging um ein „Geschlecht" (Abfolge), aber nicht von König David, was kein besonderes Merkmal war, weil alle inzwischen ihre Abstammung vom Haus David beweisen konnten, bis Adam sowieso. Deswegen wurde das „Geschlecht" nicht auf den virtuellen David fixiert, sondern auf Königin Mariamne I., die zeitlich unmittelbar nah lebte. Und mit dem Wort NaZeReT (fem.) wurde Maria Magdala bezeichnet.

Johannes Täufer

Mit „etwa" dreißig Jahren trat Jesua auf. Nach qualifizierter Expertenmeinung wirkte Jesua zwischen seinem 30. und 33. Lebensjahr nicht länger als eineinhalb, höchstens aber 3 Jahre, bevor er starb.

Dem Lukas Evangelium folgend „geschah das Wort Gottes zu Johannes" „im fünfzehnten Jahr der Herrschaft des Kaisers Tiberius".

„Im fünfzehnten Jahr der Herrschaft des Kaisers Tiberius, als Pontius Pilatus Statthalter in Judäa war und Herodes Landesfürst von Galiläa und sein Bruder Philippus Landesfürst von Ituräa und der Landschaft Trachonitis und Lysanias Landesfürst von Abilene, als Hannas und Kaiphas Hohepriester waren, da geschah das Wort Gottes zu Johannes, dem Sohn des Zacharias, in der Wüste." (Lk.)

Dieser Tiberius war „römischer Kaiser von 14 bis 37 n. Chr.", ob er im 14. oder 15. Jahr Kaiser wurde, da ist sich die Große Wissenschaft nicht einig. So oder nicht so, „das Wort Gottes zu Johannes" wurde im 29. Jahr (14 n.+15) gesprochen. (118) Im selbigen Jahr taufte der 35-jährige Johannes Täufer den 35-jährigen (29+6) Jesua.

Johannes Täufer hatte „ein Gewand aus Kamelhaaren an und einen ledernen Gürtel um seine Lenden; seine Speise aber waren Heuschrecken und wilder Honig". War er ein Aussteiger oder ein (um Gottes Willen) Hippie? Manche meinen, er war ein Asket. Dieser spartanische Asket wohnte nicht zentral in einer Stadt, sondern in der Wildnis, „in Betanien jenseits des Jordans". Vielleicht war er obdachlos oder lebte in der Illegalität?

Auf den ersten Blick hatte Johannes eine ganz harmlose Beschäftigung, er taufte „zur Buße" mit Wasser. Eine „Wassertaufe" kann aber schnell mit einer „Feuertaufe" enden, was bis heute ein Begriff ist, und tatsächlich sprach Johannes von einer Taufe im Zusammenhang mit der Feuertaufe:

„Ich taufe euch mit Wasser zur Buße; der aber nach mir kommt, ist stärker als ich, und ich bin nicht wert, ihm die Schuhe zu tragen; der wird euch mit dem heiligen Geist und mit Feuer taufen."

Die Sympathisanten wurden auf sinnliche Weise mit der Taufe gesegnet und in die Partei aufgenommen. Bei der Aufnahmezeremonie übten die neuen Mitglieder Selbstkritik, indem sie ihre Sünden bekannten, sehr praktisch zur Enttarnung der feindlichen Agentur. Propagiert wurde ein erstrebenswertes, „ewiges Leben", und die Zahl der Kandidaten war groß.

„Da ging zu ihm hinaus die Stadt Jerusalem und ganz Judäa und alle Länder am Jordan und ließen sich taufen von ihm im Jordan und bekannten ihre Sünden."

Eine Aufklärung (Hetze) hatte Johannes auch nicht unterlassen, für ihn waren Nichtgetaufte eine „Schlangenbrut", die dem geplanten „künftigen Zorn" nicht entrinnen werden. Was die Bibel unter „Zorn" verstand, hat sich im Laufe der Zeit kaum geändert, nicht lange her, da brachen Tage des „Zorns" („Volkszorn") während der demokratischen Revolution von Mursi in Ägypten aus.

Aus den Sprüchen von Johannes Täufer kann einer die leise Vorstellung von seinem Minimal- Programm bekommen: „Es ist schon die Axt den Bäumen an die Wurzel gelegt; jeder Baum, der nicht gute Frucht bringt, wird abgehauen und ins Feuer geworfen." Das bedeutet, die Stunde X ist ganz nah, dann „wird abgehauen und ins Feuer geworfen". Das Minimal-Programm hatte manch soziale Komponenten inklusiv: „Wer zwei Hemden hat, der gebe dem, der keines hat; und wer zu essen hat, tue ebenso." Mit solch einfacher Lösung kann die Klasse der Reichen leicht abgeschafft werden. Wie aus einer Lektüre über „Die Technik der Zerstörung des Staates" abgeguckt und vorläufig strategisch - pazifistisch gedacht, wurden die Streitkräfte moralisch zersetzt und angeworben.

„Da fragten ihn auch die Soldaten und sprachen: Was sollen denn wir tun? Und er sprach zu ihnen: Tut niemandem Gewalt oder Unrecht und laßt euch genügen an eurem Sold!"

Seinen verschiedenen Äußerungen nach, wie immer in der Doppeldeutigkeit der biblischen Sprache, erwartete Johannes Täufer einen Herrn, der „stärker" ist als er selbst.

„Ich taufe euch mit Wasser; es kommt aber einer, der ist stärker als ich, und ich bin nicht wert, daß ich ihm die Riemen seiner Schuhe löse; der wird euch mit dem heiligen Geist und mit Feuer taufen. In seiner Hand ist die Worfschaufel, und er wird seine

Tenne fegen und wird den Weizen in seine Scheune sammeln, die Spreu aber wird er mit unauslöschlichem Feuer verbrennen."
Johannes erwartete und bereitete die Ankunft dieser ranghohen Gestalt vor, der Herr ist nicht unbekannt und hat einen Namen „Heiland Gottes":
„Bereitet den Weg des Herrn und macht seine Steige eben! Alle Täler sollen erhöht werden, und alle Berge und Hügel sollen erniedrigt werden; und was krumm ist, soll gerade werden, und was uneben ist, soll ebener Weg werden. Und alle Menschen werden den Heiland Gottes sehen."
Weiter läuft alles wie in einem Krimi.

Taufe

Was wusste Johannes Täufer über diesen „Heiland Gottes"? Er ist hochrangig, und er wird die Politarbeit leiten.
„Johannes antwortete ihnen und sprach: Ich taufe mit Wasser; aber er ist mitten unter euch getreten, den ihr nicht kennt. Der wird nach mir kommen, und ich bin nicht wert, daß ich seine Schuhriemen löse."
Johannes Täufer kündigte an: „Nach mir kommt ein Mann", das heißt, der „Mann" war ein Veteran der politischen Arbeit, „der vor mir gewesen ist", und dieser übernimmt die Parteiführung.
„Am nächsten Tag sieht Johannes, daß Jesus zu ihm kommt, und spricht: Siehe, das ist Gottes Lamm, das der Welt Sünde trägt! Dieser ist's, von dem ich gesagt habe: Nach mir kommt ein Mann, der vor mir gewesen ist, denn er war eher als ich. Und ich kannte ihn nicht."
Jetzt ist die Frage, wenn Elisabeth und Maria verwandt waren, und wenn in einem Dorf jeder jeden kennt, wie kann es sein, dass Johannes Täufer „ihn nicht kannte", den Jesus Christus. Es sei denn, Johannes Täufer und Johannes Sohn Zacharias waren nicht ein und dieselbe Person, oder Jesua war viel zu lange abwesend und geriet in Vergessenheit. Und wenn mit dem „Mann, der vor mir gewesen ist", weil „er war eher als ich", eine Erstgeburt gemeint war, war Johannes Täufer 6 Monate älter als Jesua. Oder hier ist wieder ein Übersetzungsfehler, und wenn nicht, wartete Johannes Täufer auf jemand anderen.
„Und Johannes bezeugte und sprach: Ich sah, daß der Geist herabfuhr wie eine Taube vom Himmel und blieb auf ihm. Und ich kannte ihn nicht. Aber der mich sandte, zu taufen mit Wasser, der sprach zu mir: Auf wen du siehst den Geist herabfahren und auf ihm bleiben, der ist's, der mit dem heiligen Geist tauft."
Zuerst hatte Johannes Täufer Hemmungen, solch ranghohe Parteigröße zu taufen, er „wehrte ihm und sprach: Ich bedarf dessen, daß ich von dir getauft werde, und du kommst zu mir?"
Anhand des Geheimzeichens mit der Taube wurde Jesua als „Gottes Sohn" identifiziert, und als er am nächsten Tag unauffällig an der Taufstelle

vorbeiging, schickte ihm Johannes zwei seiner Jünger nach. Nach Austausch der Parolen „Was sucht ihr?", „Wo ist deine Herberge?" kamen sie in eine konspirative Wohnung, die politische Arbeit begann.

„Am nächsten Tag stand Johannes abermals da und zwei seiner Jünger; und als er Jesus vorübergehen sah, sprach er: Siehe, das ist Gottes Lamm! Und die zwei Jünger hörten ihn reden und folgten Jesus nach. Jesus aber wandte sich um und sah sie nachfolgen, und sprach zu ihnen: Was sucht ihr? Sie aber sprachen zu ihm: Rabbi - das heißt übersetzt: Meister -, wo ist deine Herberge? Er sprach zu ihnen: Kommt und seht! Sie kamen und sahen's und blieben diesen Tag bei ihm. Es war aber um die zehnte Stunde."

Jesua und Johannes Täufer intensivierten nach ihrem Zusammenschluss sogleich ihre Arbeit, ab jetzt wurden Sympathisanten am Fließband angefertigt und zwar auch diesseits des Jordans.

„Danach kam Jesus mit seinen Jüngern in das Land Judäa und blieb dort eine Weile mit ihnen und taufte. Johannes aber taufte auch noch in Änon, nahe bei Salim, denn es war da viel Wasser; und sie kamen und ließen sich taufen."

Dieses Salem am Änon ist das lang gesuchte, von Wissenschaftlern in Jerusalem gefundene Salem von Melchi Zedek, der Abraham mit Wein und Brot bewirtete.

Gefängnis

Nach vier Jahren fruchtbarer Zusammenarbeit mit Johannes Täufer wurde Jesua im Jahr 33 verhaftet und der Versuchung durch „Teufel" ausgesetzt. In der gleichen Tradition wurden in den Qumran-Rollen die politischen Feinde metaphorisch „Teufel" genannt. In der „Wüste" wurde Jesua von einem „Geist" festgenommen und in ein Polizeirevier abgeführt („geführt"), so, wie es Saulus getan, als er mit der Jagd auf Aufständische beschäftigt war.

Da saß Jesua 40 Tage in Untersuchungshaft und hungerte. „Die Wüste" ist die Abkürzung von „Jericho Wüste". „Der Versucher" ist ein ganz gewöhnlicher Untersuchungskommissar, dessen Aufgabe es war zu klären, ob Jesua ein „Gottes Sohn" ist und ein Geständnis von ihm zu bekommen. Wie üblich, gab es einen guten und einen schlechten Bullen. Der schlechte Bulle sagte ihm in einer Art Galgenhumor: „Bist du Gottes Sohn, so sprich, daß diese Steine Brot werden", oder „Bist du Gottes Sohn, so wirf dich (vom Berg) hinab."

„Jesus aber, voll des heiligen Geistes, kam wieder von dem Jordan und ward vom Geist in die Wüste geführt und ward vierzig Tage lang vom Teufel versucht. Und er aß nichts in diesen Tagen; und da sie ein Ende hatten, hungerte ihn darnach. Der Teufel aber sprach zu ihm: Bist du Gottes Sohn, so sprich zu dem Stein, dass er Brot werde. Und Jesus antwortete und sprach zu ihm: Es steht geschrieben: „Der Mensch lebt nicht allein vom Brot, sondern von einem jeglichen Wort Gottes."

Der gute Bulle warb um seine Mitarbeit:

„Und der Teufel führte ihn auf einen hohen Berg und zeigte ihm alle Reiche der ganzen Welt in einem Augenblick und sprach zu ihm: Alle diese Macht will ich dir geben und ihre Herrlichkeit; denn sie ist mir übergeben, und ich gebe sie, welchem ich will. So du nun mich willst anbeten, so soll es alles dein sein."

Jesua wurde von der Wüste in die Zentrale der „heiligen Stadt" verlegt und weiter mit Nahrungsentzug und Einschüchterungen unter Druck gesetzt.

„Und er führte ihn gen Jerusalem und stellte ihn auf des Tempels Zinne und sprach zu ihm: Bist du Gottes Sohn, so lass dich von hinnen hinunter denn es steht geschrieben: „Er wird befehlen seinen Engeln von dir, dass sie dich bewahren und auf den Händen tragen, auf dass du nicht etwa deinen Fuß an einen Stein stößt." Jesus antwortete und sprach zu ihm: Es ist gesagt: „Du sollst Gott, deinen Herrn, nicht versuchen."

40 Tage lang dauerte die Untersuchung-Versuchung, danach wurde Jesua entlassen („verlassen") und von seinen Engeln abgeholt.

„Da verließ ihn der Teufel. Und siehe, da traten Engel zu ihm und dienten ihm."

Dann erhielt Jesua die Nachricht über die Gefangennahme von Johannes Täufer und verließ Judäa fluchtartig in Richtung seiner Familie in „Galiläa".

„Als nun Jesus hörte, daß Johannes gefangen gesetzt worden war, zog er sich nach Galiläa zurück. Und er verließ Nazareth, kam und wohnte in Kapernaum." (Lk.)

Gefangennahme von Johannes Täufer

Und in der Tat, die Verlegung der Aktivitäten in den „Westjordan", nahe bei Salim, wo König Melchi Zedek Abraham mit Brot und Wein begrüßte, erwies sich als gefährlich. Johannes Täufer wurde von König Herodes Antipas eingefangen und in Peräa, im „Ostjordan", enthauptet. Josephus Flavius zufolge wurde Johannes Täufer im Jahr 33 n. hingerichtet.

„Weiter berichtet Josephus aber, dass die verstoßene Frau zu ihrem Vater, dem Nabatäerkönig Aretas, floh, und dass dieser wegen der Schmach seiner Tochter, aber auch wegen Grenzstreitigkeiten einen Krieg mit Herodes anfing, und zwar nach dem Tod des Tetrarchen Philippus (der sich auf 33/34 datieren lässt). In diesem Krieg erlitt das Heer des Herodes eine Niederlage, und darin sahen die Juden eine Strafe Gottes für die Hinrichtung Johannes' des Täufers. – Diese Darstellung der Ereignisse kann den Anschein erwecken, als habe man die Gefangennahme und die Hinrichtung des Johannes unmittelbar vor dem Krieg zwischen Aretas und Herodes anzusetzen." (119)

Johannes Täufer konnte aus dem Gefängnis noch eine Nachricht für Jesua über bringen lassen und fragte, „Bist du es, der da kommen soll, oder sollen wir auf einen andern warten?" Den „anderen" nannte er „Christi".

„Als aber Johannes im Gefängnis von den Werken Christi hörte, sandte er seine Jünger und ließ ihn fragen: Bist du es, der da kommen soll, oder sollen wir auf einen andern warten?" (Mt.)

Seit der Zeit „fing Jesus an zu predigen: Tut Buße, denn das Himmelreich ist nahe herbeigekommen!" Im Unterschied zum „Ewigen Leben" bei Johannes Täufer propagierte Jesua „Gottes Reich" im Himmel und auf der Erde. Für sich hat er in diesem Reich die Rolle eines Richters gepachtet, und sein Minimum-Programm bestand aus der Strafe für alle Verantwortlichen.

„Jesus aber sprach zu ihnen: Wahrlich, ich sage euch: Ihr, die ihr mir nachgefolgt seid, auch ihr werdet in der Wiedergeburt, wenn der Sohn des Menschen sitzen wird auf seinem Thron der Herrlichkeit, auf zwölf Thronen sitzen und richten die zwölf Stämme Israels."

Nicht wie bei den Volksvertretern, für die das Parlament ein Selbstbedienungs-laden ist, und deren Programm nur aus einem Punkt besteht, der Diäten-Erhö-hung heißt, war die Voraussetzung für die Aufnahme in Jesuas Partei die voll-ständige Aufgabe des ganzen Vermögens zugunsten der Armen. Ein Paragraph aus der Satzung lautet:

„Wenn du vollkommen sein willst, so geh hin, verkaufe deine Habe und gib den Ar-men, und du wirst einen Schatz im Himmel haben; und komm, folge mir nach."

Nach zwei Jahren, im Jahr 35, erschien die ganze Familie in der „Vaterstadt": Bisherige Angaben in Zusammenfassung:

24 n. mit 30 Jahren trat Jesua an.
29 n. Johannes Täufer (35) hörte das Wort Gottes, Jesua (35) wurde getauft.
29 n. Hochzeit in Kana, Juda (33) heiratet Salome.
30 n. Jesua (36) trifft Maria in Sichar. Hose, Sohn von Juda ist geboren.
31 n. Klein Jakobus ist geboren.
33 n. Gefangennahme und Hinrichtung von Johannes (39).
34 n. Jose ist geboren.
35 n. Großer Fischfang (dritte Offenbarung), Jesua (41) erscheint mit seiner Familie in „Vaterstadt".

Maria Magdala (68)/HERR--Jesua (41)/Maria--Klein Jakobus (4) und Jose (1)
Maria Magdala/Josef Zimmermann--Juda (39)/Salome (35)--Hose (5)

Konspiration

Jesua predigte vom Reich des Gottes, in dem er richten und hinrichten wird, sogar ein fester Termin wurde bekanntgegeben, im Frühling:

„Und er sagte ihnen ein Gleichnis: Seht den Feigenbaum und alle Bäume an: wenn sie jetzt ausschlagen und ihr seht es, sowißt ihr selber, daß jetzt der Sommer nahe ist. So auch ihr: wenn ihr seht, daß dies alles geschieht, so wißt, daß das Reich Gottes nahe ist." (Lk.)

Plötzlich, vor den Toren Jerusalems, begann das Lied über den baldigen Tod und Verrat. Welch fin-steren Einfluss muss diese Stadt haben, dass einer so schnell auf solche Gedanken kommt?

Wie bei Mose muss sich die konspirative Geschichte einer Verschwörung wiederholen, und sie wiederholt sich. Zu versuchen, aus diesem Grunde zu erfahren, was in Der Nacht nach dem Letzten Abendmahl geschah, ist zwecklos. Über die Umstände des Todes von Kennedy oder Olof Palme ist bis heute nichts Näheres bekannt, geschweige über Ereignisse vor zweitausend Jahren. Nur ein Ergebnis liegt vor, vier Tote, und einer starb durch Selbstmord.

Die Erfahrung lehrt aber, dass bei einem Komplott die Toten aus praktischen Gründen für Schuldige erklärt werden und Selbstmörder für eine Verschleierung nützlich sein können. Beispiele dafür sind genügend bekannt, beispielsweise Möllemann, Boris Beresovski, Richterin Heizig und so unendlich weiter. Der Projekt-Direktor von Tschernobyl beging Selbstmord, nachdem er alle Sicherheitsvorkehrungen im AKW ausschaltete. Ebenso der Akademiker Valeiri Legasov, der beauftragt war, die Folgen der Havarie zu lokalisieren und die Ursachen zu ermitteln. Er wurde 8 Jahre später tot aufgefunden. Und noch der Selbstmordpilot Mohammed Atta vom 11.9., nach ihm wurde weltweit und vier Wochen lang gesucht, außer im Cockpit. In der biblischen Geschichte entspricht „Judas" womöglich auch einem Idealfall.

Die letzte Woche

„Zwölf" Jünger

Jesua schickte „Zwolf" Jünger nach Jerusalem voraus, seine Wundertaten zu verkünden.

„Er nahm aber zu sich die Zwölf und sprach zu ihnen: Seht, wir gehen hinauf nach Jerusalem, und es wird alles vollendet werden, was geschrieben ist durch die Propheten von dem Menschensohn." (Lk.)

„Und er rief die Zwölf zu sich und fing an, sie auszusenden je zwei und zwei, und gab ihnen Macht über die unreinen Geister und gebot ihnen, nichts mitzunehmen auf den Weg als allein einen Stab, kein Brot, keine Tasche, kein Geld im Gürtel, wohl aber Schuhe, und nicht zwei Hemden anzuziehen."

Auch Mose schickte 12 Aufklärer, Kanaan zu erforschen und auch „zwei und zwei", damit es nicht so aussieht, als marschiere da eine Friedensdemo.

Jesua selbst ging mit „zwei" Zebedäus Brüdern los, diese waren nämlich seine Leibgarde, ausgestattet

mit dem gewissen Potential an Aggressivität. Im folgenden Satz schlagen sie vor, das Dorf bei einer Strafaktion niederzubrennen:

„Und er sandte Boten vor sich her; die gingen hin und kamen in ein Dorf der Samariter, ihm Herberge zu bereiten. Und sie nahmen ihn nicht auf, weil er sein Angesicht gewandt hatte, nach Jerusalem zu wandern. Als aber das seine Jünger Jakobus und Johannes sahen, sprachen sie: Herr, willst du, so wollen wir sagen, daß Feuer vom Himmel falle und sie verzehre."

Nicht zufällig wurden die Brüder Zebedäus „Boanerges" genannt, „das heißt: Donnersöhne". (Mk.) Eigentlich heißt es auch „die Söhne des Tumults".

„Boanerges (Βοανηργες): Greek name meaning „sons of thunder" or "sons of tumult". (129)

Begleitet von diesen zwei Anarchisten ging Jesua „hinauf nach Jerusalem", nicht mit den legendären „Zwölf". „Zwölf" ist hier nicht Zwölf, und nebenbei erinnert ein solcher Bericht an ein Dossier der russischen Ochranka (Ochrana).

Arbeitsunfall

Die rationalen Gründe für die geplante Aktion sind bereits bekannt. Sie startete am 1. NISaN 36, nach dem Muster wie beim Auszug aus Ägypten. Die Operation konnte wegen der Innovationen von Esra und seinen Talmudjuden leider nicht exakt nach Moses Vorbild wiederholt werden. Das lag allein am Päuschen zwischen Abendmahl und Rüsttag, was bei Mose sicherlich nicht der Fall war. Zur Erinnerung, aus vernünftigen Gründen plante Mose in der Regel seine Unternehmen im Frühling, im „Ersten Monat" NISaN, als es an (Regen) Wasser nicht mangelte. In zwei Wochen wurden an einem geheimen Ort „600 Tausend" Kämpfer konzentriert und die erforderlichen Transportmittel (Kamele) unbemerkt hingebracht. Ohne Kamele wäre das ganze Unternehmen undenkbar gewesen, deshalb strich Mose die Kamele von der Speisekarte, obwohl sie nach seiner Definition „rein" sind. Der Geheimort kann nun offengelegt werden, es war die Wüste Etam, direkt hinter dem Sukot.

Am 14. NISaN wurde planmäßig „gerüstet" und „mittennachts" aufgebrochen. Womöglich handelte Jesua nach demselben Schema, dennoch konnte er seinen Arbeitsplan nicht einhalten und „rüstete" am 12. NISaN statt dem 14. NISaN.

Wundertäter

Wie bereits im Vorfeld geschildert, waren Mose und Josua große Performance-Künstler, und Jesua, als Wiedergänger der beiden, sollte auch einer sein. In Bethanien weckte er Lazarus zum Leben auf, war das Jesuas Attraktion oder ein Fantasieprodukt von Apostel Johannes gewesen? Sogar Gott kann einen Toten nicht nach 4 Tagen wiedererwecken, und wenn das so einfach wäre, könnte er auch ein Steak im Supermarkt zum Springen bringen.

Aber wie es der Zufall will, Lazarus (37) war ein enger Freund Jesuas, noch dazu der Bruder seiner Frau Maria (39). Eine Aufgabe für Nobel-Preis-Nominierte ist, das folgende Rätsel rechnerisch zu lösen. Als Jesua erfuhr, dass sein teurer Freund Lazarus „krank war, blieb er noch zwei Tage an dem Ort, wo er war", und als er endlich „kam, fand er Lazarus schon vier Tage im Grabe liegen".

„Als er nun hörte, daß er krank war, blieb er noch zwei Tage an dem Ort, wo er war." „Als Jesus kam, fand er Lazarus schon vier Tage im Grabe liegen. Betanien aber war nahe bei Jerusalem, etwa eine halbe Stunde entfernt." (Joh.)

Eine Eile mit Weile. Eine Verzögerung von 2 Tagen ist erklärungsbedürftig, und die „vier Tage" können womöglich dabei hilfreich sein.

Falls die Auferweckung von Lazarus Hexerei war, stand dafür die Todesstrafe in Aussicht, und falls nicht, kann die nachgeschobene Auferweckungsszene als Image schädigend bewertet werden. Unabhängig davon muss die Auferweckung niemandem Schwierigkeiten bereiten, in hebräischer Kontextsprache heißt ein „Gestorbener" oder „Sterbender" MeT. Eindeutig ist, auch diesmal waren antike Wikipedisten am Werk und statt „stirbt" haben sie „ist gestorben" reingeschrieben. Korrigiert ist der Text so geworden:

„Das sagte er, und danach spricht er zu ihnen: Lazarus, unser Freund, schläft, aber ich gehe hin, ihn aufzuwecken. Da sprachen seine Jünger: Herr, wenn er schläft, wird's besser mit ihm. Jesus aber sprach von seinem Tode; sie meinten aber, er rede vom leiblichen Schlaf. Da sagte es ihnen Jesus frei heraus: Lazarus stirbt; und ich bin froh um euretwillen, daß ich nicht dagewesen bin, damit ihr glaubt. Aber laßt uns zu ihm gehen! Da sprach Thomas, der Zwilling genannt wird, zu den Jüngern: Laßt uns mit ihm gehen, daß wir mit ihm sterben!" (Joh.)

Lazarus war doch schon tot gewesen und das ging scheinbar so:

1. NISaN (Sa.) Genau, wie damals Mose, feierte Jesua am 1. NISaN seinen (42.) Geburtstag. Im Rahmen einer „Aktion direkt" wurden am nächsten Tag 2 Boten (Kuriere) mit einer wichtigen Nachricht nach Jerusalem geschickt.

3. NISaN Auf dem Rückweg wurden Lazarus und sein Begleiter in Bethanien, das „nahe bei Jerusalem, etwa eine halbe Stunde entfernt ist", überfallen. Der Begleiter hatte aber Glück und konnte entkommen. Den glücklichen Begleiter sandten die Schwestern Maria und Marta „zu Jesus und ließen ihm sagen: Herr, siehe, der, den du lieb hast, liegt krank" im Sterben.

4. NISaN Jesua bekam die schlechte Nachricht über den „erkrankten" Lazarus und blieb noch 2 Tage „an dem Ort, wo er war".

8. NISaN (Sa.) Dann, „Sechs Tage vor dem Passafest kam Jesus nach Betanien", und den gruftigen Lazarus fand er „schon vier Tage im Grabe liegen".

Marta sagte: „Herr, er stinkt schon; denn er liegt seit vier Tagen." Das heißt, Lazarus erlag seinen Verletzungen am gleichen Tag abends (3. NISaN).
10. NISaN Seine Familienangehörigen, die Schwestern Maria und Marta, hielten 7 Tage ShIVA (Totentrauer) bis einschließlich 10. NISaN.
So blieb bis zum Letzten Abendmahl am 12. NISaN genug Zeit für den Einzug nach Jerusalem. Jedoch ging durch Lazarus Tod gleich am Anfang des Unternehmens, im Unterschied zu Mose, alles schief. War das ein ganz schlechtes Omen?

„an dem Ort, wo er war"

So lange die Nobelpreisträger das Rätsel mit den „vier Tagen im Grabe" nicht gelöst haben, kann diese Chronologie stimmen. Nun ist die Frage, wo war der höchst geheime Ort, „wo er war"? Die 100 km lange Strecke von „Galiläa" bis nach Bethanien ist zu weit, besonders wenn jemand hin und her pendeln muss. Der andere mögliche Ausgangsort Sichar, in Samaria („Nablus"), liegt 50 km von Bethanien entfernt, dafür reichen zwar zwei schicksalhafte Tage, inklusive Übernachtung, aus, aber das Flirten mit Maria und die anschließenden zwei Tage Aufenthalt in Sichar genügen nicht als Hinweis dafür, dass dort der gesuchte Bestimmungsort war. Und einen Marsch durch Samaria, als er mit den zwei Kopfabschneider-Brüdern Zebedäus in einem samaritanischen Dorf keine Übernachtungsmöglichkeit fand, hatte Jesua bereits ein Jahr zuvor hinter sich gebracht. In diesem Jahr wechselten die Organisatoren ihren Standort von Kapernaum zu einem Ort, der möglichst nah zu Jerusalem, aus Sicherheitsgründen aber doch entfernt sein sollte.

„Jesus aber ging nicht mehr frei umher unter den Juden, sondern ging von dort weg in eine Gegend nahe der Wüste, in eine Stadt mit Namen Ephraim, und blieb dort mit den Jüngern."

Das wäre eine Siedlung vor Jericho, „nahe der Wüste", mit dem vielsagenden Namen „Ephraim". Gerade dort, wo die berühmten „Essener" sich eingenistet haben, 10 km von Qumran und etwa 35 km von Jerusalem entfernt.

Inzwischen ist schon jeder darauf gekommen, dass einer der Boten (Kuriere), die Jesua nach Jerusalem schickte, Lazarus war. Wie der „Mensch" im Gleichnis vom „Barmherzigen Samariter", war auch er auf der Rückreise „von Jerusalem hinab nach Jericho" und fiel „unter die Räuber; die zogen ihn aus und schlugen ihn und machten sich davon und ließen ihn halbtot liegen." Diesmal kann keiner die Räuber für „Gibeaniter" oder „Benjaminiter" halten, denn das Land Benjamin war längst entvölkert, besetzt und an Judäa angegliedert.

Lazarus Tod

Die Lazarus-Geschichte kann Jesuas Gleichnis vom „Barmherzigen Samariter" vervollständigen. Nachdem ein unbekannter Zeuge eine vertrauliche Beschreibung abgab, wurde Lazarus geschnappt. Zwar kam er „heraus, gebunden mit Grabtüchern an Füßen und Händen", sein Gesicht war nicht „verhüllt mit einem Schweißtuch", aber nicht so, wie das Johannes Evangelium es hinstellte und bezweckte. Lazarus war „krank", „voll von Geschwüren", was vermutlich nicht die unmittelbare Todesursache war. Er wurde nicht sofort getötet, die Mißhandlungen machten ihn „voll von Geschwüren", an denen er am gleichen Tag starb.

„Es war aber ein gewisser reicher Mann, und er kleidete sich in Purpur und feine Leinwand und lebte alle Tage fröhlich und in Prunk. [Es war] aber ein gewisser Armer, mit Namen Lazarus, [der] an dessen Tor lag, voller Geschwüre, und er begehrte sich von den Brotkrumen zu sättigen, die von dem Tisch des Reichen fielen; aber auch die Hunde kamen und leckten seine Geschwüre. Es geschah aber, dass der Arme starb und von den Engeln getragen wurde in den Schoß Abrahams." (Lk.)

Der Anfang dieser Beschreibung wurde psychologisch wirksam in das Lukas Evangelium „Vom reichen Mann und armen Lazarus" untergebracht, damit keiner die Verbindung erkennt und denkt, es handele sich um ein und denselben Lazarus. Diese clevere Lösung legt nahe, dass ein einziger Schreiber die Apostelgeschichte von Lukas und das Johannes Evangelium überlieferte.

Nach Jesuas Auslegung lag Lazarus „voller Geschwüre" und starb am Tor eines gewissen reichen Mannes, der sich in Purpur und feine Leinwand kleidete und alle Tage fröhlich und in Prunk lebte. Der reiche Mann starb auch und ohne Wiederkehr. Dort sprach er zu Vater Abraham:

„Ich bitte dich nun, Vater, dass du ihn (Lazarus) in das Haus meines Vaters sendest, denn ich habe fünf (5!) Brüder, damit er ihnen ernstlich Zeugnis gebe, damit sie nicht auch kommen an diesen Ort der Qual."

Abraham aber sagte ihm:

„Sie haben Moses und die Propheten; mögen sie dieselben hören." Er aber sprach: „Nein, Vater Abraham, sondern wenn jemand von den Toten zu ihnen geht, so werden sie Buße tun."

Selbst Jesua hielt nichts von der Auferstehung:

„Hören sie Mose und die Propheten nicht, so werden sie sich auch nicht überzeugen lassen, wenn jemand von den Toten auferstünde."

Für Dolmetscher übersetzt, von den Toten ist niemand auferstanden, und wenn jemand von den Toten auferstünde, nützte das nichts. Deshalb verspricht Jesua eine Auferstehung von Lazarus am Jüngsten Tage, was keineswegs ein Luxusangebot ist, sogar Marta weiß das.

„Jesus spricht zu ihr: Dein Bruder wird auferstehen. Marta spricht zu ihm: Ich weiß

wohl, daß er auferstehen wird - bei der Auferstehung am Jüngsten Tage."
Wer sollte Lazarus umgebracht haben? Hier schwarz auf weiß: „Aber die Hohepriester beschlossen, auch Lazarus zu töten; denn um seinetwillen gingen viele Juden hin und glaubten an Jesus." (Joh.) Natürlich ist der „Beschluss" nur eine Absichtserklärung und bei weitem noch keine Tat, dennoch musste Lazarus in dieser extremen Lage umgebracht werden und dann unbedingt nach 4 Tagen „auferstehen", so wie es 6 Tage später mit Jesua praktiziert wurde. Ein Präzedenzfall oder, jemand so will, eine Generalprobe.

Die geographische Lage und die Unglücksumstände erinnern wiederum an das Gleichnis über den Barmherzigen Samariter, der auch auf Geschäftsreise „von Jerusalem nach Jericho" war, und der in der gleichen Ortschaft von Räubern überfallen wurde. „Voll von Geschwüren", und dass seine Gedärme „herquollen", ist ein feiner Ausdruck für Harakiri. Er lag vor der Tür eines reichen Mannes, bis ein barmherziger Samariter ihn holte und in eine Herberge (Hospiz) brachte, wo der Arme starb. Sollte das stimmen und Lazarus war der verunglückte Samariter, dann wiederum waren auch seine Schwestern Marta und Maria Samariterinnen, und Maria ist die Frau, die Jesua in der Hauptstadt der Samariter, Sichar (SUKaR), kennengelernt hat.

Sicherlich wünschte sich Jesua keine weiteren Überraschungen, und nachdem er die Nachricht über den Tod seines Lazarus' erhielt, schickte er einen anderen Kundschafter, um die Lage abzuchecken. In 2 Tagen war er zurück, und hier kann der Zweiertakt-Modus in der Geschichte erklärt werden, auch die 2-tägige Verzögerung, bis Jesua in Bethanien aufkreuzte. Jesua war „noch nicht in das Dorf gekommen", als ihm Marta entgegenkam, und nicht erwartungsgemäß seine Lieblingsfrau Maria, die „aber blieb daheim sitzen". Passte sie auf ihren Sohn auf?
Jesua war also noch dort, wo ihm Marta begegnete, vor der Gruft mit Lazarus. Vorerst sagte ihm Marta, „Herr, wärst du hier gewesen, mein Bruder wäre nicht gestorben". Die gleiche Meinung, wie abgeschrieben, hatte auch Maria: „Herr, wärst du hier gewesen, mein Bruder wäre nicht gestorben." Und wäre Jesua „hier gewesen", könnte er eine Krankheit oder einen Mordkomplott verhindern? Da „ergrimmte" Jesua „im Geist und wurde sehr betrübt", nicht nur wegen des Todes seines zuverlässigen Kameraden und wichtigen Kontaktmanns. Ihm schwante, dass Lazarus, der auf einer „Geschäftsreise" umkam, bespitzelt und verraten wurde. Dadurch wurde der ganze Plan hinfällig - ein triftiger Grund, die Operation ganz abzublasen.

Salböl

Nach der misslungenen Auferweckung von Lazarus wurde Jesua „im Hause Simons des Aussätzigen" beköstigt und von „(irgend) einer Frau" mit „kostbarem Nardenöl" gesalbt.

„Und als er in Betanien war im Hause Simons des Aussätzigen und saß zu Tisch, da kam eine Frau, die hatte ein Glas mit unverfälschtem und kostbarem Nardenöl, und sie zerbrach das Glas und goß es auf sein Haupt." (Mk.)

So bei Apostel Markus und bei Apostel Johannes Maria aber war es, sie nahm „ein Pfund Salböl von unverfälschter, kostbarer Narde und salbte die Füße Jesu und trocknete mit ihrem Haar seine Füße".

Bei Apostel Lukas wiederum sieht es anders aus, ein „Pharisäer" als Gastgeber, „eine Sünderin" als anonyme Frau:

„Es bat ihn aber einer der Pharisäer, bei ihm zu essen. Und er ging hinein in das Haus des Pharisäers und setzte sich zu Tisch. Und siehe, eine Frau war in der Stadt, die war eine Sünderin. Als die vernahm, daß er zu Tisch saß im Haus des Pharisäers, brachte sie ein Glas mit Salböl und trat von hinten zu seinen Füßen, weinte und fing an, seine Füße mit Tränen zu benetzen und mit den Haaren ihres Hauptes zu trocknen, und küßte seine Füße und salbte sie mit Salböl." (Lk.)

Und wer war der gastfreundliche „Pharisäer"? Es war „Simon, der Aussätzige." Scheinbar gab es für Maria einen triftigen Grund zum Weinen, nachdem sie ihren Bruder verlor, und sie auch von Vorahnungen, was alles noch kommen mag, geplagt wurde. Und da taucht Judas auf und mischt sich wegen einem Pfund Salböl im Wert von dreihundert Silbergroschen ein.

„Da sprach einer seiner Jünger, Judas Iskariot, der ihn hernach verriet: Warum ist dieses Öl nicht für dreihundert Silbergroschen verkauft worden und den Armen gegeben?" (Joh.)

Apostel Markus erwähnt einen Streit um Geld zwischen wiedermal anonymen „einigen". Und aus Sorge um das Image oder anderen Gründen unterschlägt er wiederholt den allgegenwärtigen Petrus völlig.

Die namenlose „Frau" war Jesuas Frau Maria, die Petrus kaum ausstehen konnte, was auf Gegenseitigkeit beruhte. Und um das Geld stritt der unterschlagene Petrus. Auch die Zahl „dreihundert Silbergroschen", anderswo „dreißig Silberlinge" ist auf seinem Mist gewachsen. Bei Petrus muss alles mit der Drei zu tun haben, was ihn unglücklicherweise immer und wieder verrät.

„Und als er in Betanien war im Hause Simons des Aussätzigen und saß zu Tisch, da kam eine Frau, die hatte ein Glas mit unverfälschtem und kostbarem Nardenöl, und sie zerbrach das Glas und goß es auf sein Haupt. Da wurden einige unwillig und sprachen untereinander: Was soll diese Vergeudung des Salböls?" (Mk.)

Jetzt ist die Frage, warum der Abschluss der 7-tägigen Trauerfeier ShIVA im Haus Simon, noch dazu dem „Aussätzigen", stattfand und nicht im Haus von

Maria und ihrer Schwester Martha, die „aus dem Dorf" waren? Und wo waren sie, als ihr Bruder Lazarus umgebracht wurde? Warum brachte ihn ein unbekannter, barmherziger Samariter zum Hospiz und nicht zu ihnen nach Hause? Eine Bestattungszeremonie wurde nicht erwähnt, und Lazarus hat schon gestunken. Waren seine Schwestern überhaupt vor Ort oder kurz vorher angekommen? Dafür. und dass sie überhaupt „aus dem Dorf" stammten, fehlen jegliche Anzeichen. Und dieser „Aussätzige", ist er nicht zufällig Petrus, der sich für „Simon" hielt? Und wurde nicht in seinem Haus die Trauerfeier abgehalten? An jenem Tag jedenfalls „einer von den Zwölfen (2), ging hin zu den Hohenpriestern, daß er ihn an sie verriete. Als die das hörten, wurden sie froh und versprachen, ihm Geld zu geben. Und er suchte, wie er ihn bei guter Gelegenheit verraten könnte." (Joh.)

„der ihn verriet"

Der Zusatz-Satz „der ihn verriet" bei Judas Name wird in allen vier Büchern der Evangelien ausdrücklich betont und wiederholt, damit niemals jemand auf falsche Gedanken kommt.
Matthäus: „Als Judas, der ihn verraten hatte…"
Johannes: „Judas aber, der ihn verriet…"
Markus: „…und Judas Iskariot, der ihn dann verriet."

Über Petrus steht aber nur, dass er „verleugnet" hat. Verleugnen bedeutet nicht gleich „verraten". Als Motiv für den Verrat wurden 30 Silbergroschen angegeben. Woher, übrigens, wußte Apostel Markus so genau davon? War er dabei, zählte sogar mit, oder erfuhr er es von Petrus? Zahlten die Hohepriester die dreißig Silberlinge später aus oder versprachen sie nur, „ihm Geld zu geben"?
„Und Judas Iskariot, einer von den Zwölfen, ging hin zu den Hohenpriestern, daß er ihn an sie verriete. Als die das hörten, wurden sie froh und versprachen, ihm Geld zu geben. Und er suchte, wie er ihn bei guter Gelegenheit verraten könnte." (Mk.)
„Da ging einer von den Zwölfen, mit Namen Judas Iskariot, hin zu den Hohenpriestern und sprach: Was wollt ihr mir geben? Ich will ihn euch verraten. Und sie boten ihm dreißig Silberlinge. Und von da an suchte er eine Gelegenheit, daß er ihn verriete." (Mt.)
„Und er ging hin und redete mit den Hohenpriestern und mit den Hauptleuten darüber, wie er ihn an sie verraten könnte. Und sie wurden froh und versprachen, ihm Geld zu geben. Und er sagte es zu und suchte eine Gelegenheit, daß er ihn an sie verriete ohne Aufsehen." (Lk.)
Wer suchte von da an „eine Gelegenheit, daß er ihn verriete"? Das lässt sich leicht klären. Zweifelsfrei wurden die dreißig Silberlinge bezahlt, nur an wen?

Allerdings war das keine große Summe, schon ein Pfund Salböl kostete „dreihundert Silbergroschen".

„Da sprach einer seiner Jünger, Judas Iskariot, der ihn hernach verriet: Warum ist dieses Öl nicht für dreihundert Silbergroschen verkauft worden und den Armen gegeben?"

War der Verräter zu geldgierig, oder war der Verfasser des Evangeliums (aus übergeordneten Gründen) einverstanden, für solch kleinen Betrag zu arbeiten? Oder wurde für einen anderen Zweck bezahlt? Jedenfalls können dreißig Silberlinge allein kein ausreichendes Motiv für einen Verrat sein. Als Schatzmeister hatte Juda eine verantwortliche und äußerst vertrauensvolle Aufgabe, bei Geldnot hätte er die Kaffeekasse einfach mitnehmen können. Für den Verrat fand sich dann auch eine plausible Erklärung, „ein Satan". Das kann wohl jedem passieren, ein Satan, ein Schicksal, die Vorsehung oder eine genetische Veranlagung, wer ist schon dagegen immun?

„Es fuhr aber der Satan in Judas, genannt Iskariot, der zur Zahl der Zwölf gehörte." (Lk.)

Dabei erlebt der Satan bei Apostel Johannes sogar eine Steigerung, er wird zum Teufel:

„Und einer von euch ist ein Teufel. Er redete aber von Judas, dem Sohn des Simon Iskariot." (Joh.)

Einzug in Jerusalem

Gingen die vorgeschickten Jünger verloren oder nicht? Nach Jerusalem kamen nur wenige, und erwähnt wurden namentlich Petrus, Zebedäus-Brüder und Judas, andere wurden als namenlose Statisten abgetan. Vor den Toren Jerusalems „sandte Jesus zwei Jünger voraus", für ihn einen Esel zu entwenden.

„Als sie nun in die Nähe von Jerusalem kamen, nach Betfage an den Ölberg, sandte Jesus zwei Jünger voraus und sprach zu ihnen: Geht hin in das Dorf, das vor euch liegt, und gleich werdet ihr eine Eselin angebunden finden und ein Füllen bei ihr; bindet sie los und führt sie zu mir!"

Unbedingt eine Eselin musste es sein, um Jesuas Abfolge von König David zu veranschaulichen, denn schon Salomo wurde damals auf Davids Eselin nach Jerusalem gebracht und gekrönt. Und die Eselin, mit Jesua auf dem Rücken, wurde von „einer sehr großen Menge" (Mt.) empfangen:

„Aber eine sehr große Menge breitete ihre Kleider auf den Weg; andere hieben Zweige von den Bäumen und streuten sie auf den Weg. Die Menge aber, die ihm voranging und nachfolgte, schrie: Hosianna dem Sohn Davids! Gelobt sei, der da kommt in dem Namen des Herrn! Hosianna in der Höhe!" (Mt.)

Apostel Johannes relativierte schon die „sehr große Menge" und machte daraus einfach eine „große Menge, die aufs Fest gekommen war":

„Als am nächsten Tag die große Menge, die aufs Fest gekommen war, hörte, daß Jesus nach Jerusalem käme, nahmen sie Palmzweige und gingen hinaus ihm entgegen und riefen: Hosianna! Gelobt sei, der da kommt in dem Namen des Herrn, der König von Israel!" (Joh.)

Wieso war Jesua plötzlich „König von Israel" und nicht „König der Juden", noch dazu in der Hauptstadt der Juden, besonders, da sich Israeliten (Samariter) und Juden nicht vertragen konnten? Jemand beißt sich in den Schwanz.

Bei Apostel Lukas verlief der Einzug noch bescheidener, es war lediglich „die ganze Menge der Jünger", die seinen Empfang inszenierten. Die Jünger „warfen ihre Kleider auf das Füllen und setzten Jesus darauf. Als er nun hinzog, breiteten sie ihre Kleider auf den Weg. Und als er schon nahe am Abhang des Ölbergs war, fing die ganze Menge der Jünger an, mit Freuden Gott zu loben mit lauter Stimme über alle Taten, die sie gesehen hatten, und sprachen: Gelobt sei, der da kommt, der König, in dem Namen des Herrn! Friede sei im Himmel und Ehre in der Höhe!".

Scheinbar war der Einzug nach Jerusalem doch nicht so spektakulär und verlief eher unbemerkt. Der nächste Auftritt folgte im Tempel, als Jesua „die Tische der Geldwechsler um- und die Stände der Taubenhändler" aufräumte, und wieder ohne die erwartete Resonanz, sogar die Ordnungshüter haben darauf nicht reagiert. Die Hohepriester und Pharisäer aber gaben den Befehl: „Wenn jemand weiß, wo er ist, soll er's anzeigen, damit sie ihn ergreifen könnten", und schon 2 Tage davor „war es für sie beschlossen, daß sie ihn töteten."

Vorsehung

Jesus wußte von Anfang an, wer die waren, „die nicht glaubten, und wer ihn verraten würde", unternahm aber gar nichts dagegen, forderte sogar Judas auf: „Was du tust, das tue bald!"

„Und er nahm den Bissen, tauchte ihn ein und gab ihn Judas, dem Sohn des Simon Iskariot. Und als der den Bissen nahm, fuhr der Satan in ihn. Da sprach Jesus zu ihm: Was du tust, das tue bald!" (Joh.)

Daraus schließen viele, Jesua habe den Verrat eingeplant, mehr noch, dieser sei sogar von ihm selbst inszeniert oder zumindest passiv hingenommen (Fatalismus) worden und entwickeln auf dieser vorgegebenen Bahn weitere Theorien. Und was geschah? Beim Letzten Abendmahl ringt Petrus um seine Anerkennung und streitet mit Magdala und Juda über den Status eines Nachfolgers. „Es erhob sich auch ein Streit (…), wer von ihnen als der Größte gelten solle." Beim letzten Zusammensein brach der Streit aus. Der ist nur erklärbar, wenn Petrus wusste, dieses Treffen würde das letzte sein. Besser spät als niemals.

Aktion

Vielleicht liefen die Ereignisse eben ganz anders ab und sind, rein hypothetisch, so zu verstehen, dass beim Letzten Abendmahl die Wahl auf Juda fiel, der gleich in der Nacht die Runde verließ.

„Jesus antwortete: Der ist's, dem ich den Bissen eintauche und gebe. Und er nahm den Bissen, tauchte ihn ein und gab ihn Judas, dem Sohn des Simon Iskariot (…) Da sprach Jesus zu ihm: Was du tust, das tue bald! Aber niemand am Tisch wußte, wozu er ihm das sagte. Einige meinten, weil Judas den Beutel hatte, spräche Jesus zu ihm: Kaufe, was wir zum Fest nötig haben!, oder daß er den Armen etwas geben sollte. Als er nun den Bissen genommen hatte, ging er alsbald hinaus. Und es war Nacht." (Joh.)

Der an entlegener Stelle strategisch ausgewählte Treffpunkt am Ölberg lag im Garten Gethsemane. Was der Plan verfolgte, gehört zum dunkelsten Kapitel der Geschichte, aber wer bisher durchhielt, weiß bereits, die Parallele zu Mose ist noch nicht ausgeschöpft, weil Mose seinerzeit einen Tyrannen tötete.

Anlässlich des Feiertags fand zu der Zeit in Jerusalem eine Ansammlung von Obrigkeiten statt, auch alle verfügbaren Jünger wurden mobilisiert und nach Jerusalem geordert. Die geplante Aktion lief wie die 10. Plage nachts ab, mit dem Unterschied, nicht am 15. NISaN nachts, sondern am 13. NISaN.

Festnahme

Im Garten Gethsemane

In der Nacht vom 13. NISaN (Mittwoch) saßen im Garten Gethsemane Jesua, die Brüder Zebedäus und Petrus in Wartestellung. Obwohl, nein, Petrus schien nicht dabei, denn Jesua vertraute ihm ganz und gar nicht und hatte ihm nicht anvertraut, wohin er geht, was folgendes Gespräch verdeutlicht:

„Spricht Simon Petrus zu ihm: Herr, wo gehst du hin? Jesus antwortete ihm: Wo ich hingehe, kannst du mir diesmal nicht folgen; aber du wirst mir später folgen. Petrus spricht zu ihm: Herr, warum kann ich dir diesmal nicht folgen? Ich will mein Leben für dich lassen. Jesus antwortete ihm: Du willst dein Leben für mich lassen? Wahrlich, wahrlich, ich sage dir: Der Hahn wird nicht krähen, bis du mich dreimal verleugnet hast." (Joh.)

Und da Petrus nicht im Garten Gethsemane weilte und nicht darüber berichten konnte, mussten die Jünger während der Wache einfach in einen Tiefschlaf gefallen sein, konnten nichts sehen und von nichts wissen. Der Schlaf überwältigte sie mächtig, stärker als damals König Saul mitsamt seinem Heer, als David Speer und Wasserkrug von seinem Kopfende nahm, „niemand merkte es, und niemand wachte auf.". Alle schliefen, „weil ein tiefer Schlaf von dem HERRN auf sie gefallen". Wer das glaubte, kann jetzt auch daran glauben.

Ohr

Im Garten Gethsemane schliefen während der Wache alle drei, Petrus und die Brüder Zebedäus und haben nichts gesehen, von nichts gewusst, wie der deutsche Michel. Wieder eine Petrus Schilderung.

> „Und er kam und fand sie schlafend und sprach zu Petrus: Simon, schläfst du? Vermochtest du nicht, eine Stunde zu wachen?"

Die Zebedäus Brüder konnten das später leider nicht bezeugen, denn sehr bald waren sie nicht mehr am Leben. Die Schilderung wurde einfach von einer anderen Stelle abgeschrieben, und zwar von dieser:

> „Und es begab sich, etwa acht Tage nach diesen Reden, daß er mit sich nahm Petrus, Johannes und Jakobus und ging auf einen Berg, um zu beten. Und als er betete, wurde das Aussehen seines Angesichts anders, und sein Gewand wurde weiß und glänzte. Und siehe, zwei Männer redeten mit ihm; das waren Mose und Elia Sie erschienen verklärt und redeten von seinem Ende, das er in Jerusalem erfüllen sollte. Petrus aber und die bei ihm waren, waren voller Schlaf." (Lk.)

Kein anderer als Petrus trat heldenhaft hervor, als eine „Schar mit Schwertern und mit Stangen" (Mk.) ankam, er rasierte mit dem Schwert haargenau einem Soldaten das rechte Ohr ab, oder verfehlte er unglücklicherweise den Kopf?

> „Simon Petrus aber hatte ein Schwert und zog es und schlug nach dem Knecht des Hohenpriesters und hieb ihm sein rechtes Ohr ab." (Joh.)

Und sieh an, nicht einmal wegen schwerer Körperverletzung er wurde festgenommen, auch nicht bestraft. Sein Alibi erklärt die Bibel plausibel: Jesua machte Hokuspokus, und alles ging weiter, als wäre nichts geschehen.

Apostel Markus und Apostel Lukas bekamen von Petrus' Auftritt nichts mit, aber „einer von denen, (…)", schlug das Ohr ab. Also doch nicht Petrus.

> „Einer aber von denen, die dabeistanden, zog sein Schwert und schlug nach dem Knecht des Hohenpriesters und hieb ihm ein Ohr ab."

Über diesen Rambo wussten die Apostel Markus und Apostel Lukas kaum Bescheid, oder es war genau umgekehrt, und sie bevorzugten, zwecks Imagepflege, lieber nichts anstatt etwas falsch zu bezeugen. Im Nachhinein konnte sich Petrus als ein großer Verteidiger des Heilands aufspielen.

Auftragsschreiber

Der Vergleich zwischen den vier Evangelien zeigt, dass die Grundlagen fast identisch sind, nur der Text wurde unterschiedlich passend und nicht passend verteilt und kosmetisch umgeändert. Gemeinsam ist den vier Büchern die Selbstprofilierung von Petrus, eine Art Figaro. Dagegen kommen die anderen Jünger meistens als stumme Statisten vor, sie wurden unter dem Begriff „seine Jünger" abgefertigt und keiner weiß, wer sie waren, wie viele und überhaupt.

Manche unbeliebte Namen wurden eingespart und manche hervorgehoben, so bei dem Apostel Johannes: im Garten Gethsemane springt Petrus auf wie ein Rambo und rasiert einem Soldaten das rechte Ohr ab. Das Ohr klebte Jesua zurück, so schnell geht das?

"Und einer von ihnen schlug nach dem Knecht des Hohenpriesters und hieb ihm sein rechtes Ohr ab. Da sprach Jesus: Laßt ab! Nicht weiter! Und er rührte sein Ohr an und heilte ihn." (Lk.)

Und bei Apostel Lukas war Rambo ein anonymer "Jünger". Dafür aber weiß Apostel Johannes genauestens darüber Bescheid, wie es war, sogar das unglückliche Opfer des Kollateralschadens kennt er namentlich, "Malchus".

"Simon Petrus aber hatte ein Schwert und zog es und schlug nach dem Knecht des Hohenpriesters und hieb ihm sein rechtes Ohr ab. Und der Knecht hieß Malchus." (Joh.)

Dagegen wusste Apostel Markus Rambos Namen nicht, oder im Gegenteil, er wusste eines, dass es gewiss nicht Petrus gewesen war. Offensichtlich wusste Apostel Markus über die Ereignisse viel mehr, hat aber an manchen Stellen den Namen von Petrus ausgelassen.

"Einer aber von denen, die dabeistanden, zog sein Schwert und schlug nach dem Knecht des Hohenpriesters und hieb ihm ein Ohr ab." (Mk.)

Überall im Text des Evangeliums ist der Fingerabdruck von Petrus zu bemerken, so, als könnte die Vorlage von Petrus stammen und die Apostelgeschichte überhaupt sein biographisches Lebenswerk, eine Art Memoiren sein. Ob Petrus selbst schreiben konnte, dazu in fremder Sprache? Nach der Erläuterung im "Bibel Lexikon" soll der Sekretär von Petrus ein geheimer "Markus" sein.

Schwerter

Übrigens, wo blieb das Schwert von Petrus? Er steckte es in die Scheide: "Da sprach Jesus zu Petrus: Steck dein Schwert in die Scheide!" Also, Petrus war doch dabei und bewaffnet. Nachweislich befanden sich nur zwei Schwerter im Besitz der Brüder Zebedäus, und wenn nicht Petrus der Randalierer war, dann einer der zwei bewaffneten Samuraien Zebedäus.

"Da sprach er zu ihnen: Aber nun, wer einen Geldbeutel hat, der nehme ihn, desgleichen auch die Tasche, und wer's nicht hat, verkaufe seinen Mantel und kaufe ein Schwert (...) Sie sprachen aber: Herr, siehe, hier sind zwei Schwerter. Er aber sprach zu ihnen: Es ist genug." (Lk.)

Judaskuss

Darauf folgt der berühmteste jesuitische "Judas-Kuß" homoerotischer Natur. Hätte der gewöhnliche Zeigefinger nicht ausgereicht? Obwohl, nein, in solch dunkler Nacht jemanden ohne Körperkontakt zu erkennen war echt schwierig. Der Judaskuß vollzog sich als ein Drei-Schritte-Kuß, zuerst näherte sich der Verräter „Jesus, um ihn zu küssen", küßte aber nicht.

„Als er aber noch redete, siehe, da kam eine Schar; und einer von den Zwölfen, der mit dem Namen Judas, ging vor ihnen her und nahte sich zu Jesus, um ihn zu küssen. Jesus aber sprach zu ihm: Judas, verrätst du den Menschensohn mit einem Kuß?" (Lk.)

Dann küßte der Verräter ihn doch:

„Und der Verräter hatte ihnen ein Zeichen genannt und gesagt: Welchen ich küssen werde, der ist's; den ergreift und führt ihn sicher ab. Und als er kam, trat er alsbald zu ihm und sprach: Rabbi! und küßte ihn." (Mk.)

„Und der Verräter hatte ihnen ein Zeichen genannt und gesagt: Welchen ich küssen werde, der ist's; den ergreift. Und alsbald trat er zu Jesus und sprach: Sei gegrüßt, Rabbi! und küßte ihn. Jesus aber sprach zu ihm: Mein Freund, dazu bist du gekommen?" (Mt.)

Und dann wiederum gab es gar kein Küßchen, Jesua stellte sich von allein:

„Da nun Jesus alles wußte, was ihm begegnen sollte, ging er hinaus und sprach zu ihnen: Wen sucht ihr? Sie antworteten ihm: Jesus von Nazareth. Er spricht zu ihnen: Ich bin's!" (Joh.)

So improvisiert war die irrationale Idee mit dem Küßchen nicht, der Kuß kam erst bei allerletzter Gelegenheit zustande, besser spät als nie, und hatte eine ungelöste Vorgeschichte: ein paar Tage zuvor, in Bethanien, warf Jesua Petrus vor, ihm „keinen Kuß gegeben" zu haben.

„Siehst du diese Frau? Ich bin in dein Haus gekommen; du hast mir kein Wasser für meine Füße gegeben; diese aber hat meine Füße mit Tränen benetzt und mit ihren Haaren getrocknet. Du hast mir keinen Kuß gegeben; diese aber hat, seit ich hereingekommen bin, nicht abgelassen, meine Füße zu küssen." (Lk.)

Und nicht nur das, Jesua spottete über Petrus. Auf die Frage, welcher Schuldner seinen Gläubiger am meisten liebt, antwortete Petrus käuflich: „Ich denke, der, dem er am meisten geschenkt hat." Und da erwiderte ihm Jesua höhnisch: „Du hast recht geurteilt."

„Jesus antwortete und sprach zu ihm: Simon, ich habe dir etwas zu sagen. Er aber sprach: Meister, sag es! Ein Gläubiger hatte zwei Schuldner. Einer war fünfhundert Silbergroschen schuldig, der andere fünfzig. Da sie aber nicht bezahlen konnten, schenkte er's beiden. Wer von ihnen wird ihn am meisten lieben? Simon antwortete und sprach: Ich denke, der, dem er am meisten geschenkt hat. Er aber sprach zu ihm: Du hast recht geurteilt." (Lk.)

Korrektur

Um den Text in seine ursprüngliche Form zu bringen, kann manche Übung sehr hilfreich sein. Die Namen werden ausgetauscht, also steht Petrus für Judas, dann heißt es, Petrus suchte „eine Gelegenheit, daß er ihn an sie verriete ohne Aufsehen". Den Treffpunkt kannte Petrus, „denn Jesus versammelte sich oft dort mit seinen Jüngern". Er sollte „später folgen", und er folgte mitsamt einer Abteilung von Herodes Antipas und unterstützt von der Hilfspolizei vom Hohen Rat. Die ausführliche Beschreibung der angerückten Schar stammt eher von einem Vorläufer, der immer ein zu schneller Mitläufer ist, als von einem, der in dunkler Nacht im Tiefschlaf überrascht wurde.

„(...) nun Petrus die Schar der Soldaten mit sich genommen hatte und Knechte von den Hohenpriestern und Pharisäern, kommt er dahin mit Fackeln, Lampen und mit Waffen." (Joh.)

Über den Aktionsplan war Petrus nicht genau orientiert, den Treffpunkt im Garten Gethsemane kannte er aber. Dort wartete Jesua mit „zwei seiner Jünger" umsonst auf Juda. Und nicht Petrus, sondern „sie" (Plural), „die Jünger" Zebedäus fragten Jesua: „Herr, sollen wir mit dem Schwert dreinschlagen?" Aller Wahrscheinlichkeit nach brachte die Ohr-Implantation auch nichts, der Knecht mit dem rechten Ohr verstarb, wofür eben die Brüder Zebedäus wegen Mordes verurteilt wurden und nicht Petrus.

Am Ende erschien sogar ein junger halbnackter Mann, „mit einem Leinengewand bekleidet", nur „auf der bloßen Haut" (wer hat das geprüft?). Ist das im Winter vorstellbar? Ein Yeti? Oder ließ die dringende Eile keine Zeit zum Anziehen?

„Ein junger Mann aber folgte ihm nach, der war mit einem Leinengewand bekleidet auf der bloßen Haut; und sie griffen nach ihm. Er aber ließ das Gewand fahren und floh nackt davon." (Mk.)

War das ein Selbstbild von Petrus?

Mitten im Hof

Jesua wurde verhaftet und abgeführt, „zuerst zu Hannas; der war der Schwiegervater des Kaiphas, der in jenem Jahr Hoherpriester war". Von allen „zwölf" Jüngern blieb einzig der treue Petrus dabei. Waren die anderen zu faul oder unzuverlässig? Sie schleppten sich von Galiläa bis Jerusalem, und im entscheidenden Moment ist keiner da. Gab es dafür schwerwiegende Gründe?

Petrus hielt sich „unten im Hof" auf, als „eine von den Mägden des Hohenpriesters" ihn fragte: „Und du warst auch mit dem Jesus von Nazareth." (Mk.) Nach Apostel Lukas wärmte sich Petrus schon am Feuer, „mitten im Hof", zusammen mit dem Wachpersonal, als die gleiche Magd ihn nötigte: „Dieser war auch mit ihm." Auch ein „Verwandter von dessen, dem Petrus das Ohr abgehauen hatte", fragte ihn: „Sah ich dich nicht im Garten bei ihm?" Eigenartig, auch er konnte Rambo nicht genau erkennen.

„Simon Petrus aber stand da und wärmte sich. Da sprachen sie zu ihm: Bist du nicht einer seiner Jünger? Er leugnete und sprach: Ich bin's nicht. Spricht einer von den Knechten des Hohenpriesters, ein Verwandter dessen, dem Petrus das Ohr abgehauen hatte: Sah ich dich nicht im Garten bei ihm?"

Vor der Tür

Bei Apostel Johannes weicht die Schilderung ein wenig ab. Petrus stand sogar „draußen vor der Tür", und dann, „kam der andere Jünger, der dem Hohenpriester bekannt war, heraus und redete mit der Türhüterin und führte Petrus hinein" (die Jünger gehen ein und aus, ist der Palast schon in unserer Hand?). Erst bei Gericht fragt sie: „Bist du nicht auch einer von den Jüngern dieses Menschen?" Scheinbar hat sich seit damals der Verlauf von Ermittlungsverfahren kaum geändert, Petrus steht im Vorraum, wartet auf eine Einladung, die Sekretärin öffnet die Tür und fragt: „Bist du nicht auch einer von den Jüngern dieses Menschen? Komm rein." Und guck mal an, Petrus befand sich nicht nur mitten im Palast des Hohepriesters, er stand in direkter Nähe zu Jesua, der „wandte sich und sah Petrus an".

„Und nach einer Weile, etwa nach einer Stunde, bekräftigte es ein anderer und sprach: Wahrhaftig, dieser war auch mit ihm; denn er ist ein Galiläer. Petrus aber sprach: Mensch, ich weiß nicht, was du sagst. Und alsbald, während er noch redete, krähte der Hahn. Und der Herr wandte sich und sah Petrus an." (Lk.)
Die Befragung ging zu Ende, von Scham überwältigt verließ Petrus die Räume. Worüber schämte er sich so, wenn nicht aus Angst, als Verräter erkannt zu werden? Er „leugnete und sprach: Ich bin's nicht!" Aber bei der Frage „Sah ich dich nicht im Garten bei ihm?" blieb Petrus bei der Wahrheit und sagte, dass er in der Nacht nicht „bei ihm" war, aber zur letzten Judas-Kuß-Szene kam er.

Gericht

Vernehmung

In der Nacht des 13. NISaN wurde Jesua verhaftet und zum Hohepriester Hannas gebracht, obwohl dieser noch nicht im Amt bestätigt war. Ein Apostel schreibt, Jesua wurde „zu dem Hohenpriester Kaiphas" (Mt.) gebracht, der andere „zuerst zu Hannas" (Joh.), und der dritte Apostel schreibt sehr informativ „zu dem Hohenpriester".

„Die Schar aber und ihr Anführer und die Knechte der Juden nahmen Jesus und banden ihn und führten ihn zuerst zu Hannas; der war der Schwiegervater des Kaiphas, der in jenem Jahr Hoherpriester war." (Joh.)
„Die aber Jesus ergriffen hatten, führten ihn zu dem Hohenpriester Kaiphas, wo die

Schriftgelehrten und Ältesten sich versammelt hatten." (Mt.)
Mehrere Übeltäter wurden verhaftet, welche? Hier ist rechnen sehr nützlich. Im Garten hielten sich, ohne Petrus, Jesua und die Brüder Zebedäus auf. Diese Drei hatten während des Aufruhrs „einen Mord begangen" (Mk.), und gegen diese drei Übeltäter lag eine schwer belastende Zeugenaussage vor. Wer war der Kronzeuge? Die Wiedergabe der Befragung zeigt bei den Aposteln manche Unterschiede. Johannes gibt eine recht zügige Befragung an; der Hohepriester fragte Jesua über seine Jünger und über seine Lehre aus.

Jesua antwortete: „Ich habe frei und offen vor aller Welt geredet. Ich habe allezeit gelehrt in der Synagoge und im Tempel, wo alle Juden zusammenkommen, und habe nichts im Verborgenen geredet."

Weiter sagt Jesua: „Was fragst du mich? Frage die, die gehört haben, was ich zu ihnen geredet habe. Siehe, sie wissen, was ich gesagt habe." Als er so redete, schlug einer von den Knechten, die dabeistanden, Jesus ins Gesicht und sprach: „Sollst du dem Hohenpriester so antworten?"

Jesua: „Habe ich übel geredet, so beweise, daß es böse ist; habe ich aber recht geredet, was schlägst du mich?"

Offensichtlich wussten die Priester genau, wen sie befragen, da sie gezielte Fragen „über seine Jünger und über seine Lehre" stellten. Gleichzeitig saß Petrus „bei den Knechten" „und wärmte sich am Feuer".

Die Vernehmung dauerte bis 5 Uhr morgens, „(…) als bald krähte der Hahn zum zweiten Mal. Da dachte Petrus an das Wort, das Jesua zu ihm gesagt hatte: „Ehe der Hahn zweimal kräht, wirst du mich dreimal verleugnen." (Joh.)

Ohne Zweifel war Priester Hannas die erste Station für Jesua, nach erfolgreicher Identifizierung kam Kaiphas an die Reihe: „Und Hannas sandte ihn gebunden zu dem Hohenpriester Kaiphas." (Joh.).

Sanhedrin

Bis in die Gegenwart hinein behaupten nicht wenige, Jesua wäre nach jüdischen Gesetzen nicht schuldig und wäre auch nicht verurteilt worden. Andere, Jörg von Uthmann zum Beispiel, sind der Ansicht, Jesua sei jüdischem Recht unterworfen und entsprechend verurteilt worden. Jemand irrt sich.

Am 13. NISaN, „Als es Tag wurde, versammelten sich die Ältesten des Volkes, die Hohenpriester und Schriftgelehrten" in Kaiphas Palast. Nach der Eröffnung der Gerichtsverhandlung um 9 Uhr stellten die Hohepriester und Schriftgelehrten nur zwei formelle Fragen:

„Bist du der Christus, so sage es uns!" und „Bist du denn Gottes Sohn?" (Lk.)
Die „Zeugen" waren aus der Kategorie „einige", „viele" oder „sie".

„Einige standen auf und gaben falsches Zeugnis ab gegen ihn."
„Viele gaben falsches Zeugnis ab gegen ihn." (Mk.)
„Wir haben gehört, daß er gesagt hat: Ich will diesen Tempel, der mit Händen gemacht ist, abbrechen und in drei Tagen einen andern bauen, der nicht mit Händen gemacht ist."
Genau genommen bezeugten „zwei" namenlose Zeugen:
„Zuletzt traten zwei herzu und sprachen: „Er hat gesagt: Ich kann den Tempel Gottes abbrechen und in drei Tagen aufbauen." (Mt.)
Diese und andere Zeugenaussagen ignorierte der Hohe Rat völlig. Seltsam, besonders nach dem Beschluss der Priester und Ältesten, Jesus um jeden Preis zur Strecke zu bringen.
„Die Hohenpriester und der ganze Hohe Rat suchten Zeugnis gegen Jesus, daß sie ihn zu Tode brächten, und fanden nichts." (Lk.)
Hohepriester Kaipha stellte nun die Unfrage: „Bist du der Christus, der Sohn des Hochgelobten?", worauf Jesua antwortete:
a) „Du sagst es. Doch sage ich euch: Von nun an werdet ihr sehen den Menschensohn sitzen zur Rechten der Kraft und kommen auf den Wolken des Himmels." (Mt.)
b) „Ich bin's; und ihr werdet sehen den Menschensohn sitzen zur Rechten der Kraft und kommen mit den Wolken des Himmels." (Mk.)
Da „zerriß der Hohepriester seine Kleider und sprach: Was bedürfen wir weiterer Zeugen? Ihr habt die Gotteslästerung gehört. Was ist euer Urteil? Sie aber verurteilten ihn alle, daß er des Todes schuldig sei."(Mk.)
Auch dieses Todesurteil wegen Gotteslästerung, was für ein Wunder, blieb ohne Folgen. Aber Stephanus dagegen wurde wegen einer Belanglosigkeit, nur weil er „den Himmel offen und den Menschensohn zur Rechten Gottes stehen" sah, unverzüglich und auf der Stelle im Schnellverfahren gesteinigt.
„Nach seiner Verteidigungsrede sah Stephanus auf und rief: „Ich sehe den Himmel offen und den Menschensohn zur Rechten Gottes stehen."
Interessant könnte der Fall von Stephanus insofern sein, als er unmittelbar nach Jesuas Tod starb, nicht nach und nach im Laufe der Jahre „† ca. 36/40 n. Chr.", das möglicherweise, weil er ein unerwünschter Zeuge war. Als Prozessbeobachter entging ihm Jesuas Spruch, „ihr werdet sehen den Menschensohn sitzen zur Rechten der Kraft", nicht. (121)
Die gegen Jesua vorgebrachten Totschlagargumente wie Hexerei, Auferwecken von Toten und andere Esoterik sprach das Gericht gar nicht an. Beweisnot? Im Nachhinein schoben die Exorzisten dann die Taten Jesua unter und betreiben bis heute ihre Praktiken in seinem Namen ungestört weiter.

Gerichtsprotokoll nach Apostel Markus

Einige standen auf und gaben falsches Zeugnis: „Wir haben gehört, daß er gesagt hat: Ich will diesen Tempel, der mit Händen gemacht ist, abbrechen und in drei Tagen einen andern bauen, der nicht mit Händen gemacht ist."
Und der Hohepriester trat in die Mitte und fragte Jesus und sprach: „Antwortest du nichts auf das, was diese gegen dich bezeugen?"
Jesua aber schwieg still und antwortete nichts.
Da fragte ihn der Hohepriester abermals und sprach zu ihm: „Bist du der Christus, der Sohn des Hochgelobten?"
Jesua: „Ich bin's; und ihr werdet sehen den Menschensohn sitzen zur Rechten der Kraft und kommen mit den Wolken des Himmels."
Da zerriß der Hohepriester seine Kleider und sprach: „Was bedürfen wir weiterer Zeugen? Ihr habt die Gotteslästerung gehört. Was ist euer Urteil?"
Sie aber verurteilten ihn alle, daß er des Todes schuldig sei.
Diese Befragung ist spaßeshalber in das Kapitel über die Vernehmung im Haus des Hohepriesters Hannas untergebracht, ansonsten bleibt alles unverändert, ganz nach Apostel Johannes, bis auf manch kleine, kosmetische Änderungen. Und auf die konstruierte Frage: „Bist du der Christus, der Sohn des Gesegneten?", antwortete Jesua überraschend: „Ich bin's!" Und? Was ist er, Sohn des Gesegneten oder Christus? Oder beides im Sinne „Ich bin der Tag und die Nacht."?
Egal wie, die Kernfrage bleibt: „Bist du der Christus?" Der erste Satzteil „Ihr sagt, dass…" (Lk.) verschwand, und nur der Nebensatz „Ich bin's!" blieb.
Ob „Sohn Gottes" oder „Sohn des Gesegneten", diese Phrase ist in diversen Bibelausgaben unterschiedlich übertragen als der „Gesegnete", „Hochgelobter", ein anderes Mal als „Allerhöchster" und ähnliches. Auch „Lästerung" mutiert freizügig übersetzt zu „Gotteslästerung" - ohne Google.

Gerichtsprotokoll nach Apostel Matthäus

Zuletzt traten die Zwei herzu und sprachen: „Er hat gesagt: Ich kann den Tempel Gottes abbrechen und in drei Tagen aufbauen."
Und der Hohepriester stand auf und sprach zu ihm: „Antwortest du nichts auf das, was diese gegen dich bezeugen?"
Aber Jesus schwieg still.
Und der Hohepriester sprach zu ihm: „Ich beschwöre dich bei dem lebendigen Gott, daß du uns sagst, ob du der Christus bist, der Sohn Gottes."

Jesua: „Du sagst es. Doch sage ich euch: Von nun an werdet ihr sehen den Menschensohn sitzen zur Rechten der Kraft und kommen auf den Wolken des Himmels."
Da zerriss der Hohepriester seine Kleider und sprach: „Er hat Gott gelästert! Was bedürfen wir weiterer Zeugen? Siehe, jetzt habt ihr die Gotteslästerung gehört. Was ist euer Urteil?"
Sie antworteten und sprachen: „Er ist des Todes schuldig."

Gerichtsprotokoll nach Apostel Lukas

Das Konstrukt „Christus, der Sohn Gottes" zerfiel in zwei Fragen: nach „Christus" und nach dem „Sohn Gottes", die poetische Beilage „Wolken des Himmels" fehlt, die Lästerung bleibt unerwähnt. Die Hohepriester und Schriftgelehrten führten ihn vor und sprachen: „Bist du der Christus, so sage es uns!"
Jesua: „Sage ich's euch, so glaubt ihr's nicht; frage ich aber, so antwortet ihr nicht. Aber von nun an wird der Menschensohn sitzen zur Rechten der Kraft Gottes."
Da sprachen „sie" alle: „Bist du denn Gottes Sohn?"
Jesua: „Ihr sagt es, ich bin es."
„Sie" aber sprachen: „Was bedürfen wir noch eines Zeugnisses? Wir haben's selbst gehört aus seinem Munde."
Diesmal konzentrierte sich die Fragestellung darauf, ob Jesua „Christus" oder „Gottes Sohn" ist. Jesua bezeichnete sich immer bescheiden als „Menschen Sohn", „Gottes Sohn" nannten ihn nur andere. Vorgeblich wissen alle, Jesua ist „Gottes Sohn", trotzdem stellten sie ihm solch blöde Fragen. Absurd?
Scheinbar unerwartet entstand ein ungewöhnliches Identifizierungsproblem. Davor verhaftete die Volkswehr des Hohen Rats drei Verdächtige im Garten Gethsemane, Jesua und die Brüder Zebedäus. Juda, der vierte, wurde in der Stadt eingefangen und stand jetzt auch vor der Anklage.
Womöglich dachten die Priester im Haus des Hohepriesters Hannas, dass sie einen großen Fisch erwischt haben. Sie wussten ganz genau, wer Jesua ist und fragten ihn gezielt über „seine Jünger" und „seine Lehre" aus. Und nun entstand vor Gericht eine komplexe Situation durch zwei äußerlich sehr ähnlichen Halbbrüdern, die die Aussage verweigerten. Keine neue Strategie, wenn die Identität unklar und damit auf „in dubio pro reo" (lat. „Im Zweifel für den Angeklagten.") plädiert und mit einem Freispruch gerechnet werden kann.
Zuerst musste der Hohe Rat rein formell sicherstellen, ob Jesua ein „Christus" oder „Gottes Sohn" ist, bekam aber keine vernünftige Antwort: „Ihr sagt es, ich bin es." oder „Du sagst es." Ansonsten „Jesus schwieg still", und wurde dann

gefragt, ob er „der Christus ist, der Sohn Gottes?"
Der Hohepriester Kaipha spricht plötzlich in einer Fremdsprache, aus Aufgeregtheit oder aus Stolz auf seine Bildung, und gerne zeigt er seine Kenntnisse und sagt: „Christus". Eine Kombination wie „Christus, der Sohn Gottes", ist wie die Frage: „Ist die Nacht ein Tag?" und scheint ausgeschlossen, vor allem, weil Kaipha gewiss nicht vom „Sohn Gottes" sprechen konnte. Ohne Zweifel war er kein Christ und dachte nicht in solchen Kategorien, und wenn doch, dann sprach er von einem „Sohn des Gesegneten". Das Upgrade auf „Sohn Gottes" zeugt eher von einem viel späteren redaktionellen Schliff. Seltsam ist außerdem, dass Hohepriester Kaipha, obwohl er davon ausgeht, derjenige sei ein „Sohn Gottes", trotzdem noch fragt, ob er „Christus" sei. In der Art, „Peter, bist du Paul?"

In der damaligen Zeit war die Todesstrafe für Verleumdung und Lästerung keine besondere Strafe, die Lästerung wurde ernst genommen und nicht für eine Tugend gehalten wie heute. Diese ungewöhnlich heftige Reaktion auf eine Lästerung ist dennoch einmalig, weder das AT noch das NT gibt ein zweites Beispiel. Handelte es sich also wirklich um „Gotteslästerung" oder einfach „Lästerung", falls überhaupt? Oder war das Ganze doch nicht so harmlos? Worin eigentlich bestand diese „Lästerung"? Mag der Verlauf des Gerichtsprozesses noch so wichtig und spannend sein, nach zahlreichen redaktionellen Überarbeitungen des ursprünglichen Textes blieb trotzdem nicht viel übrig.

Mit folgender Anschuldigung wurde Jesua an Pilatus weitergereicht: „Wir haben gefunden, daß dieser unser Volk aufhetzt und verbietet, dem Kaiser Steuern zu geben, und spricht, er sei Christus, ein König." (Lk.) Leider geht aus dem Protokoll nicht hervor, dass Jesua jeweils gestand, „er sei Christus, ein König". Diese Formulierung trifft es einfach nicht, da die Priester übersetzt sagten, „er sei König, ein König". Waren die Priester noch bei Verstand?

Prätorium

Komisch, dem Todesurteil folgte keine Vollstreckung. War das, weil sie, „die Juden", „dürfen niemand töten"? Waren sie Buddhisten?
Daraufhin „führten sie Jesus von Kaiphas zum Prätorium; es war früh am Morgen." (Joh.)
In der öffentlichen Meinung ist Jesua nach jüdischem Gesetz nicht schuldig und konnte nicht verurteilt werden. Nicht, dass es wirklich gar keinen Grund gab, ihn zu verurteilen, ausreichen würde allein schon der Satz, den „Tempel in drei Tage zerstören" zu können. Ganz zu schweigen von den anderen Anschuldigungen, die der Hohe Rat allesamt ignorierte oder als Falschzeugnisse abtat. Jedoch

steht eine Tatsache fest, er wurde vom Hohen Rat „des Todes schuldig" befunden. Wer hat Recht bei der Auslegung des jüdischen Gesetzes, die öffentliche Meinung oder der Hohe Rat?

Vielleicht muss sich die Frage einmal anders stellen: Worin muß eine Anklage bestehen, um ein Gerichtsurteil vom Hohen Rat außer Kraft setzen zu können? Ein anderes Delikt wurde zur Anklage gebracht, und das war ein Staatsstreich. Damit unterstand Jesua nicht der Gerichtsbarkeit des Hohen Rates, sondern einer höheren Instanz, verkörpert durch den Prokurator Pontius Pilatus. Deshalb, und nicht aus buddhistischer Überzeugung, sagten die Pharisäer: „Wir dürfen niemand töten."

„Wäre dieser nicht ein Übeltäter, wir hätten ihn dir nicht überantwortet. Da sprach Pilatus zu ihnen: So nehmt ihr ihn hin und richtet ihn nach eurem Gesetz. Da sprachen die Juden zu ihm: Wir dürfen niemand töten." (Joh.)

Nach der Überführung des Angeklagten zu Pontius Pilatus, konfrontierte dieser ihn mit den gleichen Fragen, so wie drei Jahre zuvor bei der ersten Verhaftung durch den „Teufel".

Die zentrale Frage war, „Bist du der König der Juden?"

Pilatus: „Was hast du getan?", „So bist du dennoch ein König?"

Jesus: „Du sagst es, ich bin ein König." (Joh.)

Pilatus: „...ob der Mensch aus Galiläa wäre?" (Mt., Mk.)

Pilatus: „Bist du der König der Juden?"

Jesus: „Du sagst es." (Lk.)

Pilatus: „Antwortest du nichts? Siehe, wie hart sie dich verklagen!"

„Jesus aber antwortete nichts mehr." (Mk.)

Und auch Herodes „fragte ihn viel. Er aber antwortete ihm nichts." (Lk.)

Damit ist nicht gesagt, dass Pontius Pilatus Jesua und nicht Juda befragte.

Die Frage, „ob der Mensch aus Galiläa wäre?", wäre besser übersetzt, „ob der Mensch ein Galiläer ist?", und diese richtete sich an Juda „Galiläer", aber dieser „antwortete nichts mehr". Jedenfalls verweigerte „Jesus" die Aussage. Verhandelt wurde nicht über einen belanglosen Punkt, wie „diesen Tempel, der mit Händen gemacht ist, abbrechen und in drei Tagen einen andern bauen", der sowieso als falsches Zeugnis galt, auch die „Gotteslästerung" kam nicht ins Gespräch.

Um doch Genaueres bei so vielen Unterschlagungen zu erfahren, muss der größte Detektiv Felix Edmundowitsch Dschersinski zum Leben erweckt werden. Ein Detail darf bis dahin nicht unerwähnt bleiben, rechnerisch-mathematisch wurden drei Verurteilte hingerichtet, über zwei Angeklagte fällte Pontius Pilatus persönlich das Gerichtsurteil, den dritten amnestierte er. Wann und von wem wurde der vierte Verdächtige verurteilt und weswegen?

Urteil

Pharisäer

Die Evangelien stellen die Pharisäer und Schriftgelehrten als die Bösen dar, die Jesua andauernd belästigten und „nach seinem Leben trachteten". Es waren eher kleine Reibereien zwischen ihnen, so über das Händewaschen vor dem Essen, aber auch andere Meinungsunterschiede.

„Da kamen zu Jesus Pharisäer und Schriftgelehrte aus Jerusalem und sprachen: Warum übertreten deine Jünger die Satzungen der Ältesten? Denn sie waschen ihre Hände nicht, wenn sie Brot essen." (Mt.)

Viele Pharisäer waren eingeschworene Anhänger Jesuas.

„Zu dieser Stunde kamen einige Pharisäer und sprachen zu ihm: Mach dich auf und geh weg von hier; denn Herodes will dich töten."

Und nach Darstellung von Josephus Flavius war Jesua selbst sogar ein „radikaler Pharisäer".

„Nach Josephus vertrat Judas der Galiläer eine eigene ideologische Richtung, die er von den drei traditionellen „Philosophenschulen" der Juden (den Sadduzäer, den Pharisäer und den Essener) getrennt behandelt. Er beschreibt Judas den Galiläer und Sadduk (auch: Zadok) den Pharisäer als die geistigen Väter eines radikalen Pharisäertums, die zu Wegbereitern eines jüdischen nationalen Extremismus und Fanatismus wurden. Josephus zufolge stimmten die Anhänger dieser Richtung in allen anderen Stücken mit den Pharisäern überein, hingen „dabei aber mit großer Zähigkeit an der Freiheit" und erkannten Gott allein als ihren König und Herrn an: „Sie unterziehen sich auch jeder möglichen Todesart und machen sich selbst nichts aus dem Morde ihrer Verwandten und Freunde, wenn sie nur keinen Menschen als Herrn anzuerkennen brauchen." (122)

Die Freunde Pontius Pilatus und Herodes Antipas

Dagegen wurde der tapfere Pilatus im NT in aller Ausführlichkeit in einer Weise gelobt, wie Esra den persischen König huldigte. Die Liebe zu Tyrannen endet nicht bei Pilatus, auch Herodes Antipas verdient ein Loblied, ein Mann, der zu seinem Wort steht und einfach sein Versprechen halten musste, Johannes Täufer wegen seiner menschlichen Schwäche für die Tochter der Herodias zu enthaupten. Ja, die Tyrannen leiden auch.

„Und es kam ein gelegener Tag, als Herodes an seinem Geburtstag ein Festmahl gab für seine Großen und die Obersten und die Vornehmsten von Galiläa. Da trat herein die Tochter der Herodias und tanzte und gefiel Herodes und denen, die mit am Tisch saßen. Da sprach der König zu dem Mädchen: Bitte von mir, was du willst, ich will dir's geben. Und er schwor ihr einen Eid: Was du von mir bittest, will ich dir geben, bis zur Hälfte meines Königreichs. Und sie ging hinaus und fragte ihre Mutter: Was soll ich bitten? Die sprach: Das Haupt Johannes des Täufers. Da ging sie sogleich eilig hinein zum König, bat ihn und sprach: Ich will, daß du mir gibst, jetzt gleich auf einer Schale, das Haupt Johannes des Täufers. Und der König wurde sehr betrübt. Doch wegen des Eides und derer, die mit am Tisch saßen, wollte er sie keine Fehlbitte tun lassen. Und sogleich schickte der König den Henker hin und befahl, das Haupt des Johannes herzubringen. Der ging hin und enthauptete ihn im Gefängnis und trug sein Haupt herbei auf einer Schale und gab's dem Mädchen, und das Mädchen gab's seiner Mutter." (Mk.)

Dieser ganze Roman wurde nur geschrieben, um das Motiv für die Enthauptung zu kaschieren, das war die Blutschande aus der Kategorie Unzucht/NIUF, wie Johannes Täufer zu Herodes sagte: „Es ist nicht recht, daß du die Frau deines Bruders hast." (Mk.) Der Bruder war nämlich Herodes Philippos und dieser (in Wikipedia wörtlich) „war verheiratet mit seiner Nichte Salome, der nachmals wegen ihrer Beteiligung an der Hinrichtung Johannes des Täufers berüchtigten Tochter der Herodias. Ihre Ehe blieb aber kinderlos." (123)

Zur Erinnerung, Unzucht/ Blutschande war eine der drei schlimmsten Todsünden, vergleichbar mit der Abwendung von Gott und Blutvergießen (Mord).

Herodes Antipas, Sohn Herodes des Großen, war Edomiter, aber seiner Mutter Malthake nach war er halachistisch gesehen Samariter, und daher stammte er, weil sie aus vornehmerer Familie war, aus dem traumhaften „Haus Davids".

„Herodes Antipas war der zweite Sohn, den Herodes der Große mit seiner vierten Ehefrau, der Samaritanerin Malthake, zeugte." (50)

Der arme Herodes, „in diesen Tagen auch in Jerusalem", „begehrte" sehr, Jesua zu sehen, er hielt Jesua für den auferstandenen Johannes Täufer und wollte unbedingt prüfen, ob der Kopf richtig angewachsen war.

„Es kam aber vor Herodes, den Landesfürsten, alles, was geschah; und er wurde unruhig, weil von einigen gesagt wurde: Johannes ist von den Toten auferstanden." (Lk.)

Zwar steht geschrieben, „Herodes suchte ihn töten", aber nach einem Gespräch mit Jesua fand er „keine Schuld an ihm". Merkwürdig, oder Herodes Antipas wollte jemand ganz anderen töten, einen, den die Pharisäer rechtzeitig warnten: „Mach dich auf und geh weg von hier; denn Herodes will dich töten." Immerhin war Herodes Antipas der König von Judäa, ein zweiter König außer ihm wurde nicht gebraucht und nicht geduldet.

Aber was für ein Umgang mit dem Unschuldigen: Herodes „mit seinen Soldaten verachtete und verspottete ihn".

„Aber Herodes mit seinen Soldaten verachtete und verspottete ihn, legte ihm ein weißes Gewand an und sandte ihn zurück zu Pilatus. An dem Tag wurden Herodes und Pilatus Freunde." (Lk.)

„Purpurmantel" bezeichnet sehr political correct einen Mantel, rot von Blut. Demonstrierte Herodes Antipas seine Barmherzigkeit oder pflegte er seine

Reputation? Anschließend jedenfalls legte er „ihm ein weißes Gewand an und sandte ihn zurück zu Pilatus." Und „an dem Tag wurden Herodes und Pilatus Freunde", warum eigentlich?

Die Anklage, juristisch klar umrissen, war Bildung und Führung einer Bande und umstürzlerische Aktivitäten gegen Caesar, dennoch fand auch Freund Pontius Pilatus „keine Schuld an ihm": „Ich habe an diesem Menschen keine Schuld gefunden", „er hat nichts getan, was den Tod verdient. Darum will ich ihn schlagen lassen und losgeben." Diese eindeutigen Aussagen von Herodes Antipas und Pontius Pilatus sollten endlich ernst genommen werden, sie haben „keine Schuld gefunden", oder wiederholt sich hier ein Loblied auf Tyrannen in Esras Stil? Statt „schlagen lassen und losgeben", ließ Pilatus „geißeln und überantwortete ihn, daß er gekreuzigt werde." Erlaubte das römische Recht Misshandlungen eines Unschuldigen vor einer Hinrichtung, oder ist da etwas Persönliches? Und warum waren die römischen Soldaten besonders angetan?

„Da nahmen die Soldaten des Statthalters Jesus mit sich in das Prätorium und sammelten die ganze Abteilung um ihn. Und zogen ihn aus und legten ihm einen Purpurmantel an und flochten eine Dornenkrone und setzten sie ihm aufs Haupt und gaben ihm ein Rohr in seine rechte Hand und beugten die Knie vor ihm und verspotteten ihn und sprachen: Gegrüßet seist du, der Juden König! und spien ihn an und nahmen das Rohr und schlugen damit sein Haupt."

Und hier folgt der berühmte Satz, in dem Pontius Pilatus „wusch sich die Hände". Aber das Wasser stellt in der Bibel häufig eine Allegorie für Blut, ziemlich viel Blut dar, wie zum Beispiel im Nil.

„Als aber Pilatus sah, daß er nichts ausrichtete, sondern das Getümmel immer größer wurde, nahm er Wasser und wusch sich die Hände vor dem Volk und sprach: Ich bin unschuldig an seinem Blut; seht ihr zu!"

Ungewöhnlich dabei ist, einer wäscht sich seine sauberen Hände, was wohl der erste und der letzte Fall in der menschlichen Geschichte bleiben wird. In der Regel waschen Metzger und Henker ihre Hände nach Arbeitsschluss und Mörder, um Spuren zu beseitigen. Hatte Pontius Pilatus seine Hände auch abgewaschen? Dann war er an der Misshandlung beteiligt.

Womöglich war die Inquisition keine Erfindung der Kirche, und niemand soll denken, die Inquisition habe gemordet und getötet. Das Buch, „Ketzer-Hexen-Inquisitoren. (13.-20. Jahrhundert)" von J.R.Grigulevich, schildert das Vorgehen der Inquisition. Sie lenkte, half nach und stachelte den „Volkswillen" so lange an, bis „ihr Geschrei überhand nahm", erst dann, und nur dann forcierten sie in aller Unschuld gerichtliche Verfahren und lieferten Angeschuldigte den diesseitigen Richtern und Henkern aus. Das ist keine neue Erfindung, schon Pontius Pilatus „übergab (ihn) ihrem Willen."

Als Rest bleibt die Heilige Troika, bestehend aus willigen Vollstreckern, Herodes Antipas und Pontius Pilatus mit seinen „Juden", die ihn „überschrien". Die Vorstellung vom jüdischen Schwanz, der mit dem Hund wedelt, ist älter als gedacht. Die jüdische Aristokratie hat sich nun für Rom dienstbar gemacht. „Wir haben keinen König als den Kaiser", sagten sie. Die von Esra erschaffene, klerikale Kaste war auch zu Jesuas Zeit durch ihren Dienst für eine fremde Macht und Korruption gekennzeichnet gewesen.

Anklage

Ganz andere Untaten wurden Jesua im Prätorium angelastet: er „verbietet, dem Kaiser Steuern zu geben", „er wiegelt das Volk auf" und „er sei Christus, ein König". Pontius Pilatus pochte dann nur auf eine Frage: „Bist du der König der Juden?", „So bist du dennoch ein König?" und noch „Was hast du getan?". Ob Jesua ein „Gottessohn" ist, interessiert Pilatus nicht, auch nicht Steuer und Aufwiegelung, und dieser römische Prokurator findet „keine Schuld an ihm". Worin überhaupt seine Schuld bestand, wurde leider nicht erklärt. Wo ist die Logik? Wo die Priester sich auf die Frage, ob Jesua ein „Gottessohn" ist, konzentrierten, wollte Pontius Pilatus unbedingt wissen, ob er „König der Juden" sei. Hier kommen zwei unterschiedliche Interessen zum Vorschein, als „Gottessohn" würde Jesua für sich das Amt eines Hohen Richters beanspruchen können, dagegen wehrten sich die Hohepriester, denn keiner wollte abgehauen und ins Feuer geworfen werden. Und im Fall eines selbsterklärten Königs würde Jesua unter die Kategorie der Vorbereitung eines Umsturzes fallen und damit zur Gerichtsbarkeit (Jurisprudenz) von Prokurator Pontius Pilatus gehören, nach dem Motto: „Wer sich zum König macht, der ist gegen den Kaiser." Aufstand gegen Rom, so lautete die Anklage gegen die Übeltäter, diese Schlussfolgerung ergibt sich allein aus den Texten der Evangelien. Für kirchliche Geister reichten zweitausend Jahre nicht aus, um das herauszubekommen. Sogar Wikipedia kam zu diesem Ergebnis:

„Die öffentliche Bekanntgabe der Schuld eines Hingerichteten entsprach damaligem römischem Brauch. Da die Römer jüdischen Vasallenherrschern das Tragen des Königstitels seit 4 v. Chr. verboten hatten und der Ausdruck „König der Juden" im Neuen Testament nur in Aussagen von Nichtjuden auftaucht, gilt der Titel als historischer Anhaltspunkt für einen möglichen Messiasanspruch Jesu."
„Der Titel „König der Juden" kommt in den Evangelien außer in Mt. 2,2 nur in der Passionsgeschichte vor: Er lasse sich daher kaum aus dem Glauben der Urchristen ableiten, sondern spiegele die Perspektive der Römer. Daher könne als historisch gelten, dass diese Jesus als "messianischen Aufrührer" hinrichteten. Denn sie

unterschieden einen religiösen nicht von einem politischen Führungsanspruch und fassten den Königstitel da-her als Staatsverbrechen ähnlich dem heutigen Hochverrat auf. Jesus habe diese An-klage mit seinem Schweigen im Verhör durch Pilatus bestätigt und so ein nach römischem Recht gültiges Todesurteil auf sich gezogen." (124)

Täuschung

Kernaussage im NT ist, was alle sowieso wissen, Jesua nahm die Schuld auf sich. Aber wie ging das vor sich, wenn überhaupt? Als Pontius Pilatus zwei Anführer auf einmal präsentiert wurden, hätte er gerne gewusst, wer der beiden „Christus, ein König" ist. Die Unterscheidung war unnötigerweise erschwert, weil die angeklagten Halbbrüder sich sehr ähnlich sahen und die Aussage verweigerten. Aus purem, gesundem Misstrauen gegen seine Freunde aus dem Hohen Rat hielt es Pilatus für erforderlich, den vermeintlichen „König der Juden" persönlich zu verhören, aber unter Einsatz ergänzender, körperlicher Maßnahmen.

Zwar änderte der Gefangene seine Haltung nicht, trotzdem gewann Pontius Pilatus dank eigener Lebenserfahrung und Menschenkenntnis den Eindruck, dass er der falsche „König der Juden" sei, was Herodes bestätigte. Am Ende blieb Pontius Pilatus so schlau wie vorher und unsicher, ob Jesua der „Gottessohn" oder „König der Juden" ist. Und die Halbbrüder ließen sich nach seinen üblen Behandlungsmethoden sowieso kaum noch voneinander unterscheiden.

ai

Anstatt Hütchen zu spielen, traf Pontius Pilatus eine salomonische Entscheidung, einer der vier Verurteilten sollte amnestiert werden. So weit in die Vergangenheit reicht der Schwanz von amnesty international (ai). Waren alle vier Gefangenen von Pontius Pilatus schon im Voraus zum Tode verurteilt worden, oder gab es eine Amnestie für einen Unschuldigen?

Ungewöhnlich, aber Pontius Pilatus bemüht sich wider jede Logik und seine berufliche Pflicht, den Staatsfeind „König der Juden" freizulassen: „Wollt ihr nun, daß ich euch den König der Juden losgebe?" (Joh.) Für ein besseres Outfit setzte Pontius Pilatus dem „König der Juden" sogar eine Krone auf den Kopf, eine Dornenkrone. Er weiß oder meint, über die Tücke des Hohen Rats Bescheid zu wissen, der ihm anstatt „Gottes Sohn" einen „König der Juden" abgeliefert hat, oder umgekehrt.

Von vier Verurteilten standen nur zwei zur Disposition, „Jesus Barabbas" und „Jesus, von dem gesagt wird, er sei der Christus." Doch so unbestimmt war die Amnestie nicht gewesen. Die Hohepriester und die nützlichen Idioten sollten eine Frage frei und demokratisch entscheiden, die vergleichbar mit der Frage an ein Kind ist: „Wen liebst du mehr, Papa oder Mama?" Wie im Jugendprogramm öffentlicher Sender, wo Jugendliche, die an einem Spiel teilnehmen wollen, der Moderatorin die Frage beantworten sollen: „Einer von deiner Familie muss sterben, wer wäre das deiner Wahl nach?"

Zur Feier des Festtags wurde ein „Barabbas" amnestiert, und da scheitert das wissenschaftliche Denkvermögen an der Frage, wer war er? Apostel Matthäus erwähnt zwei Barabbas, ein „Jesus Barabbas" und einfach ein „Barabbas":

„Zum Fest aber hatte der Statthalter die Gewohnheit, dem Volk einen Gefangenen loszugeben, welchen sie wollten. Sie hatten aber zu der Zeit einen berüchtigten Gefangenen, der hieß Jesus Barabbas. Und als sie versammelt waren, sprach Pilatus zu ihnen: Welchen wollt ihr? Wen soll ich euch losgeben, Jesus Barabbas oder Jesus, von dem gesagt wird, er sei der Christus?"

„Da fing der Statthalter an und sprach zu ihnen: Welchen wollt ihr? Wen von den beiden soll ich euch losgeben? Sie sprachen: Barabbas!" (Mt.)

Nach vielen Übersetzungen wurde „Jesus Barabbas" zu einem einfachen „Barabbas" degradiert. Die Wissenschaftler und Schriftgelehrten halten Jesua und „Barabbas" unbeirrt für zwei verschiedene Personen, so, wie das im „Lexikon zur Bibel" erklärt wurde („Barabbas" und „Jesus Barabbas"):

„Die Hohenpriester aber stachelten die Menge auf, B. zu fordern, wobei mitgespielt haben kann, dass man ihn als Widerstandskämpfer gegen Rom betrachtete. Alte Text Überlieferung zu Mt. 27, 16.17 besagt, dass B. ebenfalls den Namen Jesus getragen habe."

Jörg von Uthmanns Buch über Pontius Pilatus' „Briefwechsel", der sich als „spätere" Fälschung im guten Sinn herausstellte, befasste sich ganz ernsthaft mit dem Thema und meinte, dass:

„(…) Barabbas und Jesus einunddieselbe Person gewesen sind. Es waren die Anhänger Jesu, die lautstark seine Freilassung forderten, Pilatus hat diesem Wunsch zwar nicht entsprochen, aber die vom Hohen Rat verhängte Todesstrafe in eine mildere umgewandelt."

Und jetzt eine Mathe-Übung für Anfänger: von vier Attentätern wurde welcher Barbarossa amnestiert? Welcher der Übeltäter hätte Pontius Pilatus am liebsten losgelassen? Der glückliche Jakob Zebedäus. Und Pontius Pilatus gab „ihnen Barabbas los", den „sie" „lieber haben". Sowieso war das Ganze eine Farce, aber im Gefühl, eine gute Arbeit geleistet zu haben, wusch er seine Hände in Unschuld. Eine Frage stellt sich erneut: wer waren „sie", die ihn „lieber haben"? Am Ende wurde Jakobus Zebedäus freigelassen, aber nach seiner Entlassung wurde der freigelassene Jakobus Zebedäus sogleich vom barmherzigen Herodes Antipas „mit dem Schwert" nachgetötet.

„Um diese Zeit legte der König Herodes Hand an einige von der Gemeinde, sie zu mißhandeln. Er tötete aber Jakobus, den Bruder des Johannes, mit dem Schwert."

Pontius Pilatus' Kalkül geht einfach immer auf, egal, wie die „Juden" entscheiden, alle vier werden hingerichtet, und sollte Jesua statt Jakob Zebedäus freikommen, wird er genauso gekillt.

Jetzt ohne Polemik, Gott verzeih uns allen die unterschiedlichen Bibelübersetzungen, aber die Zitate sprechen für sich. Pontius Pilatus ringt wie ein Löwe um die Freilassung des „Königs der Juden", und zur Bekräftigung setzte er ihm sogar eine Dornenkrone auf den Kopf. Geschieht ein Wunder, Pontius Pilatus „findet keine Schuld an ihm", tapfer widersetzt er sich dem Druck der „Juden", bis sein eiserner Wille gebrochen wurde. Wer bis jetzt nicht an Gott glaubte, kann jetzt anfangen. Dennoch bleibt die Frage unbeantwortet, wer dieser „Juden-König" war. Ob der „Juden-König", oder wer immer es war, nach den ergänzenden Maßnahmen überhaupt noch erkennbar war, ist zweifelhaft.

Am Ende überließ Pilatus die demokratische Entscheidung dem Volk.

Goa

Eine Patt-Situation, weder der Hohe Rat noch Pontius Pilatus, geschweige denn die Wissenschaftler wussten, wer der „Gottessohn", wer der „König der Juden" war. Heiner Müller sagte einmal, zehn Deutsche seien dümmer als ein Deutscher, damit meinte er bestimmt die Wissenschaftler.

In Haft saßen vier Übeltäter, Jesua, Juda und die Brüder Zebedäus. Einer der Vieren wurde amnestiert und freigelassen. Darüber wurden zahlreiche Theorien (Spekulationen) aufgestellt und verbreitet, zum Beispiel, dass Juda statt Jesua gekreuzigt wurde. So schrieb Jörg von Uthmann: „Dafür, dass Jesus verschont wurde, nicht jedoch seine Jünger Judas und Simon, gab es gute Gründe." Und Jesua, der den „Prozess überlebte", soll dann auf Dschebel Qasin bei Damaskus gestorben sein.

„Hierbei dürfte es sich um den Dschebel Qasin bei Damaskus gehandelt haben, den die lokale Überlieferung noch heute mit Jesus in Verbindung bringt. Auf diesem Berg scheint Jesus auch gestorben zu sein."

Auch Simon war leider eine Fehlanzeige, er wurde nicht gefangen, aber er starb am Kreuz, nur etwas später im Jahr 45-48 n.

In der Vielfalt der Meinungen zu dieser Frage erweist sich eine Behauptung als besonders hartnäckig, nämlich dass Jesua nach Indien kam und dort starb, so wie es jedenfalls auch im Heiligen Koran steht.

„Gemäß dem Ahmadiyya-Gründer Mirza Ghulam Ahmad (+ 1908) wird Jesus mit der Figur des Yuz Asaf identifiziert. Er soll nach der Kreuzigung, die er überlebte, sich auf die Suche nach den "verlorenen Schafen des Hauses Israel" begeben haben und bis nach Kaschmir ausgewandert sein. In Kaschmir soll er die zehn verlorenen Stämme zum wahren Glauben zurückgeführt haben. Jesus sei dann in Srinagar eines natürlichen Todes gestorben; sein angebliches Grab im Roza Bal wird dort gezeigt und noch heute verehrt." (125)

Sicher war der Name „Jesus" kein Unikat, allein Josephus Flavius erwähnte ihn mindestens zwei Mal, den Sohn von Gamaliel und den Sohn von Damnai. Wissenschaftlich nachgewiesen sind aus dieser Zeit sechs Jesuas, einer davon oder sogar mehrere könnten sehr wohl nach Goa (Indien) abgewandert sein.

„Jesus Barabbas oder Jesus, der Christus genannt wird?"

Ein kurzes Prozessprotokoll aus dem Prätorium laut **Johannes-Evangelium**:

Pilatus: „Siehe, ich führe ihn zu euch heraus, damit ihr wisst, dass ich keinerlei Schuld an ihm finde."

Pilatus: „Siehe, der Mensch!"

„sie": „Kreuzige, kreuzige ihn!"

Pilatus: „Nehmt ihr ihn hin und kreuzigt ihn, denn ich finde keine Schuld an ihm."

„sie": „Wir haben ein Gesetz, und nach Gesetz muss er sterben, weil er sich selbst zu Gottes Sohn gemacht hat."

„sie": „Wenn du diesen freilässt, bist du des Kaisers Freund nicht; jeder, der sich selbst zum König macht, spricht gegen den Kaiser."

Pilatus: „Siehe, euer König!"

Was ist nun, macht er sich zu „Gottes Sohn" oder „zum König"?

„sie": „Weg mit ihm, weg mit ihm! Kreuzige ihn!"

Pilatus: „Euren König soll ich kreuzigen?"

„sie": „Wir haben keinen König, als nur den Kaiser." (Joh.)

Das gleiche Protokoll nach den **Lukas-Evangelien**:

Pilatus: „Ihr habt diesen Menschen zu mir gebracht, als mache er das Volk abwendig; und siehe, ich habe ihn vor euch verhört, und habe an diesem Menschen keine Schuld gefunden, bezüglich dessen ihr ihn anklagt; aber auch Herodes nicht, denn ich habe euch zu ihm gesandt, und siehe, nichts Todeswürdiges ist von ihm getan. Ich will ihn nun züchtigen und freilassen."

„sie": „Weg mit diesem, lass uns aber den Barabbas frei!"

„sie": "Kreuzige, kreuzige ihn!"

Pilatus: „Was hat dieser denn Böses getan? Ich habe keine Ursache des Todes an ihm gefunden; ich will ihn nun züchtigen und freilassen."

„Er ließ aber den frei, der eines Aufruhrs und Mordes wegen ins Gefängnis geworfen war, den sie forderten." (Lk.)

Und noch einmal im **Markus-Evangelium**:
Pilatus: „Wollt ihr, dass ich euch den König der Juden freilasse?"
„sie": „lieber den Barabbas freilasse."
Pilatus: „Was wollt ihr denn, dass ich mit dem tue, den ihr König der Juden nennt?"
„sie": „Kreuzige ihn!"
Pilatus: „Was hat er denn Böses getan?"
„sie": „Kreuzige ihn!"
„Es war aber einer, genannt Barabbas, mit seinen Mitaufrührern gebunden, die in dem Aufstand einen Mord begangen hatten." (Mk.)

Und noch eine Darstellung in den **Matthäus-Evangelien**:
Pilatus: „Wen wollt ihr, dass ich euch freilassen soll, Jesus Barabbas oder Jesus, der Christus genannt wird?"
Pilatus: „Welchen von den beiden wollt ihr, dass ich euch freilasse?"
„sie": „Barabbas."
Pilatus: „Was soll ich denn mit Jesus tun, der Christus genannt wird?"
„sie": „Er werde gekreuzigt!"
Pilatus: „Was hat er denn Böses getan?"
„sie": „Er werde gekreuzigt!"
Pilatus: „Ich bin schuldlos an dem Blut dieses Gerechten; seht ihr zu." (Mt.)

„Sie" wollten den „König der Juden" kreuzigen, „Barabbas" aber in Freiheit haben. Welchen der beiden „Barabbas", die im Angebot standen, „Jesus Barabbas" oder „Jesus, von dem gesagt wird, er sei der Christus."? Jörg von Uthman meinte ja, es war „einunddieselbe Person". Also veräußerte Pontius Pilatus sozusagen ein und denselben unter zwei verschiedenen Namen und stellte eine grundsätzlich höchst intellektuelle Frage: „Wen wollt ihr, soll ich euch freilassen: Jesus oder Jesus (von dem gesagt wird, er sei der Christus)?" Worauf zwei Antworten mit nur einem Ergebnis möglich sind: Jesus wurde freigelassen und ging nach Goa. Aber wie blamabel, kein Profi bemerkt die Absurdität dieser Frage und die noch absurdere Reaktion des Publikums, das diese Frage sogar verstand und noch darüber abstimmte. Obwohl, nein, jemand merkte es doch und entfernte das Wort „Jesus" aus dem Satz „Es war aber einer, genannt (Jesus) Barabbas, mit seinen Mitaufrührern gebunden, die in dem Aufstand einen Mord begangen hatten." rechtzeitig. Ein sehr unfairer Umgang mit der Heiligen Schrift.

„König der Juden" und „der Christus"

Nicht nur der Hohepriester Kaipha drückte sich unklar aus, auch Pontius Pilatus kann kaum bei vollem Bewusstsein gewesen sein und den Satz „Jesus, von dem gesagt wird, er sei der Christus" so formuliert haben, dass keiner begreift, wen er meint. Eines kann als gesichert gelten, diese Schlüsselszene mit der Amnestierung wurde sorgfältig unkenntlich gemacht. Die verworrenen und widersprüchlichen Beschreibungen resultieren nicht daraus, dass alle Beteiligten, die Priester, Pontius Pilatus und die undefinierbaren „sie" auf einmal aneinander vorbei „in vielen Zungen" sprachen. Eher war eine korrekte Wiedergabe des Gerichtsverlaufs scheinbar nicht gewollt und nicht erwünscht.

Für eine bessere Verdauung ist gut zu wissen, dass der „König der Juden" und „der Christus" ein und dieselbe Gestalt war, denn „König" ist einfach ein anderes Wort für „Gesalbter", was auf Griechisch „Christus" heißt.

„Christus (latinisierte Form von griechisch Χριστός Christos 'der Gesalbte')." (126) Pontius Pilatus bezeichnete Jesus scheinbar mit einem gewissen antiken Sarkasmus: „Wen wollt ihr, dass ich euch freilassen soll, Jesus (Barabbas) oder Jesus (der Christus genannt wird)?" Dieses Kunstwerk verdankt sich allein einer redaktionellen Metamorphose. In Wirklichkeit fragte er: „Wen wollt ihr, dass ich euch freilassen soll, (Jesus) Barabbas oder (Jesus) Christus?"

Aus „König der Juden" wurde „den ihr den König der Juden nennt" und im nächsten Schritt „Jesus, von dem gesagt wird, er sei der Christus (König)". Oder umgekehrt, der Satz wurde schrittweise reduziert.

Auch Barabbas erfuhr eine Steigerung, zuerst war er „genannt Barabbas", dann „Barabbas aber war ein Räuber", und zuletzt war er ein „Berüchtigter Gefangener, der Jesus Barabbas". Tragisch, tragisch, „Barabbas" wird in der Bibel als „Räuber" bezeichnet, nicht, weil er jemanden beraubte. „Räuber" wären im heutigen Sprachgebrauch „Terroristen". (127) Ansonsten ist der Umgang mit dem Begriff „Mord" so eine Sache. Für einen (Massen-) Mörder gehört der Begriff zu einer Fremdsprache, es sei denn, es geht um sein eigenes Leben. Das Gebot „morde nicht" griffen Moralapostel auf und übersetzten dies zum „Du sollst nicht töten", wonach alle zu Vegetariern werden müssen. Die Bezeichnung „Mörder" sagt manchmal aus, wen jemand tötete.

Damit ist die Frage beantwortet, wen die Priester frei haben wollten, als „sie" „Barabbas" einforderten. Aber Pontius Pilatus war schwerhörig und ließ ihnen den anderen „Barabbas" frei. Dieser war „mit seinen Mitaufrührern gebunden, die in dem Aufstand einen Mord begangen hatten." (Mk.). Und es war Jakobus Zebedäus, der das Los gewonnen hat.

BaR ABA

Besser ist es, später als nie zu erfahren, dass Jesua „Jesus Barabbas" genannt wurde. Für den Schritt weiter ist gut zu wissen, was der Name „Barabbas" überhaupt bedeutet. Der Philister-Präsident Abu Abbas, der unter Umständen den Namen Abu Masen trägt, hat zum Beispiel mit dem biblischen „Barabbas" nichts zu tun, weil „Abbas" auf Arabisch „grübeln" bedeutet.

Eigentlich wird „Barabbas" BaR ABA geschrieben und gesprochen, was „Sohn des Vaters" (aram.) bedeutet. Jakobus Zebedäus, der freigelassene „Barabbas", hatte schon Zebedäus als Vater. Vielleicht war Vater ABA im Himmel oder auf Erden, und könnte sein Sohn ausschließlich das Vatersöhnchen Jesua sein? Ob Pontius Pilatus über diese internen Spitzfindigkeiten kundig war, ist fraglich. Fakt ist das Urteil über die Freilassung Jakobus Zebedäus und die Hinrichtung von Jesua und Juda durch Pontius Pilatus, so dass er genügend Gründe hatte, seine Hände zu waschen.

Gaius Iulius Caesar (100 v.-44 v.) sagte den berühmten (ihm zugeschriebenen) Satz „Et tu, Brute?"

> „Cäsar faßte den Dolch bei dem Griffe, und schrie in lateinischer Sprache: Verfluchter Casca, was machst du? Dieser aber rief seinem Bruder auf griechisch zu, er möchte ihm zu Hülfe kommen."

Die wissenschaftlichen Koryphäen übersetzen diesen Satz manchmal als „Auch du, mein Sohn?" oder „Auch du, Brut?". Aber war das ein Sohn oder ein Bruder gewesen, oder beide in einem?

Laut Wahrig, dem Deutschen Wörterbuch, stammt das Wort „Bruder" von „germ. Brobar", oder genauer noch von „idg. *Bhrator", einer „idg." Sprache, die niemals existierte und auch von niemand nirgendwo gesprochen wurde. Vielleicht sprach Julius Caesar uraltgermanisch: „Et tu, Bhrator?"

Scheinbar kann „Brute" sowohl „Nachkomme" (Brut), als auch „Nachfolger" (Bruder) im ideellen Sinn, also Mitstreiter bedeuten. Und das Wort BRIT wird nicht anders als „Bund" übersetzt, also bedeutet BaR doch Bundesgenosse, Verbündeter, Kamerad, kurzum „Bruder".

Inschrift

Nun zur berühmten Frage, auf welche Weise nahm Jesua die Schuld auf sich? Ein wichtiges Detail sticht in beide Augen, die Hohepriester legten Wert darauf, dass Jesuas Zugeständnis „Ich bin der König der Juden" als Schuldbekenntnis schriftlich fixiert wird.

> „Da sprachen die Hohenpriester der Juden zu Pilatus: Schreib nicht: Der König der Juden, sondern, daß er gesagt hat: Ich bin der König der Juden."

Pontius Pilatus Reaktion war nebulös: „Was ich geschrieben habe, das habe ich geschrieben." War Pontius Pilatus faul oder antwortete er so, weil er wusste, dass es nicht stimmte. Noch morgens sagten die Hohepriester: „Wir haben ein Gesetz, und nach Gesetz muss er sterben, weil er sich selbst zu Gottes Sohn gemacht hat.", und jetzt behaupteten sie, „daß er gesagt hat: Ich bin der König der Juden."

Laut Apostel Johannes schrieb Pontius Pilatus folgende Inschrift: „Jesus von Nazareth, der König der Juden.", diese sogar „in hebräischer, lateinischer und griechischer" Sprache (so ein Aufwand).

„Pilatus aber schrieb eine Aufschrift und setzte sie auf das Kreuz; und es war geschrieben: Jesus von Nazareth, der König der Juden. Diese Aufschrift lasen viele Juden, denn die Stätte, wo Jesus gekreuzigt wurde, war nahe bei der Stadt. Und es war geschrieben in hebräischer, lateinischer und griechischer Sprache. Da sprachen die Hohenpriester der Juden zu Pilatus: Schreib nicht: Der König der Juden, sondern, daß er gesagt hat: Ich bin der König der Juden. Pilatus antwortete: Was ich geschrieben habe, das habe ich geschrieben." (Joh.)

Bei den Aposteln Matthäus und Lukas wirkt die Inschrift etwa bescheidener: „Dies ist Jesus, der Juden König.", und noch bescheidener: „Dies ist der Juden König."

„Und oben über sein Haupt setzten sie eine Aufschrift mit der Ursache seines Todes: Dies ist Jesus, der Juden König." (Mt.)

„Es war aber über ihm auch eine Aufschrift: Dies ist der Juden König." (Lk.)

Die allgemein benutzte Abkürzung INRI gehört zu einer späteren Erfindung, das versteht sich von selbst, da der praktische Pontius Pilatus sein Leben bestimmt nicht mit solchen Verkünstelungen beschwert hat. Zudem findet sich von der Abkürzung INRI im NT keine Spur, der Text aber wurde „in der lateinischen Vulgata" verfasst:

„INRI (auch I.N.R.I. oder J.N.R.J.) sind die Initialen für den lateinischen Satz Iesus Nazarenus Rex Iudaeorum (auch Jesus Nazarenus Rex Judaeorum) – „Jesus von Nazaret, König der Juden."

„Die Abkürzung geht auf den Text von Joh. 19,19 in der lateinischen Vulgata zurück, die sich in der römisch-katholischen Kirche durchsetzte (Jo 19,19VU). In den ältesten griechischen Handschriften des Johannesevangeliums lautet der Satz: „Jesus, der Nazoräer, der König der Juden."

Ganz falsch ist das nicht, korrekt wäre, „Jesua Nazarener, König Juda".

Ab dem 2. Jahrhundert breitete sich das Spätlatein im römischen Reich aus. War Pilatus seiner Muttersprache nicht mehr mächtig, als er „eine Aufschrift (schrieb) und setzte sie auf das Kreuz"?

„Die vom klassischen Sprachgebrauch abweichenden Innovationen in spätlateinischen Texten (ab dem 2. Jahrhundert n. Chr.) können auf vulgärlateinischen Einfluss zurückgehen." (129)

Diese Inschrift auf der Holztafel, samt Kreuz und drei Nägeln, wurde im Jahr

325 von Flavia Iulia Helena Augusta, Mutter des römischen Kaisers Konstantin, aufgefunden. Am 29. Juli 1496 erklärte Papst Alexander VI. in der Bulle Admirabile Sacramentum die Nägelchen für echt. Die Holztafel wurde aus echtem Nussholz gebastelt, darüber kann kein Zweifel bestehen. Erstaunlich nur, wie dieses Nussholz die ersten 300 Jahre überdauerte, es sei denn, es war gut imprägniert oder noch einem großen Wunder geschuldet. Die drei Nägelchen sollten etwas genauer betrachtet werden, aber leider kann auch Wikipedia keine Beschreibung der Nägelchen liefern.

„Einer kirchlichen Überlieferung nach wurde das Heilige Kreuz im Jahr 325 von Flavia Iulia Helena Augusta, der Mutter des römischen Kaisers Konstantin, zusammen mit drei Nägeln von der Kreuzigung und der Kreuzesinschrift in Jerusalem entdeckt und der größte Teil des Fundes nach Rom in ihren Palast gebracht. Helena vermachte diesen Palast mit dem Namen „Sessorianum" später der Kirche, so dass daraus die Basilika Santa Croce in Gerusalemm wurde. Dort soll bei Umbauarbeiten 1492 die Reliquim mit der Hälfte der Inschrift und dem Siegel von Papst Lucius II wiederentdeckt worden sein. Seitdem wurde sie als Originaltitel des Kreuzes Jesu gezeigt. Am 29. Juli 1496 er-klärte Papst Alexander VI sie mit der Bulle Admirabile Sacramentum für echt." (124)

Wie zu erwarten, ist das Täfelchen „mit drei Zeilen beschrieben. Die erste Zeile enthält sechs nur teilweise erhaltene hebräische Buchstaben. Dazu kommen noch ein paar griechische und lateinische Wörtchen. Der aramäische Text ist unlesbar (ausradiert?), aber sämtliche Buchstaben sind von rechts nach links geschrieben, eine Sensation, wobei die lateinische Inschrift US NAZARENUS RE an allerletzter, untergeordneter Stelle erscheint, was für eine Schmach für die Römer. So stellte sich Pontius Pilatus das bestimmt nicht vor.

„Die Holztafel besteht aus Nussholz, ist 687 Gramm schwer, 25 Zentimeter lang, 14 Zentimeter breit und 2,6 Zentimeter dick. Sie ist mit drei Zeilen beschrieben. Die erste Zeile enthält sechs nur teilweise erhaltene hebräische Buchstaben. Besser erhalten sind die zweite und dritte Zeile mit der griechischen und lateinischen Inschrift, deren lesbare Wörter lauten: NAZAPENYΣ B

US NAZARENUS RE

Diese beiden Zeilen sind untypischerweise von rechts nach links geschrieben wie das Hebräische oder Aramäische."

Nun aber zur Kernsache: Pontius Pilatus war kein Polyglott und beschrieb die Tafel nicht mit eigener Hand, so wie es Apostel Johannes behauptete. Ein „jüdischer Lohnschreiber" (gab es einen?), fertigte „eine originalgetreue Kopie des ursprünglichen Kreuzestitels" im Auftrag von Pilatus an, sozusagen den ältesten Durchschlag (Kopie). War die Kopie für Papst Lucius II oder für Kirchengeschichtlerin Maria-Luisa Rigato bestimmt?

„Am 25. April 1995 fotografierte und wog die Kirchengeschichtlerin Maria-Luisa Rigato von der Gregoriana-Universität in Rom die Tafel. Sie identifizierte die Buchstaben der ersten Zeile als aramäisch מ מ נצר ישו (Jeschu nazara m m), wobei die Abkürzung m m für malkekem stehe: „Jesus Nazara euer König". Sie hält die Tafel für eine original-getreue Kopie des ursprünglichen Kreuzestitels. Dieser sei tatsächlich von einem jüdischen Lohnschreiber im Auftrag des Pilatus verfasst worden und somit das erste Stück Literatur über Jesus." (124)

Das erklärt vieles. Im Auftrag von Pontius Pilatus schrieb ein Lohnjude, nicht Vandalen, in Vulgata-Latein, somit wurde der Text verständlicherweise von rechts nach links geschrieben, beginnend mit der aramäischen und endend mit der lateinischen Schrift. Aber so alt war der Durchschlag scheinbar nicht, wie neuere Untersuchungen zeigen:

„Das Holz ist von Insekten und Pilzen zerfressen. 1998 untersuchte Michael Heseman den Gegenstand und datierte den Schrifttyp der Inschrift in das 1. Jahrhundert. Er stellte seine Ergebnisse in einer Privataudienz auch Papst Johannes Paul II vor. Sieben Paläographen dreier israelischer Universitäten, Maria-Luisa Rigato und der Papyrologe Carsten Peter Thied bestätigten die Datierung des Schrifttyps. Andere Forscher bestreiten die Echtheit der Tafel und halten Hesemanns Untersuchungsmethode für nicht beweiskräftig. Neuere Untersuchungen mit der Radiokarbonmethode ergaben eine wahrscheinliche Entstehung der Tafel zwischen dem späten 10. und dem frühen 12. Jahrhundert." (124)

Trotzdem kann der aufgedeckte Satz (מ מ נצר ישו Jeschu nazara m m), übertragen als „Jesus Nazara euer König", interessant sein.

MM

Scheinbar kann in der Vulgata nicht nur geschrieben, sondern auch gedacht werden, wie es „sieben Paläographen dreier israelischer Universitäten" demonstrierten. Der ausradierte Satz „Jesus Nazara euer König ישו נצר מ מ " wird aber bestimmt nicht „Jeschu nazara m m" gelesen, eher als „Jeschu nezer m m", was „Jeschu nezer mm (elech David)", also „Jesu Spross von König David" bedeuten könnte.

Nicht nur der Durchschlag, auch der Text ist leider kein Original, was einige Fragen aufwirft. Können alle vier Apostel auf einmal das Wort „euer" übersehen haben? Ist „m m" wirklich eine Abkürzung? Wenn ja, dann ist sie aufgeschlüsselt in „jiMah shMo Ve-secher" (kurz Je-Sh-U), was nichts Gutes bedeutet. Wie schon gesagt, kommt diese aus der rabbinischen Literatur des 12., 13., 17. und 18. Jahrhunderts und wurde bereits im Kapitel „MaMser" (auch „M m", übrigens) besprochen. Selbst der verstümmelte Name „Jesu" ist eine spätere rabbinische Erfindung mit einem diskriminierenden Unterton. Aber „sieben Paläographen dreier israelischer Universitäten, Maria-Luisa Rigato und der

Papyrologe Carsten Peter Thiedschrieb" bestätigen, dass ein Lohnjude im Auftrag von Pilatus auf dem Täfelchen einen Fluch aus dem Talmud eingeritzt hat: „Jesus Nazara ausradiert (sei) sein Name" („Jeschu nazara Jimah SHmo Vesecher"). Diese wissenschaftlichen Fachkräfte werden von einer anderen Idee geleitet, gemäß der muß Jesua „aus Nazaret" kommen, eine in seiner Zeit nicht existierende Stadt.

„Der Ausdruck Nazoraios ist auch in M 2,23E, L 183 und Jo 18,5.7E belegt. Möglicherweise bezeichnete er ursprünglich eine Tauf- oder Lehrtätigkeit. Die synoptischen Passionsberichte verwenden an dieser Stelle stattdessen Nazarenos (so in M 1,24E; 10,47 E; 16,6 E; L 4,34E; 24,19 E). Sie bezeichneten mit beiden Ausdrücken Jesu Herkunftsort: „aus Nazaret."

Das im Zweiten Weltkrieg häufig praktizierte Anbringen einer Tafelinschrift wie „Partisanen" war keine Innovation, ihre Vorgeschichte ist wesentlich älter, und Pontius Pilatus kann für sich beanspruchen, als Urheber für das Befestigen eines Täfelchens, und zwar ganz oben, „über dem Gekreuzigten", zu gelten. Und dieses Täfelchen war mit den drei gefundenen Nägelchen befestigt.

„Die Römer kannten den Brauch, die Schuld eines Verurteilten durch eine Tafel bekannt zu machen, die man ihm umhängte oder vorantrug, um ihn vor seinem Tod öffentlich zu demütigen und zu verspotten. Dies bezeugen vier römische Quellen, darunter Sueton für Urteilsvollstreckungen an Aufständischen unter Kaiser Caligula und Domitian. Cassius Dio erwähnt den Brauch auch einmal bei einer Kreuzigung. Das Anbringen einer Tafel über dem Gekreuzigten wird jedoch nur im NT erwähnt." (124) Was stand nun wirklich auf dem Täfelchen?

Tafel

Wie beim ersten Verhör 3 Jahre zuvor wurde Jesua beim Prozess von den gleichen Personen in gleich hämischer Weise befragt.

„Ha, der du den Tempel abbrichst und baust ihn auf in drei Tagen, hilf dir nun selber und steig herab vom Kreuz!" (Mk.)

„Ist er der Christus, der König von Israel, so steige er nun vom Kreuz." (Mk.)

„Bist du der Juden König, so hilf dir selber!" (Lk.)

„Er hat anderen geholfen; er helfe sich selber, ist er der Christus, der Auserwählte Gottes." (Lk.)

Und wieder wird er einmal als „König von Israel", einmal als „Juden König" angepöbelt. Das ist nicht mehr nachvollziehbar, denn Verhältnis zwischen beiden Völkern, Israeliten (Samariter) und Judäern (Juden) war äußerst schwierig. Das ist ungefähr so, als würden die Israeliten im Kriegszustand ihren König in Judäa, die Judäer ihren König in Israel aufstellen. Für Israeliten war Jesua ein Erlöser Israels, nicht der Juden: „Wir aber hofften, er sei es, der Israel erlösen werde." (Lk.)

198

Aber laut Wikipedia erstellte Wilhelm Brandt im 19. Jahrhundert sogar „die Konjektur" "malka dijehud(e)je", was alle unbedingt wissen müssen. (124) Um den ursprünglichen Text herauszufinden, ist die Beschäftigung mit der Übersetzung einer Übersetzung nutzlos, auch Rückübersetzungen, wie die von Wilhelm Brandt, bringen nichts. Bei näherer Betrachtung der vier Zeilen wird sichtbar, wie aus einem Satz zwei entstehen.

DER KÖNIG DER JUDEN (Mk.)
DIESER IST DER KÖNIG DER JUDEN (Lk.)
DIESER IST JESUS, DER KÖNIG DER JUDEN (Mt.)
JESUS, DER NAZORÄER, DER KÖNIG DER JUDEN (Joh.)

Daraus könnte gefolgert werden, die Inschrift lautete „König der Juden" und der Text wäre schrittweise „konjekturiert" worden. Auf Aramäisch ist „König Juda" leider nicht unbedingt „malka dijehud(e)je" („König der Juden"), sondern auf übliche, hebräische Art „MeLeCH JeHUDA" geschrieben, wobei das je nach Kontext als „König Juda" oder als „König von Judäa" verstanden werden kann. In der hebräischen Grammatik gab es die Form „König der Juden" nicht, und im Aramäischen ist sie noch weniger vorstellbar. (130) Und gerade die Inschrift JESUS, DER NAZORÄER, DER KÖNIG DER JUDEN liegt total daneben, denn übersetzt heißt es einfach „Jesus Nazaräner König Juda", was das bedeutet, weiß nur Gott. Folglich nahmen die Hohepriester sein „eigenes" Geständnis, „König Juda", auf der Inschrift, denn „er hat gesagt: „Ich bin der König Juda", und Juda hatte bei Pontius Pilatus schlechte Erfolgsaussichten.

Am Kreuz

Abschied
Schon damals war die Frage, „who is who?", von großer Bedeutung, aber Pontius Pilatus und das Publikum konnten die beiden Halbbrüder kaum voneinander unterscheiden, nicht umsonst war Petrus unentbehrlich und stand im Zeugenstand. Falls die Priester genau wussten, dass Pontius Pilatus sein Täfelchen mit der Inschrift „König Juda" beim Falschen anbringen ließ, hatte ihr Verbesserungsvorschlag auch Sinn. Hoffentlich wusste Pilatus, was er tut.

Jesua hing zwischen „zwei Räubern", Johannes Zebedäus und Juda, unter der Inschrift „König Juda"

„Und es stand über ihm geschrieben, welche Schuld man ihm gab, nämlich: Der König der Juden. Und sie kreuzigten mit ihm zwei Räuber, einen zu seiner Rechten und einen zu seiner Linken."

Er kam nicht in Goa an und starb nicht in einem Vorort von Damaskus, in aller Eindeutigkeit lässt sich das aus der Bibel entnehmen, so aber nicht die Bibel- und Korangelehrten.

„Der Koran lehnt die Vorstellung einer Kreuzigung Jesu ab und geht davon aus, dass statt seiner eine andere, ihm optisch ähnliche Person gekreuzigt worden ist: „Und (weil sie) sagten: „Wir haben Christus Jesus, den Sohn der Maria und Gesandten Gottes getötet."– Aber sie haben ihn (in Wirklichkeit) nicht getötet und (auch) nicht gekreuzigt. Vielmehr erschien ihnen (ein anderer) ähnlich, (so dass sie ihn mit Jesus verwechselten und töteten). Und diejenigen, die über ihn (oder darüber) uneins sind, sind im Zweifel über ihn (oder: darüber). Sie haben kein Wissen über ihn (oder: darüber), gehen viel-mehr Vermutungen nach. Und sie haben ihn nicht mit Gewissheit getötet (d.h. sie können nicht mit Gewissheit sagen, daß sie ihn getötet haben). Nein, Gott hat ihn zu sich (in den Himmel) erhoben." (125)

Oder probeweise eine andere Stelle: da starb Jesus nicht, flog einfach nur so gen Himmel (High-Tech):

„Gott hatte ihn ja in die Gestalt Jesu verwandelt. Sie ergriffen ihn und töteten und kreuzigten ihn. So wurde bewirkt, daß sie (ihn für Jesus) hielten (fa-min ṭamma šubbiha lahum) und glaubten, sie hätten Jesus getötet. Genauso glaubten die Christen, es sei Jesus. Und Gott hob Jesus am gleichen Tag empor." (Wahb ibn Munabbih: at-Tabari). (125)

Der unbekannte Dritte wurde auch gekreuzigt, wobei er scheinbar doch nicht ganz unbekannt war, da sogar seine Ähnlichkeit mit Jesua überliefert wurde:

„Dieser alte Bericht wird in der koranexegetischen Literatur mehrfach und mit einigen Varianten überliefert. In der späteren Koranexegese, die stets auf die Berichte von Wahb ibn Munabbih zurückgreift, identifiziert man den bis dahin unbekannten gekreuzigten mit Judas Ischariot: „Gott warf die Ähnlichkeit Jesu auf denjenigen, der sie zu Jesus geführt hatte– er hieß Judas und sie kreuzigten ihn an seiner Statt, wobei sie glaubten, es sei Jesus." (Jesus in der Ahmadiyya-Theologie) (125)

Zebedäus

Für Jesuas treue Brüder Zebedäus, Johannes und Jakobus wurden links und rechts zwei Kreuze reserviert. Später hing einer der Brüder am Kreuz, eben deshalb kam seine Mutter, um sich zu verabschieden und ihn zu bestatten. Die links und rechts vorgesehenen Plätze waren auf ihren und der Mutter bescheidenen Wunsch hin für die Brüder Zebedäus schon längst reserviert.

„Da gingen zu ihm Jakobus und Johannes, die Söhne des Zebedäus, und sprachen: Meister, wir wollen, daß du für uns tust, um was wir dich bitten werden. Er sprach zu ihnen: Was wollt ihr, daß ich für euch tue? Sie sprachen zu ihm: Gib uns, daß wir sitzen einer zu deiner Rechten und einer zu deiner Linken in deiner Herrlichkeit."

„Da trat zu ihm die Mutter der Söhne des Zebedäus mit ihren Söhnen, fiel vor ihm nieder und wollte ihn um etwas bitten. Und er sprach zu ihr: Was willst du? Sie sprach

zu ihm: Laß diese meine beiden Söhne sitzen in deinem Reich einen zu deiner Rechten und den andern zu deiner Linken."
Gut zu wissen, dass damals die Gekreuzigten am Kreuz saßen und nicht hingen, wie heute.
Petrus konnte zwar manche Namen systematisch aussparen, aber nicht, ohne kleine, verräterische Spuren zu hinterlassen. Und jetzt, unter Berücksichtigung redaktioneller Kosmetik, ist jeder selbst imstande, „Jesus" und „Christus" auseinanderzuhalten und zu erkennen, dass Jesua als „Räuber" und auch als „Übeltäter" bezeichnet wurde. Aufschlussreich ist die Unterhaltung am Kreuz: „Aber einer der Übeltäter (Jesua), die am Kreuz hingen, lästerte ihn und sprach: Bist du nicht der Christus (König)? Hilf dir selbst und uns! Da wies ihn der andere (Juda) zurecht und sprach: Und du fürchtest dich auch nicht vor Gott, der du doch in gleicher Verdammnis bist? Wir sind es zwar mit Recht, denn wir empfangen, was unsre Taten verdienen; dieser (Johannes Zebedäus) aber hat nichts Unrechtes getan. Und er (Johannes Zebedäus) sprach: Jesus, gedenke an mich, wenn du in dein Reich kommst! Und Jesus sprach zu ihm: Wahrlich, ich sage dir: Heute wirst du mit mir im Paradies sein."
So erwies Jesua seinem treuen Jünger Johannes Zebedäus einen letzten Gefallen und nahm ihn mit ins Paradies.
Noch bleibt ungeklärt, wie die nicht eingeheirateten Brüder Zebedäus zu der Familie kamen. Sie waren „Simons Gefährten", aber, was sich von selbst versteht, nicht von „Simon Petrus".
„Denn ein Schrecken hatte ihn erfaßt und alle, die bei ihm waren, über diesen Fang, den sie miteinander getan hatten, ebenso auch Jakobus und Johannes, die Söhne des Zebedäus, Simons Gefährten."

Todesumstände
Am Ende der Gerichtsverhandlung überantwortete Pontius Pilatus „Jesus, daß er gekreuzigt würde" zwei Mal an sie.
Apostel Johannes gibt die sechste Stunde: „Es war aber Rüsttag des Passah; es war um die sechste Stunde.", Apostel Markus aber dritte Stunde an: „Es war die dritte Stunde, als sie ihn kreuzigten." Womöglich wurde einer in der dritten, ein anderer in der sechsten Stunde gekreuzigt.
Um 21 Uhr starb Jesus. Forscher aller Gewichtsklassen sind allesamt über den schnell eingetretenen Tod verwundert, und vor allem wunderte sich Pontius Pilatus.
„Pilatus aber wunderte sich, daß er schon tot sei, und rief den Hauptmann und fragte ihn, ob er schon lange gestorben sei."
Abgesehen von den Misshandlungen, weist allein schon der „Purpurmantel" auf

einen beträchtlichen Blutverlust hin. Deshalb durfte Simon von Kyrene das Kreuz von Jesus tragen, aber auch, weil Jesus nach zwei „Purpurmänteln" selbst getragen werden musste.

„Und sie zwingen einen Vorübergehenden, einen gewissen Simon von Kyrene, der vom Feld kam, den Vater Alexanders und Rufus', dass er sein Kreuz trüge."

Welcher „Simon"? Nicht wieder Petrus! Über Simon steht geschrieben: „Vater Alexanders und Rufus'". Oder kamen Simon von Kyrene (Kyrenäer), Alexander (Alexandriner) und Rufus von einem Feld und hatten bei der Steinigung von Stephanus aktiv mitgeholfen?

„Da standen einige auf von der Synagoge der Libertiner und der Kyrenäer und der Alexandriner und einige von denen aus Zilizien und der Provinz Asien und stritten mit Stephanus." (Apg.)

Laut Kollateral-Wissenschaft müsste der arme Simon von Kyrene auch am Kreuz sterben, nur weil „Jesus die Gestalt des Simon angenommen habe und umgekehrt." (Sciencefiction)

„Laut dem Kirchenvater Irenäus von Lyon vertrat der gnostische Häretiker Basilides von Alexandria die Lehre, dass tatsächlich Simon von Cyrene gekreuzigt wurde und nicht Jesus, weil Jesus die Gestalt des Simon angenommen habe und umgekehrt (Doketismus). Dass nicht Jesus hingerichtet wurde, sondern ein anderer, der ihm ähnlich sah, steht auch im Koran in Sure 4,157." (131)

Dass Simon Petrus die Gestalt von Jesua annahm, wissen wir schon, dass er auch gekreuzigt wurde, ist gut zu wissen. Und die Frage, wer Simon von Kyrene war und wessen Kreuz er tragen durfte, von Jesua oder von Juda, ist der nächsten Generation überlassen, sowie die Frage, wie kamen zwei andere Kreuze an ihre Stelle? Weil mit zwei Verurteilten gerechnet wurde, und der dritte kam ungeplant.

Todursache waren zwei „Purpurmäntel", Kälte (Petrus wärmte sich am Feuer) und Durst, („er sprach: „Mich dürstet"), dazu kam noch ein Faktor: „Einer der Soldaten stieß mit dem Speer in seine Seite, und sogleich kam Blut und Wasser heraus."

„Da kamen die Soldaten und brachen dem ersten die Beine und auch dem andern, der mit ihm gekreuzigt war. Als sie aber zu Jesus kamen und sahen, daß er schon gestorben war, brachen sie ihm die Beine nicht; sondern einer der Soldaten stieß mit dem Speer in seine Seite, und sogleich kam Blut und Wasser heraus." (Joh.)

Gerichtsmediziner staunen, wie bei einem Toten „Blut und Wasser" herausfließen können, ein übernatürliches Phänomen. Und niemand kommt auf den Gedanken, dass Jesus einfach umgebracht wurde, aus humanitären Gründen selbstverständlich. Und als die Beine der zwei anderen Übeltäter gebrochen wurden, schwiegen sie wie die Toten.

Longinus

Die Evangelisten erwähnten den Namen des Soldaten nicht, der möglicherweise Longinus hieß, einem römischen Zenturio, der von der Kirche nicht ohne schwerwiegenden Grund für heilig erklärt wurde. Auf Longinus bezogen entstand ein Kult des Blutes und der Heiligen Lanze.

„Derjenige, der Jesus nach seinem Hinscheiden die Seite geöffnet hat, wurde im (Joh. 34) als einer der Häscher benannt, die den beiden neben Jesu Gekreuzigten (beim) die Beine gebrochen hatten. Erst apokryph wird der Soldat als Longinus benannt und zunehmend als Hauptmann (Centurio) bezeichnet."

„Die Verehrung des Heiligen Blutes, das ungestockt der Wunde entfloss, hat mit Franz von Assisi und der Verehrung der Stigmata im Laufe des 10. und 11. Jahrhunderts Eingang in den Kultus gefunden. Die Wundflüssigkeit soll Longinus' Augenleiden geheilt haben, woraufhin er das mit Erde vermischte Blut gesammelt hat und sich taufen ließ. Er verließ Palästina und verkündete in Mantua das Evangelium, von wo aus die Hl. Blut-Verehrung ihren Ausgang nahm. Um einer Verfolgung zu entgehen, reiste er nach Caesarea in Kappadozien in der heutigen Türkei. Vor seiner Abreise aus Mantua vergrub er das Blut Christi. In Cäsarea soll er den Märtyrertod erlitten haben. Insofern wäre er Märtyrer im doppelten Sinne gewesen: im neutestamentlichen Sinne als einer der ersten Zeugen der Göttlichkeit Christi und im frühchristlichen Sinne als ein Mensch, der um seines Glaubensbekenntnisses willen getötet wird. Die Heilige Lanze, die seit dem frühen Mittelalter zu den Herrschaftsinsignien des Heiligen Römischen Reiches Deutscher Nation, den Reichskleinodien, gehörte, wurde erst-mals in einem päpstlichen Schreiben aus dem ersten Drittel des 13. Jahrhunderts mit der Lanze des Longinus, dessen Name wohl von der „langen Lanze" entlehnt wurde, identifiziert. Ab dem 14. Jahrhundert setzte sich diese Deutung offiziell durch." (132)

Wenn schon Pontius Pilatus und Herodes Antipas so positiv bewertet wurden, warum sollte nicht auch der Gottesmörder heiliggesprochen werden?

Der Name "Longinus" ist "from the Latin word longus, meaning long". (133) Und für den „Wahrig", ein Deutsches Wörterbuch, ist "Longe" die „Laufleine für Pferde bei der Dressur (fr., „Laufleine, Longe")".

Wie üblich im römischen Reich, befehligte Longinus germanische Soldaten. Bei Apostel Johannes kam Longinus nicht vor, nur „einer", „einer der Soldaten stieß mit dem Speer in seine Seite." Der eine war möglicherweise kein geringerer als der Zenturio. Andere Apostel erwähnen den Vorfall gar nicht.

Was passiert, wenn jemand ein Geheimnis kennt, es unbedingt loswerden will, darf aber nichts sagen, sagt es aber trotzdem? Er macht aus Zenturio Longinus einen anonymen Soldaten, der „mit dem Speer in seine Seite" stieß, als eine Art späte Abrechnung für den „in der Stadt begangenen Mord". Und an ganz anderer Stelle muss er namentlich unbedingt nochmals auftauchen.

Dreifacher Tod

Wie oft starb Jesua

Bei dieser traurigen Angelegenheit wird nicht ganz klar, wie oft Jesus starb. Einmal „schrie Jesus laut: Eli, Eli, lama asabtani?, das ist: Mein Gott, mein Gott, warum hast du mich verlassen? (…) aber Jesus schrie abermals laut und verschied." (Mt.) Frank Dolich übersetzte den aramäischen Satz von Jesus: „LaMA ShaBaKTaNI?", in: „Warum hast du mich geopfert?"

Beim zweiten Mal „(rief) Jesus (…) laut: Vater, ich befehle meinen Geist in deine Hände! Und als er das gesagt hatte, verschied er." (Lk.)

Und beim dritten Mal „sprach er: Es ist vollbracht! und neigte das Haupt und verschied." (Joh)

Genau drei Versionen werden überliefert, soviel wie die Anzahl der Gekreuzigten. Komisch, aber die vierte Version über den vierten Apostel fehlt. Weil es keinen gab.

Selbstmord

Die Geschichte über den Selbstmord von Judas ist für Leichtgläubige geschrieben. Aber immerhin bereute er, ganz im Gegensatz zu Petrus, „und erhängte sich".

„Als Judas, der ihn verraten hatte, sah, daß er zum Tode verurteilt war, reute es ihn, und er brachte die dreißig Silberlinge den Hohenpriestern und Ältesten zurück und sprach: Ich habe Unrecht getan, daß ich unschuldiges Blut verraten habe. Sie aber sprachen: Was geht uns das an? Da sieh du zu! Und er warf die Silberlinge in den Tempel, ging fort und erhängte sich." (Mt.)

Näheres über die Todesumstände des Verräters Judas ist in Petrus' autobiographischen Erzählungen in der Apostelgeschichte zu finden: „(…) daß alle seine Eingeweide hervorquollen", wie bei Lazarus.

„Aber er ist vornüber gestürzt und mitten entzwei geborsten, so daß alle seine Eingeweide hervorquollen." (Apg.)

Und wie ging das zu? Hat Judas Harakiri gemacht, wie König Saul damals? Hat diese Beschreibung sadistische Züge und wurde zur eigenen Genugtuung und Selbstbestätigung beschrieben? Wenn nicht, dann war das der „Stoss" von Zenturio Longinus, und sieh mal an, es „kam Blut und Wasser heraus". Hatte Jesus so viel Wasser im Blut oder sind „alle seine Eingeweide hervorgequollen"? Ein Nadelstich war das sicherlich nicht.

Kurz gewürzt, nach der Prozedur mit Galle und Essig starben Jesua und Zebedäus, und es war Juda, der noch lebte, und der Hauptmann (Zenturio) Longinus verkürzte sein Leid.

Möglicherweise kann der Sterbegang der drei Übeltäter rekonstruiert und eingeordnet werden. Johannes Zebedäus starb als erster um die neunte Stunde.

ZEBEDÄUS

„Und als sie an die Stätte kamen mit Namen Golgatha, das heißt: Schädelstätte, gaben sie ihm Wein zu trinken mit Galle vermischt; und als er's schmeckte, wollte er nicht trinken. Und von der sechsten Stunde an kam eine Finsternis über das ganze Land bis zur neunten Stunde. Und um die neunte Stunde schrie Johannes laut: Eli, Eli, lama asabtani? das heißt: Mein Gott, mein Gott, warum hast du mich verlassen? (…) Einige aber, die da standen, als sie das hörten, sprachen sie: Der ruft nach Elia. Und sogleich lief einer von ihnen, nahm einen Schwamm und füllte ihn mit Essig und steckte ihn auf ein Rohr und gab ihm zu trinken. Die andern aber sprachen: Halt, laß sehen, ob Elia komme und ihm helfe! Aber Johannes schrie abermals laut und verschied." (Mt.)

„Und zur sechsten Stunde kam eine Finsternis über das ganze Land bis zur neunten Stunde. Und zu der neunten Stunde rief Johannes laut: Eli, Eli, lama asabtani? das heißt übersetzt: Mein Gott, mein Gott, warum hast du mich verlassen? (…) Da lief einer und füllte einen Schwamm mit Essig, steckte ihn auf ein Rohr, gab ihm zu trinken und sprach: Halt, laßt sehen, ob Elia komme und ihn herabnehme! Aber Johannes schrie laut und verschied." (Mk.)

JESUA rief nach dem „Vater"/ABA: „Vater, ich befehle meinen Geist in deine Hände!", dann starb er.

„Es verspotteten ihn auch die Soldaten, traten herzu und brachten ihm Essig und sprachen: Bist du der Juden König, so hilf dir selber! (...) Und Jesua rief laut: Vater, ich befehle meinen Geist in deine Hände! Und als er das gesagt hatte, verschied er." (Lk.)

JUDA, zuletzt starb Juda, ihm wurde mit einer Kontrolltötung nachgeholfen, die Beine zu brechen war einfach nicht mehr nötig.

„Danach, als Juda wußte, daß schon alles vollbracht war, spricht er, damit die Schrift erfüllt würde: Mich dürstet. Da stand ein Gefäß voll Essig. Sie aber füllten einen Schwamm mit Essig und steckten ihn auf ein Ysoprohr und hielten es ihm an den Mund. Als nun Juda den Essig genommen hatte, sprach er: Es ist vollbracht! und neigte das Haupt und verschied. (…) Als sie aber zu Juda kamen und sahen, daß er schon gestorben war, brachen sie ihm die Beine nicht; sondern einer der Soldaten stieß mit dem Speer in seine Seite, und sogleich kam Blut und Wasser heraus." (Joh.)

Die mittelalterliche Vorstellung, dass Jesua mit Nägeln ans Kreuz genagelt war und dabei mit den Nachbarn plauderte, wird verbreitet und weiter gepflegt. Kein wirkliches Problem für einen Gottessohn, aber wie überwanden die zwei anderen Übeltäter die Schmerzgrenze, und warum rissen ihre Handgelenke nicht ab? So sadistisch waren die Römer wirklich nicht. Wegen der hohen Produktionskosten waren Nägel Gold wert, also wurden die Verurteilten nicht mit goldenen

Nägeln festgenagelt, sondern ans Kreuz gesetzt und gefesselt, wie das „Lexikon der Bibel" erklärt. Danach „(er)hängte sich" Juda tatsächlich.

„Das Sterben konnte, bes. wenn der Gekreuzigte nur angebunden war oder der Pfahl hervorstehenden Pflock besaß, auf dem die Last des Körpers ruhte, einige Tage dauern."

Vielleicht stand hinter der Nachbesserung mit den Nägeln der Wunsch der Kirche, den Leiden Jesus mehr Ausdruck zu verleihen. Oder war das ein vom Hass auf „König Juda" gespeister, unterschwelliger Wunsch, ihm rückwirkend noch mehr Qual zu bereiten? In der Apostelgeschichte schilderte Petrus die Todesumstände von Juda, dem „die Eingeweide hervorquollen". Dann ist es kein Wunder, dass Jesua nach der Auferstehung vollständig und nicht, pardon, mit heraushängenden Eingeweiden vor Maria Magdala erscheinen konnte.

Zombis

Gleich nach Jesuas Tod ereigneten sich manch übernatürliche Geschehnisse, die nur ungern von Bibelwissenschaftlern popularisiert, gerne aber verschwiegen werden. Die Zombis „standen auf und gingen aus den Gräbern nach seiner Auferstehung und kamen in die heilige Stadt und erschienen vielen", kurzum, ein fertiges Drehbuch für Hollywood-Horrorfilme. Marsch auf Jerusalem zur Befreiung von Al-Aksa? War das noch Christentum oder war schon das Paganentum eingetreten?

„Und siehe, der Vorhang im Tempel zerriß in zwei Stücke von oben an bis unten aus. Und die Erde erbebte, und die Felsen zerrissen, und die Gräber taten sich auf, und viele Leiber der entschlafenen Heiligen standen auf und gingen aus den Gräbern nach seiner Auferstehung und kamen in die heilige Stadt und erschienen vielen." (Mt.)

Wenn Tote zum Leben erweckt werden und Kannibalismus praktiziert wird, wie Blut trinken und Leib essen, dann scheint all das auch möglich zu sein.

Apostel Matthäus beschreibt, wie nach Jesus Tod die „Erde erbebte, und die Felsen zerrissen". Nach drei Tagen ereignete sich noch „ein großes Erdbeben". Ein Nachbeben? Wenn ja, warum dann in umgekehrter Reihenfolge?

„Als aber der Sabbat vorüber war und der erste Tag der Woche anbrach, kamen Maria von Magdala und die andere Maria, um nach dem Grab zu sehen. Und siehe, es geschah ein großes Erdbeben. Denn der Engel des Herrn kam vom Himmel herab, trat hinzu und wälzte den Stein weg und setzte sich darauf." (Mt.)

Nicht schlimm, der Apostel versuchte mit poetischen Mitteln, entsprechend seiner geistigen Entwicklungsstufe, die Größe und Bedeutung der historischen Ereignisse zu verdeutlichen.

Bestattung

Joseph Arimathäa

Davor, nach seinem Auftritt im Gerichtsgebäude, verschwand Petrus spurlos und lag U-Boot-mäßig drei Tage lang auf Grund, bei der Kreuzigung wurde er jedenfalls nicht gesichtet.

Inzwischen standen „Maria von Magdala und Maria, die Mutter des Jakobus und Josef, und die Mutter der Söhne des Zebedäus" vor dem Kreuz. Vorsorglich wurden dann die Familienangehörigen vertrieben, so konnte die Frauenmannschaft der Episode mit dem Beinebrechen und der weiteren Prozedur nur von „ferne" zusehen.

„Und es waren viele Frauen da, die von ferne zusahen; die waren Jesus aus Galiläa nachgefolgt und hatten ihm gedient; unter ihnen war Maria von Magdala und Maria, die Mutter des Jakobus und Josef, und die Mutter der Söhne des Zebedäus." (Mk.)

Da erscheint ein mysteriöser „Mann mit Namen Josef, ein Ratsherr" (Lk.). Bei Apostel Markus ist er nicht weniger als „ein angesehener Ratsherr, der auch auf das Reich Gottes wartete", und bei Apostel Johannes heißt er „Josef von Arimathäa, der ein Jünger Jesu war". Josef von Arimathäa bat „heimlich, aus Furcht vor den Juden" Pontius Pilatus um Erlaubnis, den Leichnam Jesuas abnehmen zu dürfen.

„Danach bat Josef von Arimathäa, der ein Jünger Jesu war, doch heimlich, aus Furcht vor den Juden, den Pilatus, daß er den Leichnam Jesu abnehmen dürfe. Und Pilatus erlaubte es. Da kam er und nahm den Leichnam Jesu ab." (Joh.)

Dass ein Josef Arimathäa, auch wenn er ein angesehener Ratsherr war, so einfach, sogar spät abends, den Hegemon Pontius Pilatus stören durfte, kann auf demokratische Traditionen im autoritären Führungsstil von Pilatus hindeuten. Ungewöhnlich nur die Geheimnistuerei („aus Furcht vor Juden") und dass Josef Arimathäa selbst „ein Jünger Jesu war". Wurde inzwischen auch Pontius Pilatus für die gerechte Sache rekrutiert und ist er „sein Jünger" geworden?

Bei Apostel Lukas ist Josef „ein guter, frommer Mann", dieser gute Mann gab sich am heiligen Großen Samstag mit der Bestattung von Leichen ab, denn „es war Rüsttag, und der Sabbat brach an". Die Verstorbenen nahm er nachts herunter, zusammen mit dem anderen Greis Nikodemus, nur um unerwünschte Zeugen zu vermeiden, das waren immer und wieder „die Juden" und Schaulustigen. Dennoch nutzten die strengen Maßnahmen nichts, die „Juden" folgten nach, „beschauten das Grab und wie sein Leib hineingelegt wurde" (Lk.), sie „saßen dem Grab gegenüber" (Joh.), und sahen „von ferne" zu. (Mk.) Alles lief in der Nacht ab - hatten sie Nachtsichtgeräte? Wichtiger aber ist die Frage, welchen der drei holte der fromme Mann, und was geschah mit den anderen zwei? Hingen sie weiter?

„Und als es schon Abend wurde, und weil Rüsttag war, das ist der Tag vor dem Sabbat." (Mk.)

„Und es war Rüsttag, und der Sabbat brach an." (Lk.)

„Und als es schon Abend wurde, und weil Rüsttag war, das ist der Tag vor dem Sabbat, kam Josef von Arimathäa, ein angesehener Ratsherr, der auch auf das Reich Gottes wartete, wagte es und ging hinein zu Pilatus und bat um den Leichnam Jesu. Pilatus aber wunderte sich, daß er schon tot sei, und rief den Hauptmann und fragte ihn, ob er schon lange gestorben sei. Und als er's erkundet hatte von dem Hauptmann, gab er Josef den Leichnam." (Mk.)

„Am Abend aber kam ein reicher Mann aus Arimathäa, der hieß Josef und war auch ein Jünger Jesu. Der ging zu Pilatus und bat um den Leib Jesu. Da befahl Pilatus, man sollte ihm ihn geben." (Mt.)

„Und siehe, da war ein Mann mit Namen Josef, ein Ratsherr, der war ein guter, frommer Mann und hatte ihren Rat und ihr Handeln nicht gebilligt."

„Und es war Rüsttag, und der Sabbat brach an. Es folgten aber die Frauen nach, die mit ihm gekommen waren aus Galiläa, und beschauten das Grab und wie sein Leib hineingelegt wurde." (Lk.)

„Danach bat Josef von Arimathäa, der ein Jünger Jesu war, doch heimlich, aus Furcht vor den Juden, den Pilatus, daß er den Leichnam Jesu abnehmen dürfe. Und Pilatus erlaubte es. Da kam er und nahm den Leichnam Jesu ab."

„Es war aber an der Stätte, wo er gekreuzigt wurde, ein Garten und im Garten ein neues Grab, in das noch nie jemand gelegt worden war. Dahin legten sie Jesus wegen des Rüsttags der Juden, weil das Grab nahe war." (Joh.)

„Es waren aber dort Maria von Magdala und die andere Maria; die saßen dem Grab gegenüber." (Mt.)

„Und es waren viele Frauen da, die von ferne zusahen; die waren Jesus aus Galiläa nachgefolgt und hatten ihm gedient; unter ihnen war Maria von Magdala und Maria, die Mutter des Jakobus und Josef, und die Mutter der Söhne des Zebedäus." (Mk.)

Gemeinsam mit Nikodemus nahm Josef Arimathäa „den Leichnam Jesu" ab und sie „legten Jesus wegen des Rüsttags der Juden" ins nahe Grab. Nicht ganz klar ist, wie die beiden Greise anschließend bewerkstelligten, den Grabstein zu bewegen, „denn er war sehr groß". Mit Hebelwirkung oder wälzte ein Nachbeben den Stein dahin?

Josef Arimathäa wurde, laut Wikipedia, des „Raubes des Leichnams beschuldigt und zu 40 Jahren Gefängnis verurteilt", in welchem Alter wurde er entlassen? (noch ein Zombi)

„Josef von Arimathäa oder Joseph von Arimathia war ein reicher Jude und wahrscheinlich ein Mitglied des Sanhedrin, des altjüdischen Gerichts in Jerusalem."

„Die apokryphe Acta Pilatus (5. Jahrhundert) schreiben die Geschichte des Josef von

Arimathäa fort. Als der Leichnam Jesu nach der Auferstehung aus dem Grab verschwunden war, wurde Josef von Arimathäa verhaftet, des Raubes des Leichnams beschuldigt und zu 40 Jahren Gefängnis verurteilt. Im Kerker erschien ihm Christus, übergab ihm den Kelch des Letzten Abendmahl und bestimmte Josef von Arimathäa zum Hüter. Der heilige Josef soll nur wegen der Kraft des Kelches den Kerker überlebt haben."

„Nach seiner Entlassung aus dem Gefängnis soll der greise Josef seiner Heimat den Rücken gekehrt haben. Danach soll Josef (oder sein Schwager Bron mit seinem Sohn Alan) den Gral nach England gebracht und dort eine Kapelle in Glastonbury in Somerset, errichtet haben."

Als Sanhedrin-Mitglied müsste Josef Arimathäa Priester und Levit gewesen sein, kommt aber am Samstag mit Leichen in Berührung und sammelt Blut. Aus Angst, sich unrein zu machen, rührten ein Priester und ein Levit jedoch im Gleichnis über den „barmherzigen Samariter" den armen Samariter nicht an. Schon bei der Kreuzigung soll Josef Arimathäa auch Christi Blut in einem Kelch gesammelt haben.

„Nach einer Legende sammelte Josef von Arimathäa bei der Kreuzigung das Blut Christi in einem Kelch. Das Blut stammte der Legende zufolge aus der Seitenwunde, die der römische Hauptmann Longinus laut den Evangelien Jesus mit der Heilige Lanze zugefügt hatte, der Kelch vom letzten Abendmahl."

Wie war es nun? Stand Josef Arimathäa neben Longinus und füllte den Gral voll? Sind es der rhetorischen Fragen genug? Wenn nicht, dann kommen noch zwei. Hat er sich mit dem „Blut Christi" „gestärkt"? Von wem überhaupt erhielt er den „Kelch vom letzten Abendmahl" (Name, Adresse), da er doch am letzten Abendmahl gar nicht anwesend war. Alles ist Legende, eine Art wissenschaftlicher Hypothese. Aber mehr als gedacht steckt Wahres in dieser Legende, fest steht, er besaß den Heiligen Gral. Und noch, Josef Arimathäa, „wahrscheinlich ein Mitglied des Sanhedrin, des altjüdischen Gerichts in Jerusalem", wäre dann im Gerichtsprozess aktiv gewesen.

Leeres Grab

Vielleicht ist die Familienstruktur noch nicht ganz präsent, deshalb ein Rückgriff. „Als der Sabbat vergangen war", kamen „Maria von Magdala und Maria, die Mutter des Jakobus, und Salome", um ihren Verstorbenen zu salben.

„Und als der Sabbat vergangen war, kauften Maria von Magdala und Maria, die Mutter des Jakobus, und Salome wohlriechende Öle, um hinzugehen und ihn zu salben." (Mt.)

„Als es noch finster war" kam Maria Magdala zum Grab kam. Das Grab leer vor. Maria Magdala sagte deutlich genug, wie es war: „Sie haben den Herrn weggenommen aus dem Grab, und wir wissen nicht, wo sie ihn hingelegt haben." (Joh.) Daraufhin folgte eine Inszenierung, Petrus verbrachte so lange die Zeit mit „dem andern Jünger, den Jesus lieb hatte", bis er gerufen wurde. Erst dann „ging Petrus (langsam) und der andere Jünger hinaus, und sie kamen zum Grab". „Der andere Jünger lief voraus, schneller als Petrus, und kam zuerst zum Grab", und sollte jemand erwarten, der Kirchenfels Petrus kam als erster zum Grab seines Herrn, nein, er war der dritte. Das entscheidende Moment verbrachte Petrus mit dem Kleinen Jakobus, ein bombensicheres Alibi, wie bei George Bush, der am 11.9. zum ersten Mal in seiner Amtszeit und zweiten Mal im Leben um 9 Uhr in einer Schule die Zeit mit Erstklässlern verbrachte.

Auffallend ist, mit welch protokollarischer Genauigkeit die Bestattung in der Nacht beschrieben wurde, „Josef nahm den Leib und wickelte ihn in ein reines Leinentuch und legte ihn in sein eigenes neues Grab." (Mt.) Am Sonntag lagen diese Leinentücher im Grab, und Petrus sah „aber das Schweißtuch, das Jesus um das Haupt gebunden war, nicht bei den Leinentüchern liegen, sondern daneben, zusammengewickelt an einem besonderen Ort." Demonstrativ „zusammengewickelt" und „an einem besonderen Ort" (Joh.), damit das keiner übersieht. Übrigens, wo ist die „Dornenkrone" geblieben, die vorher auf Jesus Haupt war?

Nicht nur das Schweißtuch lag sorgfältig zusammengelegt, vorsorglich wurde auch die Tür (Stein) breit aufgelassen, der Stein war weggewälzt. Das Grab musste zu dem Zweck geöffnet worden sein, um keinen auf die dumme Idee zu bringen, es könnte gar keiner drin gewesen sein. Für Jesus waren, bevor er auf der Wolke in den Himmel steigt, noch grosse Taten in Galiläa vorgesehen.

Ein Bericht über die Zwischenzeit gibt es nur bei Apostel Matthäus. Die Hohepriester und Pharisäer versiegelten den Stein, sorgten für die Grabwache, nicht dass „seine Jünger kommen und ihn stehlen."

„Am nächsten Tag, der auf den Rüsttag folgt, kamen die Hohenpriester mit den Pharisäern zu Pilatus und sprachen: Herr, wir haben daran gedacht, daß dieser Verführer sprach, als er noch lebte: Ich will nach drei Tagen auferstehen. Darum befiehl, daß man das Grab bewache bis zum dritten Tag, damit nicht seine Jünger kommen und ihn stehlen und zum Volk sagen: Er ist auferstanden von den Toten, und der letzte Betrug ärger wird als der erste. Pilatus sprach zu ihnen: Da habt ihr die Wache; geht hin und bewacht es, so gut ihr könnt. Sie gingen hin und sicherten das Grab mit der Wache und versiegelten den Stein." (Mt.)

Aus den Recherchen von Apostel Matthäus ergibt sich noch, dass die Hohepriester und Ältesten den käuflichen Soldaten „viel Geld" gaben, damit sie sagen, „seine Jünger sind in der Nacht gekommen und haben ihn gestohlen, während wir schliefen." Wieder von einer Schlafkrankheit befallen.

„(…) da kamen einige von der Wache in die Stadt und verkündeten den Hohenpries-

tern alles, was geschehen war. Und sie kamen mit den Ältesten zusammen, hielten Rat und gaben den Soldaten viel Geld und sprachen: Sagt, seine Jünger sind in der Nacht gekommen und haben ihn gestohlen, während wir schliefen. Und wenn es dem Statthalter zu Ohren kommt, wollen wir ihn beschwichtigen und dafür sorgen, daß ihr sicher seid. Sie nahmen das Geld und taten, wie sie angewiesen waren. Und so ist dies zum Gerede geworden bei den Juden bis auf den heutigen Tag." (Mt.)
Was war vorgefallen, bewachten die Soldaten ein falsches Grab oder war das Grab ohnehin leer, oder gab es gar keine Soldaten? Sicher scheint, „seine Jünger sind in der Nacht gekommen und haben ihn gestohlen." (135)
Längst ist der Name des Grabschänders bekannt, Josef Arimathäa, der wegen „Raub des Leichnams beschuldigt und zu 40 Jahren Gefängnis verurteilt" wurde und der „nur wegen der Kraft des Kelches den Kerker überlebt haben" soll. Ein doppeldeutiges Kompliment. Ernährte er sich 40 Jahre lang nur von Blut? Und noch ein Geständnis von Petrus: „Er ist gestorben und begraben, und sein Grab ist bei uns bis auf diesen Tag." (Apg.) Und wenn Jesua sich nicht im Grab befand und sein Leichnam nicht „gestohlen" wurde, bleibt nur eins, er ist in den Himmel gestiegen (ein Hokuspokus).

Der Nachfolger

Es ging also doch um die Entwendung und Inbesitznahme des Leichnams. Die Hebräer hatten die Gewohnheit, ihre Toten und Verletzten nicht dem Feind zu überlassen, so schleppten die Israeliten die Mumie von Pharao Joseph mit und begruben sie in Sichem.
„Und die Gebeine Josephs, die die Kinder Israel aus Ägypten heraufgebracht hatten, begruben sie in Sichem auf dem Stück Feld, das Jakob von den Söhnen Hemors, des Vaters Sichems, gekauft hatte für 100 Kesita; und sie wurden den Kindern Joseph zum Erbteil."
Auch die Anhänger von König Saul nahmen seinen Leichnam mit:
„Als aber ganz Jabes-Gilead alles hörte, was die Philister mit Saul getan hatten, da machten sich alle tapferen Männer auf und nahmen den Leichnam Sauls und die Leichname seiner Söhne und brachten sie nach Jabes."
Das Gleiche wurde dem toten Johannes Täufer zuteil, seine Jünger bargen seinen Leichnam. Mose wurde von seinem Sohn und Nachfolger Josua heimlich so gut bestattet, dass „niemand kennt sein Grab", bis heute. Hier endet die Parallele zwischen Mose und seinem Wiedergänger Jesua, dessen Grab auch niemand kennt. Mose erreichte nicht sein Kanaan und Jesua nicht sein Gottesreich. Nun musste einer der beiden einzigen Überlebenden, Petrus oder Maria Magdala, in den Besitz der sterblichen Überreste Jesuas kommen, um den Anspruch auf die Nachfolge durchzusetzen. Die Frage, wer im Rangstreit am

Letzten Abend Jesuas Nachfolger wurde, ist noch nicht endgültig geklärt und nicht für immer entschieden.

Der „Höchste"

Jesuas Vater

Zuvor wurde der Ausdruck „König der Juden" erklärt, eine freundliche Übersetzung für „König Juda" in der Bibel. Dem anderen Titel „Sohn des Hochgelobten" im damaligen Sprachgebrauch fehlt aber ein Strich. Die Vorbestimmtheit von Jesuas Leben begann am Tag der Verheißung seiner Mutter Maria:

„Der heilige Geist wird über dich kommen, und die Kraft des Höchsten wird dich überschatten; darum wird auch das Heilige, das geboren wird, Gottes Sohn genannt werden."

Einmal wird er „Gottes Sohn", einmal „Sohn des Höchsten" genannt. Wer war dieser „Höchste" und „Allerhöchste", die Schlüsselfigur, von dem Jesua gewiß wusste? Mit 12 Jahren, am Passafest, verschwand er im Tempel und blieb drei Tage ohne die Aufsicht seiner Eltern. Als sie ihn nach drei Tagen fanden, sagte er: „Wißt ihr nicht, daß ich sein muß in dem, was meines Vaters ist?"

Zuerst aber bekam Maria vom „Höchsten" die unbefleckte Empfängnis. War das möglich? Befürworter und Gegner der unbefleckten Empfängnis wären gut beraten, in die Gemara zu schauen, wo die Technik einer unbefleckten Empfängnis beschrieben wird. (Moshe Ben David, „Am Anfang von Rom") (136) Notwendig dafür sind zwei Komponenten, eine Badewanne und ein Hohepriester. Die Wirkung dieses Patents bleibt unbekannt, die Vorstellung von einer unbefleckten Empfängnis war aber ganz real, und nach Moses Gesetz soll ein Priester „eine Frau in ihrer Jungfrauschaft nehmen." (607)

הכהן גדול נצטוו לישא אשה בתולה שלא נישאה לאחר, שנאמר: "והוא אשה בבתוליה יקח" (ויקרא, כ"א, י"ג). כהן העובר ונושא אישה בעולה ביטל מצוות עשה זו

„Gottessohn"

Ein Hohepriester wurde der „Höchste" genannt, und über den Ausdruck „Gottessohn" steht im heiligen Koran, dass „Jesus Christus" ein „Gottessohn", im Sinne von „Gesandter Gottes" war.

„Jesus ist nicht der „Sohn" Gottes: „Christus Jesus, der Sohn der Maria, ist nur der Gesandte Gottes […] Gott ist nur ein einziger Gott. […] (Er ist darüber erhaben) ein Kind zu haben", (Sure 4, Vers 171. Übersetzung: Rudi Paret)." (125)

Für Freunde und Feinde der Religion ist das nicht zu fassen, aber damals war ein „Gottessohn" nichts Ungewöhnliches, auch war allgemein bewußt, dass

Gott keinen leiblichen Sohn haben kann. Dennoch, in den Bibel-Übersetzungen mangelt es nicht an Zuschreibungen, wie „Sohn des lebendigen Gottes", „Sohn des Gesegneten", „Sohn des Höchsten" und „Sohn des Allerhöchsten".

Am Tag von Jesuas Geburt amtierte jedenfalls Hohepriester Kaipha als „Allerhöchster", aber nicht allein deshalb musste er Jesuas Vater gewesen sein. Hervorgehoben in der Bibel wurde von allen Hohepriestern und Ältesten ausschließlich Kaipha, was wieder bestätigt, jemand weiß Bescheid, darf aber nichts sagen.

Ein Schritt zurück. Nach seiner Verhaftung wurde Jesua zuerst im Palast des gut vorinformierten Hohepriesters Hannas verhört, der ihn genauer „über seine Jünger und über seine Lehre" ausfragte.

Step zwei, nach der geglückten Gefangennahme identifizierten die Priester, dank Petrus, Jesua erfolgreich, danach wurde er zum Hohepriester Kaipha weitergereicht. Zur Verwirrung kam es erst nach einem totalen Gedächtnisausfall im Sanhedrin, als plötzlich niemand mehr zwischen Jesua und Juda unterscheiden konnte, und nur noch zwei Fragen wichtig waren: ist er der „Christus" oder der „Sohn Gottes"?

Step drei, das Gericht musste feststellen, wer der zwei Halbbrüder „Christus" ist. Als Staatsfeind understand „Christus" der Gerichtsbarkeit von Statthalter Pontius Pilatus, von dem nichts Gutes zu erwarten war, aber noch weniger vom regierenden König Herodes Antipas.

Kaiphas nervlicher Zusammenbruch wegen der (Gottes-) Lästerung fällt ziemlich aus dem Rahmen. Als auf Kaiphas Frage: „Ich beschwöre dich bei dem lebendigen Gott, daß du uns sagst, ob du der Christus bist, der Sohn Gottes!", Jesua antwortete: „Du hast es gesagt. Doch ich sage euch: Von nun an werdet ihr den Sohn des Menschen sitzen sehen zur Rechten der Macht und kommen auf den Wolken des Himmels.", zerriss der Hohepriester Kaipha seine Kleider und sagte: „Er hat gelästert; was bedürfen wir noch Zeugen? Siehe, jetzt habt ihr die Lästerung gehört. Was meint ihr?" (Mt.)

Wie es dazu kam

Der Hohepriester Kaipha konnte die Anschuldigungen gegen Jesua erfolgreich als „Falschzeugnis" abtun, jedoch scheiterte seine Strategie, als er unerwartet mit einer provokativen Frage konfrontiert wurde, die gar nichts mit der Sache zu tun hatte, nämlich ob Jesua „Gottes Sohn" sei? Mit dieser Unfrage rückte Jesuas fragwürdige Abstammung in den Fokus. Keine einfache Situation, Vater und Sohn stehen sich in einem Raum gegenüber, und von dieser Frage werden beide getroffen, der Vater wegen seiner außerehelichen Beziehung, sein Sohn wegen seiner illegitimen Geburt. Und nicht nur das, der Sohn galt als „Räuber" und brachte seinen Vater damit in Verlegenheit.

Aber Gefühle beiseite, sachlich gesehen hatte Hohepriester Kaipha gleichzeitig zwei Männer vor sich, die in Frage kamen, „Christus" zu sein, gerade dann läge ein Fall von „in dubio pro reo" vor. Und Hohepriester Kaipha mußte von seinem Sohn Jesua sehr wohl Kenntnis gehabt haben. Deutlich geht aus verschiedenen Sätzen hervor, dass Vater und Sohn voneinander wußten, was folgendes Beispiel veranschaulicht: „Alles ist mir übergeben von meinem Vater. Und niemand weiß, wer der Sohn ist, als nur der Vater, noch, wer der Vater ist, als nur der Sohn und wem es der Sohn offenbaren will." Noch dazu erhielt Jesua zusammen mit dem Kelch von seinem Vater einen unerfüllbaren Auftrag: „Abba, mein Vater, alles ist dir möglich; nimm diesen Kelch von mir; doch nicht, was ich will, sondern was du willst!" (Mk.) In dieser peinlichen Situation soll Hohepriester Kaipha die manipulative Frage gestellt haben, die ihm von jemand anders in den Mund gelegt wurde: „Ich beschwöre dich bei dem lebendigen Gott, daß du uns sagst, ob du der Christus bist, der Sohn Gottes!"

Hohepriester Kaipha war wahrhaftig kein Christ, die Vorstellung von einem „Sohn Gottes" mußte ihn befremden, nicht weniger wie die griechische Bezeichnung „Christus". Für Griechen wurde die Bibel griechisch geschrieben, und das Wort „Christus" wuchs auf dem Mist eines Bibelverfassers, der der griechischen Sprache befähigt war und die Idee vom Sohn des himmlischen Gottes einbrachte. Wenn schon rückübersetzt, dann hieße die Frage Kaiphas: „… ob du der Gesalbte bist, der Sohn des Hochgelobten!", aber auch so wurde die Frage nie gestellt, und die Anrede, „Sohn des Hochgelobten" im Nebensatz dient literarisch eher der Verdeutlichung, wer da angesprochen wurde.

Der dargestellte Prozessverlauf ist sicherlich nicht stimmig, die unterschiedlichsten Fassungen wurden kombiniert und zusammengefügt, so wusste nach etlichen Änderungen am Ende keiner mehr genau, wie es war. Der Dialog könnte folgendermaßen abgelaufen sein: die im Text unterlassene Frage, ob Jesua ein „Gottes Sohn" ist, lenkte Hohepriester Kaipha auf „Christus", indem er zu ihm sprach: „Ich beschwöre dich bei dem lebendigen Gott, daß du uns sagst, ob du der Christus bist?"

Welche Antwort Jesua gab, ist nicht eindeutig, einmal sagt er:
„Ihr sagt es, ich bin es." (Lk.)
dann: „Du sagst es." (Mt.)
und dann: „Ich bin's." (Mk.)
Oder sagte er doch: „Ich bin es!" in der Hoffnung, seinen Bruder, den richtigen „Christus", retten zu können. Damit fällte er sein eigenes Todesurteil, und was

das für den Hohepriester Kaipha bedeutete, ist klar, wie auch, warum er sich die Haare raufte.

Ausschlaggebend aber ist der Satz, „von nun an wird der Menschensohn sitzen zur Rechten der Kraft Gottes", wobei mit der „Kraft Gottes" der Hohepriester Kaipha selbst gemeint war. Jesua signalisierte damit bei dieser letzten Gelegenheit, wozu er gekommen ist und warum er da ist.

Das Erschrecken packte Kaiphas, weil Jesua damit in aller Öffentlichkeit sinngemäß sagte: „Aber von nun an wird der Menschensohn sitzen zur Rechten der Kraft des Allerhöchsten Hohepriester Kaipha." Für den eigenen Sohn wäre das nach einem erfolgreichen Umsturz ein legitimer Anspruch. Von wem auch immer, die Message wurde verstanden; „Da sprachen sie alle: „Bist du denn Gottes Sohn?" (Lk.) Auf diese Herausforderung musste Hohepriester Kaipha sofort reagieren und prompt disqualifizierte er die Äußerung als Lästerung, fassungslos zerriss er seine Kleider und sprach: „Er hat gelästert; was bedürfen wir noch Zeugen? Siehe, jetzt habt ihr die Lästerung gehört. Was meint ihr?" Keiner wagte dagegen zu stimmen, und sie antworteten und sprachen: „Er ist des Todes schuldig." (Mt.) Mit dem Urteil „(Gottes-)Lästerung" bestritt Hohepriester Kaipha strikt jeglichen Bezug zu Jesua, und der Hohe Rat beschloss die Todesstrafe mit der Begründung, Jesua habe „sich selbst zu Gottes Sohn gemacht". Entsprechend wandten sich die Juden an Pontius Pilatus: „Wir haben ein Gesetz, und nach [unserem] Gesetz muss er sterben, weil er sich selbst zu Gottes Sohn gemacht hat." (Joh.) Und da gibt es noch jemand, der behauptete, dass Jesua nach jüdischem Gesetz nicht schuldig war. Auf der Stelle wurde das Todesurteil wegen (Gottes-) Lästerung einstimmig angenommen, und das war's. Eine Urteilsvollstreckung erfolgte nicht.

Ein Todesurteil gegen seinen eigenen Sohn durchziehen, so weit wollte Hohepriester Kaipha nicht gehen, also leitete er Jesua an Pontius Pilatus mit der formalen Begründung weiter, „Wer sich zum König macht, der ist gegen den Kaiser." Die Juden waren keine Buddhisten, die „niemand töten durften", das war nicht der Grund, das Urteil nicht zu vollstrecken, für diese Sache war der Hohe Rat einfach nicht zuständig, und Jesua mußte an eine höhere Instanz weitergeleitet werden.

Ob das so oder nicht so war, ist zweitrangig, darüber ist noch nicht das letzte Wort gesprochen. Jesua wurde als Staatsfeind Nr. 1 „Christus" an den Freund Pontius Pilatus ausgeliefert, in Erwartung einer baldigen Begnadigung, oder einer Befreiung aus der Haft durch einen Engel, so, wie es Petrus kurze Zeit später überzeugend vormachte.

Ginge es Hohepriester Kaipha nicht um den eigenen Sohn, wäre das ganze

Theater unerklärlich. Falls Hohepriester Kaipha wirklich Jesuas Vater war, müsste Jesua väterlicherseits ein Levit sein. Die Halachisten predigen aber über Jesuas Vater, es sei der römische Soldat Panthera gewesen. War das ursächlich der Konflikt zwischen Juden und Israeliten (Samaritern), da die letzteren auf Jesua gesetzt hatten?

Die Idee, dass Hohepriester Kaiphas seinen Sohn opferte, schlummert weiter in der Literatur, so im Buch „The Gadfly" (Die Stechfliege) von Ethel Lilian Voynich, wo Abbat seinen aufrührerischen Sohn hinrichten ließ. (137)

„Selbst schuld"

Aus den Protokollen geht nicht eindeutig hervor, ob Jesua jeweils gestand, „Gottessohn" oder „König der Juden" zu sein. Da Petrus scheinbar nicht dabei war, konnte er nicht genauer davon berichten.

Woraus speist sich die Gewissheit und die Überzeugung, dass die geschilderte Geschichte so verlief? Es zeugt von verräterischer Logik, wenn stets bei anderen die Schuld gesucht und dann auch gefunden wird. Auch Esras Anschuldigungen richteten sich gegen alle „unreinen" Vorväter, zurück bis zum Ersten Adam und gegen ihre sämtlichen Nachkommen. Und nun, indem „Jesus sein Blut für uns vergossen und sein Leben für uns geopfert hat" (Apg.), nahm er die Schuld auf sich, und von da an stehen alle bei ihm in der Schuld.

Von entscheidender Bedeutung war die Schuldfrage auch für die Hohepriester, sie bestanden deshalb darauf, Jesuas Eingeständnis seiner eigenen Schuld schriftlich zu fixieren und Pontius Pilatus zu bitten: „Schreibe nicht: Der König der Juden, sondern dass jener gesagt hat: Ich bin König der Juden." Auch die Schuldfrage bewegte Pontius Pilatus, er „wusch seine Hände vor der Volksmenge und sprach: Ich bin schuldlos an dem Blut dieses Gerechten; seht ihr zu." (Mt.) Diese fürchterliche Schuldfrage wurde damals so ernst genommen, dass „das ganze Volk" nicht mehr und nicht weniger antwortete: „Sein Blut komme über uns und über unsere Kinder!" (Mt.) Letztlich bleibt ungeklärt, wer auf welche Weise Schuld auf sich nahm, und ob es nicht, nach etlichen Unterschlagungen beim Namen „Juda", Juda selbst war, der sagte: „Ich bin König der Juden." Oder gab sich Jesua tatsächlich für Juda aus, als er sagte: „Ich bin's!". Das beeindruckte die Zeitgenossen zutiefst, zumindest verstanden sie es, daraus die Schuld- Philosophie: „Er hat auf sich die Schuld für uns alle genommen." zu entwickeln.

Der Gerichtsprozess wurde dann schnell zum Abschluss gebracht, ansonsten hätte sich das Verfahren gegen die zwei Halbbrüder, von denen keiner „Gottes Sohn" oder „König der Juden" war, auf ungewisse Zeit verlängern können.

Ahnentafel von Josef Zimmermann und Josef Kaipha

Das NT versah Jesus Christus mit zwei Biographien, davon ist eine zu viel. Eingangs wurden die Angaben von Apostel Matthäus über Jesus Christus' Ahnentafel näher betrachtet. „Das Buch des Geschlechts Jesu Christi, des Sohnes Davids, des Sohnes Abrahams" fängt an mit „Abraham zeugte Isaak (…)" und endet mit „(...) Jakob zeugte Josef, den Mann der Maria, von der geboren ist Jesus, der da heißt Christus."

In der zweiten Ahnenliste wird Jesus „für einen Sohn Josefs (wortwörtlich) gehalten". Apostel Lukas führte die Ahnen aus konspirativen Gründen und zur Täuschung sogar in umgekehrter Reihenfolge auf: „Jesus war, als er auftrat, etwa dreißig Jahre alt und wurde gehalten für einen Sohn Josefs, der war ein Sohn Elis, der war ein Sohn Mattats, der war ein Sohn Levis (…)" usw. Diese wesentlich längere Liste endet mit Adam, der ein „Sohn Gottes" (noch einer) war.

Wofür wohl braucht Jesus 2 Biographien? Bei solch einem Täuschungsmanöver dürfen nach diesem operativen, redaktionellen Eingriff noch mehr Ausbesserungen erwartet werden. Tatsächlich wurde der Stammbaum von Jesus, der für Josefs Sohn (seines Stiefvaters) „gehalten wurde", gegen den Stammbaum von „Jesus, der da heißt Christus" ausgetauscht.

Ach, fast wurde vergessen zu erwähnen, auch Hohepriester Kaipha hieß Josef. Und wie es sich gehört, hatte Jesua zwei Väter, Joseph Kaipha und den Stiefvater Josef Zimmermann. Übrigens hatte Mose auch einen Stiefvater.

Der Rest erledigt sich von selbst, die erste Ahnentafel, mit König David am Anfang und Matan-Jakob-Joseph Kaipha am Ende, war von Jesua. Wie war das nochmals mit denen, die über Jesuas krumme Abstammung gelacht haben?

Die zweite Ahnentafel mit Mattat-Eli-Josef Zimmermann gehört zu Juda.

Beide, Jesua und Juda stammen aus dem Haus David, der letzte gemeinsame Vorfahr war Zerubabel, nach ihm scheiden sich die Geister.

Zerubabel-Abiud-Eliakim-Asor-Zadok-Achim-Eliud-Eleasar-Matan-Jakob-
-Joseph, den Mann der Maria, von der geboren ist Jesus, der da heißt Christus.
Zerubabel-Resa-Johanna-Juda-(Joseph-Semei-Mattathias-Maath-Naggai-
-Esli-Nahum-Amos-Mattathias)-Joseph-Janna-Melchi-Levi-Matat-Eli-
-Josef Zimmermann, Mann der Maria, von der Jesus geboren wurde, der Christus genannt wird.

Der Gedanke, auch „Judas", als leiblicher Sohn von Josef Zimmermann, steht in der Abfolge vom Haus David, wirkt unheimlich. Auch Josef Zimmermann und Joseph Kaipha stammen aus dem Haus David und waren entfernte Verwandte. Das macht der Häme über Jesuas Abstammung den Garaus und zwar absolut.

Ein weiterer Familienzweig, ebenfalls aus dem Haus David, darf nicht unbeachtet bleiben, der Familienzweig Juda Galiläer-Salome:

```
                -Zerubabel-  -Eleasar-Matan-Jakob-Joseph Kaipha-   -Jesua
König       -Zerubabel-  -Levi-Matat-Eli-Josef Zimmermann-      -Juda
David-      -Zerubabel-  -Eleasar-Matan-Jakob-Juda Galiläer-        -Jakob, Simon
                                                                                    und Salome
                -Zerubabel-  -Levi-Matat-Eli-Zebedäus-                   -Jakob und Johannes
```

Bei Josef Kaipha gibt es noch etwas zu entdecken, sein Vater, wie auch der Vater von Juda Galiläer, hieß „Jakob", so waren beide Brüder, und der harmlose Josef Zimmermann war ihr Verwandter. Kein Wunder, wie schnell sich für den neugeborenen Jesua ein Ersatzvater aus dem Familiengefüge fand.

Noch eine allerletzte Parallele zu Mose und seinem Halbbruder Aaron: Juda war ein politischer und sein Halbbruder Jesua ein geistlicher Führer.

„sie"

Freund Pontius Pilatus

Wissenschaftliche Autoritäten meinen, der Hohepriester Kaipha und Hegemon Pontius Pilatus waren Freunde, wobei ihr solidarischer und kollektiver Abgang im gleichen Jahr der einzige Beleg dafür ist.

„Nach dem Zeugnis des Flavius Josephus erfolgte die Absetzung des Kajaphas durch den Legate Lucius Vitellius parallel zur Abberufung des Pontius Pilatus als Präfekt von Judäa im Jahr 36. (Ant XVIII,95), was möglicherweise auf Kajaphas' enge persönliche Verflechtung mit dem römischen Statthalter hinweist." (138)

Unabhängig voneinander quittierten beide bedauerlicherweise aus ganz unterschiedlichen Gründen ihren Dienst, aber hier liegt der wahre Beweis ihrer Freundschaft. Aus Sicht von Pontius Pilatus betätigte sich Jesua als (Hass-) Prediger gegen das römische Reich, noch dazu war er in eine Verschwörung verwickelt. Schlimm genug, trotzdem bemühte sich Pontius Pilatus, aus reiner Freundschaft oder aus Kalkül, um die Amnestierung von Jesus, „der Christus genannt wurde". Und obwohl Pontius Pilatus über genügend kompromittierendes Material gegen Hohepriester Kaipha verfügte, unternahm er nichts, außer, dass er seinen Sohn hinrichten ließ. Allein der Spruch: „Es wäre gut, ein Mensch stürbe für das ganze Volk", gemünzt auf Herodes Antipas, sollte ausreichen, um

Hohepriester Kaipha seiner verdienten Strafe zuzuführen.

Wahrscheinlich war Pontius Pilatus gut über die Tücke vom Hohen Rat informiert, der Jesus als „Christus" ausgab, trotzdem setzte er sich aber für Jesus Abu Christus' Freilassung ein, nannte ihn „euer König" und drückte ihm sogar eine Dornenkrone auf den Kopf.

Insgesamt fehlte Pontius Pilatus jede Motivation, in der Sache von Jesua die Verantwortung zu übernehmen, und er sprach zu ihnen: „Nehmt ihr ihn hin und kreuzigt ihn, denn ich finde keine Schuld an ihm." Auch der Priesterschaft fehlte jegliches Interesse, zur Kreuzigung des Anführers beizutragen, und damit den eigenen Kopf zu riskieren, da sie sowieso mit einer Amnestie rechneten.

Jesuas unmißverständliche Haltung gegenüber Pontius Pilatus: „Du hättest keine Macht über mich, wenn es dir nicht von oben her gegeben wäre. Darum: der mich dir überantwortet hat, der hat größere Sünde." ließ ihn nicht kalt: „Von da an trachtete Pilatus danach, ihn freizulassen." (Joh.) Die Message verstand Pontius Pilatus, schwer war das nicht, auch wenn es bis heute nicht begriffen wird. Auch Rosa Luxemburgs Warnung: „Der Hauptfeind steht im eigenen Land!" verrauchte ungehört.

Unglücklicherweise versammelte sich im Verlauf der demokratischen Entscheidung über eine Amnestie eine große, anonyme Gruppe, das waren „sie", die „alle überschrien", seine Kreuzigung forderten, und „ihr Geschrei nahm überhand". Was dann geschah, ist schon bekannt: „Als aber Pilatus sah, daß er nichts ausrichtete, sondern vielmehr ein Tumult entstand, nahm er Wasser, wusch seine Hände vor der Volksmenge und sprach: Ich bin schuldlos an dem Blut dieses Gerechten; seht ihr zu."

Die falschen Zeugen

Wenn der Text vor lauter namenlosen „sie" nur so strotzt, ist ein Aufklärungsversuch vonnöten. Das Ergebnis bisher: „zwei falsche Zeugen" denunzierten Jesua wegen des Abbruchs des Gottestempels:

„Zuletzt aber traten zwei falsche Zeugen herzu und sprachen: Dieser sagte: Ich kann den Tempel Gottes abbrechen und in drei Tagen ihn aufbauen." (Mt.)

Ein Tag zuvor, als Jesua aus dem Tempel trat, wandte sich einer seiner Jünger an ihn: „Lehrer, siehe was für Steine und was für Gebäude!" Welche Gebäude sichtete er da plötzlich? Jesua fragte zurück: „Siehst du diese großen Gebäude?" Eine recht unqualifizierte Frage, alle fünf standen doch direkt am Eingang des Tempels. Er aber fuhr fort und verkündete „Es wird nicht ein Stein auf dem anderen gelassen werden, der nicht abgebrochen werden wird." Kein Wort über den „Tempel"! Fragliches Gebäude lag unübersehbar auf dem strategisch wichtigen, 65 m höheren Ölberg, direkt gegenüber dem Tempel.

„Der Name – in den meisten anderen Sprachen lautet er Olivenberg – leitet sich vom ursprünglichen Bewuchs mit Olivenbäumen ab. Die Hügelkette erreicht eine Höhe von 827 m; der eigentliche Ölberg mit der Himmelfahrtskuppe ist 809 m hoch und liegt damit 120 m über dem Kidrontal und etwa 65 m über dem Tempelberg." (139)

Da die Truppe das „dem Tempel gegenüber" liegende Objekt näher untersuchen wollte, wechselten sie zum Ölberg. Dort fragten Petrus, Jakobus, Johannes und „besonders" Andreas nach dem geplanten Abrisstermin: „Sage uns, wann wird dieses sein, und was ist das Zeichen, wann dieses alles vollendet werden soll?"

„Und als er aus dem Tempel heraustrat, sagt einer seiner Jünger zu ihm: Lehrer, siehe was für Steine und was für Gebäude! Und Jesus antwortete und sprach zu ihm: Siehst du diese großen Gebäude? Es wird nicht ein Stein auf dem anderen gelassen werden, der nicht abgebrochen werden wird. Und als er auf dem Ölberg saß, dem Tempel gegenüber, fragten ihn Petrus und Jakobus und Johannes und Andreas besonders: Sage uns, wann wird dieses sein, und was ist das Zeichen, wann dieses alles vollendet werden soll?" (Mk.)

Der Abriß von Gottes Tempel war also nur ein falsches Zeugnis, von Andreas vorgebracht, der sich deshalb „besonders" erkundigte, um die exakte Stunde X zu erfahren. Und was für ein schreckliches Objekt stand überhaupt auf dem Ölberg? Die Ölberg-Tournee wurde nicht umsonst unternommen und wiederholte sich in der folgenden Nacht, als Jesua und die Brüder Zebedäus zu dritt auf der Lauer lagen und auf ein Signal warteten.

Namentlich können möglicherweise „zwei Zeugen" herausgefunden werden. Vier Zeugen, Petrus, Jakobus und Johannes Zebedäus, sowie Andreas hörten, wie Jesua sagte: „Es wird nicht ein Stein auf dem anderen gelassen werden, der nicht abgebrochen werden wird." Da Jakobus und Johannes Zebedäus vor Gericht standen, taugten sie nicht als falsche Zeugen, dann bleiben zwei übrig, die in Frage kommen: Petrus und Andreas.

Die friedfertigen Bibelkenner befinden den Satz „Ich kann den Tempel Gottes abbrechen und in drei Tagen ihn aufbauen." für gar nicht so abwegig, auch haben sie eine zur Rechtfertigung geeignete, geschmeidige Erklärung zur Hand: Jesua meinte mit „Tempel" den eigenen Körper. Solch esoterisch und selbstzerstörerisch anmutende Überlegungen, gar hochintellektuelle, waren Jesua fremd.

Petrus Werdegang

Simon bar Jona

Die Geschichtsschreibung hält Petrus für einen von zwei Jüngern, die von Johannes Täufer zu Jesua überwechselten. Im Jahr 29, als „das Wort Gottes zu

Johannes" geschah, ließ sich Jesua taufen, und danach schlossen sich ihm zwei der Jünger von Johannes Täufer an, einer mit Namen „Andreas". Das war der Zeitpunkt, an dem Petrus' Einsatz in Form von Berichten über Johannes Täufer, später über Jesua, begann und er beide, Johannes Täufer und Jesua, fortan im Blickfeld behalten sollte.

Trotz weiterem Nachschlagen offenbart die Bibel eben doch nur einen Namen der zwei Jünger, Andreas, während der Name des zweiten unerwähnt bleibt. Bestimmt waren diese zwei wichtigen Jungs der Erwähnung wert und sollten entsprechend vorgestellt werden, da ihre Namen sicher bekannt waren. Und wofür interessieren sich diese Jungs, was fragen sie den „Gottessohn" gleich bei der ersten Begegnung? Nach seiner konspirativen Wohnung: „Rabbi, wo hältst du dich auf?" (Joh.)

Zuerst stöberte einer der beiden Burschen, „Andreas, der Bruder des Simon Petrus (…) überbrachte die Neuigkeit: „Wir haben den Messias gefunden." (Joh.) Eben kurz zuvor Johannes Täufer bestätigte Jesua als „Sohn Gottes":

„Und ich habe gesehen und habe bezeugt, dass dieser der Sohn Gottes ist." Andreas aber nannte ihn den „Messias" (Gesalbte). War er taub oder verwechselte er „Sohn Gottes" mit „Messias"?

„Des folgenden Tages stand wiederum Johannes und zwei von seinen Jüngern, und hinblickend auf Jesus, der wandelte, spricht er: Siehe, das Lamm Gottes! Und es hörten ihn die zwei Jünger reden und folgten Jesus nach. Andreas, der Bruder des Simon Petrus, war einer von den zweien, die es von Johannes gehört hatten und ihm nachgefolgt waren. Dieser findet zuerst seinen eigenen Bruder Simon und spricht zu ihm: Wir haben den Messias gefunden." (Joh.)

Am „nächsten Tag" traf Jesua wieder 2 Jünger, Philippus und Nataniel, und Philippus nannte ihn unbeirrt „Jesus, Josefs Sohn, aus Nazareth.", da er ja genauestens Bescheid wusste.

„Am nächsten Tag wollte Jesus nach Galiläa gehen und findet Philippus und spricht zu ihm: Folge mir nach! Philippus aber war aus Betsaida, der Stadt des Andreas und Petrus. Philippus findet Nathanael und spricht zu ihm: Wir haben den gefunden, von dem Mose im Gesetz und die Propheten geschrieben haben, Jesus, Josefs Sohn, aus Nazareth. Und Nathanael sprach zu ihm: Was kann aus Nazareth Gutes kommen! Philippus spricht zu ihm: Komm und sieh es! Jesus sah Nathanael kommen und sagt von ihm: Siehe, ein rechter Israelit, in dem kein Falsch ist." (Joh.)

Zwei Mal begegnete Jesua 2 Jüngern, besser gesagt, die 2 Jünger trafen den „Messias", tags darauf den „Jesus, Josefs Sohn". Die erste Begegnung mit Petrus soll Jesus prophetisch kommentiert haben: „Du bist Simon, der Sohn des Johannes; du sollst Kephas heißen, das heißt übersetzt: Fels." (Joh.).

„Der findet zuerst seinen Bruder Simon und spricht zu ihm: Wir haben den Messias gefunden, das heißt übersetzt: der Gesalbte. Und er führte ihn zu Jesus. Als Jesus ihn sah, sprach er: Du bist Simon, der Sohn des Johannes; du sollst Kephas heißen, das heißt übersetzt: Fels." (Joh.)

Eine andere Bibelübersetzung macht aus „Simon, der Sohn des Johannes" ein „Simon, der Sohn Jonas'". Das mag ein Druckfehler sein oder verdankt sich das dem Dolmetscher, der „Sohn Jonas" als „Sohn des Johannes" übersetzte, weil Johannes Täufer gerne Tauben/JONA dressierte und eine auf Jesua herabfahren ließ?

Auch die Formulierung, „seinen eigenen Bruder Simon", sticht ins Auge. Nach der unerfreulichen Erfahrung mit den Bibeltexten, dem Umgang mit ihnen, mit den Aussparungen, den nachlässigen Übersetzungen und grammatikalischen Hopsern ist vermutlich auch der Gebrauch des Genitivs bei „seine Schwiegermutter", „seine Schwester" usw., zu hinterfragen, so könnte „sein eigener" nicht „sein" und nicht „eigener" gewesen sein. Bedenkenswert ist das folgende Beispiel. Erst nach der Redaktionspflege entstand „Simon, genannt Petrus", obwohl es sich dabei um Simon Zelot handelte, und den Jesus mit einem Blick erfasste: „Du bist Simon, der Sohn Jonas'; du wirst Kephas heißen." (Joh.) Aber es war nicht „Sohn Jonas'", sondern es heißt richtig übersetzt: „Du bist Simon Bar Jona; du bist einer von Kaiphas." Die Bedeutung von BaR wurde bereits geklärt, der Ausdruck „Bar Jona" ist eine Bezeichnung für Anhänger eines politischen Flügels. Außerdem war Jona ein apokalyptisches Zeichen, mit dem Petrus nicht das Geringste zu tun hatte, in Jesuas Predigten aber viel Platz einnahm. Entsprechend trafen sich Jesua Bar Aba und Simon Bar Jona nicht das erste Mal, sondern diesmal, um als Anführer zweier politischer Gruppierungen den Zusammenschluss zu vereinbaren.

Die Ahnentafel weist Simon Zelot als Enkel von Jakob Kaipha aus, ist also aus „Kephas" Familie. Ob Simon Bar Jona für einen Simon Petrus gehalten werden darf, ist eine reine Glaubensfrage.

Jakob Kaipha-Joseph Kaipha-Jesua

Jakob Kaipha-Juda Galiläer-Jakob, Simon und Salome

Nun sagt die innere Stimme, einen Bezug zwischen „Kephas" und Petrus herzustellen ging nicht ohne Hintergedanken ab, auch wenn beide Wörter, „Khaipha" (כייפא) und „Kaipha" (קיפא), für Petrus und andere Analphabeten „Fels" bedeuten. Diese zwei Wörter unterscheiden sich nur wenig, und in Ernest Kleins „Comprehensive etymological dictionary" heißt „Khaipha"(כייפא) „to have a good time (slang), which derives from the interrogative pron. Kaifa". Was Ernst Klein vergaß, nicht aber der „Wahrig": „arab. Kef (Keyf) „Vergnügen, Freude", so wie „kiffen", "Rauschgift rauchen".

Petrus' Familienstand

Trotz alledem galt Petrus einmal für einen „Sohn des Johannes", ein anderes Mal für „Sohn Jonas". Ob er zwei Väter hatte? Einstimmig halten ihn die Bibelverwalter für Jonas Sohn, sozusagen für eine Taube/JONA des Friedens. Hier kommt wieder die chronische Schwierigkeit der Dolmetscher mit dem Genitiv zum Zuge, indem sie „Simon Bar Johannes" als „Simon Sohn des Johannes" oder „Simon, der Sohn Jonas'" übersetzten.

Bei Apostel Matthäus ist der Satz: „Du bist Simon, der Sohn Jonas'; du wirst Kephas heißen." (Joh.) Anlaß, in einen langen Vortrag auszuufern. Ausdrücklich wird „du bist Petrus" betont, damit keiner der Versuchung erliegt, unter „Simon Bar Jona" etwas anderes zu verstehen.

„Du bist Simon, der Sohn Jonas'; du wirst Kephas heißen denn Fleisch und Blut haben es dir nicht offenbart, sondern mein Vater, der in den Himmeln ist. Aber auch ich sage dir, dass du bist Petrus; und auf diesen Felsen will ich meine Versammlung bauen, und des Hades Pforten werden sie nicht überwältigen. Und ich werde dir die Schlüssel des Reiches der Himmel geben; und was irgend du auf der Erde binden wirst, wird in den Himmeln gebunden sein, und was irgend du auf der Erde lösen wirst, wird in den Himmeln gelöst sein." (Mt.)

Und „Dann gebot er seinen Jüngern, dass sie niemand sagten, dass er der Christus sei." Also, es war der verhasste Juda gewesen, von dem Petrus nicht begeistert war.

Nach seiner Auferstehung, am Ende der neutestamentarischen Geschichte, bemühte sich der tote Jesus um eine Liebeserklärung, er fragte Simon Petrus drei Mal: „Simon, Sohn Jonas', liebst du mich?", dann: „Simon, Sohn Jonas', liebst du mich mehr als diese?", und: „Er spricht zum dritten Mal zu ihm: Simon, Sohn Jonas', hast du mich lieb?" (Joh.) War Petrus so schwerhörig?

Tote Zeugen erfreuen sich wegen ihrem Totschweigen großer Beliebtheit. Schade, ihr Zeugnis wird nicht ernst genommen und von keinem Gericht berücksichtigt. Diese Liebeserklärung war höchstens Petrus' private Unterhaltung, anders ist das nicht zu verstehen. Aber wenn das Gespräch stattfand, dann wurde es zwischen Jesua und Simon Zelot geführt, nicht in homoerotischer Form und nicht mit Petrus. Wie gesagt, jemand, der Gott anspricht, ist ein Gläubiger, wird jemand von Gott angesprochen, ist das ein Symptom für eine psychische Krankheit.

Die Hochzeit in Kana fand im Haus von Simon Zelot und nicht in Petrus' Haus statt, auch war nicht er, sondern Juda der Bräutigam, und nicht Petrus' Mutter litt an Migräne. Es gibt ebenso keine Hinweise darauf, dass Petrus jemals verheiratet war, Verwandtschaft erwähnt das NT an keiner Stelle, da offensichtlich keine Familie, auch kein Bruder, vorhanden war, ist das vorstellbar?

Die „zwei Brüder, Simon, der Petrus genannt wird, und Andreas, sein Bruder" werfen Netze ins Meer, zwei Meter weiter sind Jakobus und Johannes, zwei andere Brüderchen, mit Netzeflicken beschäftigt, ihr Vatersname „Zebedäus" ist bekannt, aber der von "Simon, genannt Petrus, und Andreas", die ganz oben auf der "Zwölfer"-Liste stehen, weiß keiner.

Die stufenweisen Umwandlungen von „Simon, der Petrus genannt wird", zu „Simon Petrus" und weiter zu „Petrus" sind nun erkennbar. Die Sorgfalt, mit der „Simon, genannt Petrus" ausgeschrieben wurde, kann nur durch eine redaktionelle Nachbesserung erklärt werden. Überhaupt entspricht diese Art Formulierung, wie „genannt Christus", „genannt Barabbas" und „genannt Zwilling", viel zu sehr dem Schreibstil eines einzigen Autors. Aber die Erweiterung „genannt Petrus" verrät als tückische Akzentuierung etwas anderes: „Simon (genannt Petrus)" war Simon Zelot, diesen Namen übernahm Petrus komplett. Und nur der Genitiv „Simon(s) Petrus" trifft eher auf Petrus zu.

Simon Zelot war es, den Jesua vorsichtshalber in Reserve hielt und dem er beim Letzten Abendmahl zum Abschied sagte: „Simon, Simon! Siehe, der Satan hat euer begehrt, euch zu sichten wie den Weizen. Ich aber habe für dich gebetet, damit dein Glaube nicht aufhöre; und du, bist du einst zurückgekehrt, so stärke deine Brüder." Diese letzten Worte wurden nicht Petrus angetragen, einfach deshalb, weil Petrus nicht „Simon" hieß und niemals von niemandem „Simon" gerufen wurde.

Aber wie erwarb Petrus seinen „Bruder" Simon? Scheinbar ganz einfach, dieser Simon mit Beinamen Zelot, der „Petrus genannt wird", warf Netze mit seinem „Bruder Andreas", so hieß Petrus damals, ins Meer. Darin bestand und endete die Bruderschaft zwischen den beiden. Inzwischen ist Simon Zelots Vater bekannt, auch sein Name, der bei Petrus dringliche Inkontinenz auslöste: das war Juda Galiläer.

Verdächtigungen

Eine Weile später wurden Jesua und Johannes Täufer verhaftet. Offensichtlich misstraute Jesua Petrus von Anfang an, und einmal, nach seiner Entlassung, nannte er Petrus einen „Satan".

„Und Petrus nahm ihn beiseite und fuhr ihn an und sprach: Gott bewahre dich, Herr! Das widerfahre dir nur nicht! Er aber wandte sich um und sprach zu Petrus: Geh weg von mir, Satan! Du bist mir ein Ärgernis; denn du meinst nicht, was göttlich, sondern was menschlich ist."

Was war „menschlich" für Jesua, als er sagte: „Geh weg von mir, Satan!"? Satan-Petrus Umwandlung in Satan-Juda gelang der späteren Redaktion: „Und als der den Bissen nahm, fuhr der Satan in ihn."

Die Verdachtsmomente verstärkten sich schon vor dem Einzug nach Jerusalem und äußerten sich auffällig oft im Gespräch mit Petrus. So wählte Jesua seine „Zwölf" und sagte: „Einer von euch ist ein Teufel.", und der Paparazzi Petrus fragte nicht einmal, wer das sein soll. Wusste er das?
„Jesus antwortete ihnen: Habe ich nicht euch Zwölf erwählt? Und einer von euch ist ein Teufel."

Fußbad
Jesua, der es mitsamt seinen Jüngern für unnötig hielt, vor dem Essen die Hände zu waschen, kam auf die seltsame Idee, seinen Jüngern die Füße zu waschen, als eine Art Taufe. Er stand vom „Mahl" auf, „legte sein Obergewand ab und nahm einen Schurz und umgürtete sich." Einfach eine Anweisung zu geben, die Füße zu waschen, war nicht genug.
„Als er nun ihre Füße gewaschen hatte, nahm er seine Kleider und setzte sich wieder nieder und sprach zu ihnen: Wißt ihr, was ich euch getan habe? Ihr nennt mich Meister und Herr und sagt es mit Recht, denn ich bin's auch. Wenn nun ich, euer Herr und Meister, euch die Füße gewaschen habe, so sollt auch ihr euch untereinander die Füße waschen. Ein Beispiel habe ich euch gegeben, damit ihr tut, wie ich euch getan habe. Wahrlich, wahrlich, ich sage euch: Der Knecht ist nicht größer als sein Herr und der Apostel nicht größer als der, der ihn gesandt hat. Wenn ihr dies wißt - selig seid ihr, wenn ihr's tut."
Die „Füße" galten wie Hände unter Umständen als unsauber. Nach Verlassen der unfreundlichen Städte mußte „Staub von Füßen" abgeschüttelt werden.
„Und wenn euch jemand nicht aufnehmen und eure Rede nicht hören wird, so geht heraus aus diesem Hause oder dieser Stadt und schüttelt den Staub von euren Füßen. Wahrlich, ich sage euch: Dem Land der Sodomer und Gomorrer wird es erträglicher er-gehen am Tage des Gerichts als dieser Stadt." (Joh.)
Bei Juden ging die Achtung des Reinheitsgebots so weit, dass sie an Pesach den Boden des Prätoriums nicht betraten. Doch einer tat es, er lauschte später dem Gespräch zwischen Pontius Pilatus und Jesua.
„Da führten sie Jesus von Kaiphas zum Prätorium; es war früh am Morgen. Und sie gingen nicht hinein, damit sie nicht unrein würden, sondern das Passamahl essen könnten." (Joh.)
Der seltsame Einfall mit der Fußwaschung kam gar nicht so selten vor, nicht lange her, da warf Jesua Petrus vor, er habe „kein Wasser für meine Füße gege-ben". Und er selbst wäscht Petrus nun die Füße.
„Und er wandte sich zu der Frau und sprach zu Simon: Siehst du diese Frau? Ich bin in dein Haus gekommen; du hast mir kein Wasser für meine Füße gegeben; diese aber hat meine Füße mit Tränen benetzt und mit ihren Haaren getrocknet." (Lk.)
Ob Jesua wirklich alle 24 Füße säuberte, ist unsicher, jedenfalls fing er mit der

Vorwäsche bei Petrus an. „Nimmer mehr sollst du mir die Füße waschen!",
wehrte Petrus zunächst ab, doch dann nutzte er die Gelegenheit und schlug vor,
ihm noch den Kopf und die Hände zu reinigen: „Herr, nicht die Füße allein,
sondern auch die Hände und das Haupt!" Waren sie auch nicht rein?
Dass ein Herr seinen Knechten die Füße wäscht, ist ausgeschlossen, Jesua tat
es dennoch, und auf diese Weise schlichtete er den Rangstreit. An Petrus gerichtet sagte er: „Was ich tue, das verstehst du jetzt nicht; du wirst es aber hernach erfahren." Und weiter erfuhr Petrus: "Wer gewaschen ist, bedarf nichts,
als daß ihm die Füße gewaschen werden; denn er ist ganz rein. Und ihr seid rein,
aber nicht alle." Und nach dem folgenden Satz kann sich jeder überlegen, wie
viele Füße Jesua gewaschen hat: „Denn er kannte seinen Verräter; darum sprach
er: Ihr seid nicht alle rein."
Wo wurde diese Zeremonie abgehalten und die Belehrung angehört? Sicher
nicht nach dem Letzten Abendmahl und nicht kurz vor dem Ausbruch, „als
seine Stunde gekommen war."

Am Abendmahl

sagte Jesua „Einer unter euch wird mich verraten." Petrus, der Profi beim Fragen stellen, fragt nicht, wer es sein sollte, sondern-schiebt ein Kind vor. Er
winkt einem Jünger, „den Jesus lieb hatte", der „bei Tisch an der Brust Jesu"
lag, damit dieser fragen sollte.

> „Als Jesus das gesagt hatte, wurde er betrübt im Geist und bezeugte und sprach: Wahrlich,
> wahrlich, ich sage euch: Einer unter euch wird mich verraten. Da sahen sich die Jünger unter-
> einander an, und ihnen wurde bange, von wem er wohl redete. Es war aber einer unter seinen
> Jüngern, den Jesus lieb hatte, der lag bei Tisch an der Brust Jesu. Dem winkte Simon Petrus,
> daß er fragen sollte, wer es wäre, von dem er redete. Da lehnte der sich an die Brust Jesu und
> fragte ihn: Herr, wer ist's?"

Anstatt aufzustehen, den Namen des Verräters laut zu sagen und mit dem Finger
auf ihn zu zeigen, antwortete Jesua: „Das sage ich nicht von euch allen; ich
weiß, welche ich erwählt habe. Aber es muß die Schrift erfüllt werden: „Der
mein Brot ißt, tritt mich mit Füßen."
Ein Gesandter wird ausgewählt, ein höchst kulminativer Moment bei der
Schlichtung des Streits über die Rangfolge, aber die Entscheidung fiel nicht auf
Simon Petrus, trotz seiner Erwartungen. Den begehrten Bissen bekam Juda, und
er verließ den Raum. Die Geschichte könnte anders verlaufen, und das Christentum wäre gar nicht entstanden.

> „Jesus antwortete: Der ist's, dem ich den Bissen eintauche und gebe. Und er nahm den
> Bissen, tauchte ihn ein und gab ihn Judas, dem Sohn des Simon Iskariot. Und als der
> den Bissen nahm, führ der Satan in ihn. Da sprach Jesus zu ihm: Was du tust, das tue
> bald! Aber niemand am Tisch wußte, wozu er ihm das sagte. Einige meinten, weil Ju-

das den Beutel hatte, spräche Jesus zu ihm: Kaufe, was wir zum Fest nötig haben!, oder daß er den Armen etwas geben sollte. Als er nun den Bissen genommen hatte, ging er alsbald hinaus. Und es war Nacht." (Joh.)

Es mögen Zweifel aufkommen, ob an dieser Stelle eine Fußpflege angemessen und angesagt war. Eine ganz andere Entscheidung musste an diesem Abend fallen, nämlich, wer für eine verantwortliche Aufgabe geeignet ist, und sie fiel auf Juda-Schwerter, nicht auf Petrus-Schlappschwanz. Juda nahm den Bissen, dann wurde Petrus zum Zeugen, wie Juda in den Satan fuhr und verschwand. Mit dem Bissen ist es halt so eine Sache, ein Bissen zeugt von höchstem Vertrauen und von Ehre. Erstaunlicherweise beschrieb Ilja Ehrenburg eine dem Abendmahl ähnliche Szene im jüdischen Getto in Polen.

Jetzt ist die Frage, von wem redete Jesua, als er gefragt wurde, „wer es wäre, von dem er redete?" und worauf alle neugierig waren? Vielleicht hilft es, den vollständigen Originaltext nochmals aufmerksam zu lesen, Jesua sagte: „Wahrlich, wahrlich, ich sage euch: Der Knecht ist nicht größer als sein Herr und der Apostel nicht größer als der, der ihn gesandt hat. Wenn ihr dies wißt - selig seid ihr, wenn ihr's tut. Das sage ich nicht von euch allen; ich weiß, welche ich erwählt habe." „Aber es muß die Schrift erfüllt werden „Der mein Brot ißt, tritt mich mit Füßen". Als Jesus das gesagt hatte, wurde er betrübt im Geist und bezeugte und sprach: Wahrlich, wahrlich, ich sage euch: Einer unter euch wird mich verraten."

„Da sahen sich die Jünger untereinander an, und ihnen wurde bange, von wem er wohl redete. Es war aber einer unter seinen Jüngern, den Jesus lieb hatte, der lag bei Tisch an der Brust Jesu. Dem winkte Simon Petrus, daß er fragen sollte, wer es wäre, von dem er redete. Da lehnte der sich an die Brust Jesu und fragte ihn: Herr, wer ist's? Jesus antwortete: Der ist's, dem ich den Bissen eintauche und gebe. Und er nahm den Bissen, tauchte ihn ein und gab ihn Judas, dem Sohn des Simon Iskariot." (Joh.)

Kurzum, Jesua wusste, wen er „erwählt hat" und er „nahm den Bissen, tauchte ihn ein und gab ihn Judas, dem Sohn des Simon Iskariot." Jetzt ein Stopp - ein Teufel reitet den Satan, vorher war es ein Teufel, der „dem Judas, Simons Sohn, dem Iskariot, ins Herz gegeben hatte, ihn zu verraten" und jetzt, als „Judas, Sohn des Simon Iskariot" „den Bissen nahm, fuhr der Satan in ihn." War Juda vorher nicht der Sohn von Joseph Zimmermann? Und wie ist das richtig, „Judas, Simons Sohn, Iskariot" oder „Judas, Sohn des Simon Iskariot"? Wer neuerdings „Simon Iskariot" ist, darüber steht sogar in Wikipedia nichts geschrieben.

Es braucht nicht wiederholt werden, dass nur für einen intellektuellen Schlamper „Bar Simon" und „Sohn des Simon" das Gleiche sein kann. Aber unabhängig davon, die Standardform, „Judas Iskariot, der ihn hernach verriet", wurde diesmal nicht eingehalten. Und was für eine Schlappe, der Name des armen „Sohn Simons" rutschte mitten drin zwei Mal in den Namen des „Judas Iskariot" rein. Nobody ist perfekt, auch der Bibelschreiber nicht, so was kann bei

Korrekturen passieren, wenn Simon Petrus in dem Satz „Und während des Abendessens, als der Teufel schon dem Simon (Petrus) es ins Herz gegeben hatte, dass er ihn überliefere" auf „Judas Iskariot" vereinheitlicht wird. Und wenn der Satz „Und als der den Bissen nahm, fuhr der Satan in Simon" umgeändert und dann geschrieben wird, „fuhr der Satan in ihn", so landet „Simon" zwischen „Judas" und „Iskariot" auf diese Weise: „Judas (Petrus) Simon Iskariot". Den Rest schaffen die willigen Übersetzer, wahrlich, ein Teufels- und Satanswerk zugleich. Und so ist der Satz einmal gewesen: „Und er nahm den Bissen, tauchte ihn ein und gab ihn Judas Iskariot. Da sprach Jesus zu ihm (zu Juda): Was du tust, das tue bald! Und als der den Bissen nahm, fuhr der Satan in Simon (Petrus)."

Tischordnung

Der Verräter musste in Reichweite von Jesua gesessen haben, damit er seinen Bissen ungestört in die Schüssel des Herrn tauchen kann und ärgerlicherweise ununterbrochen tauchte, darum sagte Jesua: „Der die Hand mit mir in die Schüssel tauch, der wird mich verraten." (Mt.) Und noch etwas, Petrus Liebe hatte kannibalische Züge, er aß „seinen Leib" und trank „sein Blut" so intensiv, dass Jesua (als alle schon aßen) vor ihm das Brot retten musste, und er „gab's den Jüngern und sprach: „Nehmet, esset." Dann nahm er den Kelch, dankte und reichte ihn an sie weiter und sprach: „Trinket alle (aber alle, nicht nur Petrus) daraus." (Mt.)
Nicht allein an der Hand, sondern scheinbar auch an den Füßen erkannte Jesua den Verräter. Ohne besonderen Zusammenhang hielt er einen Satz aus dem Psalm 41,10 für notwendig genug, um das Kapitel über das Letzte Abendmahl zu eröffnen: „Aber es muß die Schrift erfüllt werden „Der mein Brot ißt, tritt mich mit Füßen." (unter dem Tisch) Da ein Verdacht ohne Beweise nicht ausreicht, den Verrat zu verhindern, bleibt nur das Androhen übrig: „(weh …) dem Menschen, durch welchen des Menschen Sohn verraten wird! Es wäre demselben besser, daß er nie geboren wäre." (Mk.) Neben dem Versuch, den verdächtigen Verräter einzuschüchtern, wurde dieser noch vorsichtshalber ausgegrenzt, so konnte er nicht wissen, wohin und wofür Juda in der Nacht fortging.
„Einige meinten, weil Judas den Beutel hatte, spräche Jesus zu ihm: Kaufe, was wir zum Fest nötig haben!, oder daß er den Armen etwas geben sollte. Als er nun den Bissen genommen hatte, ging er alsbald hinaus. Und es war Nacht." (Joh.)
Gab es für das Fest in der Nacht noch etwas zu kaufen? Wie schon erwähnt, wusste Petrus auch nicht, wohin Jesua mit den Brüdern Zebedäus hingeht. Er durfte „diesmal nicht folgen", und das, weil „Der Hahn wird nicht krähen, bis

du mich dreimal verleugnet hast". „Verleugnen" ist eine gelungene Übersetzung für „verraten."

„Spricht Simon Petrus zu ihm: Herr, wo gehst du hin? Jesus antwortete ihm: Wo ich hingehe, kannst du mir diesmal nicht folgen; aber du wirst mir später folgen. Petrus spricht zu ihm: Herr, warum kann ich dir diesmal nicht folgen? Ich will mein Leben für dich lassen. Jesus antwortete ihm: Du willst dein Leben für mich lassen? Wahrlich, wahrlich, ich sage dir: Der Hahn wird nicht krähen, bis du mich dreimal verleugnet hast." (Joh.)

So blieb für Petrus, nachdem die Truppe den Raum verließ, bis zu Verhaftung im Garten Gethsemane ausreichend Zeit, um seine Anliegen zu erledigen.

Beim Letzten Abendmahl saß also nicht die Prostituierte Maria neben Jesua, wie manche gern imaginieren, sondern Petrus, der seinen Bissen, einen nach dem anderen, direkt vor Jesuas Nase in die Herrenschüssel tauchte. Weiter saßen im Kreis die Brüder Zebedäus, rechts von Jesua Juda und Simon. Nach den Vorgaben der Zwölfer-Liste war die Reihenfolge und die Sitzordnung am „Langen Tisch" folgende gewesen:

<pre>
                 Jesua mit
Juda Iskariot   Kl. Jakobus   Simon Zelot
Ein laaaaaaaaaaaaaaaaaaaaaaaaaanager Tisch
Johannes und Jakobus Zebedäus   Petrus
</pre>

Die Anzahl der Verschwörer beim Abendmahl", das sind Jesua mit seinem Sohn Klein Jakobus, der „an seiner Brust lag", Juda, Simon und die Brüder Zebedäus, entspricht mit der Zahl „Fünf" genau der im Talmud erwähnten Anzahl von fünf Verschwörern. Und Petrus.

Die Statusrangelei wurde zugunsten Juda und damit gegen Petrus entschieden, der noch dazu wegen seiner „Verleugnung" abgemahnt wurde. Gleich danach schritten die Verschwörer zur Tat, und Petrus eilte zum Hohen Rat, um seine Verleugnung zu realisieren. Aber die Kränkung allein kann seine heftige Reaktion nicht erklären. Da fehlt etwas.

An diesem Tag, im Jahr 36, sah die Familienstruktur so aus:

<pre>
      Joseph Kaipha-
                 -Jesua (42)/Maria-Klein Jakobus (5) und Jose (2)
Maria Magdala (69)-
                 -Juda (40)/Salome (34)-Hose (4)
Josef Zimmermann (73)-
</pre>

„Menschliches"

Danach kam die „Judas-Kuss"-Szene. Vom NT wissen die Gläubigen viel zu oft nicht mehr als „Liebe deine Feinde." und „Judas-Kuss", der überhaupt der Kick der ganzen Geschichte ist. Bis jetzt kann resümiert werden: der „Judas-Kuss" war eher ein „Möchte-gern-Kuss". Warum aber wurde nicht mit dem Zeigerfinger auf den Bandenanführer gedeutet, sondern ausgerechnet durch den „Judas-Kuss" identifiziert? Und warum gleich bei der Verhaftung, nicht bei der späteren Vernehmung in der Untersuchungshaft, wie es in der Regel üblich ist? Welchen Sinn überhaupt sollte der Judas-Kuss haben, wo sowieso alle drei festgenommen wurden?

Kameradschaftlicher Natur war der Kuss nie, sondern „menschlicher" Natur. Der unentschlossene Judas-Kuss verlief in drei Phasen, und am Ende kam er nicht zustande. Schon bei der ersten Begegnung wehrte Jesua den Versuch ab: „Er aber wandte sich um und sprach zu Petrus: Geh weg von mir, Satan! Du bist mir ein Ärgernis; denn du meinst nicht, was göttlich, sondern was menschlich ist." Und schon damals, am See Tiberias, gestand Petrus ein, dass er „ein sündiger Mensch" sei.

Sünden

Im NT ist viel von anonymen Sündern (im Plural) die Rede, konkret aber wurde nur in der Geschichte von „Jesu Salbung durch die Sünderin" (Lk.) die eine namenlose Frau erwähnt und noch Petrus mit seinem Geständnis: „Ich bin ein sündiger Mensch."

Für Wikipedia sind im NT „konkrete Sünden": Entweihung des Tempels, Heuchelei, Habsucht, Gotteslästerung, zuletzt Ehebruch und Prahlerei, der Ehebruch, selbstverständlich, im Sinne eines Seitensprungs.

„Konkrete Sünden, die im Neuen Testament erwähnt werden, sind: Entweihung des Tempels (M 11,15–18E), Heuchelei (M 23,1–36E), Habsucht (L 12,15E), Gotteslästerung (M 12,22–37E), Ehebruch (M 5,27–32E), Prahlerei (M 6,1–18E)." (140)

Und nicht zu vergessen: die Erbsünde.

„Erbsünde (lat. peccatum originale) ist ein Begriff der christlichen Theologie für einen Unheilszustand, der durch den (seit der Aufklärung häufig auch nur symbolisch verstandenen) Sündenfall Adams und Eva herbeigeführt." (140)

Bekannterweise bestand der Sündenfall von Adam und Eva darin, die verbotene Frucht vom Baum der Erkenntnis verzehrt zu haben, wobei „erkennen" und „beischlafen" in Adams Sprache dasselbe Wort ist. In der Folge wurden beide aus dem Paradies vertrieben und der Schlange, die auf hebr. maskulin ist und NaHaSh heißt, nur die Hände und Beine abgeschlagen. Wer kann hier mit Sicherheit behaupten, dass nicht ein männlicher Konkurrent weggeschafft wurde und Adams Untat nicht aus der heterosexuellen Beziehung zu Eva bestand? Die letzte Hoffnung starb damit nicht, „der" Schlange gab nicht auf und beißt bis heute in die Ferse seiner Konkurrentin, und das so lange, bis die Ordnung in der Natur wiederhergestellt wird.

„Und Gott, der HERR, sprach zur Schlange: Weil du das getan hast, sollst du verflucht sein unter allem Vieh und unter allen Tieren des Feldes! Auf deinem Bauch sollst du kriechen, und Staub sollst du fressen alle Tage deines Lebens! Und ich werde Feindschaft setzen zwischen dir und der Frau, zwischen deinem Samen und ihrem Samen; er wird dir den Kopf zermalmen, und du, du wirst ihm die Ferse zermalmen."

Einfach gesagt, mit Jesua starb ein Zeuge der geheimen, dafür nicht weniger großen „menschlichen" Liebe, die später in Form des NTs Gestalt annahm. Jesuas Tod erlöste Petrus von seinem intimen Geheimnis, und die heterosexuelle Liebe von Adam und Eva wurde von der Petrus-Kirche stigmatisiert. Wie nach Esras Patent üblich, wurden alle vorausgegangenen Generationen mit dem Vorwurf der Erbsünde belastet, dem folgend lehnen die Keuschheitspäpste für sich nicht nur die Ehe mit „fremden Frauen" ab, sondern fundamental mit allen Frauen und sind selbst auf die „menschliche" Liebe angewiesen. Dann wird klar, woraus die Hinterbeine bei den Bibelvertretern wachsen.

Valentin

Woraus die kirchlichen Hinterbeine wachsen, verdeutlicht der „Valentinstag" gut. Ob Valentin jemals existierte, ist unbekannt, dafür erhielten sich aber viele Mythen. Nach dem letzten Wort in Wikipedia hatte Valentin die „Liebespaare trotz des Verbots durch Kaiser Claudius II" „nach christlichem Ritus getraut." Worin der fatale Unterschied zwischen römischem und „christlichem Ritus" bestand, wird nicht erklärt, nicht angedeutet. Valentin handelte gegen das Verbot von Kaiser Claudius II., wurde hingerichtet, weil er „den Paaren auch Blumen aus seinem Garten geschenkt haben" soll, sonst war nichts.

„Valentin von Rom soll als Priester Liebespaare trotz des Verbots durch Kaiser Claudius II nach christlichem Ritus getraut haben und dafür am 14. Februar 269 hingerichtet worden sein." (141)

Was verbarg sich Geheimes hinter diesem Verbot, wie wurde es begründet? Soweit bekannt, untersagte Kaiser Claudius II. aus Furcht vor der Schwächung der Kampfbereitschaft seiner Streitkräfte mit diesem Erlass die Eheschließung zwischen Soldaten. Das Gleiche tat Moses aus gleichen Motiven 1.700 Jahre früher, indem er seinen Heerscharen vorschrieb: „Und bei einem Mann sollst du nicht liegen, wie man bei einer Frau liegt: Es ist ein Gräuel."

Kurzum, Valentin handelte im Geiste Petrus' und wurde dafür von der Petruskirche heiliggesprochen, auch wenn im Jahr 1969 dieser Gedenktag „aus dem römischen Generalkalender gestrichen" wurde. Sogar die Kirchengrößen erkannten das Dubiose der Geschichte, nicht aber Botaniker in Wikipedia.

„Das Brauchtum dieses Tages geht auf einen oder mehrere christliche Märtyrer namens Valentinus (in Frage kommen vor allem Valentin von Terni oder Valentin von Viterb) zurück, die der Überlieferung zufolge das Martyrium durch Enthaupten erlitten haben. Der Gedenktag wurde von Papst Gelasius 469 für die ganze Kirche eingeführt, 1969 jedoch aus dem römischen Generalkalender gestrichen. Verbreitet gibt es jedoch um den Valentinstag herum Gottesdienst, in denen Ehepaare gesegnet werden." (142)

Den geheimen Befehl betreffend schrieb Kaiser Claudius II.: „Junge Menschen, vorgesehen für Kriegsdienst, haben nicht das Recht zu heiraten, weil sich das ungünstig auf den gesamten kämpferischen Geist der Armee auswirkt."

Noch „Menschlicheres"

Auf die eigene Existenz bezogen war Petrus nicht verantwortungslos, gerne hätte er, bliebe er Jünger Jesuas, über seinen Lohn mehr gewusst. Jesua versprach ja den Getreuen „in der zukünftigen Welt das ewige Leben" und „hundertfach" Vergütung, allerdings erst nach der „Wiedergeburt", worauf Petrus noch lange warten muss.

„Da fing Petrus an und sagte zu ihm: Siehe, wir haben alles verlassen und sind dir nachgefolgt. Jesus sprach: Wahrlich, ich sage euch: Es ist niemand, der Haus oder Brüder oder Schwestern oder Mutter oder Vater oder Kinder oder Äcker verläßt um meinetwillen und um des Evangeliums willen, der nicht hundertfach empfange: jetzt in dieser Zeit Häuser und Brüder und Schwestern und Mütter und Kinder und Äcker mitten unter Verfolgungen - und in der zukünftigen Welt das ewige Leben." (Mk.)

„Da fing Petrus an und sprach zu ihm: Siehe, wir haben alles verlassen und sind dir nachgefolgt; was wird uns dafür gegeben? Jesus aber sprach zu ihnen: Wahrlich, ich sage euch: Ihr, die ihr mir nachgefolgt seid, werdet bei der Wiedergeburt, wenn der Menschensohn sitzen wird auf dem Thron seiner Herrlichkeit, auch sitzen auf zwölf Thronen und richten die zwölf Stämme Israels. Und wer Häuser oder Brüder oder Schwestern oder Vater oder Mutter oder Kinder oder Äcker verläßt um meines Namens willen, der wird's hundertfach empfangen und das ewige Leben ererben." (Mt.)

Ein Kontrast zu den Zebedäus Brüdern, die als Belohnung nur erbaten: „Gib uns, daß wir sitzen einer zu deiner Rechten und einer zu deiner Linken in deiner Herrlichkeit."

30 (3x10) Silberlinge

Der informelle Mitarbeiter Petrus ging in Der Nacht seinen Verpflichtungen nach, aber wie fand er eine günstige Gelegenheit, seinen Rivalen, den verhassten Verräter Judas, loszuwerden, und wie konnte er zugleich seine Große Liebe Jesua retten?

Aus Geringschätzung und Verachtung für Jesua nahm Judas 30 Silberlinge, so deuten die theologischen Weisen die Geringfügigkeit der Summe. Vielleicht hatten die Priester das Geld mitten in der Nacht nicht parat und konnten nur einen Vorschuss bezahlen? Angenommen, jemand kommt nachts „mit einem Leinengewand bekleidet auf der bloßen Haut", warnt vor einem terroristischen Attentat und erklärt sich bereit, gegen Belohnung das Versteck der Bande preiszugeben, allerdings unter der Bedingung, den Rudelführer freizulassen. Leichtgläubig waren die Priester auch nicht und gaben ihm 30 Silbergroschen als Vorschuss und „versprachen, ihm Geld zu geben". Also, mit „Geringschätzung" war nichts, sogar umgekehrt, es ging um eine Große Liebe. Aber vielleicht kam die Idee mit den 30 Silberlingen aus ganz anderer Ecke, und die Priester unterschätzten Petrus?

„Wenn jemand ein Gelübde erfüllt, so sollen die Seelen nach deiner Schätzung für den HERRN sein. Und es sei deine Schätzung eines Mannes von 20 Jahren alt bis zu 60 Jahren alt, und zwar sei deine Schätzung 50 Sekel Silber, nach dem Sekel des Heiligtums; und wenn es eine Frau ist, so sei deine Schätzung 30 Sekel." (3. Mo. 27)

Leider wurde nichts aus dem erträumten Plan, nämlich wie der Bräutigam mit einem „Judas-Kuss" aus der Gefangenschaft befreit wird, wobei einem Soldaten mit dem Schwert das rechte Ohr amputiert werden muss und Petrus so seinen Heiland rettet. Dann kommt der Neue Anfang, und Petrus hat Jesua nur für sich allein. Stattdessen gaben die groben Soldaten Petrus einen Tritt, „er aber ließ das Gewand fahren und floh nackt davon." (Mk.), trotzdem, „Petrus aber folgte von ferne." (Lk.)

„Ein junger Mann aber folgte ihm nach, der war mit einem Leinengewand bekleidet auf der bloßen Haut; und sie griffen nach ihm. Er aber ließ das Gewand fahren und floh nackt davon." (Mk.)

Petrus wurde von den Ereignissen überrollt, die Hohepriester, anstatt Jesus freizugeben, trachteten ihn zu töten, und nur Pontius Pilatus kämpfte wie ein Löwe vergeblich um Jesuas Freilassung. Am Ende blieb Petrus nicht viel mehr übrig, als seine Lieblingsleiche, wenn schon nicht den lebenden Jesua, in seine Obhut zu bekommen. Aber die lächerliche Anzahlung von dreißig Silberlingen „brachte Petrus den Hohepriestern und Ältesten zurück und sprach genauso, wie es in Evangelien beschrieben wird: „Ich habe Unrecht getan, daß ich unschuldiges Blut verraten habe."

„Die Priester aber sprachen: „Was geht uns das an? Da sieh du zu!"

„Und er warf die Silberlinge in den Tempel, ging fort (und erhängte sich). Aber die Hohenpriester nahmen die Silberlinge und sprachen: „Es ist nicht recht, daß wir sie in den Gotteskasten legen; denn es ist Blutgeld." Und „sie beschlossen (...), den Töpferacker davon zu kaufen zum Begräbnis für Fremde. Daher heißt dieser Acker Blutacker bis auf den heutigen Tag." (Mt.)

Der Ort ist bekannt, „er warf die Silberlinge in den Tempel" (nicht verfehlt?) und sogar die Zeit der Rückgabe, es war am Morgen. An diesem Morgen „faßten alle Hohenpriester und die Ältesten des Volkes den Beschluß über Jesus, ihn zu töten, und sie banden ihn, führten ihn ab und überantworteten ihn dem Statthalter Pilatus", danach fand die Geldrückgabe statt. Über die Abmachung mit den Priestern und über die Einzelheiten bei der Rückzahlung konnte keiner, außer Petrus, gewusst und danach noch darüber berichtet haben, denn alle anderen waren inzwischen tot. Wer aber sind „sie", die beschlossen haben, „den Töpferacker davon zu kaufen zum Begräbnis für Fremde"? Und warum? Das ist noch zu klären.

Seitenhiebe

Petrus teilte verräterische Seitenhiebe aus, eine Frau betitelte er als „Sünderin", eine hatte „sieben böse Geister", eine ist die namenlose „Schwiegermutter" und noch einer war „ein Verräter". Und gerade er machte sich einige Zeit zuvor weitsichtig über die Nächstenliebe kundig und fragte: „Herr, wie oft muß ich denn meinem Bruder, der an mir sündigt, vergeben? Genügt es siebenmal? Jesus sprach zu ihm: „Ich sage dir: nicht siebenmal, sondern siebzigmal siebenmal."
(Mt.)
Sieben Mal abmessen und einmal abschneiden kommt aus Moses Gesetz. Die Rechnung „Siebzigmal siebenmal" hatte Jesus auch nicht erfunden, im AT wird der Mord an Kain „siebenfach" gerächt.
„Und der HERR sprach zu ihm: Darum, jeder, der Kain erschlägt – siebenfach soll es gerächt werden."
Und „siebenundsiebzigfach" höher wird die Strafe wegen Lamech angedroht.
„Wenn Kain siebenfach gerächt wird, so Lamech siebenundsiebzigfach."
Aus diesem Kontext stammt der Satz „Liebe deine Feinde", vorausgesetzt, sie sind deine „Nächsten". Mit welchem „Bruder" war Petrus so verfeindet und verzankt, dass dessen Tod „siebzigmal siebenmal" gerächt werden musste?

Exekution

14. NISaN um 21 Uhr

Schon in der gleichen Nacht, am 14. NISaN um 21 Uhr, starben alle drei Verurteilten. Dem Brauch nach mussten die Toten am gleichen Tag bestattet werden, und es war knapp: „Weil es aber Rüsttag war und die Leichname nicht am Kreuz bleiben sollten den Sabbat über - denn dieser Sabbat war ein hoher Festtag -, baten die Juden Pilatus, daß ihnen die Beine gebrochen und sie abgenommen würden." Ohne gebrochene Beine werden die Leiber nicht abgenommen oder waren hier wieder die Proto-Wikipediaschreiber am Werk? Oder war das ein letzter hinterlistiger Versuch, die Verurteilten ohne Beine, aber lebendig zu bekommen? Oder vielleicht kam die Initiative zum Beinebrechen von jemand anderem, damit keiner nach drei Tagen aus seinem Koma geweckt wird und nach Goa geht?

„Da kamen die Soldaten und brachen dem ersten die Beine und auch dem andern, der mit ihm gekreuzigt war. Als sie aber zu Jesus kamen und sahen, daß er schon gestorben war, brachen sie ihm die Beine nicht; sondern einer der Soldaten stieß mit dem Speer in seine Seite, und sogleich kam Blut und Wasser heraus."

Ungewöhnlich ist die Arbeitsweise der Soldaten, zuerst brechen sie die Beine links, dann rechts, und erst am Schluss nehmen sie sich die Mitte vor und sehen, „daß er schon gestorben war." Womit ist das erklärbar?

Zwar war der 14. NISaN (Donnerstag) ein Rüsttag, aber den „Sabbat über" ist weit hergeholt, weil der Große Samstag am 15. NISaN (Freitag) am nächsten Tag anfängt, so bestand für das Beinebrechen keine dringliche Notwendigkeit. Eher hätten die Soldaten mehr Spaß gehabt, in ihrer Kaserne zu übernachten und den Rüsttag mitzufeiern, als auf der Wache zu schlafen.

Nachts um 21 Uhr wurden „viele Frauen" verjagt, sie sahen das Procedere „von ferne". Was sahen die Frauen, „die von ferne zusahen", in dieser dunklen Nacht? Bestimmt nicht, was sie sich wünschten. Eine selten gestellte Frage ist, warum die Hingerichteten beim Beinebrechen so unmenschlich laut schrien? Es waren zwei, einer „schrie laut: „Eli, Eli!", und der andere „rief laut: „Vater!", und er „schrie abermals laut und verschied."

Petrus, der „später kam", könnte zeitlich genau in diesem Moment angekommen sein und die Exekution noch hautnah erlebt haben, sonst hätte er nicht bis ins Detail berichten können, wie einer „vornüber gestürzt und mitten entzwei geborsten, so daß alle seine Eingeweide hervorquollen."

Arimathäa und Nikodemus

Nach der Hinrichtung, als „es schon Abend wurde, und weil Rüsttag war, das ist der Tag vor dem Sabbat, kam Josef von Arimathäa, ein angesehener Ratsherr, der auch auf das Reich Gottes wartete, der wagte es und ging hinein zu Pilatus und bat um den Leichnam Jesu." Am nächsten Tag (14. NISaN) musste Josef Arimathäa einige Vorbereitungen treffen, sich um die Einrichtung eines Grabes kümmern, „das er in einen Felsen hatte hauen lassen", und er „kaufte ein Leinentuch."

Am Donnerstagabend kam Josef Arimathäa mit seiner Bitte zu Pontius Pilatus, und erst dann erfuhr Pontius Pilatus von Josef Arimathäa, dass „er schon tot sei" und „wunderte sich", als ob die Initiative zu einer Kontrolltötung ohne seinen Befehl und überhaupt nicht von ihm kam.

„Pilatus aber wunderte sich, daß er schon tot sei, und rief den Hauptmann und fragte ihn, ob er schon lange gestorben sei. Und als er's erkundet hatte von dem Hauptmann, gab er Josef den Leichnam."

Pontius Pilatus wollte nicht das Risiko eingehen, dass die Gefangenen in der Nacht oder am folgenden Tag befreit werden, daher musste er in dieser Notwehrsituation so entscheiden. Aufständische überfluteten Jerusalem, und Pontius Pilatus wäre kein Statthalter, hätte er anders entschieden. Die Verurteilten erwarteten ihre baldige Befreiung, was sich aus ihrer Unterhaltung am Kreuz ergibt.

Scheinbar war Josef Arimathäa nicht so schlimm, wie vorher angenommen. Er war „Ratsherr", also ein älterer Kollege von Joseph Kaipha, und sogar ein „Jünger Jesu". Wahrscheinlich kannten sich die Kollegen im Hohen Rat, Josef Arimathäa und Joseph Kaipha, persönlich und ausgesprochen gut. Der Hohepriester Kaipha wagte nicht, sich direkt an seinen Freund Pontius Pilatus zu wenden, stattdessen wurde Josef Arimathäa vorgeschickt. Wo bleibt, laut wissenschaftlichen Erkenntnissen, die Busenfreundschaft zwischen Kaipha und Pontius Pilatus?

Der Kollege wurde von Hohepriester Kaipha mit dieser peniblen Angelegenheit betraut. Er und sein Komplize Nikodemus nahmen „den Leichnam Jesu und banden ihn in Leinentücher mit wohlriechenden Ölen, wie die Juden zu begraben pflegen." Joseph Arimathiäa, der „ehrbare Ratsherr", soll sich am heiligen Großen Samstag, der am Freitag um 18 Uhr begann und an dem ab 15 Uhr „jegliche Werktagsarbeit vermieden" werden soll, mit dem Toten verunreinigt haben.

„Zur Zeit des Jerusalemer Tempel, bis zu dessen Zerstörung im Jahre 72, wurde freitags ab 15.00 Uhr aus dem Tempel und außerhalb der Stadt aus den Synagogen mit Trompete oder Hörner geblasen. Nach dem ersten Signal hörte die Feldarbeit auf, nach dem zweiten wurden in der Stadt die Geschäfte und Werkstätten geschlossen."

War das Berühren des Toten am Großen Samstag ein Subbotnik des frommen Josef Arimathäa? An der Legende ist jedenfalls etwas Wahres dran, er kam mit dem Blut Christi in Berührung.

Das Unternehmen rutschte „wegen des Rüsttags" in die Nacht vom Großen Samstag hinein, und daher legte Josef Arimathäa den Leichnam in ein Grab mit „einem großen Stein", das „nahe war". Und dieses nahe Grab, „in das noch nie jemand gelegt worden war", soll in einem Garten liegen.

„Es war aber an der Stätte, wo er gekreuzigt wurde, ein Garten und im Garten ein neues Grab, in das noch nie jemand gelegt worden war."

Lag „ein Garten" auf einem kahlen „Schädel"-Berg? Der Berg Golgatha heißt „Schädelstätte", und da, direkt an der Hinrichtungsstätte, ließ er „sein eigenes neues Grab" hauen? Geschmackssache! Josef nahm also „den Leib und wickelte ihn in ein reines Leinentuch und legte ihn in sein eigenes neues Grab, das er in einen Felsen hatte hauen lassen." Und wessen Grab war „sein eigenes neues Grab"? Diese in den Felsen gehauene Grabstätte im Garten gehörte Joseph Kaipha.

Der Name „Arimathäa"
In anderen Sprachen ist etwas mehr über Josef Arimathäa zu erfahren, auch zu seinem Namen:

„In the Koine Greek New Testament texts, the Greek word for Arimathea has a rough breathin mark (…) and this indicates aspiration (the presence of an /h/ sound) on the first alpha of Arimathea. Consequently, the place of Joseph's origin should be pronounced "Harimathea". That would correspond to Hebrew haramathaim, with the initial heh (ה) forming the definite Hebrew article ha-. The Aramaic Syria translation of John 19:38 literally reads, "Ramtha" which when anglicized comes to "Ramath." Eusebiu of Caesare, in his Onomastico (144:28-29), identifies it with Ramathaim-Zophim and writes that it is near Diospolis (modern Lod). Ramathaim-Zophim was a town in Ephraim, the birthplace of Samuel, where David came to him (1 Samuel 1:1, 19). Others [who] identify it with Ramah in Benjamin (Matt. 2:18)." (143)

Eine Erklärung zur Erklärung, Josefs Stadt Arimathäa wird im Land Ephraim (Ramath) oder im Land Benjamin (Rama) verortet, beide waren von Israeliten bewohnt. (144) Auch ist aufschlußreich, dass „die Höhen", hebr. „Rama", im Land Isaschar, im Land Asher, sogar jenseits im Land Gilad zu finden sind, kurzum, überall im gebirgigen Land Israel. (145) Über eines sind sich alle einig, Josefs Name „Arimathäa" besteht aus „Rama", das nicht jenseits oder anderswo ist, es ist das altbekannte Rama des Propheten Samuel. Erinnert sich noch jemand an das „äußerste Ende des Gebirges Ephraim"? Josefs Name bedeutet daher Ha-RaMaTI, d.h. „aus Rama", und da liegt der Kern der Sache. Der HERR versprach in der Verheißung, einen Priester aus Rama zu erwecken, der „vor meinem Gesalbten alle Tage einhergehen" wird:

„Ich aber werde mir einen Priester erwecken, der beständig ist; der wird tun, wie es meinem Herzen und meiner Seele gefällt. Und ich werde ihm ein Haus bauen, das beständig ist, und er wird vor meinem Gesalbten alle Tage einhergehen. Und es soll geschehen, daß jeder, der von deinem Haus [noch] übrigbleibt, kommen wird, um sich vor ihm niederzuwerfen für eine kleine Silbermünze und ein Stück Brot, und wird sagen: Gib mir doch Anteil an einem der Priesterdienste, daß ich einen Bissen Brot zu essen habe!"

Joseph Kaipha stammte aus Rama, die unheimliche, lange gesuchte „Vaterstadt", in der Jesua im Jahr 35 auf dem Weg nach Jerusalem seinen Geburtstag samt seiner Belegschaft feierte und von Nikodemus die Anweisungen erhielt. Das könnte alles sehr wohl stimmen, aber vielleicht bedeutet „Arimathäa" einfach der „Allerhöchste", H`a-RaM- aTaI, und falls nicht, wie würde „Allerhöchster" rückübersetzt? So wurde bis heute „Arimathäa" als Erster Priester im Unterschied zu Hohen Priestern genannt.

Personen

Josefs und Marias

Es ist Zeit, sich zu fragen, ob Josef Arimathäa der dritte Josef im NT war. Wo immer Jesuas Geburt oder Tod beschrieben wurde, tauchte ein Josef auf, mysteriös, da Josef kein häufiger Name war. Die Wisser in Wikipedia können auf deutsch nichts Vernünftiges dazu beitragen, außer, dass „Josef von Arimathäa bei der Kreuzigung das Blut Christi in einem Kelch" sammelte. Zum Kelch heißt es:

> „Das Blut stammte der Legende zufolge aus der Seitenwunde, die der römische Hauptmann Longinus laut den Evangelien Jesus mit der Heiligen Lanze zugefügt hatte, der Kelch vom letzten Abendmahl." (146)

Letztendlich nutzte die Entstellung des Namens von Joseph Kaipha nichts, und es wird klar, warum er gemeinsam mit Nikodemus Jesua vom Kreuz abnahm und „ihn in sein eigenes neues Grab" legte.

Auch Nikodemus war „einer von den Oberen der Juden", dazu noch „Israels Lehrer", und nicht, wohlgemerkt, „der Judäer". Als Kaiphas Vertrauter, Kollege und Verbindungsmann, „der vormals in der Nacht zu Jesus gekommen war, und brachte Myrrhe gemischt mit Aloe, etwa hundert Pfund", hatte er mit Jesua eine geheime Unterredung. Klar ist, römischen Behörden entging nichts.

Dann wird nachvollziehbar, warum es nach der Legende ausgerechnet „Josef Arimathäa" und kein anderer sein muss, der das Blut aus der Seitenwunde seines eigenen Sohnes sammelt. Und er war nicht „ein Jünger" von Jesua, er war ein Hauptkomplize.

Nicht grundlos wurden manche Namen im NT ein wenig kosmetisch geändert, aus Täuschungsabsicht oder gerade umgekehrt, als versteckter Hinweis, das weiß wieder jemand, darf es aber nicht sagen. Jose Zimmermann wurde zu Josef gemacht, nach ihm wurde sein Enkelsohn Jose benannt. Formal ist das nicht falsch, Jesuas Vater hieß wirklich Josef, nämlich Joseph Kaipha. Und Josef Kaipha wurde zu Josef „Arimathäa" umgestaltet.

Zöllner

Es muss möglich sein, die Ereignisse einzuordnen. Am 13. NISaN wurden die Verurteilten hingerichtet und hingen jeder an seinem Kreuz. Vor dem Kreuz standen Magdala, Maria und Martha, sowie eine „Frau des Klopas". Petrus fehlte, hatte Wichtiges zu erledigen und kam erst später. Die Frauen Magdala, Maria und Marta sind schon bekannt, wer aber ist diese „Frau des Klopas"? Für Wikipedia ist „Klopas" "vielleicht ein leiblicher Bruder des Joseph von Nazaret, der Vater mehrerer Apostel war", eine fruchtbare Personage.

„Klopas (auch Kleopas, Kleophas, Cleopas, Cleophas; griech: „ruhmreicher Vater") war der Tradition nach einer der beiden Jünger Jesu, die Jesus auf ihrem Weg nach Emmaus begleiteten (Lukasevangelium 24, 18; der andere möglicherweise sein Sohn oder Neffe Joses, ein „Herrenbruder"), wo er sich ihnen - als den ersten männlichen Jüngern - als der Auferstandene zu erkennen gab. Wenn der griechische Name als "ruhmreicher Vater" dieselbe Person bezeichnen soll wie der Name „Alphäus" (vgl. Ludwig Neidhar, THEOLOGISCHE 2007, Sp. 393 ff.), kann dieser Name eine An-spielung darauf sein, dass Klopas, vielleicht ein leiblicher Bruder des Joseph von Na-zaret, der Vater mehrerer Apostel war (oder Vater bzw. Onkel derselben)." (147) Für Wissenschaftsbetreiber ist „Klopas" „my exchanges", ein Geldwechsler, Zöllner und Spekulant in einer Person. Oder wurde da wirklich jemand ausge-tauscht (exchange) und ging nach Goa?

„KLOPAS (Κλωπᾶς): Greek name probably of Aramaic origin, meaning "my ex-changes". In the bible, this is the name of the father of the apostle James the less."

Ginge es nach der Bibelforschung, wäre dort eine Börse aufgedeckt worden, eine ganze Broker-Familie, bestehend aus Levi Zöllner, Matthäus Zöllner und Jakobus, der Sohn des Alphäus, dessen Name ebenfalls „changing" bedeuten soll, der fast wie der Name „Klopas", „my exchanges" klingt.

"ALPHAEUS: Latin form of Greek Halphaios, meaning "changing". In the bible, this is the name of the fathers of James and Levi. ALVAH (עַלְוָה)", "ALPHEUS: Variant spelling of Latin Alphaeus, meaning "changing." (120)

Sind das nicht zu viele Zöllner auf einmal? Sogar Petrus konnte das Wort nicht so verdrehen, denn Alphäus hat mit ALVA so viel zu tun, wie ALVA mit Halwa, Gott verzeihe ihnen.

Bei Apostel Markus findet sich noch ein Zöllner Levi, „Sohn des Alphäus". Es reicht aus, beim Zoll zu sitzen, um ein Zöllner zu werden, ein Berufserwerb im Schnellverfahren.

„Und als er vorüberging, sah er Levi, den Sohn des Alphäus, am Zoll sitzen und sprach zu ihm: Folge mir nach! Und er stand auf und folgte ihm nach." (Mk.)

Frau Klopas

Den letzten Abschied nahmen „viele" Frauen und immer dieselben: Magdala,

239

Maria, die Frau des Klopas, Maria mit Kleinem Jakobus und Martha.

"Es standen aber bei dem Kreuz Jesu, seine Mutter und seiner Mutter Schwester, Maria, die Frau des Klopas, und Maria von Magdala." (Joh.)

Ein anderes Mal wurden Magdala, Maria und Zebedäus Mutter erwähnt.

"Unter ihnen war Maria von Magdala und Maria, die Mutter des Jakobus und Josef, und die Mutter der Söhne des Zebedäus." (Mt.)

Die Grablegung nach der Exekution beobachteten Magdala, Maria, Salome und Zebedäus Mutter.

"Von ferne zusahen": Magdala, Maria, und Zebedäus Mutter. (Mt.)

"Von ferne zuschauten": Magdala, Maria und Salome. (Mt.)

"Sahen, wo er hingelegt wurde": Magdala und Maria. (Mk.)

Am Sonntag kam zum Grab Magdala, früh, als es noch finster war und ganz allein. (Joh.)

Dann Magdala, Johanna und Maria, "sehr früh kamen sie zum Grab." (Lk.)

Magdala, Maria und Salome kauften wohlriechende Öle, "um hinzugehen und ihn zu salben." (Mk.)

Sie kamen zum Grab: Magdala, Maria, Johanna und Salome, "um nach dem Grab zu sehen." (Mt.)

Wie zu sehen ist, die Zahl der Frauen, die "ihm folgten", war überwältigend.

Nun standen "bei dem Kreuz Jesu" Magdala und Maria, Mutter Jakobus' des Kleinen und Joses', und Martha. Wer war die vierte Frau?

Frau Klopas,   oder Zebedäus Mutter,   oder Johanna,   oder Salome?

Hier wird deutlich, wie und warum die Wissenschaftsprominenz Salome für die Mutter der Zebedäus-Söhne hielt, sie wurde anstelle der Mutter der Zebedäus Söhne erwähnt. Nach dieser Logik war Frau Klopas die Mutter der Zebedäus-Söhne und hieß Salome. Und warum war sie nicht Klopas' Frau?

Die unerfreuliche Botschaft: Klopas' Frau hieß "Maria", und in der Rangreihe wurde sie als ältere Frau zwischen Maria, Jakobus' des Kleinen und Joses' Mutter und der noch älteren Magdala platziert:

"Bei dem Kreuz Jesu standen seine Mutter und die Schwester seiner Mutter, Maria, die Frau des Klopas, und Maria von Magdala."

Leicht ist einzusehen, dass Familienangehörige Abschied nahmen: Zebedäus Mutter, übrigens hieß sie "Johanna", falls das jemand wissen will, verabschiedete sich von ihrem Sohn Johannes,

Jesuas Mutter Magdala von ihren beiden Söhnen,

Salome - von ihrem Mann Juda,

Maria - von ihrem Mann Jesua.

Auch die Frau von Klopas kam nicht aus purer Neugier.

Nach römischer Arbeitsweise hatten wohl auch die einfachen Sterblichen, wenn überhaupt, Namen, jedoch Verdachtspersonen bekamen neben dem Namen noch einen Spitznamen, so dass aus konspirativ-informellen Gründen der Mann von Maria „Klopas" genannt wurde.

Klop

Hier wurde, um auf Klopas Frau Maria zurückzukommen, ihr Mann in einen vulgären, griechischen „Klopas" umbenannt, oder ist das eine weitere Verhunzung eines Übersetzers? Aber rein assoziativ erinnert das Wort an „Zyklop" oder an einen „Bekloppten". Zyklop bedeutet „rund- oder ringäugig".
    „Gegen diese Theorie spricht die Etymologie des Wortes Kyklop, das sich als "ringäugig" übersetzen lässt. Die ursprünglichen Beschreibungen der Kyklopen und der Name selbst sprechen zunächst nur von rund- oder ringäugig." (148)
Ob ihr Mann einäugig oder „ringäugig" war oder nicht, das ähnliche Wort „Klop" wird als „eine Wanze" übersetzt. Das sagt aber nicht mehr, als dass heutzutage „Klop" ein anderer Name für Spyware ist, gegen die eine entsprechende Software wirksam sein soll. Jeder kennt: „Achtung: Klop, entfernen Spyware in 3 Minuten. Kostenlos herunterladen." Und Hohepriester Kaipha war eine Laus im Pelz der jüdischen Oligarchie.
    Die Namen „Klopas" und „Kaiphas" ähneln sich. Selbstverständlich musste nicht nur deswegen Kaipha der gesuchte „Klopas" sein und seine Frau Maria sich unter dem Namen „Frau von Klopas" verbergen. Wegen seiner hohen Position, noch dazu als Richter bei dem Prozess, und anderen Faktoren wagte er nicht, in der Öffentlichkeit von seinem Sohn Jesua Abschied zu nehmen. Dafür schickte er seine Frau Maria vor. Die römische Agentur registrierte alles. Oder doch nicht? Auch er nahm höchstpersönlich Abschied, „Josef und die Mutter der Söhne des Zebedäus.", er kam also mit Zebedäus Mutter. Die Fehler im folgenden Satz kann jeder selbst beheben:
    „Unter ihnen war Maria von Magdala und Maria, die Mutter des Jakobus und Josef, und die Mutter der Söhne des Zebedäus." (Mt.)
Dass der 2-jährige Jose schwerlich „Josef" genannt werden kann, versteht sich. Die Namen wären sonst nicht redaktionell etwas geändert und an Josef Kaipha und seine Frau Maria angepasst worden:
aus Jose Zimmermann ist Josef Zimmermann geworden,
Mariamne Mara wurde zu Maria. Kurz, Josef und Maria in einer doppelten Ausgabe.
Aus „Kaipha" wurde „Klopas" und seine Frau Maria wurde zu „Frau Klopas", aber das alles ist nicht das, was den Namen „Klopas" erklärt.

Kleopas

Die Namen „Klopas" und „Kleopas" gehören höchstwahrscheinlich ein und demselben Menschen, nur mit ausländischem Prononce ausgesprochen. Nach Apostel Lukas Schilderung wurde am Sonntag, 16. NISaN, Kleopas mit seinem Begleiter von jemand viel zu neugierigen angequatscht. Der „sprach aber zu ihnen: Was sind das für Dinge, die ihr miteinander verhandelt unterwegs?"

„Und siehe, zwei von ihnen gingen an demselben Tage in ein Dorf, das war von Jerusalem etwa zwei Wegstunden entfernt; dessen Name ist Emmaus. Und sie redeten miteinander von allen diesen Geschichten. Und es geschah, als sie so redeten und sich miteinander besprachen, da nahte sich Jesus selbst und ging mit ihnen. Aber ihre Augen wurden gehalten, daß sie ihn nicht erkannten. Er sprach aber zu ihnen: Was sind das für Dinge, die ihr miteinander verhandelt unterwegs? Da blieben sie traurig stehen. Und der eine, mit Namen Kleopas, antwortete und sprach zu ihm: Bist du der einzige unter den Fremden in Jerusalem, der nicht weiß, was in diesen Tagen dort geschehen ist? Und er sprach zu ihnen: Was denn? Sie aber sprachen zu ihm: Das mit Jesus von Nazareth, der ein Prophet war, mächtig in Taten und Worten vor Gott und allem Volk; wie ihn unsre Hohenpriester und Oberen zur Todesstrafe überantwortet und gekreuzigt haben. Wir aber hofften, er sei es, der Israel erlösen werde. Und über das alles ist heute der dritte Tag, daß dies geschehen ist. Auch haben uns erschreckt einige Frauen aus unserer Mitte, die sind früh bei dem Grab gewesen, haben seinen Leib nicht gefunden, kommen und sagen, sie haben eine Erscheinung von Engeln gesehen, die sagen, er lebe. Und einige von uns gingen hin zum Grab und fanden's so, wie die Frauen sagten; aber ihn sahen sie nicht." (Lk.)

Kleopas, karg mit Worten und nicht besonders informativ, fragte mißtrauisch: „Bist du der einzige unter den Fremden in Jerusalem, der nicht weiß, was in diesen Tagen dort geschehen ist?" Der neugierige Passant, ein „Fremder", verwickelte die zwei Männer ins Gespräch, die keineswegs als einfache Spaziergänger auf dem Weg nach Emmaus waren. Wohlgemerkt, am dritten Tag nach Jesuas Tod. Der Passant kannte die beiden sogar namentlich, sie aber, was für ein Glück, ihn nicht, „ihre Augen wurden gehalten, daß sie ihn nicht erkannten." Die beiden Männer waren eindeutig Nazarener, die „hofften, dass er der sei, der Israel erlösen solle." Jesua war für sie ein „Prophet" und keinesfalls ein Halbgott oder ein „Gottessohn", geschweige denn ein Jesuschristus.

Sie fassten die Ereignisse der letzten drei Tage zusammen, genauso, wie es war: „Das von Jesus, dem Nazaräer, der ein Prophet war, mächtig im Werk und Wort vor Gott und dem ganzen Volk; und wie ihn die Hohenpriester und unsere Obersten überlieferten, um zum Tod verurteilt zu werden, und ihn kreuzigten. Wir aber hofften, dass er der sei, der Israel erlösen solle. Doch auch bei alledem ist es heute der dritte Tag, seitdem dies geschehen ist." (Joh.)

Und sie erzählten, „einige Frauen aus unserer Mitte haben uns erschreckt", sie

„sind früh bei dem Grab gewesen, haben seinen Leib nicht gefunden, kommen und sagen, sie haben eine Erscheinung von Engeln gesehen, die sagen, er lebe." Und das war das Problem, das langsam zu einem wirklichen Problem wurde. Aber einen Stein, der „sehr groß war", übersahen die Frauen.

Der Passant wurde schnell als ein „Fremder" erkannt. Ein „Fremder"/GeR ist ein Fremder mit Bleiberecht, schon Mose machte aus Menschenrechten für Fremde ein Kult, „du sollst Fremden nicht bedrängen". „Ein Fremder" ist ein sehr dehnbarer Begriff, wenn aber dieser Abschnitt als informeller Bericht gelesen wird, war der unbekannte Passant einer der Agenten, an denen es in dieser spannenden Zeit in Jerusalem nicht fehlte.

Welche „Fremde" gibt es zur Auswahl im NT? Saulus und Petrus. In diesen Tagen wirkte Saulus von Paulus in Jerusalem und war voll und ganz mit der „Christenverfolgung" beschäftigt. Er war gebildet genug, um „von Moses und von allen Propheten anfangend" und „in allen Schriften das, was ihn betraf" zu erklären, und das war sein Sprachstil:

„Und er sprach zu ihnen: O ihr Unverständigen und trägen Herzens, zu glauben an alles, was die Propheten geredet haben! Musste nicht der Christus dies leiden und in seine Herrlichkeit eingehen? Und von Moses und von allen Propheten anfangend, erklärte er ihnen in allen Schriften das, was ihn betraf." (Joh.)

Und dann, während der Unterhaltung mit dem „Fremden", „wurden ihre Augen geöffnet", die Männer identifizierten ihn endlich, und „er verschwand vor ihnen" so schnell wie möglich.

„Und es geschah, als er mit ihnen zu Tisch saß, nahm er das Brot, dankte, brach's und gab's ihnen. Da wurden ihre Augen geöffnet, und sie erkannten ihn. Und er verschwand vor ihnen." (Joh.)

Klopas oder Kleopas, falls der Name lateinisch ist, war das der Name eines römischen Bürgers, ein Rufname des römischen Agenten, oder die Bezeichnung einer Zielperson? Welcher Fall trifft hier zu? Beide Namen sind lateinisch, aus dem Griechischen entlehnt, und beide bedeuten „glory of the father", demnach war es ein und dieselbe Zielperson.

„CLEOPAS: Latin form of Greek Kleopas, meaning "glory of the father". In the New Testament bible, this is the name of a disciple." (99)

„Glory of the father" kann „Ruhm des Vaters" oder „der berühmte Vater" bedeuten, im Hebräischen heißt es „Abraham"/AV RaHaM, und er war der Kopf der Verschwörung. Auf dem Weg nach Hause nach Emmaus waren deshalb höchstpersönlich „Vater"/ABA und sein Sancho Pancho Nikodemus.

Und was besagt der Status von Joseph Kaipha, „Kaipha, der Hohenpriester aus Maasia von Haus Omri"? קיפא כהן ממעזיה מבית אמר Er stammte aus dem Haus Omri, das die Hauptstadt Samaria, später „Sebaste", gründete. Sie wurde

Kaiphas Standort MaOZIA, und diese „Festung Gottes JaH" (H`a-MaOZ-IaH) wurde von Spezialisten gesucht und in Tiberias am See Genezareth entdeckt. Mag sein, sein Schrebergarten war in einem Urlaubsort am See Genezareth, aber sein Versteck in Jerusalem hieß, auf römische Art verhunzt, „Emmaus".

Sebasta

Nach der Eheschließung mit der Schwester des Hohepriesters Hannas (Jonathan) konnte Hohepriester Joseph Kaiphas sich in den jüdäischen Priester-Clan einklinken und in Jerusalem Fuß fassen. Nach Kaiphas Absetzung blieb Hohepriester Jonathan noch ein Jahr im Dienst (36-37 n.), wurde dann gegen seinen Bruder Theophilos ausgetauscht. Theophilos Spuren führen wieder nach Samaria.

Wie häufig bei Bauarbeiten wurde im Jahr 1971 in „Sebasta" ein prächtiger, leerer Sarkophag mit dem eingravierten Namen „Sabbatios" und der Inschrift: „Justos, Sohn des Justos, Sohn des Theophilos, und seine Frau Archelea, Tochter des Simon, Sohn von Alexander." gefunden. (Gerhard Kroll, „Auf den Spuren Jesu") Daraus ergibt sich die Reihenfolge:

Theophilos-Justos

Alexander-Simon-Archelea

In der Regel wurden die Verstorbenen bei ihren Vorvätern (Opas) bestattet, auch Theophilos stammte aus der Samariter-Stadt Sebasta, das läßt vermuten, in Jerusalem gab es in diesen schicksalshaften Tagen eine Invasion von Samaritern.

Mutterstadt

Auf einem Handelsweg vom Norden nach Jerusalem gründete Omri die Stadt Shomron („Samaria"), nach ihrer Zerstörung und Neugründung hieß sie „Sychar" (SUKaR), später „Sebasta" und am Ende „Neapolis", bzw. „Nablus" in arabischer Aussprache. Alle Ortschaften liegen im Tal zwischen dem Berg Ebal und dem heiligen samaritischen Berg Garizim.

Der Bruder von Maria Magdala, Aristobulos, wurde in „Sebasta" hingerichtet, damit ist nicht gesagt, dass Maria Magdala aus Galiläa kam und dahin zurückkehrte, als sie zu Elisabeth nach Betlehem ging. „Galiläa" wird mit keinem Wort erwähnt, sondern „sie kehrte nach ihrem Haus zurück", nach Sebasta, erst danach machte sie sich nach „Galiläa" auf, um Gott und Herodes Antipas nicht zu versuchen.

Also lag Jesuas Mutterland in Samaria, und er war ein gebürtiger Samariter. In der samaritischen Hauptstadt Sychar/SUKaR traf er seine Lebensgefährtin Maria, die ihn fragte, bist „du ein Jude?" Für den echten Israeliten eine kränkende Frage, und Jesua schraubte ihren Hochmut runter, indem er sagte: „Du bist blöd und hast keine Gottes Gabe". Die Einwohner Sychars waren gewöhnt, dumme Fragen zu stellen: „Ist dieser nicht der Sohn des Zimmermanns? Heißt nicht seine Mutter Maria und seine Brüder Jakobus und Joseph und Simon und Judas?" Einmal fragten sie: „Ist das nicht Josefs Sohn?", von Joseph Kaipha, versteht sich. Hier unterblieb durch unverzeihliche Nachlässigkeit des Autorenkollektivs die Erwähnung von Josefs Namen „Zimmermann".

Leeres Grab

Zwei Gräber

oder ein Hütchen-Spiel mit drei Kügelchen. Für Johannes Zebedäus, Jesua und Juda müssten drei Grabstellen vorgesehen gewesen sein, im NT ist aber nur von einem die Rede. Nur schwer ist vorstellbar, dass Josef die drei in ein Grab legte, falls sie überhaupt hineingepasst hätten. Und daher ist ein bewährtes Verfahren mit der Vergleichs- und Ausschlussmethode geboten. Das erste Grab mit einem „großen Stein", das der Hinrichtungsstelle ganz „nahe war"
„Dahin legten sie Jesus wegen des Rüsttags der Juden, weil das Grab nahe war." (Lk.)
Und Apostel Johannes, immer am auskunftsfreudigsten, schreibt: „Es war aber an der Stätte, wo er gekreuzigt wurde, ein Garten." (Joh.) Auf dem Berg Golgatha, „Schädel" genannt, weil glatt wie ein Glatzkopf, sollte irgendwo ein Garten sein. Ist das ernst gemeint? Noch dazu soll es sich um „ein neues Grab, in das noch nie jemand gelegt worden war" handeln, das direkt auf dem Glatzkopf, also dem Hinrichtungsplatz liegt. Es muss im Garten noch ein zweites, „eigenes neues Grab", gar nicht so ganz in der „Nähe", gewesen sein, deshalb brauchte „Josef" für den Transport Nikodemus' Hilfe.

Ein Felsengrab

„Und Josef nahm den Leib und wickelte ihn in ein reines Leinentuch und legte ihn in sein eigenes neues Grab, das er in einen Felsen hatte hauen lassen, und wälzte einen großen Stein vor die Tür des Grabes und ging davon." (Mt.)
Da sahen Maria Magdala und Maria, die Mutter Joses, wo er hingelegt wurde.
„Und der kaufte ein Leinentuch und nahm ihn ab und wickelte ihn in das Tuch und legte ihn in ein Grab, das war in einen Felsen gehauen, und wälzte einen Stein vor des Grabes Tür. Aber Maria von Magdala und Maria, die Mutter des Joses, sahen, wo er hingelegt wurde." (Mk.)
„Der ging zu Pilatus und bat um den Leib Jesu und nahm ihn ab, wickelte ihn in ein Leinentuch und legte ihn in ein Felsengrab, in dem noch nie jemand gelegen hatte." (Lk.)

Der abgehängte Jesua wurde zum Gelände des Hohepriesters Kaipha in „Talpiot" gebracht, und aufgepasst, vorsorglich brachten Männer Leinentücher mit wohlriechenden Ölen mit, und sie "banden ihn in Leinentücher mit wohlriechenden Ölen", allein und eigenhändig. Sieh an, sogar am Samstag berührt Hohepriester Kaipha die Leiche, schleppt sie kilometerweit, wenn es um seinen eigenen Sohn geht. Absolut verboten ist das nicht:

„Und der HERR sprach zu Mose: Rede zu den Priestern, den Söhnen Aarons, und sprich zu ihnen: Keiner von ihnen soll sich wegen einer Leiche verunreinigen unter seinen Völkern: außer wegen seines Blutsverwandten, der ihm nahe steht: wegen seiner Mutter und wegen seines Vaters und wegen seines Sohnes und wegen seiner Tochter und wegen seines Bruders und wegen seiner Schwester, der Jungfrau, die ihm nahe steht, die noch keines Mannes geworden ist: wegen dieser darf er sich verunreinigen." (3. Mose 21)

So legte ihn Hohepriester Kaipha in „sein" Grab, „in dem noch nie jemand gelegen hatte", das bedeutet, Jesua war der erste Gast im Grab. Die Männer (Plural) am „Gartengrab" „banden ihn in Leinentücher mit wohlriechenden Ölen", eigenhändig, und haben ihn bestattet.

„Es kam aber auch Nikodemus, der zuerst bei Nacht zu Jesus gekommen war, und brachte eine Mischung von Myrrhe und Aloe, ungefähr 100 Pfund. Sie nahmen nun den Leib Jesu und wickelten ihn in leinene Tücher mit den Spezereien, wie es bei den Juden Sitte ist, zum Begräbnis zuzubereiten. Es war aber an dem Ort, wo er gekreuzigt wurde, ein Garten, und in dem Garten eine neue Gruft, in die noch nie jemand gelegt worden war." (Joh.)

Gartengrab

In dieser dunklen Nacht wurden beide, Hohepriester Kaipha und Nikodemus, von „Frauen" beobachtet, wie sie „beschauten das Grab und wie sein Leib hineingelegt wurde." Zwei Frauen, Maria Magdala und Maria, die Mutter des Joses, „sahen, wo er hingelegt wurde" (Mk.), „kehrten aber um und bereiteten wohlriechende Öle und Salben." (Lk.)

Am Sonntag, dem „ersten Tag der Woche kommt Maria Magdala „früh, als es noch finster war, zum Grab und sieht, daß der Stein vom Grab weg war." (Joh.) Am gleichen Tag, „am ersten Tag der Woche sehr früh", kamen Frauen zum Grab, „die mit ihm gekommen waren aus Galiläa." Haben die zwei Frauen nicht Maria Magdala zufällig unterwegs getroffen, die vor ihnen da war und das Grab ebenfalls „früh, als es noch finster war", besucht hatte? Nein, es waren immer die gleichen Personen, Maria Magdala und Maria, die Mutter des Joses, die „trugen bei sich die wohlriechenden Öle, die sie bereitet hatten." Und sie „fanden den Leib des Herrn Jesus nicht", selbstverständlich.

„Und es war Rüsttag, und der Sabbat brach an. Es folgten aber die Frauen nach, die mit ihm gekommen waren aus Galiläa, und beschauten das Grab und wie sein Leib hineingelegt wurde. Sie kehrten aber um und bereiteten wohlriechende Öle und Salben. Und den Sabbat über ruhten sie nach dem Gesetz. Aber am ersten Tag der Woche sehr früh kamen sie zum Grab und trugen bei sich die wohlriechenden Öle, die sie bereitet hatten. Sie fanden aber den Stein weggewälzt von dem Grab und gingen hinein und fanden den Leib des Herrn Jesus nicht." (Lk.)

Bei allen vier Aposteln stimmen die Beschreibungen der Bestattung bis ins Einzelne nicht überein, nur eine Tatsache steht fest, das Grab war leer.

Unvermeidlich kommt die Frage, welche Priorität setzte Joseph Kaipha, wie ging er vor, wenn er zwei Tote auf einmal hat und einer von beiden sein Sohn ist? Die Leichen wurden vom Kreuze genommen, es ist verständlich, dass die zwei Greise, Joseph Kaipha und Nikodemus, beim besten Willen nicht auf einmal zwei Leichen tragen konnten. Einen Leichnam hatte Josef in einem Grab, das „nah war", zwischengelagert, und die Frauen „sahen, wo er hingelegt wurde." Den zweiten Leichnam nahm er mit und schleppte ihn zusammen mit Nikodemus hin zu „seinem Grab" im Garten. Was mit Jo-hannes Zebedäus, dem dritten Toten geschah, ist schon klar: ihn hat seine Mutter abgeholt.

Ein gesunder, wie auch ungesunder Menschenverstand sagt, beim Begräbnis Jesuas müssen in erster Linie seine Mutter und seine Ehefrau dabei sein, und sie waren es: Maria von Magdala und Maria, Mutter von Jose. Maria Magdala und Maria „saßen dem Grab gegenüber", sie waren von Anfang an dabei.

„Und Joseph nahm den Leib und wickelte ihn in reine, feine Leinwand, und legte ihn in seine neue Gruft, die er in dem Felsen ausgehauen hatte; und er wälzte einen großen Stein an die Tür der Gruft und ging weg. Es waren aber dort Maria Magdalene und die andere Maria, die dem Grab gegenübersaßen." (Mt.)

Und dann wälzte Hohepriester Kaipha „einen großen Stein an die Tür der Gruft und ging weg". Aber in dem Grab, das „nah war", wurde Juda zwischengelagert, und ob die zwei Opas das Grab kurzfristig mit einem Stein schlossen, um es dann wieder zu öffnen, dazu können Bibelerforscher ihre Meinung sagen.

An dieser Stelle steht inzwischen die Grabeskirche, und Gläubige verschiedener Konfessionen streiten unter sich bis auf Blut um jeden Quadratzentimeter.

Wache am Gartengrab

Die Geschichte über die, bei der Wache eingeschlafenen Micheln darf nicht ignoriert werden, viel Wahres ist dran. „Am nächsten Tag", nach dem Rüsttag, das wäre Samstag, baten „die Hohenpriester mit den Pharisäern", das waren Hohepriester Kaipha und Nikodemus, am Grab eine Wache aufzustellen. Sie wussten gut Bescheid über die Gewohnheit ihrer Volksgenossen, die Leichen nach Hause mitzunehmen.

„Am nächsten Tag, der auf den Rüsttag folgt, kamen die Hohenpriester mit den Pharisäern zu Pilatus und sprachen: Herr, wir haben daran gedacht, daß dieser Verführer sprach, als er noch lebte: Ich will nach drei Tagen auferstehen. Darum befiehl, daß man das Grab bewache bis zum dritten Tag, damit nicht seine Jünger kommen und ihn stehlen." (Joh.)

Am leeren Grab wurden keine Wachen aufgestellt, kein Stein sicherte es, aber nicht, weil Juda nicht beabsichtigte, nach drei Tagen aufzuerstehen und in den Himmel zu fliegen. Die Frauen, die in der finsteren Nacht das Grab beschauten, wie sein Leib hineingelegt wurde, „kehrten aber um". Bis Sonntag bot sich ein Tag lang die gute Gelegenheit, die Leiche wegzuschaffen.

Am Grab, das „nah war"

Die Berichte der Apostel über den Besuch der Frauen am Grab sind ganz verworren:

Einmal „früh, als es noch finster war", kam Magdala allein zum Grab. (Joh.)

Ein anderes Mal waren es Magdala und Maria, die Mutter des Jakobus, und Salome. (Mk.)

Dann kamen Magdala und die andere Maria. (Mt.)

Und dann noch Maria von Magdala und Johanna und Maria, des Jakobus Mutter. (Lk.)

Eindeutig ist dabei, der Geschichtenerzähler war nicht dabei, er kam später.

„Früh, als es noch finster war", kam Maria Magdala allein zum Grab. Kein schlafender Soldat war zu sehen, es muss nicht erklärt werden, dass sie zum Grab kam, das „nah" zur Hinrichtungsstelle, nur ein paar Meter entfernt war. Zur Erinnerung, Maria Magdala und ihre Schwiegertochter Maria waren dabei gewesen und wussten genau, wo er bestattet wurde. Hatte sich Maria Magdala verirrt und ein fremdes Grab betreten, aus dem auch jemand in den Himmel geflogen war? Wie auf Abruf kam der Fels der neuen Gemeinde, Petrus, mit einem „anderen Jünger" und „ging in das Grab hinein." In die leere Gruft „ging auch der andere Jünger hinein."

„Am ersten Tag der Woche kommt Maria von Magdala früh, als es noch finster war, zum Grab und sieht, daß der Stein vom Grab weg war. Da läuft sie und kommt zu Simon Petrus und zu dem andern Jünger, den Jesus lieb hatte, und spricht zu ihnen: Sie haben den Herrn weggenommen aus dem Grab, und wir wissen nicht, wo sie ihn hingelegt haben." (Joh.)

Wenn jemand dachte, dass „der Stein vom Grab weg war", irrt sich, bei Apostel Matthäus kam ein „Engel des Herrn (...) vom Himmel herab, trat hinzu und wälzte den Stein weg und setzte sich darauf." Apostel Matthäus weiß bestens

Bescheid.

„Als aber der Sabbat vorüber war und der erste Tag der Woche anbrach, kamen Maria von Magdala und die andere Maria, um nach dem Grab zu sehen. Und siehe, es geschah ein großes Erdbeben. Denn der Engel des Herrn kam vom Himmel herab, trat hinzu und wälzte den Stein weg und setzte sich darauf. Seine Gestalt war wie der Blitz und sein Gewand weiß wie der Schnee. Die Wachen aber erschraken aus Furcht vor ihm und wurden, als wären sie tot." (Mt.)

Und weiter bei Apostel Matthäus: „Und sie gingen eilends weg vom Grab mit Furcht und großer Freude und liefen, um es seinen Jüngern zu verkündigen." Zwei Tage nach diesen dramatischen Erlebnissen und dem Verlust beider Söhne ging Maria Magdala eilends weg vom Grab und das mit „großer Freude". Eine eiserne Lady! Oder war das jemand anders, der auch mit großer Freude lief, „um es seinen Jüngern zu verkündigen"?

Zwei Engel

Die Unstimmigkeiten im NT sind längst bekannt, dennoch können die Widersprüche nicht allein mit der Schlamperei der Schriftgelehrten erklärt werden. Zum Beispiel, „viele" Frauen kamen zum Grab und mussten die Nachricht „seinen Jüngern und Petrus" überbringen. Aber Petrus war gar nicht da. Oder war er doch da? „Petrus aber stand auf und lief zum Grab und bückte sich hinein und sah nur die Leinentücher und ging davon."

Oder doch nicht? Er kam unaufgefordert und von allein, er bückte sich nicht hinein, sondern „ging in das Grab hinein und sieht die Leinentücher liegen." (Joh.) Wo ist der „Große Stein" geblieben?

Ein Rätsel, ob die alte Tante Magdala sich vorgenommen hatte, den „Großen Stein" allein zu bewältigen oder ob das Grab offen geblieben war, und sie wusste davon schon? In der Nacht schaute sie nämlich „von ferne", bis die Augen rauskamen, sah aber keinen Großen Stein.

Wegen der physischen Einschränkung von zwei Greisen ist ein Problem entstanden. Als die Frauen früh beim Grab waren und niemanden fanden, haben sie „eine Erscheinung von Engeln gesehen, die sagten, er lebe."

Petrus erzählt viel zu ausführlich, wie er mit dem anderen Jünger hinausging, wohlgemerkt zu zweit. Sie kamen zum Grab, und Petrus „ging in das Grab hinein und sieht die Leinentücher liegen, aber das Schweißtuch, das Jesus um das Haupt gebunden war, nicht bei den Leinentüchern liegen, sondern daneben, zusammengewickelt an einem besonderen Ort. Da ging auch der andere Jünger hinein, der zuerst zum Grab gekommen war, und sah und glaubte."

Weiter ist bei Apostel Johannes zu lesen:

„Maria aber stand draußen vor dem Grab und weinte. Als sie nun weinte, schaute sie in das Grab und sieht zwei Engel in weißen Gewändern sitzen, einen zu Häupten und den andern zu den Füßen, wo sie den Leichnam Jesu hingelegt hatten. Und die sprachen zu ihr: Frau, was weinst du? Sie spricht zu ihnen: Sie haben meinen Herrn weggenommen, und ich weiß nicht, wo sie ihn hingelegt haben."

Stand Maria Magdala unter Schock, dass sie in den zwei Engeln nicht Petrus und ihren eigenen Enkel erkannte? Petrus war noch nicht aus der Gruft herausgekrochen, der andere Jünger, „der zuerst zum Grab gekommen war", auch nicht. Oder sahen sie aus wie zwei Engel?

Dagegen sahen in einer anderen Beschreibung Maria Magdala, Maria und Salome „einen Jüngling zur rechten Hand sitzen, der hatte ein langes weißes Gewand an, und sie entsetzten sich."

Der Jüngling in „langem weißen Gewand" erinnert viel zu sehr an den „jungen Mann, mit einem Leinengewand bekleidet auf der bloßen Haut" im Garten Gethsemane, bei der Verhaftung von Jesua. Ist es die gleiche Person, dann ist Petrus der Engel im Felsengrab. Warum aber entsetzten sie sich so?

Apostel Lukas fasst sich kürzer: „Petrus aber stand auf und lief zum Grab und bückte sich hinein und sah nur die Leinentücher und ging davon und wunderte sich über das, was geschehen war." Im Grab sah Petrus keinen einzigen Engel und sich selbst mit dem anderen Jünger sowieso nicht.

Hier gibt es eindeutig zwei verschiedene Versionen. Nach der Sparvariante kam Petrus gleich am Samstag, um den Inhalt des Felsengrabs zu inspizieren, sei es aus dem unwiderstehlichen Wunsch, seinen Jesus Christus zu sehen oder aus ungesunder Neugier, die auch beruflich bedingt war. Ganz unbegründet waren Kaiphas Befürchtungen scheinbar nicht. Zu seiner großen Überraschung fand Petrus nicht, was zu sehen er erhoffte, er „ging davon und wunderte sich über das, was geschehen war." Also war er doch der erste, der das Grab seines Herrn besuchte, deshalb hatte er es, als am nächsten Tag Maria Magdala nach ihm rief, nicht mehr eilig.

Gärtner

Als sie die zwei Engel im Grab vorfand, sprach Maria Magdala zu ihnen: „Sie haben meinen Herrn weggenommen, und ich weiß nicht, wo sie ihn hingelegt haben." Die Engel konnten ihr keine Auskunft geben und zeigten gen Himmel, worauf sie zum Gartengrab ging und dort „Jesus" traf, den sie für einen „Gärtner" hielt. Für sie war es unerwartet, dass ihr Herr verschwunden ist, und sie „weiß nicht, wo sie ihn hingelegt haben", so sprach Magdala den vermeintlichen „Gärtner" an. Wer der „Gärtner" war, kann jeder selbst, langsam oder schnell, herausfinden. Wen sieht sie? Sie „sieht Jesus stehen". Auch diesen „Jesus" erkannte Magdala nicht (Schockzustand hat noch nicht nachgelassen), und sie sagte: „Herr, hast du ihn weggetragen, so sage mir, wo du ihn hingelegt hast; dann will ich ihn holen." Wen sollte „Jesus" weggetragen haben, sich selbst? „Und als sie das sagte, wandte sie sich um und sieht Jesus stehen und weiß nicht, daß es Jesus ist. Spricht Jesus zu ihr: Frau, was weinst du? Wen suchst du? Sie meint, es sei der Gärtner, und spricht zu ihm: Herr, hast du ihn weggetragen, so sage mir, wo du ihn hingelegt hast; dann will ich ihn holen." (Joh.)

Kann ein römischer Papst erklären, was es bedeutet, wenn Maria Magdala zu „Jesus" sprach: „Herr, hast du Jesus weggetragen, so sage mir."'? Oder sagte Maria Magdala doch zu „Jesus": „Herr, hast du ihn weggetragen?" und meinte mit „ihn" ihren Sohn Juda, der im Grab, das „nah war", nur zwischengelagert war? Jemand hat hier wieder sehr gepfuscht, dafür ist aber ein unterschlagenes Wort erkennbar, das Wort „Vater". Und im Originaltext war geschrieben und gesagt: „Und als sie das sagte, wandte sie sich um und sieht Jesuas Vater stehen und weiß nicht, daß es Jesuas Vater ist. Spricht Jesuas Vater zu ihr: Frau, was weinst du? Wen suchst du? Sie meint, es sei der Gärtner und spricht zu ihm: Herr, hast du ihn weggetragen, so sage mir, wo du ihn hingelegt hast; dann will ich ihn holen." Hier wurde wiedermal ein Genitiv vergessen, bleiben da noch Fragen offen?

In Kürze war der ganze Verlauf so gewesen, dass Magdala am Sonntag „früh, als es noch finster war", allein zum Grab kam. Und als sie es entleert vorfand, ging sie nach „Talpiot", wo sich Kaiphas Familiengrabstätte befindet, sah den Hohepriester Kaipha und fragte ihn: „Herr, hast du ihn weggetragen, so sage mir, wo du ihn hingelegt hast; dann will ich ihn holen."

Auf etwas anderes weist folgende Erzählung hin: „Als aber der Sabbat vorüber war und der erste Tag der Woche anbrach, kamen Maria von Magdala und die andere Maria, um nach dem Grab zu sehen." Und „es geschah ein großes Erdbeben." Ist das wieder ein Nachbeben gewesen? Drei Tage zuvor, als Jesua „schrie abermals laut und verschied", hatte es auch schon gebebt. Was danach konkret geschah, außer dass da eine (Engels-) „Gestalt war wie der Blitz und sein Gewand weiß wie der Schnee", und „aus Furcht vor ihm bebten die Hüter und wurden wie Tote", ist aus der Bibel nicht zu erfahren. Anscheinend wusste die römische Agentur auch nichts, daher ist aus Mangel an Einzelheiten viel Fantasie geboten.

Aber Achtung, am Gartengrab „bebten die Hüter", die dieses Naturereignis miterlebt haben. Eine Schlussfolgerung ist, Maria Magdala und die andere Maria kamen zu Kaiphas Gartengrab, das auf Bitte der Priester bewacht wurde. Was dann geschah, wusste der römische Spitzel leider nicht.

Auch die Geschichte über die Bestechung hatte eine Vorgeschichte:

„Während sie aber hingingen, siehe, da kamen einige von der Wache in die Stadt und verkündeten den Hohenpriestern alles, was geschehen war. Und sie versammelten sich mit den Ältesten und hielten Rat; und sie gaben den Soldaten Geld genug und sagten: Sprecht: Seine Jünger kamen bei Nacht und stahlen ihn, während wir schliefen. Und wenn dies dem Statthalter zu Ohren kommen sollte, so werden wir ihn zufriedenstellen und machen, dass ihr ohne Sorge seid. Sie aber nahmen das Geld und taten, wie sie unterrichtet worden waren. Und diese Rede ist bei den Juden bekannt geworden bis auf den heutigen Tag." (Mt.)

Nun ist die Frage, warum sollte der Statthalter Pontius Pilatus mit dieser Meldung irregeführt werden: „Seine Jünger kamen bei Nacht und stahlen ihn."?

Grabstein

In allen Darstellungen wiederholt sich die Beschreibung eines unerklärlichen Phänomens:

„...Stein vom Grab weg war..."

„...Stein weggewälzt von dem Grab..."

„...Stein weggewälzt war; denn er war sehr groß..."

Anscheinend wuchs der Stein innerhalb eines Tages und wurde „sehr groß". Wie konnte aber ein Toter einen so Großen Stein umsetzen, den die zwei Greise, Herkules und Sisyphos, bewegt haben? Dieser beeindruckende Vorgang ist insoweit wichtig, als er möglicherweise den Anstoß für die Namensgebung „Petrus" gab. Das Wort „Petrus" ist nämlich keine literarische Steigerung, wie „Fels" oder „Riff", sondern bezeichnet ganz banalen „Stein" auf dem Grab von Jesus Christus. Petrus als „Felsengrab" klingt weniger attraktiv.

Diesem „Großen Stein" (Fels) wurde viel Aufmerksamkeit im Heiligen Text gewidmet und diente nicht nur als Beweisstück für die eingetretenen Wunder. Jemand brachte in Erfahrung, wie schwer ein Stein sein kann und berichtete darüber. Übrigens, wie groß soll der „Große Stein" sein, ein, zwei oder fünf Meter oder etwa noch grösser? Zum Beispiel wiegt ein Stein mit 1,2 Metern Durchmesser und einem Meter Breite drei Tonnen. (149) Die zwei Rentner Joseph und Nikodemus haben ihn sicherlich nicht hin- und her gerollt.

Zusammengefasst

Damit die Schizophrenen wegen der verworrenen Schreibweise im NT nicht noch schizophrener werden, soll hier der Höhepunkt der Geschichte deutlicher geschildert werden. Die Soldaten vertrieben die Menge in der Nacht vom 14. NISaN im Rahmen der geplanten Exekution. Das ganze Vorhaben wurde zwar mit dem kommenden Sabbat begründet, bis dahin gab es aber ausreichend Zeit, nämlich die ganze Nacht und noch der Tag, so dass sich die Eile nicht mit Zeitnot erklären lässt, es hatte aber den Vorteil, ungehindert in gleicher Nacht die

Köpfe des Widerstands rasch und ungehindert töten zu können. Eine Hinrichtung am nächsten Morgen, bei Tageslicht, konnte sich ungünstig auswirken und zu gewalttätigen Auseinandersetzungen führen. Dies gab es zu befürchten: die Hauptstadt war voll von Nazarenern aus allen Teilen des Landes. Wem die Soldaten unterstanden und wer den Befehl gab? Da muss aber mehr als einmal geraten werden.

Zwei Verurteilten wurden die Beine gebrochen und der dritte wurde gezielt mit dem Speer durchstochen. Die Einwohner Jerusalems, darunter die Familienangehörigen, haben das in der Nacht von ferne verfolgt. Nachdem den Getöteten ein Schwamm mit Essig gereicht wurde und keine Reaktion erfolgte, wurde ihr Tod sicher festgestellt.

In dieser Nacht erhielt Joseph Kaipha von Staatshalter Pontius Pilatus die Erlaubnis, die Verstorbenen am nächsten Tag abends vom Kreuze zu holen und sie zu bestatten. Auch wenn ein Verurteilter das Massaker überlebt haben sollte, blieb ihm bis dahin gar keine Chance. Am gleichen Tag wusch Pontius Pilatus nicht nur seine Hände in Unschuld, auch die Füße.

Am nächsten Tag abends fing schon der Große Samstag an, und die Familien holten in vollständiger Dunkelheit eilig ihre Angehörigen vom Kreuze herunter, um am gleichen Tag die Toten begraben zu können, und der war schon zu Ende.

Den Leichnam von Juda legten Joseph Kaipha und Nikodemus in die Höhle in einem Grab, das „nah war", kamen aber nicht auf die idiotische Idee, das Grab mit einem Stein zu verschließen. Maria Magdala, Maria und Salome sahen von Ferne, wo er hingelegt wurde.

Zuerst brachte Joseph Kaipha zusammen mit Nikodemus seinen eigenen Sohn Jesua zu seinem eigenen, im Garten gehauenen Grab. Hoffentlich kam es in der Dunkelheit und der Eile nicht zu einer Verwechslung. Beim zweiten Gang holten sie dann Juda aus dem Felsengrab, brachten ihn herüber, um ihn dann nach der Salbung ordentlich mit einer Zeremonie zu bestatten. Das „Gartengrab" wurde mit einem Stein versiegelt und davor eine Wache postiert. Selbstverständlich, als Maria Magdala sehr früh zum „Felsengrab" kam, war es leer.

Auferstehung

Himmelfahrt
Die Fortsetzung mit der Auferstehung kann eigentlich übersprungen werden, das ist ein noch verworrenerer Text mit zunehmend paranoiden Zügen. Immer und wieder, aus „Furcht vor den Juden", trafen sich die Jünger hinter verschlossenen Türen, damit niemand weiß, was da vor sich geht.

„Am Abend aber dieses ersten Tages der Woche, als die Jünger versammelt und die Türen verschlossen waren aus Furcht vor den Juden, kam Jesus und trat mitten unter sie und spricht zu ihnen: Friede sei mit euch!" (Joh.)
Anscheinend gab es doch einen schwerwiegenden Grund, sich aus „Furcht vor den Juden" verstecken zu müssen. Namen wurden, ganz konspirativ, nicht genannt, sondern nur in allgemeiner Form erwähnt: „sie aber beteten ihn an", „sie standen", „sie erzählten".

Bei Apostel Matthäus werden dem Gang nach Galiläa nur ein paar Zeilen gewidmet, aber Apostel Markus verabschiedet ein Programm mit 6 Punkten:

Hygiene
1. Wer da glaubt und getauft wird, der wird selig werden; wer aber nicht glaubt, der wird verdammt werden.

Seelsorge
2. Böse Geister austreiben.

Linguistik
3. In neuen Zungen reden.

Dressur
4. Schlangen mit den Händen hochheben.

Gastronomie
5. Wenn sie etwas Tödliches trinken, wird's ihnen nicht schaden.

Medizin
6. Auf Kranke Hände auflegen (Euthanasie?).

Raumfahrt
7. Und dann hebt Jesua sich hoch wie David Copperfield, „gen Himmel und setzte sich zur Rechten Gottes."

Das ist alles sehr knapp gehalten, dagegen berichtet Apostel Johannes über eine Fülle von Ereignissen, fast, als wäre er selbst Petrus gewesen. Namen und Adressen fehlen verständlicherweise, da betroffene Personen nichts von diesen Ereignissen wussten. Oder sie nicht bestätigen konnten, weil sie bereits tot waren.

Nach der Kreuzigung sind unter der Rubrik „Der Auferstandene am See Tiberias" Thomas, der Zwilling genannt wird, Nathanael aus Kana und die Söhne des Zebedäus zu finden. Sind auch die Brüder Zebedäus nach ihrem Tod erfolgreich auferstanden?

„Es waren beieinander Simon Petrus und Thomas, der Zwilling genannt wird, und Nathanael aus Kana in Galiläa und die Söhne des Zebedäus und zwei andere seiner Jünger." (Joh.)
Die Brüder Zebedäus waren zu der Zeit bereits tot, möglicherweise auch Thomas und Nathanael, die Petrus sowieso niemals widerlegen können.

Beweisstück

„Am Abend aber dieses ersten Tages der Woche", was immer noch Sonntag war, versammelten sich die Jünger wie immer „aus Furcht vor den Juden" hinter verschlossenen Türen. Der tote Jesus ist auch nicht ohne, er kam durch geschlossene Türen herein und zeigte seine „Nägelmale" und die „Seite". Mit der „Seite" ist schon klar, dieser Jesus ist Juda gewesen. Und da „wurden die Jünger froh, dass sie den Herrn sahen". Worüber ist diese Freude ausgebrochen, wo doch ihr Herr angenagelt und aufgeschlitzt worden war? Und dann gibt der Herr seinen Geist auf, und er „blies sie an und spricht zu ihnen: Nehmt hin den heiligen Geist!"

„Am Abend aber dieses ersten Tages der Woche, als die Jünger versammelt und die Türen verschlossen waren aus Furcht vor den Juden, kam Jesus und trat mitten unter sie und spricht zu ihnen: Friede sei mit euch! Und als er das gesagt hatte, zeigte er ihnen die Hände und seine Seite. Da wurden die Jünger froh, daß sie den Herrn sahen. Da sprach Jesus abermals zu ihnen: Friede sei mit euch! Wie mich der Vater gesandt hat, so sende ich euch. Und als er das gesagt hatte, blies er sie an und spricht zu ihnen: Nehmt hin den heiligen Geist! Welchen ihr die Sünden erlaßt, denen sind sie erlassen; und welchen ihr sie behaltet, denen sind sie behalten." (Joh.)

„Am Abend dieses Ersten Tages der Woche" fängt der 2. Tag, 17. NISaN (immer noch Sonntag) an. Seit der Hinrichtung sind 3 Tage vergangen, und ganz logisch, Jesus ist auferstanden und ging sofort zu ihnen, so eilig war das. Aber Thomas Zwilling ist nicht dabei gewesen, er „war nicht bei ihnen als Jesus kam", und als die anderen Jünger ihm sagten: „Wir haben den Herrn gesehen" und eine Horrorgeschichte erzählten, hat er ihnen nicht geglaubt.

„Thomas aber, der Zwilling genannt wird, einer der Zwölf, war nicht bei ihnen, als Jesus kam. Da sagten die anderen Jünger zu ihm: Wir haben den Herrn gesehen. Er aber sprach zu ihnen: Wenn ich nicht in seinen Händen die Nägelmale sehe und meinen Finger in die Nägelmale lege und meine Hand in seine Seite lege, kann ich's nicht glauben." (Joh.)

Acht Tage nach Pesach (23. NISaN), das wäre der Sonntag, am 6. April 36, wieder am ersten Tag der Woche, sind die Jünger wieder da, versammelten sich wieder im gleichen Raum hinter verschlossenen Türen, und wieder trat Jesus durch die verschlossenen Türen und spricht zu ihnen seinen Standardsatz: „Friede sei mit euch!" Zum zweiten Mal „kam Jesus und trat mitten unter sie", aber diesmal hat Thomas bei der Vollversammlung nicht gefehlt, und er steckt seine Finger in die Wunde und sucht nach einem Nagel.

„Und nach acht Tagen waren seine Jünger abermals drinnen versammelt, und Thomas war bei ihnen. Kommt Jesus, als die Türen verschlossen waren, und tritt mitten unter sie und spricht: Friede sei mit euch! Danach spricht er zu Thomas: Reiche deinen Finger her und sieh meine Hände und reiche deine Hand her und lege sie in meine

Seite, und sei nicht ungläubig, sondern gläubig! Thomas antwortete und sprach zu ihm: Mein Herr und mein Gott! Spricht Jesus zu ihm: Weil du mich gesehen hast, Thomas, darum glaubst du. Selig sind, die nicht sehen und doch glauben!" (Joh.) Genau genommen war Thomas Zwilling „nicht bei ihnen", als Jesua zur Hinrichtungsstätte nach Golgotha „kam". Auch Petrus „kam später", vergleichbar mit Thomas Zwilling. Erst nachdem Jesus hingebracht, ans Kreuz gehängt und umgebracht wurde, konnte Petrus hinterher „in seinen Händen die Nägelmale" sehen, seine Finger in die Wunde stecken.

Und Thomas, pardon, Petrus war nicht ohne Grund „nicht bei ihnen" und „kam später". Nachdem die „Juden" weggejagt wurden und „schauten von ferne" und der Tod sichergestellt war, so dass die Gekreuzigten über Petrus keine unnötigen Bemerkungen mehr herablassen konnten, erst dann kam der schwergläubige Thomas Petrus, reichte seinen Finger, sah seine Hände und reichte seine Hand her und legte sie in seine Seite und sagte: „Selig sind, die nicht sehen und doch glauben!" Der Staatsfeind Nr. 1, sein persönlicher Rivale war tot, und wenn nicht Thomas Petrus ungläubig war, wer dann? So rhetorisch ist die Frage nicht.

Eine kleine Korrektur kann, muss aber nicht gemacht werden. Alles stimmt, was über den ungläubigen Thomas geschildert wurde, aber nicht unbedingt das mit den zwei Vollversammlungen im Abstand von einer Woche. Bei Apostel Johannes wurden zwei Teile des Berichts ausgetauscht, der Text fing an mit „Und nach acht Tagen (…)" und erst dann kam „Am Abend aber dieses ersten Tages der Woche (…)". Demzufolge erscheint der auferstandene Jesus seinen Jüngern „nach acht Tagen" (nach dem Großem Samstag gezählt) und nur einmal am Abend „dieses ersten Tages der Woche", das wäre schon der 24. NISaN, das sind 10 Tage nach der Hinrichtung. Erst dann erschien Jesus seinen Jüngern, eine Eile mit Weile.

6. Tag, 14. NISaN/27.3.36 Donnerstag	Tod um 21:00
7. Tag, 15. NISaN/28.3.36 Freitag	Bestattung nach 18:00
7. Tag, 15. NISaN/29.3.36 Samstag	Großer Samstag, Pesach
1. Tag, 16. NISaN/30.3.36 Sonntag	Auferstehung
2. Tag, 23. NiSaN/06.4.36 Samstag	Vollversammlung

Nochmal zurück zu Apostel Johannes, deutlicher kann es nicht beschrieben werden, die namenlosen „sie" werden sich überzeugen und prüfen und „den sehen, den sie durchbohrt haben."(Joh.)

„Als sie aber zu Jesus kamen und sahen, daß er schon gestorben war, brachen sie ihm die Beine nicht; sondern einer der Soldaten stieß mit dem Speer in seine Seite, und sogleich kam Blut und Wasser heraus. Und der das gesehen hat, der hat es bezeugt, und sein Zeugnis ist wahr, und er weiß, daß er die Wahrheit sagt, damit auch ihr glaubt. Denn das ist geschehen, damit die Schrift erfüllt würde: „Ihr sollt ihm kein Bein zerbrechen". Und wiederum sagt die Schrift an einer anderen Stelle (Sacharja 12,10): „Sie werden den sehen, den sie durchbohrt haben." (Joh.)

Und noch einmal wiederholen: „Sie werden den sehen, den sie durchbohrt haben." Wer die schriftliche Anweisung gab, „Ihr sollt ihm kein Bein zerbrechen", ist unbekannt, was sagen aber die Kriminalpathologen darüber, warum einer der Soldaten mit dem Speer in die Seite stieß, und welche Seite war das?

In den 7 Tagen, die die Welt erschütterten, zwischen Hinrichtung und Vollversammlung auf dem Ölberg, müsste bei Thomas Petrus viel passiert sein, wenn er erst nach dem achten Tag wieder auftaucht.

Thomas

„Thomas", auf hebr. TeOM und aram. TUMA, wird als „Zwilling" übersetzt, hat aber eine Fülle anderer Bedeutungen. Nach „Etymological dictionary" von Ernest Klein hat der Begriff TeOM noch mehr zur Auswahl, zum Beispiel ist TOaM „suitabel, fit, conforming to, corresponding to", kurz, ein Konformist. Und das Adjektiv TEOMI „adj. NH bigeminal" ist „doppelt gepaart, zweigepa--art, bikonjugiert". Außer „bi" bekam das Wort „zwei" („two", engl.) inzwischen eine Menge an Gehalt, wie „Entzweiung", „Zwietracht", „Zweifel", „zweideutig", „doppeldeutig" „Doppelgänger", „Doppelagent", „Diabol" und „Teufel". Die „Zwillinge" in N.Y. sind auch nicht weit hergeholt.

Die innere Stimme flüstert aber, dass die doppelt gemoppelte Namensgebung scheinbar nicht ohne eine kleine Hinterhältigkeit gewählt wurde: TUMA auf hebr. bedeutet „to be or become unclean, impure, forbidden for eating", kurz: unreines Essen. Und dazu noch ist das ein sehr „böser Geist", so dass „Thomas, genannt Zwilling" einfach besser klingt.

Das alles aber ist nicht das Gelbe vom Ei. Übrigens, kommt es jemandem nicht komisch vor, wenn „Thomas" als „Zwilling" übersetzt wird? Heißt er „Zwilling, genannt Zwilling"? Und tatsächlich, jemand war „unrein" und von allen Jüngern galt allein er als „Ungläubiger". Ein „Aussätziger" ist schon bekannt, der mit dem Fläschchen Öl, der hieß „Simon, der Aussätzige", und das war Petrus.

Aber nicht supereilig! Wie sich aus dem Vorangegangenen ergab, hatte Petrus keinen Bruder, und eine Technik des Schreibens zeigt, wie aus dem Satz „Simon, genannt Petrus, und Andreas, sein Bruder" einfach „Simon Petrus und Thomas" wurde, dann „Philippus und Thomas" und am Ende das gleiche Pärchen „Andreas und Philippus". Andererseits wurde Petrus auf Johannes Täufer angesetzt, dann auf Simon Zelot und am Schluss auf Juda, dementsprechend wurde er im Genetiv bezeichnet, „Johannes Petrus", „Simons Petrus" und anschließend „Judas Thomas", exakt nach syrischer Tra-dition. (150) So wäre die korrekte Wiedergabe nicht „Judas Thomas", sondern „Judas Petrus".

In dem Absatz über den Fischfang am See Tiberias wird deutlich geschrieben, da „waren beieinander Simon Petrus und Thomas". Jeder kann unter „beieinan-der" verstehen, was er will, dennoch wollte jemand etwas damit verdeutlichen und zwar, Simon Petrus war Thomas gewesen oder stand zu ihm mehr als nah. Und falls Thomas ein gut getarnter Petrus war, müsste Apostel Johannes eigent-lich nicht „Simon Petrus und Thomas" schreiben, sondern „Simon Petrus und Petrus, genannt Zwilling", oder „Simon Petrus und Zwilling, genannt Zwilling", was sich sehr ungünstig anhört.

Jetzt ohne Spaß, bei der Wahl von Initialen könnte der entscheidende Moment eine menschliche Schwäche sein, zum Beispiel „SP" bei Simon Petrus, aber, oh Schreck, der einzige, dem sie entsprechen, ist Saulus, genannt Paulus.

Großer Fischfang

Allererste Offenbarung

Über die allererste Offenbarung berichtet Apostel Johannes nicht mehr als seine anderen Kollegen, dafür umso ausführlicher über das Picknick nach der Aufer-stehung am „See Tiberias". Die Geschichte gehört zur Kategorie des imaginier-ten „Judas Kuss" und des abgehauenen rechten Ohrs, und scheint bloß eine Fort-setzung der Zweiten Offenbarung zu sein, und sie hieß „der Große Fischfang".

Bei der ersten Begegnung mit Jesua am „Galiläischen Meer" im Jahr 29 gab es fünf Jünger, zwei davon waren Überläufer, „die Johannes gehört hatten und Jesus nachgefolgt waren", einer davon war Andreas, dazu kamen noch „Bruder Simon" und Nathanael mit Philippus.

„Einer von den zweien, die Johannes gehört hatten und Jesus nachgefolgt waren, war Andreas, der Bruder des Simon Petrus. Der findet zuerst seinen Bruder Simon und spricht zu ihm: Wir haben den Messias gefunden (das heißt übersetzt: der Gesalbte). Und Nathanael sprach zu ihm: Was kann aus Nazareth Gutes kommen! Philippus spricht zu ihm: Komm und sieh es!" (Joh.)

Noch zwei schlossen sich an, die Zebedäus Söhne Jakobus und Johannes.

„Als er aber am Galiläischen Meer entlangging, sah er Simon und Andreas, Simons Bruder, wie sie ihre Netze ins Meer warfen; denn sie waren Fischer. Und Jesus sprach zu ihnen: Folgt mir nach; ich will euch zu Menschenfischern machen! Sogleich ver-ließen sie ihre Netze und folgten ihm nach. Und als er ein wenig weiterging, sah er Jakobus, den Sohn des Zebedäus, und Johannes, seinen Bruder, wie sie im Boot die Netze flickten. Und alsbald rief er sie, und sie ließen ihren Vater Zebedäus im Boot mit den Tagelöhnern und folgten ihm nach." (Mk.)

Zusammengezählt sind das zwei Überläufer, Andreas und der unbekannte Bruder X, „Bruder Simon", Nathanael, Philippus, sowie Jakobus und Johannes Zebedäus, oder kurz gefasst:
Andreas, Bruder X, Simon, Nathanael, Philippus,
Jakobus und Johannes Zebedäus.

Und dann soll sich der bereits verstorbene und wieder auferstandene Jesua, diesmal am „See Tiberias", offenbart haben und dabei waren:
Simon Petrus und Thomas, Nathanael,
Jakobus und Johannes Zebedäus, und „zwei andere seiner Jünger".
   „Danach offenbarte sich Jesus abermals den Jüngern am See Tiberias. Er offenbarte sich aber so: Es waren beieinander Simon Petrus und Thomas, der Zwilling genannt wird, und Nathanael aus Kana in Galiläa und die Söhne des Zebedäus und zwei andere seiner Jünger." (Joh.)

Wie zu sehen ist, blieb die klassische Zahl 7 konstant, und im Nachhinein wurde auf dieser Grundlage die Liste mit den klassischen 12 Aposteln erstellt. Nebenbei die Frage: Sind der „See Tiberias" und das „Galiläische Meer" zwei verschiedene Seen?
   Wofür kann diese Zusammenstellung der Jünger sinnvoll sein? Wegen der Chronologie. Im Jahr 29 wurde Jesua getauft, von der Taufstelle am Jordan bis zu seinem Versteck in Beth Saida sind es ein paar Kilometer. Ihm folgen „zwei seiner Jünger", Andreas und ein geheim gehaltener Bruder X. Ein „Der", wie es im nächsten Satz Nr. 41 steht, überbrachte die Nachricht und sagte seinem („eigenen") Bruder „Simon", der kein Petrus ist: „Wir haben den Messias gefunden." Hier muss keiner wähnen, dass dieser „Messias" Juda gewesen ist. Und „Der" könnte nur der Bruder X von Simon Zelot sein, der Große Jakobus.
   Seitdem sind Simon Zelot und Juda zwei untrennbare Backen geworden, und folgerichtig heiratete Juda Simons Schwester Salome.
   Am fraglichen Tag „wollte Jesus nach Galiläa gehen", und auf dem Weg nach Kapernaum (7 km), „als er aber am Galiläischen Meer entlangging", traf er Simon, der keineswegs Petrus war. Simon und sein „Bruder" Andreas warfen tüchtig „ihre Netze ins Meer", und die Zebedäus Brüder flickten „im Boot die Netze", und sie wurden von ihrer Arbeit abgehalten. Was stand da Großartiges an, dass alle ihre Arbeit hinschmeißen und sich ihm anschließen? Die Hochzeit in Kana.
   Nach 6 Jahren, im Schaltjahr 35, hatte sich die Mannschaft offensichtlich kaum verändert. Die 7 Jünger, die nach der Auferstehung am Großen Fischfang

teilnahmen und die Letzte Offenbarung miterlebten, sind dieselben 7 Jünger geblieben, wie bei der Ersten Offenbarung, nur 6 Jahre älter:
Simon Zelot, Thomas, Nathanael,
Jakobus und Johannes Zebedäus und „zwei andere seiner Jünger".

Zum Vergleich vor 6 Jahren waren das:
Andreas, Bruder X, Simon Zelot, Nathanael, Philippus,
Jakobus und Johannes Zebedäus.

Episode
Der Große Fang ging los im Jahr 35, und da fällt Petrus plötzlich Jesua zu Füßen und sagt: „Herr, geh weg von mir! Ich bin ein sündiger Mensch."
„Als das Simon Petrus sah, fiel er Jesus zu Füßen und sprach: Herr, geh weg von mir!
Ich bin ein sündiger Mensch. Denn ein Schrecken hatte ihn erfaßt und alle, die bei ihm waren, über diesen Fang, den sie miteinander getan hatten, ebenso auch Jakobus und Johannes, die Söhne des Zebedäus, Simons Gefährten." (Mk.)
Wie immer und immer wieder werden Untaten verallgemeinert, alle hatten „miteinander getan", auch Petrus mit Simon. Dadurch wird verständlich, dass der Große Fischfang bis in Einzelheiten unvergesslich blieb, und nicht wegen der Großen Fische. Es wird nachvollziehbar, warum Petrus sich gerne „Simons Petrus" (Genitiv) nannte und ihn für seinen „Bruder" hielt. Wie groß sollte sein Ärger sein, als Simon sich mit Juda verschwägerte, und seit der Hochzeit in Kana mit dem verhassten Juda in einem Stück zusammengebacken schien: „Simon und Judas Iskariot".
Als „aber schon Morgen war", fand eine abwegige Szene statt: der vierjährige „Jünger, den Jesus lieb hatte", sprach zu Petrus: „Es ist der Herr!", und als Petrus hörte, dass der Herr kam, gürtete er sich panisch „das Obergewand um, denn er war nackt, und warf sich ins Wasser."
„Da spricht der Jünger, den Jesus lieb hatte, zu Petrus: Es ist der Herr! Als Simon Petrus hörte, daß es der Herr war, gürtete er sich das Obergewand um, denn er war nackt, und warf sich ins Wasser. Die andern Jünger aber kamen mit dem Boot, denn sie waren nicht fern vom Land, nur etwa zweihundert Ellen, und zogen das Netz mit den Fischen. Als sie nun ans Land stiegen, sahen sie ein Kohlenfeuer und Fische darauf und Brot. Spricht Jesus zu ihnen: Bringt von den Fischen, die ihr jetzt gefangen habt! Simon Petrus stieg hinein und zog das Netz an Land, voll großer Fische, hundertdreiundfünfzig. Und obwohl es so viele waren, zerriß doch das Netz nicht. Spricht Jesus zu ihnen: Kommt und haltet das Mahl! Niemand aber unter den Jüngern wagte, ihn zu fragen: Wer bist du? Denn sie wußten, daß es der Herr war. Da kommt Jesus und nimmt das Brot und gibt's ihnen, desgleichen auch die Fische." (Joh.)
Ereignete sich die Szene, Petrus gürtete sich „das Obergewand um, denn er war

nackt, und warf sich ins Wasser" vor seinem Geständnis „Ich bin ein sündiger Mensch" oder danach? Das erinnert wieder stark an den jungen Mann, „mit einem Leinengewand bekleidet auf der bloßen Haut."

Und dann geschieht folgerichtig, und nicht nach der Auferstehung, wie Apostel Johannes es glaubwürdig bezeugt, dass Jesua Brot und Fische verteilte und sich endlich offenbarte. Die Brüder Zebedäus waren noch am Leben, und Klein Jakobus, der „Jünger, den Jesus lieb hatte", musste sich mit seiner Mutter Maria noch nicht verstecken, und noch konnten sie ihre Freizeit am See Tiberias verbringen. Nun offenbart Jesua seinen Plan und sagt: „Folge mir nach." Petrus wandte sich um, sah den Kleinen Jakobus und fragte: „Herr, was soll aber dieser?" Jesua antwortete: „Wenn ich will, dass er bleibe, bis ich komme, was geht es dich an? Folge du mir nach."

„Und als er dies gesagt hatte, spricht er zu ihm: Folge mir nach. Petrus wandte sich um und sieht den Jünger nachfolgen, den Jesus liebte, der sich auch bei dem Abendessen an seine Brust gelehnt und gesagt hatte: Herr, wer ist es, der dich überliefert? Als nun Petrus diesen sah, spricht er zu Jesus: Herr, was soll aber dieser? Jesus spricht zu ihm: Wenn ich will, dass er bleibe, bis ich komme, was geht es dich an? Folge du mir nach. Es ging nun dieses Wort unter die Brüder aus: Jener Jünger stirbt nicht. Und Jesus sprach nicht zu ihm, dass er nicht sterbe, sondern: Wenn ich will, dass er bleibe, bis ich komme, was geht es dich an?" (Joh.)

Die ganze Geschichte ist aus einem Guß, interessanterweise war Klein Jakobus bei der Ersten Offenbarung im Jahr 29 n. noch nicht geboren und konnte sich daher nicht mit Petrus unterhalten und ihm mitteilen: „Es ist der Herr!" Die Nacktszene ereignete sich daher 6 Jahre später, bei der Zweiten Offenbarung, kurz bevor die ganze Familie im Jahr 35 n. in der „Vaterstadt" ankam.

Fortsetzung in Apg.

Der Wundertäter

Gleich nach Jesuas Tod begann Petrus, das Wort zu verkünden und tat Wunder. Die erste Wundertat vollbrachte er bei einem Gelähmten vollbracht. Es war „um die neunte Stunde", als Petrus und Johannes in den Tempel hinaufgingen und ein Mann „herbeigetragen wurde", der „lahm von Mutterleibe" war. Analog zu den Sprüchen Jesus sagte Petrus: „Im Namen Jesu Christi von Nazareth steh auf und geh umher!" Jesu und Christi und Nazareth auf einen Schlag! Der Gelähmte „sprang auf" und tanzte sofort Kasatschok, er „lief und sprang umher".

„Und er ergriff ihn bei der rechten Hand und richtete ihn auf. Sogleich wurden seine Füße und Knöchel fest, er sprang auf, konnte gehen und stehen und ging mit ihnen in den Tempel, lief und sprang umher und lobte Gott." (Apg.)

Zu dritt, Petrus, Johannes und Kasatschok, kamen sie in die „Halle, die da heißt Salomos", und zu dieser Morgenstunde versammelten sich dort die Oberen, die Ältesten und die Schriftgelehrten und stellten kluge Fragen.

„Als nun der Morgen kam, versammelten sich ihre Oberen und Ältesten und Schriftgelehrten in Jerusalem, auch Hannas, der Hohepriester, und Kaiphas und Johannes und Alexander und alle, die vom Hohenpriestergeschlecht waren; und sie stellten sie vor sich und fragten sie: Aus welcher Kraft oder in welchem Namen habt ihr das getan?" (Apg.)

Wie es der Zufall will, fing die Gerichtsverhandlung auch in Sanhedrin um 9 Uhr an und auch morgens. Die Hohepriester waren auch die gleichen, Hannas, Kaipha, Johannes und Alexander. Selbstverständlich wussten die Hohepriester, dass Petrus und Johannes „mit Jesus gewesen waren", nur wunderten sie sich über den Intelligenzquotienten von Petrus.

„Als sie aber die Freimütigkeit des Petrus und Johannes sahen und inne wurden, dass es ungelehrte und ungebildete Leute seien, verwunderten sie sich; und sie erkannten sie, dass sie mit Jesus gewesen waren. Und da sie den Menschen, der geheilt worden war, bei ihnen stehen sahen, hatten sie nichts dagegen zu sagen." (Apg.)

Am 13. NISaN, „um die neunte Stunde", begann der Prozess. Wahrscheinlich waren zu dieser Morgenstunde auch Petrus, Johannes und Kasatschok bei dem Prozess anwesend und wurden von den Hohepriestern befragt.

Bombenalibi

Nach Darstellung in der Apg. hat Petrus die vorangegangene Nacht im Gefängnis verbracht. Er wurde zur Freude der Juden von Sheriff Herodes Antipas eingefangen und eingesperrt. Der Apostelgeschichte zufolge wurde er mit anderen Verdächtigen eingesperrt und bis zum Morgen gefangengehalten.

„Während sie zum Volk redeten, traten zu ihnen die Priester und der Hauptmann des Tempels und die Sadduzäer, die verdroß, daß sie das Volk lehrten und verkündigten an Jesus die Auferstehung von den Toten. Und sie legten Hand an sie und setzten sie gefangen bis zum Morgen; denn es war schon Abend." (Apg.)

Herodes Antipas übertrug die Bewachung von Petrus „an vier Abteilungen von je vier Soldaten" (16!) und hatte vor, „ihn nach dem Passah dem Volk vorzuführen."

„Um jene Zeit aber legte Herodes, der König, die Hände an einige von der Versammlung, sie zu misshandeln; er tötete aber Jakobus, den Bruder des Johannes, mit dem Schwert. Und als er sah, dass es den Juden gefiel, fuhr er fort, auch Petrus fest-zunehmen, (es waren aber die Tage der ungesäuerten Brote) den er auch, nachdem er ihn ergriffen hatte, ins Gefängnis setzte und an vier Abteilungen von je vier Soldaten zur Bewachung überlieferte, indem er willens war, ihn nach dem Passah dem Volk vorzuführen. Petrus nun wurde in dem Gefängnis verwahrt; aber von der Versammlung geschah ein anhaltendes Gebet für ihn zu Gott. Als aber Herodes ihn vorführen wollte, schlief Petrus in jener Nacht zwischen zwei Soldaten, gebunden mit zwei Ketten, und Wächter vor der Tür verwahrten das Gefängnis." (Apg.)

Weiter findet sich noch ein Textstück in der zerstückelten Fortsetzung mit Priestern, Zadokäern und dem Hauptmann: sie „legten Hand an die Apostel und warfen sie in das öffentliche Gefängnis." Keine Frage, welche „Apostel" eingesperrt wurden: es waren die echten.

Petrus saß im Gefängnis, angekettet wie ein Schwerverbrecher in den USA, er schlief „zwischen zwei Soldaten" (oben-unten?), die wohl auch chronisch geschlafen haben, als sein Schutzengel ihn rettete. Vor wem wurde Petrus so streng bewacht, war der hautnahe Personenschutz aus zwei Soldaten so nötig gewesen?

Doch nun geschieht ein Wunder, der Engel „tat in der Nacht die Türen des Gefängnisses auf". Hernach fanden die Knechte des Hohepriesters niemanden im Gefängnis: „Das Gefängnis fanden wir fest verschlossen und die Wächter vor den Türen stehen; aber als wir öffneten, fanden wir niemanden darin.", sagten sie. Vermutlich waren es dieselben Soldaten, die schon einmal Geld von den Juden dafür bekamen, auf der Wache einzuschlafen.

„Der Hohepriester aber und die mit ihm waren, kamen und riefen den Hohen Rat und alle Ältesten in Israel zusammen und sandten zum Gefängnis, sie zu holen. Die Knechte gingen hin und fanden sie nicht im Gefängnis, kamen zurück und berichteten: Das Gefängnis fanden wir fest verschlossen und die Wächter vor den Türen stehen; aber als wir öffneten, fanden wir niemanden darin." (Apg.)

Zwar „gingen hin" die Knechte und fanden nichts im Gefängnis, aber diesmal ging der Hauptmann persönlich mit seinen Knechten „hin" und holte sie, „doch nicht mit Gewalt", was heißen darf, jemand wurde freigelassen und jemand ab geholt.

„Als der Hauptmann des Tempels und die Hohenpriester diese Worte hörten, wurden sie betreten und wußten nicht, was daraus werden sollte. Da kam jemand, der berichtete ihnen: Siehe, die Männer, die ihr ins Gefängnis geworfen habt, stehen im Tempel und lehren das Volk." (Apg.)

„Da ging der Hauptmann mit den Knechten hin und holte sie, doch nicht mit Gewalt; denn sie fürchteten sich vor dem Volk, daß sie gesteinigt würden. Und sie brachten sie und stellten sie vor den Hohen Rat." (Apg.)

Schade, aber die Schilderung der Gefangenschaft und der aufregenden Befreiung in der Nacht, unmittelbar vor dem Prozess, gehört auch in die Sparte der erfundenen Märchen, aus der Serie mit dem abgeschlagenen rechten Ohr und dem Judaskuss. Nicht, weil der Schreiber ein notorischer Lügner war, eher ist das eine gewöhnliche Herangehensweise, um das eigene Alibi logisch zu untermauern. Sonst müssten unangenehme Fragen geklärt werden, z.B. warum war

Petrus im Gethsemane Garten abwesend, so dass nicht er das rechte Ohr eines Knechtes abschlug und nicht den Judaskuss praktizierte. Und überhaupt, wo und womit hat er diese Nacht verbracht?

Nach der Freilassung

Mitten in der Nacht fand der freigelassene Petrus ein Versteck im Haus des Jüngers Johannes, mit dem Beinamen Markus. Er „erzählte ihnen, wie ihn der Herr aus dem Gefängnis geführt hatte" und sprach: „Verkündet dies dem Jakobus und den Brüdern." Johannes, mit dem Beinamen Markus, war scheinbar nicht zuhause. Vielleicht, weil er minderjährig oder sogar noch gar nicht geboren, das Haus im Besitz seiner Mutter Maria und auf ihren Namen im Grundbuch eingetragen war. Jedenfalls, Johannes Markus wurde nicht erwähnt.

Allerdings können manche Rückschlüsse auch darüber Auskunft geben, wer der Schutzengel war, der Petrus aus dem Gefängnis befreit hat: eine viel höhere Instanz als König Herodes, und auch, aus welchem Grund „ihn der Herr aus dem Gefängnis geführt hatte", worüber Eingeweihte „schweigen sollten."

„Und als er sich besonnen hatte, ging er zum Haus Marias, der Mutter des Johannes mit dem Beinamen Markus, wo viele beieinander waren und beteten. Als er aber an das Hoftor klopfte, kam eine Magd mit Namen Rhode, um zu hören, wer da wäre. Und als sie die Stimme des Petrus erkannte, tat sie vor Freude das Tor nicht auf, lief hinein und verkündete, Petrus stünde vor dem Tor. Sie aber sprachen zu ihr: Du bist von Sinnen. Doch sie bestand darauf, es wäre so. Da sprachen sie: Es ist sein Engel. Petrus aber klopfte weiter an. Als sie nun aufmachten, sahen sie ihn und entsetzten sich. Er aber winkte ihnen mit der Hand, daß sie schweigen sollten, und erzählte ihnen, wie ihn der Herr aus dem Gefängnis geführt hatte, und sprach: Verkündet dies dem Jakobus und den Brüdern. Dann ging er hinaus und zog an einen andern Ort." (Apg.) Nach seiner „Freilassung" (14. NISaN) aus Guantanamo konnte Petrus gelegentlich erfahren, was Jakobus und „das jüdische Volk erwartete". Eine kritische Frage sei erlaubt: von wem? Und wo suchte Petrus denn mitten in der Nacht Unterschlupf? Bei seinen Arbeitskollegen im Haus von Maria, der Mutter von Johannes mit dem Beinamen Markus, und schon wieder waren dort „sie".

Gericht

Nach der Übernachtung ging Petrus „frühmorgens" in Begleitung von Johannes in den Tempel. War das ein langer Weg zu gehen, oder hat Petrus einen Schlenker zu einem anderen Engel gemacht? War Pilatus deshalb so gut informiert und konnte sich genug Zeit lassen, seinen Plan auszuarbeiten, wie er alle vier umbringen könnte?

„Es erhoben sich aber der Hohepriester und alle, die mit ihm waren, nämlich die Partei der Sadduzäer, von Eifersucht erfüllt, und legten Hand an die Apostel und warfen sie in das öffentliche Gefängnis. Aber der Engel des Herrn tat in der Nacht die Türen des Gefängnisses auf und führte sie heraus und sprach: Geht hin und tretet im Tempel auf und redet zum Volk alle Worte des Lebens. Als sie das gehört hatten, gingen sie frühmorgens in den Tempel und lehrten." (Apg.)

Dann wurde die Gerichtsverhandlung eröffnet und der Hohepriester fragte „sie" und sprach: „Haben wir euch nicht streng geboten, in diesem Namen nicht zu lehren? Und seht, ihr habt Jerusalem erfüllt mit eurer Lehre und wollt das Blut dieses Menschen über uns bringen".

Darauf antwortet Petrus mit der Stimme von Jesua und mit ihm „die Apostel" in einer Stimme (Chor): „Man muß Gott mehr gehorchen als den Menschen." Von welchem „diesen Menschen" war die Rede? Von dem, der wegen „Aufruhr, der in der Stadt geschehen war", letztendlich ermordet wurde.

„Und der Hohepriester fragte sie und sprach: Haben wir euch nicht streng geboten, in diesem Namen nicht zu lehren? Und seht, ihr habt Jerusalem erfüllt mit eurer Lehre und wollt das Blut dieses Menschen über uns bringen. Petrus aber und die Apostel antworteten und sprachen: Man muß Gott mehr gehorchen als den Menschen. (...) Als sie das hörten, ging's ihnen durchs Herz, und sie wollten sie töten." (Apg.)

Lange Rede, kurzer Sinn: von einem Engel musste Petrus mitten in der Nacht aus dem Gefängnis befreit werden. Und weil er eben nie da gewesen war, konnten ihn die Knechte selbstverständlich auch nicht finden. Der Hauptmann brachte die wahren Apostel in den Gerichtssaal, „nicht mit Ge-walt", weil sie zu schlapp und gesundheitlich nicht in bester Form waren.

Und die Hohepriester verwehrten sich dagegen, die Verantwortung für den in der Stadt begangenen Mord an „diesem Menschen" zu tragen. Die Apostelgeschichte wurde zwar im Nachhinein umgeschrieben, aber nicht ganz, denn Petrus hielt vor dem Zeugenstand doch noch eine große Rede in dieser Morgenstunde. War er Zeuge der Anklage oder Verteidiger?

„Ihr aber habt den Heiligen und Gerechten verleugnet und darum gebeten, daß man euch den Mörder schenke; aber den Fürsten des Lebens habt ihr getötet."

Und weiter:

„Nun, liebe Brüder, ich weiß, daß ihr's aus Unwissenheit getan habt wie auch eure Oberen." (Apg.)

Verdolmetscht heißt das, es waren die Priester und nicht Petrus, die den „Heiligen und Gerechten" „verleugnet" haben. Klar, vom „Heiligen und Gerechten" Jesua war die Rede, und sie wollten den „Mörder" Juda geschenkt bekommen. Genau besehen hielt Petrus seine große Rede noch bevor die Angeklagten vom Hohen Rat an Pontius Pilatus ausgeliefert und 6 (9) Stunden später verurteilt wurden. Aber bereits im Voraus wusste er vom Zirkus mit der Amnestierung im Prätorium (ein Hellseher!), und dass die „lieben Brüder" und die Oberen irregeführt wurden und „aus Unwissenheit" handelten. War nun Petrus Rede wieder ein nachträglicher redaktioneller Eingriff gewesen oder wurde sie aus Stephanus Gerichtsverhandlung entnommen, wo er über „das Blut dieses Menschen" sprach, und der „Mensch" ist Jesua gewesen?

Happy end

Die Beschreibung des Prozesses wurde in der Apostelgeschichte großzügig zerstreut und durcheinandergebracht. Einmal gebot das Gericht, „keinesfalls zu reden oder zu lehren in dem Namen Jesus", und weil die Richter „nichts fanden, was Strafe verdient hätte", ließen sie die Apostel gehen. An anderer Stelle hielt ein Pharisäer mit Namen Gamaliel seine Ansprache, anschließend wurden Petrus und Johannes gegeißelt. Dabei ist „Johannes" keinesfalls Johannes Zebedäus gewesen, der sich ohnehin auf dem Weg ohne Wiederkehr befand. Von daher konnte er auch nicht mit Petrus zusammen „fröhlich von dem Hohen Rat" fortgehen, es sei denn, Petrus hatte noch ein Wunder vollbracht und ihn auferweckt.

Nach der Exekution wurden die Zwei endlich freigelassen und „sie gingen aber fröhlich von dem Hohen Rat fort". Froh, waren sie Masochisten?

„Da stand aber im Hohen Rat ein Pharisäer auf mit Namen Gamaliel, ein Schriftgelehrter, vom ganzen Volk in Ehren gehalten, und ließ die Männer für kurze Zeit hinausführen."

„Da stimmten sie ihm zu und riefen die Apostel herein, ließen sie geißeln und geboten ihnen, sie sollten nicht mehr im Namen Jesu reden, und ließen sie gehen. Sie gingen aber fröhlich von dem Hohen Rat fort." (Apg.)

Die verurteilten Übeltäter wurden ausgepeitscht und anschließend hingerichtet, allein Petrus und Johannes gingen „aber fröhlich von dem Hohen Rat fort". Wie viele und wer waren diese zwei Apostel, die sie gehen ließen? Immer die gleichen „zwei", Petrus und Johannes. Eine Zahlenmagie.

Auch da steigt leise, aber desto deutlicher ein Verdacht auf, zu zweit legten „Petrus und Andreas" die falschen Zeugnisse vor Gericht ab. Noch einen Tag zuvor waren „Petrus und Andreas" wieder dabei gewesen, das schreckliche Gebäude auf dem Ölberg zu begutachten: „Petrus und Jakobus und Johannes und Andreas". (Mk.) Da wandte sich Jesua an Petrus und Johannes und sprach: „Geht hin und bereitet uns das Passah, damit wir es essen." (Lk.) Auch diesmal war der Kumpane von Petrus nicht Johannes Zebedäus.

Anstatt im Gefängnis die Zeit zu verbringen, wärmte sich Petrus in der gleichen Nacht vom 13. NISaN mit dem Wachpersonal am Feuer im Hof vor dem Haus des Hohepriesters Hannas und wartete auf den ersten Hahn. Und wenn das derselbe Petrus gewesen war, der im Gefängnis saß und gleichzeitig im Garten

Gethsemane sehnsüchtig auf den Judaskuss hoffte und bei der Ermittlung seine Zeugenpflicht leistete, muss das die größte Wundertat gewesen sein, die Petrus jemals vollbracht hat - oder ein gutes Alibi.

Um 5 Uhr morgens dachte Petrus „an das Wort des Herrn, wie er zu ihm sagte: „Ehe der Hahn kräht, wirst du mich dreimal verleugnen" und er „ging hinaus und weinte bitterlich". Er „ging hinaus" und kam abends „zum Haus Marias, der Mutter des Johannes mit dem Beinamen Markus, wo viele beieinander waren und beteten". Und es gab bis 9:00 morgens ausreichend Zeit, um Informationen auszutauschen und Vorbereitungen für den Auftritt vor dem Gericht zu treffen.

Kasatschok

Nun, wer war der „Lahme vom Mutterleibe" Kasatschok, der „herbeigetragen wurde"? Petrus und Johannes gingen so pünktlich wie möglich zusammen hinauf in den Tempel, „um die Stunde des Gebets", die neunte Stunde, weil die Eröffnung des Gerichtsverfahrens genau um neun Uhr anfing. Und da trafen sie einen „gewissen Mann, der von seiner Mutter Leib an lahm war", der getragen wurde.

„Petrus aber und Johannes gingen zusammen hinauf in den Tempel um die Stunde des Gebets, die neunte. Und ein gewisser Mann, der von seiner Mutter Leib an lahm war, wurde getragen, den sie täglich an die Pforte des Tempels setzten, die man die schöne nennt, um Almosen zu erbitten von denen, die in den Tempel gingen." (Apg.)

Und dann, zum wiederholten Male, rettete Petrus seinen Heiland, „er ergriff ihn bei der rechten Hand und richtete ihn auf". Zweifelhaft, ob Jesus Christus gleich „aufsprang", scheinbar war er nicht in bester Verfassung. Eigenartig, wie Petrus sich hinterher über seinen „Fürst des Lebens" äußert. Im Tempel lehrte Jesua die Massen täglich, „und es traten Blinde und Lahme in dem Tempel zu ihm, und er heilte sie." (Mt.) Jetzt aber war er es selber, der „von seiner Mutter Leib an lahm war, wurde getragen, den sie täglich an die Pforte des Tempels setzten, die man die schöne nennt, um Almosen zu erbitten von denen, die in den Tempel gingen". Das vernichtende Urteil, „lahm von Mutterleibe", illustriert aber etwas anderes. Es war nicht der zum wievielten Male errettete Heiland, sondern Juda, der auf einer Bahre zum Gerichtsgebäude gebracht und mit Petrus Hilfe auf die Beine gestellt wurde. Und als „sie den Menschen, der geheilt worden war, bei ihnen stehen sahen, hatten sie nichts dagegen zu sagen". Und warum Juda? Weil er getrennt und allein zum Gerichtsgebäude gebracht wurde. Die anderen 3 Apostel waren bereits da, der Hauptmann hatte sie mit den Knechten vorher aus dem Gefängnis, „doch nicht mit Gewalt", geholt.

Daraus folgt noch, dass sich bei dem Prozess die Befragung auf Jesua konzentrierte, weil Juda „schwieg still und antwortete nichts", und es war nicht schwierig, die Halbbrüder zu unterscheiden, wenn einer vor Gericht stand und der andere lag, weil er „lahm von Mutterleibe" war. Dann wird auch verständlich, wie Pontius Pilatus auf die Idee kam, ein und denselben „Menschen" vorzuführen, diesen einmal als „Jesus", ein anderes Mal als „König der Juden" zu präsentieren und ihm zur Bekräftigung sogar eine Dornenkrone auf den Kopf zu setzen. Not macht ja erfinderisch.

In welcher Sprache hat Pontius Pilatus den Gefangenen befragt? Ungewiss, ob er so gut Aramäisch konnte. Und wenn er einen Dolmetscher nötig hatte, war es scheinbar derselbe, der so gut über das Verhör bei Pontius Pilatus und bei Herodes Antipas Bescheid wusste und berichten konnte, weil er dabei war. Und so, wie sich später ergibt, führte er auch mit Agrippa I. Gespräche über das Christentum, und am aktuellen Gerichtstag entpuppte er sich unter dem Namen „Petrus und Johannes".

Nicht klar ist auch, wessen Kreuz trug Simon von Kyrene anschließend: das von Jesua oder das des gelähmten Juda, der zwei körperliche Behandlungen hinter sich hatte, mal bei Herodes Antipas und dann bei Pontius Pilatus.

„Als sie aber hinausgingen, fanden sie einen Menschen von Kyrene, mit Namen; diesen zwangen sie, dass er sein Kreuz trüge." (Mt.)

So häufig war der Name „Simon" nicht, einer von den Jungs, die eine Weile später bei einem Betriebsausflug groß feierten, war auch aus „der Gegend von Kyrene". Und von welchem Feld kam so spät nachts dieser Simon von Kyrene, was tat er da spät an einem Feiertag? Das sind keine überflüssigen Fragen.

„Und sie zwingen einen Vorübergehenden, einen gewissen Simon von Kyrene, der vom Feld kam, der Vater von Alexander und Rufus, dass er sein Kreuz trüge." (Mk.)

Der lahme Kasatschok, so steht da weiter, war „über vierzig Jahre alt", also 40 plus, wie berechnet. Der Hinweis auf „über vierzig Jahre" ist genau ein Fall, wo jemand nichts sagen darf, tut es aber doch.

„Denn der Mensch war über vierzig Jahre alt, an dem dieses Zeichen der Heilung geschehen war." (Apg.).

Daraus kann einer schließen, dass Jesus Christus 40+ gewesen war.

Nach der Freilassung wurden Petrus und Johannes nacheinander nach Samaria zu den Abtrünnigen geschickt, die „das Wort Gottes angenommen" hatten.

„Als aber die Apostel in Jerusalem hörten, daß Samarien das Wort Gottes angenommen hatte, sandten sie zu ihnen Petrus und Johannes." (Apg.)

Wurde er nur nach Samaria gesandt, weil Samariter das Wort Gottes angenommen hatten, so schlimm war das? Oder im Auftrag, da sich alle nach „Judäa und Samarien" zerstreuten und Petrus Johannes ihnen auf der Spur war?

„Es erhob sich aber an diesem Tag eine große Verfolgung über die Gemeinde in Jerusalem; da zerstreuten sich alle in die Länder Judäa und Samarien, außer den Aposteln." (Apg.)

Bei dieser Gelegenheit ein kurzes Resümee: die ungeheuerliche „Christenverfolgung" begann mit den Verhaftungen gleich in der Nacht vom 13. NISaN, nach der Kontrolltötung. Für die Geschichtsschreibung ging die Verfolgung der „Urchristen" mit einiger Verspätung los, erst nach der Steinigung von Stephanus 6 Jahre „nach der Kreuzigung Jesu von Nazareth (um 30 n.)". Das ergibt sechs Jahre Verzögerung in der Datierung, und weiter ist zu lesen, wie die Geschichte geschrieben werden kann:

„Das Christentum entstand nach der Kreuzigung Jesu von Nazareth (um 30) (...) Der erste Christ, der wegen seines Glaubens den Tod fand, war der Diakon Stephanus. Er wurde um 36, wohl wegen seiner tempelkritischen Mission in der jüdischen Diaspora, als Gotteslästerer und Gesetzesbrecher angeklagt, aber - ähnlich wie Jesus selbst - erst wegen seines öffentlichen Bekenntnisses zum Menschensohn vom Sanhedrin verurteilt (Apg. 6,8 - 7,60). Im Auftrag der Sadduzäer soll Paulus seine Steinigung beaufsichtigt und danach eine große Verfolgung der Jerusalemer Urchristen eingeleitet haben." (151)

40 Tage

Am 13. NISaN (27.3.36) fand die Gerichtsverhandlung statt, danach verbrachte Petrus vierzig Tage mit Unbekannten, ausgerechnet in dem schrecklichen Gebäude auf dem Ölberg, das noch vorgestern Jesua mit seinen Jüngern inspizierte. Und dort kam durch verschlossene Türen der auferstandene Jesus, brachte die Beweise mit, „ließ sich sehen unter ihnen vierzig Tage lang und redete mit ihnen vom Reich Gottes", das inzwischen zu einer Utopie wurde.

Zwischen Tragischem und Lächerlichem ist nur ein Schuss. Wie Mose auf dem Berg Sinai verbrachte Petrus 40 Tage auf dem Ölberg und wurde, wie Petrus vorher, auch gefangen, konnte sich aber „helfen", im Gegensatz zu Jesua, der das „Hilf dir selbst" nicht geschafft hatte.

„Am ersten Tag" der Woche, dem 16. NISaN (So.), als Maria Magdala die Gruft nach ihrem Sohn durchsuchte und da Petrus fand, an diesem Tag abends sollen sich die Kerle hinter verschlossenen Türen verbarrikadiert haben und Zeugen von Jesus Auferstehung gewesen sein.

„Nach acht Tagen", versammelten sich „seine Jünger wiederum drinnen" und Thomas war diesmal „bei ihnen", da kam das Gespenst zum zweiten Mal, das „40 Tage hindurch von ihnen gesehen wurde und über die Dinge redete, die das Reich Gottes betreffen". (Apg.) Das sind genau 7 Wochen nach Pesach, als das Fest ShaWUOT/Pfingsten zu Ende ging. (23)

Petrus verließ den Ölberg und kehrte nach Jerusalem zurück, „einen Sabbatweg" entfernt, um das Abschlussfest mit der „IV. Internationale" zu feiern. „Da kehrten sie nach Jerusalem zurück von dem Berg, der heißt Ölberg und liegt nahe bei Jerusalem, einen Sabbatweg entfernt." (Joh.)

Obschon damals das Erntefest im Frühling gefeiert wurde und nicht im Siebten Monat TIShRI/September, ist momentan unbekannt, was nun Petrus auf dem Ölberg die 49 Tage lang, wenn nicht Pfingsten abwartete, was dann?

Deutlich genug wird beschrieben, dass die Türen und Fenster „aus Furcht vor den Juden verschlossen" waren, offensichtlich dauerte die Bartholomäusnacht 40 Tage, und die „Apostel" wurden vorsichtshalber rechtzeitig abgezogen und in Sicherheit gebracht. Wie können die Ereignisse nun präzisiert werden:

Sonntag, 16. NISaN: Petrus besichtigt ein leeres Grab mit Großem Stein, dann, auf dem Weg nach Emmaus, quatscht er den Hohepriester Kaipha und Nikodemus an. Aber abends, bei der Agentenzusammenkunft, ist Petrus nicht „dabei".

Sonntag, 23. NISaN: Bei der zweiten Versammlung „nach acht Tagen" ist Petrus „dabei".

Samstag, 20. IAR: 40 Tage verstecken sich die „Apostel" im römischen Stützpunkt auf dem Ölberg „aus Furcht vor den Juden" bis zum 3. Mai.

40 Tage lang war Petrus gut aufgehoben, aber womit war er eine Woche vorher so beschäftigt? In dieser Woche stellten die Nazarener eine neue Führung unter Stephanus auf, dieser wurde gelyncht, und in den nächsten 40 Tagen wurden „alle in die Landschaften von Judäa und Samaria zerstreut, ausgenommen die Apostel", die unter Polizeischutz standen. Deswegen ließ Petrus sich nicht blicken und kam erst nach 49 Tagen nach Jerusalem, am Samstag.

Pfingsttag auf dem Ölberg

Auf dem Ölberg war Petrus nicht allein, in dieser ausgesprochen sicheren Unterkunft feierte Petrus „an einem Ort beieinander" mit den berühmten „sie".

Es lohnt sich, über Feiern am „Pfingsttag" etwas ausführlicher zu berichten, so kann eine Bewusstseinserweiterung aussehen:

„Und als der Pfingsttag gekommen war, waren sie alle an einem Ort beieinander. Und es geschah plötzlich ein Brausen vom Himmel wie von einem gewaltigen Wind und er-füllte das ganze Haus, in dem sie saßen. Und es erschienen ihnen Zungen zerteilt, wie von Feuer; und er setzte sich auf einen jeden von ihnen, und sie wurden alle erfüllt von dem heiligen Geist und fingen an, zu predigen in andern Sprachen, wie der Geist ihnen gab auszusprechen."

Und wie kam es, dass alle in ihrer eigenen Muttersprache redeten, und trotzdem konnten sie sich gut verständigen? Die unbeteiligten Juden, „gottesfürchtige Männer aus allen Völkern unter dem Himmel", waren darüber entsetzt und sprachen: „Sie sind voll von süßem Wein".

„Es wohnten aber in Jerusalem Juden, die waren gottesfürchtige Männer aus allen Völkern unter dem Himmel. Als nun dieses Brausen geschah, kam die Menge zusammen und wurde bestürzt; denn ein jeder hörte sie in seiner eigenen Sprache reden. Sie entsetzten sich aber, verwunderten sich und sprachen: Siehe, sind nicht diese alle, die da reden, aus Galiläa? Wie hören wir denn jeder seine eigene Muttersprache? Parther und Meder und Elamiter und die wir wohnen in Mesopotamien und Judäa, Kappadozien, Pontus und der Provinz Asien, Phrygien und Pamphylien, Ägypten und der Gegend von Kyrene in Libyen und Einwanderer aus Rom, Juden und Judengenossen, Kreter und Araber: wir hören sie in unsern Sprachen von den großen Taten Gottes reden. Sie entsetzten sich aber alle und wurden ratlos und sprachen einer zu dem andern: Was will das werden? Andere aber hatten ihren Spott und sprachen: Sie sind voll von süßem Wein." (Apg.)

Am Ende wird es doch nicht klar, ob „diese alle, die da reden" aus Galiläa oder eine Versammlung der IV. Internationale waren?

Die Unterstellung mit dem Wein musste Petrus entschieden zurückweisen, er trat „mit den Elf" auf (wo verlor er den neu erworbenen Matthias inzwischen?) er sagte sein Totschlagargument: „Diese sind nicht betrunken, wie ihr meint.", weil keiner zur dritten Stunde betrunken, aber bekifft sein kann.

„Da trat Petrus auf mit den Elf, erhob seine Stimme und redete zu ihnen: Ihr Juden, liebe Männer und alle, die ihr in Jerusalem wohnt, das sei euch kundgetan, und laßt meine Worte zu euren Ohren eingehen! Denn diese sind nicht betrunken, wie ihr meint, ist es doch erst die dritte Stunde am Tage." (Apg.)

Was waren das für Parther (Perser), Meder, Elamiter, Kreter und Araber, die die einheimische Sprache nicht beherrschten? König Davids damalige Kreter und Pleter wurden wohl auf den neuesten Stand gebracht.

Inzwischen vergingen nach dem Pesach am Großen Samstag 49 Tage, wann sonst, als in dieser Zeit soll Petrus mit Johannes seinen angekündigten Sprung nach Samaria geschafft haben?

„Christenverfolgung"

Ruhige Region

Für einen geistigen Akrobaten gilt Judäa von „damals als ruhige Region", und selbst der gute Kaiser Tiberius soll „keine Verfolgungen gegen Christen in Erwägung gezogen" haben. Eine pragmatische Nebenfrage: Welche „Christen" sind gemeint, die Nazarener oder die Petruschristen?

„In der Ära des Tiberius löste die Kreuzigung Jesu (wahrscheinlich im Jahr 30) weder besondere Aufmerksamkeit in Rom noch irgendeinen Aufstand aus. Judäa galt damals als ruhige Region. Der christliche Historiker Eusebius von Caesarea berichtet, dass der Senat die Anerkennung des Christengottes seitens des römischen Staates formal abgelehnt, Tiberius selbst allerdings keine Verfolgungen gegen Christen in Erwägung gezogen habe, was die Verbreitung des Frühchristentums begünstigt habe." (118) Dabei kann sogar selbst der Humanist Pontius Pilatus in dieser Zeit nicht ganz sauber gewesen sein, er hat „am 15. Juli 36 ein Blutbad unter den Pilgern angerichtet" und ausgerechnet im Jahr 36. Die „Pilger" waren bewaffnet, aber was wird nicht alles gemacht, damit die Verfolgung der „jungen christlichen Gemeinde Jerusalems" 6 Jahre später in die Regierungszeit von Agrippa I. hineinpasst.

Agrippa I.

Im Jahr 36 war Herodes Agrippa I. gar kein Tetrarch, erst seit 37 wurde er Tetrarch von Ituräa, Gaulanitis und Trachonitis, in Judäa fing er sein Amt im Jahr 41 an und beendete es nach drei Jahren im Jahr 44. Diese Periode galt als die letzte goldene Zeit und - außer gewöhnlichen Unterstellungen – es gibt kein Anzeichen irgendwelcher Verfolgungen während seiner Amtszeit, die er sowieso meist in Rom bei seinem Freund Gaius Caesar Augustus Germanicus, genannt Caligula, verbrachte. In Judäa war Agrippa I. nicht zu sehen, und überhaupt, in den Jahren 39/40 ist er mit Gaius Caesar Augustus Germanicus, Abu Kaligula, in den Krieg nach Gallien und Germania gezogen. Im Land Judäa und Samaria regierte er erst ab 41 bis zu seinem Tod während der Festspiele in Cäsarea im Jahr 44. Erstaunlich, ausgerechnet der Multikulturalist Herodes Agrippa I. „zettelte wohl auch eine Verfolgung der jungen christlichen Gemeinde Jerusalems an, in deren Verlauf der Apostel, der so genannte „Jakobus der Ältere" ermordet wurde und Simon Petrus in Gefangenschaft geriet". (152)
„Herodes Agrippa I. (eigentlich Marcus Iulius Agrippa; 10 v. Chr; + 44 n. Chr.) war von 37 n. Chr. an Tetrarch von Ituräa, Gaulanitis und Trachonitis und von 41 n. Chr. an bis zu seinem Tod König von Judäa und Samaria. Innenpolitisch versuchte er durch strenge Ausrichtung an den jüdischen Gesetzen die einflussreichen konservativen Kreise des Judentums auf seine Seite zu bringen. Aus diesem Grund zettelte er wohl auch eine Verfolgung der jungen christlichen Gemeinde Jerusalems an, in deren Verlauf der Apostel Jakobus der Ältere (einer der beiden Söhne des Zebedäus) ermordet wurde und Simon Petrus in Gefangenschaft geriet." (153)
Und wie schrecklich war die Verfolgung von der „jungen christlichen Gemeinde Jerusalems", wenn sie alle betraf, „ausgenommen die Apostel"? Von Petrus Genossen sind namentlich genannt:
Josef Barsabas, mit dem Beinamen Justus

Matthias
Philippus
Johannes mit dem Beinamen Markus und Barnabas
Keiner wurde gemartert, nur der arme Stephanus gesteinigt, und Petrus verbrachte ein paar Stunden im Gefängnis, das waren aber zwei verschiedene Delikte.

Beitrag

Die Lage im Land ist nicht so pastoral gewesen, wie es das NT ausmalt. Der Tetrarch Herodes Antipas machte zwar sein Job im Sinne von Ordnung und Rechtsstaatlichkeit gut, leider aber wuchs der Widerstand, die Priesterschaft eingeschlossen, wegen seiner unorthodoxen Methoden und noch dazu In-zest-vergehen, die zu einem Krieg mit dem arabischen König Aret führten. In der entstandenen Situation, wo die Unteren können nicht und die Oberen wollen nicht, war er nicht mehr tragbar gewesen.

Wegen dieser instabilen Situation mussten die römischen Instanzen sich umorientieren. Nach dem Putschversuch in Jerusalem und dem Machtwechsel in Rom mobilisierte die römische Besatzung im Jahr 37 alle regionalen Kräfte, auch der Statthalter Lucius Vitellius von Syrien und Herodes Antipas kamen voll ausgerüstet mit ihren Streitkräften nach Jerusalem.

„Soldaten des Pilatus hatten sie aufgehalten und auf dessen Befehl hin am 15. Juli 36 ein Blutbad unter den Pilgern angerichtet. Vitellius schickte Pilatus nach Italien zurück, wo er sich vor dem Kaiser verantworten sollte. Mit der Verwaltung Judäas betraute er seinen Freund Marcellus."

Auf dem strategisch bedeutenden Ölberg stationierte Titus 30 Jahre später, während des Großen Aufstands (der „große Jüdische Krieg", 66-73) gleichfalls im Monat NISaN, seine Zehnte Legion und gab den Befehl, eine Festung zu bauen. (154) Am Ende wurde Jerusalem eingenommen, nach dem Morgenthau-Plan zerstört und einbetoniert. Zu diesem Erfolg zählt auch der bescheidene Beitrag von Petrus, der 40 Tage in einer römischen Kaserne (Kommandantur) auf dem Ölberg verbrachte, gerade dort, wo im Jahr 36 die Streitkräfte von Herodes Antipas postiert waren, feierte er anschließend mit Kollegen aus der „IV. Internationale" Pfingsten.

Zwei Parteien

Jakobus der Gerechte

Die nächste und besonders verhasste Konkurrentin war Maria Magdala, sie wurde diffamiert und ihr weiteres Schicksal bleibt unbekannt. Eher wurde sie kurzerhand kurze Zeit später mit dem Schwert umgebracht, so, wie es Simeon bei der Segnung vorausschaute und ihr sagte: „Und auch durch deine Seele wird ein Schwert dringen." „Auch durch Leib" sagte er nicht, um die Leser nicht herb zu enttäuschen.

„Und Simeon segnete sie und sprach zu Maria, seiner Mutter: Siehe, dieser ist gesetzt zum Fall und zum Aufstehen für viele in Israel und zu einem Zeichen, dem widersprochen wird und auch durch deine Seele wird ein Schwert dringen -, damit vieler Herzen Gedanken offenbar werden." (Lk.)

Als letzte Mohikaner und Erbnachfolger der Dynastie blieben dann der Klein Jakobus, Jose und Hose. Petrus übernahm auch die Identität des Kleinen Jakobus, wurde endlich zum Jünger, „den Jesus lieb hatte" und sorgte dafür, dass sein Zeugnis schriftlich fixiert wird: „Dies ist der Jünger, der dies alles bezeugt und aufgeschrieben hat.", mit diesen Worten endet das Buch von Apostel Johannes.

„Dies ist der Jünger, der dies alles bezeugt und aufgeschrieben hat, und wir wissen, daß sein Zeugnis wahr ist. Es sind noch viele andere Dinge, die Jesus getan hat." (Joh.)

Schade, aber im Jahr der Auferstehung 36 n. konnte der 5-jährige Klein Jakobus nicht den „Grossen Fischfang von Petrus" bezeugen und „dies alles" aufschreiben. Zufällig oder nicht, wird Petrus für Apostel Johannes gehalten, der wiederum „wird in der christlichen Tradition mit dem „Lieblingsjünger" Jesu aus dem Johannes-Evangelium identifiziert". Und das, weil Petrus irreführend für einen „Sohn von Johannes" gehalten wird.

Den richtigen „Lieblingsjünger" Klein Jakobus erhoben praktizierende Theologisten zum „Herrenbruder" Jakobus den Gerechten, nur weil er Josefs Sohn/יוסף יעקב בן geheißen wurde. Hieronymus schrieb, dass Jakobus Gerechter im Allerheiligsten des Tempels beten durfte, was den orthodoxen Geistern nicht passte, weil Jakobus Gerechter kein Levit war. Sehr enttäuschend, aber von der Abstammung her, vom „Höchsten" väterlicherseits und von der Hasmonäer-Dynastie mütterlicherseits, muss Jakobus Gerechter ein Levit und zugleich ein Priester gewesen sein, um im Allerheiligsten des Tempels beten zu dürfen. Allein sein Beiname, „der Gerechte", spricht eindeutig dafür, dass er der Sohn von Jesua war, dessen Beiname „der Gerechte" war. Aber nein, für die Weisen ist er weiter der „Herrenbruder" und sogar „der älteste Jesusbruder". (155) Über Jakobus Gerechter wird geschrieben, dass er im Jahr 49/50 (mit 18/19 Jahren) die Führung der christlichen Gemeinde übernahm und als einer der „drei Säulen" der Jerusalemer Gemeinde" galt, so zumindest wurde er von Paulus bezeichnet.

„Mit großer Wahrscheinlichkeit übernahm er nach dem Weggang des Petrus nach Antiochia um 49/50 n. Chr. die alleinige Leitung: Als Paulus etwa 58 n. Chr. nach Jerusalem kam, um die Kollekte der Missionsgemeinden zu überbringen, wurde er von Jakobus und den Ältesten empfangen." (155)

Aus dem früheren Leben von Jakobus Gerechter ist nichts bekannt, außer dass er vor dem 50. Jahr „offenbar in der Jerusalemer Gemeinde unter der Leitung des Petrus keine besonders herausragende Führungsrolle" spielte, seines jungen Alters wegen. Ansonsten war Jakobus Gerechter, im Gegensatz zu Petrus, im Glauben extrem wie sein Papa Jesua, der nach dem Wortlaut von Josephus Flavius selbst ein „radikaler Pharisäer" war.

„Jakobus sah offenbar die Urgemeinde weiter als Teil des Judentums. Gegen Paulus als Exponenten der beschneidungs- und torafreien Heidenmission (einer Haltung, der sich auch Petrus zuwandte) wollte er die kultischen und rituellen Verpflichtungen aus der Tora auch auf die neubekehrten Nichtjuden angewendet wissen. Josephus berichtet davon, dass Jakobus aus diesem Grund offenbar in hohem Ansehen bei den Pharisäern stand." (155)

Offensichtlich war der Klein Jakobus im Jahr 50 mit 19 Jahren (50-31geb.) ein wenig zu jung, um ein „erster Bischof Jerusalems" zu sein, auch wenn er Jesuas Sohn und Enkel von Hohepriester Kaipha war. Zum Unglück ist Petrus, allen Anzeichen nach, „etwa 58 n. Chr." gar nicht in Jerusalem und überhaupt nicht im Land, so konnte er nicht „von Jakobus und den Ältesten empfangen" werden. Und wieder, „vermutlich", im Jahr 62, bemächtigte sich ein weiterer Hohepriester des Amtes, diesmal Hannas, der böse Zadokäer Hanan Ben Hanan/חנן בן חנן. Jakobus Gerechter wurde gesteinigt und starb im Alter von 31 (62-31 geb.) Jahren. (152)

„Vermutlich im Jahr 62 n. Chr. berief der sadduzäische Hohepriester Hannas II das Synhedrium ein, um laut Flavius Josephus Jakobus und einige andere der Gesetzesübertretung anzuklagen und zur Steinigung zu verurteilen. Das Urteil wurde vollstreckt, obwohl die Pharisäer im Rat protestierten und schließlich auch beim römischen Statthalter Albinus die Absetzung Hannas' erreichten." (155)

Und wenn nicht, wie alt sollte dann im Jahr 62 der ältere (älter als Jesua) „Herrenbruder" sein? 70? Ein Greis wurde ermordet. Übrigens, 14 Jahre zuvor wurden Simon Galiläer und Jakob Galiläer aus seiner Verwandtschaft gekreuzigt und Menachem Galiläer 4 Jahre danach hingerichtet. Daran waren aber sicher nicht die „Zadokäer" schuld. Bevor jemand den „Zadokäern" Schuld zuschiebt, muss vorher gelernt werden, das Wort richtig zu schreiben. „Zadukäer", „Sadukäer", „Sadduzäer" oder, um Gottes Willen, „Sadducäer"? Gerade da sprudelt die wissenschaftliche Energie, leider bringt das die Wahrheit nicht näher. Dennoch hat die Theologisierung nicht hundert Prozent Unrecht, immerhin nennen sie den Kleinen Jakobus als „Jakobus der Gerechte". „Gerechter" ist Beiname von Jesua gewesen, dementsprechend hieß Jakobus „Jakobus (der Sohn) des Gerechten".

„Zadokäer"

Nach dem Zeugnis von Josephus Flavius („Jüdische Altertümer") gründeten Juda Galiläer und sein Sprecher Zadok eine vierte Partei, die „Zadokäer". Sie beschrieb er wie folgt:

„Sie anerkennen nur das Gesetz, aber keine Anordnungen."

„Sie haben einen „ungezügelten Freiheitswillen."

Und diese Bösewichte „verachten den Tod ihrer Freunde und Verwandten".

Wie bei Jesua, er war es, der sagte, „Wenn jemand zu mir kommt und hasst nicht seinen Vater und seine Mutter und seine Frau und seine Kinder und seine Brüder und Schwestern, dazu aber auch sein eigenes Leben, so kann er nicht mein Jünger sein." (Lk.)

Ein wesentlicher Bestandteil der Lehre der Zadokäer ist, dass „die Seele zusammen mit dem Leib stirbt", was Jesuas Handlungsdrang erklären kann. Nicht, dass er unbedingt sterben wollte, aber die Aufgaben auf ein Morgen ins Jenseits zu verschieben, gehörte nicht zu seinem Lebenskredo. Nur Jo-sephus Flavius erwähnt „Zadok", ansonsten aber fehlen jegliche Quellen. Und was für eine Überraschung: „Zadok" bedeutet übersetzt „Gerechter", und da fragen alle, war nicht zufällig Jesua „der Gerechte", und sind die „Zadokäer" nicht seine Partei? Weswegen hat dann Josephus Flavius den Jesua unter anderem Namen als „Zadok" vermarktet?

In Kairo wurden Fragmente von dem „Buch Zadok" entdeckt. Karaimen, Anhänger der Bewegung der Zadokäer, haben das Buch aufgehoben und später ins Arabische übersetzt. Mit dem „Buch Zadok" sind die Qumran-Rollen zeitlich, stilistisch, semantisch und inhaltlich völlig identisch, sie wurden „zur Zeit der Zerstörung des Landes" geschrieben. (156)

Einerseits bedeutet allein die Entdeckung des Zadok-Buchs aus der Zeit der Zerstörung des Tempels nicht unbedingt, daß das Buch in der Zeit, als Juda Galiläer und Zadok voll im Gange waren, geschrieben wurde. Andererseits ist zweifelhaft, ob Josephus Flavius 70 Jahre später zwischen Juda Galiläer und Juda Iskariot noch unterscheiden konnte oder wollte. So sind dann sein „Juda Galiläer" und sein „Zadok" in Wirklichkeit Juda und Jesua gewesen, gerade auch, weil Jesua Gerechtigkeit predigte und „der Gerechte" in einheimischer Sprache „Zadok" genannt wurde.

Obwohl damals nur Analphabeten und Faule nicht geschrieben und nicht gelesen haben, fehlt von Jesua jegliche Schrift. Daß er nichts geschrieben und nur gepredigt hat, wie der Prophet Mohammed, ist ausgeschlossen. Und wenn Jesua unter dem Namen „Zadok" bekannt war, könnten die Schriftrollen aus Qumran, ob im Original oder in Kopien, ob teilweise oder vollständig, von ihm stammen, wie auch das „Buch Zadok". Manche autorisierten Zitate im NT stammen sowieso von Jesua.

Und weiter noch, der „Jakobus Gerechte", der als „Sohn des Gerechten" genannt wurde, hieß ebenfalls „Zadok", so dass er der unkenntlich gemachte Hohepriester Zadok im NT war. Letztendlich bleibt eins unklar: wer schrieb das „Buch Zadok"? Vater, der „Gerechte" oder Sohn, der „Gerechte"?

Doppelgänger

Von Andreas zu Petrus

Zurück zu Petrus. Es gibt überhaupt keinen Hinweis auf einen leiblichen Bruder von Petrus, noch weniger wahrscheinlich ist, dass Petrus einen Zwillingsbruder hatte und beide im Einsatz waren. Im Rest der Geschichte müsste ein Zwillingsbruder übrigbleiben, keiner aber ist eindeutig feststellbar.

Ganz am Anfang war Petrus ein Jünger von Johannes Täufer, kurz darauf wurde Johannes Täufer hingerichtet. Hinterher kam Simon Zelot, der entwischte, wurde aber um 45-48 gefangen und gekreuzigt. Petrus ließ sich „Simon, genannt Petrus" nennen, dann „Simon Petrus" und ganz kurz „Petrus". Dadurch entstand eine gewollte Zweideutigkeit bei der Namensinterpretation „Simons Haus", „seine Schwiegermutter", Simon in Gethsemane Garten usw. Wann sich Petrus die Attribute von Simon Zelot aneignete und „Simon Petrus" wurde, kann mit ziemlicher Genauigkeit bestimmt werden: es geschah frühestens 49 Jahre nach dem Tod von Simon Zelot, und bis dahin war Petrus unter anderem Namen unterwegs. Welchen?

Beim Letzten Abendmahl wurde Juda in „seinem Amt" als Jesuas Nachfolger bestätigt und musste sterben, damit „sein Amt empfange ein andrer". (Apg.) Darüber sprach Petrus bei der Neugründung des Vereins nach der Kreuzigung im Klartext:

„Ihr Männer und Brüder, es mußte das Wort der Schrift erfüllt werden, das der heilige Geist durch den Mund Davids vorausgesagt hat über Judas, der denen den Weg zeigte, die Jesus gefangennahmen; denn er gehörte zu uns und hatte dieses Amt mit uns empfangen. Der hat einen Acker erworben mit dem Lohn für seine Ungerechtigkeit. Aber er ist vornüber gestürzt und mitten entzwei geborsten, so daß alle seine Eingeweide her-vorquollen. Und es ist allen bekannt geworden, die in Jerusalem wohnen, so daß dieser Acker in ihrer Sprache genannt wird: Hakeldamach, das heißt Blutacker. Denn es steht geschrieben im Psalmbuch: „Seine Behausung soll verwüstet werden, und niemand wohne darin", und: „Sein Amt empfange ein andrer." (Apg.)

Übrigens, in welcher Sprache hielt der Analphabet Petrus seine Rede, und wer verfasste sie, wenn Jerusalems Bewohner den Blutacker „Hakeldamach" nannten und, was war „ihre Sprache"? Und wenn schon, hieß die Hecke nicht „Hakeldamach", sondern HaKhaL DaMA.

Die Planke war aber höher gesteckt. Mit der Selbstbezeichnung „Petrus", aram. „Kaipha", wird das Amt des Hohepriesters Kaipha beansprucht. Zwar wurde Petrus nicht Hohepriester von Judäa, dafür aber, umso besser, der „erste Bischof von Antiochia sowie Gründer und Haupt der Gemeinde von Rom".

Nochmals, wie ging es mit dem Namen von Petrus zu? „Petrus" war nicht sein echter Name. Im NT sprach ihn Jesua kein einziges Mal mit Beinamen „Petrus" an, obwohl er ihm selbst diesen Beinamen gegeben haben soll. Amüsierte sich Jesus kurz und vergaß es dann oder war das jemand anders, der ihm den Namen verpasste? Es sei denn, Petrus legte sich den Namen selbst zu. Nun zu dem Satz: „Aber auch ich sage dir, dass du bist Petrus; und auf diesen Felsen will ich meine Versammlung bauen, und des Hades Pforten werden sie nicht überwältigen. Und ich werde dir die Schlüssel des Reiches der Himmel geben; und was irgend du auf der Erde binden wirst, wird in den Himmeln gebunden sein, und was irgend du auf der Erde lösen wirst, wird in den Himmeln gelöst sein." (Mt.)

Eigentlich sind hier sind 2 verschiedene Sätze durch Semikolon getrennt. Wie bereits erklärt, sprach Jesua den ersten Satz zu Simon Zelot, und was den Zusatz betrifft, hatte sich Jesua wirklich mit dem unterbelichteten Petrus in mythologischen Kategorien über den griechischen Hades unterhalten? War Jesua in Fremdsprachen so sprachgewandt, warum favorisiert er einen Namen aus einer Feindessprache, oder war es nicht Jesua, der Petrus diesen Namen gab?

Beim Blick in die Liste von Apostel Markus fällt eine Feinheit auf, diese beginnt mit dem Satz: „Und er setzte die Zwölf ein und gab Simon den Namen Petrus." Wer ist „er", der Petrus den römischen Namen „Petrus" gab und Saulus zu dem lateinischen Decknamen „Paulus" verhalf? Dagegen vermochte „er", den Brüdern Jakobus und Johannes den griechischen Namen „Boanerges" (Anarchisten) zu geben. Demonstrierte Jesua mit zwei Fremdsprachen seine Bildung oder war der Name „Petrus" der Einfall eines römischen Führungsoffiziers?

Schade, aber auch eine „Versammlung" zu bilden beabsichtigte Jesua nicht und hatte dies gar nicht geplant. Und auf einem Felskopf wie Petrus schon gar nicht. Jesua bereitete sich vor, „zur Rechten der Kraft" zu sitzen und 12 Stämme zu richten, das ohne jegliche überflüssige „Versammlung", über die er sich kein einziges Mal äußerte und von der nur in diesem einen Satz die Rede ist.

Dennoch, auf welchem Felsen wollte „er" seine „Versammlung" bauen? Falls auf dem Großen Stein (Fels) auf Judas Felsengrab, dann kam die Idee im Jahr 36, nachdem der Große Stein durch das Große Erdbeben gelöst wurde, die Gräber sich öffneten, und die Zombies, die aus Petrus' Sicht allesamt „Gerechte" waren, strömten in die Stadt.

Genauer betrachtet hält Petrus mit einem Großen Schlüssel Wache an „Hades Pforten", damit keiner rauskommt und nicht, wie in der christlichen Vorstellung, vor dem Himmel am Eingang zum Paradies. Ein schlechtes Omen, bei so einem Türsteher wie Petrus hat „Judas, der ihn verriet", eine ganz schlechte Perspektive. Seitdem nahm das Interesse für diesen Job nicht ab, die Pforte zur Hölle wurde mit einem massiven Felsendom gesichert, und auf die Entscheidung von Donald Trump, die amerikanische Botschaft nach Jerusalem zu verlegen, reagierte die Hamas: „Trump hat die Pforte zur Hölle geöffnet." Und ein anderer Portier, Mahmud Abbas, sagte: „Jerusalem ist die Pforte zum Frieden und zum Krieg, jetzt muss Trump entscheiden."

«Иерусалим станет воротами мира, если это столица Палестины, и это будут ворота войны, страха и отсутствия безопасности и стабильности, если, не дай Бог, это будет не так».

Auf Deutsch, kurz übersetzt, sagte Abbas: „Leben oder Tod!" Das sind die Richtigen!

Nicht nur latinischer Petrus, auch Saulus wurde in lat. „Paulus" umgewandelt, fast könnte jemand vermuten, die Namensgebung stammt von Pontius und Pilatus höchstpersönlich. „Pontius" bedeutet „Seemann", vielleicht war sich Pontius Pilatus seines Namens voll bewusst und verstand unter dem „Fels" et was anderes, zum Beispiel ein Riff unter Wasser.

"PONTIUS: Latin Pontius, meaning "of the sea; seaman."

Im NT sind die Namen, die mit hebr. „Pe" geschrieben sind, gezählt: Pontius Pilatus, Petrus, Philippus, Paulus; und Flavius.

"PETRUS: form of Latin Petrus, meaning "rock, stone."

"PAULUS: Roman Latin family name derived from a byname meaning "small."

"FILIPPUS: Dutch form of Latin, meaning "lover of horses." (120)

Die Schreibweise soll nicht stören, ob „P", „F" „PH, alles wird mit dem hebr. Buchstaben P geschrieben, wie im Satz: der Grosse Pfriedrich auf dem Ferd.

Der Anstoß für die Namensauswahl könnte der Große Stein (Fels) an der Pforte zum „Hades" am Judas Felsengrab gewesen sein. Oder nach Judas Tod wurde ein neues Ziel ins Visier genommen, und das war Hohepriester Kaipha, der lat. ebenfalls „Petrus" heißt. Fest steht aber, mit der Namensänderung fing eine neue Lebensphase an, der latinisierte Petrus wechselte über in den Dienst des Römischen Reiches und das im Format eines Doppelagenten.

Vielleicht war der Beiname „Petrus" vorher griechisch „Patras" und konnte daher leicht latinisiert werden. Dann war Petrus' wirklicher Name Andreas aus Patras, oder kurz, Andreas Patras. Ein Zufall ist das nicht, auch wenn die Einwohner von Patras nicht wissen, was sie tun und warum, wenn sie die Reliquie von Andreas in ihrer Stadt aufbewahren.

„Papst Paul ließ 1964 das ursprüngliche byzantinische Kopfreliquiar mit dem Haupt des Apostels in der dritten Sitzungsperiode des Zweiten Vatikanischen Konzil als Akt der ökumenischen Beziehungen der Schwesterkirche wieder nach Patras überführen." (157)

Das alles könnte eine gute wissenschaftliche Hypothese sein, aber eine schlechte Theorie. Höchstwahrscheinlich erfuhr Petrus niemals von seinem neuen Namen „Petrus", und die Idee kam viel, viel später, als die Vielfalt seiner Namen auf einen gemeinsamen Nenner gebracht wurde. So bekam Petrus diesen neuen literarischen Namen und die neue Aufgabe, den Hades zu bewachen.

Für die nahtlose Gründung und Weiterführung der „Versammlung" nach Jesuas Tod war Petrus, als einziger hinterbliebener Zeuge von Jesuas Mitstreiter, ein geeigneter Kandidat. Mit diesem Auftrag bekam er den „Schlüssel des Reiches der Himmel", und auf seinem Fels sollte die neue Kirche entstehen. Seitdem stellen sich die gutgläubigen Christen einen Petrus mit seinem Schlüssel an der Pforte zum Paradies vor. Somit wurde Adam, Vater aller Menschen, der die Seelen aller seiner Kinder nach ihrem Tod in Empfang nimmt, erfolgreich durch Petrus ersetzt.

Gleich nachdem Judas „kopfüber gestürzt, mitten entzwei geborsten, und alle seine Eingeweide sind ausgeschüttet worden", wurde eine neue Versammlung gegründet, und ein Matthias „wurde den elf Aposteln zugezählt".

„Und sie stellten zwei dar: Joseph, genannt Barsabas, der Justus zubenamt war, und Matthias. Und sie beteten und sprachen: Du, Herr, Herzenskündiger aller, zeige von diesen beiden den einen an, den du auserwählt hast, um das Los dieses Dienstes und Apostelamtes 12 zu empfangen, von dem Judas abgewichen ist, um an seinen eigenen Ort zu gehen. Und sie gaben Lose über sie; und das Los fiel auf Matthias, und er wurde den elf Aposteln zugezählt." (Apg.)

Petrus übernahm auch den begehrten Ehrenplatz von Jesua und wurde zum ersten Papst, einem Halbgott-Halbmenschen, und für den ideologischen Überbau gab es keinen besseren als der gebildete Pharisäer Paulus, der eigentliche Begründer der Kirche. Dass Petrus sich nicht anders sah, als der Stifter einer neuen Religion, folgt aus der Beschreibung bei Apostel Lukas über die Geburt eines unbekannten Heilands, die von der Wissenschaft als „literarisch" abgetan

280

wurde.

Folgende Annahme muss nicht unbedingt richtig sein, könnte aber: Der eigentliche Verfasser der Schriften, so eitel wie er war, konnte seine Geburt nicht unerwähnt lassen, besonders, wo auch er selbst in einem Schaltjahr, als Kepler sich wieder im Himmel zeigte, geboren war. Sonst ist die Notwendigkeit einer Wiedergabe von Jesuas dritter Geburt an einer unpassenden Stelle unerklärlich.

Dann war Petrus 12 Jahre jünger als Jesua, und mit seinen 30 Jahren erwies er sich im Jahr 36 als hochmotivierter und begabter Bursche im Dienst des Römischen Reichs.

Sinn der Sache

Inventur. Zum Schluss kommt einem alles hoch und langsam doch Sinn in die Sache. Bei Apostel Johannes soll Jesua, wie in einem Märchen, Petrus drei Mal gefragt haben: „Hast du mich lieber, als mich diese haben?", und Petrus antwortete drei Mal: „Ja, Herr, du weißt, daß ich dich lieb habe."

Und wieder drei Mal sagt Jesua: „Weide meine Schafe!", „Weide meine Lämmer!" und noch einmal: „Weide meine Schafe!" Das klingt nach einer Inventur-Übergabe.

„Als sie nun das Mahl gehalten hatten, spricht Jesus zu Simon Petrus: Simon, Sohn des Johannes, hast du mich lieber, als mich diese haben? Er spricht zu ihm: Ja, Herr, du weißt, daß ich dich lieb habe. Spricht Jesus zu ihm: Weide meine Lämmer! Spricht er zum zweiten Mal zu ihm: Simon, Sohn des Johannes, hast du mich lieb? Er spricht zu ihm: Ja, Herr, du weißt, daß ich dich lieb habe. Spricht Jesus zu ihm: Weide meine Schafe! Spricht er zum dritten Mal zu ihm: Simon, Sohn des Johannes, hast du mich lieb? Petrus wurde traurig, weil er zum dritten Mal zu ihm sagte: Hast du mich lieb?, und sprach zu ihm: Herr, du weißt alle Dinge, du weißt, daß ich dich lieb habe. Spricht Jesus zu ihm: Weide meine Schafe!" (Joh.)

Eine dreimalige Wiederholung gehört zu Petrus' Arbeitsstil. Als er Unreines verspeiste, wurde ihm das auch drei Mal angeboten.

„Und als er hungrig wurde, wollte er essen. Während sie ihm aber etwas zubereiteten, geriet er in Verzückung und sah den Himmel aufgetan und etwas wie ein großes leinenes Tuch herabkommen, an vier Zipfeln niedergelassen auf die Erde. Darin waren allerlei vierfüßige und kriechende Tiere der Erde und Vögel des Himmels. Und es geschah eine Stimme zu ihm: Steh auf, Petrus, schlachte und iß! Petrus aber sprach: Oh nein, Herr; denn ich habe noch nie etwas Verbotenes und Unreines gegessen. Und die Stimme sprach zum zweiten Mal zu ihm: Was Gott rein gemacht hat, das nenne du nicht verboten. Und das geschah dreimal; und alsbald wurde das Tuch wieder hinaufgenommen gen Himmel." (Apg.)

Auch die Offenbarung musste sich nicht weniger als drei Mal wiederholen. War Petrus so schwerhörig oder ein, um Gottes Willen, Autist?

„Das ist nun das dritte Mal, daß Jesus den Jüngern offenbart wurde, nachdem er von den Toten auferstanden war." (Joh.)

Und überhaupt, jedes Mal, als die Lüge dünn wurde, hat Petrus sie mit Nebensächlichkeiten verdeckt, wie in der Fortsetzung vom Großen Fischfang: die Jungs waren genau „zweihundert Ellen" fern vom Land gewesen.

„Die andern Jünger aber kamen mit dem Boot, denn sie waren nicht fern vom Land, nur etwa zweihundert Ellen, und zogen das Netz mit den Fischen." (Joh.)

Siamesischer Zwilling

Jetzt endlich zu der alten Frage, wer war der weltbekannte Petrus wirklich? Nun, ein gesunder Menschenverstand weigert sich zu verstehen, wenn Andreas sowohl Petrus und zugleich Thomas war, der wiederum Simon Petrus gewesen ist. Und mit Petrus und Johannes wird es noch verworrener. Eine anspruchsvolle Hausaufgabe für Mondsüchtige, diese siamesischen Zwillinge zu trennen, und das nach so zahlreichen redaktionellen Überarbeitungen und gewagten Übersetzungen von Übersetzungen. Das muss aber auch ohne Hilfe eines Arztes und Apothekers machbar sein. So fragte bei Apostel Johannes der dreiköpfige Drilling Petrus-Philippus-Thomas den Jesua, diesmal in Gestalt von Philippus: „Herr, zeige uns den Vater, und es genügt uns."

Jesua: „Wer mich sieht, der sieht den Vater!". Er war nämlich seinem Vater Kaipha ähnlich. Die Fragestellung hat ihm nicht gefallen und er sagte: „Wie sprichst du dann: Zeige uns den Vater?"

„Spricht zu ihm Philippus: Herr, zeige uns den Vater, und es genügt uns. Jesus spricht zu ihm: So lange bin ich bei euch, und du kennst mich nicht, Philippus? Wer mich sieht, der sieht den Vater! Wie sprichst du dann: Zeige uns den Vater? Glaubst du nicht, daß ich im Vater bin und der Vater in mir? Die Worte, die ich zu euch rede, die rede ich nicht von mir selbst aus. Und der Vater, der in mir wohnt, der tut seine Werke. Glaubt mir, daß ich im Vater bin und der Vater in mir; wenn nicht, so glaubt mir doch um der Werke willen."

„Euer Herz erschrecke nicht! Glaubt an Gott und glaubt an mich! In meines Vaters Hause sind viele Wohnungen. Wenn's nicht so wäre, hätte ich dann zu euch gesagt: Ich gehe hin, euch die Stätte zu bereiten? Und wenn ich hingehe, euch die Stätte zu bereiten, will ich wieder kommen und euch zu mir nehmen, damit ihr seid, wo ich bin. Und wo ich hingehe, den Weg wißt ihr."

Die Befragung ging weiter, Petrus wandelte sich in Thomas um und fragte trotzdem: „Herr, wir wissen nicht, wo du hingehst; wie können wir den Weg wissen?", und wieder ohne Erfolg. „Niemand kommt zum Vater denn durch mich." sagte Jesua - nur über meine Leiche, anders gesagt.

„Spricht zu ihm Thomas: Herr, wir wissen nicht, wo du hingehst; wie können wir den Weg wissen? Jesus spricht zu ihm: Ich bin der Weg und die Wahrheit und das Leben;

niemand kommt zum Vater denn durch mich. Wenn ihr mich erkannt habt, so werdet ihr auch meinen Vater erkennen. Und von nun an kennt ihr ihn und habt ihn gesehen." (Joh.)

Der penetrante Drilling mit Petrus Stimme ließ nicht nach und fragte: „Herr, wo gehst du hin?"

Jesua antwortet: „Wo ich hingehe, kannst du mir diesmal nicht folgen; aber du wirst mir später folgen."

Petrus: „Herr, warum kann ich dir diesmal nicht folgen. Ich will mein Leben für dich lassen?"

Geführt wurde dieser merkwürdige Dialog am letzten Tag, Petrus wusste, dass er auf einen goldenen Faden gestoßen war und wollte unbedingt mehr über den Kopf der Verschwörung erfahren. Jesua aber fragte ihn mißtrauisch: „Du willst dein Leben für mich lassen? Wahrlich, wahrlich, ich sage dir: Der Hahn wird nicht krähen, bis du mich dreimal verleugnet hast."

„Spricht Simon Petrus zu ihm: Herr, wo gehst du hin? Jesus antwortete ihm: Wo ich hingehe, kannst du mir diesmal nicht folgen; aber du wirst mir später folgen. Petrus spricht zu ihm: Herr, warum kann ich dir diesmal nicht folgen? Ich will mein Leben für dich lassen. Jesus antwortete ihm: Du willst dein Leben für mich lassen? Wahrlich, wahrlich, ich sage dir: Der Hahn wird nicht krähen, bis du mich dreimal verleugnet hast."

Weiter belasteten vor Gericht „zwei falsche Zeugen" Jesua schwer: „Dieser sagte: Ich kann den Tempel Gottes abbrechen und in drei Tagen ihn aufbauen." (Mt.) Und nach Gerichtsschluss gingen zwei Apostel „aber fröhlich von dem Hohen Rat fort", das waren Petrus und Johannes.

Beide, Petrus und Thomas, zeigten ihre Bereitschaft, für Lazarus und Jesua zu sterben. Und wie war es? Nach Erhalt der Nachricht über den Anschlag auf Lazarus war es Thomas, der die Jünger anstiftete, sofort hinzugehen und „mit ihm zu sterben." Und wenn Jesua nicht 2 Tage abgewartet hätte, wäre die Truppe voll in die Falle geraten.

„Da sprach Thomas, der Zwilling genannt wird, zu den Jüngern: Laßt uns mit ihm gehen, daß wir mit ihm sterben!" (Joh.)

Beide, Petrus und Thomas, kommen „später", dabei sticht Thomas seine Finger in die Wunde von Lazarus und zum zweiten Mal in die Wunden von Jesus Christus. Der Abschnitt darüber wurde elegant in die fiktive Auferstehung verschoben. Und wenn Thomas in Wirklichkeit der Petrus war, der seine Finger in die Wunde auch bei Lazarus und auch bei Jesus Christus steckte, kann der unappetitliche Eindruck entstehen, dass Lazarus nicht von den Toten auferweckt wurde und endgültig und unwiderruflich nach dem Mordanschlag verstarb. Und mit diesem Mord, wie auch mit der Ermordung von Jesus Christus, hat Petrus womöglich etwas zu tun gehabt.

Vorsichtshalber wurde Petrus in „Thomas" umbenannt und der ganze Textabschnitt verschoben. Einer, der eine solche Kombination vornahm, musste genau gewusst haben, warum. Oder er war sowohl unmittelbarer Zeuge als auch zugleich der Autor.

Petrus steckte seine Finger 2 mal in die Wunde. Logischerweise sind in seiner Darstellung die beiden Toten frisch und lebendig auferstanden, mit einer Konsequenz: es gab keinen Mord. Und es ist eine Nebenbei-Sache zu bemerken, dass der Begleiter von Lazarus Petrus Thomas war.

Nach so viel Identitätswechsel kam der Evangelienschreiber selbst durcheinander und musste mit sich selbst eine Form festlegen und den Text vereinheitlichen. Er favorisierte den Namen „Petrus". Und auch wenn das grammatikalisch nicht ganz toll klingt, wäre es vielleicht einfacher zu schreiben: Petrusandreas, Petrusthomas, Petrusjohannes usw. Wie zu sehen ist, sind alle Namen eine Variation des Gleichen, Petrus war sein eigener Zwilling. Petrus und noch einmal Petrus, ist das unmöglich? Möglich, wie in einer Anekdote:

In einem Naturkundemuseum wurden zwei Skelette ausgestellt, eines war ganz groß und daneben stand ein anderes, ganz klein. Die Leiterin zeigt dem Publikum das große Skelett und sagt: „Das ist Herr Helmut Kohl." Weiter zeigt sie dann auf das ganz kleine Skelett und sagt: „Das ist Herr Kohl, als er zwei Jahre alt war."

Petruspaulus

Als der mysteriöse Thomas nach der Kreuzigung vollständig verschwindet, tritt an seiner Stelle ein neuer Held auf und macht sich mit der Steinigung von Stephanus vertraut. Die rhetorischen Fragen bedürfen einer rhetorischen Antwort: es war Saulus im Sinne von Paulus.

Der „Fremde" mit ausländischem Akzent, der am nächsten Tag nach der Kreuzigung den Kleopas und seinen Begleiter auf dem Weg nach Emmaus anquatschte: „Was sind das für Dinge, die ihr miteinander verhandelt unterwegs?", war hochgebildet und sprachlich hochgestochen. Aus dieser Sorte gibt es zur Auswahl im NT nur zwei: Jesua und Paulus, und einer von den beiden müßte der „Fremde" gewesen sein.

Mit Jesuas Tod endet das Kapitel mit Simon Petrus. Er bekam seine endgültige literarische Gestalt und wurde, im Unterschied zu Paulus in der Apg., ab dann einfach „Petrus" genannt. Im Ergebnis ist Andreas Petrus, Petrus ist Thomas, Thomas ist Paulus, und was daraus folgt will keiner gerne wissen.

Es war Petrus Paulus, der auf dem Ölberg in 40 Tagen in Sachen informeller Mitarbeit und Unterwanderungskunst eingearbeitet wurde. Er erhielt vom Hohen Rat die Liste mit Verbindungspersonen und Namen von Übeltätern aus der

Untergrundbewegung und ging schleunigst nach Damaskus. Danach gründete er seine erste Zelle mit 11 Aposteln. Also doch, die Liste mit verdächtigen Personen existierte und durfte später als Vorlage für die Liste der „Zwölf" dienen.

Die „Zwölfe"

Die Liste von 12 Aposteln

Die klassische Zahl von 12 (Aposteln) wird mit 12 Stämmen erklärt. Wahrscheinlich kommen Theoretiker auf einen solchen Gedankensprung aus Mangel an körperlicher Arbeit. Scheinbar hatte Jesua nichts Besseres zu tun, als über die Symbolik nachzudenken und sich mit Okkultismus zu beschäftigen. Und wenn schon - zusammen mit dem vergessenen Stamm Levi gab es 13 und nicht 12 Stämme.

Eine militärische Einheit aus 12 Jüngern in einem Zug ist nicht ganz unmöglich, aber für eine Untergrundbewegung sind 10 Jünger in einer Zelle sogar zu viel, so teilte Jesua die Rekruten in 5 Krieger pro Truppe auf.

„Denn es waren etwa fünftausend Mann. Er sprach aber zu seinen Jüngern: Laßt sie sich setzen in Gruppen zu je fünfzig."

Auch beim Letzten Abendmahl bestand die Truppe nur aus 5 Verschwörern, zusammen mit Petrus und dem ausgeschiedenen Lazarus ergibt sich die klassische Zahl 7.

Überhaupt ist die Frage, ob es die 12 heiligen Apostel jemals gab? Bei den Römern war die Zahl 12 typisch. Auch wenn die astronomische 12 (12 Monate, 12 Stunden) auf der Grundlage des Vier-Generationen-Schritts (4x3) im hebräischen Kalender entstand, hatte die Zahl bei den Hebräern nie eine Bedeutung.

Die Liste mit der „Berufung der Zwölf" – nicht, dass jemand die Prioritäten missversteht - beginnt ausdrücklich mit dem Satz: „Zuerst Simon, genannt Petrus." und endet mit dem Satz: „Judas Iskariot, der ihn verriet." (wen, den Petrus?).

Die Jünger in der Liste sind aus zweierlei Gründen, die an dieser Stelle nicht erörtert werden, zu Paaren geordnet: Petrus und Andreas, Philippus und Bartholomäus, Thomas und Matthäus, Simon und Juda usw.

Und weil in der Auflistung von 12 Aposteln verdächtig viele Unstimmigkeiten vorkamen, kann dieses Dokument etwas näher untersucht werden. In vier Listen ist eine redaktionelle Vereinheitlichung eindeutig, mit Petrus am Anfang und Judas am Ende. Falls diese Liste Namen von verdächtigen Personen enthält, dann verrät der Spruch: „Die Ersten werden die Letzten sein." die ursprüngliche hierarchische Reihenfolge. Umgekehrt gesehen beginnt die Liste mit den Namen der Schwerstverbrecher Juda und Simon und endet absteigend mit den loyalen Andreas und Petrus. Womöglich wurde dann eine Liste mit Namen der Verdächtigen von römischer Stelle verfasst und geführt.

11 Apostel

Nach der Kreuzigung schusterte Petrus eine neue Truppe zusammen:
Johannes, Jakobus und Andreas, Philippus und Thomas, Bartholomäus und Matthäus, Jakobus, der Sohn des Alphäus, und mit Simon Zelot und Judas, der Sohn des Jakobus.

„Und als sie hineinkamen, stiegen sie hinauf in das Obergemach des Hauses, wo sie sich aufzuhalten pflegten: Petrus, Johannes, Jakobus und Andreas, Philippus und Thomas, Bartholomäus und Matthäus, Jakobus, der Sohn des Alphäus, und Simon der Zelot und Judas, der Sohn des Jakobus. Diese alle waren stets beieinander einmütig im Gebet samt den Frauen und Maria, der Mutter Jesu, und seinen Brüdern." (Apg.)

Dabei wird anstelle des verstorbenen Verräters Judas ein neuer Jünger Matthias aufgenommen, „und er wurde zugeordnet zu den elf Aposteln.", den Guru Petrus nicht mitgerechnet. Tragischerweise bestand die Truppe zum großen Teil aus toten Seelen:

Johannes (Zebedäus) – starb am Kreuz,
sein Bruder Jakobus – wurde kurz danach „mit Schwert erschlagen",
Simon Zelot – war auf der Flucht.

Die anderen wurden später nicht mehr erwähnt, weil sie tot waren oder das Zeugnis nicht bestätigen konnten. Und wie alt sollte „Maria, die Mutter Jesu" sein? Uralt und immer noch politisch aktiv? Sehr gute Gene, würde Sarrazin sagen.

Die Neugründung fand bald nach Jesuas Tod statt, was die Liste noch weniger vorstellbar macht. Besonders, wenn manche Apostel auf dem Weg in fremde Länder waren, die frohe Botschaft zu bringen und nicht anwesend sein konnten, es sei denn, sie haben sich per Briefwahl gemeldet. Der Verdacht ist groß, dass die 11 Jünger von Petrus imaginär sind, so wie das abgeschlagene rechte Ohr. Eine Übersicht, das gleiche nochmal:

12 Jünger bei Matthäus.

Simon Petrus und Andreas,	Jakobus und Johannes Zebedäus,
Philippus und Bartholomäus,	Thomas und Matthäus Zöllner,
Jakobus Alphäus, und Thaddäus,	Simon Kananäus und Judas Iskariot

„Zuerst Simon, genannt Petrus, und Andreas, sein Bruder; Jakobus, der Sohn des Zebedäus, und Johannes, sein Bruder; Philippus und Bartholomäus; Thomas und Matthäus, der Zöllner; Jakobus, der Sohn des Alphäus, und Thaddäus; Simon Kananäus und Judas Iskariot, der ihn verriet." (Mt.)

12 Jünger bei Markus.

Petrus, Jakobus und Johannes Zebedäus, Andreas und Philippus
und Bartholomäus und Matthäus und Thomas und Jakobus Alphäus,
und Thaddäus und Simon Kananäus und Judas Iskariot

„Petrus; Jakobus, den Sohn des Zebedäus, und Johannes, den Bruder des Jakobus, Andreas und Philippus und Bartholomäus und Matthäus und Thomas und Jakobus, den Sohn des Alphäus, und Thaddäus und Simon Kananäus und Judas Iskariot." (Mk.)

12 Jünger bei Lukas.

Simon Petrus und Andreas, Jakobus und Johannes,
Philippus und Bartholomäus, Matthäus und Thomas,
Jakobus Alphäus, und Simon Zelot,
Judas, den Sohn des Jakobus, und Judas Iskariot

„Simon, den er auch Petrus nannte, und Andreas, sein Bruder, Jakobus und Johannes; Philippus und Bartholomäus; Matthäus und Thomas; Jakobus, den Sohn des Alphäus, und Simon, genannt der Zelot; Judas, den Sohn des Jakobus, und Judas Iskariot." (Lk.)

Und sieh mal an, von dem besonders informativen **Apostel Johannes** fehlt eine vierte Variation der Apostel-Liste, dafür aber sind die 11 Apostel von Petrus in der Lukas-Apostelgeschichte vorhanden.

11 Jünger in Apostelgeschichte.

Petrus, Johannes, Jakobus und Andreas, Philippus und Thomas,
Bartholomäus und Matthäus, Jakobus Alphäus,
und Simon der Zelot und Judas, der Sohn des Jakobus

„Petrus, Johannes, Jakobus und Andreas, Philippus und Thomas, Bartholomäus und Matthäus, Jakobus, der Sohn des Alphäus, und Simon der Zelot und Judas, der Sohn des Jakobus." (Apg.)

War der Auftragsschreiber mit der Liste von 11 Aposteln so überfordert, dass er bei Apostel Johannes die Liste von „12" eingespart hat? Eine andere Frage: gab es eine Vorlage, oder haben die Apostel die Namen voneinander einfach abgeschrieben, so wie das die wissenschaftliche Community in der Regel praktiziert?

Manche Anwesend-Abwesende können überprüft werden.

Petrus und Andreas. Die Gewinner auf dem ersten Platz sind „Petrus und Andreas", oder Petrus in zweifacher Ausführung.

Johannes und Andreas. Es entsteht der Eindruck, dass die Namen der Apostel einfach mit kleinen Modifikationen abgeschrieben wurden. Das Pärchen „Johannes und Andreas" ist bei der Neugründung unter den 11 Jüngern wieder derselbe Petrus mit Johannes Zebedäus. Wer nannte sich zuletzt „Sohn Johannes", oder abgekürzt „Johannes"? Der alte Petrus. Er verließ voll Freude mit „Johannes" das Gericht, und dann kratzen die Schriftgelehrten und Ungelernten ihre Körperteile und überlegen, ob Petrus mit Johannes identisch ist.

Philippus und Bartholomäus. Philippus und Bartholomäus sind weitere 2 zugelegte Namen von Petrus. „Philippus" heißt übersetzt „Pferde-Lover". Dieser Tierfreund trug den Namen seines Herrn Herodes Philippos, der bis zu seinem Tode im Jahr 34 n. Tetrarch (Vierfürst) von Ituräa, Golan und Trachonitis gewesen war. (123)

Laut Quitilian sind nur die freien Menschen „berechtigt, einen Vor- und Familiennamen zu besitzen (…). Zumeist trugen die Sklaven Rufnamen, die nach dem Namen ihres Herrn gebildet waren." (A.W.Mischulin, „Spartakus")

Unter diesem Namen fing Philippus seine Karriere an, schon als er zusammen mit Nataniel von Johannes Täufer zu Jesua überwechselte.

„Am „nächsten Tag" trifft Jesua wieder 2 Jünger, Philippus und Nataniel."

„Andreas, der Bruder des Simon Petrus, war einer von den zweien."

Am Ende des Kapitels predigte er noch in Gaza, dann kam er nach Caesarea, wo der Drilling Petrus, Paulus und Philippus sich vor der Abreise zusammentraf. Endlich kam nach einer langwierigen Persönlichkeitsspaltung eine Persönlichkeitsvereinigung zustande. Und nach dem Verwirrspiel bei Gericht mit dem Namen „Barabbas" sind die Namen mit „Bar" in Mode gekommen, „Barnabas", „Barsabas", „Barbarossa" usw. Bartholomäus ist in Goa angekommen:

„Er predigte der Überlieferung nach in Persien, möglicherweise auch in Indien." (159)

Noch ein Guru. Übrigens, „Einige Überlieferungen sehen in ihm auch den Bräutigam der Hochzeit zu Kana." Echt, nicht nur Simon Petrus, auch Bartholomäus tanzte auf allen Hochzeiten.

Bartholomäus und Nathanael. Leider zeigt der Namenvergleich, dass sich Petrus hinter Bartholomäus versteckte, und was Nathaniel betrifft - er ist scheinbar ganz am Anfang verschollen, auf ihn war Bartholomäus angesetzt. Deswegen vielleicht sieht die Bibelwissenschaft „in Nathanael und Bartholomäus die gleiche Person".

Ein Schelm, wer Böses dabei denkt, aber manchmal haben nicht nur Geheimagenten Pech, auch Widerstandskämpfer werden ausgeschaltet und scheiden von ihrem beruflichen Leben aus.

Thomas und Matthäus. Über Thomas wurde schon gesagt, dass dies der Name des ungläubigen Petrus war, der unter diesem Namen zum 4. Mal und als „Matthäus" zum 6. Mal in der Liste (Apg.) eingetragen wurde. Und wenn in den Listen Petrus, Andreas, Philippus, Thomas, Bartholomäus und Matthäus mit Petrus identisch sind, müssen alle 6 aus der Liste gestrichen werden, weil es ein Unrecht ist, dass Petrus sich mit verschiedenen Namen 6 mal bei seinen Schäfchen meldete.

Von 11 Aposteln bleiben bis jetzt real, ausgenommen Petrus mal 6, nur 5 Jünger übrig: Johannes und Jakobus Zebedäus, Jakobus Alphäus, Simon Zelot und Judas.

Die Namen der 12 Apostel in allen drei Listen, außer Thaddäus und Judas, den Sohn des Jakobus, wiederholen sich. Die Theologie-Doktoren suchen vergeblich nach der Identität von den beiden (Thaddäus und Judas, Sohn des Jakobus) und finden nichts. Zusammen mit diesen zwei wären bei Petrus 13 Jünger gewesen. Und wo ist bei ihm Nathanael geblieben, der Vereinsmitbegründer? Ob Petrus nicht mehr intakt war oder aus einem anderen Grund handelte? Das Verzeichnis mit 11 Aposteln wurde vergleichsweise unordentlich zusammengestellt, nur die Platzierung von Judas, Sohn des Jakobus, am Ende des Verzeichnisses (wieder Judas und wieder am Ende ein schlechtes Omen) macht neugierig.

Judas, Sohn des Jakobus. Judas, Sohn des Jakobus, ist doch noch zu finden. Nach Jesuas Tod erstellte Petrus eine neue Liste, am Ende Judas, Sohn des Jakobus. Die Eintragung von Judas, Sohn Jakobus, erscheint nur in den Listen von Apostel Lukas, nicht in der Apostelgeschichte von Lukas und steht in guter Nachbarschaft zwischen Simon Zelot und Judas Iskariot, der alles vermasselte. Das bedeutet nur eins, viel später, bei der Schlussredaktion, wusste der Verfasser der Heiligen Schrift nicht und konnte nicht wissen, dass Judas, Sohn des Jakobus, so, wie er ursprünglich genannt wurde, Judas Iskariot war. Zweifelhaft, ob er damit einverstanden wäre, überhaupt auf der Petrus-Liste zu stehen. Ein Mitstreiter des Großen Jakobus hieß nämlich Juda bar Jakob.

Alphäus. Wer hat bis jetzt noch nicht erraten, wer Alphäus war? Muss auch nicht sein, ist zu spät. Für die Sprachwissenschaft bedeutet „Alphäus" „changing", ein Wechsler, also doch ein Zöllner und Spekulant. Warum? Darüber wissen allein die Linguisten und Dadaisten Bescheid, die mit gleicher Hingabe „Hebräer" mit "Habiru" und „Apiru" verwechseln.

„Alphäus" ist das römisierte Wort ALeF und heißt „Alpha", „der Erste". Gerne vergessen wurde eine andere Bedeutung von ELeF, der „Fürst", deswegen wird auch ALFeI ISRaEL als „Fürsten Israels" übersetzt und nicht als „Tausende Israeliten". Und wer wurde in den Akten unter der Bezeichnung „Alphäus" eingetragen? Der 30 Jahre zuvor gestorbene Aufstandsführer Juda Galiläer oder der lebendige Joseph Kaipha? Keine schwere Frage.

Jakobus, Sohn des Alphäus. Dennoch war das Alpha und Omega des Widerstands Juda Galiläer, entsprechend hieß sein Sohn „Jakobus, Sohn des Alphäus". Dennoch hieß er, richtig geschrieben und übersetzt, eigentlich „Jakobus bar Alphäus" und war ein Mitstreiter von Alphäus. Das war jener Große Jakobus, der unter Tiberius Alexander im Jahr 45(-48) n. gekreuzigt wurde und „in vielen Konfessionen als Heiliger verehrt" wird. Wen sie verehren, wissen sie nicht genau.

„Jakobus, Sohn des Alphäus, („† um 6 in Jerusalem") ist der an zweiter Stelle genannte der beiden Apostel mit dem Namen Jakobus. Er wird zur Unterscheidung von Jakobus dem Älteren oft als Jakobus der Jüngere oder Jakobus, Sohn des Alphäus, bezeichnet und in vielen Konfessionen als Heiliger verehrt." (104)

„Zöllner" Levi und Matthäus. Die anderen Spekulanten, Levi und Matthäus, einen Rang darunter, waren nur zwei von vielen einfachen „Zöllnern". Überhaupt entsteht der Eindruck, hier handelt es sich um den ganzen Clan der Rothschilds. Im Unterschied zu Alphäus bekam der Hohepriester Kaipha von Kirchengelehrten den Spitznamen „Zöllner", und beide, Levi und Matthäus, gehören zu seiner obligatorischen Familie.

Thaddäus. Außer Matthäus „Zöllner" gab es noch einen Zachäus, der „Oberzöllner" (Direktor von Finanzamt?). Bei der bekannten Sprachfähigkeit von Übersetzern, die solch neue Wortschöpfungen erfinden, wie „Zadukäer", „Sadukäer", „Sadduzäer" und „Sadducäer", hieß Thaddäus vorher Zachäus. Zachäus war linientreu, er sprach zu dem Herrn: „Siehe, Herr, die Hälfte meiner Güter gebe ich den Armen, und wenn ich von jemand etwas durch falsche Anklage genommen habe, so erstatte ich es vierfach." Und Jesua hat ihn hoch gewürdigt: „Heute ist diesem Haus Heil widerfahren, weil auch er ein Sohn Abrahams ist." (Lk.) Thaddäus war einfach ein Sohn „Abrahams", des „ruhmreichen Vaters".

Anhand der Ahnenlisten von Jesua und Juda ergibt sich die Prognose über den Verwandtschaftsgrad zwischen Juda Galiläer, Joseph Kaipha und Josef Zimmermann:

	-Levi-Matat-Eli-Josef Zimmermann/Maria Magdala-Juda
König	-Eleasar-Matan-Jakob-Josef Kaipha/Maria Magdala-Jesua
David-	-Eleasar-Matan-Jakob-Josef Kaipha/Maria-Levi und Matthäus
	-Eleasar-Matan-Jakob-Juda Galiläer-Großer Jakob, Simon
	und Salome

Im Ergebnis bleiben von allen Aposteln in den „Zwölf" Listen, ausgenommen Petrus in mehrfacher Ausgabe, real 6 Jünger (Mt.):

290

Jakobus und Johannes Zebedäus
Jakobus Alphäus, und Thaddäus,
Simon Kananäus und Judas Iskariot

Petruschristen

Stephanus

Gleich nach der Kreuzigung am 13. NISaN 36 brach eine schreckliche „Christenverfolgung" aus, in dieser Zeit verbrachte Petrus 40 Tage mit Pleta und Kreta auf dem Ölberg und feierte eine Party. Drei Monate später richtete der friedfertige Pontius Pilatus „am 15. Juli 36 ein Blutbad unter den Pilgern" an.

Offensichtlich folgte die Hinrichtung von Stephanus direkt auf den heißen Spuren nach dem Prozess, dafür spricht einiges. Nach Jesuas Tod bildete sich spontan ein neues Politbüro mit einem Vorsitzenden, „und sie wählten Stephanus, einen Mann voll Glaubens und heiligen Geistes". Und im zweiten Satz sind völlig zusammenhanglos namentlich 6 Parteigenossen aufgeführt: „Philippus und Prochorus und Nikanor und Timon und Parmenas und Nikolaus, den Judengenossen aus Antiochia." Und sieh mal an, Petrus war wieder da, aber komischerweise, den Großen Mann wählte keiner, nicht einmal in den Vorstand. Weiter passiert alles nach einer alterprobten Regie, der Anführer wurde verhaftet und umgebracht.

Stephanus Verteidigungsrede erwähnte die Auferstehung mit keinem einzigen Wort, diese prägnante Erscheinung hat er nicht miterlebt, das heißt, Stephanus' Exekution erfolgte in der heißen Woche unmittelbar nach Jesuas Hinrichtung und vor der Auferstehung, so konnte er von einer Vollversammlung „nach acht Tagen" nichts erfahren. Der demokratisch gewählte Stephanus war „voll Gnade und Kraft, tat Wunder und große Zeichen unter dem Volk", was unter Umständen nicht wohlwollend angesehen wurde. Und wie zu erwarten, gegen ihn stritten „der Kyrenäer (wieder Simon?) und der Alexandriner und einige von denen aus Zilizien und der Provinz Asien", kurzum, dieselben, die aus „der Provinz Asien, Ägypten und der Gegend von Kyrene in Libyen" waren und mit Petrus an Pfingsten süßen Wein tranken.

„Da standen einige auf von der Synagoge der Libertiner und der Kyrenäer und der Alexandriner und einige von denen aus Zilizien und der Provinz Asien und stritten mit Stephanus." (Apg.)

Der Prozess gegen Stephanus verlief nach dem gleichen Muster, mit den gleichen Anschuldigungen wie bei Jesua: „Dieser Mensch hört nicht auf zu reden gegen diese heilige Stätte und das Gesetz." Und wie bei Jesua, die

Wiederholung ist ja die Mutter der Lehre, unterstellten die „falschen Zeugen", dass „dieser Jesus von Nazareth (…) gegen Mose und gegen Gott" sprach. „Sie" sagten: „Denn wir haben ihn sagen hören: Dieser Jesus von Nazareth wird diese Stätte zerstören und die Ordnungen ändern, die uns Mose gegeben hat." Das sind die gleichen Anschuldigungen gegen Jesua, wie vom Talmud abgeschrieben.

„Da stifteten sie einige Männer an, die sprachen: Wir haben ihn Lästerworte reden hören gegen Mose und gegen Gott."

„Und sie brachten das Volk und die Ältesten und die Schriftgelehrten auf, traten herzu und ergriffen ihn und führten ihn vor den Hohen Rat und stellten falsche Zeugen auf, die sprachen: Dieser Mensch hört nicht auf, zu reden gegen diese heilige Stätte und das Gesetz. Denn wir haben ihn sagen hören: Dieser Jesus von Nazareth wird diese Stätte zerstören und die Ordnungen ändern, die uns Mose gegeben hat." (Apg.)

Und „da fragte der Hohepriester: Ist das so?". Dass irgendjemand, der sowieso nicht mehr am Leben ist und irgendwann meinte, er wird diese Stätte zerstören und die gesellschaftliche Ordnung ändern, eine solche Anschuldigung reicht nicht für eine Verurteilung aus, geschweige für eine Todesstrafe.

Der Gerichtsprozess wurde nicht ordentlich abgeschlossen, ohne Gerichtsurteil wurde Stephanus hinausgeschleppt und gelyncht.

„Als sie das hörten, ging's ihnen durchs Herz, und sie knirschten mit den Zähnen über ihn. Er aber, voll heiligen Geistes, sah auf zum Himmel und sah die Herrlichkeit Gottes und Jesus stehen zur Rechten Gottes und sprach: Siehe, ich sehe den Himmel offen und den Menschensohn zur Rechten Gottes stehen. Sie schrien aber laut und hielten sich ihre Ohren zu und stürmten einmütig auf ihn ein, stießen ihn zur Stadt hinaus und steinigten ihn." (Apg.)

Was aber löste so eine heftige Reaktion aus? Stephanus beschuldigte „sie" wegen Mordes, „Verräter und Mörder ihr nun geworden seid", „sie" haben Jesua „den Gerechten" getötet.

„Ihr Halsstarrigen, mit verstockten Herzen und tauben Ohren, ihr widerstrebt allezeit dem heiligen Geist, wie eure Väter, so auch ihr. Welchen Propheten haben eure Väter nicht verfolgt? Und sie haben getötet, die zuvor verkündigten das Kommen des Gerechten, dessen Verräter und Mörder ihr nun geworden seid." (Apg.)

Nun, wer sind die ewigen „sie", die Stephanus anklagten? Scheinbar sind es die gleichen, die während der Überführung von Erich Honecker in die Haft vor den Toren des Gefängnisses „Moabit" standen und schrien: „Mörder! Mörder!". In der Beschreibung der Gerichtsverhandlung fehlte eine entscheidende Zeugenaussage. Der Name des Hauptzeugen und alle anderen Zeugen sind schon bekannt, es waren „der Libertiner und der Kyrenäer und der Alexandriner und einige von denen aus Zilizien und der Provinz Asien", die ihre Kleider zu den Füßen von Saulus ablegten und Stephanus steinigten.

„Und die Zeugen legten ihre Kleider ab zu den Füßen eines jungen Mannes, der hieß Saulus, und sie steinigten Stephanus; der rief den Herrn an und sprach: Herr Jesus, nimm meinen Geist auf! Er fiel auf die Knie und schrie laut: Herr, rechne ihnen diese Sünde nicht an! Und als er das gesagt hatte, verschied er." (Apg.)
Und wie Jesua kurz vor seinem Tod sprach: „Vater, vergib ihnen, denn sie wissen nicht, was sie tun!", wünschte auch Stephanus keine Strafe für seine Steiniger, „Er fiel auf die Knie und schrie laut: Herr, rechne ihnen diese Sünde nicht an!" Scheinbar hatte das wenig mit dem Gebot „Liebe deine Feinde" zu tun, und Stephanus musste nicht sterben, weil er heilig war. Es könnte noch ein anderer Grund sein, worüber seine Steiniger nichts ahnten. Stephanus durchschaute das Programm der Römer und ihrer Helfer, entlarvte sie sogar als „Verräter und Mörder" des Gerechten. Allein deshalb musste er sterben.

Seine Rede fing Stephanus allerdings mit den Worten an: „Ihr aber habt den Heiligen und Gerechten verleugnet und darum gebeten, daß man euch den Mörder schenke; aber den Fürsten des Lebens habt ihr getötet." Dieser und folgender Satz: „Nun, liebe Brüder, ich weiß, daß ihr's aus Unwissenheit getan habt wie auch eure Oberen", wurden verschoben und in den Mund von Petrus gelegt, als er mit Johannes vor Gericht seine große Rede hielt, und danach gingen „sie" „fröhlich von dem Hohen Rat fort". Aber Stephanus war zum Tode verdammt, weil er der bis jetzt fehlende 7. Jünger Jesuas war: die 5 Jünger am Letzten Abendmahl, Lazarus und Stephanus, der letzte.

Saulus

Die Exekution von Stephanus moderierte und beaufsichtigte Saulus von Paulus, „die Zeugen legten ihre Kleider ab" zu Chefs Füßen, und der „hatte Gefallen an seinem Tode".

„Saulus aber hatte Gefallen an seinem Tode. Es erhob sich aber an diesem Tag eine große Verfolgung über die Gemeinde in Jerusalem; da zerstreuten sich alle in die Länder Judäa und Samarien, außer den Aposteln." (Apg.)
Die Zerschlagung von Jesuas Zelle löste die Verfolgung seiner Anhänger aus, Saulus war dabei voll im Einsatz: „Saulus aber suchte die Gemeinde zu zerstören, ging von Haus zu Haus, schleppte Männer und Frauen fort und warf sie ins Gefängnis." Die alte Garde floh nach Judäa und Samaria, „außer den Aposteln". Und was für ein Wunder, die „Apostel" wurden nicht davon betroffen und blieben in Jerusalem, besonders Petrus. Später erzählte Saulus Folgendes: „Ich habe die neue Lehre verfolgt bis auf den Tod; ich band Männer und Frauen und warf sie ins Gefängnis, wie mir auch der Hohepriester und alle Ältesten bezeugen." Er sagte noch: „Und als das Blut des Stephanus, deines Zeugen, vergossen wurde, stand ich auch dabei und hatte Gefallen daran und bewachte denen die

Kleider, die ihn töteten." (Apg.)

Und wie die atemberaubende Bezeichnung „junge christliche Gemeinde Jerusalems" täuschen kann. Waren das Mitstreiter von Jesua oder Petruschristen, die Jesua gar nicht kannten? Und wenn Jakobus „Zebedaide" wirklich im wissenschaftlich-theologisch belegten „Jahr 42 n. Chr." (5 Jahre später) von Herodes Agrippa getötet wurde, warum flüchtete dann Petrus aus Jerusalem? Kann jemand erklären, wieso er ausgerechnet in die Höhle des Agrippa nach Cäsarea flüchtete?

„Erst als während der Verfolgung durch König Herodes Agrippa I im Jahr 42 n. Chr. der Zebedaide Jakobus getötet wurde und Petrus aus Jerusalem floh, übernahm offenbar Jakobus die Leitung der Gemeinde." (155)

Von wem und welche Gemeinde Jakobus Gerechter im „Jahr 42 n. Chr." übernahm, ist an sich noch die Frage. Aber warum rettete später der Christenverfolger Herodes Agrippa, mit einem massiven Aufgebot von „zweihundert Soldaten und siebzig Reitern und zweihundert Schützen", Saulus abu Paulus vor „Juden" und brachte ihn zu sich nach Cäsarea in Sicherheit? Und da plauderte Saulus-Paulus mit dem üblen Christenfresser Herodes Agrippa über das Christentum.

Paulus zu Saulus

Es ist bekannt, wie Saulus zu Paulus wurde, nun, und wie wurde Paulus zu Saulus? Nachdem König Saul getötet und sein Volk ausgerottet wurde, war der Name Saulus nicht mehr in Mode. Und wenn Paulus wirklich Saulus hieß, können weitgehende, aber falsche Schlüsse gezogen werden.

Petrus' Namen „Thomas"/TeOM (Zwilling) grenzt buchstäblich an das Wort TeHOM/"Abgrund" und entspricht dem griechischen Hades/"Unterwelt". Der gleiche Hintergedanke stimmt für das hebräische Reich der Toten SheOL, die Wörter ShaUL (Saul) und SheOL werden gleich geschrieben, so dass der Name „Saulus" etwas ganz anderes und nichts Gutes andeuten könnte. Und ausgerechnet in der Letzten Woche nach der Ermordung von Lazarus bis zur Hinrichtung von Jesus und Christus, als die Pforten des Hades sich öffneten, hieß der ungläubige Petrus „Thomas" und nach der Kreuzigung war er „Sheolus" geworden, sozusagen. Wie gesagt, in jedem Witz gibt es ein Stück Ernst, aber Paulus wurde er einfach aus einem anderen Grund. Der Name „Paulus" war für das Ausland gedacht, und im Inland ist, nach einem kleinen Austausch des Buchstaben „P", der Name voll einheimisch geworden. Dabei konnten die Initialen "SP", wie bei Simon Petrus, beibehalten werden.

294

Soldaten

Satan

Die öffentliche Meinung weiß genau, wer die Verurteilten am Kreuz marterte und Jesus Christus mit dem Speer durchstach, es waren ohne Zweifel römische Soldaten. Ein Schrittchen weiter überlegt, waren es die germanischen Soldaten im Dienst von Rom, von deren Unterstützung die Machtposition des jeweiligen Cäsars abhing?

„German" auf hebr. gelesen ist GaRaM und bedeutet „to break bones", das heißt „Knochen brechen", damit ist nicht gesagt, dass sie es waren, die den Hingerichteten die Beine brachen. Das NT erwähnte weder „römische" noch „germanische" Soldaten, oder die Bibel verschweigt etwas.

Nochmals, wie war es bei Pontius Pilatus? Waren die Köpfe des Widerstands auf seinen Befehl hin liquidiert worden oder nicht? Eine Tatsache ist, Johannes Täufer und Jesua wurden von König Herodes verfolgt, Johannes Täufer wurde in Peräa hingerichtet und Jesua 40 Tage lang eingeknastet, „versucht von dem Satan (Herodes) und war bei den wilden Tieren (Römern)". (Mk.) Bis jetzt ist klar, wer der „Satan" war und wer „die wilden Tiere". Für Jesua war Herodes Antipas ein „Satan", und die Römer waren nicht mehr als kriechende Tiere, „Schlangen und Skorpione". So sagte er: „Ich schaute den Satan wie einen Blitz vom Himmel fallen. Siehe, ich gebe euch die Macht, auf Schlangen und Skorpione zu treten, und über die ganze Kraft des Feindes, und nichts soll euch irgendwie schaden." (Lk.) Zu bezweifeln ist, ob die Römer und Griechen diesen diskriminierenden Ton schön fanden. In diesem Sprachgebrauch waren die Pharisäer eine „Schlangenbrut".

„Als er nun viele Pharisäer und Sadduzäer sah zu seiner Taufe kommen, sprach er (Johannes Täufer) zu ihnen: Ihr Schlangenbrut, wer hat denn euch gewiß gemacht, daß ihr dem künftigen Zorn entrinnen werdet?" (Mt.)

Bei der ersten Begegnung mit dem Satan wurde Jesua möglicherweise von ihm persönlich verhört, ihm sagte er: „Weg mit dir, Satan!" (Mt.) Zum zweiten Mal, nach seiner zweiten Verhaftung, begegnete Jesua wieder dem Satan Herodes Antipas, der „in diesen Tagen auch in Jerusalem war" und der unbedingt prüfen wollte, ob bei dem „auferstandenen Johannes der Täufer" (Jesua) der Kopf richtig angewachsen ist.

„Als aber Pilatus das hörte, fragte er, ob der Mensch aus Galiläa wäre. Und als er vernahm, daß er Untertan des Herodes war, sandte er ihn zu Herodes, der in diesen Tagen auch in Jerusalem war." (Lk.)

Wer das noch nicht begriffen hat, der geplante Anschlag galt wegen allerlei triftigen Gründen ausschließlich dem Herodes Antipas. Dazu kam noch die ausstehende Abrechnung für den Tod von Jesuas Vorfahren, für Großvater Hyrkan, Oma Mariamne Alexandra, für die Onkel Alexandros, Aristobulos IV., Aristobulos III., sowie für den Propheten und Jesuas „Bruder" Johannes Täufer. So dass es für Herodes Antipas lebenswichtig war zu wissen, wer sein Feind ist. Gerade deswegen, um eine zuverlässige Meinung zu bekommen, schickte Pontius Pilatus Jesua zu Herodes Antipas.

Die Zielscheibe des geplanten Anschlags musste König Herodes Antipas sein, auch wegen einer Parallele zu Mose, der ebenfalls königlicher Abstammung war. Für die Ermordung seines Vaters Benon/BIN NUN tötete er einen Tyrannen, den König Ägyptens. Wie das misslungene Attentat auf Herodes Antipas aussehen sollte, kann bis ins Detail am Attentat auf Julius Cäsar nachvollzogen werden.

Herodes Antipas wurde wissenschaftlichen Medien zufolge im Jahr 39 abgelöst, genauer, „er ging nach Rom" in diesem Jahr.

„Herodes Antipas ging auf Betreiben von Herodias 39. nach Rom, um von Caligula den Königstitel zu erhalten, wurde jedoch aufgrund von schweren Anklagen, die sein Neffe und Schwager Herodes Agrippa I gegen ihn vorgebracht hatte, nach Lugdunum Convenarus in Südgallien verbannt." (160)

Die Ablösung Herodes Antipas erfolgte nach dem Massaker an „Pilgern" am 15. Juli 36, und nach dem plötzlichen Tod seines Patrons Kaiser Tiberius Iulius Caesar Augustus am 16. März 37 war es ohnehin ganz aus mit ihm.

„Marcellus war ein enger Freund und Mitarbeiter des einflussreichen Senators und Statthalters der römischen Provinz, Lucius Vitellius. Er gelangte anders zu seinem Amt als die bisherigen Präfekten Judäas, die stets auf direkte Anordnung des Kaisers eingesetzt worden waren. Gegen Ende der Amtszeit von Pontius Pilatus kam es zu Unruhen um einen samaritanischen Messiasanwärter, der große Pilgermassen zum Berg Garizim führte, worauf Pilatus' Soldaten ein Blutbad unter den Pilgern anrichteten. Die Samaritaner verklagten Pilatus vor Vitellius, der daraufhin befahl, dass Pontius Pilatus sich vor Kaiser Rom verantworten müsse. Um das Machtvakuum zu kompensieren, setzte Vitellius den Marcellus als Statthalter in Judäa ein. Flavius Josephus, der kurz über Marcellus berichtete, verwendete statt der Amtsbezeichnung Präfekt den unüblichen Ausdruck epimeletes, was bedeuten könnte, dass Marcellus nominell nicht Präfekt, sondern bloßer Interimsbefehlshaber in Judäa war. Zur gleichen Zeit wurde auch der jüdische Hohepriester Kajaphas, der über ein Jahrzehnt eng mit Pilatus kooperiert hatte, von Vitellius abgesetzt und durch seinen Schwager Jonatan ben Hannas ersetzt." (161)

Nach der Absetzung von Herodes Antipas im Jahr 37 stand Judäa unter direkter Verwaltung von Rom, regiert von Marcellus. Im Jahr 37 wurde auch Marcellus abgelöst, das bedeutet, im Jahr 36, und allein in diesem Jahr, wütete die

„Christenverfolgung", als Herodes Antipas noch aktuell war. Der freigelassene Johannes Zebedäus wurde mit dem Schwert getötet, auch Stephanus hingerichtet, und das nicht 5 Jahre später, wie nach wissenschaftlichen Erkenntnissen. „Caligula wurde im Jahr 37 n. Chr. Nachfolger von Tiberius als Kaiser des Römischen Reiches. Wie üblich wurden nach einem Machtwechsel die Positionen der Statthalter neu besetzt, und Marullus wurde zum Nachfolger von Marcellus ernannt." (162) Was bloß folgt nicht daraus?

Klein Satan

Ob ein Kleiner Satan oder ein Großer Satan, es ist ein und derselbe, nur in verschiedenen Fassungen.

Auch zu Petrus sagte Jesua am See Genezareth: „Geh weg von mir, Satan!"

Nicht bekannt ist, ob Petrus jemals jemanden tötete oder einen Jemand eigenhändig umbrachte. Die Hinrichtung von Stephanus, als Petrus in Gestalt von Saulus dabei stand und „sie" ihre Kleider zu seinen frischgewaschenen Füßen legten, kann nicht direkt als Mord qualifiziert werden. Auch nicht der zweifache Mord an Hananias und Saphira, um ihres Vermögens Willen.

Bei Petrus ist ein dialektischer Sprung bemerkbar. Wo Petrus früher ein Anhängsel war und er sich im Genitiv „Johannes Andreas" und „Simons Petrus" nannte, ist er ab jetzt, mit Beginn der Liquidierungen, ein eigenständiger Thomas, dann Saulus und dann Paulus geworden. Eine 5-jährige Lücke dazwischen in seiner Biographie kann mit den Ereignissen im NT bei weitem nicht ausgefüllt werden. Die Pause fängt mit Jesuas erster Begegnung mit Maria (30 n.) an und dauert bis zur Zweiten Offenbarung (35 n.). War Petrus mit 25 Jahren (31 n.) in Herodes' Armee einberufen, oder leistete er einen vergleichbaren Dienst irgendwo anders? Wenn nicht, dann manches ist nicht ganz klar.

Bei der Verhaftung im Gethsemane-Garten kamen die Soldaten mit der Polizei vom Judenrat, um Jesua zu verhaften, und da steht geschrieben, dass „nun Petrus die Schar der Soldaten mit sich genommen hatte." Standen sie unter seinem Befehl oder gab es noch einen unerwähnten Kommandeur?

„Als nun Judas die Schar der Soldaten mit sich genommen hatte und Knechte von den Hohenpriestern und Pharisäern, kommt er dahin mit Fackeln, Lampen und mit Waffen." (Apg.)

Und mal beachten, mit welchem Befehlston Petrus sprach: „Der ist's; den ergreift." An wen richtete sich sein Befehl, wenn in der Umgebung kein Kommandeur vorhanden war?

„Und der Verräter hatte ihnen ein Zeichen genannt und gesagt: Welchen ich küssen werde, der ist's; den ergreift." (Mt.)

Überraschend sprang Johannes Zebedäus auf und trennte mit dem Schwert einem Soldaten das rechte Ohr ab, der Soldat hieß Malchus und war gewiss kein Römer. Zebedäus könnte Petrus zu Kraut zerschnipseln, dennoch befiehlt ihm Jesua, das Schwert in die Scheide zu stecken. Oder war es Petrus, dem Jesua sagte: „Stecke das Schwert in die Scheide."? Dann kam Petrus mit dem ausgestreckten Schwert und nicht mit dem Judaskuss. Verständlich, Jesua stand unter einem Doppelschock: er hatte einen ganz anderen Empfang erhofft und erwartet, umso überraschender war es für ihn, in der dunklen Nacht unter solchen Umständen Petrus zu treffen und zu hören: „Der ist's; den ergreift."

Das berühmte Wahrheitsmoment hat eingeschlagen, wie in einem Panorama entfalteten sich alle Unregelmäßigkeiten von Petrus, die nicht genügend beachtet wurden und zu einem schockierenden Ergebnis führten - ein totales Fiasko. Das Einzige, was Jesua ihm sagen konnte, ist: „Mein Freund, dazu bist du gekommen?" Jesua durchschaute Petrus schon frühzeitig und sagte ihm: „Geh weg von mir, Satan!". Auch wenn Jesua bis jetzt glaubte, dass er damals 40 Tage lang vom Satan versucht wurde, just in diesem Moment begegnete er einem echten Satan von Angesicht zu Angesicht und in völlig anderem Kontext als Mose, der mit Gott auf Augenhöhe sprach.

Unregelmäßigkeiten

Im Hof vor dem Palast des Hohepriesters Hannas wärmte sich Petrus mit seinen Soldaten, er „saß da bei den Knechten und wärmte sich am Feuer.", sogar „in ihrer Mitte", war das ein Wärmestübchen?

„Als sie aber mitten im Hof ein Feuer angezündet und sich zusammengesetzt hatten, setzte sich Petrus in ihre Mitte." (Lk.)

Darf jeder Beliebige sich mit Soldaten wärmen oder stand Petrus unter Arrest? Aber nein, nach Abschluss der Ermittlung, als der Hahn krähte, ging Petrus ungehindert hinaus, schwer von Gewissensbissen gebissen, „und weinte bitterlich". Er zog den ganz schwarzen Peter.

Wieso wärmten sich die Soldaten nachts auf dem Hof, anstatt in ihre Kaserne zu gehen - nur wegen einem unheilbaren Pazifisten? Nicht so ganz, um 5 Uhr, als der Hahn zum dritten Mal krähte und die Ermittlung zu Ende ging, mussten die Soldaten noch die Gefangenen ins Gefängnis eskortieren und bis zur Eröffnung der Gerichtsverhandlung um 9 Uhr bewachen. Einen Kommandeur hatten die Soldaten doch, es war der „Hauptmann", lateinisch „Centurio", das ist jener, der die Gefangenen vom Gefängnis holte und zum Gerichtsgebäude brachte, „doch nicht mit Gewalt".

Es versteht sich von selbst, Petrus war nicht der Hauptmann „des Tempels" und nicht dienstlich beim Militär. An der Verhaftung im Gethsemane-Garten nahm er höchstens im Rang einer Begleitperson mit Befugnissen teil.

Noch wird zu sehen sein, wie voll ausgebucht der Terminkalender von Petrus war, dennoch verbrachte er scheinbar eine Weile im Gefängnis, wie in einer Anekdote: „Mein Opa war auch in Auschwitz, er saß auf dem Wachtturm." Und nach seiner wundervollen Befreiung aus dem Gefängnis, wo er „zwischen zwei Soldaten" schlief, stattete er anschließend einen Besuch bei Maria ab, Mutter des Johannes, mit dem Beinamen Markus.

Die beiden Kapitel „Die Apostel vor dem Hohen Rat" und „Der Tod des Jakobus und die Befreiung des Petrus" fügen sich zu einer einheitlichen Erzählung zusammen. Verdankt sich das der Gewohnheit, Karten zu mischen oder seiner zweiten Natur, dass die Reihenfolge der Kapitel ausgetauscht wurde?

Also, nach dem Verhör beim Hohepriester Hannas wurden die Gefangenen ins Gefängnis gebracht und eingesperrt. Petrus aber schlief „zwischen zwei Soldaten, mit zwei Ketten gefesselt, und die Wachen vor der Tür bewachten das Gefängnis. Und siehe, der Engel des Herrn kam herein, und Licht leuchtete auf in dem Raum; und er stieß Petrus in die Seite und weckte ihn und sprach: Steh schnell auf! Und die Ketten fielen ihm von seinen Händen." Über solch detaillierte, interne Kenntnisse wie „vier Abteilungen von je vier Soldaten", die „Wachen vor der Tür bewachten das Gefängnis" oder der Hauptmann mit seinen Knechten „holte sie, doch nicht mit Gewalt", verfügt eher ein Wärter als ein Strafgefangener im Knast. Und wie „die Ketten fielen ihm von seinen Händen", muss noch jemand vorführen. Aber die Fortsetzung folgt:

„Der Engel des Herrn tat in der Nacht die Türen des Gefängnisses auf und führte sie heraus und sprach: Geht hin und tretet im Tempel auf und redet zum Volk alle Worte des Lebens. Als sie das gehört hatten, gingen sie frühmorgens in den Tempel und lehrten."

Noch bevor Petrus den Tempel betrat, um zum Volk „alle Worte des Lebens" zu reden, mussten noch die eigentlichen Gäste ins Gerichtsgebäude gebracht werden, und „der Hohepriester aber und die mit ihm waren, kamen und riefen den Hohen Rat und alle Ältesten in Israel zusammen und sandten zum Gefängnis, sie zu holen." Und „Da ging der Hauptmann mit den Knechten hin und holte sie, doch nicht mit Gewalt; denn sie fürchteten sich vor dem Volk, daß sie gesteinigt würden." Klar gesagt: „Gesteinigt würden" der Hauptmann mit den Knechten. Das ist die Fortsetzung in der Apg.

Petrus stand draußen (eine Zigarettenpause?), als gerade die Bahre mit dem querschnittsgelähmten Kasatschok eintraf. Bei der Gerichtsverhandlung im Sanhedrin war Petrus voll dabei, beim Verhör im Prätorium half er Pontius Pilatus, die Gefangenen zu „befragen", und auch bei Herodes Antipas war er dabei. So konnte er gut darüber berichten, denn er war der einzige übriggebliebene Zeuge.

Die römischen Soldaten wurden doch einmal erwähnt, im Prätorium:

„Dann nahmen die Soldaten des Statthalters Jesus mit in das Prätorium und versammelten über ihn die ganze Schar. Und sie zogen ihn aus und legten ihm einen Purpurmantel um. Und sie flochten eine Krone aus Dornen und setzten sie auf sein Haupt, und gaben ihm ein Rohr in seine Rechte; und sie fielen vor ihm auf die Knie und verspotteten ihn und sagten: Sei gegrüßt, König der Juden! Und sie spieen ihn an, nahmen das Rohr und schlugen ihm auf das Haupt. Und als sie ihn verspottet hatten, zogen sie ihm den Mantel aus und zogen ihm seine eigenen Kleider an; und sie führten ihn hin, um ihn zu kreuzigen." (Mt.)

Dieser Absatz setzt eine Szene bei Herodes Antipas fort und wurde aus dem immer gleichen Grund im Lukas-Evangelium untergebracht.

„Als aber Herodes mit seinen Kriegsleuten ihn geringschätzend behandelt und verspottet hatte, warf er ihm ein glänzendes Gewand um und sandte ihn zu Pilatus zurück." (Lk.)

Ein Ping-Pong-Spiel im Prätorium, keiner wollte Jesus kreuzigen, so fragte Pontius Pilatus: „Euren König soll ICH kreuzigen?"

„Pilatus zu ihnen: Euren König soll ich kreuzigen? Die Hohenpriester antworteten: Wir haben keinen König, als nur den Kaiser." (Joh.)

Pontius Pilatus verweigerte regelrecht, Jesus Christus zu kreuzigen, dennoch, am Ende überantwortete er „ihnen Jesus, daß er gekreuzigt würde". (Joh.) Aber die Kontrolltötung war nicht so, wie es scheint. Da von Pontius Pilatus kaum Kenntnis der „jüdischen" Gesetze und die Einhaltung des „jüdischen" Kalenders zu erwarten war, konnte das mit dem Beinebrechen nicht seine Initiative sein.

„Weil es aber Rüsttag war und die Leichname nicht am Kreuz bleiben sollten den Sabbat über - denn dieser Sabbat war ein hoher Festtag -, baten die Juden Pilatus, daß ihnen die Beine gebrochen und sie abgenommen würden." (Joh.)

Und „da kamen die Soldaten und brachen dem ersten die Beine und auch dem andern, der mit ihm gekreuzigt war." Schickte Pontius Pilatus seine Soldaten, um diese Gefälligkeit zu erledigen, oder kam er einer Bitte entgegen und erteilte nur seine Erlaubnis? Und die „Juden", waren sie Familien-angehörige, die solch seltsame Wünsche äußern oder Herodes Antipas, der für Pontius Pilatus gleich falls ein „Jude" war?

Fragen über Fragen. Mittlerweile am Kreuz hängend wurde Jesus Christus mit den gleichen Sprüchen in einer Art Galgenhumor belästigt, wie bei der ersten Verhaftung in der Wüste, „auch die Soldaten verspotteten ihn, indem sie hinzutraten, ihm Essig brachten und sagten: Wenn du der König der Juden bist, so rette dich selbst!" (Joh.) Waren das die römischen Soldaten mit ihrer Vulgata-Sprache, und wurden doch verstanden? Oder dieses: „Und die vorübergingen, lästerten ihn und schüttelten ihre Köpfe und sprachen: Ha, der du den Tempel abbrichst und baust ihn auf in drei Tagen, hilf dir nun selber und steig herab vom Kreuz!" (Joh.)

Damals, bei der ersten Festnahme, als Jesua hungerte, trat der Versucher zu ihm und sprach: „Bist du Gottes Sohn, so sprich, daß diese Steine Brot werden." (Mt.) Und der Versucher, eindeutig ein Herodes-Knecht und kein Römer, sagte auch: „Bist du Gottes Sohn, so wirf dich hinab; denn es steht geschrieben: „Er wird seinen Engeln deinetwegen Befehl geben; und sie werden dich auf den Händen tragen, damit du deinen Fuß nicht an einen Stein stößt." (Mt.) Eine haltbare wie auch unhaltbare Logik sagt, die Passanten und die Soldaten waren offensichtlich auch keine Römer gewesen.

Die römischen Soldaten brachten die Verurteilten zur Hinrichtungsstelle: „Und als sie an die Stätte kamen mit Namen Golgatha, das heißt: Schädelstätte, gaben sie ihm Wein zu trinken mit Galle vermischt; und als er's schmeckte, wollte er nicht trinken. Als sie ihn aber gekreuzigt hatten, verteilten sie seine Kleider und warfen das Los darum." (Mt.) Das war „zur sechsten Stunde", aber „bis zur neunten Stunde", als Jesus Christus starb, vergingen immerhin 3 Stunden, und da kamen wieder „die Soldaten und brachen dem ersten die Beine und auch dem andern, der mit ihm gekreuzigt war. Als sie aber zu Jesus kamen und sahen, daß er schon gestorben war, brachen sie ihm die Beine nicht; sondern einer der Soldaten stieß mit dem Speer in seine Seite, und sogleich kam Blut und Wasser heraus." (Joh.) Die Soldaten „kamen" und „brachen dem ersten die Beine und auch dem andern", - war die Arbeitsstelle 3 Stunden lang nicht besetzt?

„Einer", der da lief, füllte einen Schwamm mit Essig, war er ein Soldat oder ein zugelassener Zuschauer?

„Da lief einer und füllte einen Schwamm mit Essig, steckte ihn auf ein Rohr, gab ihm zu trinken und sprach: Halt, laßt sehen, ob Elia komme und ihn herabnehme! Aber Jesus schrie laut und verschied." (Mk.)

Und dieser namenlose, willige Vollstrecker verstand die Sprache so weit gut, dass er den Satz: „Eli, Eli, lama asabtani?" später wörtlich wiedergeben konnte. Die Hinrichtungsstelle nämlich wurde von „Juden" breitflächig freigeräumt, und es gab keinen, der mithören könnte.

Um 21 Uhr starb Jesus Christus plötzlich schnell.

„Und als es schon Abend wurde, und weil Rüsttag war, das ist der Tag vor dem Sabbat, kam Josef von Arimathäa, ein angesehener Ratsherr, der auch auf das Reich Gottes wartete, der wagte es und ging hinein zu Pilatus und bat um den Leichnam Jesu. Pilatus aber wunderte sich, daß er schon tot sei, und rief den Hauptmann und fragte ihn, ob er schon lange gestorben sei. Und als er's erkundet hatte von dem Hauptmann, gab er Josef den Leichnam." (Mk.)

Pontius Pilatus musste äußerst heuchlerisch und noch schlechter, als er schon war, gewesen sein, wenn er angesichts seines alten Kollegen, dem Hohepriester Kaipha, sich verwundert zeigte. Beim besten Willen, es war nicht sein Befehl, und nicht in seinem Auftrag wurde Jesus Christus gespießt. Auch der Hauptmann stellte sich blöd, war nicht auf dem neuesten Stand oder hielt es für unnötig, seinem Statthalter davon zu berichten. Oder er ist bei der Hinrichtung einfach nicht dabei gewesen.

Selbstverständlich waren die Soldaten nicht mehr als einfache Statisten, und für die Geschichtsschreibung sind ihre Namen nicht von Bedeutung, dennoch war „einer der Soldaten", der mit dem Speer in seine Seite stieß, genug wichtig, um, der Überlieferung zufolge, als Zenturio Longinus identifiziert und von der Kirche heiliggesprochen zu werden, fast so heilig wie der Apostel Petrus selbst.

Der Name „Longinus" ist: „Roman name derived from the Latin word longus, meaning „long." und nicht, weil im Gegensatz zu „small" Paulus Longinus besonders „lang" war. Der Name leitet sich von einer beruflichen Bezeichnung ab, „Longe" wird bei der Pferdedressur eingesetzt. Wäre das eine passende Bezeichnung für den Tierfreund Philippus, dem „Pferdelover" und „Pferdepfleger"?

Damit ist noch kein Beweis erbracht, aber es ist mehr als eine Vermutung und naheliegend, dass Philippus, neuerdings der Zenturio Longinus, den Messias eigenhändig durchbohrte. Dennoch ging es nicht darum, sondern um einen Tötungsbefehl von Herodes Antipas, und im Einsatz war seine Todesschwadron.

In der Bibel wird korrekterweise Zenturio Longinus namentlich nicht erwähnt, und allein, weil der Killer einen römischen Namen trug, müssen die Soldaten nicht unbedingt römisch sein. Auch so kann die Blutspur in die falsche Richtung lenken.

In der gleichen Nacht

Am Ende der wundersamen Befreiung aus dem Gefängnis und der erfolgreichen Hinrichtung kam Petrus in der Nacht (Abend) „zum Haus Marias, der Mutter des Johannes mit dem Beinamen Markus", und „als sie nun aufmachten, sahen sie ihn und entsetzten sich." Warum entsetzten sie sich so sehr - nur weil Petrus wie ein Metzger aussah? Mit der Legende über seine Gefangennahme und seiner tollen Befreiung rechtfertigte Petrus seine lange Abwesenheit und „erzählte ihnen, wie ihn der Herr aus dem Gefängnis geführt hatte, und sprach: Verkündet dies dem Jakobus und den Brüdern." Also war Jakobus Zebedäus in dieser Stunde noch am Leben.

Dass Jakobus Zebedäus 7 Stunden zuvor amnestiert und freigelassen wurde, wusste in dieser Nacht jeder, nur sein Versteck war unbekannt, deshalb, wie auch aus privaten Gründen, suchte Petrus nach ihm. Zebedäus war nämlich der letzte lebende Zeuge, der wusste, wer wen bei der Festnahme im Garten Gethsemane geküsst und das Ohr abgeschnitten hat.

Der Rüsttag vom 14. NISaN endete, und es musste vor Eintritt des Sabbats sein, weil im Haus von Maria „viele beieinander waren und beteten". Wenn nicht, was für eine unbekannte Glaubenskonfession war es dann, die ihren Gottesdienst in der Nacht abhielt? Aber das wesentliche Ereignis dieser Nacht war etwas anders, in dieser Nacht, wenn nicht, in der folgenden, wurde im Haus von Maria ein historisches Werk, „Bellum Judaicum", gezeugt.

Zweite Gefangenschaft

Damit ist das Kapitel der Gefangenname von Petrus noch lange nicht abgeschlossen. Sein erster Aufenthalt im Knast wurde chronologisch nach dem Kapitel „Hananias und Saphira" platziert und fängt mit dem unsensiblen Herodes an, der ihn zur „Freude der Juden" einsperren ließ, „in der Absicht, ihn nach dem Passah dem Volke vorzuführen". Und es waren wieder die „Tage der ungesäuerten Brote", das heißt genau ein Jahr später.

Wegen welchem Vergehen Petrus eingesperrt wurde, steht nicht geschrieben, auf jeden Fall aber war jemand bereit ihn freizukaufen.

„Einen Schuldner, der bei einem Herrn arbeitete und seine Schuld nicht termingemäß bezahlen konnte, legte man in Ketten und hielt ihn 60 Tage lang in Haft. Bezahlte während dieser Zeit niemand die geschuldete Summe für den Schuldner, so wurde er seinem Herrn als Sklave zugesprochen." (A.W.Mischulin „Spartacus").

Das Ende des Kapitels muss auch nicht fehlen, laut Petrus wurde er auch beim zweiten Mal von einem Engel aus dem Gefängnis befreit, darum fand ihn Herodes Antipas nicht. Nachher zog Herodes „von Judäa hinab nach Cäsarea und blieb dort eine Zeitlang", was ganz richtig ist, weil Absetzungen und Neubesetzungen stets am Jahresanfang, im Monat NISaN, vorgenommen wurden.

„Als es aber Tag wurde, entstand eine nicht geringe Verwirrung unter den Soldaten, was wohl mit Petrus geschehen sei. Als aber Herodes ihn holen lassen wollte und ihn nicht fand, verhörte er die Wachen und ließ sie abführen. Dann zog er von Judäa hinab nach Cäsarea und blieb dort eine Zeitlang."

Dieser Absatz wurde ins Kapitel „Das Ende des Herodes Agrippa" ausgelagert, damit die Forscher und Pharisäer den König Herodes Agrippa verdächtigen und aus ihm einen Christenverfolger machen.

Familiengrabstätte

Funde

An der Familiengrabstätte von Hohepriester Kaipha in Jerusalem-Talpiot wurden etliche Gräber mit eingravierten Namen entdeckt. Originalgetreu und nach freier Interpretation der Wissenschaftler werden sie, wie folgt, wiedergegeben:
auf Aramäisch Joseh (Joseph), Marjah (Maria), Matjah (Matthäus),
Jeschua bar Jehosef (Jesus, Sohn von Joseph),
Jehuda bar Jeschua (Judas, Sohn Jesu)
und *auf Griechisch*
Mariamenou Mara" (163)
In einer anderen Variante, diesmal mit 7 Namen, sind angegeben:
Josef, Maria, Matia, Jose, Mariamna Mara, Jehuda bar Jesua, Jakob bar Josef.
(164) מריה, מתיה, יוסה, מריאמנה מרה, יהודה בר ישוע , ישוע בר יוסף
Und noch ein Särgchen (Ossuar) mit der aram. Aufschrift: „Jakob bar Josef A-hui De-Jesua" wurde im Jahr 2002 entdeckt. (165)
Laut Presseangaben wurden alle 10 Gräber im Jahr 1980 gefunden und später (2002) noch eines, beschriftet mit „Jakob bar Josef". Ganz unbemerkt blieb die Entdeckung nicht, James Cameron drehte seinen Film „The lost Tomb of Jesus" unter der Regie von Simcha Jacobovic.

„Das Jesus-Grab (Englischer Originaltitel The lost Tomb of Jesus) ist ein Dokumentarfilm über die Suche nach dem Grab Jes. Der Film wurde 2007 erstmals im Fernsehen ausgestrahlt und löste heftige Reaktionen bei Kirchenvertretern und Wissenschaftlern hervor."

Eine Behauptung an sich ist keineswegs ein Beweis, dennoch: „Kritiker wie Jürgen Zangenberg, Professor für Neues Testament an der Universität Leiden (Niederlande), bezeichnen die dem Film zu Grunde liegende Theorie als unrealistisch. Es gehe nicht um wissenschaftliche Erkenntnisse: „Hier geht es um Geld und um Schlagzeilen." Sie müssen gut Bescheid wissen.
Die Mühe war nicht umsonst, die „Kritiker" leisteten professionelle Arbeit, um das Thema zum x-ten Mal zu begraben, wie es geschrieben steht: „Ihr seid aus dem Vater, dem Teufel, und die Begierden eures Vaters wollt ihr tun.". Der Prophet und Experte, ein gewisser Amos Etinger, sah bereits im Jahr 1996, als noch nicht alle Gräber gefunden waren, in der Zeitschrift „Atikot" weitsichtig voraus, dass die Überreste „nicht der Familie von Jesus" gehören. Dafür erwähnte ihn Wikipedia gebührend.
Nach dem Rezept des Archäologen Israel Finkelstein: erst unterstellen und dann erfolgreich widerlegen, wurden mit einer mitochondrialen DN-Analyse die

Überreste von „Jesus" und einer „Maria Magdalena" verglichen, mit dem Ergebnis, „Jesus" ist mit „Maria Magdalena" nicht verwandt, er war mit ihr „verheiratet gewesen und sie hätten einen Sohn gehabt". Eine alte Methode: schießen und dann markieren.

„Weiter ist zu kritisieren, dass nur von einer mitochondrialen DN-Analyse der behaupteten Überreste von Jesus und Maria Magdalen berichtet wurde. Aus dem Ergebnis, dass beide nicht dieselbe Mutter haben, wurde die These abgeleitet, dass Jesus und Maria Magdalena verheiratet gewesen seien. Viel interessanter aber wäre ein DNA-Vergleich der vermeintlichen Überreste von Maria (Mutter Jesu mit denen der Geschwister Jesu: Simon, Josef (Joses), Judas, Jakobus und natürlich von Jesus selbst. Damit könnten viele Behauptungen erhärtet oder rasch widerlegt werden." (166) Und woran scheitert dieser DNA-Vergleich? Mit dieser geistigen Vorarbeit endet die Leistung der Spezialisten nicht. Laut Wikipedia sind manche Knochenkisten verschwunden und manche Knochen verscharrte „Atra Kadisha" irgendwo, was einen unerwünschten DNA-Vergleich, zur größten Freude, unmöglich macht. Damit wurde Jesua zum x-ten Mal begraben und „keiner weiß sein Grab". Beeindruckend allerdings ist der heftige Widerstand wegen der Entdeckung von Jesuas Grab, als ob es um das eigene (Über-)Leben, sogar um das einer ganzen Klasse geht. So ein erbitterter Kampf wurde um Echnaton und anderen Pharaos nie geführt. Ist das nicht, weil ein historischer Auftrag erfüllt werden muss? - würden die Verschwörungstheoretiker fragen.

Von den Gräbern an der Familiengrabstätte des Hohepriester Kaipha in Jerusalem-Talpiot kann keiner behaupten, sogar die Wissenschaftsforscher nicht, dass auf dem Gelände nicht die Familienangehörigen Kaiphas begraben sind. Es bleibt nur eine Kleinigkeit zu tun, die Überreste zu identifizieren und Jesua, wie es ihm zusteht, würdig zu bestatten. Das wäre eine Aufgabe für seine Anhänger. Symptomatisch ist auch, dass die Angaben im Internet über diesen historischen Fund weniger als wenig sind, dennoch müssten zig Leichen zig Gräber haben und mit kriminalistischer Methode nachzuweisen sein.

Marias Grab

Noch eine sensationelle Entdeckung, ein Knochenkasten mit der Aufschrift „Miriam, Tochter des Jeschua, Sohn des Kaiphas, Priester von Maaziah"

מרים ברת ישוע בר קיפא כהן מבית אמרי ממעזיה /

wurde im Jahr 2001 gefunden. Es ist von vornherein klar, dass der Fund keine Fälschung ist, was auch die spätere Expertise bestätigte. Zum Schrecken der Wissenschaft wurde der Inhalt des Särgchens und DNA-Knochen von „palästinensischen Grabräubern" entwendet, die mit Erfolg ihre historische Mission erfüllen und die Spuren der Geschichte systematisch vernichten, so blieben von den 8 Meter langen Qumran-Rollen nur ein paar Brösel übrig. „Die Altertumsbehörde äußerte „Trauer" darüber, dass der Grabkasten geplündert worden ist. Somit bleibe der archäologische Kontext unbekannt. Wegen der Geldgier der Räuber ist eine ganze Seite der Kulturgeschichte des Landes ausgelöscht worden." (Artikel von Ulrich W. Sahm).

Ein Jammer, jemand verhinderte, die Funde rechtzeitig selbst zu entdecken, oder fehlte es an eigener Motivation? Die Sensation aber bestand darin, dass das „Grab der Enkelin des Hohepriesters Kaiapha" gefunden und damit ein „weiterer „Sohn des Kaiphas" namens Jesus (Jeschua) belegt" wurde. Dass „Jesus (Jeschua)" dabei ein x-beliebiger Sohn von Kaipha war (167) und nicht Jesua, ist für Wissenschaftler eine Selbstverständlichkeit.

„Im Juli 2011 wurde der Öffentlichkeit dann jedoch ein weiterer Ossuar vorgestellt, der drei Jahre zuvor von Grabräubern aus einer Grabhöhle im Elah-Tal gestohlen worden war und der Enkelin "Miriam, Tochter des Jeschua, Sohn des Kaiphas, Priester von Maaziah" gehört hatte. Angesichts der Gleichheit des ungewöhnlichen Namens ist damit die Annahme, dass es sich bei dem Jerusalemer Fund tatsächlich um die Grabstätte der Priesterfamilie des Kajaphas handelt, kaum mehr strittig. Damit ist jetzt nicht nur ein weiterer "Sohn des Kaiphas" namens Jesus (Jeschua) belegt, sondern auch die bis dahin unbekannte Tatsache, dass Kajaphas offenbar mit dem Priestergeschlecht Maaziah verwandt war, dem letzten der 24 von König David nach dem 2. Buch der Chronik aus der Gruppe der Kohanim, der Nachkommen Aaron, für den Tempeldienst bestellten Priesterabteilungen." (168)

Für einen wissenschaftlichen Mitschreiber ließ „die Ausstattung der Gräber sowie die bei einer weiblichen Person als Grabbeigabe gefundene Münze (Obolus für Charon) die priesterliche Herkunft fraglich erscheinen", und es ist zweifelhaft, „ob es sich überhaupt um die Familie des biblisch bezeugten Kajaphas handelt". Kaipha gab es nicht, dahin steuert der gesunde wissenschaftliche Verstand. Dabei handelt es sich bei der „weiblichen Person" um keine geringere als die Frau von Jesua, Maria. Im Unterschied zu Jesuas Mutter Magdala war sie eben nur einfacher Herkunft, keiner wusste über Marias Vorfahren Bescheid, und aus diesem Grund konnte nichts schriftlich fixiert werden.

Ohne sich weiter in die Wissenschaft zu vertiefen und damit das Leben der Leser zu verkürzen, muss das Wort BaRaT in dem Satz, „Miriam, Tochter (BaRaT) des Jeschua, Sohn des Kaiphas, Priester von Maaziah." erklärt werden.

BaRaT

Mit dem Wort BaRaT entstanden manch linguistische Schwierigkeiten, weil eine „Tochter" hebr. BaT und nicht BaRaT heißt. Ist hier wieder eine Vulgata vorgefallen?

Ein Jünger und Kampfgefährte wurde BaR/„Bruder" genannt und feminin, nach allen Regeln der Grammatik, wäre BaRaT gewesen. Dann bedeutet BaRaT Je-ShUA eine „Jüngerin Jesuas". Die Penetranten fragen, welche Maria von den vielen Marias sollte es sein? Welche, „welche"? Maria, die Jüngerin von Jesua, seine Frau. Anders gefragt, wenn Maria nicht die Tochter von Jesua und er nicht mit einer Maria verheiratet war, wie sollte dann die Inschrift lauten?

Wie schnell der Sprachgebrauch wechselt. Nach Jesuas Tod änderte sich die Idee mit BaR im Sinne von „Jünger" auf wundersame Weise. Wenn bei Jesua BaR/„Bruder" ein Mitstreiter war und die Jünger sind Krieger im wehrpflichtigen Alter gewesen, eröffnete Petrus Paulus seine imaginären Volksreden, die er niemals gehalten hat und die in Rom verfasst wurden, mit der Anrede „Bruder", volksgemeinschaftlich gemeint. Offensichtlich hat er seine Redeweise von den Römern abgeschaut - und überhaupt, bei Petrus Paulus sind aus „Brüdern" seine Intimbrüder geworden und aus kriegerischen Jüngern die Jünglinge.

Hu ist Hu (who is who)

Was fällt auf bei den Gräberinschriften? Manche sind ausführlich ausgeschrieben, wie Jesua bar Jehosef, Jehuda bar Jesua, Jehosef bar (ben) Kaipha, Miriam barat Jesua und Mariamenou Mara. Die anderen Namen sind dagegen verkürzt, Jose, Maria und Matia. Das heißt, in Kaiphas Gruft wurden seine obligatorischen wie auch inoffiziellen Familienangehörigen gelegt, aber, was für eine Überraschung, die ausführlichen Namen sind mit BaR versehen und entsprechen den Namen von Mitgliedern der inoffiziellen Familie. War es peinlich oder wurden aus anderen Gründen die Verstorbenen aus der Parallelfamilie mit dem zweideutigem Wort BaR(aT) geschrieben, was nach Belieben als „Bruder" (Mitstreiter) oder als aram. „Sohn" verstanden wird. Genau genommen haben sich diese Verstorbenen zu Lebzeiten nicht von einem Ehevertrag belästigen lassen, weder Josef Kaipha mit Magdala, noch Jesua mit Maria und Jesua mit Juda sowieso nicht. Und allein wegen der Tatsache, dass nach einer Altersberechnung Juda nicht Jesuas Sohn sein konnte, bedeutet „Jehuda bar Jesua", „Juda Mitstreiter von Jesua", das Gleiche gilt für „Miriam barat Jesua" und „Jesua bar Jehosef". Eine Kameradschaft.

Grab von Joseph Kaipha

Im Jahr 1990 wurde auf der Familiengrabstätte Kaiphas ein „besonders aufwändig verzierter Ossuar" mit der aramäischen Aufschrift „Jehosef bar Qajfa" („Josef, Sohn des Kaiphas") und Überreste eines „etwa 60-jährigen Mannes" entdeckt. Das Särgchen von „Jehosef" kommt recht prächtig daher und steht in krassem Widerspruch zur Beschriftung, die unprofessionell, sogar schlampig wirkt, und scheinbar in Eile eingeritzt wurde - kurz vor der Wegnahme oder Weggabe, oder aus einem anderen Grund.

„Im Jahr 1990 wurde im Jerusalemer Vorort Talpiot eine Familiengrabstätte aus dem 1. Jahrhundert mit mehreren steinernen Ossuaren (Knochenkästen) ausgegraben, von denen eines die Gebeine eines Kajaphas enthalten soll. Daneben fand sich ein weiterer, besonders aufwändig verzierter Ossuar, der die aramäische Aufschrift „Jehosef bar Qajfa" („Josef, Sohn des Kaiphas") trägt und die Überreste eines etwa 60-jährigen Mannes enthielt. Ob es sich hierbei um einen Sohn des biblischen Kajaphas oder um diesen selbst handelt (dann wäre entweder der ältere Kajaphas sein Vater gewesen, oder aber die Angabe „Sohn des Kaiphas" wäre im Sinne einer bloßen Zugehörigkeit zur „Familie Kaiphas" zu deuten), ist angesichts der Namensüberlieferung des Josephus nicht sicher. Es gab auch Zweifel, ob es sich über-haupt um die Familie des biblisch bezeugten Kajaphas handelt, da der auf den Sarkophagen angegebene Name קיפא (Koph-Jod-Pe-Aleph) prinzipiell auch andere Lesarten zuließe und die Ausstattung der Gräber sowie die bei einer weiblichen Person als Münze (Obolus für Charon) die priesterliche Herkunft fraglich erscheinen ließ." (169)

Dieser „Sohn des biblischen Kajaphas" ist eindeutig der Hohepriester Kaipha selbst, der ungefähr mit 75 Jahren starb. Der Buchstabe H` im Namen „JeH`osef" zeigt lediglich, dass er im Rang eines Hohepriesters gewesen war.

Und noch ein anderer „JeH`osef", Jose, der Bruder des Kleinen Jakobus, war auch ein Hohepriester wie sein Opa, der Hohepriester Kaipha.

Die Mode mit den Knochenkästchen (Ossuare) dauerte bis zum Jahr 70, danach war damit endgültig Schluss. Nicht, weil sich Geschmacksvorstellungen geändert haben, sondern einfach, weil Jerusalem zerstört und dem Erdboden gleich gemacht worden war. So wurde keiner mehr, mit oder ohne Särgchen, bestattet.

Weiter ist elementar: In der Grabstätte des Hohepriesters Joseph Kaipha sind sein Grab und die Gräber seiner Familienangehörigen zu erwarten. Als erster wurde in dem Grab, in dem „noch niemand gelegen hat", Jesua bestattet und dann der Reihenfolge nach:

Jesua bar Jehosef ישוע בר יוסף (gest. 36 n.)   Jesua, der Sohn und Mitstreiter von Joseph Kaipha, genannt „Jesua BaR ABA" (Barabbas).

Jehuda bar Jesua יהודה בר ישוע (gest. 36 n.)   Mitstreiter von Jesua und zugleich sein Halbbruder Juda.

Mariamna Mara מריאמנה מרה (gest. 36 n.)   Mutter von Jesua Maria Magdala, die Tochter von Mariamne I.

Jehosef bar Kaipha (gest. 40 n./36 n.+4)   der Hohepriester Josef Kaipha,
308

Jesuas Vater. Die Überreste im Särgchen „eines etwa 60-jährigen Mannes" gehören ihm bestimmt nicht.

*Jehosef bar Jesua zweites Särgchen von Hohepriester Josef Kaipha.

*Miriam barat Jesua מרים ברת ישוע בר קיפא כהן מבית אמרי ממעזיה
Mitstreiterin von Jesua und seiner Frau Maria, die sogenannte „Sünderin".

*Jakob bar Josef Ahui Jesua (gest. 45 n.) Klein Jakobus, genannt „Jakob Gerechter", war der eigentliche Sohn von Jesua und Enkel von Hohepriester Josef Kaipha und nicht der Bruder. Er (geb. 31) wurde gesteinigt und im Jahr 62 n. starb im Alter von 31 Jahren. Der eingeritzte Text fehlt zwar, aber eine klassische Form „Klein Jakobus und Jose" ist deutlich erkennbar, so dass geschrieben wurde: „Jakob, Sohn Jesuas, der Bruder von Josef".
Bei ihm sind Zweifel angesagt, nicht nur, weil sein Särgchen nicht im Familiengrab, sondern irgendwo gefunden wurde. Über die archäologischen Funde zu Kaiphas Familie gibt es schändlich wenig Berichte, Fotodokumentationen fehlen ganz, deshalb ist ein besseres Urteil von Ferne kaum möglich. Nach der Formulierung urteilend war Jakob ein echter Bruder (Ahui) von Jesua, was eigentlich ausgeschlossen ist. Oder sollte Josef Ahui der Bruder von Jesua sein? Sicherlich nicht, wahrscheinlich hat sich jemand verwissenschaftlicht und naiv geglaubt, dass Jakobus der Gerechte ein Bruder von Jesua war. Was er gelesen hat, war das:

„Jakobus wird von Paulus als „der Bruder des Herrn" bezeichnet (Ga 1,19EL). Er steht in M 6,3EL und M 13,55EL als Erster in der Reihe der vier „Brüder" Jesu von Nazaret; daraus kann geschlossen werden, dass er der älteste Jesusbruder war." (170)

*Maria מריה Ehefrau von Hohepriester Kaipha, mit Spitznamen „Frau Klopas".

*Matia מתיה Sohn von Hohepriester Kaipha und Maria, genannt Matthäus „Zöllner". Die Historiker aus seiner Zeit beteuern in einer Stimme, dass sie die „Matthäus Bibel" im Original und in der Originalsprache mit eigenen Augen gesehen haben - das war eindeutig sein Werk gewesen.

*Jose יוסה der zweite Sohn von Jesua von Jesua und Maria, der Enkel des Hohepriesters Kaipha, der bis zuletzt die Gräber pflegte und nach ihm blieb keiner, der sich um die Familiengrabstätte kümmerte.

Andere Angehörige wurden in ihrem Land bei ihren Familien bestattet, Simon Zelot und Salome im Familiengrab von Juda Galiläer, Johannes und Jakob im Familiengrab von Zebedäus. Übrig bleibt nur:

*Levi   „der Sohn des Alphäus", genannt „Zöllner", der etwas länger gelebt hat und nach dem Jahr 70 keine Gelegenheit bekam, mit Kaiphas bestattet zu werden.

Die Nachricht über die Entdeckung von Jesuas Grab löste bei der Kirche die Reaktion eines Hirntoten aus, und seine Schäfchen und Bräute bleiben weiter in Wartestellung.

Die „kurze Zeit"

Umwerbung

Und eben da ist ein biographischer Einschnitt, falls sich jemand gefragt hat, wann Petrus zum römischen Agenten wurde – jetzt. Sein Geschick bei der Verfolgung und Festnahme der Nazarener, und seine rege Anteilnahme während der Gerichtsverhandlung fand Beachtung, zudem erwies sich Petrus beim Verhör im Prätorium als hilfreich. Seine Rekrutierung sollte Petrus spätestens in den 40 Tagen seines Aufenthalts auf dem Ölberg geregelt haben, und da kam der Plan, eine neue Versammlung mit einem Polizeispitzel im Vorstand zu gründen, in der Petrus die zentrale Funktion eines Grundsteins übernimmt.

Schon in der ersten Blutwoche, bei der Steinigung von Stephanus, nannte Petrus sich lat. „Paulus", dennoch konnte er frühestens nach seiner Abreise nach Rom im Jahr 37 seine Einbürgerung erhalten und auf der Missionsreise mit seinem römischen Status alle einschüchtern.

Wie schon gesagt, die einzige Entsprechung für den Namen „Paulus" war im Inland „Saulus", nicht allein, weil einfachheitshalber nur ein Buchstabe ausgetauscht werden musste, es war auch leicht zu merken, und die Initialen S.P. von „Simon Petrus" konnten beibehalten werden.

Gleich, im selben Jahr 36, in seiner Probezeit, ging Petrus auf Missionierungsreise nach Damaskus, das außerhalb der Reichweite und der Zuständigkeit von Herodes Antipas lag und deshalb nicht in seinem Auftrag geschehen konnte. Und die Missionierung in Griechenland sowieso nicht, weil Herodes Antipas nach dem Jahr 37 nicht mehr aktuell war.

Dienstreise nach Damaskus

Nachdem Herodes Antipas zugeschlagen hatte, flohen die Nazarener ins Ausland und verkrochen sich in alle Ecken, so dass die nächste einzunehmende Bastion Damaskus war.

In voller Kenntnis über das baldige Ende Jesuas bemühte sich Petrus, rechtzeitig eine Vollmacht von ihm zu bekommen:

„Es geschah aber, als ich wieder nach Jerusalem kam und im Tempel betete, daß ich in Verzückung geriet und ihn sah. Da sprach er zu mir: Eile und mach dich schnell auf aus Jerusalem; denn dein Zeugnis von mir werden sie nicht annehmen." (Apg.)

Wann Petrus „nach Jerusalem kam und im Tempel betete", um bei dieser Gelegenheit Jesua ansprechen zu können, ist einfach herauszufinden. Es war der gleiche Tag, an dem Jesua nach Jerusalem kam und im Tempel betete, und das geschah am 12. NISaN, „2 Tage" vor dem Rüsttag. Petrus erhielt eine Abfuhr, das bedeutet, Jesua ahnte seine Schattenseiten, und das könnte für die Kirche Grund genug sein, zu Petrus Abstand zu halten.

Schon eine Woche später trug der abgelehnte Petrus seinen Zwillingsnamen „Saulus" und begann, die „Anhänger des neuen Weges, Männer und Frauen, wenn er sie dort fände, gefesselt nach Jerusalem" zu führen. Er koordinierte Stephanus' Steinigung und erzählte mehrfach, wie er die Nazarener verfolgte, erwähnte aber den Namen „Petrus" kein einziges Mal. Davon abgesehen auch umgekehrt, Petrus kannte weder „Saulus" noch „Paulus".

Petrus Paulus, ausgestattet mit Briefen des Hohepriesters, machte sich auf den Weg nach Damaskus. In welcher Form Paulus „ihn um Briefe" bat, wurde nicht näher erläutert, nur steht geschrieben, wie er „aber schnaubte noch mit Drohen und Morden gegen die Jünger des Herrn". Die Namensliste der Verdächtigen existierte tatsächlich, so wie vermutet. Auch der Zweck der Mission war klar formuliert:

„Saulus aber schnaubte noch mit Drohen und Morden gegen die Jünger des Herrn und ging zum Hohenpriester und bat ihn um Briefe nach Damaskus an die Synagogen, damit er Anhänger des neuen Weges, Männer und Frauen, wenn er sie dort fände, gefesselt nach Jerusalem führe." (Apg.)

Scheinbar war das Unterwandern einer Untergrundbewegung damals einfacher als gedacht, vor Damaskus fiel Petrus Saulus zu Boden (Epilepsie), und als er wieder aufwachte, war es schon soweit.

„Als er aber auf dem Wege war und in die Nähe von Damaskus kam, umleuchtete ihn plötzlich ein Licht vom Himmel; und er fiel auf die Erde und hörte eine Stimme, die sprach zu ihm: Saul, Saul, was verfolgst du mich? Er aber sprach: Herr, wer bist du? Der sprach: Ich bin Jesus, den du verfolgst. Steh auf und geh in die Stadt; da wird man dir sagen, was du tun sollst. Die Männer aber, die seine Gefährten waren, standen sprachlos da; denn sie hörten zwar die Stimme, aber sahen niemanden. Saulus aber richtete sich auf von der Erde; und als er seine Augen aufschlug, sah er nichts." (Apg.)

Die Frage, „was verfolgst du mich?" ist echt, wurde aber in anderem Zusammenhang und bei einer anderen Angelegenheit gestellt.

In Damaskus gewann Paulus immer mehr an Kraft und „trieb die Juden in die Enge", so dass er „nach mehreren Tagen", oder wenigen Wochen, um sein eigenes Leben fürchten und seinen Leib retten musste. Er wurde in einer Skorzeny-Aktion von seiner Agentur in einen Korb gesetzt und über die Mauer aus der Stadt geschmuggelt.

„Nach mehreren Tagen aber hielten die Juden Rat und beschlossen, ihn zu töten. Aber es wurde Saulus bekannt, daß sie ihm nachstellten. Sie bewachten Tag und Nacht auch die Tore, um ihn zu töten. Da nahmen ihn seine Jünger bei Nacht und ließen ihn in einem Korb die Mauer hinab." (Apg.)

Nach seiner erfolgreichen Flucht aus Damaskus kehrte Petrus in Gestalt eines Paulus nach Jerusalem zurück, dort aber „fürchteten sich (alle) vor ihm, da sie nicht glaubten, dass er ein Jünger sei". Sogar die „Hellenisten" stritten mit ihm und „trachteten ihn umzubringen". Ein Schicksal.

Zum Glück nahm ihn nach der Affäre in Damaskus sein alter Kollege auf. Für Petrus Paulus war Barnabas keine neue Entdeckung, schon in der schrecklichen Nacht, die er im Gefängnis verbracht haben soll, war seine erste Adresse das „Haus der Maria, der Mutter des Johannes, der Markus zube-namt war", der Schwester von Barnabas, wohlgemerkt.

Neue Zeit

Neue Versammlung

Im gleichen Jahr 36 n., als Stephanus gesteinigt und die Dienstreise nach Damaskus erledigt wurde, gründete Petrus Paulus, wie geplant, eine Neue Versammlung. Vorgeblich „aus Furcht vor Juden" wurden Namen nicht genannt, aber sie erscheinen in der üblichen Form, wie, „sie aber das hörten", „sie verkauften Güter und Habe", „sie blieben aber beständig" und die Fortsetzung kann der Fantasie überlassen werden.

Zumindest lässt sich die Zahl der Anhänger klären, aus „etwa hundertzwanzig" (2) Schäfchen bestand die erste „Menge", dazu kamen „etwa dreitausend" (3) Getaufte, so dass am Ende „die Zahl der Männer stieg" (kaum zu unterschätzen), und sogar „etwa fünftausend" (5) Männer zusammenkamen.

„Und in den Tagen trat Petrus auf unter den Brüdern - es war aber eine Menge beisammen von etwa hundertzwanzig." (Apg.)

„Die nun sein Wort annahmen, ließen sich taufen; und an diesem Tage wurden hinzugefügt etwa dreitausend Menschen." (Apg.)

„Aber viele von denen, die das Wort gehört hatten, wurden gläubig; und die Zahl der

Männer stieg auf etwa fünftausend." (Apg.)
Nach wissenschaftlichen und immer neuesten Erkenntnissen sollen sich daraufhin „am selben Tag 3000 Menschen zum neuen Glauben bekannt haben." Und
was ist mit den „etwa fünftausend"? Vergessen? (171)
Die Wissenschaftler können nicht schlecht zählen, leider passt die Summe der
Petruschristen von „etwa fünftausend" nicht so recht mit den Ausgangszahlen
zusammen (120 +3000=5000). Warum aber sind die Zahlen rund - nur weil sie
„etwas" abgerundet sind? Eine frohe Botschaft für alle: Petrus Paulus und seine
„etwa fünftausend" Brüder wurden sogar namentlich protokolliert, es waren
„Philippus, Prochorus, Nikanor, Timon, Parmenas und Nikolaus". Sie haben
Stephanus mitgewählt und dann gesteinigt. Petrus mischte sich wieder unter
seine Schäfchen und trug sich selbst ein, auf dem ersten Platz selbstverständlich
und verewigte sich mit seinem neuen Namen „Philippus". Bestand deshalb eine
Verunsicherung mit „etwa"?

Erbschleicher

Jesua wurde beseitigt, danach empfing Petrus endlich sein Amt und konnte die
Gebote „Weide meine Lämmer!" und „Weide meine Schafe!" realisieren. Als
Jesuas Nachfolger besetzte (usurpierte) Petrus seine Stelle in der Hierarchie,
wonach Jesua, der von Petrus sowieso vergöttert wurde, ein Stück weiter vor-
rücken und zu einem Gott werden musste.
Rapide „wuchs die Zahl derer, die an den Herrn (Petrus) glaubten", so dass „sie
die Kranken sogar auf die Straßen hinaustrugen und sie auf Betten und Bahren
legten, damit, wenn Petrus käme, wenigstens sein Schatten auf einige von ihnen
fiele".
„Es geschahen aber viele Zeichen und Wunder im Volk durch die Hände der Apostel;
und sie waren alle in der Halle Salomos einmütig beieinander. Von den andern aber
wagte keiner, ihnen zu nahe zu kommen; doch das Volk hielt viel von ihnen. Desto
mehr aber wuchs die Zahl derer, die an den Herrn glaubten - eine Menge Männer und
Frauen -, so daß sie die Kranken sogar auf die Straßen hinaustrugen und sie auf Betten
und Bahren legten, damit, wenn Petrus käme, wenigstens sein Schatten auf einige von
ihnen fiele." (Apg.)
Die Stelle, an der Petrus seine „Schatten abgeworfen" hat, hieß „Halle Salomos", jene Halle, in der Petrus zur „neunten Stunde" in Begleitung von Johannes und Kasatschok zur Gerichtsverhandlung kam. Als Petrus seine Schatten
abwarf, stand er unter so hohem Schutz, dass „von den andern aber wagte keiner, ihnen zu nahe zu kommen". Allerspätestens nach der Gerichtsverhandlung
war seine Rolle dabei bekannt, er wurde berühmt, aber unbrauchbar für eine
weitere Beschäftigung als informeller Mitarbeiter.

Neue Gesichter

Nachdem er von der Geschäftsreise in Damaskus nach Jerusalem zurückkehrte, traf Petrus Paulus sogleich neue Gesichter: Barnabas, Barsabas, Matthias und Silas. Sie halfen ihm beim Aufbau der neuen Versammlung und bei der Missionierung. Gutes Management und gute Vermarktung brachten Erfolg, in kurzer Zeit litt keiner der Petrus Apostel mehr an „Mangel", weil jeder, der „Äcker oder Häuser besaß, verkaufte sie und brachte das Geld für das Verkaufte und legte es den Aposteln zu Füßen".

> „Es war auch keiner unter ihnen, der Mangel hatte; denn wer von ihnen Äcker oder Häuser besaß, verkaufte sie und brachte das Geld für das Verkaufte und legte es den Aposteln zu Füßen; und man gab einem jeden, was er nötig hatte. Josef aber, der von den Aposteln Barnabas genannt wurde - das heißt übersetzt: Sohn des Trostes -, ein Levit, aus Zypern gebürtig, der hatte einen Acker und verkaufte ihn und brachte das Geld und legte es den Aposteln zu Füßen." (Apg.)

So genau meinte es Jesua zwar nicht, als er geboten hat: „Willst du vollkommen sein, so geh hin, verkaufe, was du hast, und gib's den Armen, so wirst du einen Schatz im Himmel haben; und komm und folge mir nach!" (Mt.) Waren die Apostel so arm?

Ein Apostel scheint nicht ganz verarmt gewesen zu sein, dieser Altruist „hatte einen Acker und verkaufte ihn und brachte das Geld und legte es den Aposteln zu Füßen". Wieviel Geld er brachte, wird nicht gesagt, aber mit seiner vorbehaltlosen Freigebigkeit und wegen seiner schlechten Erinnerung an den Blutacker fällt er auf. Er war „ein Levit, aus Zypern gebürtig", und hieß Josef, genannt Barnabas, „das heißt übersetzt: Sohn des Trostes".

Nicht nur das Geld spendierte Joseph Barnabas, er nahm Petrus Paulus auf, als dieser nach Jerusalem zurückkehrte, obwohl „alle fürchteten sich vor ihm, da sie nicht glaubten, dass er ein Jünger sei".

Und als in der Nacht Petrus Paulus ins Haus von „Maria, der Mutter des Johannes, der Markus zubenamt war" kam, war das eine vertraute Adresse, weil zufällig Johannes Markus ein „Neffe des Barnabas" war. Kein Wunder, bei der „ganzen Versammlung" stand Joseph Barnabas an zweiter Stelle nach Petrus Paulus, und beide waren „Führer unter den Brüdern".

> „Dann deuchte es den Aposteln und den Ältesten samt der ganzen Versammlung gut, Männer aus sich zu erwählen und sie mit Paulus und Barnabas nach Antiochien zu senden: Judas, genannt Barsabas, und Silas, Männer, die Führer unter den Brüdern waren." (Apg.)

Aber der Name BaR NaBAs bedeutet „Bruder (Mitstreiter) des Propheten", keinesfalls „Sohn des Trostes", und es gab nur zwei bekannte Propheten, Johannes Täufer und Jesua. Wenn schon, Trost auf Griechisch heißt „Parēgoriá" (παρηγορ釱ά) und Parēgoriá auf hebr. heißt NeHaMA.

Nachdem Judas mitten entzweigeborsten war, so dass alle seine Eingeweide hervorquollen und Stephanus' Versammlung verwüstet wurde, indem Petrus Paulus „der Reihe nach in die Häuser ging; und (er) schleppte sowohl Männer als Frauen fort und überlieferte sie ins Gefängnis", wurden bei der neuen Versammlung die 11 Apostel auf 12 aufgestockt, aber zur Wahl stellten sich nur zwei auf: „Joseph, genannt Barsabas, der Justus zubenamt war, und Matthias". Beide waren dabei, als „der Herr Jesus bei uns ein- und ausging, anfangend von der Taufe Johannes' bis zu dem Tag, an dem er von uns aufgenommen wurde":

„Es muss nun von den Männern, die mit uns gegangen sind in all der Zeit, in der der Herr Jesus bei uns ein- und ausging, anfangend von der Taufe Johannes' bis zu dem Tag, an dem er von uns aufgenommen wurde – von diesen muss einer ein Zeuge seiner Auferstehung mit uns werden. Und sie stellten zwei dar: Joseph, genannt Barsabas, der Justus zubenamt war, und Matthias." (Apg.)

Nachdem sich der Hohe Rat und Pontius Pilatus den Kopf über die Entscheidung zerbrachen, welcher Barabbas freigelassen wird, wurde scheinbar der Name Barabbas ganz „In" und manche Brüder trugen solche Namen:

Josef, genannt Barnabas und Joseph, genannt Barsabas,

Judas, genannt Barsabas, und noch ein verkannter Bartholomäus, einer von 12 Aposteln.

Und wieder sind die Brüder in Pärchen eingeteilt:

Paulus und Josef Barnabas

Joseph, genannt Barsabas, der Justus zubenamt war, und Matthias

Judas, genannt Barsabas, und Silas

*Barnabas. Deutlich wird das Phänomen der Zwillinge im fortgeschrittenen Stadium mit 2 Josefs: Josef Barnabas und Joseph Barsabas. Ein Josef ist zu viel.

*Barsabas. Auch von den 2 Barsabas - Joseph Barsabas und Judas Barsabas - ist ein Barsabas zu viel.

Joseph Barsabas und Matthias, sowie Judas Barsabas und Silas begleiteten Jesus Christus von Anfang bis Ende auf seinem Weg. Alle vier sind zu viel, es sei denn, es gab noch weitere, bisher unbekannte Jünger, die aus einem Versteck heraus heimlich der Jesus-Taufe zuguckten und bei Jesus' Kreuzigung auch da bei waren, aber unerwähnt blieben.

Gewählt wurden Männer, die bei der Jesus-Taufe dabei waren und nonstop, bis zu seinem Ende am Kreuz, bei ihm blieben. Von den anwesenden Zeugen bei der Jesus-Taufe sind nur Petrusandreas und Petrusphillipus und bei der Auferstehung Petruspaulus bekannt. Beide Drei können sich mit Recht „Barnabas" (der Bruder des Propheten) nennen.

Insgesamt nur zwei Mal wird Joseph Barsabas erwähnt, bei den Wahlen und bei der Entsendung nach Antiochien, danach ist er verduftet. Oder er machte unter dem Namen Joseph Barnabas weiter mit. Und wenn nicht, kann die weitere Forschung, wer sich hinter dem Beinamen „Barnabas" versteckt, den zukünftigen Generationen von Wissenschaftlern überlassen werden.

*Judas, genannt Barsabas. Barsabas wird einmal „Judas, genannt Barsabas" geschrieben, ein anderes Mal „Joseph, genannt Barsabas". Das ist also derselbe Barsabas, nur mit den unterschiedlichen Vornamen Joseph und Judas, wie schon im Fall des entlarvten Judas Thomas, der Petrus gewesen ist. Vorher wurde Petrus nach syrischer Tradition „Judas Thomas" genannt, und jetzt ist er „Judas Barsabas", nur sein eigentlicher Titel, „Judas Petrus", fehlt. (172) „Barsabas" schreibt sich fast wie „Barabas", doch jemand wagte nicht, sich „Barabas" zu nennen.

Wer bis jetzt nicht alles von allein verstanden hat, wird es auch nicht mehr verstehen. Dieser Wirrwarr mit Namen und das Durcheinander bei der Darstellung kann nicht mehr mit der bösen Absicht erklärt werden, Spuren zu verwischen, auch nicht mit redaktioneller Schlamperei. Der Autor war entweder schwer unter Drogen oder aber im fortgeschrittenen Alter der Demenz verfallen. Oder beides zusammen, ein ärztliches Attest lässt auf sich warten.

*Silas. Um beim Thema zu bleiben, Petrus Paulus multiplizierte sich und handelte auf der „12"er Liste unter 5 verschiedenen Namen. Die verbliebenen 7 waren reale Schwerstverbrecher, davon waren 5 inzwischen tot und 2 auf der Flucht, so blieb nichts übrig, als weiter fehlende Mitglieder mit dem gleichen Trick zu ersetzen, damit Bibelforscher in voller Überzeugung von „3000 Menschen" des neuen Glaubens sprechen können. Wer aber ist Silas gewesen? „Silas" ist nämlich der ad acta gelegte Name von „Saulus". Das kann passieren, wenn Sätze aus zwei verschiedenen Texten zusammengefügt und mit einem Doppelpunkt getrennt werden. Der Satz war so geschrieben:

„Männer aus sich zu erwählen und sie mit Paulus und Barnabas nach Antiochien zu senden. Judas, genannt Barsabas, und Silas, Männer, die Führer unter den Brüdern waren."

Und zum Vergleich, danach:

„Dann deuchte es den Aposteln und den Ältesten samt der ganzen Versammlung gut, Männer aus sich zu erwählen und sie mit Paulus und Barnabas nach Antiochien zu senden: Judas, genannt Barsabas, und Silas, Männer, die Führer unter den Brüdern waren." (Apg.)

Merkt jemand den Unterschied? Eine Wiederholung hat stattgefunden: die „Männer" sind „Paulus und Barnabas" und noch einmal die gleichen „Barsabas, und Silas". Machten „Tippfehler" nach vielem Abschreiben aus „Saul" einen „Silas"? Saulus hatte jedenfalls bei der neuen Versammlung nichts zu suchen, da er schon Paulus hieß und sich mit Joseph Barnabas zusammentat.
Der Name Silas bedeutet nichts Sensationelles, nur „from the forest":
SILAS (Σίλας): Contracted form of Greek Silouanos, meaning "from the forest".

Finanzier
So weit wird klar, wer Initiator und Finanzier bei der Neugründung war, wer seinen Acker verkaufte und „brachte das Geld und legte es nieder zu den Füßen der Apostel". Eigentlich zu seinen eigenen, frischgewaschenen Füßen. Wie hoch der Verkaufserlös war, steht nicht geschrieben. Wie hoch aber war das Startkapital beim Erwerb des Grundstücks? Auch steht noch eine Antwort auf eine alte Frage aus: Er ging zu den Hohepriestern hin, „daß er ihn an sie verriete", und „als die das hörten, wurden sie froh und versprachen, ihm Geld zu geben" - was ist daraus geworden? Nach seinen Angaben lautet dieser Absatz so:
„Als nun Judas, der ihn überliefert hatte, sah, dass er verurteilt wurde, gereute es ihn, und er brachte die 30 Silberstücke den Hohenpriestern und den Ältesten zurück und sagte: Ich habe gesündigt, indem ich schuldloses Blut überliefert habe. Sie aber sagten: Was geht das uns an? Siehe du zu. Und er warf die Silberstücke in den Tempel und machte sich davon und ging hin und erhängte sich."
Ob dieser Judas sich am Tag nach der Kreuzigung, dem 14. NISaN, so unwohl fühlte, dass es ihn „gereute" und das Blutgeld zurückbrachte? Eine nebensächliche Frage, aber ungeheuerlich ist etwas anderes, nämlich wie er „die Silberstücke in den Tempel" warf (stand er draußen?). Solch Jähzorn und verschwenderische Sentimentalitäten können bei einem Geizhals gleich durchgestrichen werden. Die Fortsetzung trifft aber zu, die Hohepriester nahmen die Silberstücke (aus der Kaffeekasse), und weil es um das Blutgeld ging, kauften sie „dafür den Acker des Töpfers zum Begräbnis für die Fremden".
„Die Hohenpriester aber nahmen die Silberstücke und sprachen: Es ist nicht erlaubt, sie in den Korb an zu werfen, weil es Blutgeld ist. Sie hielten aber Rat und kauften dafür den Acker des Töpfers zum Begräbnis für die Fremden. Deswegen ist jener Acker Blutacker genannt worden bis auf den heutigen Tag." (Mt.)
Die „Fremden" waren Petrus mit seinen Kollegen aus der „IV. Internationale", genauso fassten ihn Kleopas auf dem Weg nach Emmaus auf. Und weiter: „Deswegen ist jener Acker Blutacker genannt worden bis auf den heutigen Tag."

Weswegen? Wen „die Fremden" in anstehender Blutwoche begruben ist unbekannt, aber vorstellbar.

Und noch steht über diesen Blutacker geschrieben: „Der hat einen Acker erworben mit dem Lohn für seine Ungerechtigkeit." Und „Es ist allen bekannt geworden, die in Jerusalem wohnen, so daß dieser Acker in ihrer Sprache genannt wird: Hakeldamach, das heißt Blutacker."

Das Grundstück wurde erworben und mit der Rückkehr aus Damaskus hat Judas, genannt Barnabas, ihn in Geld umgesetzt, er „verkaufte ihn, brachte das Geld und legte es nieder zu den Füßen der Apostel". Das Gelände erfüllte seinen Zweck, aber nach dem Preisverfall konnte das Massengrab auf dem Blutacker nur 30 Silberstücke erbringen, besser als gar nichts. Nur deshalb und nicht, weil Judas Jesus so geringschätzte, betrug das Startkapital 30 Silberstücke. Ein Beispiel dafür, wie damals die Parteienfinanzierung ablief.

Onkelsohn

Ein letzter Strich zu Josef Barnabas fehlt. Nachts tauchte Petrus im Haus von „Maria, der Mutter des Johannes, der Markus zubenamt war", auf, der gastfreundliche Josef Barnabas empfing ihn nicht, auch Johannes ließ sich nicht sehen. Petrus, auch wenn er in Josef Barnabas umbenamt wurde, konnte nur schwer sich selbst empfangen. Was aber war mit Johannes, „der Markus zubenamt war"?

Ein unglaublicher Zufall, Johannes wurde im Ausland Markus genannt und war „Neffe des Barnabas". (Kol. 4,10) Niemand sollte herausfinden, wer sein Vater war, Grund genug für einen Namenswechsel. Ein anderes Mal schrieb Petrus unter dem Namen Paulus in seinem Brief: „Es grüßt euch die Miterwählte in Babylon und Markus, mein Sohn." (1. Pet.) Das kann nur eines bedeuten, Petrus Paulus bestand den Vaterschaftstest. Von seiner Schwester Maria hatte er einen Sohn Johannes, genannt Markus, und als Petrus Paulus in der Nacht zu Marias Haus kam, kam er zu sich nach Hause.

Langsam wird deutlich, warum im Jahr 36 Petrus Paulus (PP) seinen Namen zu „Barnabas Barsabas" (BB) ändern mußte, der Vorname Joseph wurde gewählt, weil sein Opa „Josef" hieß. Damit wird die ehrgeizige Liste mit Josefs und Marias vervollständigt und abgeschlossen: Josef Barnabas und Maria

Joseph Kaipha und Maria

Josef Zimmermann und Maria (Mara) Magdala

Dem folgend bekommt die Unterhaltung mit dem bereits verstorbenen Jesus bei der notariellen Übernahme des Inventars eine andere Bedeutung. Dieser fragte nämlich drei Mal: „Simon, Sohn des Johannes, hast du mich lieber, als mich diese haben?" und befahl: „Weide meine Schafe!" (Joh.) In diesem Erbfolge-Testament war keineswegs der Kleine Jakobus der „Lieblingsjünger", sondern der Sohn von Petrus Paulus, Johannes, der sich mit dem Titel seines biographischen Werks „Johannes Evangelium" erkenntlich zeigt. Mit Markus gelang der Wissenschaft blindlings ein Treffer, er war wirklich der „Sekretär" von Petrus Paulus. Vermutlich hieß der Vater von Petrus Paulus auch Johannes, denn in den Memoiren (Apg.) wird Petrus wiederholt als „Simon, Sohn des Johannes" bezeichnet - falls sich hier nicht wieder ein grammatischer Fehler eingeschlichen hat und ein Genitiv vergessen wurde. Demzufolge sind die Vorfahren von Enkelsohn Johannes, genannt Markus: Joseph-Johannes-Petrus Paulus-Johannes Markus.

Über Petrus Paulus ist noch zu erfahren: er (Josef Barnabas) war „ein Levit, ein Cyprier von Geburt" (Apg.), und womöglich sprach Jesua in seinem Gleichnis über den barmherzigen Samariter von ihm, als er von einem Priester und einem Leviten sprach.

Doppelmord
Mit der Neugründung bekleidete Petrus Paulus ganz frisch sein neues Amt, und da ereignete sich ein Doppelmord. Diesmal fuhr der Satan in Hananias, der den „heiligen Geist" (Petrus), den „Geist des Herrn" (Petrus) und sogar „Gott" (Petrus) selbst belog, indem er nicht alles von seinem Besitz „den Aposteln zu Füßen" legte. Wahrscheinlich handelte es sich um ein Ritual, denn auch dem Paulus Saulus legten die Zeugen „ihre Kleider ab zu den Füßen eines jungen Mannes, der hieß Saulus".

Jeder, aus der Sicht von Petrus versteht sich, in den der Satan einfuhr, starb sehr bald. Scheinbar konnte Petrus nicht nur die Geister austreiben, er konnte sie auch hineintreiben. Besser als im Originaltext ist es kaum wiederzugeben:

„Ein Mann aber mit Namen Hananias samt seiner Frau Saphira verkaufte einen Acker, doch er hielt mit Wissen seiner Frau etwas von dem Geld zurück und brachte nur einen Teil und legte ihn den Aposteln zu Füßen. Petrus aber sprach: Hananias, warum hat der Satan dein Herz erfüllt, daß du den heiligen Geist belogen und etwas vom Geld für den Acker zurückbehalten hast? Hättest du den Acker nicht behalten können, als du ihn hattest? Und konntest du nicht auch, als er verkauft war, noch tun, was du wolltest? Warum hast du dir dies in deinem Herzen vorgenommen? Du hast nicht Menschen, sondern Gott belogen. Als Hananias diese Worte hörte, fiel er zu Boden und gab den Geist auf. Und es kam eine große Furcht über alle, die dies hörten. Da standen die jungen Männer auf und deckten ihn zu und trugen ihn hinaus und begruben ihn."

„Es begab sich nach einer Weile, etwa nach drei Stunden, da kam seine Frau herein und wußte nicht, was geschehen war. Aber Petrus sprach zu ihr: Sag mir, habt ihr den Acker für diesen Preis verkauft? Sie sprach: Ja, für diesen Preis. Petrus aber sprach zu ihr: Warum seid ihr euch denn einig geworden, den Geist des Herrn zu versuchen? Siehe, die Füße derer, die deinen Mann begraben haben, sind vor der Tür und werden auch dich hinaustragen. Und sogleich fiel sie zu Boden, ihm vor die Füße, und gab den Geist auf. Da kamen die jungen Männer und fanden sie tot, trugen sie hinaus und begruben sie neben ihrem Mann. Und es kam eine große Furcht über die ganze Gemeinde und über alle, die das hörten." (Apg.)

Nicht gerade im Sinne von Jesus bildeten Petruschristen kommerzielle Strukturen und wirtschafteten wie ihre Nachfolger in „Colonia Dignidad" oder wie die Scientologen von Ron Habbard.

Ob sich da wirklich ein zweifacher Mord ereignete oder ob Hananias und seine Frau Saphira „von jungen Männern" lebend herausgetragen (und begraben) wurden – auf jeden Fall musste Petrus Paulus ab sofort seine Aktivitäten einstellen. Offensichtlich, wie sein Vorbild König David zu seiner Zeit, erpresste Petrus Gelder und übertrieb dabei so, dass selbst der liberale Herodes Antipas nicht mehr wegschauen konnte und ihn einsperrte.

Die „kurze Zeit", in der Petrus sein Wort Gottes verbreitete und einen neuen Verein mit „3000" Mitgliedern gründete, dauerte genau 1 Jahr, von 27. März (13. NISaN) 36 n. bis 17. März (13. NISaN) 37 n. Nach dem kurzen Aufenthalt im Knast errettete ihn ein römischer Engel, und nach dieser Befreiung musste er flott Jerusalem verlassen.

Verfolgung von „Frühchristen"

Wissenschaftlich gesehen begann die Verfolgung der „Frühchristen" nicht gleich nach der Kreuzigung, sondern erst im Verlauf der folgenden 4-5 Jahre (Fünfjahresplan?). Geschah das, weil die Petrus-Gemeinde 4-5 Jahre brauchte, um ihre Christen auf die amorphe Menge „viel" aufzustocken oder aus anderen Gründen?

Auffällig ist, dass Petrus und seine Apostel keinen Schaden davontrugen, als in Jerusalem mit „Frühchristen" aufgeräumt wurde. Verfolgt und zerstreut wurden nur die Nazarener, Grund genug, um „Barnabas" hinterherzuschicken. Die Apostel „gingen bis nach Phönizien und Zypern und Antiochia" und verkündigten „das Wort niemandem als allein den Juden" und verbreiteten „das Evangelium von dem Herrn Jesus" (kein „Jesus Christus" mehr?).

„Die aber zerstreut waren wegen der Verfolgung, die sich wegen Stephanus erhob, gingen bis nach Phönizien und Zypern und Antiochia und verkündigten das Wort niemandem als allein den Juden. Es waren aber unter ihnen einige Männer von Cypern und Kyrene, die, als sie nach Antiochien kamen, auch zu den Griechen redeten, indem sie das Evangelium von dem Herrn Jesus verkündigten. Und des Herrn Hand war mit ihnen, und eine große Zahl glaubte und bekehrte sich zu dem Herrn. Es kam aber die Rede von ihnen zu den Ohren der Versammlung, die in Jerusalem war, und sie sandten Barnabas aus, dass er hindurchzöge bis nach Antiochien." (Apg.)

Wer waren „einige Männer von Cypern und Kyrene"? Josef Barnabas, „aus Zypern gebürtig", und der hilfsbereite Simon aus Kyrene, der Jesus beim Kreuz tragen half.

Nach der grausamen Verfolgung der „Frühchristen" im Inland gingen die Apostel auf Missionsreise. Näheres ist genauestens bekannt, über ihr Leben dagegen gar nichts, z.B. von Apostel Andreas.

Die Apostel

*Apostel Andreas. In Anlehnung an Petrus' „Kopf über Kreuz" wurde Apostel Andreas, nur er allein, noch radikaler gekreuzigt und zwar ganz schräg. In dieser Pose predigte er noch „zwei Tage vom Kreuz herab" - bekam er davon kein Kreuzproblem? Im Laufe der Zeit materialisierte sich die Legende: das aufgefundene, orthopädische Andreaskreuz wird „in der Kirche des heiligen Andreus in Patras aufbewahrt". (173)

Niemand kennt das Todesjahr von Apostel Andreas oder weiß etwas über sein Leben und Wirken, und ausgerechnet in Patras, im vermuteten Vaterland, ruht der einzige Existenzbeweis in Form des „Andreaskreuz". Vielleicht steckt hinter dem nachgeahmten, schrägen Kreuz etwas mehr Bedeutung.

Auf der Ehrenliste der 12 Apostel war er in der Reihenfolge ganz oben eingestuft, auf allererstem Platz stand selbstverständlich Jesua, Petrus folgte auf dem zweiten und Andreas auf dem dritten Platz, mit Aufstiegstendenz. Wurde Andreas, weil er „Bruder des Simon Petrus" war, mit einem noch schrägeren Kreuz belohnt?

*Apostel Jakobus Zebedäus. Immerhin wurde sein Todesjahr mit „† ca. 4 n." bekanntgegeben, und über ihn wird meist erzählt, wie es nicht war.

„Jakobus der Ältere (lateinisch Jacobus Maior „Jakobus der Ältere", oder griechisch άκωβος το Ζεβεδαίου, lat. Iacobus Zebedaei „Jakobus (Sohn des) Zebedäus", oder spanisch Santiago), (+ ca. 4 n.), ist eine Gestalt des Neuen Testament." (174)

Eigentlich sollten in der Reihenfolge nach Jesua seine treuen Brüder Zebedäus folgen, aber nein, ganz symptomatisch, Petrus zwängte sich mit seinem Andreas dazwischen.

Das Todesdatum von Johannes Zebedäus, Jakobus Bruder, ist so gut wie unbekannt, und ansonsten empfiehlt sich, nicht zu lesen, was die Bibelfrösche von ihm schreiben. (173)

*Die Apostel Philippus und Bartholomäus. Auch nichts Gescheites können die Wissenschaftsforscher über Apostel Philippus berichten, nur, wann und wo er „vermutlich einen Märtyrertod" fand, „vermutlich um 8 in Skythien in der heutigen Ukraina".

> „Philippus (* in Bethsaida, Galiläa; † vermutlich um 8 in Skythien in der heutigen Ukraina) gehört zu den zwölf Apostel Jesu (Matthäus 10,3)".
> „Die Nachrichten über sein späteres Leben sind verworren und unsicher. Vielleicht wirkte er gemeinsam mit Andreas in den Gebieten am Schwarzen Meer, vielleicht zu Hierapolis. Über sein Ende steht geschichtlich nichts Gesichertes fest, doch starb er vermutlich einen Märtyrertod in Skythien im Gebiet der Ukraine." (175)

Über den legendären Apostel Bartholomäus gibt es nur eine Legende: „Der Legende nach soll er in Indien, Mesopotamien und vor allem in Armenien gepredigt haben, wo er auch das Martyrium erlitten haben soll." (176) Nach Einschätzung des „Bibel Lexikons" taucht Apostel Bartholomäus unter dem Namen Barnabas auf, der nach der Kreuzigung mit dem gleichen Philippus gleichzeitig missionierte. Ganz korrekt, denn die gleichzeitige Nennung von „Philippus und Bartholomäus" zeugt von noch einem „Zwilling".

*Die Apostel Thomas und Matthäus. Auch über Apostel Thomas ist eher wenig als zuviel bekannt, und wieder gibt es Legenden statt außerbiblischen Quellen, er folgte Jesua nach Goa. Der Guru starb „um 72".

> „Der Apostel Thomas (* Ort und Datum unbekannt; † der Überlieferung nach in Mailapur, einem Bezirk der indischen Stadt Madras, dem heutigen Chennai, um 72) ist einer der zwölf Apostel bzw. Jünger, die Jesus drei Jahre lang als Freunde und Schüler begleiteten (vgl. Joh. 15,15 EU)." (177)

Der Apostel Matthäus war als scheinbar ganz mysteriöse Person (ein guter Konspirator) für die Wissenschaft und Forschung überhaupt nicht zu identifizieren. (506)

*Der Apostel Jakobus, Sohn des Alphäus. Er wurde zum Jakobus Gerechten umgewandelt und soll „um 6 in Jerusalem" gestorben sein.

> „Jakobus, Sohn des Alphäus, († um 6 in Jerusalem) ist der an zweiter Stelle genannte der beiden Apostel mit dem Namen Jakobus. Er wird zur Unterscheidung von Jakobus dem Älteren oft als Jakobus der Jüngere oder Jakobus, Sohn des Alphäus, bezeichnet und in vielen Konfessionen als Heiliger verehrt." (507)

Alphäus selbst erweist sich als unerforschbarer Großer Unbekannter.

*Der Apostel Thaddäus. Noch ein Judas, der dritte nach Judas Barsabas und Judas Thomas. Und noch ein Märtyrer. „Über sein Leben ist wenig Gesichertes bekannt, seine Historizität umstritten", aber bekannt ist, „er missionierte wohl im vorderasiatischen Raum und starb dort als Märtyrer".

„Judas Thaddäus (griechischIούδας Θαδδαος, Ioudas Thaddaios) ist einer der zwölf Apostel und wird als solcher als Heiliger verehrt. Über sein Leben ist wenig Gesichertes bekannt, seine Historizität umstritten. Möglicherweise werden in Judas Thaddäus mehrere verschiedene historische Personen zu einer einzigen Gestalt verbunden. Er missionierte wohl im vorderasiatischen Raum und starb dort als Märtyrer." (508)

*Die Apostel Simon „Zelotes" und Judas Iskariot. Apostel Simon „Zelotes" starb „im 1. Jahrhundert vermutlich in Babylon" - fast exakt! Warum nicht im 1. Jahrtausend schreiben? Auf dem Weg nach Goa starb er wahrscheinlich auch als Märtyrer

„Simon Zelotes († im 1. Jahrhundert vermutlich in Babylon, heute Han-al-Mahawil im Irak) war ein Apostel Jesu Christi. Die ältere kirchliche Tradition sieht ihn als Vetter Jesu an, wie auch Judas Thaddäus." (509)

*Und der Allerletzte, Judas Iskariot, starb niemals, und auch über ihn schrieb niemand was Gescheites. (600)

Welcher der Apostel war denn nun der falsche Hase? Durch eine einfache, rechnerische Nachprüfung kann nebenbei die Anzahl der fiktiven Apostel festgestellt werden. Die gerade Zahl der „Zwillinge" muß unter den 12 Aposteln 4 Zwillinge ergeben, plus 4 Attentäter: die Kamikaze-Brüder Zebedäus, Simon und Juda, also 12 (4x2+4). Die Liste der bespitzelten Personen überarbeitete Petrus im Nachhinein - wer schreibt, der bestellt die Musik.

Die „lange Zeit" 38-39 n.

Machtwechsel

In Jerusalem versammelten sich im Jahr 36 zum Pesach der alte Hohepriester Kaipha, der neue Hohepriester Hannas Jonathan und Herodes Antipas, der noch Tetrarch von Galiläa und Peräa war.

Pilatus wurde, nach so viel Ärger in Judäa, im Jahr 37 von Tiberius abgesetzt und seine Gebiete Marcellus, dem Präfekten von Judäa und Samaria, zugeteilt. Auch Vitellius, der „als Statthalter von Syrien auch die Aufsicht über Judäa" innehatte, kam Anfang März 37 nach Jerusalem, um sich mit Neubesetzungen zu befassen.

„Schließlich setzte Vitellius Anfang März 37 zwei Legionen zur Unterstützung des Herodes Antipas durch Judäa in Marsch und begab sich selbst in dessen Begleitung zum Pessachfest nach Jerusalem, um sich dort ein Bild über die Lage zu machen." Und was für ein Pech, am vierten Tag des Aufenthalts von Vitellius in Jerusalem, am 16. März 37, stirbt plötzlich Kaiser Tiberius Iulius Caesar Augustus. „Am vierten Tag seines Aufenthalts erreichte ihn die Nachricht vom Tod seines Förderers Tiberius und dem Regierungsantritt Caligula." (178) Dem Machtwechsel folgte, nach einjährigem Dienst (36-37 n.), der Austausch des Hohepriesters Hannas (Jonathan), Kaiphas Schwager, gegen seinen Bruder Theophilos. Herodes Antipas wurde abgesetzt und nach Südgallien verbannt, wo er „um 39 n. Chr." als Unbekannter starb, obwohl er im Jahr 37 noch voll tätig war.

Würmer im Jahr „um 39"

Auf die Frage, wer Petrus ins Gefängnis einsperrte, sagt die Bibelforscherei in einer Stimme, es war Agrippa, der zettelte „eine Verfolgung der jungen christlichen Gemeinde Jerusalems an, in deren Verlauf der Apostel Jakobus der Ältere (einer der beiden Söhne des Zebedäus) ermordet wurde und Simon Petrus in Gefangenschaft geriet". Der „Christenverfolger" Agrippa Herodes sollte es sein und das, weil an einer unangebrachten Stelle im NT geschrieben steht:
„Das Volk aber rief ihm zu: Das ist Gottes Stimme und nicht die eines Menschen! Alsbald schlug ihn der Engel des Herrn, weil er Gott nicht die Ehre gab. Und von Würmern zerfressen, gab er den Geist auf." (Apg.)
Wenn das Herodes Agrippa (44 n.) sein sollte, den die Würmer aufgefressen haben, womit schlug Petrus dann 7 Jahre lang bis Agrippas Tod (37-44 n.) seine Zeit tot? Darüber schweigt das NT.
Herodes Agrippa trat erst im Jahr 41 in Erscheinung: „Innenpolitisch versuchte er durch strenge Ausrichtung an den jüdischen Gesetzen die einflussreichen konservativen Kreise des Judentums auf seine Seite zu bringen." Deswegen spricht der Satz: „Das ist Gottes Stimme und nicht die eines Menschen!" eher für Herodes Antipas, den Vorkämpfer für Menschenrechte, der auf sein Recht bestand, seine Nichte heiraten zu dürfen und sich über alle Gesetze Gottes erhaben fühlte, weswegen ihn auch Johannes Täufer kritisierte. Herodes Antipas war einfach ein Antipath.
Im NT steht alles unmissverständlich in einem Absatz:
„Als aber Herodes ihn (Petrus) holen lassen wollte und ihn nicht fand, verhörte er die Wachen und ließ sie abführen. Dann zog er von Judäa hinab nach Cäsarea und blieb dort eine Zeitlang… Alsbald schlug ihn der Engel des Herrn, weil er Gott nicht die Ehre gab. Und von Würmern zerfressen, gab er den Geist auf." (Apg.)

Das muss geschehen sein, als Herodes Antipas „† um 39 n. Chr." starb, worauf Petrus fast 2, nicht 7 Jahre wartete. Die Frage stellt sich vielleicht anders: womit überhaupt verdiente Herodes Antipas eine schlechte Beurteilung, wenn nicht wegen seiner Untaten in den vergangenen 40 Jahren seiner Regierungszeit, noch dazu der Übergriff auf Petrus' Freiheit, woraufhin Herodes Antipas aus Jerusalem ging, „hinab nach Cäsarea und blieb dort eine Zeitlang". Deshalb mied Petrus Cäsarea wie die Pest und verbrachte seine Tage in Lydda und Joppe, 60 km von Cäsarea entfernt.

Joppe

Jerusalem verließ Petrus gen Joppe, unterwegs setzte er noch einen Lahmen in Lydda in Bewegung:
> „Dort fand er einen Mann mit Namen Äneas, seit acht Jahren ans Bett gebunden; der war gelähmt. Und Petrus sprach zu ihm: Äneas, Jesus Christus macht dich gesund; steh auf und mach dir selber das Bett. Und sogleich stand er auf." (Apg.)

Hat er dann selbst ordentlich sein Bett gemacht?
Aber die wirklich große und einzige Tat wartete in Joppe auf Petrus. Dort erweckte er, während der langen Verköstigung auf Simon Gerbers Kosten, eine Tote.
> „Und als Petrus sie alle hinausgetrieben hatte, kniete er nieder, betete und wandte sich zu dem Leichnam und sprach: Tabita, steh auf! Und sie schlug ihre Augen auf; und als sie Petrus sah, setzte sie sich." (Apg.)

Petrus „gab ihr die Hand und ließ sie aufstehen und rief die Heiligen und die Witwen und stellte sie lebendig vor sie". Bei der „Toten" in Joppe verbrachte er eine „lange Zeit", die 2 Jahre 37 - 39 n.
> „Und es geschah, daß Petrus lange Zeit blieb bei einem Simon, der ein Gerber war." (Apg.).

Petrus blieb so „lange Zeit in Joppe", bis ihn ein „Mann in Cäsarea mit Namen Kornelius, Hauptmann der Abteilung, die die Italische genannt...", abholte.
> „Es war aber ein Mann in Cäsarea mit Namen Kornelius, ein Hauptmann der Abteilung, die die Italische genannt wurde. Und nun sende Männer nach Joppe und laß holen Simon mit dem Beinamen Petrus." (Apg.)

In Cäsarea waren auch Philippus und Saulus Paulus, der „redete und stritt auch mit den griechischen Juden; aber sie stellten ihm nach, um ihn zu töten. Als das die Brüder erfuhren, geleiteten sie ihn nach Cäsarea und schickten ihn weiter nach Tarsus." Philippus „predigte in allen Städten das Evangelium, bis er nach Cäsarea kam." Alle drei erreichten nach und nach Cäsarea im Jahr 39. Was geschah in diesen 2 Jahren, dass der Drilling ziemlich simultan das Gebiet verlassen musste?

Unreines

Nach dem Gerichtsprozess war Petrus „verbrannt", er konnte danach im Land nicht mehr Fuß fassen. Auch die Anklage wegen Betrugs und zweifachen Mordes zwang ihn in Joppe 2 Jahre lang zum Untertauchen - bis sich die neuen Machtverhältnisse in Rom etabliert haben und eine neue Strategie erarbeitet wird. Endlich bekam Petrus neue Aufgaben, mit denen ein Mensch wächst. All diese Umstände hinderten Petrus daran, sich noch einmal nach Jerusalem zu wagen. Das durch rein redaktionelle Verstümmelung verschobene Kapitel „Petrus in Jerusalem" (Apg.) ist deshalb ergänzt durch die Erzählung über den psychodelischen Traum auf dem Dach in Joppe.

Als „sie" für Petrus „etwas zubereiteten", sah er „allerlei vierfüßige und kriechende Tiere der Erde und Vögel des Himmels", die er am liebsten verspeiste, und hörte eine Stimme sagen: „Was Gott rein gemacht hat, das nenne du nicht verboten." Das geschah, wie immer bei Petrus, dreimal.

„Und als er hungrig wurde, wollte er essen. Während sie ihm aber etwas zubereiteten, geriet er in Verzückung und sah den Himmel aufgetan und etwas wie ein großes leinenes Tuch herabkommen, an vier Zipfeln niedergelassen auf die Erde. Darin waren allerlei vierfüßige und kriechende Tiere der Erde und Vögel des Himmels. Und es geschah eine Stimme zu ihm: Steh auf, Petrus, schlachte und iß! Petrus aber sprach: Oh nein, Herr; denn ich habe noch nie etwas Verbotenes und Unreines gegessen. Und die Stimme sprach zum zweiten Mal zu ihm: Was Gott rein gemacht hat, das nenne du nicht verboten. Und das geschah dreimal; und alsbald wurde das Tuch wieder hinaufgenommen gen Himmel." (Apg.)

Das entspricht etwa einer Schilderung, wie ein Muslim oder ein Jude von einem Schweinebraten träumt, dessen Fleisch er nie kostete und zu dem ihm sogar die Enzyme fehlen.

Die drei Stimmen können zugeordnet werden, sie gehören zwei Knechten und einem Soldaten, alle drei von Hauptmann Kornelius nach Joppe geschickt. Sie bekochten Petrus, dann sagte der erste Knecht: „Steh auf, Petrus, schlachte und iß!" Der zweite sagte: „Was Gott rein gemacht hat, das nenne du nicht verboten!", und als der Soldat sagte: „XXX!", sprang Petrus auf, schlachtete und aß.

Die zwei Knechte und der Soldat waren von keinem Geringeren beauftragt als Kornelius, Hauptmann der „italischen" Abteilung, der den „Befehl empfangen von einem heiligen Engel", er solle Petrus „holen lassen" und hören, was er „zu sagen hat" - eine Besprechung auf dem Dienstwege.

„Sie aber sprachen: Der Hauptmann Kornelius, ein frommer und gottesfürchtiger Mann mit gutem Ruf bei dem ganzen Volk der Juden, hat Befehl empfangen von einem heiligen Engel, daß er dich sollte holen lassen in sein Haus und hören, was du zu sagen hast." (Apg.)

Nachdem Petrus die Stimmen hörte und mit Geistern redete, wurden er und „einige Brüder aus Joppe" nach Cäsarea eskortiert. In Cäsarea, „als Petrus hereinkam, ging ihm Kornelius entgegen und fiel ihm zu Füßen (Hirnschlag?) und betete ihn an. Petrus aber richtete ihn auf und sprach: Steh auf, ich bin auch nur ein Mensch." Lag Kornelius auf der Couch?

Was Hauptmann Kornelius von Petrus hörte und was dieser zu sagen hatte, außer, dass er „auch nur ein Mensch" ist, bleibt geheim. Am Ende der Veranstaltung redeten die Heiden, die ihn nach Cäsarea begleiteten, wieder „in Zungen" und „einige Brüder aus Joppe" verwandelten sich plötzlich in „gläubig gewordene Juden" und „entsetzten sich". Das erinnert zu sehr an die Szene drei Jahre zuvor auf dem Ölberg und der „IV. Internationale":

„Und die gläubig gewordenen Juden, die mit Petrus gekommen waren, entsetzten sich, weil auch auf die Heiden die Gabe des heiligen Geistes ausgegossen wurde; denn sie hörten, daß sie in Zungen redeten und Gott hoch priesen." (Apg.)

Bald darauf, im wissenschaftlich belegten „Jahr 42", als Petrus hinauf nach Jerusalem kam, stritt er wegen unreiner Speisen noch einmal mit denselben „gläubig gewordenen Juden", die scheinbar ein Elefantengedächtnis hatten und nach „6" Jahren sagten: „Du bist zu Männern gegangen, die nicht Juden sind, und hast mit ihnen gegessen!"

„Und als Petrus hinaufkam nach Jerusalem, stritten die gläubig gewordenen Juden mit ihm und sprachen: Du bist zu Männern gegangen, die nicht Juden sind, und hast mit ihnen gegessen!" (Apg.)

Also, Petrus aß doch mit Heiden allerlei vierfüßige und kriechende Tiere der Erde und Vögel des Himmels, und die „gläubig gewordenen Juden" schluckten nur die Spucke. Das heißt, der Streit wurde an Ort und Stelle in Jerusalem auf dem Ölberg drei Jahre zuvor (36 n.) ausgetragen und nicht „6" Jahre später. Auch wenn Ort und Stelle wirklich in Jerusalem waren, stritt Petrus ständig mit Juden, weil er ein Querulant war. Übrigens, sollte Petrus „im Jahr 42" wirklich nur deshalb nach Jerusalem gekommen sein, um mit ihnen zu streiten?

Petrus' heidnische Essgewohnheiten hatten weitreichende Folgen. Seine Mitwirkung bei der römischen Behörde machte ihn unbeliebt, und er geriet in Isolation. Petrus umgab sich in dieser Notlage mit Heiden und aß Unreines, eignete sich aber für die Öffentliche Arbeit bei Heiden und war für die geplante Missionierung prädestiniert.

Abschied

Die „Juden" trachteten Petrus umzubringen, und „als die Brüder es aber erfuhren, brachten sie ihn nach Cäsarea hinab und sandten ihn weg nach Tarsus." (Apg.)

Nach all diesen Unwägbarkeiten kam Petrus, immer noch unter dem Rufnamen Saulus, vorerst nach Cäsarea, und von da aus wurde er weit weg nach Tarsus verfrachtet. Wer kam übrigens auf die komische Idee, dass der Geburtsort von Paulus Tarsus war? Und das nur, weil er sagte: „Ich bin ein jüdischer Mann, geboren in Tarsus in Cilicien."? Der gleiche Satz an anderer Stelle anders formuliert: „Ich bin ein jüdischer Mann aus Tarsus, Bürger einer nicht unberühmten Stadt in Cilicien." (Apg.) Dass er in Tarsus geboren wurde oder starb, wird mit keinem Wort angedeutet. Petrus wurde von Saulus einfach nach Tarsus verfrachtet, von da kehrte er zurück, mit einem römischen Ausweis in der Tasche, ausgestellt auf den Namen „Paulus", und wurde logischerweise fürderhin als „Paulus aus Tarsus" aufgeführt.

Nach der Absprache mit Hauptmann Kornelius im Jahr 39 in Cäsarea, traf der 6-köpfige „Zwilling" seine Vorbereitungen, nach Antiochien abzufahren. In Tarsus fand er Saulus, der sich da verschanzt hatte, und brachte ihn nach Antiochia. Die ganze Welt glaubt, dass Saulus während seiner Mission in Damaskus ein Christ und schon längst zu „Paulus" wurde, aber nein, hier ist er wieder „Saulus".

„Barnabas aber zog aus nach Tarsus, Saulus zu suchen. Und als er ihn fand, brachte er ihn nach Antiochia." (Apg.)

Hatte Paulus nach 2 Jahren vergessen, wie er hieß und sein Name schon lange nicht mehr „Saulus" war? Oder war das einem Tippfehler, einer redaktionellen Unaufmerksamkeit geschuldet? Davon gibt es im NT viel zu viele.

Von Cäsarea nach Rom blieb für Petrus nur der Weg über Zypern frei. Auf einmal weckte er keine Toten mehr auf, vollbrachte keine Wunder, was nicht unbedingt bedeuten muss, dass er sich von seinem missionarischen Beruf verabschiedet hatte.

Fraglich, ob Petrus Paulus noch lange lebte, denn die Berichte über ihn brechen zu abrupt ab. Außerdem, obwohl er das Land wegen Lebensgefahr verließ, war er auch im Römischen Reich nicht seines Lebens sicher. Die „Juden" war überall im Reich zerstreut und allgegenwärtig. Er starb vermutlich im Jahr 64, im Jahr des Großen Brandes in Rom, im Zuge einer noch größeren „Christenverfolgung". Auf welcher Seite er starb, das Geheimnis nahm er mit ins Grab.

Der Staat vergisst seine Helden nicht, ihm zu Ehren wurde der Petersdom errichtet. Sein Sarkophag wurde im Gebäudefundament so gut verankert, dass eine Bergung nur um den Preis der Zerstörung des Fundaments möglich wäre. Wörtlich ist im NT vorausgesagt: „Du bist Petrus; und auf diesen Felsen will ich meine Versammlung bauen, und des Hades Pforten werden sie nicht überwältigen."

Die Experten bohrten ein Loch in das Fundament, um zu prüfen, ob da noch jemand liegt oder sich bereits auf Himmelsfahrt befindet. Die Datierung des Inhalts entspricht der Zeit von Petrus Paulus.

Neue Strategie

Unruhen

Die Hebräer selbst trugen zur unstabilen Situation im Römischen Reich bei. Schon im ersten Punischen Krieg (264–241 v.), dann im zweiten (218–201 v. Chr.), ließen sie mit Elefanten Rom fast niedertrampeln, bis eines Tages die Römer Karthago einebneten. Danach folgten Aufstände, getragen von jeder Generation, im Takt von 30 Jahren: die Rebellion der Väter (Judas Galiläer, 6 n.), der Putschversuch der Söhne (Jesua und Juda, 36 n.) und der Enkel beim Großen Aufstand gegen Rom. („Jüdischer Krieg" 66-74 n.)

Mit der Zerschlagung des Aufstands der Nazarener endete die zweite Konfliktrunde: Levi/Juda kontra Joseph/Benjamin. Aber noch zu Jesuas Lebzeiten verbreitete sich seine Lehre in Kleinasien und von Ägypten bis nach Äthiopien. Da die äthiopischen Christen die Kreuzigung nicht richtig mitbekamen, feiern sie bis heute die Taufe, wobei sie im Kasten auf dem Altar Tora-Rollen aufbewahren.

Ein simultaner Aufstand gegen Rom im ganzen Gebiet des Reichs, von Kleinasien bis Persien (Parther) und Ägypten, einschließlich Rom selbst, scheiterte mangels Kommunikationsmöglichkeiten und wurde nach und nach von Rom niedergeschlagen. In der Konfrontation mit Vandalen und Randalen im Westen, mit Hebräern an der Ostfront, wiederholten die Römer step by step Erfahrungen der Griechen, was den „Juden" noch weniger Sympathie brachte.

„Arminius errang den militärischen Erfolg im Jahr 9 n. Chr. durch einen Sieg über die drei römischen Legionen des Varus und konnte sich auch gegenüber den Angriffen des Germanicus 14–16 n. Chr. behaupten. Auch Marbod verfügte über ein Heer von vermutlich 70000 Fußsoldaten und 4000 Reitern, gegen das Tiberius 6 n. Chr. zwölf Legionen aufbot." (179)

Der Aufstand scheiterte auch wegen interner Mängel und Intrigen. Die jüdische Führungsschicht stand mit einem Bein in Rom, dem anderen in Judäa, ihr fiel es schwer, den Aufstand zu organisieren und sich zugleich den römischen Besatzern dienstbar zu machen. So konnte Josephus Flavius vorbildlich große Reden halten, bei der Organisation des Widerstands aber zeigte er sich minimal und wechselte bei nächstbester Gelegenheit die Front.

Zum noch größeren Ärger verbanden sich die Nazarener mit den unterprivilegierten Heiden und multiplizierten damit explosive Kräfte. In einer solchen Lage musste die zuständige Behörde (Apparat) eine Neue Strategie ausarbeiten: eine alternative Kirche von Petruschristen sollte die Bewegung der Nazarener zersetzen und ersetzen. Für diese Aufgabe eigneten sich die Personen aus Jesuas Umkreis, die altbewährten Petrus und Paulus.

Neuschöpfung „Jesus der Christus"

Petrus Paulus nahm die Identität eines Jüngers von Jesus an und predigte im Namen Jesus mit einer neuen Akzentuierung, „daß Jesus der Christus ist", ins Deutsche übersetzt; „Jesua ist der König Juda." Ein Konstrukt aus zwei Personen in einer, so etwas wie „Marx Engels", kam damals bei „Juden" nicht gut an, ebenso wenig das Phantom „Gottes Sohn". Die „Juden", die bei dem Prozess in Jerusalem anwesend waren und alles miterlebten, vertrauten noch ihren Augen mehr als ihren Ohren, sie „entsetzten sich und sprachen: Ist das nicht der, der in Jerusalem alle vernichten wollte, die diesen Namen anrufen, und ist er nicht deshalb hierhergekommen, daß er sie gefesselt zu den Hohenpriestern führe?"
Mit der Neuschöpfung „Jesus der Christus" vereinnahmten die Petruschristen Jesua für sich, indem sie ihn zum Messias (Gesalbter, König) und unbedingt aus dem Hause Davids kommend erklärten, der bei seiner nächsten Ankunft - das muss auch nicht fehlen - ewiglich regieren wird. Für diesen heiligen Zweck wurde „König Juda" in „König der Juden" umgewandelt und aus „Jesus" ein „Jesus, König der Juden" gemacht. Spitzenmäßig aber war die Erfindung, wortwörtlich: „Jesus, der Sohn Gottes". Petrus Paulus predigte in den Synagogen von „Jesus, daß dieser Gottes Sohn sei", damit unterschritt er das Unterniveau, was sogar jeder Muslim bestätigen kann.
Zum Schluss erwies sich der Jubel der Nazarener über ihren Richter Jesua und König Juda als viel zu verfrüht.

Paulus Mission

Die Leichen von Jesua und Juda waren noch nicht ganz erstarrt, da ging Petrus Paulus schon auf Missionierungstour. Und was für ein Unglück, alle Gemeinden waren bereits von Nazarenern befallen, hatten ein Elefantengedächtnis und wussten, „wieviel Böses er deinen Heiligen in Jerusalem angetan hat".
Die Rundreise schlug fehl, nur die Inspizierung der Agentur und das Handauflegen gelangen. Daher konzentrierte sich sein Reisebericht auf passende Erfolgsmeldungen: „Da wurden die Gemeinden im Glauben gefestigt und nahmen täglich zu an Zahl."
Wie vormals Petrus den Kasatschok, der „gelähmt von Mutterleib an", setzte

diesmal auch Paulus einen Lahmen „von Mutterleib an" in Gang. Der Lahme „sprang auf und ging umher" - das ist wortwörtlich von Petrus abgeschrieben oder anders formuliert, Petrus Paulus schlug zum zweiten Mal zu und heilte den von Mutter Leib an Lahmen.

„Und es war ein Mann in Lystra, der hatte schwache Füße und konnte nur sitzen; er war gelähmt von Mutterleib an und hatte noch nie gehen können. Der hörte Paulus reden. Und als dieser ihn ansah und merkte, daß er glaubte, ihm könne geholfen werden, sprach er mit lauter Stimme: Stell dich aufrecht auf deine Füße! Und er sprang auf und ging umher."

Die Gemeinden bestanden keineswegs aus Juden, sondern aus Israeliten samaritisch-galiläischer Prägung, sonst hätte Petrus Paulus sie in seiner Eröffnungsrede nicht als „Männer von Israel" angesprochen: „Ihr Männer von Israel und ihr Gottesfürchtigen, hört zu!". Auch „Der Brief an die Hebräer" richtete sich eindeutig an Hebräer und nicht an „Juden". Ansonsten trachteten „die Juden" nach Paulus' Leben. Aus Perge in Pamphylien wurde er vertrieben, und „die Juden" „stifteten Unruhe und hetzten die Seelen der Heiden auf gegen die Brüder".

„Aber die Juden hetzten die gottesfürchtigen vornehmen Frauen und die angesehensten Männer der Stadt auf und stifteten eine Verfolgung an gegen Paulus und Barnabas und vertrieben sie aus ihrem Gebiet."

In Ikonion wurde Paulus mitsamt seiner Begleitung von „Juden" und Heiden fast gesteinigt.

„Als sich aber ein Sturm erhob bei den Heiden und Juden und ihren Oberen und sie sie mißhandeln und steinigen wollten, merkten sie es und entflohen in die Städte Lykaoniens, nach Lystra und Derbe, und in deren Umgebung und predigten dort das Evangelium."

Und auf der ganzen Route wurde Paulus verfolgt und beinahe umgebracht.

„Es kamen aber von Antiochia und Ikonion Juden dorthin und überredeten das Volk und steinigten Paulus und schleiften ihn zur Stadt hinaus, und meinten, er wäre gestorben."

Paulus konnte seine Mission nur überleben, weil er römischer Bürger war. „Sie haben uns ohne Recht und Urteil öffentlich geschlagen, die wir doch römische Bürger sind, und in das Gefängnis geworfen." So klagte er, als er zum wiederholten Male im Gefängnis landete. Aber: „Da fürchteten sie sich, als sie hörten, daß sie römische Bürger seien, und kamen und redeten ihnen zu, führten sie heraus und baten sie, die Stadt zu verlassen. Da gingen sie aus dem Gefängnis und gingen zu der Lydia."

In Thessloniki sah es für Paulus und Silas ganz düster aus: „Die Juden eiferten sich und holten sich einige üble Männer aus dem Pöbel, rotteten sich zusammen und richteten einen Aufruhr in der Stadt an und zogen vor das Haus Jasons und suchten sie, um sie vor das Volk zu führen." Wieder ein Happy End: „Sie fanden sie aber nicht." Wahrhaftig, ein Fantomas!

Noch viel mehr erlebte Paulus auf seiner Missionierungstour, ein Wunder überhaupt, dass er unterwegs nicht mehrmals umgebracht wurde - ihm muss viel Mut zugestanden werden. Die Frage bleibt, was trieb ihn an, war er ein Abenteurer, von einem selbstmörderischen Instinkt besetzt oder ein Idealist, von der Idee besessen, das Judentum zu reformieren? Oder fühlte er sich damit unwohl, persönlich an der Ermordung von Jesus und Christus beteiligt gewesen zu sein? Aber nein, er war nur ein „Werkzeug" des Römischen Reichs, und das Imperium kochte.

Trick

In seinen Predigten legte sich Paulus nicht auf eine Wortwahl fest, je nach Bedarf und Klientel sprach er von „Jesus" oder von „Jesus Christus" - überhaupt wurden im NT die Namen absichtlich durcheinandergebracht, aber nicht wegen einer Verwechslung, von wegen Juda und Jesua waren zwei Halbbrüder und sahen sich ähnlich. Zwar gab es häufig Verwechslungen, dafür war Paulus aber nicht verantwortlich. Selbst Johannes Täufer wusste nicht, wen er getauft hat, bei der Taufe hat er „ihn nicht erkannt". Er taufte den Falschen, wollte sich aber dann vergewissern, und aus dem Gefängnis fragte er nach, ob es der Richtige war. Dagegen ist die Täuschung im NT gewollt, und auch nach der zweiten Auferstehung „wird er nicht erkannt". Dennoch und trotz der Verwechslungen könnten Jesus und Christus aufs Genaueste unterschieden werden. Der Staatsfeind Nr. 1, König Juda, war im Visier von Statthalter Pontius Pilatus und seinem Vasallen, König Herodes Antipas, und der Prophet Jesua war ein Gegner der Priesterkaste. Selbst Josephus Flavius hielt sie viele Jahre später, laut Origenes, für zwei verschiedene Personen, er „habe nicht geglaubt, Jesus sei der Christus".

„Origenes (um 185–254) schrieb in Contra Celsum sogar ausdrücklich, Josephus habe nicht geglaubt, Jesus sei der Christus." (180)

Am Schreibtisch

Neben dem Dienst für das römische Reich hatte Paulus parallele Ziele: das Judentum zu reformieren und vielleicht auch eine Neue Religion (noch zu Lebzeiten) zu gründen. Entweder aus romantischen Gefühlen oder aus kaltem Kalkül wurde Jesua vorgezogen und Juda zu seinem Antipoden gestylt und verworfen. Für Paulus waren Juden nicht attraktiver als der nazarenische Klassenfeind, und in dieser Wahl steckt vielleicht der weiter reichende Hintergedanke, mit dem „Verräter Juda", in Gestalt des Stammes Juda, endlich abzurechnen. Manche verstehen nicht, wieso Jesua ein Pharisäer war, wie auch Paulus selbst und die Pharisäer im Hohen Rat, und dass sich alle gegenseitig bekämpften. Ob Jesua Pharisäer war, ist von Josephus Flavius wissenschaftlicher Korrektheit abhängig, denn das war sein Auswurf gewesen. Aber ein Vergleich mit der gegenwärtigen Lage kann verdeutlichen, wie aus der sozialistischen Bewegung in Europa Konfliktparteien entstanden: Bolschewismus, die „Linke" und was heute SPD genannt wird, die Sozialistische Pharisäer Partei sozusagen.

Aufgabe
Während der Missionierung entwickelten sich Grundzüge der Neuen Religion, und wo die Vorstellung vom Gottesreich bei dem ungebildeten Fischer Petrus den Verzehr der „kriechenden Tiere" und die „menschliche Liebe" beinhaltete, hielt sich „der Pharisäer und ein Sohn von Pharisäern" Paulus an eine gut durchgedachte Strategie, mit dem Ziel, zunächst den im Märtyrertod umgekommenen, geistigen Anführer der Nazarener durch einen fiktiven „Jesus Christus" zu ersetzen und die Bewegung zu spalten. Danach bleibt nur eine Kleinigkeit zu erledigen: die Führung wird ausgetauscht und neu besetzt.

Ein Auftrag des römischen Reichs war auch Petrus Paulus' Hauptaufgabe, nämlich das Bündnis zwischen Israeliten und Heiden zu brechen. Die Heiden wussten aber, mit wem sie es zu tun haben, „sie nannten Barnabas Zeus und Paulus Hermes". Hermes ist ein Gott der Diebe und Zeus „der oberste olympische Gott der griechischen Mythologie und mächtiger als alle anderen griechischen Götter zusammen". Und Hermes „führt die Seelen der Verstorbenen in den Hades (Unterwelt)", gerade dahin, wo Petrus wie ein Fels in der Brandung mit einem großen Schlüssel an den Pforten steht. Und Zeus sollte, ohne Spaß, Barnabas sein. War er ein Türvorsteher oder ein speziell ausgebildeter Personenschutz für Paulus?

„Hermes (griechisch Ἑρμῆς, auch Hermeias Ἑρμείας, dor. Hermas Ἑρμᾶς) ist in der griechischen Mythologie der Schutzgott des Verkehrs, der Reisenden, der Kaufleute und der Hirten, andererseits auch der Gott der Diebe, der Kunsthändler, der Redekunst, der Gymnastik und somit auch der Palästra und der Magie. Als Götterbote verkündet er die Beschlüsse des Zeus und führt die Seelen der Verstorbenen in den Hades (Unterwelt). Er gehört zu den zwölf großen Olympischen Göttern." (181)
„Zeus (altgriechisch Ζεύς, klassische Aussprache ungefähr „dzeu̯s"; neugriechisch Ζεύς bzw. Δίας Dias; lateinisch Iuppiter) ist der oberste olympische Gott der griechischen Mythologie und mächtiger als alle anderen griechischen Götter zusammen." (182)

Lange Schenkel nach Rom

Mit der Missionierung ist es so eine Sache, wo war der Stützpunkt oder der Ausgangsort der berühmten Apostel gewesen? Gewiss nicht in Jerusalem. In den von Bibelforschern angegebenen 23 Jahren hat Paulus den Boden von Jerusalem nur zwei Mal und sehr kurzfristig betreten. Hat er in Antiochien Wurzeln geschlagen oder kreiste er 23 Jahre lang in Griechenland krumm und quer? Tatsächlich aber dauerte seine Missionsreise höchstens ein paar Jahre.

Keiner muss sich täuschen lassen, der Standort von Petrus wie auch von Paulus war die römische Metropole Rom, in der Kaiser Claudius „allen Juden geboten hatte, Rom zu verlassen". (Apg.) Eine schwierige Aufgabe, es sei denn, damit sind verschiedene „Juden" gemeint.

„Nach einer in Delphi gefundenen Inschrift bekleidete Gallio dieses Amt wohl von Frühsommer des Jahres 51 bis Frühsommer 52. Zudem erwähnt Ap. 18,2E ein Edikt des Kaisers Claudius, wonach die Juden Rom verlassen mussten: Dieses wird auf 49 datiert." (183)

Nur Paulus ging ungestört rein-raus, ob er Petrus besuchte? Petrus nämlich, wie Esra damals, setzte sich nach gut geleisteter Arbeit zum wohlverdienten Ruhestand ab und zählte seine 30 Silberlinge nach.

Die Neue Strategie unter dem Stichwort „Missionierung" erwies sich ausschließlich beim Netzausbau und bei der Bespitzelung als erfolgreich, aber scheiterte bei der Anwerbung neuer Anhänger. Das aktive Stadium war vorbei. In Rom widmeten sich Petrus und Paulus der wissenschaftlichen Arbeit, ihre Erlebnisse in Judäa auf Papier zu bringen und der Geschichtsumschreibung im Sinne des Römischen Reichs, dies selbstverständlich auch zur eigenen Rechtfertigung.

Der „Sekretär" des Analphabeten Petrus war der mysteriöse „Markus", der mitschrieb und mit seinem Namen „Johannes" die Evangelien signiert hat.

„Einig sind sich die frühchristlichen Schriftsteller, dass Markus als Schüler des Petrus das Evangelium verfasste." (184)

Reformen

Speisen-Reinheitsgebot

Die Apostel Petrus und Paulus wurden mit Recht als Säulen der Neuen Religion angesehen. Ihre reformatorischen Anstöße waren strategisch richtig gedacht und erwiesen sich langfristig als tödlich für die Bewegung der Nazarener. Dennoch war im Römischen Reich von der wunderschönen Neuen Gemeinde von Petrus Paulus keine Spur zu sehen, höchstens ein Freundeskreis. Was hatten die

Kerle anzubieten?

Hebr. **ZaNA** bedeutet „sich ernähren" wie auch „huren". Die Vorliebe für „kriechende Tiere" bei dem Gourmet Petrus mündete in der Abschaffung des Speisen-Reinheitsgebots. Damit wurde nicht nur die altägyptische Küche abgeschafft, auch die Bremse zur Ausrottung der Tierwelt wurde gelöst. Und mit dem wörtlich gemeinten, kannibalischen Angebot, „trinkt mein Blut, eßt mein Leib", war Noahs Gebot hinfällig.

„Alles, was sich regt, was da lebt, soll euch zur Speise sein; wie das grüne Kraut gebe ich es euch alles."

Kannibalisch, weil die Seele, nach einer alttestamentarischen Vorstellung, im Blut lebt, und vom Gebot „trinkt mein Blut, eßt mein Leib" bis zum "Blut der christlichen Kinder" ist es nur ein Schrittchen.

Der Vorgeschmack auf „kriechende Tiere" geht über zum Appetit auf „kriechende Menschen" im Sinne „menschlicher Liebe", damit wurde Moses Gesetz erledigt und der Unterschied zu Heiden nivelliert.

NIUF. Wollust/NIUF wurde reduziert auf das Gebot „Nicht Ehebrechen" im Sinne eines Seitensprungs nach links-rechts. Schrecklicherweise lässt das Gesetz Moses „das Menschliche" nicht zu, und bei Jesua steht das Ehebruch-Verbot noch vor Mord und Diebstahl:

„Du sollst nicht ehebrechen; du sollst nicht töten; du sollst nicht stehlen; du sollst nicht falsches Zeugnis reden; du sollst nichts vorenthalten; ehre deinen Vater und deine Mutter." (Mk.)

HEXEREI. Bei Hexerei und Exorzismus ist es ebenfalls nicht so, wie im Gesetz geschrieben:

„Es soll unter dir niemand gefunden werden, der seinen Sohn oder seine Tochter durchs Feuer gehen läßt, keiner, der Wahrsagerei treibt, kein Zauberer oder Beschwörer oder Magier oder Bannsprecher oder Totenbeschwörer oder Wahrsager oder der die Toten befragt."

BESCHNEIDUNG. Nach halachistischem Dogma leitet sich die Abstammung von der Mutter ab, daher verliert die Beschneidung der Männer halbwegs an Bedeutung, und mit der völligen Abschaffung der Beschneidung würde Esras Neuerung nur vollendet. Tragischerweise bedeutete dieser überflüssige Akt ein Bund mit dem HERRn.

„Dies ist mein Bund, den ihr halten sollt zwischen mir und euch und deinem Samen nach dir: Alles Männliche werde bei euch beschnitten."

Damit ist das Paket von Petrus Paulus geistigem Erbe fast komplett. Kein Wunder, dass Moses' Gesetze als „alttestamentarisch" und grausam gelten und seine Lehre nicht so populär ist.

Auch diese Umstände führten zur Isolation, Petrus wurde ausgestoßen und diskriminiert. Bei den Heiden aber war er gut aufgehoben, er durfte seine unreinen Lieblingsspeisen einnehmen, Leib essen und Blut trinken. Heidentum ist für Heiden das, was im Grunde genommen Petrus Paulus propagierte.

Im Anfang war das Wort

Etwas ist bei Apostel Johannes nicht ganz klar. Sein Werk, ausgenommen die buddhistischen Dadaismen: „Alle Dinge sind durch dasselbe gemacht, und ohne dasselbe ist nichts gemacht, was gemacht ist.", fängt an mit „Im Anfang schuf Gott die Himmel und die Erde.", genau wie die Genesis im AT. Und es endet auch wie im AT mit der Finsternis und dem Licht:

> „Und die Erde war wüst und leer, und Finsternis war über der Tiefe; und der Geist Gottes schwebte über den Wassern. Und Gott sprach: Es werde Licht! Und es wurde Licht."
> „Im Anfang war das Wort, und das Wort war bei Gott, und Gott war das Wort. Dasselbe war im Anfang bei Gott. Alle Dinge sind durch dasselbe gemacht, und ohne dasselbe ist nichts gemacht, was gemacht ist. In ihm war das Leben, und das Leben war das Licht der Menschen. Und das Licht scheint in der Finsternis, und die Finsternis hat's nicht ergriffen." (Apg.)

Wenn das eine Doktorarbeit wäre, könnte einer von Plagiat sprechen, aber das ist es nicht, was stutzig macht. Welches „Wort" war „Im Anfang"? War es „Wort"/DaVaR gewesen (it. „Palavra"), dann hat Apostel Johannes die Genesis verstümmelt, weil dort etwas anderes geschrieben steht: „Im Anfang schuf Gott.", er redete nicht, wie die Politiker, die immer wissen, „was sein muss".

Oder war es das „Wort"/MILA, dann ist es noch schlimmer. MILA hat noch eine andere Bedeutung, „eine Beschneidung". In der Urzeit gingen Wort und Tat nämlich nicht aneinander vorbei. Also, das „Wort im Anfang" kann nur von einem Apostel Johannes in Gestalt des Demagogen und Pharisäers Paulus stammen, und an diesem Beispiel ist zu sehen, wie fundamental die Reformatoren an die Sache herangingen. Nach solcher Kosmetik bleibt von Mose nicht viel übrig, und die gut gemeinten Reformen konnten bei den Nazarenern verständlicherweise kaum einschlagen, aber trotzdem wurde eine solide Grundlage für die Neue Religion geschaffen.

Ohne das Thema zu erweitern, kann über die Qualitäten von Paulus ein pauschales Urteil angeboten werden: er erwies sich als nichts anderes als das Verlängerungskabel von Esra und machte in einem zweiten Schritt Moses Lehre zunichte. Auch von Jesuas Lehre blieb im NT wenig erhalten, aber es ist voll von pharisäischen Floskeln und Gleichnissen, interpretiert von Paulus, mit einer Art pharisäischem Hellenismus oder hellenistischem Pharisäertum.

Ganz unbekannt ist der Verdacht gegen Paulus als Falschen Propheten und seine Lehre nicht, die Zeitschrift „Der Theologe" widmete ihm einen ganzen Artikel, mit einer Bemerkung: „Robert Kehl schreibt in seinem Büchlein Jesus, der größte Betrogene aller Zeiten: „Etwas Schlimmeres konnte Jesus wohl nicht widerfahren, als dass ein vollblütiger Pharisäer seine Sache in die Hand nehmen würde, auch wenn er es gutgläubig tat." (185)

Gleichheit

Manche Stellen im NT sind viel zu persönlich, zum Beispiel die Ansicht, dass es eine „Auferstehung der Gerechten wie der Ungerechten geben wird", damit ist nicht nur „Demokratie für alle" gemeint. In dieser Frage ist das Rabbinat bis heute geteilter Meinung und hat etwas zu befürchten. Gutes und Böses werden auf die gleiche Stufe gestellt, in der Art einer antiken Totalitarismus-Theorie, die mit der These, „alle sind Gottesgeschöpfe", in pures Heidentum abgleitet. Persönlich daran ist, dass ein Ungerechter wie Paulus dafür sorgt, dass er auch ins Paradies kommt und nach der „Letzten Zeit" gemeinsam mit Gerechten und Ungerechten aufersteht. Und die Sorge wird noch persönlicher, wenn er dazu noch in Esras Sprachgebrauch „Wir" artikuliert, „auch wir sind schuldig". Er, und wer noch, ist an Seinem Tod schuld? (Namen? Adressen?).

„Hieran haben wir die Liebe erkannt, dass er für uns sein Leben dargelegt hat; auch wir sind schuldig, für die Brüder das Leben darzulegen." (Joh.).

Oder ist das ein indirektes Zugeständnis, wie bei N. Chrustschow, der an Verurteilungen von „Volksfeinden" aktiv beteiligt war und den Plan eifrig übererfüllte, um aber anschließend die Entstalinisierung zu starten und den „Verräter" J. Stalin wegen Massenmorden und Verrat an kommunistischen Idealen zu beschuldigen. Fast verschrieben, N.Christschow.

Sogar der wilde Adam wurde in Beschlag genommen und für die Erbsünde rückwirkend verantwortlich gemacht. Deshalb musste Jesus Christus die Schuld auf sich nehmen und für uns alle sterben. Die Weichen wurden gestellt, das Äußerste ist damit noch lange nicht erreicht, demnächst kann auch Gott ins Kreuzverhör genommen werden. Wie jemand in einem KZ eingeritzt hat: "If there is a God, he will have to beg my forgiveness."

Noch größere Sorge, als um das Leben nach dem Tod, bereitete Paulus scheinbar die Sorge um sein eigenes Leben im Diesseits, aus Furcht vor den „Juden". Nicht lange her, da trachteten viele nach seinem Leben, und daher wird das Gnadengebet: „liebe deine Feinde", dringend nötig.

Feindesliebe

An einer Stelle in den Evangelien von Lukas fällt eine ganze Botschaft aus dem

Kontext heraus, fast könnte der Vortrag von Paulus selbst stammen. Der imaginäre Jesus Christus sagt: „Aber euch sage ich, die ihr hört: Liebt eure Feinde; tut wohl denen, die euch hassen; segnet, die euch fluchen; betet für die, die euch beleidigen.", was für Paulus typisch wäre, nicht aber für Jesua, bei dem die Tat dem Wort folgte und mit dem versuchten Tyrannenmord endete. So hebelte Paulus Moses' Konzept, „das Gleiche um das Gleiche", aus.

„Bruch um Bruch, Auge um Auge, Zahn um Zahn; wie er einem Menschen eine Verletzung zufügt, so soll ihm zugefügt werden." (Mose)

Wobei auch in den Sprüchen von Jesua wenig von der Feindesliebe zu merken ist:

„Doch jene, meine Feinde, die nicht wollten, dass ich über sie herrschen sollte, bringt her und erschlagt sie vor mir." (Lk.)

Und worin besteht die Liebe zu den Feinden in Paulus' Interpretation? Einfach „tut Gutes, und leiht, ohne etwas wieder zu hoffen", und dann, „ihr werdet Söhne des Höchsten sein". Eigenartig, aber die Sanftmut in „Liebt eure Feinde" folgt unmittelbar nach den Drohgebärden „Wehe euch!"

„Wehe euch, die ihr voll seid, denn ihr werdet hungern. Wehe euch, die ihr jetzt lacht, denn ihr werdet trauern und weinen. Wehe, wenn alle Menschen wohl von euch reden; denn desgleichen taten ihre Väter den falschen Propheten." (…) „Aber euch sage ich, die ihr hört: Liebt eure Feinde; tut wohl denen, die euch hassen; segnet, die euch fluchen; betet für die, die euch beleidigen." (Lk.)

Mit „Feinden" sind keineswegs die lieben Nächsten gemeint. Richtig wird Rae-Ha als „dein Lebensgefährte" übersetzt und nicht als „der Nächste" oder „Übernächste", in dem ein Lebensgefährte ausdrücklich „dein" und keineswegs „sein" ist. Moses Gesetz spricht von einer Feindschaft unter „Brüdern", und „Schwestern" und verbietet ihnen beim Zanken 7 Mal zurückzuschlagen. Sieben Mal abmessen und beim achten Mal beschneiden, und nicht darüber hinaus, so dass die Liebe zu Feinden bei Paulus diesen Rahmen sprengt.

Das wäre nicht ganz schlimm, wenn für eine Menge von „Christen" das Evangelium nicht nur aus diesem einzigen Satz „Liebe deine Feinde" bestünde und im Laufe der Geschichte dieser Satz nicht unzähligen Christen das Leben gekostet hätte. So haben während dem Armenier-Genozid die Priester ihre Funktion gewissenhaft erfüllt und tüchtig Briefe an den türkischen Sultan und andere Instanzen geschrieben. Ob Jesua in ähnlicher Situation so handelte und gehandelt hätte, ist gar keine Frage.

Vielleicht ist die Liebe zum Feind eine sadomasochistische, aber auch das ist nicht so einfach, wenn ein Masochist einen Sadisten quält. Und mit der Option in diesem Absatz, „ihr werdet Söhne des Höchsten sein", wird es noch schwieriger, bis jetzt war der „Höchste" der Hohepriester Kaipha. Das konnte Jesua nicht bei klarem Verstand versprechen, auch nicht, wenn unter dem „Höchsten" Gott gemeint wurde.

Pelzmantel

An wen richten sich diese „Gebote"? Ein Beispiel für die Kunst der Demagogie im Bereich des Exhibitionismus, „dem, der dir den Mantel nimmt, wehre auch den (letzten) Leibrock nicht". Und ohne Übergang wurde vom „Glückseligen Armen" gesprochen und drohend „wehe euch Reichen" angefügt. Wer nimmt von wem den Mantel (aus Lammfell), der Arme vom Reichen oder umgekehrt? Und der „dir das Deine nimmt" und du es nicht zurückforderst, ist er ein glückseliger Armer oder ein unglücklicher Reicher? In beiden Fällen wird ein Diebstahl legitimiert. Eindeutig hatte jemand Schwierigkeiten, das ausgeliehene Geld zurückzugeben. Ist ja verständlich, wie gesagt, das fremde Geld borgen, aber als eigenes zurückgeben.

Ein Satz aber ist absolute Spitze: „Und wenn ihr denen leiht, von denen ihr wieder zu empfangen hofft, was für Dank ist es euch? [denn] auch die Sünder leihen Sündern, damit sie das gleiche wieder empfangen." Warum aber ist einer, der das Seine zurückhaben will, gleich ein „Sünder"? Ist das ein Fall für die Schufa, oder die altbewährte Opfer-Täter-Umkehrung mit weitreichenden Folgen. Jesuas Gebot dagegen war, „verkaufe deine Habe und gib den Armen", und ist nicht borgen und dann die Schulden nicht zurückerstatten. Scheinbar hat das Ausleihen in großem Umfang im Hinblick auf manche seiner Aktivitäten mit Petrus Paulus zu tun. Das Projekt mit dem Blutacker, das Immobiliengeschäft mit den zwei „Sündern", den Greisen Hananias und Saphira, sind Beispiele. Auch die Schulden zu begleichen war er wenig bereitwillig.

Und zum Schluss des Aufsatzes kommt der Zweck der Übung, „richtet nicht, und ihr werdet nicht gerichtet werden; verurteilt nicht, und ihr werdet nicht verurteilt werden". Anscheinend war die Lage schlimmer als vorstellbar, und es ging um viel Größeres als ein Schuldenerlass, es wird dringlich nach Straffreiheit verlangt.

Ohrfeige

Vorbildlich sind die masochistischen Komponenten in einem anderen Satz, „der dich auf den Backen schlägt, biete auch den anderen dar". Mit solch einer Einstellung hätte Mose niemals Ägypten verlassen, und bei Jesua ist der Satz ganz fehl am Platz. Wenn überhaupt, auf diese Art hatte Jesua sicherlich nicht gesprochen, und es kann nicht schaden, dieses ausführliche Zitat ganz zu lesen, ohne die Bibel aufzuschlagen, damit jeder selbst sein Urteil bilden kann:

„Und er hob seine Augen auf zu seinen Jüngern und sprach: Glückselig ihr Armen, denn euer ist das Reich Gottes. Glückselig, die ihr jetzt hungert, denn ihr werdet gesättigt wer-den. Glückselig, die ihr jetzt weint, denn ihr werdet lachen. Glückselig seid ihr, wenn die Menschen euch hassen werden, und wenn sie euch absondern und schmähen und euren Namen als böse verwerfen werden um des Sohnes des Menschen willen; freut euch an diesem Tag und hüpft, denn siehe, euer Lohn ist groß in dem Himmel; denn desgleichen taten ihre Väter den Propheten. Aber wehe euch Reichen, denn ihr habt euren Trost dahin. Wehe euch, die ihr voll seid, denn ihr werdet hungern. Wehe euch, die ihr jetzt lacht, denn ihr werdet trauern und weinen. Wehe, wenn alle Menschen wohl von euch reden; denn desgleichen taten ihre Väter den falschen Propheten. Aber euch sage ich, die ihr hört: Liebt eure Feinde; tut wohl denen, die euch hassen; segnet, die euch fluchen; betet für die, die euch beleidigen. Dem, der dich auf den Backen schlägt, biete auch den anderen dar; und dem, der dir den Mantel nimmt, wehre auch den Leibrock nicht. Gib jedem, der dich bittet; und von dem, der dir das Deine nimmt, fordere es nicht zurück. Und wie ihr wollt, dass euch die Menschen tun sollen, tut auch ihr ihnen ebenso. Und wenn ihr liebt, die euch lieben, was für Dank ist es euch? Denn auch die Sünder lieben, die sie lieben. Und wenn ihr denen Gutes tut, die euch Gutes tun, was für Dank ist es euch? Denn auch die Sünder tun dasselbe. Und wenn ihr denen leiht, von denen ihr wieder zu empfangen hofft, was für Dank ist es euch? [denn] auch die Sünder leihen Sündern, damit sie das gleiche wieder empfangen. Doch liebt eure Feinde, und tut Gutes, und leiht, ohne etwas wieder zu hoffen, und euer Lohn wird groß sein, und ihr werdet Söhne des Höchsten sein; denn er ist gütig gegen die Undankbaren und Bösen. Seid nun barmherzig, wie auch euer Vater barmherzig ist."

Am Schluss fügte Jesus Christus, zum besseren Verständnis für die Liebe zu Feinden, ein hochphilosophisches Gleichnis dazu: „Kann etwa ein Blinder einen Blinden leiten? Werden nicht beide in eine Grube fallen?" Was hat dieses Gleichnis mit der Botschaft zu tun? Jesus Christus weiß das auch nicht.

Kurzum, was Petrus Paulus anzubieten hat, ist eine Sklavenhalter-Philosophie, wie der alte Spruch sagt: „Wer zu Grausamen barmherzig ist, ist grausam zu Barmherzigen."

Noch etwas Persönliches, Paulus, der die Nazarener blutig verfolgte, ausgerechnet er wird plötzlich erleuchtet und predigt die Liebe zum Feind, fast, als würde er um Gnade für sich bitten. War seine Lebenslage so bedrohlich, dass ihm das „alttestamentarische" Gebot, „Zahn um Zahn", nicht mehr passte?

Wieder in Jerusalem

Humanitärer Konvoi

Erst nach Ablauf von 9 Jahren (48 n.-39 n.) im Jahr 48 (62 n. -14) kam Petrus

Paulus in Form von Barnabas Saulus wieder nach Jerusalem. Als Vorwand für die Jerusalemreise diente eine „Hilfeleistung" anlässlich einer schrecklich „großen Hungersnot" unter „Klaudius", die über nicht weniger als „den ganzen Erdkreis" eintrat.

„In diesen Tagen aber kamen Propheten von Jerusalem nach Antiochien herab. Einer aber von ihnen, mit Namen Agabus, stand auf und zeigte durch den Geist eine große Hungersnot an, die über den ganzen Erdkreis kommen sollte, die auch unter Klaudius eintrat. Sie beschlossen aber, je nach dem einer der Jünger begütert war, ein jeder von ihnen zur Hilfsleistung den Brüdern zu senden, die in Judäa wohnten; was sie auch taten, indem sie es an die Ältesten sandten durch die Hand des Barnabas und Saulus." (Apg.)

„Klaudius" hier ist kein anderer als Tiberius Claudius Caesar Augustus Germanicus, der vom 24. Januar 41 bis zu seinem Tod im Jahr 54 regierte. In seine Regierungszeit fiel die Hungersnot in Rom im Jahr 42 n., und laut Josephus Flavius erreichte die Hungersnot „Palästina" in den Jahren 46/48 n. (186) Die Hungersnot war im Jahr 48 fast vorbei, da traf im Last-Minute-Modus humanitäre Hilfe in Jerusalem ein, und das durfte im Verdienstregister von Petrus Paulus nicht fehlen. Über den Umfang der Hilfe wurde sich nicht näher geäußert, sicherlich überstieg sie nicht die Zahl der Brüder in Jerusalem, die verborgen blieb.

Für diesen kurzen Besuch gab es einen anderen Grund, Barnabas und Saulus „nahmen mit sich Johannes, der den Beinamen Markus hat".

„Barnabas und Saulus aber kehrten zurück, nachdem sie in Jerusalem die Gabe überbracht hatten, und nahmen mit sich Johannes, der den Beinamen Markus hat." (Apg.)

Und wieder „Saulus", der nach 12 (36 n.- 48 n.) Jahren noch immer nicht kapierte, dass er „Paulus" ist. Über Johannes, mit Beinamen Markus, inzwischen 11 (37 n. – 48 n.) Jahre alt, stritten die Autoritäten mit großer „Erbitterung, so dass sie sich voneinander trennten". Beide, Onkel Barnabas und Vater „Paulus", erhoben scheinbar Anspruch auf den Jungen, und Josef Barnabas („Zeus"), der Stärkere siegt ja, setzte sein Verfügungsrecht durch und nahm Johannes Markus mit nach Cypern.

„Es entstand nun eine Erbitterung, so dass sie sich voneinander trennten, und dass Barnabas den Markus mitnahm und nach Cypern segelte." (Apg.)

Paulus aber erwählte sich Silas (Saulus): „Er durchzog aber Syrien und Cilicien und befestigte die Versammlungen". Eine Persönlichkeitsspaltung ist nichts dagegen.

Chirurgie

Seltsam, als Petrus' Tätigkeit in Cäsarea endet, fängt sie bei Lukas erst an

(Schichtwechsel), trotzdem wird Lukas selbst in der ganzen Lukas-Apostelgeschichte kein einziges Mal erwähnt, dafür aber Paulus. Aus Bescheidenheit oder Vergesslichkeit? Allerdings ist Lukas in der Paulus-Briefsammlung mit dem Titel „Timotheus" sehr präsent, wo wiederum der arme Petrus fehlt: „Lukas ist allein bei mir. Nimm Markus und bring ihn mit dir, denn er ist mir nützlich zum Dienst." (Tim.)

Das kann passieren, wenn Paulus sowohl Petrus als auch Lukas in seiner neuen Identität war.

Zufällig gilt Lukas im Christentum traditionell als Arzt, das entspricht Petrus' Tätigkeit auf seinem Spezialgebiet: Wundertaten, Tote auferwecken und Exorzismus. Überall, wo Petrus' Name bekannt war, wurde er verpönt und durfte nirgendwo auftauchen. Unter dem Namen Lukas konnte er aber seine Heilkunde weiter praktizieren, auch wenn ihm Wikipedia die ärztliche Kompetenz aberkennt und zwei „Lukasse" aus ihm macht: einen Begleiter Paulus' und irgendeinen anderen Evangelisten. (187)

Mit seiner Begabung für die Malerei enttarnte sich Lukas endgültig: „Lukas habe Bilder der Jungfrau Maria und der Apostel Petrus und Paulus gemalt, weswegen er auch als der erste Ikonograph gilt." Und weil Lukas' Ikonographie die abgemalte Jungfrau Maria im Grab zeigt und die Ikone den Titel „Tod der Gottesmutter" trägt, müsste Lukas die Beerdigung selbst erlebt haben.

Aber laut NT begann Lukas' Tätigkeit erst, nachdem Petrus sein Vorhaben in Cäsarea abgeschlossen hatte. Oder Lukas war Petrus, der bei der Beerdigung die Jungfrau Maria „abmalte" und hieß noch Paulus, erst später wurde er Lukas. Petrus Lukas hätte die tote Gottesmutter nur innerhalb eines Jahres, bevor er aus Jerusalem entkam, abmalen können, und noch genauer, nur während der „Christenverfolgung". Maria Magdala konnte demzufolge ihre beiden Söhne nicht lange überlebt haben, sie starb im gleichen Jahr 36.

„Die Verbindung des Lukas zu den bildenden Künsten beruht auf der später entstandenen Legende, Lukas habe Bilder der Jungfrau Maria und der Apostel Petrus und Paulus gemalt, weswegen er auch als der erste Ikonograph gilt. Wie es allerdings zu dieser Vorstellung kam, ist unklar." (187)

Außerdem und zudem gilt Lukas nicht nur als Schutzpatron der Ärzte, sondern auch „der Metzger und des Viehs", sozusagen ein Gründer der modernen Medizin. Warum Lukas auch der Schutzpatron der Metzger/Fleischer ist, darüber kann sich jeder selbst etwas ausdenken.

„Der heilige Lukas gilt als Schutzpatron der Ärzte, Chirurgen und der Kranken, der Metzger und des Viehs, der Kunstmaler, weshalb man deren Zunft auch als Lukasgilde bezeichnete."

Warum „Lukas"?

Laut Wikipedia begleitete Lukas Paulus auf seiner Missionsreise. Lukas, eine „Kurzform von Lucanus", bedeutet zugleich im Griechischen: „ins Licht hin eingeboren" (altgriechisch λευκός leukós „hell, weiß").

„Der Name Lukas ist als Kurzform von Lucanus lateinischen Ursprungs. Er bezeichnet jemanden, der aus der süditalienischen Landschaft Lucania stammt." (188)

War Lukas Name nun griechisch oder lateinisch? In einem anderen Internetportal bedeutet Lukas einfach „from Lucania" und nicht mehr "ins Licht hineingeboren".

„LUKAS: German form of Latin Lucas, meaning "from Lucania." (120)

Die Monopolmeinung verortet Lukas' Herkunft in „Italien", das Alter Ego aber flüstert etwas anderes.

Sohn Timotheus

Ein Abschnitt in der Apg. fällt aus dem Rhythmus heraus. Das erste und letzte Mal in seinem Leben, und trotz seiner kompromisslosen Haltung gegenüber Beschneidungen, beschnitt Paulus in „Derbe und Lystra" einen „Jünger mit Namen Timotheus, Sohn einer gläubigen, jüdischen Frau, und eines griechischen Vaters". Sein Name betitelt sogar seinen Briefwechsel: „Timotheus".

„Er kam auch nach Derbe und Lystra; und siehe, dort war ein Jünger mit Namen Timotheus, der Sohn einer jüdischen Frau, die gläubig war, und eines griechischen Vaters. Der hatte einen guten Ruf bei den Brüdern in Lystra und Ikonion. Diesen wollte Paulus mit sich ziehen lassen, und er nahm ihn und beschnitt ihn wegen der Juden, die in jener Gegend waren; denn sie wußten alle, daß sein Vater ein Grieche war." (Apg.).

Das geschah im griechischen Lystra/Lykaonien, daher kann jemand „from Lucania", das heißt „Lukas" genannt werden, und der Jemand war Petrus Paulus.

„Lystra (griechisch Λύστρα) war eine antike Stadt in der kleinasiatische Landschaft Lykaonien in der heutigen Türkei. Sie lag 30 Kilometer südwestlich von Ikonion, dem heutigen Konya, nördlich des Dorfes Hatunsaray und 15 Kilometer nördlich der kleinen Stadt Akören." (189)

Eine Frage kommt auf: Warum verschlampte „in jener Gegend" ein Haufen Juden am 8. Tag nach der Geburt die Beschneidung des Sohnes einer „jüdischen Frau"? Oder galt ihr Sohn nach der Halacha als „Jude", aber nicht unbedingt für die Hebräer? Diese wenig verständliche Geschichte in der Apg. schien wichtig genug, um zu berichten, wie Petrus Paulus seine chirurgische Begabung entdeckte und gegen seine Prinzipien Timotheus beschnitt. Was weiter folgte, erzählte dieser Laie mit Naturtalent nicht. Womit aber läßt sich seine Hingabe und

Solidarität erklären? Bestimmten ihn Sentimentalitäten zum halbwüchsigen Timotheus oder der Wunsch, aus Trotz die „Juden" zu provozieren? Dahinter musste aber ein gewichtigeres Motiv stecken, wenn Petrus Paulus den Jungen mitnahm und ihm sogar den Titel seines Briefverkehrs widmete. All das ließe sich nachvollziehen, nur wenn Timotheus der Sohn von Petrus Paulus war.

Petrus Paulus, seine Abstammung

Aber (Jesus Maria!) der Vater von Timotheus war Grieche, und was bedeutet das für Petrus Paulus, genannt Lukas? „Timotheus" übersetzt heißt „to honor God". Auf ungewöhnliche Weise verbindet sich der Name mit dem Namen „Johannes", der von Gott „favor, granted". Es ist nicht weit hergeholt, wenn einer von Gott gepriesen, der andere von Gott begabt wird. Weit hergeholt wäre zum Beispiel, den Namen „Lukas", „from Lucania", mit dem Namen „ins Licht hineingeboren" zu verbinden.

Was die deutsche Wikipedia über Lukas unterläßt, ist in anderen Sprachen zu finden. Nach russischer Wikipedia stammt Lukas der Überlieferung nach aus einer griechischen Familie, und „vermutlich war er der einzige Autor im NT nichthebräischer Abstammung".

„В Библии ничего не сказано о происхождении Луки, предание же говорит, что апостол происходил родом из просвещённой греческой среды и, возможно, был единственным автором Нового Завет нееврейского происхождения." (190) Manches fällt da auf, der eigenen Legende nach war Petrus Paulus „ein jüdischer Mann, geboren in Tarsus in Zilizien". Warum so vorsichtig und nicht gleich „ein Jude" sagen oder besser, ein Mann mit „jüdischen Wurzeln", gab es da ein Problem?

„Ich bin ein jüdischer Mann, geboren in Tarsus in Zilizien, aufgewachsen aber in dieser Stadt." (Apg.).
Unlängst war Petrus Paulus ein gewisser Josef Barnabas, „ein Levit, ein Cyprier von Geburt". Ganz logisch, 2 Personalien, 2 Geburtsorte.

Von Kleopas wurde Petrus Paulus auch als „Fremder" abgestempelt, etwas muss dran sein. Schon Petrus' griechischer Name „Andreas" spricht dafür, dass er in seiner ersten Auflage ein Grieche war. Wie war es? War Petrus Paulus' Vater der Soldat Panthera oder, umgekehrt, war sein Vater ein Israelit und seine Mutter hieß Panthera? Aber Spaß beiseite, die Liebhaber der Bibel favorisieren eine andere Namensgebung für Petrus, „Simon, Jonas Sohn", noch dazu in einer Verbindung mit dem „Zeichen von Jona". Eine kleine Veränderung, und JONA würde als JaVaNIA („Jonia") geschrieben, so gelesen wäre Petrus „der Sohn einer Griechin". Ob das alles schlüssig ist, kann jungen, wissenschaftlichen Talenten überlassen werden.

Vielleicht hatte Kleopas nicht ganz Unrecht, als er Petrus Paulus als „Fremden" bezeichnete. Falls Petrus' Mutter tatsächlich eine Griechin war, dann konnte Petrus Paulus nach Esras halachistischen Gesetzen kein Jude sein. Und hartnäckig hält sich dieser Eindruck, da auch in Jerusalem Petrus Paulus Rufname „der Fremde" war, ganz wie bei seinem Vorgänger, dem unvergesslichen Esra, der genau genommen „Fremder"/ZaR hieß.

Petrus Paulus war für Israeliten ein Levit, aber für Leviten war er kein Jude. Hieraus speiste sich sein Hass auf „Juden", „Pharisäer und Schriftgelehrte" im NT, wie auch sein Lob für seinen Vorgesetzten Herodes Antipas, ausgenommen die Kränkung wegen des ungerechtfertigten Gefängnisaufenthalts. Doch falls Petrus Paulus nicht seinen Sohn Timotheus beschnitt, sondern in Wirklichkeit er als „Timotheus" beschnitten wurde und sich diese zwei Geschichten vermengten, in beiden Fällen wären solch traumatische Erlebnisse ein starkes Motiv, die Beschneidung ganz abzuschaffen.

Für Paulus Petrus scheinen die sozialen und kulturellen Reglements der jüdischen Kaste sowieso nicht mehr tragbar, noch dazu mit seinem intimen Faktor. Die Römer hießen solche Haltung willkommen, gerade, wo sich der Konflikt mit Israeljudäa verschärfte, dessen Ende nicht abzusehen war.

Noch fehlt zum Thema „Antisemitismus" eine wissenschaftliche Theorie. Üblicherweise legten sich die „Brüder" im Ausland einen griechischen (römischen) Namen zu, benutzten aber im Inland einen hebräischen, so bei dem Namen "Timotheus". Im Land wurde Timotheus also „Johannes" genannt, aber auch, weil Petrus Paulus' Sohn „Johannes" hieß. Alle waren ein und dieselbe Person, das ist auch deshalb naheliegend, da Timotheus' Onkel „Josef Barnabas" ihn auf die Reise mitnahm und ihn danach auf muslimische Art erst mit 12 Jahren beschnitt, wie Abraham den Ismael. Konnte Petrus Paulus seinen Sohn deshalb nicht daheim in Jerusalem beschneiden, weil er sich bei der Geburt seines Sohnes im Jahr 37 schon auf der Flucht befand? Darum wird er ihn nach Lystra entführen und sein Programm, wie sich bald zeigt, nicht ohne weitreichende Gedanken erledigen.

Zweite Reise nach Rom

Zweiter Gefängnisaufenthalt
Die Pflicht ruft und im Jahr 62 (48 n. +14) gingen Petrus Paulus und Barnabas, diesmal mit Titus, aber nicht mit dem Titus Vespasian, wieder nach Israeljudäa, in den Arsch des Drachens, und das trotz der Vorwarnung eines „Geistes", „er solle nicht nach Jerusalem hinaufziehen".

„Darauf, nach Verlauf von 14 Jahren, zog ich wieder nach Jerusalem hinauf mit Barnabas und nahm auch Titus mit." (Gal.)

In Jerusalem traf Paulus den Jakobus Gerechten und die Ältesten. Der Hohe Rat war vorgewarnt und in Kenntnis gesetzt über Paulus' Missionierungarbeit während seiner Reise nach Asien, wo er „alle Juden, die unter den Heiden wohnen, den Abfall von Mose gelehrt und gesagt (hat), sie sollen ihre Kinder nicht beschneiden und auch nicht nach den Ordnungen leben".

„Ihnen ist aber berichtet worden über dich, daß du alle Juden, die unter den Heiden wohnen, den Abfall von Mose lehrst und sagst, sie sollen ihre Kinder nicht beschneiden und auch nicht nach den Ordnungen leben."

So, so, Petrus Paulus propagierte den Verzicht auf die Beschneidung nicht nur bei Heiden, sondern auch bei Juden, er lehrte also den „Abfall von Mose" und nicht „Jesus".

Die Heiden betreffend vertrat der Hohe Rat die Vorstellung, dass „sie sich hüten sollen vor dem Götzenopfer, vor Blut, vor Ersticktem und vor Unzucht", und sonst nichts.

„Wegen der gläubig gewordenen Heiden aber haben wir beschlossen und geschrieben, daß sie sich hüten sollen vor dem Götzenopfer, vor Blut, vor Ersticktem und vor Unzucht."

Im Allgemeinen galten für Heiden die fünf Gebote Noachs oder die von Jesua formulierten Voraussetzungen, um ins Gottesreich zu gelangen:

„Du sollst nicht töten; du sollst nicht ehebrechen;
du sollst nicht stehlen; du sollst nicht falsch Zeugnis geben;
ehre Vater und Mutter und Du sollst deinen Nächsten lieben wie dich selbst."

Und was für ein Unglück, nach seiner Ankunft fand sich Paulus in dem gleichen Gerichtssaal wie vor 26 (62 n.-36 n.) Jahren wieder, als er noch mit Johannes und Kasatschok, der „von seiner Mutter Leib an lahm war", auftrat, mit einem Unterschied, er nannte sich damals „Petrus".

Plötzlich wurde Paulus nun ein eifriger Nazarener, predigte nicht mehr „Jesus Christus", sondern nur noch „im Namen des Herrn Jesus" und erzählte allgemeine Plattheiten, die zwar die Ältesten beeindrucken konnten, nicht aber „die Juden aus der Provinz Asien", die Paulus live am Werk erlebt hatten.

„Als aber die sieben Tage zu Ende gingen, sahen ihn die Juden aus der Provinz Asien im Tempel und erregten das ganze Volk, legten die Hände an ihn und schrien: Ihr Männer von Israel, helft! Dies ist der Mensch, der alle Menschen an allen Enden lehrt gegen unser Volk." (Apg.)

Und „sie ergriffen aber Paulus und zogen ihn zum Tempel hinaus", der chronische Ablauf folgte, Paulus wurde wieder enttarnt und von Römern in Schutz genommen. Als die „Juden" „ihn aber töten wollten, kam die Nachricht hinauf vor den Oberst der Abteilung, daß ganz Jerusalem in Aufruhr sei. Der nahm sogleich Soldaten und Hauptleute und lief hinunter zu ihnen. Als sie aber den Oberst und die Soldaten sahen, hörten sie auf, Paulus zu schlagen". Hier ist die Frage angebracht, unter welchem Namen trat Paulus vor Gericht? Sein Name „Paulus" war wegen seiner Wühlarbeit in Jerusalem und Damaskus längst schon berüchtigt gewesen.

Paulus wurde in die Burg geführt: „Und als er an die Stufen kam, mußten ihn die Soldaten tragen wegen des Ungestüms des Volkes; denn die Menge folgte und schrie: Weg mit ihm!", und „Hinweg mit diesem von der Erde! Denn er darf nicht mehr leben." Der in Jerusalem ganz und gar nicht populäre Paulus mußte nun einen Volksaufstand gegen sich erleben. Für Petrus Paulus bot diese unfaire und respektlose Behandlung ausreichend Grund, nicht nur zu einem Antisemiten, sondern auch zu einem Judophoben zu werden.

Nun befand sich Paulus wieder im gleichen Gefängnis, streng überwacht wie vor 25 (62 n.-37 n.) Jahren, als ihn nachts ein Engel befreite. Im Gefängnis setzte Paulus wieder auf seinen bewährten und wirkungsvollen Trumpf:

„Ich aber bin schon als römischer Bürger geboren. Da ließen (sie) sogleich von ihm ab, die ihn verhören sollten. Und der Oberst (Klaudius Lysias) fürchtete sich, als er vernahm, daß es ein römischer Bürger war, den er hatte festbinden lassen."

Einen Tag später beleidigte Paulus den Hohepriester Hannas im Gerichtssaal, indem er sagte: „Gott wird dich schlagen, du getünchte Wand!" Die Umstehenden sprachen: „Schmähst du den Hohepriester Gottes?", und sieh mal an, es wurde nicht als „Gotteslästerung" empfunden und einfach übergangen. In seiner Verteidigungsrede vor dem Hohepriester Hannas und dem Hohen Rat bewies Paulus seine Kunstfertigkeit, von sich ab- und auf ein anderes Thema hinzulenken, er entfachte einen Streit zwischen Zadokäern und Pharisäern, und die Verhandlung musste ergebnislos beendet werden.

„Oder laß diese hier selbst sagen, was für ein Unrecht sie gefunden haben, als ich vor dem Hohen Rat stand; es sei denn dies eine Wort, das ich rief, als ich unter ihnen stand: Um der Auferstehung der Toten willen werde ich von euch heute angeklagt." (Apg.)

Damit sagte Paulus, es wird „eine Auferstehung der Gerechten wie der Ungerechten geben". Diese populistische These von der Auferstehung der Ungerechten macht das ganze AT-Konzept zunichte. Was wäre der nächste logische Schritt? Stimmt, die alleinige Auferstehung der Ungerechten, so sah es auch nach dem Erdbeben aus, die Pforten öffneten sich und die Zombis strömten in die Heilige Stadt.

Allmählich entwickelte sich die Lage für Paulus lebensbedrohlich:

„Als es aber Tag wurde, rotteten sich einige Juden zusammen und verschworen sich, weder zu essen noch zu trinken, bis sie Paulus getötet hätten. Es waren aber mehr als vierzig, die diese Verschwörung machten. Sie sprachen: „Wir haben uns durch einen Eid gebunden, nichts zu essen, bis wir Paulus getötet haben." (Apg.)

Zum Glück, wie bestellt, warnte ihn „der Sohn der Schwester des Paulus" vor dem geplanten Anschlag.

„Als aber der Sohn der Schwester des Paulus von dem Anschlag hörte, ging er und kam in die Burg und berichtete es Paulus. Paulus aber rief einen von den Hauptleuten zu sich und sprach: Führe diesen jungen Mann zu dem Oberst, denn er hat ihm etwas zu sagen. Der nahm ihn und führte ihn zum Oberst und sprach: Der Gefangene Paulus hat mich zu sich rufen lassen und mich gebeten, diesen jungen Mann zu dir zu führen, der dir etwas zu sagen hat. Da nahm ihn der Oberst bei der Hand und führte ihn beiseite und fragte ihn: Was ist's, das du mir zu sagen hast? Er aber sprach: Die Juden sind übereingekommen, dich zu bitten, daß du Paulus morgen vor den Hohen Rat hinunterbringen läßt, so als wollten sie ihn genauer verhören. Du aber traue ihnen nicht; denn mehr als vierzig Männer von ihnen lauern ihm auf; die haben sich verschworen, weder zu essen noch zu trinken, bis sie ihn getötet hätten; und jetzt sind sie bereit und warten auf deine Zusage. Da ließ der Oberst den jungen Mann gehen und gebot ihm, niemandem zu sagen, daß er ihm das eröffnet hätte." (Apg.).

Der Sohn der „Schwester des Paulus" unterrichtete Petrus Paulus über die vierzig Räuber, die schworen, ihre Bärte nicht abzurasieren bis sie ihn umgebracht hätten. Dieser Sohn der Schwester war zugleich sein eigener Sohn Johannes Markus, was bedeuten kann, Petrus Paulus nahm ihn auf seiner Dienstreise mit, und der Sohn war an der Aktion voll beteiligt. Wieder, wie in alter Zeit, sind die zwei da, Petrus und Johannes. Wie alt war das Söhnchen der Schwester? Im Jahr 62 musste es 25 (Paulus 56 Jahre -31) Jahre alt sein, fast so alt wie Josephus Flavius, als dieser mit 26 Jahren nach Rom kam.

Petrus Paulus wiederholte den Weg seines geistigen Vaters Esra, der auch mit seinem persischen Kodex nach Jerusalem kam und von bösartigen Israeliten bedroht wurde. Wegen des geplanten Mordanschlags, „denn sie wollten ihm einen Hinterhalt legen, um ihn unterwegs umzubringen", wurde Paulus „in der Nacht nach Antipatris" in militärischen Geleitschutz genommen und nach Cäsarea zum Statthalter Felix gebracht.

„Und der Oberst rief zwei Hauptleute zu sich und sprach: Rüstet zweihundert Soldaten, daß sie nach Cäsarea ziehen, und siebzig Reiter und zweihundert Schützen für die dritte Stunde der Nacht; und haltet Tiere bereit, Paulus draufzusetzen und wohlverwahrt zu bringen zum Statthalter Felix." (Apg.)

Und wieder ist er in Cäsarea - wer sagt, dass sich die Kreise nicht schließen?

Nach zwölf Tagen

„Nach fünf Tagen kam der Hohepriester Hannas mit einigen Ältesten und dem Anwalt Tertullus herab" nach Cäsarea, die Verhandlung wurde fortgesetzt. Es vergingen „nicht mehr als zwölf Tage", seit Paulus nach Jerusalem hinaufzog. Ein Szenenwechsel:
statt Prokurator Pilatus agiert Statthalter Felix,
statt Hohepriester Kaipha agiert Hohepriester Hannas,
und statt Jesua agiert Paulus.

Die Anschuldigungen, wie „Aufruhr" und „daß er ein Anführer der Sekte der Nazarener" sei, wurden aus einem anderen Kontext herausgerissen - schon gar nicht war Paulus der Anführer. Und weil Paulus „wegen Fragen ihres Gesetzes" beschuldigt wurde, „aber keine Anklage gegen sich hatte, auf die Tod oder Gefängnis steht", und weil es dem Statthalter Felix nicht pressierte (auch Paulus nicht), befahl Felix dem Hauptmann, „Paulus gefangen zu halten, doch in leichtem Gewahrsam, und niemandem von den Seinen zu wehren, ihm zu dienen". Dieser Gewahrsam war dringend nötig, weil ihm „mehr als vierzig Männer" auflauerten.

Im Freiluftgefängnis führte Statthalter Felix zwischendurch intellektuelle Gespräche mit Paulus, „zwei Jahre lang" sollte es dauern, er ließ ihn kommen und „hörte ihn über den Glauben an Christus Jesus". Für Statthalter Felix war „Herr Jesus" im Programm nicht vorgesehen, sondern „Christus Jesus". Wikipedisch betrachtet wurde Paulus von Statthalter Felix „mit harter Hand" unterdrückt, auch Tacitus beschrieb dessen Regiment „als äußerst despotisch".

„Zwei Jahre"

Als die „zwei Jahre um waren, kam Porzius Festus als Nachfolger des Felix".
„Da erschienen die Hohenpriester und die Angesehensten der Juden vor ihm gegen Paulus und drangen in ihn und baten ihn um die Gunst, daß er Paulus nach Jerusalem kommen ließe; denn sie wollten ihm einen Hinter-halt legen, um ihn unterwegs umzubringen. Da antwortete Festus, Paulus werde weiter in Gewahrsam gehalten in Cäsarea; er selber aber werde in Kürze wieder dahin ziehen."
„Zwei Jahre", so viel Geduld brachten die Hohepriester und die Angesehensten der Juden auf, um den Prozess fortzusetzen, eine Mammutsgeduld war das gewesen.
„Nicht mehr als acht oder zehn Tage" später ließ Statthalter Porzius Festus den Paulus vorführen und fragte ihn: „Willst du hinauf nach Jerusalem und dich dort in dieser Sache von mir richten lassen?"
Paulus sträubte sich mit Händen und Füssen dagegen und berief sich (endlich)

auf den Kaiser: „Ich berufe mich auf den Kaiser!" Höchst spannend, der unschuldige Paulus wünschte sich in Jerusalem keinen Gerichtsprozess und bestand auf ein kaiserliches Gericht in Rom: „Ich stehe vor des Kaisers Gericht; da muß ich gerichtet werden". Und das alles, weil sie ihm „einen Hinterhalt legen (wollten), um ihn unterwegs umzubringen". Sogar die Römische Supermacht war da ohnmächtig.

Statthalter Porzius Festus hielt Rat mit dem König Herodes Agrippa II., dabei ließ er ihn wissen: „Als aber Paulus sich auf sein Recht berief, bis zur Entscheidung des Kaisers in Gewahrsam zu bleiben, ließ ich ihn gefangen halten, bis ich ihn zum Kaiser senden könnte." Ein schwerer Fall, Paulus beharrte darauf, in Gewahrsam zu bleiben. Am nächsten Tag wurde die Verhandlung fortgesetzt: „Da stand der König (Herodes Agrippa II.) auf und der Statthalter und Berenike (Schwester von Herodes Agrippa II.) und die bei ihnen saßen. Und als sie sich zurückzogen, redeten sie miteinander und sprachen: Dieser Mensch hat nichts getan, was Tod oder Gefängnis verdient hätte. Agrippa aber sagte zu Festus: Dieser Mensch könnte freigelassen werden, wenn er sich nicht auf den Kaiser berufen hätte."

Und sieh mal an, Agrippa sagte wieder: „Dieser Mensch hat nichts getan, was Tod oder Gefängnis verdient hätte.", aber im Unterschied zum unschuldigen Jesua wurde der unschuldige Paulus nicht einmal gegeißelt oder gar hingerichtet. Allein, weil er römischer Bürger war? Sogar könnte er „freigelassen werden, wenn er sich nicht auf den Kaiser berufen hätte", weil es keine einzige Beschuldigung gegen ihn gab.

„Festus sprach: König Agrippa und all ihr Männer, die ihr mit uns hier seid, da seht ihr den, um dessentwillen die ganze Menge der Juden in Jerusalem und auch hier in mich drang und schrie, er dürfe nicht länger leben. Als ich aber erkannte, daß er nichts getan hatte, das des Todes würdig war, und er auch selber sich auf den Kaiser berief, beschloß ich, ihn dorthin zu senden. Etwas Sicheres über ihn aber habe ich nicht, das ich meinem Herrn schreiben könnte. Darum habe ich ihn vor euch bringen lassen, vor allem aber vor dich, König Agrippa, damit ich nach geschehenem Verhör etwas hätte, was ich schreiben könnte. Denn es erscheint mir unsinnig, einen Gefangenen zu schicken und keine Beschuldigung gegen ihn anzugeben." (Apg.)

Sein Auslieferungsantrag nach Rom begründete Paulus selbst so:
„Das habe ich in Jerusalem auch getan; dort brachte ich viele Heilige ins Gefängnis, wozu ich Vollmacht von den Hohenpriestern empfangen hatte. Und wenn sie getötet werden sollten, gab ich meine Stimme dazu. Und in allen Synagogen zwang ich sie oft durch Strafen zur Lästerung, und ich wütete maßlos gegen sie, verfolgte sie auch bis in die fremden Städte." (Apg.)

Für besonders Schwerhörige wiederholte und betonte Paulus: „Ich wünschte vor Gott, daß über kurz oder lang nicht allein du, sondern alle, die mich heute hören, das würden, was ich bin, ausgenommen diese Fesseln." Und was ist er? Zu seinem Unglück durfte er seine Funktion und seinen Rang im römischen Apparat nicht offenlegen. Das aber wollte er gar nicht, Agrippa war sowieso darüber informiert und fühlte sich für seine Sicherheit persönlich verantwortlich. Agrippa konnte aber nicht ahnen, dass er mit einem Heiland und Propheten zu tun hat, bei dem der Größenwahn nicht die schwächste Stärke war.

Der Statthalter Porcius Festus beschloss, die Entscheidung der nächsten Instanz zu überlassen und schickte Paulus nach Rom, mit welcher formalen Begründung, bleibt unbekannt.

Parallel-Gericht

Die Geschichten im NT wurden zusammengeklatscht und mit Reißwolf durchgemischt. Die Gründlichkeit, mit der die Erzählung über die letzte Reise nach Jerusalem durchgenudelt wurde, erweckt den Verdacht, dass dies nicht ohne seriösen Grund geschah. Allererste Frage, was hatte Paulus mit dem Hohen Rat zu schaffen, war er angeklagt? Unauffällig zufällig, gleich nach seiner Ankunft in Jerusalem, begegnete Paulus dem Jakobus Gerechten: „Am nächsten Tag aber ging Paulus mit uns zu Jakobus, und es kamen die Ältesten alle dorthin." In welchem Format ging Paulus „mit uns" zu Jakobus, wurde nicht verraten, danach aber verschwand Jakobus für immer.

Diesen Bericht verfasste übrigens nicht Paulus, sondern ein anonymer Agent, „uns" genannt, der am liebsten inkognito bleiben wollte, sicher ist, es war einer der „Sieben" Evangelisten. Im Quartier von Philippus trafen sie sich und „blieben" bei ihm - der eine war Johannes Markus, Petrus Paulus' Sohn.

„Am nächsten Tag zogen wir weiter und kamen nach Cäsarea und gingen in das Haus des Philippus, des Evangelisten, der einer von den Sieben war, und blieben bei ihm." (Apg.)

Erstaunlich, der jahrelang verschollene Philippus und die gleichen „Sieben" Evangelisten verschanzten sich wieder zusammen im Haus von Philippus. Ach so, sein Haus, nicht das „der Maria, der Mutter des Johannes, der Markus zubenamt", die gelegentlich auch „Schwester des Paulus" war.

Haus

Dieses Haus, mit inzwischen eigener legendärer Geschichte, stand nirgendwo irgendwo, sondern in Bethanien, von „Jerusalem, etwa eine halbe Stunde entfernt". Dieses Dorf, in dem Lazarus aus dem Hinterhalt ermordet wurde, war nicht das „Dorf Marias und ihrer Schwester Marta". Die Maria, die „aber blieb daheim sitzen" als Jesua ankam, war nicht Marthas, sondern Petrus Paulus' Schwester.

Und „Sechs Tage vor dem Passafest" wurde in diesem Familienanwesen die

Trauerfeier/ShIVA für den verstorbenen Lazarus abgehalten, als ein Streit wegen einer Flasche Öl ausbrach: „Da nahm Maria ein Pfund Salböl von unverfälschter, kostbarer Narde und salbte die Füße Jesu und trocknete mit ihrem Haar seine Füße; das Haus aber wurde erfüllt vom Duft des Öls."

Der Pharisäer in diesem Streit war der Gastgeber des Hauses namens „Simon der Aussätzige" (Mt.), und dieser Iwan der Schreckliche war Simon Petrus im Sinne von Petrus Paulus. Er hat Jesua nicht geküsst und seine Füße nicht gewaschen, so gespannt war inzwischen das Verhältnis. Und weiter geht es wie vorprogrammiert, „von da an suchte er eine Gelegenheit, daß er ihn verriete", er nahm Kontakt mit den Priestern auf, „Sie boten ihm dreißig Silberlinge." (Mt.), und all das „zwei Tage" vor „Passa".

Auch bei der Kreuzigung durfte die Schwester von Petrus Paulus nicht fehlen, sie war unter der Bezeichnung „andere Maria" anwesend.

Nach der Hinrichtung am 14. NISaN 36 begab sich Petrus Paulus auf die Suche nach dem verschwundenen Jakobus Zebedäus. In dieser schrecklichen Nacht machte er zu Hause Zwischenstation, ließ sich von seiner Schwester Maria trösten, die dann seinen Sohn Tralala gebar, und 11 Jahre später nahm Petrus Paulus seinen Sohn mit nach Rom.

Jetzt brach aber die Zeit an, mit Jesuas Sohn, Jakobus den Gerechten, abzurechnen. Wieder befand sich Petrus Paulus mit seinen 7 Aposteln auf seinem Familiensitz. Erinnert das nicht an David, der dem Haus Saul Treue schwor, aber keinen seiner Nachkommen am Leben ließ? Eine bessere Herkunft eines zukünftigen Messias ist kaum möglich.

Auch der Name „Bethanien" ist nicht so harmlos, wie er klingt, Wikipedia übersetzt es „Armenhaus":

„Bethanien, auch Betanien (hebräisch בית עניה, deutsch Armenhausen, ist der Name zweier verschiedener palästinischer Orte im Neuen Testament." (191)

Wenn schon, dann bedeutet BeT ANIA das „Haus einer armen Frau" und erinnert eher an die arme Rahel, die in diesem Ort Geburtswehen bekam, starb „und ward begraben an dem Wege gen Ephrath, das nun heißt Bethlehem". Ihren Sohn Benjamin nannte sie „Ben Oni", „Sohn meiner Qual".

„Und sie zogen von Beth-El. Und da noch ein Feld Weges war von Ephrath, da gebar Rahel. Und es kam sie hart an über der Geburt. Da aber die Geburt so schwer ward, sprach die Wehmutter zu ihr: Fürchte dich nicht, denn diesen Sohn wirst du auch haben. Da ihr aber die Seele ausging, daß sie sterben mußte, hieß sie ihn Ben-Oni; aber sein Vater hieß ihn Ben-Jamin."

Für wissenschaftliche Geburtshelfer bedeutet „Benjamin" ein „Glückskind", „Sohn des Glücks" und sogar „Sohn des Trostes". War das nicht kurz zuvor, als Joseph, genannt Barnabas (übersetzt: Sohn des Trostes), seinen Acker verkauf-

te, um das Geld zu Füßen der Apostel zu legen?
„Im Hebräischen bedeutet er „Sohn meiner rechten Hand" oder auch „Glückskind",
„Sohn des Glücks", „Sohn des Trostes". Die letzte Deutung folgt der Eigenerklärung
von Gen. 35,16-20, wonach der Vater Jakob seinen Jüngsten so genannt habe, als seine
Mutter Rahel bei seiner Geburt starb." (192)

Freilassung

Vermutlich lief zu dieser Zeit der Prozess mit der Anklage, dass „dieser Mann
schädlich ist und daß er Aufruhr erregt unter allen Juden auf dem ganzen Erdkreis; und daß er ein Anführer der Sekte der Nazarener ist". Und da Paulus weder „Anführer" noch „Nazarener" war, konnte der Angeklagte nur (Klein) Jakobus Gerechter sein, der Sohn von Jesua, der laut Flavius Josephus „vermutlich im Jahr 62 n. Chr." hingerichtet wurde. Und daran waren wieder die
Zadokäer schuld. So gut wusste er Bescheid.
„Vermutlich im Jahr 62 n. Chr. berief der sadduzäisch Hohepriester Hannas II das
Synhedrium ein, um laut Flavius Josephus Jakobus und einige andere der Gesetzesübertretung anzuklagen und zur Steinigung zu verurteilen." (105)
Jetzt ist die Frage, wann kam Paulus frei? In Wikipedia wird mathematisch be-
wiesen, dass Paulus im Jahr 57 nach Jerusalem kam und zwei Jahre später, im
Jahr 59, durch Statthalter Porcius Festus freigelassen wurde: 57+2=59.
„Im Frühjahr 57 brach er offenbar nach Jerusalem auf (Apg. 20,3E und Röm. 15,25
ff.E). Dort wurde er vom Statthalter Marcus Antonius Felix verhaftet und zwei Jahre
lang in Gewahrsam in Cäsare gehalten (Apg. 20 ff.). Im Jahr 59 trat der neue Statthalter Porcius Festus sein Amt an: Erst jetzt konnte Paulus an den römischen Kaiser ap-
pellieren und wurde nach Rom verschifft." (193)
Prokurator Porcius Festus ließ kurz nach seinem Amtsantritt Paulus nach Rom
überführen. Eine andere Wikipedia-Quelle setzt Porcius Festus nicht im Jahr 59
als Statthalter in Judäa ein, sondern erst ein Jahr später, im Jahr 60.
„Porcius Festus († 62 n. Chr) war ein römischer Ritter, der von 60 bis 62 n. Chr. die
Befehlsgewalt in Judäa innehatte." (194)
Ein Jahr mehr oder weniger lohnt keinen Streit, auch wenn sich dadurch drei
statt zwei Jahre „Gewahrsam" ergeben, aber was ist schon 1 Jahr im Gefängnis.
Überflüssig ist die Frage nicht, ob der neue Prokurator Porcius Festus im Jahr
59 oder 60 kam. Je nach dem wäre Paulus im besten Fall gleich nach seiner
Entlassung gestorben, so will es die Bibelerforschung vermitteln.
„Paulus von Tarsus (griechisch Παῦλος Paûlos, hebräischer Name שָׁאוּל Scha'ul
(Saul), lateinisc Paulus; vor 10, vermutlich in Tarsus/Kilikien; † nach 60, vermutlich
in Rom) war nach dem Neuen Testament (NT) ein erfolgreicher Missionar des Ur-
christentums und einer der ersten Theologen der Christentumsgeschichte." (193)
Sich irren ist keine Sünde, wenn das nicht immer wieder nur zum eigenen Vor-

teil passiert. Die Zahl 60 scheint schön und rund zu sein, das aber reicht nicht aus: im Jahr 60 starb Paulus gewiss nicht. Nach seiner Freilassung überlebte Paulus eine lange und gefahrvolle Schiffstour ohne gesundheitliche Schäden oder Beschwerden. Nach der Ankunft in Rom wurde ihm „erlaubt, für sich allein zu wohnen mit dem Soldaten, der ihn bewachte" und ihn selbstverständlich vor den vierzig Räubern schützte, die „sich verschworen, weder zu essen noch zu trinken, bis sie ihn getötet hätten".

Das waren bibeltreue Datierungen in Wikipedia. Bei aller Liebe zur Bibel, die Angaben sind etwas verworren, zum Beispiel amtierte Hannas (Hanan ben Hanan) im Jahr 62, das heißt 2-3 Jahre später. Wie konnte er im Jahr 57 auf dem Dienstwege mit dem Statthalter Felix wegen Paulus verhandeln? (195)

Die Apg. wirkt als eine in sich abgeschlossene Geschichte und ist eine gute redaktionelle Arbeit, nicht mehr. Obwohl, passierte da trotzdem eine kleine Verwechslung, Felix statt Festus? Die Geschichte sieht dann ein wenig anders aus. Im Jahr 62 kam Paulus nach Jerusalem, um der Gerichtsverhandlung gegen Jakobus Gerechten beizuwohnen, wurde aber enttarnt, von Porcius Festus gerettet und nach Cäsarea in Sicherheit gebracht.

„Vermutlich im Jahr 62 n. Chr. berief der sadduzäische Hohepriester Hannas II das Synhedrium ein, um laut Flavius Josephus Jakobus und einige andere der Gesetzesübertretung anzuklagen und zur Steinigung zu verurteilen. Das Urteil wurde vollstreckt, obwohl die Pharisäer im Rat protestierten und schließlich auch beim römischen Statthalter Albinus die Absetzung Hannas' erreichten. Da im Jahr 62 n. Chr. ein Wechsel des Prokurators von Judäa von Porcius Festus hin zu Lucceius Albinus stattfand und Albinus den Hohenpriester nach der pharisäischen Intervention absetzte, ist es wahrscheinlich, dass Hannas als Hoherpriester in dieser Vakanzzeit sich und dem Synhedrium das ius poenae capitis widerrechtlich angeeignet hatte." (105)

Im gleichen Jahr 62, in dem „ein Wechsel des Prokurators von Judäa von Porcius Festus hin zu Lucceius Albinus stattfand", wurde auch Hohepriester Hannas abgesetzt. Und jetzt fragen alle, wo bleiben die „zwei Jahre in Gewahrsam in Cäsarea"? Porcius Festus amtierte genau 2 Jahre lang, und der nächste Satz müsste endlich mal richtig gelesen werden: „Als aber (diese) zwei Jahre um waren", kam im Jahr 62 Lucceius Albinus als Nachfolger des Festus.

Im Folgenden eine Übersicht der Regierungszeiten von Prokuratoren in Judäa (196):

44–46 n.: Cuspius Fadus	46–48 n.: Tiberius Iulius Alexander
48–52 n.: Ventidius Cumanus	52–60 n.: Marcus Antonius Felix
60–62 n.: Porcius Festus	62–64 n.: Lucceius Albinus
64–66 n.: Gessius Florus	

Fazit, die Datierung setzt 2 Jahre früher an, und aus dem märtyrerischen, zweijährigen Gewahrsam ist gar nichts geworden, genauso wenig wie aus dem im Jahr 60 verstorbenen Paulus. Seine qualvollen zwei Jahre im Gewahrsam sollen einfach noch seine schon erbrachten Opfer vergrößern, dabei wurde im besagten Text die „zwei Jahre" im „Gewahrsam" mit keinem einzigen Wort angedeutet. Im Jahr 62 (Ende), nach dem Amtswechsel von Porcius Festus hin zu Lucceius Albinus, wurde Paulus unter persönlichem Wachschutz nach Rom verfrachtet.

Ein gutes Alibi
Was folgt bloß daraus? „Laut Flavius Josephus" brach zwischen den Zadokäern und Pharisäern während der Gerichtsverhandlung ein Konflikt aus. Das war das Werk von Paulus:

> „Als aber Paulus erkannte, daß ein Teil Sadduzäer war und der andere Teil Pharisäer, rief er im Rat: Ihr Männer, liebe Brüder, ich bin ein Pharisäer und ein Sohn von Pharisäern. Ich werde angeklagt um der Hoffnung und um der Auferstehung der Toten willen. Als er aber das sagte, entstand Zwietracht zwischen Pharisäern und Sadduzäern, und die Versammlung spaltete sich. Denn die Sadduzäer sagen, es gebe keine Auferstehung noch Engel und Geister; die Pharisäer aber lehren beides. Es entstand aber ein großes Geschrei; und einige Schriftgelehrte von der Partei der Pharisäer standen auf, stritten und sprachen: Wir finden nichts Böses an diesem Menschen; vielleicht hat ein Geist oder ein Engel mit ihm geredet." (Apg.)

Wegen einer gewissen Phobie, die der Pharisäer Flavius Josephus gegenüber den Zadokäern und den Aufständischen überhaupt empfand, sollten es unbedingt „die Sadduzäer, unter der Führung von Hohepriester Hannas", gewesen sein, die Jakobus Gerechten umbrachten, „obwohl die (guten) Pharisäer im Rat protestierten". Die Opfer wurden per Geschichtsumdeutung zu Tätern gemacht und wieder nicht ohne schwerwiegende Gründe. Dann vollzieht sich ein Szenenwechsel:
anstelle des Prokurators Pilatus war der Statthalter Festus,
anstelle des Hohepriesters Kaipha war der Hohepriester Hannas,
und anstelle von Jesua stand nicht Paulus vor Gericht, sondern Jesuas Sohn Jakobus Gerechter.
Aus welchem Grund sollte der Hohepriester Hannas für eine Verurteilung von Jakobus Gerechten sein? Später, in Jahren 65-67 n., bekleidete er noch einmal das Amt eines Hohepriesters, und als der Große Aufstand (66 – 73 n.) ausbrach, war er der Anführer und wurde umgebracht. (197)
Ein anderes Mal soll der Hohepriester Jonathan von „radikalen" „Sikariern" im Jahr 56 gekillt worden sein, was sehr zur pharisäisch-römischen Geschichtsschreibung passt. (198) Und wiederholt tauchen neue Begriffe auf, wie „Sika-

rier", dann „Iskariot" oder „Zeloten", als ein anderer Ausdruck für Verwirrung.

Vielleicht verlief alles ganz anders, die Gerichtverhandlung folgte einem Modell wie bei Stephanus gehandhabt, der damals von etlichen „sie", bei reger Beteiligung von Paulus, gelyncht wurde und dies im Auftrag der „Juden", wie bei der Hinrichtung von Jesus und Christus. In beiden Fällen war der anwesend-abwesende Petrus Paulus unverzichtbar, wobei ihn auch die unsäglichen zwei Jahre in Gewahrsam nicht retten und ihm ein Alibi verschaffen können.

Von Petrus Paulus ist noch zu sagen, dass er kein ununterbrochen im Einsatz befindlicher Roboter war. Eher wurde er als Feuerlösch-Experte in Brandgebiete entsandt, so kam er „nach mehreren Jahren" nach Jerusalem, „um Almosen für mein Volk zu überbringen und zu opfern". Mindestens wird klar, warum er plötzlich „nach mehreren Jahren" nach Jerusalem kam, gewiss nicht, „um Almosen für mein Volk zu überbringen". Auch mit „Statthalter Felix" führte Paulus in den zwei Jahren keine intellektuellen Marathon-Gespräche über Jesus Christus. Nach diesen viel zu kurzen „zwei Jahren" erledigte er seine Aufgaben, und statt weiter in Asien (oder Afrika?) zu missionieren und Tote aufzuerwecken, reiste Petrus Paulus plötzlich eiligst nach Rom.

Aber die Idee mit dem runden Jahr 60 läßt sich einfach plausibel machen. Wenn Paulus „im Frühjahr 57" nach Jerusalem kam und im Jahr 60 (59) abfuhr, ist es wenig möglich, dass er bei der Steinigung von Jesuas Sohn Jakobus Gerechten im Jahr 62 dabei war. Die Geschichtsanwälte stellten für Paulus sogar noch bessere Alibis aus, im 60. Jahr, oder kurz danach, ist Paulus für sie sogar bereits tot geworden. Leider starb Petrus Paulus nicht im Jahr 60, aber die simultanen Anschuldigungen gegen die Zadokäer, sowohl bei Josephus Flavius als auch in der Apg., fallen auf. Gab es eine Absprache?

Schiffbruch

Als historische Quelle zur fraglichen Zeit nützt das NT wenig, ganz im Gegensatz zu Josephus Flavius' Angaben; die viel zu genau und verdächtig gut sind. Der Selbstdarstellung von Josephus Flavius folgend fuhr er mit 26 Jahren nach Rom, um die Freilassung ihm „nahstehender Priester", die Antonius Felix gefangen nahm, zu erwirken. Trotz eines Schiffbruchs konnte Josephus Flavius dank einer wundersamen Rettung Rom doch noch erreichen. Seine Mission war erfolgreich, Popea Sabina, die Frau von Nero, half ihm bei der Freilassung der Gefangenen und beschenkte ihn sogar mit Gaben. (199)

Wer war dieser Antonius Felix? Keine Angst, das ist der altbekannte sogenannte „Statthalter Felix", der sich Paulus' Vorträge über Jesus Christus „zwei Jahre lang" anhören musste.

„Marcus Antonius Felix war ein römischer Ritter und in den Jahren 52 bis 60 n. Chr. Prokurator von Judäa." (198)
Nur waren die „Priester" viel mehr als zwei Jahre inhaftiert, falls Antonius Felix sie zu seiner Zeit (52-60 n.) verurteilte, oder aber der Historiker Josephus Flavius erlaubte sich auch, Festus mit Felix zu verwechseln. Bei diesem Zufall stellt sich die eigentliche Frage, warum? Und noch weitere Fragen schließen sich an: Ein 26-jähriger Mann aus der Peripherie findet gleich bei seiner Ankunft in Rom Anschluss an den Imperator Nero, handelt über dessen Frau Popea Sabina die Freilassung der „Priester" aus, um dann nach „etwa" 2 Jahren wieder von der Bildfläche zu verschwinden (Figaro). Woher aber kannte er die Sprache so gut? Da muss etwas mehr dahinterstecken. Bei solch anspruchsvollem Auftrag und seinem journalistischen Ehrgeiz bei Namen, Adressen und heiklen Biographien vergaß Josephus Flavius, Zahl und Namen „nahstehender Priester" zu nennen.

Beim Lesen seiner Abenteuer scheint es, die Adria war damals ein Bermuda-Dreieck. Auf der Fahrt nach Rom, mit 600 („about six hundred in number") Passagieren, erlitt die Expedition einen Schiffbruch, Josephus Flavius konnte sich auf ein kyrenisches Schiff retten und erreichte Rom.
„Accordingly I came to, though it were through a great number of hazards by sea; for as our ship was drowned in the Sea, we that were in it, being about six hundred in number, for our lives all the night; when, upon the first appearance of the day, and upon our sight of a ship of, I and some others, eighty in all, by God's providence, prevented the rest, and were taken up into the other ship." (Flavius Josephus, Life of Flavius Josephus). (200)
Ein Schiff mit 600 Passagieren, war das eine „Titanic"? Oder sind mit den 600 Leuten 6 Agenten gemeint, und er selbst war der siebte? Seltsam, auch Paulus verunglückte mit Schiff, auch in Bermuda, mit „zweihundertsechsundsiebzig" (270+6) Leuten an Bord. Reiner Zufall.
„Als aber die vierzehnte Nacht kam, seit wir in der Adria trieben, wähnten die Schiffsleute um Mitternacht, sie kämen an ein Land."
„Und als sie auf eine Sandbank gerieten, ließen sie das Schiff auflaufen, und das Vorderschiff bohrte sich ein und saß fest, aber das Hinterschiff zerbrach unter der Gewalt der Wellen. Die Soldaten aber hatten vor, die Gefangenen zu töten, damit niemand fortschwimmen und entfliehen könne. Aber der Hauptmann wollte Paulus am Leben erhalten und wehrte ihrem Vorhaben und ließ die, die schwimmen konnten, als erste ins Meer springen und sich ans Land retten, die andern aber einige auf Brettern, einige auf dem, was noch vom Schiff da war. Und so geschah es, daß sie alle gerettet ans Land kamen." (Apg.)
Keiner muss über die Zahl „zweihundertsechsundsiebzig" rätseln, es war keine Wochenend-Kreuzfahrt, verschifft wurden (276) Sklaven, darunter „6"

Agenten. An Bord befanden sich genau genommen 200 Sklaven, 70 „Krieg-
leute" mit Mannschaft und 6 Thai-Massage-Spezialisten für die Pflege von Paulus.

Falls jemand die „Adria" zwischen Italien und Albanien verortet, der irrt sich,
sie lag bei Malta.

> „Und als wir gerettet waren, erfuhren wir, daß die Insel Malta hieß. Nach drei Mona-
> ten aber fuhren wir ab mit einem Schiff aus Alexandria, das bei der Insel überwintert
> hatte und das Zeichen (Anweisungen) der Zwillinge führte." (Apg.)

Moment mal - „die Anweisungen der Zwillinge", was soll das? Spätesten jetzt
muss jedem Wissenschaftler klar sein, wer „die Zwillinge" an Bord sind. Als
einzige Zwillinge befanden sich Sohn und Papa auf dem Schiff, einer davon
wird „Thomas, der Zwilling genannt". Und das erklärt alles, beide waren zwar
Graphomanen, aber der Reisebericht stammt vom Junior, der seinem Papa Petrus Paulus den tückischen Namen „Thomas" und auch einige andere Spitznamen verpasste.

„Adria" ist nicht Adria, und warum ging es über Malta? Weil die Route nach
Rom an der Insel Malta vorbei über Sizilien führt, dem grössten Umschlagplatz
für Sklavenhandel. In einer Notlage wurde Balast ins Meer geworfen, zuerst
„erleichterten sie das Schiff, indem sie den Weizen in das Meer warfen" und
dann die Gefangenen:

> „Der Soldaten Rat aber war, dass sie die Gefangenen töten sollten, damit nicht jemand
> fortschwimmen und entfliehen möchte. Der Hauptmann aber, der den Paulus retten
> wollte, hinderte sie an ihrem Vorhaben und befahl, dass diejenigen, die schwimmen
> könnten, sich zuerst hinabwerfen und an das Land gehen sollten." (Apg.)

Auf Malta zeigte sich Paulus mehr als lebendig und jagte den Einheimischen
einen Schrecken ein:

> „Als nun Paulus einen Haufen Reisig zusammenraffte und aufs Feuer legte, fuhr we-
> gen der Hitze eine Schlange heraus und biß sich an seiner Hand fest. Als aber die
> Leute das Tier an seiner Hand hängen sahen, sprachen sie untereinander: Dieser
> Mensch muß ein Mörder sein, den die Göttin der Rache nicht leben läßt, obgleich er
> dem Meer entkommen ist." (Apg.)

An belanglosen Episoden wurden einige eingespart, eine aber war so wichtig,
um sie zu erwähnen. Der Satz, Paulus „muß ein Mörder sein", wurde im Bericht
weder widerlegt noch relativiert, sondern scheinbar mit Genugtuung hingenommen. Was verbindet eine Schlange mit einem Mörder? Wenn da ein Skorpion
gewesen wäre? Ob er wohl ein Schlangenbezwinger war, ein Fakir? „Die Leute"
sagten, was sie wussten, sie befanden sich im Gefangenentransport, mit „zweihundertsechsundsiebzig" an Bord, und sie wussten, was sie sagten: „Dieser
Mensch muß ein Mörder sein." Und diesen Bericht hat wer verfasst? Jemand,

der daneben stand und Paulus seit seiner Ankunft in Jerusalem ununterbrochen begleitete. Oder schrieb Petrus Paulus selbst über sich selbst, in dritter Person? Und hier verbirgt sich wieder eine unbeabsichtigte Botschaft.

Die Reise startete im Winter 62 n., kurz vor der „Fastenzeit" (zu Weihnachten) und dauerte länger als drei Monate. „Nach drei Monaten aber fuhren wir ab mit einem Schiff aus Alexandria, das bei der Insel überwintert hatte und das Zeichen der Zwillinge führte."

Nach Angaben in seiner Autobiographie, „Life of Flavius Josephus", blieb er „etwa 2 Jahre" in Rom, wo er mit Paulus im Jahr 62 ankam. Anfang 64 kehrte er zurück nach Judäa. Warum so eilig?

Die „etwa" 2 Jahre in Rom

Im Jahr 62 taucht e Josephus Flavius in Rom auf. Im Sommer (Juli) 64 ereignete sich ein epochales Inferno, Rom versinkt in Schutt und Asche, aber in Flavius' historischem Werk findet sich darüber keine Spur, als könnte er sich nicht daran erinnern. Ein Großer Historiker wird Zeuge einer Art Reichstagsbrand, berichtet aber darüber nicht, was besonders gravierend scheint, weil Josephus Flavius sich auf „Jüdische Geschichte" spezialisierte und sich als Experte in diesem Bereich profilierte. Wusste er nichts, weil er Anfang 64, also früher und rechtzeitig, weggegangen war? Trotzdem erfuhr er bestimmt vom Tod seines Onkels, schwieg aber lieber, als ihn zu entblößen, aus vernünftigen Gründen. Und seine Rolle bei der Brandkatastrophe war schon gar nicht ein Thema.

Petrus Paulus bei Josephus Flavius

Völlig auf einen Beitrag zu verzichten war nicht Josephus Flavius Sache, deshalb konnte ein in die Tiberius-Zeit verschobener Bericht entdeckt werden. Frei übersetzt: „Die Konsuln wählten davon „viertausend" Menschen aus und schickten sie als Soldaten zur Insel Sardinia. Eine viel größere Zahl aber wurde hingerichtet, weil sie den Militärdienst wegen ihres jüdischen Glaubens verweigerten."

Eine dramatische Geschichte, nicht, weil „viertausend" Menschen dem Militärdienst unterworfen wurden, so wie es Spartakus zu seiner Zeit erging, und nicht, weil sich eine „viel größere Zahl" weigerte, in einem Strafbataillon 999 von damals zu dienen. Dramatisch, weil solche Quellen als zuverlässig gelten. Josephus Flavius beschreibt ein 20 Jahre zurückliegendes Ereignis detailliert und kann genauestens die Viertausend zusammenzählen, aber die Anzahl „nahestehender Priester", denen er zur Freiheit verhalf und wie sie hießen, kann er nicht angeben. Und welchen Tiberius meinte er, Tiberius Claudius Caesar Augustus

Germanicus (41- 54 n.) oder Tiberius Iulius Caesar Augustus (14 – 37 n.)? Soll das geraten werden?

Caesar Claudius befahl zwar im Jahr 49, die Juden aus Rom auszuweisen, darunter ist aber nicht gleich ein großangelegtes Massaker zu verstehen. Und überhaupt, einerseits, „nach Josephus", sicherte Caesar Claudius „den Juden in Rom Rechte und Freiheit wie allen anderen Juden im Reich" zu, andererseits „berichtet Sueton, dass Claudius die Juden aus Rom vertrieben habe, weil sie durch einen gewissen Chrestos zur Unruhe angestiftet worden seien." (201)

Ein wankelmütiger Caesar war es gewesen. Das mit den Rechten und Freiheiten - waren das die Christen oder Petruschristen, oder meinte Josephus Flavius sich selbst?

Kein Zufall, bei Josephus Flavius wurden die „nahestehenden Priester" von „Antonius Felix" eingeknastet, gleichlautend in der Apg. Wie schon erwähnt, verbrachte Petrus Paulus seine unzähligen „zwei Jahre" unter „Statthalter Felix" in „Gewahrsam" und nicht unter Porcius Festus. Die Texte wurden zweifelsohne im Nachhinein miteinander abgestimmt, was nur möglich war, wenn Josephus Flavius die Legende seines Onkels kannte, beide Schriften korrigierte und als Komplize wie auch aus Vernunftsgründen an dieser Version festhielt. Also bleibt die Annahme mit dem Jahr 62 doch richtig und einwandfrei.

Die „nahestehenden Priester" sind auch ermittelbar, es waren die „Sieben", die nach Jerusalem kamen, um den Gerichtsprozess gegen Jakobus Gerechten zu kippen, einer davon war Petrus Paulus. Die Namen der Sechs „Brüder", die Stephanus mitgewählt und dann umbrachten, wurden im NT verewigt: „Philippus und Prochorus und Nikanor und Timon und Parmenas und Nikolaus, den Judengenossen aus Antiochia". Ihre Namen erscheinen in einem angehängten Nebensatz, und der fehlende Siebte muss der Sohn der „Schwester von Paulus" sein.

Im Gerichtssaal enttarnte der Hohe Rat dieses Aufgebot an Sieben Fachkräften, der römische Staat sah sich daraufhin gezwungen, ihnen Schutz zu gewähren und sie nach Rom zu bringen. Auf dem Schiff konnte Petrus Paulus mit den Sechs „Brüdern" beieinander sein, und ihm wurde großzügig erlaubt, „zu seinen Freunden zu gehen und sich pflegen zu lassen" (Thai-Massage).

> „Und am nächsten Tag kamen wir in Sidon an; und Julius verhielt sich freundlich gegen Paulus und erlaubte ihm, zu seinen Freunden zu gehen und sich pflegen zu lassen." (Apg.).

Auf jeden Fall handelte es sich bei den Sieben, im Gegensatz zu den Zwölf virtuellen Aposteln von Petrus, um reale Sieben V-Leute. Der anonyme Schreiber „wir", der mit Petrus Paulus nach Jerusalem zum Gericht gegen Jakobus Gerechter kam und davon berichtete, war sein Sohn Josephus Flavius.

Neffe

Sicher ist nur, dass Petrus Paulus im schicksalshaften Jahr 36 nachts ins Haus von „Maria, der Mutter des Johannes, der Markus zubenamt war" kam und gleich im nächsten Jahr 37 Markus geboren wurde, als der Papa schon flüchtig war. Tatsache ist, als „der Sohn der Schwester des Paulus von dem Anschlag hörte, ging er und kam in die Burg und berichtete es Paulus", und dass Petrus Paulus in seinem Brief Johannes Markus „meinen Sohn" (1. Pet.) nannte. Sollte es hier nicht um Emotionen oder um freie Interpretationen gehen, dann war Johannes Markus der Sohn von Petrus Paulus. Obwohl, Johannes Markus könnte auch ein Adoptivsohn sein, den Petrus Paulus entführte, adoptierte und beschnitt.

Unklar bleibt, ob Maria sich einmal verheiratete, jedoch wurde kein Mann in ihrer Nähe gesichtet, weder ein Grieche noch ein Nichtgrieche, ausgenommen und allein ihr Bruder Josef, genannt Barnabas, „das heißt übersetzt: Sohn des Trostes, ein Levit, aus Zypern gebürtig". Petrus Paulus war auch nicht verheiratet, nur seine Schwester Maria, bei der er getröstet wurde, war die Ausnahme. Und wenn nicht, warum spricht er in seinem Brief, als alles längst vergangen, von sich in dritter Person, „Barnabas", und von Markus, „Neffe des Barnabas" (Kol. 4,10)? Die Familienstruktur ist dann so gewesen:

Josef/Maria-Johannes-Petruspaulus (genannt Josef Barnabas)
Maria/Josef-Johannes-Maria/Petruspaulus-Johannes Markus

Vater wie Sohn

Beim Lesen über „Maria und Josef (Barnabas)" fällt die Parallele zu Joseph und Maria auf, und auch die zweite Geburt von Jesus Christus zur Zeit der Verordnung von Kaiser Augustus im Jahr 6, was die Größen der Wissenschaft als „literarisch" verbuchen. Eine zweite Beschreibung der Geburt Jesus war unnötig, es sei denn, etwas sollte vermittelt werden. Der Hinweis auf Kaiser Augustus wäre sinnvoll, würde jemand, der sich auch für den Heiland hielt, geboren und wollte sich unbedingt bemerkbar machen, und das war Petrus Paulus. Tatsächlich und wahr, dem Gott gefiel wohl, in Paulus seinen Sohn zu offenbaren. Noch ein Gottessohn:

> „Als es aber Gott, der mich von meiner Mutter Leib an abgesondert und durch seine Gnade berufen hat, wohlgefiel, seinen Sohn in mir zu offenbaren." (Korinther)

So schreibt einer, der sich für einen Propheten hält und an seine Mission glaubt, das erklärt den übermäßigen Einsatz von Petrus Paulus. Leider kam für diesen Intensivtäter erst posthum die Anerkennung, und zum letzten Propheten war er auch nicht auserkoren. Der allerletzte war Mohammed.

Der Absatz, der die zweite Geburt von Jesus abhandelt, wurde aufgeklärt. Am Tag der Verordnung von Kaiser Augustus wurde Petrus Paulus geboren und mit folgender Eintragung verewigte er sich:

„Es geschah aber in jenen Tagen, dass eine Verordnung vom Kaiser Augustus ausging, den ganzen Erdkreis einzuschreiben. Die Einschreibung selbst geschah erst, als Kyrenius Statthalter von Syrien war." (Lk.)

Der Sohn und Neffe des Vorstandsmitglieds Petrus Paulus, Deckname „Joseph Barnabas", hieß von Geburt an Johannes Markus: „Johannes" nach seinem Opa „Johannes" und „Markus", weil er keinen regelmäßigen Vater hatte und daher wahrscheinlich nach seiner Mutter Maria „Marias Johannes" genannt wurde. Und um genau zu sein, weil er seine Azubi-Stelle beim amtierenden Statthalter Marcus Antonius Felix bekam, bei Papas Freund.

Onkelsohn

Vorfahren

In der Biographie von Johannes Markus klafft in puncto Vater ein großes Schwarzes Loch, oder ein Vater-Sohn-Trauma führte dazu, den Namen zu unterschlagen und seinen eigenen Namen auf Josephus Flavius zu ändern.

Das deutsche Wikipedia stellt Josephus Flavius, im Unterschied zu anderen Wikis, nur sehr verkürzt dar: er „ist", er „war", „es gelang ihm" usw. Scheinbar gilt er als ernstzunehmende Autorität und letzte Instanz, obwohl allgemein bekannt, dass er keine zuverlässige, wissenschaftliche Quelle ist.

Josephus Flavius nannte sich „Joseph ben Mathitjahu ha Kohen (Priester)", und falls er nicht wieder log, hieß sein Vater Mathitjahu ha Kohen. Wer da „Priester" war, Mathitjahu oder Joseph ben Mathitjahu selbst, ist nicht ganz eindeutig. Sämtliche Vorfahren von Josephus Flavius waren Priester, nur in seinem Umfeld und in seiner Zeit übte dieses Amt keiner mehr aus. Und was für eine Tragödie, auch sein Vater Mathitjahu ha Kohen ist sehr weit hergeholt, er lebte 200 Jahre früher (167 v.). (202)

Nach seinen eigenen Angaben wuchs Josephus Flavius mit seinem Bruder auf, der gleichfalls Mathitjahu hieß, vielleicht verwechselte er seinen Onkelvater Petrus Paulus mit seinem Bruder? (203) Oder er schafft hier, voll in seinem Stil, eine Fortsetzung, diesmal Josephus, Bruder des Mathitjahu.

„Matthias" und „Mathitjahu" ist nämlich derselbe Name. Als Josephus Flavius geboren war, ließ sich sein Vater Petrus Paulus unter dem neuen Namen „Matthias" in den Vorstand wählen.

In Josephus Flavius Erinnerungen an seinen Vater kommt dieser nur als „Onkel" oder als „Bruder" vor, niemals als „Vater", und seine abstrakte Verwandtschaft wurde namentlich auch nicht erwähnt.

Seinen Geburtsnamen „Johannes" wechselte Josephus Flavius zu „Joseph", denn unter diesem Namen kannte er seinen Vater in seiner Jugendzeit, der damals unter dem Namen Joseph Barsabas Barnabas zugange war. Was aber folgt daraus? Petrus Paulus und Maria waren Geschwister, eine Geschwister-Liebe mit schweren Folgen. Diese Eltern waren ein genügender Grund für Josephus Flavius, alles bezüglich seiner Abstammung unkenntlich zu machen und zu verschachteln. Aus keinem anderen Grund wurden Familienverhältnisse so verschleiert, Maria wurde zur namenlosen „Schwester des Paulus" und Johannes Markus wurde zum „Neffen des Barnabas", anstatt einfach zu schreiben, Johannes Markus ist „der Neffe des Paulus" oder der „Sohn des Paulus", zum Beispiel. Noch ein Onkelsohn, der Prophet Samuel lässt grüßen.
Wahrlich, Josephus Flavius fällt nicht weit weg vom Vater Petrus Paulus, also echte Zwillinge.

Halbgeschwister-Liebe
Aber nicht übertreiben, das war nur eine Halbgeschwister-Liebe. Jetzt erst aber wird deutlich in aller Deutlichkeit, warum für Vater und Sohn die Reglements der Moses-Gesetze nicht mehr tragbar waren.

Wenn schon über Onkelsöhne die Rede ist, vor Josephus Flavius gab es bereits einen Präzedenz-Fall, und der hieß König David. So ein Dilemma, nach Moses Gesetzen war auch Josephus Flavius ein Sohn der Blutschande, die, in Kombination mit drei anderen Todsünden: Blutvergießen, Auftragsmord und Abkehr von Gott, traditionell als Ursache für die Zerstörung des Zweiten Tempels gehalten wird. Obwohl, die Orthodoxie sieht darin keine Blutschande, und Josephus Flavius gilt als normativer, halachistischer Jude.
Auch Petruschristen verstanden die schrecklichen Sieben Todsünden: „Hochmut, Geiz, Neid, Zorn, Wollust, Völlerei, Trägheit" etwas anders, aber wo bleibt „Mord" als Todsünde?
„Bei den Sieben Todsünden handelt es sich um sieben Charaktereigenschaften, für die man laut der katholischen Kirche für alle Zeiten in der Hölle schmort." (204)

Karriere
Schon mit 16 Jahren interessierte sich Josephus Flavius für Politik und machte sich über die damaligen Parteien der Zadokäer, Pharisäer und Essener kundig, indem er drei Jahre (53 n.-56 n.), bis zu seinem 19. Lebensjahr, „in der Wüste" bei dem Lehrer Banos verbrachte. „Die Wüste" war der Inbegriff für das Gebiet

der „Essener" im Jordantal am Toten Meer. Wurden ihm in der Akademie der Essener drei Jahre lang Kurse über Zadokäer und Pharisäer gegeben?

Auch andere Gründe, als jugendliche Neugier für Politik, könnten diese Wahl beeinflusst haben, denn sein Vater war ebenso bei den „Essenern" im Jordantal untergebracht, allerdings wurde er erst mit 18 Jahren rekrutiert. Hier fällt plötzlich auf, wie und wieso Petrus Paulus seinen 11-jährigen Sohn, damals noch unter dem Namen Johannes Markus, beschnitten hat. Sehr weitsichtig.

Jetzt zu den Frauengeschichten, bei denen er vom Pech verfolgt wurde. Es ging zu, wie bei den imaginären 12 Aposteln, die nichts bestätigen oder widerlegen konnten, weil sie nicht mehr lebten oder nicht mehr aktuell waren.

„Josephus' erste Frau starb während der Eroberung Jerusalems. Nach dem Ende seiner Gefangennahme heiratete Josephus in zweiter Ehe eine jüdische Mitgefangene, von der er sich trennte, nachdem er mit Vespasian nach Alexandria zog. Um 70 heiratete er eine Jüdin aus Alexandria, mit der er drei Söhne hatte. Nur einer – Flavius Hyrcanus – wurde erwachsen. Flavius Josephus ließ sich scheiden und heiratete um das Jahr 75 eine kretische Jüdin aus guter Familie. Aus dieser Ehe gingen zwei Söhne, Flavius Justus und Simonides Agrippa, hervor." (205)

Während der Eroberung Jerusalems im Jahr 67 starb seine erste Frau, da nannte er sich „T[itus] Flavius Iosephus" und diente Titus als „Dolmetscher" (Familienberuf). Aber so was: vorher, im Jahr 62, kam auch Paulus mit einem „Titus" nach Jerusalem.

„Er rückte 67 an der Spitze dreier Legionen – darunter eine unter dem Kommando von Trajan Vater Marcus Ulpius Traianus und eine unter dem Kommando seines Sohnes Titus – und starker Hilfstruppen, insgesamt rund 60.000 Mann, in der Provinz Iudaea ein. Vespasian und seine Legionen gingen massiv gegen die Zivilbevölkerung vor, um den Widerstand zu brechen, wobei sie auch plünderten und brandschatzten. Dabei zeichnete Vespasian sich als guter Feldherr und fähiger Kommandant aus. Die Kämpfe zogen sich über Jahre hin, verliefen aber zunächst für die Römer wenig erfolgreich." (206)

Unter seinem neuen Namen „Titus" reiste Titus Flavius Iosephus damals zum Prozess von Jakobus Gerechten, darüber schrieb sein Vater im Galater-Brief:

„Darauf, nach Verlauf von 14 Jahren, zog ich wieder nach Jerusalem hinauf mit Barnabas und nahm auch Titus mit." (Gal.)

Eine Frage sei jedoch erlaubt: wann und wie hat es Josephus Flavius hingekriegt, eine Frau zu heiraten, wenn er im Alter von 28 Jahren (64 n.) nach Jerusalem zurückkehrte, drei Jahre in Galiläa eingesetzt war und mit 30 (67 n.) in der Funktion eines „Funkers" bei der Belagerung Jerusalems diente? In der Regel heirateten die Männer eher später als früher, sogar sein mobiler Vater zeugte ihn mit 30 Jahren, zwischendurch, während der Exzesse kurz nach der Kreuzigung. Deswegen, falls überhaupt, könnte diese einzige „erste Frau" nur seine

Mutter Maria sein, die „während der Eroberung Jerusalems" starb und ihm keinen Nachwuchs hinterließ – er vergaß, ihren Namen zu nennen.

Aber nein, im Jahr 62 n., als Lucceius Albinus aktuell wurde (62-64 n.), kam Josephus Flavius mit 26 (62-36 n.) Jahren nach Rom, genannt „Lukas" nach Lucceius Albinus und nicht nach „Lucania", wie irrigerweise angenommen. Und so wurde sein Sohn Timotheus von Opa Petrus Paulus beschnitten. Und wenn das stimmt, müßte Josephus Flavius jener „griechische Vater" mit pathologischer Neigung zu „jüdischen Frauen" sein.

Das war eine falsche Fragestellung, die richtige Frage lautet: ist dieser schreckliche und unersetzbare Verlust seiner ersten Frau der einzige gewesen? Und was war mit Brüdern, Eltern, Onkeln, Tanten, Kusinen und überhaupt mit seiner Verwandtschaft? Ist niemand umgekommen in diesem totalen Krieg? Keiner. Alle blieben heil, auch wenn „sie kurzfristig von Aufständischen festgehalten wurden". Kurzfristig, während der Blockade in Jerusalem, wurden sie von böswilligen Zadokäern als Verwandte eines Verräters und Kollaborateurs festgehalten, Grund genug, um antisemitische Vorbehalte gegen Zadokäer zu hegen.

Gleich nach dem Tod seiner ersten Frau im zerstörten Jerusalem und der Inbesitznahme einer grossen Beute an Sklaven, folgte die zweite Ehe mit „einer jüdischen Mitgefangenen", besser gesagt, einer (Sex-) Sklavin. Das kann nicht als Ehe bezeichnet werden, besonders, da „er sich trennte, nachdem er mit Vespasian nach Alexandria zog". Echt, ein wahrer römischer Soldat Panthera. Nach eigener Darstellung lebte Josephus Flavius als Sklave in einem Käfig, etwa so, wie im gleichen Alter sein Vater im Gefängnis damals, zwischen zwei Soldaten schlief. Eine sehr liberale Gefangenschaft, wenn die Sklaven unter sich heiraten durften.

Aber die dritte Ehe schlug ein: „Um 70 heiratete er eine Jüdin aus Alexandria, mit der er drei Söhne hatte. Nur einer, Flavius Hyrcanus, wurde erwachsen." Die anderen zwei blieben unerwachsen, warum? Das wurde nicht erklärt, aber bei einem so wohlhabenden Mann wie Josephus Flavius blieben sie sicherlich kaum wegen Krankheiten „nicht erwachsen".

Endlich, um 75 n., im 5-Jahres-Takt, heiratete Josephus Flavius wieder eine Jüdin (Zwangsneurose?), „eine kretische Jüdin aus guter Familie", und "aus dieser Ehe gingen zwei Söhne, Flavius Justus und Simonides Agrippa, hervor". Kreta ist da, wo ein Kretin seine „Offenbarung" geschrieben hat.

Merkwürdig, ein Römer heiratet ausschließlich jüdische Frauen. War das Geschmacksverirrung oder Mängel in der Biographie? Zum Glück galten alle seine Söhne, erwachsene und unerwachsene, als einwandfrei halachistische Juden.

Einen Sohn nannte Josephus Flavius „Justus", solch Beinamen trug sein Vater

365

damals, „Joseph Barsabas, genannt Justus". Sich selbst kaschierte Josephus Flavius mit dem Namen „Josef".

Der andere Sohn erhielt den Namen „Simonides", nach der früheren Version seines Vaters, „Simon, Sohn Johannes", als er von Simon Zelot noch sehr angetan war. Oder umgekehrt, der literarische Simon (Petrus) wurde nach seinem Sohn Simonides genannt, und mit ihm soll, laut Johannes-Evangelium, der tot auferstandene Jesus drei Mal gesprochen haben. Der Autor des Johannes-Evangeliums, hier, bitte, ist Simon(ides), der Sohn von Johannes (Markus), er ist „dieser Jünger", „der von diesen Dingen zeugt und der dieses geschrieben hat; und wir wissen, dass sein Zeugnis wahr ist". Der Dialog zum Abschied zwischen Papa und Sohn, sinnvoll gelesen:

J.Fl. spricht zu Simonides: „Simon, Sohn Jonas', liebst du mich mehr als diese?"
Simonides: „Ja, Herr, du weißt, dass ich dich lieb habe."
J.Fl.: „Weide meine Lämmer."
J.Fl.: „Simon, Sohn Jonas, liebst du mich?"
Simonides: „Ja, Herr, du weißt, dass ich dich lieb habe."
J.Fl.: „Hüte meine Schafe."
J.Fl.: „Simon, Sohn Jonas, hast du mich lieb?"
Simonides: Herr, du weißt alles; du erkennst, dass ich dich lieb habe."
J.Fl.: „Weide meine Schafe."

Titus Flavius Simonides Agrippa, kurz Simonides, beruflich auch ein Geschichtsschreiber, wurde im 9. Jahr der Regierung von Titus Flavius Vespasianus geboren. So ist 78 Simonides Geburtsjahr, Josephus Flavius war da 41 Jahre alt und schrieb am „Johannes-Evangelium" mit Gedanken über seinen Sohn.

Dynastie

Ob Joseph ben Mathitjahu wirklich „der Sohn einer angesehenen, priesterlichköniglichen Familie aus Jerusalem" war, lässt sich nicht klären. Laut NT könnte die Familienstruktur wie folgt aussehen:
Josef/Maria-Johannes/Griechin-Petruspaulus
Josef/Maria-Johannes-Maria/Petruspaulus-Johannes Markus

Nun werden die Ergebnisse über die Familienstruktur laut NT mit den Angaben von Josephus Flavius verglichen und mal sehen, was er da konstruierte. Er im Jahr 37, erstes Regierungsjahr von Gaius Caesar Augustus Germanicus Caligula, geboren. Sein Vater Petrus Paulus ist „im 10." Regierungsjahr von Herodes Archelaos geboren, das heißt, 10 Jahre nach dem Tod Herodes des

Großen. Das wäre exakt das Jahr 6, wie vorher vermutet und in dem Jahr, als „eine Verordnung von Kaiser Augustus ausging, den ganzen Erdkreis einzuschreiben".

Nach seinen eigenen Angaben sieht die dynastische Abstammung von Josephus Flavius so aus:

„The family from which I am derived is not an ignoble one, but hath descended all along from the priests; and as nobility among several people is of a different origin, so with us to be of the sacerdotal dignity, is an indication of the splendor of a family. Now, I am not only sprung from a sacerdotal family in general, but from the first of the twenty-four courses; and as among us there is not only a considerable difference be-tween one family of each course and another, I am of the chief family of that first course also; nay, further, by my mother I am of the royal blood; for the children of Asamoneus, from whom that family was derived, had both the office of the high priesthood, and the dignity of a king, for a long time together. I will accordingly set down my progenitors in order. My grandfather's father was named Simon, with the ad-dition of Psellus: he lived at the same time with that son of Simon the high priest, who first of all the high priests was named Hyrcanus. This Simon Psellus had nine sons, one of whom was Matthias, called Ephlias: he married the daughter of Jonathan the high priest, which Jonathan was the first of the sons of Asamoneus, who was high priest, and was the brother of Simon the high priest also. This Matthias had a son called Matthias Curtus, and that in the first year of the government of Hyrcanus: his son's name was Joseph, born in the ninth year of the reign of Alexandra: his son Matthias was born in the tenth year of the reign of Archelaus; as was I born to Matthias in the first year of the reign of Caius Caesar. I have three sons: Hyrcanus, the eldest, was born in the fourth year of the reign of Vespasian, as was Justus born in the seventh, and Agrippa in the ninth. Thus have I set down the genealog of my family as I have found it described in the public records, and so bid adieu to those who calumniate me [as of a lower original]." (208)

Nach Josephus Flavius' eigenen Angaben hier in Kürze die Familie:
Joseph-Matthias-Josephus Flavius-Hyrcanus, Justus und Agrippa

Also ist es doch, wie vermutet, der Vater von Petrus Paulus hieß „Matthias", genau so wurde er im Vorstand der neuen Versammlung genannt. Und laut NT sind die Familienverhältnisse wie folgt:
Josef/Maria-Johannes/Griechin-Paulus/Maria-Josephus Flavius
Josef/Maria-Johannes-Maria/Paulus-Josephus Flavius

Beim Vergleich ist ein Unterschied kaum zu übersehen, bei Josephus Flavius ist „Matthias" zwar da, aber ein „Johannes" fehlt.
Josef- Matthias-Josephus Flavius

Josef-Johannes-Paulus-Josephus Flavius

Und was ist mit dem Opa Josef? Er ist im „ninth year of the reign of Alexandra" geboren, sie hat nämlich in den Jahren 76-67 v. regiert. Wie üblich, eine Frage, wie alt war der langwierige Josef bei der Geburt seines Sohnes „Matthias" (geb. 6)? Kein Kommentar. (209)

Zweifellos fehlt ein Glied, Johannes, der Opa von Josephus Flavius, von ihm bekam Josephus Flavius seinen Geburtsnamen „Johannes (genannt Markus)". Aus welchem Grund sein Opa unterschlagen wurde, war schon erklärt - er heiratete eine Griechin. „Unrein" würde Esra sagen.

Für seine Biographie nahm Josephus Flavius den berühmten Hyrkanos in Beschlag, um seine adlige Abstammung zu untermauern und von seinem „royal blood" sprechen zu können. Tragischerweise heiratete sein Opa Johannes eine Griechin, und beim besten Willen konnte ihre Ahnenlinie nicht von dem großen Hyrkanos abgeleitet werden, denn sie war scheinbar eine alleinerziehende Frau gewesen. Und wenn schon, eine adlige Herkunft von Josephus Flavius wäre nur über seine Mutter Maria möglich.

Das Versteifen auf solchen Vorfahr, wie der Hasmonäer-König Johannes Hyrkanos I (135 – 104 v.), ist auch nicht zufällig, dieser hat den Tempel der Samariter „um 129 v. Chr." zerstört.

Petrus bei Josephus Flavius

Möglicherweise hinterließ Petrus Paulus doch eine Spur bei Josephus Flavius. Als einen „niederträchtigen Mann" bezeichnete er ihn in „Jüdische Altertümer", und wieder versäumte er, trotz seiner professionellen Neugier als Informant für Namen, Adressen und heikle Biographien, den Namen des „niederträchtigen Mannes" aufzuschreiben.

Kurz geschildert und eng an Josephus Flavius' Darstellung gehalten: Aus Angst vor Bestrafung wegen seiner Gesetzesübertretungen floh der „niederträchtige Mann" aus Judäa. Er lebte in Rom und als Schurke „vereinigte" er sich mit drei anderen „Schurken". Ihnen schloss sich die adlige Frau Fulvia an, die ins Judentum übertrat. Sie überzeugten die Frau, Purpur und Gold zum Jerusalemer Tempel zu schicken, und als sie dem nachkam, taten sie, was ihre anfängliche Absicht war und eigneten sich alles an. Fulvias Mann Saturin, der mit dem Imperator in freundschaftlicher Beziehung stand, unterrichtete Tiberius auf ihren Wunsch hin. Dieser veranlasste, alle Juden aus Rom zu vertreiben. Die Konsuln wählten aus ihnen viertausend Menschen und schickten sie als Soldaten auf die Insel Sardinia. Eine viel größere Zahl aber haben sie hingerichtet, weil sie den Militärdienst wegen des Verbots durch die jüdischen Gesetze verweigerten.

Eine Betrügerei eines einzigen „niederträchtigen Mannes" aus Judäa soll einen großangelegten Einsatz mit „Tausenden Toten" ausgelöst haben. Wer daran glaubt, kann sich auch im Glauben stärken, dass die Ursache für die „Kristallnacht" in der Ermordung von Ernst Eduard vom Rath liegt.

Laut Josephus Flavius konvertierte Fulvia zum jüdischen Glauben, spendete für den Jerusalemer Tempel (Humanitäre Hilfe), und dann wurden nach ihrem Geheiß die „Juden" in Rom massakriert. Die gleiche Inkonsequenz ist bei Poppaea festzustellen, einmal war sie, schreibt Josephus „eine gottesfürchtige Frau", die sich daher für die Juden einsetzte, und nur drei Kapitel weiter, nach dem Bericht über den Mauerstreit, wechselt Josephus von seinem positiven Urteil über die gottesfürchtige Poppaea ins genaue Gegenteil und nennt sie eine „gottlose". (209)

Ansonsten lebten Nero, Poppaea und Ehemann Otho im Dreierpack, bis Nero im Juni 62 Poppaea heiratete.

„Poppaea, die inzwischen ihre Schwangerschaft bemerkt hatte, brachte Nero jedoch dazu, Octavia einen weiteren Ehebruch zu unterstellen. Octavia wurde auf die pontinische Insel Pandateria verbannt und dort am 7. Juni 62 ermordet. „Ihr Haupt wurde abgeschnitten und in die Stadt gebracht und Poppaea betrachtete es". Zwölf Tage nach der Scheidung von Octavia heiratete Nero Poppaea."

„Poppaea Sabina (* ca. 30/32 n. Chr. in Pompej; † Sommer 65 n. Chr. in Rom) war die zweite Frau des römischen Kaisers Nero." (209)

Ein Blick in Poppaeas Verwandtschaft zeigt, dass ihr Großvater Poppaeus Sabinus hieß, und es gibt noch eine Menge Sabinusen, darunter Titus Flavius Sabinus, und ab hier ist es nur ein Steinwurf bis Josephus Flavius, wobei der Vater von Poppaea Sabina „Titus" hieß. (300)

„Poppaea Sabina, geboren in Pompej, war Tochter des Titus Ollius aus Picenum und der älteren Poppaea Sabin." "Seine Tochter, die bis dahin den Namen Ollia trug, nahm später den Namen ihres Großvaters mütterlicherseits an – Gaius Poppaeus Sabinus, Konsul des Jahres 9 und 26 für einen Sieg über die Thraker mit den Triumphinsignien ausgezeichnet." (209)

Für Josephus Flavius sollte Titus Flavius Sabinus kein Rätsel mit 3 Unbekannten sein. TFS war ausgerechnet in der Zeit Stadtpräfekt in Rom, als Flavius seine 2-jährige Fortbildung in Rom machte.

„Titus Flavius Sabinus (* um 8 n. Chr.; † Dezember 69 n. Chr. in Rom) war ein römischer Senator, Bruder des Kaiser Vespasian und Onkel von Titus und Domitia. Sabinus war ein Sohn des Steuerpächters gleichen Namens und der Vespasia Polla. Er und sein Bruder wurden als erste in ihrer Familie in den Senat aufgenommen. Sabinus diente wie Vespasian als Legat einer Legion bei Claudius' Eroberung von Britannien im Jahr 43 und wurde 47 Suffektkonsul. In den ersten Jahren der Herrschaft Nero war er Statthalter der Provinz Moesia. Von 62 bis zum Tod Neros 68 war Sabinus Stadt präfekt von Rom." (301)

Ansonsten ist vom Flavius-Clan eine ganze Liste vorhanden.

„Flavius (von lateinisch flavus "blond") ist ein römischer Familienname (nomen gentile). Die plebejische gens Flavia war in der Republik wenig bedeutend, stellte aber im 1. Jahrhundert n. Chr. mit den Flaviern Vespasia, Titus und Domitian ein römisches Kaisergeschlecht." (301)

Ist der Name „Fulvia" etwa eine Variation von „plebejischer gens Flavia" gewesen? So in der Art, wie im wikipedischen Jargon das Wort „Iudaea" entstand? (300) Sollten die Familienverknüpfungen so stimmen, stand Josephus Flavius in Kontakt mit Poppaea Sabina und Flavius Sabinus, dem Stadtpräfekten von Rom und konnte seine Hausaufgabe, die Befreiung der „nahestehenden Priester", schnell lösen. Dennoch, wer ist der „niederträchtige Mann" gewesen, „der im Namen Jesus Christus predigte", sich mit anderen Schurken zusammentat und die Frau Fulvia erleichterte? Das konnte nur Petrus Paulus sein, vor allem wegen seiner Erfahrung bei der Gründung einer Scientology-Kirche in Jerusalem.

Ach, übrigens, wann, unter welchen Umständen, für welche Verdienste wurde Josephus zum Flavius gemacht und bekam seine Einbürgerung? War das nicht eines der vielen Geschenke von Fulvia?

Jetzt zurück zum Leitthema, zur Geschichte des Antisemitismus. All das trug auch dazu bei, dass sich „das Klima zwischen Juden, Griechen und Römern nicht positiv entwickelt".

„Der Aufstand in Iudaea. Ein weiterer Schauplatz der Außenpolitik war Iudäa. Unter den Prokuratoren Marcus Antonius Felix, einem Bruder des Freigelassenen Pallas, und Gessius Florus, einem Günstling Poppaeas, hatte sich das Klima zwischen Juden, Griechen und Römern nicht positiv entwickelt."

Brand

Funke

Wie lange Petrus Paulus allein zu zweit in Rom saß, kann berechnet werden: Petrus setzte sich im Jahr 39 nach Rom ab, im Jahr 48 kam er zwecks humanitärer Hilfe (UNICEF?) ein Mal nach Jerusalem und in 62 noch einmal mit seinem „Enkelsohn" Josephus Flavius. Dann kehrte er nach Rom zurück und blieb zwei Jahre im eigenen gemieteten Haus bis zum Jahr 64 (62 n. +2).

„Er aber blieb zwei ganze Jahre in seinem eigenen gemieteten Hause und nahm alle auf, die zu ihm kamen." (Apg.).

„Er aber blieb zwei ganze Jahre" und was dann? Mit diesem Satz endet die Apostelgeschichte. Diesen Satz, und überhaupt die Apostelgeschichte, schrieb jemand Dritter in dritter Person, und wie schon gesagt, das ist der „Sekretär" Markus, noch genauer, Johannes Markus, genannt Josephus Flavius. Was sich weiter ereignete, wollte er lieber nicht berichten.

Inzwischen ist allgemein bekannt, dass der Brand in Rom ein Werk der „Frühchristen" war, aber für Wikipedia bleibt die Ursache „ein Funke". Ausgerechnet im Jahr 64, nicht vorher, nicht nachher, war „Hochsommer und es herrschte starker Wind", und gerade dort, wo Petrus verkehrt aufgehängt wurde, entstand „das Feuer (…) in den Buden am Circus Maximus, wo brennbare Ware gelagert", (Dynamit).

„Es war Hochsommer und es herrschte starker Wind, ein Funke genügte, um ein Feuer zu entfachen, das sich in den engen Gassen und den Holzhäusern sehr schnell ausbreiten konnte. Das Feuer entstand in den Buden am Circus Maximus, wo brennbare Ware gelagert und verkauft wurde. Von hier aus breitete sich das Feuer mit dem Wind mit hoher Geschwindigkeit in nordwestlicher Richtung aus."

Über diesen Brand ist noch zu lesen: „Die zeitgenössischen Quellen zum Brand sind spärlich. Dies könnte verschiedene Gründe haben."

„Der Große Brand Rom war der größte aller Stadtbrände von Rom in antiker Zeit. Er ereignete sich vom 19. bis 26. Juli 6 zur Regierungszeit des Kaisers Nero. Nach einer An-gabe von Tacitus wurden von den 14 Stadtbezirken Roms drei völlig zerstört, in sieben Bezirken standen von den Gebäuden nur noch wenige halbverbrannte Trümmer und nur vier Bezirke seien unversehrt geblieben." (300)

Eine der „verschiedenen", im kollektiven Bewusstsein eingefressenen Ursachen des Brandes ist Nero, der „habe nur den Ruhm erlangen wollen", und der in seinem Ehrgeiz sogar die Geschichtsschreiber übertraf. Diese Missdeutung wurde endlich aufgeklärt, denn Nero war gar nicht in Rom: „Nero hielt sich zu Beginn des Brandes im 50 km entfernten Antium auf." Antium nämlich war „ein beliebter Badeort, in dem vornehme Römer eine Villa besaßen".

„Nero hielt sich zu Beginn des Brandes im 50 km entfernten Antium auf, eilte aber sofort nach Rom und engagierte sich bei den Löscharbeiten. Die Löschmöglichkeiten der Feuerwehr waren angesichts des Infernos äußerst begrenzt. Erst am sechsten Tag (24. Juli 64) gelang es, am äußersten Rande des Esquilin mit einer Brandschneise das Feuer zu stoppen. Gleichwohl brach das Feuer erneut aus, diesmal in dem Vorort Aemiliana, was das Gerücht bestärkte, Nero habe nur den Ruhm erlangen wollen, eine neue Stadt zu erbauen und sie nach sich zu benennen. Der Brand wütete sieben Nächte und nach Schätzungen zu urteilen sechs Tage." (303)

Als der Brand ausbrach, ruhte sich Nero im 50 km, mit Metermaß gemessen, entfernten Antium in seiner Datscha aus, ein gutes Alibi. Dann, nach erfolgreicher Feuerlöschung, veranstaltete der Feuerwehrmann ein Massaker unter wehrlosen Christen, diesen Eindruck erweckt die wikipedische Darstellung. Tragischerweise, und trotz der Löscharbeiten, funkte „der Funke" erneut.

Auch anderslautende, freiheitlich-pluralistische Meinungen sind in Wikipedia vertreten, wie solche, die nur den Christen die Schuld am Brand „zuschieben".

„Um daher das Gerede zu beenden, gab Nero denen, die wegen ihrer Schandtaten verhasst das Volk Christen nannte, die Schuld und belegte sie mit den ausgesuchtesten Strafen. [...] Anfangs wurden nur solche ergriffen, welche sich dazu bekannten, und dann, auf deren Anzeige hin eine ungeheure Menge nicht nur der Brandstiftung als auch des allgemeinen Menschenhasses überwiesen. Bei ihrem Tod wurde auch noch Spott mit ihnen getrieben, indem sie, bedeckt mit den Fellen wilder Tiere von Hunden zerrissen oder ans Kreuz geheftet starben oder zum Feuertode bestimmt, sich zur nächtlichen Erleuchtung verbrennen lassen mussten, wenn sich der Tag neigte. Nero hatte seinen Park zu diesem Schauspiele geöffnet und gab ein Zirkusspiel, wobei er sich im Aufzug eines Wagenlenkers unter das Volk mischte, oder auf dem Wagen stand." (Tacitus, Annalen 15, 44; dt. Übers. W. Bötticher/A. Schaefer). (303)

Obwohl antike Quellen ausführlich und ausreichend sind, fehlt die eine wesentliche Komponente: wer konkret war der Brandstifter?

Im Circus Maximus, „wo brennbare Ware gelagert" war, brach der Brand aus, und das Feuer verbreitete sich „mit dem Wind mit hoher Geschwindigkeit in nordwestlicher Richtung". Hat jemand die Geschwindigkeit gemessen und die Richtung festgestellt?

Der Circus Maximus bestand nicht gerade aus einem Zelt, wie beim Wanderzirkus, sondern war ein aus massivem Stein erbautes Kolosseum.

„Der Circus Maximus (italienisch Circo Massimo) war der größte Circus im antiken Rom. Er hatte eine Gesamtlänge von 600 Metern (die Arena und Stufen eingerechnet) sowie eine Breite von 140 Metern. Es war damit das größte Veranstaltungsbauwerk aller Zeiten. Sein Fassungsvermögen soll laut Dionysios von Halikarnassos im Ausbaustand zur Zeit des Augustus 150.000 Plätze, zur Zeit des älteren Plinius 250.000 Plätze betragen haben." (302)

Hier wurden nicht nur harmlose Wagenrennen veranstaltet, es „fanden im Circus Maximus auch Gladiatorenkämpfe und Tierhetze statt". (302) Und in diesem antiken Bunker aus massiven Bausteinen soll ein Funke verheerende Folgen verursacht haben. Dann kam noch ein zweiter Funke, und scheinbar folgte ein dritter.

„Einen Beweis dafür, „dass die Brandstiftung sich gegen den Kaiser richtete, sieht Caiati in der Tatsache, dass das erste Feuer am Palatin ausbrach, wo sich Neros Palast befand und das zweite in den Aemilianischen Gärten, die Tigellinus gehörten." (Massimo Fin). (303)

Die ganze Geschichte erinnert an Erdogans Röhm-Putsch (2016), denn als seine Widersacher den Aufstand wagten, weilte er am Schwarzen Meer in seiner Datscha in Marmaris. Erholung in Jalta brauchte auch M. Gorbatschow, während Jelzins Putsch in Moskau (1993) durchgezogen wurde. Und am 11.9. befand sich J. Busch nicht an seinem Arbeitsplatz, sondern zeigte seine Kinderfreund-lichkeit in einer Schule. Und wer beim Reichstagsbrand völlig fern war, ist über-flüssig zu fragen. Dabei ist nicht völlig unbekannt, dass Christen, „Nazarener" genannt, die Brandstifter waren. Eine historische Parallele drängt sich auf und erinnert an den Spartakus-Aufstand, der ebenfalls in einer Gladiatorenschule ausbrach.

Unter Tiberius brannte Rom im Jahr 36 zufälligerweise schon einmal, exakt, als in Jerusalem die Petruschristen die Nazarener verfolgten. Ein periodisch aus-brechender Brand oder eine unverzügliche Reaktion auf die Hinrichtung von Jesus und Christus?

> „Im Jahr 36 kam es zu einer schweren Feuersbrunst, wobei der Circus Maximus und ein Teil des Aventin niederbrannte. Auch das Haus des Claudius brannte ab." (304)

Wo ist er?

Scheinbar war der Aufstand eher groß als klein, denn: „von den 14 Stadtbezir-ken Roms (wurden) drei völlig zerstört (...), in sieben Bezirken (standen) nur noch wenige halbverbrannte Trümmer (...) und lediglich vier Bezirke (blieben) unversehrt (...)." (304)

Wikipedisch gesehen steht fest, Nero setzte Rom aus purer theatralischer Lust und narzisstischer Freude in Brand, um dann, nach erprobter Methode, die ei-gene Behauptung zu widerlegen, dass er gar nicht in Rom gewesen war. Aber sieh mal an, am Tatort erscheint Nero als einer der ersten, „betrachtet das Feuer vom Turm des Mäcenas aus" (Sueton 6, 36) und hält sofort eine Rede. (Tacitus 15, 39; Sueton 6, 38; Juvenal Satiren 8, 219).

Nero hätte von seiner Datscha aus mit einer Geschwindigkeit von 50 km/Std. starten müssen, um „einer der ersten" zu sein, die nach Rom angeritten kamen, und was noch schlimmer für sein Alibi ist, von ihm wurde „ein Verbot (...) erlassen, dem Feuer mit den ausreichenden Löschmassnahmen zu begegnen". (Tacitus 15, 38) Und es geht weiter:

> „Manche schleuderten sogar offen Brandfackeln und schrien, sie seien dazu autori-siert, vielleicht weil sie plündern wollten, vielleicht weil sie wirklich Befehle erhalten hatten."

Das Gerücht, „Nero hat Rom anzünden lassen!", hält sich hartnäckig. (Tacitus 15, 40) Und weiter beklagt Tacitus (15, 44):

> „Kein menschliches Mittel, weder die Grosszügigkeit Neros noch die grossen Reden (Gottesdienste) sind mehr imstande, die das schimpfliche Gerücht verstummen lassen, wonach die Feuerbrunst von der Regierung anbefohlen war."

Die Zitate von Tacitus über das hartnäckige Gerücht übersprang Wikipedia selbstverständlich, so auch bei viel anderem überflüssigem Zeug, dennoch weiter: „Die Brandstiftung galt der Vernichtung der ersten Christenkommune." (Tacitus (15, 14)

Von „Jesus Christus" hat Tacitus nie gehört, wusste aber zu berichten von „Christus, den Pontius Pilatus unter der Regierung des Tiberius hatte foltern lassen". Hier schwarz auf weiß:

„Auch um dieses Gerücht zu beseitigen, suchte Nero die Schuldigen und wandte raffinierte Foltermethoden gegen sie an, deren Lehre man verabscheute. Die Menge nannte sie Christen. Dieser Name kommt von Christus, den Pontius Pilatus unter der Regierung des Tiberius hatte foltern lassen. Zunächst unterdrückt, kam diese scheussliche Einrichtung von neuem auf, nicht allein in Judäa, wo sie ihren Ursprung hatte, sondern auch in Rom, wo alles Grausige und Schimpfliche aus aller Welt zusammenfließt und eine zahlreiche Anhängerschaft findet. Man ergriff also zunächst die, die sich offen zu ihrem Glauben bekannten. Dann auf Grund ihrer erpressten Geständnisse viele andere, die man weniger der Brandstiftung als allgemeiner Umtriebe beschuldigte. Man begnügte sich nicht damit sie zu vernichten. Man vergnügte sich damit sich in Tierfelle zu kleiden, damit sie von den Hunden zerrissen wurden. Oder sie wurden auch ans Kreuz geschlagen, mit Teer bestrichen und angezündet, und leuchteten, wenn der Tag sich neigte, in der Dunkelheit wie Fackeln. Nero hatte seine Gärten für dieses Schauspiel hergegeben; er gab mit ihnen auch Vorstellungen im Zirkus, wo er sich bald im Gewande eines Kutschers unter das Volk mischte, bald aufrecht auf seinem Wagen an den Wettrennen teilnahm. Und obwohl diese Leute doch schuldig und letzter Strenge würdig schienen, hatte man doch Mitleid mit ihnen. Denn man sagte sich, dass man sie nicht im Staatsinteresse, sondern nur um der Grausamkeit eines einzelnen willens vernichtete."

Das ist es, was da gebrannt hat, die Fackeln aus Menschen, nicht der Zirkus Maximus, und keiner fragt, wie ist das möglich bei so einem Kulturvolk von Cicero und Tacitus?

Von diesen Ereignissen waren zeitgenössische Historiker sehr beeindruckt, wie folgende Anekdote veranschaulicht:

Zwei Antisemiten sehen einen Juden beim Fischfang und überlegen sich, ihn zu fragen, wie es so läuft. Wenn er „gut" antwortet, wollen sie: „Ihr Juden habt es immer gut!" sagen, und wenn er „schlecht" antwortet, wollen sie: „Ihr Juden habt das verdient!" sagen. Dann kommen sie näher heran und fragen ihn: „Wie ist der Fischfang?" Der Jude dreht sich um und sagt: „Verpisst euch!" Die Antisemiten gehen zur Seite und einer sagt dem anderen: „Sieh mal an, auch unter den Juden gibt es anständige Menschen!"

Noch bis heute verweisen nur wenige Autoren auf die oft ausgeblendete, innige Verbindung zwischen dem Spartakus- und dem Nazareneraufstand in Rom, was schon Tacitus offensichtlich nicht entging, aber gerade das passt nicht zum vorherrschenden Geschichtsmodell.

„Ganz offen spricht man im Volke von Spartakus und den Wehen seiner Zeit. Denn

das Volk wünscht sich und fürchtet gleichzeitig die Revolution." (Tacitus 15, 46).
Und wo war in diesen Tagen Josephus Flavius, hat er wieder „gedolmetscht"?

Petrus' Tod

Nach christlicher Überlieferung „wurde der Apostel Petrus im Circus des Caligula mit dem Kopf nach unten gekreuzigt" und auf der Stelle begraben.
„Caligula ließ dort einen Circus errichten. Nach der Überlieferung wurde der Apostel Petrus im Herbst 64 im Circus des Caligula mit dem Kopf nach unten gekreuzigt und fand hier seine letzte Ruhestätte." (305)
Petrus soll gemäß seinem exklusiven Wunsch kopfüber gekreuzigt worden sein, weil er sich nicht würdig glaubte, „auf die gleiche Weise wie Christus zu sterben" - soweit eine korrekte Äusserung, aber von wem wurde er verhaftet und gekreuzigt?
„Nach christlicher Überlieferung bat der Apostel Petrus, als er bei seinem missionarischen Wirken in Rom verhaftet wurde und gekreuzigt werden sollte, darum, kopfüber gekreuzigt zu werden. Dazu äußerte er, dass er nicht würdig sei, auf die gleiche Weise wie Christus zu sterben." (306)
Ob die Römer ihren Mitarbeiter so unwürdig behandelten, sei dahingestellt, aber die „Kopfüber-Vorstellung" im übertragenen Sinn hat einen gewissen Kern. Bei der Verhaftung im Garten Gethsemane warf Jesua dem Petrus vor: „Mein Freund, dazu bist du gekommen?" (Mt.) Und beim Verhör im Prätorium sagte Jesua zu Pilatus: „Der mich dir überantwortet hat, der hat größere Sünde." (Joh.) Das wäre halb so schlimm, hätte Jesua nicht am Letzten Abendmahl verkündet: „Weh aber dem Menschen, durch den der Menschensohn verraten wird! Es wäre für diesen Menschen besser, wenn er nie geboren wäre." (Mk.) Eine Drohung, die wirkte, oder war der „Kopfüber"-Wunsch wieder imaginiert gewesen, einer Koketterie wegen?
Wie nun Petrus gekreuzigt wurde, bleibt unklar. Die christliche Überlieferung von der Selbsteinschätzung Petrus', nicht würdig zu sein, „auf die gleiche Weise wie Christus zu sterben", provoziert die Frage: äußerte Petrus seine Wunschvorstellung freiwillig, oder aus Bedrängnis?
Manchmal sind auch Mörder sentimental und demonstrieren Gewissensbisse, aber sollte das in diesem Fall nicht zutreffen, dann sagte der unschuldige Petrus indirekt, „Ich habe nichts getan, was meinen Tod am Kreuz erfordert" und „Auf keinen Fall möchte ich auf die gleiche Weise wie Christus sterben." Als „Räuber" wurde sein Todfeind „Christus" hingerichtet, dazu noch aufgeschlitzt, was daran soll würdig sein? Und wer konnte es besser wissen als Petrus, auf welche Weise „Christus" starb? Ach ja, und warum nennt er ihn diesmal nicht „Jesus", geschweige den „Jesus Christus"?

Petrus wurde „kopfüber" gekreuzigt (gespreizt?). Etwas Wahres ist daran, er wurde, elegant ausgedrückt, „kopfüber" auf Mussolini-Art aufgehängt, aber nicht am Kreuz und nicht von Römern, Nero lag zu dieser Zeit im Hinterhalt in seiner Datscha, unvergessliche „50 km" entfernt.

Die Todesumstände von Petrus geben keinerlei Hinweis, der auf einen raschen Tod schliessen lässt. Fand Petrus in den Katakomben ein gutes Versteck, und die Römer übersahen ihn? Kam er aber erst nach drei Jahren (65-67 n.) heraus, war es zu spät für den Kreuzestod, die Christenverfolgung schon vorbei. Sollte Petrus vor dem Brand hingerichtet worden sein, war der 50 km entfernt weilende Nero nicht zuständig. Und Historiker bestätigen das: „Auch die zeitgenössischen und durchaus kritischen Autoren wie Cluvius Rufus, Flavius Josephus und Martias halten Nero für völlig unschuldig."

Kollaboration

Petrus' Name wurde nicht verewigt, weil er geistig hochkonditioniert war, auch nicht wegen seines Dienstes für das Römische Reich. In der Geschichte kämpften unzählige Schattenagenten und informelle Mitarbeiter in der dunklen Arbeitsfront und starben an ihrem Arbeitsplatz, aber kaum einer hatte das Glück, so gewürdigt zu werden.

Der Sicherheitsapparat schlief nicht und setzte zahlreiche Agenten gegen die Untergrundbewegung ein, wobei die angeworbenen Petruschristen nur die Spitze des Eisbergs waren. Die Tätigkeit, der Petrus als Kollaborateur nachging, kann deshalb bei ihm nicht als exklusiv betrachtet werden. Aber seine persönlichen Eigenschaften begünstigten ihn bei der Bildung einer Neuen Religion, und nur, weil Jesua mal seinen Schatten auf Petrus warf, konnte Petrus sein eigenes Image aufbauen und aufpolieren.

Von den Wissenschaftlern wurde er in den Jahren 65-67 begraben, drei Jahre nach dem Brand - ein gut gemeinter, freundschaftlicher Alibi-Vorschlag.

„Simon Petrus (* in Galiläa, Datum unbekannt; + um 65–67, möglicherweise in Rom)." (171)

Paulus Ende

Die Indizien sprechen für umtriebige 40 Räuber, auch Paulus verschwand spurlos. Scheinbar nutzte der Soldat nichts, „der ihn bewachte", und das Jammern, „liebet eure Feinde", hielt die Mörder nicht auf. Jesuas Fluch, „weh aber dem Menschen, durch den der Menschensohn verraten wird! Es wäre für diesen Menschen besser, wenn er nie geboren wäre", hat ihn eingeholt.

Die mehrmals umgebetteten, sterblichen Überreste der beiden Apostel lassen keinen Schluss zu, wo genau sie hingerichtet und erstmals begraben wurden, wobei auch unklar bleibt, ob das überhaupt ihre Überreste sind. Tja, der Präzedenzfall mit dem verschollenen „Jesus Christus" ist schon bekannt.

Weil Petrus auf dem Circus Maximus-Gelände und Paulus eine Stunde Fußweg entfernt bestattet wurden, ist die Annahme logisch, dass beide am gleichen Tag an gleicher Stelle im Circus starben.

„Petrus könnte im Sommer oder Frühherbst des Jahres 64 an der Nordseite des Zirkus' des Nero gekreuzigt und danach nahe der Zirkusmauer, beim ersten Meilenstein an der Via Cornelia, wo die Opfer gewöhnlich vergraben wurden, bestattet worden sein." (307)

Ungewöhnlich, aber Petrus Paulus' Bestattung erfolgte getrennt an zwei veschiedenen Stellen. Diesen tragischen Tag verlegt die katholische Kirche auf den 29. Juni, den letztmöglichen Tag vor dem verheerenden Brand im Cirkus Maximus („im Juli"), und sie ahnt, warum.

Die Apostel wurden getrennt, und wieso? Auf dem Weg zu seiner Hinrichtungsstätte bekehrte Paulus im Schnellverfahren drei Soldaten, darunter keinen anderen als den Gottesmörder, Beinebrecher und Leibstecher Longinus. So eine Überraschung, auch Zenturio Longinus kam nicht drumherum.

„Nach 9 Monaten schwerer Haft wurden beide Apostel unter den Consuln Lucius Fontejus Capito und Cajus Julius Rufus zum Tode verurteilt. Petrus, weil er nicht römischer Bürger war, wurde zuvor gegeißelt und dann mit seinem Leidensgenossen Paulus am 29. Juni 67 nach Christus durch das Ostiensische Tor zur Richtstätte abgeführt. Als sie an den Ort kamen, wo heute die Kapelle. Trinità (S. Pietro e Paolo separati) steht, wurden sie durch die Wache getrennt. Sie umarmten sich nach der Sitte der ersten Christen zum letztenmal und nahmen Abschied. Der hl. Apostel Paulus wurde drei Meilensteine, d. i. eine Stunde, bis zu dem Ortaquas Salvias geführt. Auf dem Wege dahin bekehrte er drei Soldaten Acestus, Megistus und Longinus." (308)

Ähnlich wie bei Josephus Flavius trug auch der unsterbliche Zenturio Longinus scheinbar den Namen seines Herrn Gaius Cassius Longinus, dem Verschwörer gegen Julius Caesar. (309)

Wie jemand sagte, alles hat ein Ende, nur die Idiotie ist unendlich. Auch der Märtyrertod von Petrus und Paulus setzt diese Serie, beginnend beim imaginären Judaskuss, fort. Und überhaupt, findet sich in der Bibelforschung, außer Gerüchten und ähnlich zuverlässigen Quellen, etwas Fassbares?

In welcher Funktion waren denn Petrus und Paulus im Circus Maximum präsent, als schaulustiges Publikum oder als Gladiatoren? Naheliegend ist, sie wurden von den 40 Räubern gefasst und im Circus Maximus gehängt und gesteinigt, kurz bevor der Circus niedergebrannt wurde. Damit erfüllte sich die Prophezeiung für Petrus, nicht auf „die gleiche Weise wie Christus zu sterben", und wenn die Autopsie eine Steinigung als Todesursache bestätigt, dann liegt der Richtige im Petrusgrab.

Darüber, wie Petrus Paulus „kopfüber gestürzt" hingerichtet wurde, berichtet indirekt auch das NT, alles bei Apostel Johannes nachzulesen und zwar exakt: „Dieser nun hat zwar von dem Lohn der Ungerechtigkeit einen Acker erworben und ist kopfüber gestürzt, mitten entzwei geborsten, und alle seine Eingeweide sind ausgeschüttet worden." Über „diesen" steht im vorangegangenen Satz geschrieben, es war „Judas, der denen, die Jesus griffen, ein Wegweiser geworden ist".

In der Erinnerung blieben die Apostel Petrus und Paulus untrennbar „beieinander", auf einer Gravur in einer römischen Katakombe aus dem 4. Jahrhundert wurden sie abgebildet, aber nicht römisch im Profil oder Halbprofil, sondern wie ein „gleichgeschlechtliches" Familienfoto oder wie ein polizeiliches Phantombild. Das Bild zeigt aber etwas anderes, wie in der Anekdote mit den zwei Skeletten, „Petrus, und ein Petrus als er jung war". Also wurde derselbe Petrus dargestellt, einmal als junger (kleiner) Petrus mit vollem Haar, einmal ein älterer (großer) Petrus mit längerem Bart, der im Nachhinein am Rande mit dem Beinamen „Paulus" vervollständigt wurde.

Über falsche Propheten

Wie weit Petrus Paulus ein Christ war, können die gläubigen und ungläubigen Christen selbst beurteilen. Unter Berufung auf eine in der Bibel erwähnte geheime „Schrift" wurden die Täter erwähnt und massiv beschuldigt, allerdings ging es bei den Beschuldigungen nicht um die Missachtung des von Esra geforderten Reinheitsgebots, sondern um die Verfolgung und Tötung der Propheten.

„Welchen Propheten haben eure Väter nicht verfolgt?"

„Denn ihr baut den Propheten Grabmäler; eure Väter aber haben sie getötet."

„So bezeugt ihr und billigt die Taten eurer Väter; denn sie haben sie getötet; und ihr baut ihnen Grabmäler!" (Lk.).

Sie billigen „die Taten eurer Väter", indem sie den Propheten heuchlerischerweise Grabmäler errichten, Wiederholungstäter. Zwei der getöteten Propheten sind namentlich bekannt, Johannes Täufer und Jesua. Auch manche Täter sind inzwischen bekannt: Pharisäer, Tetrarch Herodes Antipas, Pontius Pilatus und, mit seiner bescheidenen Beihilfe, Petrus Paulus.

Nach Jesuas Tod besetzte Petrus Paulus seinen Platz und predigte in seinem Namen. Jetzt kommt eine kritische Phase mit dem Satz „An ihren Früchten sollt ihr sie erkennen."

„Seht euch vor den falschen Propheten, die in Schafskleidern zu euch kommen, inwendig aber sind sie reißende Wölfe. An ihren Früchten sollt ihr sie erkennen." (Mt.)

Noch etwas erwähnt die Bibel über diese Früchte, sie sind „falsche Propheten, die Zeichen und Wunder tun" und in Jesus Namen böse Geister austreiben. „Denn es werden sich erheben falsche Christusse und falsche Propheten, die Zeichen und Wunder tun, so daß sie die Auserwählten verführen würden, wenn es möglich wäre." (Mk.)

„Es werden viele zu mir sagen an jenem Tage: Herr, Herr, haben wir nicht in deinem Namen geweissagt? Haben wir nicht in deinem Namen böse Geister ausgetrieben? Haben wir nicht in deinem Namen viele Wunder getan? Dann werde ich ihnen bekennen: Ich habe euch noch nie gekannt; weicht von mir, ihr Übeltäter!" (Mt.)

Auch über das Ende des falschen Propheten sagte Mose in 5 Mose 15-18: „Der Mann, der nicht hört auf meine Worte, die er in meinem Namen reden wird, von dem werde ich es fordern."

Identitätsverlust

Den häufigen Identitätswechsel betrieb Petrus Paulus nicht als Hobby, sondern als notwendige Überlebensstrategie. Da damals keine Ausweise, ob biometrisch oder so ähnlich, zur Identifikation existierten, war der eigene Name das einzige Identitätsmerkmal. Nicht zufällig entstand zur gleichen Zeit der Spruch: „Neuer Name - Neues Schicksal". Einer stelle sich vor, während der Verfolgung der Nazarener in Jerusalem erreicht Saulus endlich Damaskus und sagt: „Hallo, ich bin Saulus!". Auch wenn persönlich unbekannt, so war dem Untergrund doch der Name geläufig. Was blüht Saulus daraufhin und in Windeseile?

Um ein neues Profil zu schaffen, ist ein kompletter Austausch des Namens oder Beinamens nicht unbedingt nötig, schon ein Buchstabe reicht, wie bei Saulus und Paulus zu sehen ist. Unbekannt ist, wie viele Verwandlungen Petrus Paulus durchlebte, ein so schwerer Beruf bringt einen häufigen Namenswechsel mit sich und kann zum Identitätsverlust führen.

Die Liste falscher Namen von Petrus Paulus ist lang, viel kürzer wäre eine Namensliste, die keine Spitznamen von Petrus Paulus aufführt. Diese beruflich bedingte Flexibilität färbte auf seinen Sohn Josephus Flavius ab. Leider nicht die Hoffnung, der Zweifel stirbt zuletzt. Vielleicht ist das alles nicht stimmig, aber bei aufmerksamer Lektüre der Bibel fällt eine Regelmäßigkeit auf: Andreas unterhielt sich niemals mit seinem „Bruder" Petrus, Petrus nicht mit Johannes, und die Zwillingspärchen haben in allen anderen Fällen unter sich weder verhandelt noch geredet. Scheinbar hielt sich Petrus Paulus' Schizophrenie soweit in Grenzen, dass sich seine zwei „Ich's" nicht verselbstständigen konnten. Oder manchmal doch, z.B.: „Nach einigen Tagen aber sprach Paulus zu Barnabas." (Apg.) Handelte es sich um eine momentane Bewusstseinsspaltung oder um den inneren Dialog einer multiplen Persönlichkeit? Im Rating der falschen Propheten, als natürlicher Nachfolger des Propheten Esra, gewinnt Petrus Paulus den zweiten Platz, einen vor dem allerletzten Propheten Mohammed.

Von Josephus zu Flavius

„Frieden in Galiläa"

Offensichtlich machte sich der Pharisäer Josephus Flavius mehr dienstbar als erforderlich, sonst hätte er nicht das maßlose Bedürfnis, sich zu rechtfertigen. Den von Zadokäern angestifteten Aufstand unterstützte er nicht, und obwohl er „keine militärische Ausbildung hatte", beauftragte ihn die Oberpriesterschaft („Älteste von Jerusalem") mit der „Sicherung des Friedens in Galiläa" - den Aufstand im Keim ersticken, hieß das. Um „den drohenden Krieg zu verhindern", mobilisierte der pazifistische Hohe Rat alle Kräfte, „vor allem Jochanan ben Sakka", dem noch ein Friedensnobelpreis retroaktiv zusteht.

„Die Römer verloren nun jede Kontrolle über die Provinz Judäa. Dennoch versuchten einige einflussreiche Rabbiner, vor allem Jochanan ben Sakka, den drohenden Krieg zu verhindern, doch nur eine zunehmend geringere Zahl im Volk sprach sich für ben Sakkais Ansichten aus." (400)

In jeder Stadt gründete Josephus Flavius mit seinen Leuten einen Rat aus Sieben (7) Richtern und forderte die Aufständischen auf, ihre Waffen an die „Volksältesten" abzugeben, das heißt, niederzulegen. Parallel wurde König Herodes Agrippa II. eingeschaltet, dieser „versuchte erfolglos, den Jüdischen Krieg (66–70/73 n. Chr.) gegen die Römer durch Verhandlungen zu verhindern. Nach dem Krieg begleitete er den römischen Feldherrn und späteren Kaiser Titus nach Rom, wo er bis zu seinem Tod lebte." (401)

Flavien

Jetzt einen Moment, wer waren die Familienfreunde von Josephus Flavius, die ins Land einrückten? Das waren Vespasian und sein Sohn Titus aus dem Flavius-Clan.

„So übernahm Vespasian das Kommando über die Niederschlagung des jüdischen Aufstands. Er rückte 67 an der Spitze dreier Legionen – darunter eine unter dem Kommando von Trajan Vater Marcus Ulpius Traianus und eine unter dem Kommando seines Sohnes Titus – und starker Hilfstruppen, insgesamt rund 60.000 Mann, in der Provinz Iudaea ein. Vespasian und seine Legionen gingen massiv gegen die Zivilbevölkerung vor, um den Widerstand zu brechen, wobei sie auch plünderten und brandschatz-ten." (206)

Beide, Vespasian und Titus, gehörten der aufstrebenden Dynastie der Flavien an, die das römische Kaisergeschlecht stellten. Vespasians Vater hieß Titus Flavius Sabinus, genau wie sein Sohn, Titus Flavius Sabinus. Ebenfalls trug der Großvater von Poppaea Sabina mütterlicherseits den Namen Sabinus, Gaius Poppaeus Sabinus. (206) Nun folgt noch ihr Knecht, Josephus Flavius, der „kleine Titus", der von Poppaea Sabina überaus reich beschenkt und noch mit einer römischen Einbürgerung begünstigt wurde, damit ist das Familienaufgebot komplett. Eine erstaunlich kleine Welt, die Oberschicht in Rom und Jerusalem war ziemlich überschaubar und zudem untereinander durch und durch verschwägert.

„Zisterne"

Ein großes Kapitel bildet die „Wiederstellung des Friedens in Galiläa", dabei setzte Josephus Flavius auf eine bewährte Methode, in erster Linie ließ er die Bevölkerung entwaffnen, was Wikipedia zu erwähnen vergißt, andererseits befindet Wikipedia es für genug wichtig, davon zu erzählen, wie es ihm im Häuserkampf gelang, „sich mit 40 Männern in einer Zisterne zu verstecken". Wieder erscheinen 40 Männer auf der Bildfläche - sind das, wie zuvor, die gleichen 40 Räuber, die sich schworen, „weder zu essen noch zu trinken, bis sie ihn getötet hätten"? Haben die beiden Stellen etwa ein und denselben Autor, nämlich Josephus Flavius; der Paulus damals vor diesen 40 Räubern gewarnt hatte?

„In dieser Funktion war er mit der Befestigung vieler Städte in Galiläa betraut und war u. a. Militärkommandant von Jotapat. Er wurde von den Truppen des Vespasian bei der Eroberung Jotapatas gefangen genommen. Als die Römer in die Stadt eindrangen, gelang es ihm im Häuserkampf, sich mit 40 Männern in einer Zisterne zu verstecken. Nikanor, ein römischer Freund von Josephus, überbrachte das Angebot des Vespasian: Kapitulation gegen Leben. Die eingeschlossenen jüdischen Kämpfer entschlossen sich allerdings zum Selbstmord, wobei das Los entschied, wer als nächstes getötet werden sollte. Nur Josephus und ein Mann namens Ja'akow, den er vereinbarungsgemäß um-bringen hätte müssen, überlebten und ergaben sich den Römern. Als libertus nahm er den Gentilnamen, Flavius, des neuen Kaisers an. Bei der Belagerung Jerusalem diente er den Römern als Dolmetscher und befragte Überläufer und Gefangene." (205)

Nikanor, ein römischer Freund von Josephus Flavius, überbrachte ihm ganz persönlich das Angebot des Vespasian: „Kapitulation gegen Leben". Und wie? Derjenige Nikanor, der im Jahr 62 als einer von 7 Mitarbeitern, zusammen mit Petrus Paulus, in den Gerichtsprozess gegen Jakobus Gerechten verstrickt war - saß er auch in der Zisterne? Ist das dieser Nikanor, einer von Sieben Petruschristen:

„...und Philippus und Prochorus und Nikanor und Timon und Parmenas und Nikolaus, einen Proselyten aus Antiochien." (Apg.)

Und weiter heißt es: „Die eingeschlossenen jüdischen Kämpfer entschlossen sich allerdings zum Selbstmord, wobei das Los entschied, wer als nächstes getötet werden sollte." Leider blieb unklar, wer das „Los" verlost und wer gezogen hat. Auch eine andere wichtige Sache entschied das Los, es brachte Matthias (Petrus Paulus) nach Stephanus' Tod in den Vorstand. Schicksal.

„Und sie gaben Lose über sie; und das Los fiel auf Matthias, und er wurde den elf Aposteln zugezählt." (Apg.)

Auch die 4 Soldaten losten, nachdem sie Jesus gekreuzigt hatten. Sie nahmen „seine Kleider und machten vier Teile, für jeden Soldaten einen Teil, dazu auch das Gewand. Das war aber ungenäht, von oben an gewebt in einem Stück. Da sprachen sie untereinander: „Laßt uns das nicht zerteilen, sondern darum losen, wem es gehören soll." (Joh.)

Ob das Verlosen damals ein verbreiteter Volkssport war und der unbekannte „Ja'akow" am Ende doch umgebracht wurde, ist keine Frage. Dieser unglückliche „Ja'akow", der sein Los zog, fehlte einfach, weil auch er aus der Mottenkiste hervorgeholt wurde: Jakobus Gerechter war vor Gericht, Flavius Josephus war mit seinem römischen Freund Nikanor im Einsatz.

Und die „40 Männer" in der Zisterne sind die 40 Räuber, vor denen Josephus Flavius seinen Papa rechtzeitig warnte. Alle sind da, und „Ja'akow" mit seinem Los ist Jakobus Gerechter gewesen, und er blieb für ewig in der „Zisterne" liegen.

Auch der „Straßenkampf" ist nicht erlogen, im Jahr 70 wurde er in Jerusalem gegen die Zadokäer geführt, fraglich dabei ist nur die Beteiligung eines so großen Kämpfers wie Josephus Flavius, zumal er von sich behauptete, „keine militärische Ausbildung" zu haben und nur ein „Dolmetscher" zu sein. Allerhöchstens darf ihm das Potenzial eines Meuchelmörders zugestanden werden, und das nicht nur wegen seiner Physiognomie.

In den 7 Tagen, die die Welt erschütterten, im Jahr 36, zeigte sich auch sein Vater Petrus Paulus als unersetzbar bei Strafaktionen gegen die Nazarener. Er führte die Todesschwadronen an, wie übrigens sein Vorgänger und Idol König David, der die Bewohner von Jabesch „mit der Schärfe des Schwertes, samt den Frauen und Kindern!" niedermachte und nicht vergass, die Beute zu nehmen, „vierhundert Mädchen, Jungfrauen, von denen keine einen Mann im Beilager erkannt hatte". Eine davon heiratete Josephus Flavius.

Vielleicht brachte Josephus Flavius nicht die Kraft auf, um durch Harakiri wie König Saul zu sterben, und alles lief viel banaler ab: von vorneherein gab es keinen vermittelnden Nikanor, in der „Zisterne" auch keinen Ja'akow und keinen Häuserkampf. Planmäßig schloss sich Josephus Flavius, nach der Erfüllung seiner Mission, einfach seinem Auftraggeber an, und genau wie die andere Marionette des römischen Regimes, Herodes Agrippa II., begleitete er „den römischen Feldherrn und späteren Kaiser Titus nach Rom", „wo er bis zu sei nem Tod lebte". Eine Laufbahn, wie von Esra abgeschrieben.

Die Namen der Anführer des Aufstands, Simon bar Giora und Johann von Gischal, nennen die Geschichtsabschreiber in einem Atemzug mit „Josephus ben Mathitjahu", mit der Anmerkung, sie „agierten weitgehend unabhängig voneinander", Gott sei Dank! Wussten die Aufständischen nichts über die wahre Identität und den Namen von „Josephus ben Mathitjahu", und nicht, dass dieser schon längst „Titus Flavius Iosephus" hieß?

„Die Kriegsparteien unter ihren Anführern Schimon bar Giora, Johann von Gischal und Josephus ben Mathitjahu, dem späteren jüdisch-römischen Historiker Flavius Josephus, agierten weitgehend unabhängig voneinander." (400)

Bei der Belagerung Jerusalems, und als die Römer Jerusalem einstampften, diente Josephus Flavius ergeben „den Römern als Dolmetscher und befragte Überläufer und Gefangene". Was heißt „befragte"? Er folterte, wie sein Papa es damals tat. Seine späteren Leidensgenossen im II. Weltkrieg waren auch nur als „Funker", „Köche" oder „Dolmetscher" dabei gewesen.

Von Josephus Flavius wird noch erzählt, dass er nicht streng bewacht, sondern nur angekettet oder im Käfig gefangen gehalten wurde, gleich wie sein Papa Petrus Paulus im Gefängnis von Herodes Antipas. Ihm blieb ja gar keine Wahl, in der Zisterne wurde ihm die „Kapitulation gegen Leben" angeboten, aber allein sein Ehrenkodex hinderte ihn, Titus durch seine Flucht zu enttäuschen. Und als Verräter stand er unter persönlichem Schutz, durfte sich daher keine Nachlässigkeit erlauben, um nicht in die Hände der 40 Räuber zu fallen, wie sein Vater.

Auch später konnte Josephus Flavius wegen biographischer Mankos seinen Ort nicht wechseln und verbrachte die zweite Hälfte seines Lebens in Rom, vergleichbar mit dem demokratisch gewählten Präsident Kharsai, der sich, außer in Kabul, nirgends blicken lassen durfte. Sogar traute er sich nicht einmal, seinen Stadtteil in Khabul alleine zu verlassen.

Im Endergebnis bekam Titus Flavius Iosephus „vom Kaiser eine Villa und eine stattliche Pension". Pardon, für welche Verdienste? Von wegen Verdienste, das war nur seine höchstpersönliche Abrechnung für die bestialische Ermordung seines Vaters Petrus Paulus.

„Mit Titus ging Josephus nach Rom, wo er das römische Bürgerrecht erhielt (unter dem Namen Titus Flavius Iosephus, zu Ehren seiner flavischen Förderer). Er bekam vom Kaiser eine Villa und eine stattliche Pension. Daher konnte er sich fortan seinen literarischen Arbeiten widmen. Er starb nach 100." (205)

Von dieser so großen Persönlichkeit blieben allerdings seine Familiengeschichte und sein Sterbedatum unbekannt, wie gesagt, eine zweite Auflage seines Zwillingsvaters. Und wie bei Jesus Christus kennt niemand sein Grab
und seinen Todestag.

„Jüdische Kriege"

Der persönliche Beitrag von Josephus Flavius beschränkt sich nicht auf seine
Verdienste bei den Römern, er wurde als Historiker berühmt. Sein Werk aber
trägt den dubiosen Titel „Geschichte des Jüdischen Krieges", ein Krieg gegen
wen, gegen Israeliten? Sein Werk sollte besser den Titel „Bellum Iudaicum
contra hebraicum"/„Vom jüdischen Krieg gegen die Hebräer" führen. Also wieder Raub und Vereinnahmung der Geschichte, insofern unterscheidet sich Josephus Flavius nicht von seinem Opponenten, dem Historiker Apion. Eins ist
nicht ganz klar, worin bestand der Konflikt zwischen Josephus Flavius und
Apion? Vielleicht war Apion auch der „Sohn eines jüdischen Mannes" oder der
„Sohn einer jüdischen, gläubigen Frau" und beide zogen im „Jüdischen Krieg"
am gleichen Strang?

Nach dem Brand in Rom kam Josephus Flavius in den Besitz von Briefen und
Notizen seines Vaters Petrus Paulus. Nun widmete er sich hauptsächlich der
Schilderung der teilweise selbst erlebten Ereignisse, seinem Hauptwerk. Er ist
eben derjenige, der wusste, aber nichts sagen durfte.
Bildungsbürger sind überzeugt, dass Lenins Racheakt für seinen hingerichteten
Bruder Alexander darin bestand, die Russische Revolution auszulösen, wie von
Josephus Flavius abgeguckt, dessen Vergeltung auch noch ausstand. Und dazu
kommt noch die Suche nach einer Rechtfertigung für seine eigene Mittäter-
schaft, deren Folgen er nun als volles Panorama beschauen konnte.
Nicht zu vergessen, noch kam die Abrechnung nicht zum Abschluß, sein Lebenswerk sollte die Schöpfung des NT's sein, aber die Zeit schien dafür noch
nicht reif, und Josephus Flavius konnte nicht mit einem schnellen Erfolg rechnen. Dennoch, mit freundlicher Unterstützung kompetenter Stellen, wurde sein
Werk im Format der „Zion Protokolle" in Umlauf gebracht, insofern war Josephus Flavius der geistige Opa der „Protokolle der Weisen von Zion". Ob sein
Werk antisemitisch oder antijüdisch war, jeder ist inzwischen befähigt, selbst
zu entscheiden.

Laut seinen Kollegen bei Wikipedia bleibt das genaue Todesjahr unbekannt,
er soll etwa „nach 100 vermutlich in Rom" gestorben sein. Unbekannt ist die
Grabstätte des berühmten Historikers, der im Jahr 93 eher ruhmlos wie sein Vater starb, dies übrigens auch im gleichen Alter und auf die gleiche Weise wie

sein Vater Petrus Paulus, dessen Grab auch keiner kennt - ein vertrauter Zwillingseffekt.

„Sekten"

„an allem Schuld"
Nach der Zerstörung Jerusalems musste jemand gefunden und für die Schlappe verantwortlich gemacht werden. Die pharisäische Friedensbewegung konnte dafür nicht herhalten, dann müssen es die Israeliten, die sogenannten Samariter und neuerdings die Zadokäer. Dem Friedensprozess stellten sie sich ständig in den Weg, sie überfielen „den Statthalter von Syrien, Gaius Cestius Gallus mit der Legio XII Fulminat und ca. 30.000 Mann an Hilfstruppe". Im Gegensatz zu den Pharisäern bildeten diese „Juden" eine „Kriegspartei", Wikipedia bestätigt dies und bewertet den Überfall als „Massaker".

„Der herrschende Kaiser Nero entsandte im Oktober des Jahres 66 den Statthalter von Syrien, Gaius Cestius Gallus mit der Legio XII Fulminat und ca. 30.000 Mann an Hilfs-truppe gegen Jerusalem. Der Versuch von Gaius Cestinus Gallus, die jüdische Haupt-stadt durch eine Belagerung einzunehmen, schlug fehl. Auf seinem Rückzug nach Galiläa gerieten seine Truppen vor der Stadt Beth Horon, 15 Kilometer vor Jerusalem, in einen Hinterhalt der jüdischen Widerstandskämpfer unter Schimon bar Gior. Die zwar gut trainierten und exzellent gerüsteten Römer waren jedoch nicht in der Lage, in dem zerklüfteten Gelände ihre Schlachtformation einzunehmen und zu verteidigen. Die zum Teil mit Schleudern bewaffneten Juden töteten etwa 6000 römische Soldaten, weitere wurden verwundet. Der römische Legionsadler ging verloren. Die Niederlage bei Beth Horon war für Rom die schwerste, die es jemals von Rebellen hinnehmen musste. Der Sieg bei Beth Horon brachte nun die Kriegsparteien unter den Juden endgültig an die Macht. Eine Rebellion und ein Krieg mit Rom waren jetzt unumgänglich – der jüdische Krieg brach aus. Dennoch waren die Parteien der Aufständischen bis zum Schluss untereinander zerstritten, was ihre Sache schwächte." (400)

Also, der Kampf ging weiter. Nach Darstellung von Josephus Flavius richteten die Zadokäer den Jakobus Gerechten hin und waren überhaupt „an allem Schuld". Sie hingen der „vierten philosophischen Schule" von „Juda und Zadok" an, und die „eifrige Anhängigkeit der Jugend zu dieser Lehre hat für unseren Staat den Tod gebracht".

Wer immer noch glaubt, dass die Zadokäer den eigenen Hohepriester Zadok hingerichtet haben, kann auch daran glauben, dass sich Milosevic im Gefängnis des Tribunals für Menschenrechte aus reiner Böswilligkeit selbst umbrachte und darum auch selbst an seinem Tod schuld war.

Zur eigenen Rolle in diesem „Jüdischen Krieg" zeigt sich Josephus Flavius aber wenig informativ, nichts Persönliches kommt vor. Josephus Flavius sah seinen eigenen Balken in den Augen anderer, und wie sein Vater Petrus Paulus widmete er sein Leben der Sektenbekämpfung. Für ihn waren die Zadokäer und Pharisäer zwei „Sekten", vor allem aber die Zadokäer. In der Apg. bezeichnete er den Jakobus Gerechten als „Anführer der Sekte der Nazarener".

Essener

Im „Jüdischen Krieg" stellt Josephus Flavius vier philosophische Schulen vor, er beginnt mit der „vierten" und besonders schädlichen philosophischen Schule von Juda und Zadok, dann folgen die Essener, Zadokäer und Pharisäer. In umgekehrter Reihenfolge schließen sich die Erläuterungen zu diesen Schulen an, zuerst die Pharisäer, dann die Zadokäer, Essener und anschließend „die vierte" philosophische Schule von Juda und Zadok. Überdeutlich wurde bisher vor Augen geführt, dass die Schule von (Juda und) Zadok und der „Zadokäer" ein und dieselbe Partei repräsentierten. Dieses Hütchen-Spiel mit Namen erklärt sich durch Josephus Flavius' Rückfall in alte Gewohnheiten. Aber die „Essener" bringen nun beide wissenschaftlichen Hirnhälften zum Grübeln, es gibt „keine Beweise ihrer Existenz", und die „Herkunft und Bedeutung dieses Namens ist unbekannt". Eine totale Gedächnislücke, aber dem zum Trotz wird über die Essener doch etwas „relativiert" oder „bestritten".

„Nach verschiedenen Angaben zeitgenössischer Autoren befolgten sie strenge, zum Teil asketische Lebensregeln. Außer diesen literarischen Zeugnissen gibt es keine Beweise ihrer Existenz. Die seit 1952 einflussreiche These, sie seien identisch oder verwandt mit den Bewohnern von Qumran ("Qumran-Essener") und den Herstellern und Autoren einiger oder aller Schriftrollen vom Toten Meer, wird heute aufgrund der Befunde relativiert oder bestritten." (402)

Nicht ohne Grund wurden die Einwohner von Qumran kurz nach der Entdeckung der Qumran-Rollen stets für „Essener" erklärt, spezifiziert als eine Art friedfertiger, buddhistischer Zölibat-Mönche.

Der christliche Bischof Epiphanius von Salamis erfuhr 400 Jahre nach den Ereignissen eine Erleuchtung (wieder ein Sonnenstich?) und erkannte den Unterschied zwischen „samaritanischen Essaioi und judäischen Ossaioi". Ein Fortschritt, immerhin gab es „samaritanische Essaioi".

„Auf Griechisch wurde diese Gruppe Essaioi oder Essenoi, auf Lateinisch Essei oder Es-seni genannt. Der christliche Bischof Epiphanius von Salami (315–403) unterschied Jessaioi, samaritanisch Essaioi und judäische Ossaioi voneinander. Herkunft und Be-deutung dieser Namen sind unbekannt." (402)

Der Historiker Plinius sah in den Essenern eine „zölibatäre Gruppe ohne Geld", die aller Wahrscheinlichkeit nach Massada verteidigten. „Zölibatäre Gruppe" erinnert eher an Esras heiliges Volk.

„Der römische Historiker Plinius der Ältere berichtete in Naturalis historia (Buch 5,73) von Esseni, die am Toten Meer nahe der Oase En Gedi als zölibatäre Gruppe ohne Geld gelebt hätten. In diesem Zusammenhang erwähnte er auch die Festung Masada." (402)

Der zeitgenössische Philo von Alexandrien erwähnte mehr als 4000 Essäer in Syrien, scheinbar Flüchtlinge, so friedfertig, dass sie „keine Waffen her (stellten)". Hatten sie denn dazu die Erlaubnis?

„Philo von Alexandrien schrieb in Prob Lib 72–91 („Über die Freiheit des Tüchtigen") von 4000 Essäern in Syrien: Sie lebten in Dörfern und mieden Städte, hätten weder Geld noch Großgrundbesitz, weder Schiffe noch Sklaven, stellten keine Waffen her, betrieben keinen Großhandel." (402)

Kurz geschildert sollen Lebenskonzept und Lebensweise laut Wikipedia, abgeschrieben bei Flavius Josephus, wie folgt ausgesehen haben:

„Flavius Josephus nannte die Essener wiederholt als dritte große jüdische "Partei" neben Pharisäern und Sadduzäern. Er schrieb in De bello Judaico: Sie betrieben Philosophie, "liebten einander" mehr als alle übrigen jüdischen Gruppen, lebten asketisch, lehnten Umgang mit Frauen (Sexualität) ab, lehnten Öl (Salbung) ab, trugen weiße Kleider, übereigneten beim Eintritt ihren ganzen Besitz der Gruppe, ein dazu Gewählter verwaltet den Gemeinbesitz, bewohnten keine besondere Stadt, sondern bildeten in jeder Stadt Gruppen, nähmen Waffen nur auf Reisen zum Schutz vor Räubern mit, beteten vor Sonnenaufgang, äßen nach Tischgebeten mittags und abends gemeinsam, betätigten sich als Heiler, lehnten das Schwören ab, außer ihrem Eid beim Eintritt, "Ungerechte zu hassen und mit den Gerechten zu kämpfen", müssten ein Noviziat ableisten, würden bei Regelverstößen ausgeschlossen, befolgten den Sabbat streng, vergruben ihre Exkremente, seien bereit, für die Tora zu sterben (Märtyrer), glaubten an die Unsterblichkeit der Seele zur Erlösung oder ewigen Strafe".

„An anderer Stelle (18,11.18-22) ergänzte er: Sie opferten Gott nicht, schlossen keine Ehe, besäßen keine Sklaven, trieben Ackerbau, hätten Priester als Verwalter." (402)

Längst bekannt ist die Ähnlichkeit der Essener-Schule mit der Schule Jesuas, indes könnten drei Aussagen missverstanden werden: „Sie opferten Gott nicht." Das klingt bösartig, war es aber nicht, denn gemeint war die Ablehnung von „Götzenopfern", die Menschen- und Tieropfer einschlossen. Auch Jesua äußerte wiederholt: „Ich habe Wohlgefallen an Barmherzigkeit und nicht am Opfer".

Die Essener glaubten an die „Unsterblichkeit der Seele", dagegen glaubten die Zadokäer, auch laut Josephus Flavius, dass „die Seelen von Menschen (…) zusammen mit dem Körper (sterben)" - waren sie Atheisten oder noch Schlimmeres? Falls das keine Unterstellung, also zutreffend ist, wie passt diese

Grundhaltung zum NT mit seiner Totenauferweckung oder zum Massenandrang der seelenlosen Zombies in die heilige Stadt, als Jesus gekreuzigt wurde?

Mißverständlich ist ebenso die Formulierung, die Essener hätten den (sexuellen) „Umgang mit Frauen" abgelehnt und keine Ehe geschlossen. Ehelosigkeit bedeutet nicht zwangsläufig den Verzicht auf den „Umgang mit Frauen". Schon im Zusammenhang mit Jesua wurde dessen Ablehnung der üblichen, sozusagen bürgerlichen Ehe erklärt, und bei den Essenern gründete sich die Haltung zur Ehe allein und nur darauf, dass sie dem Vorbild Jesuas folgen wollten. (607)

מלבד סוגי הנשים האסורות לכהן הדיוט, שהן: גרושה, חלוצה, זונה, חללה וגיורת, לכהן הגדול נוסף איסור נישואין לאלמנה, אף אם היא התאלמנה מהאירוסין

Woher kommt überhaupt diese im Nachhinein eingebrachte Forderung, nicht nur Jesua, sondern auch seine Anhänger mit kollektivem Zölibat zu bestrafen? Eine andere Quelle erwähnt eine „Untergruppe" von Essenern, die doch heiratet und Kinder zeugt:

> „In einer altrussischen Übersetzung von De bello Judaico wurden folgende Angaben zu den Essenern ergänzt: sie weissagten, sie besäßen ein geheimes Buch mit Engelsname, eine Untergruppe heirate und zeuge Kinder, lebe aber von den anderen getrennt, sie seien sehr gastfreundlich, sie sängen nachts." (402)

Auch die den Essenern unterstellte „Friedfertigkeit" zeugt nur von selektiver Wahrnehmung, die medizinisch Blindheit heißt. „Waffen", so heißt es weiter, nahmen die Essener „nur auf Reisen zum Schutz vor Räubern mit", und sie verteidigten sogar Massada. Selbst Josephus Flavius hatte eine schwache Erinnerung an einen Essener, ein „späterer Oberbefehlshaber", aber trotzdem bleiben die Essener für eine hochgestapelte Geschichtsschreibung unentwegt tibetische Mönche.

> „Er erwähnte auch einige Personen, die Essener gewesen seien: einen Weissager, einen Traumdeuter, einen späteren Oberbefehlshaber". (402)

Blamabel, aber auch die am Toten Meer entdeckten Siedlungen der Essener bargen nicht nur Gräber mit Frauen und Kindern, sondern auch noch ein Arsenal mit einer Menge Waffen.

Übrigens, warum erschienen die „Essener" im Jahr 62 nicht beim Prozess gegen Jakobus Gerechten, waren sie politisch nicht involviert, oder waren sie voll dabei und hießen „Zadokäer"? Als Ergebnis erfindet Josephus Flavius auch noch die Aufteilung in „Essener" und „Zadokäer", daher ist es empfehlenswert, die Beschreibungen beider Strömungen zusammenzufügen, um ein vollständiges Lebenskredo der Nazarener zu erhalten. Neu ist die Entdeckung sicherlich nicht, nur wurden Vorstöße in diese Richtung zumeist erfolgreich abgewehrt oder sie finden, wie in Wikipedia, in der allerletzten Rubrik „Spekulative Theorien" ihre letzte Ruhe. Ein Beispiel: „Johann Georg Wachte (1673–1759)

stellte 1713 als erster die These auf, Jesus sei ein Zögling der Essäer gewesen."
(402)

Zweifellos weist auch die Namensgebung „Essener" und „Zadokäer" auf die Urheberschaft Josephus Flavius hin, und er ist die erste Informationsquelle über Essener, nicht umsonst verbrachte er drei Jahre in dieser „Sekte". Der in Bezug auf „Pharisäer" und „Zadokäer" gleiche Sprachgebrauch im NT, sowie in „De bello Judaico" beweist indirekt aber nochmals seine Autorschaft für beide Schriften.

Was bedeutet nun die verkrüppelte Bezeichnung „Essener"? Die üblichen Wikipedia-Erklärungen können getrost übersprungen werden, sie sind nicht besser als „Essener" aus der Stadt Essen.

Bestimmte Namen erfuhren durch Josephus Flavius und seinen Vater eine systematische Verstümmelung, und so geht es weiter. „Essener" oder „Essäer", was ist richtig? (Mitesser?) Aber worauf keiner kommen soll: „Essäer" sind Nachfolger von „Jesua", arab. „Issa", also nach ihm benannt, daselbst absolvierte Josephus Flavius sein 3-jähriges Praktikum im Fach Unterwanderung.

Aufruhr

Der Brand in Rom (64 n.) blieb nicht unvergolten, es wurde zurückgeschossen, und im Oktober 66 n. unternahm der Statthalter von Syrien Gaius Cestius Gallus einen Versuch, Jerusalem einzunehmen. Der erste Versuch gelang nicht so recht, der zweite schon besser, aber diesmal marschierte Vespasian „im Jahr 67 mit 30.000 Legionären. Im Verlauf des Jahres 68 kreiste Vespasian Judäa und dessen Mittelpunkt Jerusalem mehr und mehr ein".

Zur Erinnerung, Vespasian kreiste nicht „Judäa und dessen Mittelpunkt Jerusalem" ein, er hat den Aufstand im Land Israel beigelegt. Keineswegs war Jerusalem mit seinen römischen Gehilfen sein Ziel gewesen, sonst wäre er, anstatt von Syrien aus durch das ganze Land zu marschieren, in Cäsarea gelandet und hätte am nächsten Tag Jerusalem belagert.

Vespasians Sohn Titus konnte im September 70 endlich „die Belagerung von Jerusalem beenden und die Stadt erobern. Dabei wurde der Jerusalemer Tempel in Brand gesteckt und weitgehend zerstört. Jerusalem wurde weitgehend zerstört und war in den nächsten 60 Jahren unbewohnbar". Zwar wurde das Land leer und wüst, die Römer aber holten einen Wandergeist nach Europa.

Eigentlich richtete sich der Krieg gegen die Israeliten in Samaria, Galiläa und anderen Landesteilen, Judäa war der letzte Programmpunkt, und das überhaupt nur, weil die Saboteure dorthin flüchteten und sich verschanzten. Das Land wurde mit Unterstützung von König Agrippa II. und Josephus Flavius unter

Kontrolle gebracht, wobei die Eroberung Judäas militärisch kaum eine Herausforderung war und nebenbei erledigt wurde, so wie es seinerzeit König Scheschonq I. tat. Massada dagegen war mit „Essenern" vollgestopft und blieb bis 74 standhaft. Seit dieser Zeit trauern die Juden über die Zerstörung ihres Zweiten Tempels, die Hebräer gedenken Massadas als Symbol ihres Widerstands.

Nach dem Großen Brand Roms (64 n.) und der Zerstörung Jerusalems (70 n.) nahmen Rebellionen eher zu als ab. Es folgten der Große Aufstand (70-74 n.), der Diasporaaufstand (115–117 n.), der Aufstand von Bar Kochba (132 bis 135 n.) und, nach einer langen Pause, die Rebellion von Septimia Zenobia in Palmyra (270 n.), die Arabien und Ägypten von römischen Besatzern befreite. Der Befehlshaber ihrer Streitkräfte hieß übrigens Zebedäus („Zabdas" oder im Original, „Zabdi").

„Die palmyrenische Monarchin, der die Gründung der beiden benachbarten Festungen Halabiya (damals nach ihr Zenobia benannt) und Zalabiya am Euphrat zugeschrieben wird, begann aber etwa Anfang 270 mit der Unterwerfung des unter römischer Oberhoheit stehenden Arabien. Ihre Armee verwüstete den römischen Jupiter-Hammon-Tempel von Bosra und drang von dort weiter nach Süden vor. Dies zeigen Brunnenanlagen für Truppenkontingente, die an der Straße von Bosra nach Philadelpheia entdeckt wurden. Noch im selben Jahr 270, als Claudius Gothicus noch römischer Kaiser war, machten sich palmyrenische Militäreinheiten unter der Führung des Zabdas an die Eroberung Ägyptens." (403)

Solch permanenter Aufstand eignete sich kaum als Mittel zur Dämpfung des Antisemitismus. Unter diesen Umständen mussten die angefertigten Notizen von Josephus Flavius so lange warten, bis Kaiser Konstantin I. im Jahr 230 das Christentum offiziell anerkannte. Davor war die Zeit noch nicht reif, das Elefanten-Gedächtnis der „Juden" hielt an der eigenen Version der Geschichte fest, sie konnten noch ahnen, wer für den Schlamassel verantwortlich war.

Etablierung

Bis die mühevoll von Josephus Flavius überarbeiteten Manuskripte von Petrus Paulus zur Geltung kommen konnten, dauerte es etwas länger. Zwar hatte Kaiser Konstantin I. das „Christentum" im Jahr 230 anerkannt, aber das „Christentum" bekam erst mit dem „Toleranzedikt von Mailand" im Jahr 313 die „Gleichstellung mit den anderen Religionen", allerdings erhielt nur eine bestimmte der zahlreichen christlichen Ausrichtungen diesen Status.

„Nachdem Konstantin die Alleinherrschaft im Westen errungen hatte, traf er sich Anfang 313 in Mailand mit Licinius, der Constantia nun heiratete. Die beiden Kaiser verabschiedeten dort die sogenannte Mailänder Vereinbarung." „Es handelte sich nicht um eine Privilegierung des Christentums, sondern nur um Gleichstellung mit den anderen Religionen."

Manche Theoretiker verbinden mit dem Übergang zum „Christentum" eine Sonnenerscheinung, wie damals Paulus sah Konstantin I. ein großes Licht und bekam einen Sonnenstich. Als er wieder auferstanden, war er schon ein Christ. „Elisabeth Herrmann-Ott geht davon aus, dass für Konstantin die Sonnenvision von 310 entscheidend gewesen sei. Demnach verbanden sich zunächst in seiner Vorstellung Sol und Christengott, bevor er die Erscheinung bei Grand definitiv auf den christlichen Gott zurückführte und „solare Elemente" zurücktraten. Klaus Martin Girardet zufolge brachte Konstantin die Erscheinung im Jahr 310 ebenfalls zuerst mit Sol, der für einige Jahre auf seinen Münzen sehr präsent ist, in Verbindung. Kurz darauf (311) habe der Kaiser die Erscheinung dann aber auf den Gott der Christen bezogen, zumal Jesus in der Spätantike oft als die „Sonne der Gerechtigkeit" galt und somit eine Neuorientierung nicht schwerfiel." (404)

Nach der Rebellion der Septimia Zenobia in Palmyra (270 n.) blieb vom Römischen Reich im Osten offensichtlich gar nichts übrig, und auch sonst bröckelte das Reich nach dem Einfall der „Germanenstämme". Weit schlimmer noch, ein mächtiges Chasarisches Reich war am Aufstreben, das sich dann im 7 Jahrhundert endgültig konstituierte. Zudem hielt sich nach einer massiven Unterwanderung und „Überfremdung" keiner mehr an römischen Gottheiten fest, schon gar nicht die „gallisch-germanischen Truppen, etwa 20.000 Mann" von Kaiser Konstantin I.

„So wie Christus in der Spätantike als „die wahre Sonne" galt, so konnte auch Konstantin an die Symbolik der Helios-Verehrung anknüpfen." „Spätestens nach der Erringung der Alleinherrschaft 324 bekannte sich der Kaiser offen zum Christentum; genauer gesagt: Er präsentierte sich als Anhänger und Begünstiger des christlichen Gottes." (404)

Und hier kam die Bibel zur Geltung, besonders die „Galaterbriefe" von Paulus an die Kelten, an seine alten Kampfgenossen und Veteranen, die seiner Neuen Religion nicht ganz abgeneigt waren.

„Zwei verschiedene Möglichkeiten werden in der Forschung diskutiert. Zum einen könnte der Volksstamm der Galater gemeint sein. Die Galater (altgriech. Γαλάται, Galátai) waren ein seit 278 v. Chr. bei Ankyra (heute Ankara) in Kleinasien (der heutigen Türkei) ansässiger keltischer Volksstamm. Von römischen Autoren wurden sie auch als Gallo-Griechen bezeichnet." (405)

Die „Christen" stellten inzwischen einen gewichtigen Bevölkerungsanteil im römischen Reich, und im Inneren konnte sich „Konstantin I. auf eine bereits relativ starke Minderheit" der Christen stützen. Nur, was sind das für „Christen" gewesen?

„Im östlichen Teil des Reiches waren die Christen zahlreicher als im Westen, in Kleinasien waren manche Städte bereits völlig christianisiert. Die Schätzungen für den Anteil der Christen an der Reichsbevölkerung schwanken stark, maximal 10% dürften realistisch sein."

Rasch verbreitete sich noch zu Jesuas Zeit seine Lehre, und die ganze damalige Welt war inzwischen christianisiert, vom mittleren Osten bis Irland und von Äthiopien bis Kaukasus. In Palmyra etablierte sich das Christentum schon im Jahr 270, und in Armenien wurde „die Erhebung des Christentums zur Staatsreligion durch König Trdat III. um 314" eingeführt. (406) Kein Wunder, das mit Sklaven vollgestopfte Römische Reich war ein idealer Nährboden für die Verbreitung des Christentums, und militärisch gegen die überall zerstreuten Anhänger vorzugehen war zwecklos, das liegt auf der Hand, insofern stieg Konstantin I. in den letzten Zug.

Welche „Bibel" war bei den Christen eigentlich im Gebrauch, wo doch „das Neue Testament" noch nicht verfasst wurde? Wie erwähnt, die Schrift hieß „von Matthäus" und noch „Buch Zadok". Die im Umlauf befindlichen Textteile gingen nicht verloren, die Fragmente wurden wunderschön ins NT übernommen.

NT

Endlich war es nach 200 Jahren soweit, die von Josephus Flavius vorgefertigten Manuskripte nachzubessern und in weiteren 56 Jahren zu kanonisieren (367 n).

„Aus dem zweiten bis vierten Jahrhundert sind verschiedene Zusammenstellungen der kanonischen Schriften erhalten, der Kanon Muratori sowie Kanonlisten von Irenäus, Origenes, Eusebius von Caesarea, Cyril von Jerusalem und Gregor von Nazian. Die formale Kanonisierung des Neuen Testaments fand im vierten Jahrhundert statt. Als wichtigstes Schreiben in der Geschichte des neutestamentlichen Kanon gilt dabei der 39. Osterfestbrief des Bischofs Athanasius von Alexandria aus dem Jahr 367, der die bis heute in allen christlichen Kirchen anerkannten 27 Schriften des Neuen Testaments aufzählt und als für die Kirche verbindlich einstuft." (407)

Sind 300 Jahre bis zur Kanonisierung der Bibel viel oder wenig? Angesichts der Tatsache, dass für die Widerlegung der wissenschaftlichen Wahrheiten über Jesus und Christus zweitausend Jahre nicht ausreichten, gibt es viel Bedenkenswertes. Nach Angaben der gebildeten Wissenschaftler liegt die Entstehungszeit des NT's vermutlich „etwa 70 und 90 n. Chr.", oder „80 und 90 n. Chr.", oder wird „meist auf das Ende des ersten Jahrhunderts" verlegt. Und eine Superzahl „zwischen 80 und 100 n. Chr." entspricht genau dem Jahr 93.

Evangelien

Markus-Evangelium. Wie es nicht war, darüber können sich Neugierige unter „altkirchlicher Tradition" kundig machen: Markus soll Petrus' „Dolmetscher in Rom" gewesen sein und dessen Verkündigung" notiert haben.

„Nach altkirchlicher Tradition wurde das Evangelium von dem aus Jerusalem stammenden Johannes Markus (vgl. Ap. 12,12E) verfasst, einem Begleiter des Apostels Paulus. Aus 1 Pet. 5,13E wird zudem gefolgert, dass dieser Johannes Markus später zu einem Schüler des Petrus wurde. Er soll dessen Dolmetscher in Rom gewesen sein und dessen Verkündigung aufgeschrieben haben." (408)

Längst könnte klar sein, dass Josepus Flavius unter seinem Geburtsnamen „Johannes, genannt Markus", sich selbst das „Evangelium von Apostel Johannes" widmete. Für Geschichtsschreibende blieb Apostel Markus ansonsten ein Anonymus, von dem „viele Zeugnisse jüdischer oder frühchristlicher Literatur, ursprünglich anonym, überliefert" wurden. Für das Markus-Evangelium wird üblicherweise eine früheste und eine späteste Datierung angegeben, nämlich zwischen etwa „70 n. Chr." und „einer Zeit, als der Ausgang des Jüdischen Kriegs bereits abzusehen war". Demnach „müsste das Ende des Markusevangeliums zwischen 80 und 90 n. Chr." verfasst worden sein. (408)

Lukas-Evangelium. Lukas bleibt für Wissenschaftler, die dem Dienst an der Wissenschaft eher hinderlich sind, nach wie vor ein Inkognito. Tätig war er laut einer „Frühdatierung um 60 n. Chr.", oder der „Mehrheitsmeinung" nach um „etwa 70 und 90 n. Chr.", mit steigender Tendenz.

„Unter historisch-kritischen (oder „liberalen") Neutestamentlern dominiert eine Spätdatierung der Entstehung des Lukas-Evangeliums in der Zeit zwischen etwa 70 und 90 n. Chr., während „konservative" zu einer mittleren Datierung um 60 n. Chr. tendieren".

„Die Entstehung der Didache wird in einem Zeitraum zwischen ca. 100 und 150 angenommen." (409)

Matthäus-Evangelium. Wer sich hinter dem Namen „Matthäus" verbirgt, ist unbekannt, sein Werk aber „entstand nach Mehrheitsmeinung etwa um 80/90 n. Chr." (500) Der einzige Matthäus, der im NT kurzfristig auftaucht und gleich wieder verschwindet, ist Matthäus, der Zöllner. Ihm würde kein anständiger Bürger eine Strophe widmen, geschweige denn einen Evangeliumstitel. Falls aber die Originalschrift von Nazaräern „Von Matthäus" hieß, musste diese durch eine Fälschung mit dem gleichen Titel ersetzt werden.

Johannes-Evangelium. Auch Johannes spielte Versteck, schätzungsweise erschien sein Werk „Ende des ersten Jahrhunderts".

„Heutzutage datieren Vertreter der historisch-kritischen Schule das Johannesevangelium aus inneren Gründen meist auf das Ende des ersten Jahrhunderts." (501)

Einzigartig und sehr bemerkenswert im Leben der vier Apostel ist, dass sie nur einen einzigen Aufsatz verfassten, während zu ihrer Zeit unzählige bekannte Historiker und Schriftsteller regelrecht ausuferten. Ist diese eine Einzeltat übertriebener Bescheidenheit oder falscher Demut zuzuschreiben? Ihre Beinamen behielten die Apostel auch für sich - gäbe die Offenlegung etwas Beschämendes preis? Angeblich fand diese Kollektiv-Arbeit in den Jahren um „etwa 70 und 90 n. Chr.", oder in den Jahren „zwischen 80 und 90 n. Chr.", oder in den Jahren „zwischen 80 und 100 n. Chr.", oder am „Ende des ersten Jahrhunderts" ihren Abschluß. Mit welcher wissenschaftlichen Methode die Entstehungszeit der Evangelien von nicht existierenden Autoren bestimmt wurde, diese Frage stellte sich wohl nicht?

Aber so aussichtslos ist die Lage nicht, in Wikipedie findet sich noch etwas über den lebhaften Josephus Flavius und seinen Sohn Titus Flavius Agrippa:

„Titus Flavius Simonides Agrippa, auch bekannt als Titus Flavius Agrippa (Griechisch: Τίτος Φλάβιος Σιμονίδης όγρίππας, blühte in der zweiten Hälfte des 1. Jahrhunderts und in der ersten Hälfte des 2. Jahrhunderts, geboren CE 79) und war ein aristokratischer, wohlhabender römischer Jude Flavius Simonides Agrippa." (502)

Neuer Anfang

Schon zu dieser Zeit war keiner der Zeitzeugen übriggeblieben, die behaupten konnten, dass sie mit Jesua an einem Tisch saßen oder mit Petrus im Bett lagen. Hierin lag auch der Grund für den Bedarf der missionierenden Petruschristen an einer schriftlichen Fassung der Überlieferungen, schließlich wollten sie sich gleichermaßen darauf berufen und beziehen können. Ein ähnlicher Vorgang, wie später bei der Geburtshilfe für die „Die Protokolle der Weisen von Zion", geschrieben im Auftrag der russischen Ochrana, die mit Erfolg ihren Zweck erfüllten, besonders in islamisch denkenden Ländern.

Als Grundlage für die vier Evangelien dienten mit pharisäischen Weisheiten vermengte Berichte von Petrus Paulus. Die pharisäisch-hellenistischen Beilagen und paganischen Einfälle beiseitegelassen, bleiben von Jesuas Lehren im NT noch weniger Brösel übrig als von den Qumran Rollen. Schlussendlich erlaubt die widersprüchliche Textfassung im NT verschiedene Sichtweisen:

Die Israeliten freuten sich, weil ihre Erzfeinde, die Juden und explizit deren klerikale Kaste, niedergemacht wurden. Die Römer samt Griechen fühlten sich mit Genugtuung in puncto Bösartigkeit der „Juden" bestätigt. Die Kaste der Pharisäer und Schriftgelehrten, für die die Nazarener noch schlimmer waren, als die Römer und Griechen zusammen, waren glücklich darüber, dass nicht nur ihnen allein, sondern den „Juden" die Schuld pauschal angelastet und damit gleichmäßig verteilt wurde.

Wie oft und immer, die Vorteile werden privatisiert und die Schäden kollekti-

viert. Eine Erläuterung dazu aus Wikipedia darf auch nicht fehlen:
„Die Ausdrücke Gottesmord (griech. theoktonia, lat. deizid) und Gottesmörder (auch Christusmörder, Heilandsmörder) bezeichnen in der Kirchengeschichte eine angebliche unaufhebbare Kollektivschuld der Juden an der Kreuzigung Jesu von Nazaret, der dabei als Sohn Gottes angesehen wird." (503)
Oder, wie Paulus von Saulus in seinem ersten Gemeindebrief schrieb (1 Thess 2,15):
„Diese haben sogar Jesus, den Herrn, und die Propheten getötet; auch uns haben sie verfolgt. Sie missfallen Gott und sind Feinde aller Menschen."
Sogar mit einem Mikroskop kann hier seine Feindesliebe nicht entdeckt werden. Womöglich war das Gebot „Liebe deine Feinde" für unnützliche Idioten gedacht und für die 40 Räuber, die nach seinem Leben trachteten. Petrus Paulus selbst, als es um seine elementare Existenz ging, forderte die ganze Menschheit auf, gegen seine Verfolger zu handeln und ihm im andauernden Konflikt zwischen „Sauls Haus" und dem „Haus Davids" beizustehen.

Antisemitismus kann auch da aufblühen, wo es gar keine Juden gibt, das ist allgemein bekannt, aber hier gibt es den Fall, wo dazu keine Nichtjuden vorhanden sein müssen. Wie jemand sagte: Antisemitismus ist, wenn die „Juden" mehr gehasst werden, als sie es verdient haben.

Die Umkehrung des Täter-Opfer-Verhältnisses, seine klassische Rolle als arme, verfolgte Unschuld war eine Sache bei Petrus Paulus, bewusst aber war ihm auf paradoxe Weise dennoch: diejenigen, die „Jesus, den Herrn, und die Propheten getötet", „missfallen Gott und sind Feinde aller Menschen".
Amen.

Es ist an der Zeit, eine Frage zu stellen: Vor seinem Tod segnete Isaak den Jakob Israel: „Wer dir flucht, sei verflucht, und wer dich segnet, sei gesegnet!" Wer wird da gesegnet und wer verflucht?
Inzwischen starben alle Zeugen und Jesuas Mitstreiter während der Verfolgungen und in Kriegen. Auch ihre Schriften wurden systematisch vernichtet und nach gründlicher Arbeit blieb davon nichts mehr übrig, außer den Qumran Rollen. Fazit: nach langwierigem Ärger mit den „Juden" entwickelte das römische Reich wenig Sympathie für sie, genau wie die Griechen zu ihrer Zeit. Und der Todeskampf zwischen Judophoben und Antisemiten ist bis heute bei weitem noch nicht entschieden.

Nach dieser Kostprobe, zum besseren Verdauen, das Buch jetzt nochmals und ganz von vorne lesen.

Quellenangaben

(1) https://de.wikipedia.org/wiki/Thraker

(2) https://de.wikipedia.org/wiki/Mohammed

(3) http://www.baby-vornamen.de/Maedchen/K/Kh/Khadija/

(4) https://de.wikipedia.org/wiki/Babylonisches_Exil

(5) https://he.wikipe-dia.org/wiki/%D7%A9%D7%99%D7%91%D7%AA_%D7%A6%D7%99%D7%95%D7%9F

(6) http://bethnahrin.de/assyrer/assyrische-bevoelkerung-weltweit/

(7) https://de.wikipedia.org/wiki/Aram%C3%A4er_%28Christentum%29
http://www.armenien.am/3393-wieviele-armenierinnen-gibt-es-in-der-welt.html

(8) https://de.wikipedia.org/wiki/Verlorene_St%C3%A4mme_Israels

(9) http://www.yeshiva.org.il/wiki/index.php?ti-tle=%D7%A2%D7%A9%D7%A8%D7%AA_%D7%94%D7%A9%D7%91%D7%98%D7%99%D7%9D

(10) https://de.wikipedia.org/wiki/Pal%C3%A4stinenser

(11) https://de.wikipedia.org/wiki/Arier

(12) https://de.wikipedia.org/wiki/Babylonisches_Exil

(13) https://sites.google.com/site/bennyshay20131/hystwryh-hhzlhh-kbr-bpnym/home/mmdynt-mqds-lm-hspr/bnyyt-byt-hmqds-whgwrmym-sykbw-t-thlyk-hbnyyh
http://mikranet.cet.ac.il/mikradidact/pages/item.asp?item=23192
http://beta.hebrewbooks.org/40770
http://www.beit-hamikdash.co.il/siyur_virtualy_2.html
http://www.yeshiva.org.il/midrash/7964 http://www.tsfat.org.il/Docs/Articles/?This-PageID=197&smd=90&smd2=141&psd2=253&psd=187

(14) https://www.bibelkommentare.de/index.php?page=dict&article_id=1838

(15) https://www.bibleserver.com/text/SLT/Esra4

(16) https://de.wikipedia.org/wiki/Kyros_I.

(17) https://de.wikipedia.org/wiki/Kyros_II.

(18) https://de.wikipedia.org/wiki/Dareios_I.

(19) https://de.wikipedia.org/wiki/Xerxes_I.

(20) https://de.wikipedia.org/wiki/Dareios_II.

(21) https://de.wikipedia.org/wiki/Mundschenk

(22) https://de.wikipedia.org/wiki/Tischri

(23) https://de.wikipedia.org/wiki/Chanukka

(23) https://de.wikipedia.org/wiki/Schawuot

(24) http://www.maz-online.de/Brandenburg/Klimawandel-hat-Auswirkungen-auf-die-Landwirtschaft

(25) https://de.wikipedia.org/wiki/Sukkot

(26) https://de.wikipedia.org/wiki/Pfingsten

(27) https://de.wikipedia.org/wiki/J%C3%BCdischer_Kalender

(28) https://de.wikipedia.org/wiki/J%C3%BCdische_Speisegesetze
(29) https://de.wikipedia.org/wiki/Voodoo
(30) http://israblog.nana10.co.il/blogread.asp?blog=748803&blogcode=1395308
(31) http://israblog.nana10.co.il/blogread.asp?blog=748803&blogcode=1395925
(32) https://de.wikipedia.org/wiki/Tukulti-apil-E%C5%A1arra_III.
(33) http://de.wikipedia.org/wiki/Inka
(34) http://www.odyeda.com/demography/
(35) https://de.wikipedia.org/wiki/Tukulti-apil-E%C5%A1arra_III.
(36) https://de.wikipedia.org/wiki/Liste_der_K%C3%B6nige_Israels https://de.wikipedia.org/wiki/Nab%C5%AB-kudurr%C4%AB-u%E1%B9%A3ur_II.
(37) https://de.wikipedia.org/wiki/Samaria_%28antike_Stadt%29
(38) https://de.wikipedia.org/wiki/Garizim
(39) https://he.wikipedia.org/wiki/%D7%9E%D7%9E%D7%9C%D7%9B%D7%AA_%D799%D7%A9%D7%A8%D7%90%D7%9C
(40) https://de.wikipedia.org/wiki/Samaritane
(41) http://www.israelitesamaritans.com/%D7%A2%D7%91%D7%A8%D7%99%D7%AA/%D7%A0%D7%95%D7%A1%D7%97-%D7%94%D7%AA%D7%95%D7%A8%D7%94/
(42) https://he.wikipedia.org/wiki/%D7%99%D7%94%D7%95%D7%93%D7%94_%28%D7%93%D7%9E%D7%95%D7%AA_%D7%9E%D7%A7%D7%A8%D7%90%D7%99%D7%AA%29
(43) https://de.wikipedia.org/wiki/David
(44) https://he.wikipedia.org/wiki/%D7%9E%D7%9C%D7%9B%D7%99_%D7%99%D7%94%D7%95%D7%93%D7%94_%D7%95%D7%99%D7%A9%D7%A8%D7%90%D7%9C
(45) http://www.bhol.co.il/forums/topic.asp?topic_id=685555&forum_id=1364
(46) https://he.wikipedia.org/wiki/%D7%A2%D7%95%D7%91%D7%93_(%D7%93%D7%9E%D7%95%D7%AA_%D7%9E%D7%A7%D7%A8%D7%90%D7%99%D7%AA)
(47) https://de.wikipedia.org/wiki/Talmud
(48) http://lib.cet.ac.il/pages/item.asp?item=22415
(49) http://www.haaretz.co.il/news/science/.premium-1.2137782
(50) https://de.wikipedia.org/wiki/Herodes_Antipas
(51) https://de.wikipedia.org/wiki/Samael
(52) http://www.bhol.co.il/forums/topic.asp?topic_id=685555&forum_id=1364
(53) https://de.wikipedia.org/wiki/Seev%C3%B6lker
(54) https://en.wikipedia.org/wiki/Dagon
(55) www.antisemitismus.net/klassiker/1901/02-07.htm
(56) https://de.wikipedia.org/wiki/Auszug_aus_%C3%84gypten
(57) https://de.wikipedia.org/wiki/David_%28Israel%29
(58) https://de.wikipedia.org/wiki/Bathseba
(59) https://he.wikipedia.org/wiki/%D7%91%D7%AA_%D7%A9%D7%95%D7%A2

(60) http://www.wikiwand.com/he/%D7%A9%D7%9C%D7%9E%D7%94
(61) https://de.wikipedia.org/wiki/David_(Israel)
(62) https://de.wikipedia.org/wiki/Salomo
(63) www.daat.ac.il/daat/tanach/divreiha/divreib4
www.aish.co.il/i/jh/48858652.html
(64) https://de.wikipedia.org/wiki/Jerusalemer_Tempel#Der_salomonische_Tempel
(65) https://he.wikipedia.org/wiki/%D7%9E%D7%9C%D7%9B%D7%9
9_%D7%99%D7%94%D7%95%D7%93%D7%94_%D7%95%D7%99%D7%A9%D
7%A8%D7%90%D7%9
(66) https://de.wikipedia.org/wiki/Scheschonq_I.
(67) https://he.wikipedia.org/wiki/שלמה
https://he.wikipedia.org/wiki/דוד
(68) https://de.wikipedia.org/wiki/Jerusalemer_Tempel
(69) https://de.wikipedia.org/wiki/Siamun
(70) http://www.news1.co.il/Archive/003-D-82017-00.html)
(71) https://de.wikipedia.org/wiki/Rehabeam
(72) https://de.wikipedia.org/wiki/Al-%CA%BFUzz%C4%81
(73) https://de.wikipedia.org/wiki/Jesus_Christus
(74) https://www.bibelkommentare.de
(75) http://www.daat.ac.il/encyclopedia/value.asp?id1=3639
(76) https://he.wikipedia.org/wiki/%D7%9E%D7%A6%D7%A4%D7%94_(%D7%
A2%D7%99%D7%A8_%D7%9E%D7%A7%D7%A8%D7%90%D7%99%D7%AA)
(77) https://www.hofesh.org.il/freeclass/history/other-david.html?print
http://www.daat.ac.il/encyclopedia/value.asp?id1=1648
http://www.daat.ac.il/daat/tanach/chronology/kohanimgdolim.pdf
 http://www.ateret4u.com/dorot/
https://dorot.jimdo.com/%D7%A2%D7%93%D7%9B%D7%95%D7%9F-
%D7%94%D7%A7%D7%95%D7%93%D7%9D/
(78) https://de.wikipedia.org/wiki/Bet-El
(79) https://he.wikipedia.org/wiki/%D7%91%D7%99%D7%AA_%D7%90%
D7%9C_(%D7%99%D7%99%D7%A9%D7%95%D7%91_%D7%9E%D7%A7%D7
%A8%D7%90%D7%99)
(80) http://www.abarim-publications.com/Meaning/Ahitub.html#.WdsNQrhsk5E
(81) https://de.wikipedia.org/wiki/Herodes
(82) https://de.wikipedia.org/wiki/Mariamne
(83) https://de.wikipedia.org/wiki/Aristobulos_%28Sohn_des_Herodes%29
(84) https://he.wikipedia.org/wiki/%D7%90%D7%92%D7%A8%D7%
99%D7%A4%D7%1_%D7%94%D7%A8%D7%90%D7%A9%D7%95%D7%9F
(85) https://de.wikipedia.org/wiki/Kindermord_in_Betlehem
(86) https://de.wikipedia.org/wiki/Publius_Sulpicius_Quirinius
(87) https://www.tagblatt.ch/leben/welcher-der-drei-heiligen-konige-war-ein-schwar-
zer-ld.1082592

https://de.wikipedia.org/wiki/Heilige_Drei_K%C3%B6nige
(88) https://he.wikipedia.org/wiki/%D7%9B%D7%95%D7%9B%
D7%91_%D7%91%D7%99%D7%AA_%D7%9C%D7%97%D7%9
(89) https://he.wikipedia.org/wiki/%D7%94%D7%9C%D7%95%D
7%97_%D7%94%D7%A2%D7%91%D7%A8%D7%99
(90) https://de.wikipedia.org/wiki/J%C3%BCdischer_Kalender
(91) https://he.wikipedia.org/wiki/%D7%99%D7%A9%D7%95_%28%
D7%99%D7%94%D7%93%D7%95%D7%AA%29
(92) https://he.wikipedia.org/wiki/%D7%99%D7%A9%D7%9
(93) https://en.wikipedia.org/wiki/Karaite_Judaism
https://he.wikipedia.org/wiki/%D7%9E%D7%9E%D7%96%D7%A8
(94) https://de.wikipedia.org/wiki/Fasten_der_Erstgeborenen
(95) https://de.wikipedia.org/wiki/R%C3%BCsttag
(96) https://he.wikipedia.org/wiki/רא_ו"אד_לא
(97) http://www.yeshiva.org.il/midrash/3428
(98) http://www.yeshiva.org.il/midrash/342
(99) www.20000-names.com/bible_names_male_biblical_names_02.htm
(100) http://www.meirtv.co.il/site/jewish/luach.html?month=4&year=10
(99) http://www.uzit.co.il/newcalendar/CalendarWithTimes.aspx?month=3&year=37
&place=%u05EA%u05DC%20%u05D0%u05D1%u05D9%u05D1&me-
thod=%u05D7%u05D6%u05D5%u05DF%20%u05E9%u05DE%u05D9%u05DD
(100) https://d.wikipedia.org/wiki/Nisan_%28Monat%29
(101) https://de.wikipedia.org/wiki/Pessach
(102) https://www.facebook.com/Majdalarestourant/
(103) http://www.welt.de/kultur/history/article109324407/Papyrus-Fund-Jesus-heira-
tete-Maria-Magdalena.htm
(104) https://de.wikipedia.org/wiki/Jakobus,_Sohn_des_Alph%C3%A4us
(105) https://de.wikipedia.org/wiki/Jakobus_der_Gerechte
(106) https://de.wikipedia.org/wiki/Geschwister_Jesu
(107) https://de.wikipedia.org/wiki/Gladius_(Waffe) (108)
(108) https://en.wikipedia.org/wiki/Zealots_%28Judea%29
(109) https://de.wikipedia.org/wiki/Judas_der_Galil%C3%A4er
(110) https://de.wikipedia.org/wiki/Judas_Makkab%C3%A4us
https://books.google.de/books?id=viBlriv5qFAC&pg=PA329&lpg=PA329&dq=ju-
das+galil%C3%A4er&source=bl&ots=HOB_NMXs-j&sig=tjleLb8eoaC-
dff2G4cG_8RhQeiI&hl=de&sa=X&ved=0ahUKEwjCl-6hzcPKAhUEXA8KHeGID-
ngQ6AEIRTAH#v=onepage&q=judas%20galil%C3%A4er&f=false
(111) https://de.wikipedia.org/wiki/Gamla
(112) http://www.glauben-und-bekennen.de/besinnung/begriffe-s/simon-
kananaeus.htm
(113) https://de.wikipedia.org/wiki/Johannes_%28Apostel%29
(114) https://de.wikipedia.org/wiki/Zebed%C3%A4u

(115) https://de.wikipedia.org/wiki/Lieblingsj%C3%BCnger
(116) https://de.wikipedia.org/wiki/Herodes_Archelaos
(117) https://de.wikipedia.org/wiki/Nazareth
(118) https://de.wikipedia.org/wiki/Tiberius
(119) https://de.wikipedia.org/wiki/Johannes_der_T%C3%A4ufer
(120) http://www.20000-names.com
(121) https://de.wikipedia.org/wiki/Stephanus (122)
(122) https://de.wikipedia.org/wiki/Judas_der_Galil%C3%A4er
(123) https://de.wikipedia.org/wiki/Herodes_Philippos
(124) https://de.wikipedia.org/wiki/INRI
(125) https://de.wikipedia.org/wiki/%CA%BF%C4%AAs%C4%81_ibn_Maryam
(126) https://de.wikipedia.org/wiki/Christus_%28Begriffskl%C3%A4rung%29
(127) https://books.google.de/books?id=viBlriv5qFAC&pg=PA329&lpg=PA32
9&dq=judas+galil%C3%A4er&source=bl&ots=HOB_NMXs-j&sig=tjleLb8eoaC-
dff2G4cG_8RhQeiI&hl=de&sa=X&ved=0ahUKEwjCl-6hzcPKAhUEXA8KHeGID-
ngQ6AEIRTAH#v=onepage&q=judas%20galil%C3%A4er&f=false (128)
(128) https://auslegungssache.at/5759/jesus-barrabas/
(129) https://de.wikipedia.org/wiki/Vulg%C3%A4rlatein
(130) https://he.wikipedia.org/wiki/%D7%A6%D7%99%D7%95%D7%9
F_%D7%A2%D7%95%D7%96%D7%99%D7%94_%D7%9E%D7%9C%D7%9A_%
D7%99%D7%94%D7%95%D7%93%D7%94
(131) https://de.wikipedia.org/wiki/Simon_von_Cyrene
(132) https://de.wikipedia.org/wiki/Longinus
(133) http://www.20000-names.com/male_latin_names_04.htm
(134) https://de.wikipedia.org/wiki/Nikodemusevangelium
(135) https://de.wikipedia.org/wiki/Josef_von_Arimath%C3%A4a
(136) https://books.goo-
gle.co.il/books?id=Y6qwGHQmItkC&pg=PP443&lpg=PP443&dq=%22%D7%94%D
7%A9%D7%91%D7%98%D7%99%D7%9D+%D7%9E%D7%A2%D7%95%D7%A
8%D7%91%D7%99%D7%9D+%D7%96%D7%94+%D7%91%D7%96%D7%94%2
2&source=bl&ots=H9cun8TUBP&sig=zN3rdcN7fKj3VFrYFZASr8v5bEo&hl=iw&s
a=X&ved=0ahUKEwjM0bDXxuDKAhWHbRQKHZclBDsQ6AEIGjAA#v=one-
page&q=%22%D7%94%D7%A9%D7%91%D7%98
D7%99%D7%9D%20%D7%9E%D7%A2%D7%95%D7%A8%D7%91%D7%99%D
7%9D%20%D7%96%D7%94%20%D7%91%D7%96%D7%94%22&f=false
(137) https://de.wikipedia.org/wiki/Ethel_Lilian_Voynich
(138) https://de.wikipedia.org/wiki/Kajaphas
(139) https://de.wikipedia.org/wiki/%C3%96lberg_(Jerusalem)
(140) https://de.wikipedia.org/wiki/S%C3%BCnde
(141) https://de.wikipedia.org/wiki/Valentin_von_Terni
(142) https://de.wikipedia.org/wiki/Valentinstag
(143) https://en.wikipedia.org/wiki/Arimathea

(144) https://de.wikipedia.org/wiki/Rama_in_Benjamin
(145) https://he.wikipe-
dia.org/wiki/%D7%A8%D7%9E%D7%94_%28%D7%9E%D7%A7%D7%A8%D7%
90%29
(146) https://de.wikipedia.org/wiki/Josef_von_Arimath%C3%A4a
(147) http://kathpedia.com/index.php?title=Klopas
(148) https://de.wikipedia.org/wiki/Kyklop
(149) https://de.wikipedia.org/wiki/Findling
(150) https://www.google.de/search?q=Judas+Thomas&rlz=1C1CHBD_deDE795
DE795&oq=Judas+Thomas&aqs=chrome..69i57j0l5.127
4j0j7&sourceid=chrome&ie=UTF-8
(151) https://de.wikipedia.org/wiki/Christenverfol-
gungen_im_R%C3%B6mischen_Reich
(152) https://he.wikipe-
dia.org/wiki/%D7%90%D7%92%D7%A8%D7%99%D7%A4%D7%A1_%D7%94%
D7%A8%D7%90%D7%A9%D7%95%D7%9F
(153) https://de.wikipedia.org/wiki/Herodes_Agrippa_I.
(154) https://he.wikipedia.org/wiki/%D7%94%D7%A8_%D7%94%D7%9
6%D7%99%D7%AA%D7%99%D7%9D
(155) https://de.wikipedia.org/wiki/Jakobus_der_Gerechte
(156) http://www.hebrewbooks.org/pagefeed/hebrewbooks_org_49616_6.pdf
(157) https://de.wikipedia.org/wiki/Andreas_(Apostel)
(158) https://de.wikipedia.org/wiki/Herodes_Philippos
(159) https://de.wikipedia.org/wiki/Bartholom%C3%A4us
(160) https://de.wikipedia.org/wiki/Herodes_Antipas
(161) https://de.wikipedia.org/wiki/Marcellus_(Pr%C3%A4fekt_von_Jud%C3%A4a)
(162) https://de.wikipedia.org/wiki/Marcel-
lus_%28Pr%C3%A4fekt_von_Jud%C3%A4a%2
(163) https://de.wikipedia.org/wiki/Talpiot-Grab
(164) https://he.wikipedia.org/wiki/%D7%9E%D7%A2%D7%A8%D7%AA
_%D7%94%D7%A7%D7%91%D7%95%D7%A8%D7%94_%D7%A9%D7%9C_%
D7%99%D7%A9%D7%95
(165) https://de.wikipedia.org/wiki/Jakobus-Ossuar
(166) https://de.wikipedia.org/wiki/Das_Jesus-Grab
(167) https://www.israelnetz.com/kommentar-analyse/2011/06/29/grab-der-enkelin-
des-hohepriesters-kaiaphas-gefunden/
(168) https://de.wikipedia.org/wiki/Kajaphas
(169) http://www.wikiwand.com/de/Kajaphas)
(170) https://de.wikipedia.org/wiki/Jakobus_(Bruder_Jesu)
(171) https://de.wikipedia.org/wiki/Simon_Petrus
(172) https://www.google.de/search?q=Judas+Thomas&rlz=1C1CHBD_deDE
795DE795&oq=Judas+Thomas&aqs=chrome..69i57j0l5.1274j0j7&

sourceid=chrome&ie=UTF-8
(173) https://de.wikipedia.org/wiki/Andreas_%28Apostel%29
(174) https://de.wikipedia.org/wiki/Jakobus_der_%C3%84ltere
(175) https://de.wikipedia.org/wiki/Philippus
(176) https://de.wikipedia.org/wiki/Bartholom%C3%A4us_%28Apostel%29
(177) https://de.wikipedia.org/wiki/Thomas_%28Apostel%29
(178) https://de.wikipedia.org/wiki/Lucius_Vitellius_(Vater)
(179) https://de.wikipedia.org/wiki/Germanen
(180) https://de.wikipedia.org/wiki/Au%C3%9Ferchristliche_antike_Quellen_zu_Jesus_von_Nazaret
(181) https://de.wikipedia.org/wiki/Hermes
(182) https://de.wikipedia.org/wiki/Zeus
(183) https://de.wikipedia.org/wiki/Paulus_von_Tarsus
(184) http://www.kathpedia.com/index.php?title=Markus_(Evangelist)
(185) http://www.theologe.de/theologe5.htm
(186) http://imperiumromanum.com/geschichte/zeittafeln/zeittafel_kaiserreich_01.htm
(187) https://de.wikipedia.org/wiki/Lukas_%28Evangelist%29
(188) https://de.wikipedia.org/wiki/Lukas
(189) https://de.wikipedia.org/wiki/Lystra
(190) https://ru.wikipedia.org/wiki/%D0%9B%D1%83%D0%BA%D0%B0_%28%D0%B5%D0%B2%D0%B0%D0%BD%D0%B3%D0%B5%D0%BB%D0%B8%D1%81%D1%82%29
(191) https://de.wikipedia.org/wiki/Bethanien_(Bibel)
(192) https://de.wikipedia.org/wiki/Benjamin_(Vorname)
(193) https://de.wikipedia.org/wiki/Paulus_von_Tarsus
(194) https://de.wikipedia.org/wiki/Porcius_Festus
(195) https://en.wikipedia.org/wiki/Ananus_ben_Ananus
(196) https://de.wikipedia.org/wiki/Liste_der_r%C3%B6mischen_Statthalter_in_Jud%C3%A4a
(197) https://he.wikipedia.org/wiki/%D7%94%D7%9E%D7%A8%D7%93_%D7%94%D7%92%D7%93%D7%95%D7%9C
(198) https://de.wikipedia.org/wiki/Marcus_Antonius_Felix
(199) https://he.wikipedia.org/wiki/%D7%99%D7%95%D7%A1%D7%A3_%D7%91%D7%9F_%D7%9E%D7%AA%D7%AA%D7%99%D7%94%D7%95
(200) http://www.perseus.tufts.edu/hopper/text?doc=Perseus%3Atext%3A1999.01.0150%3Awhiston+section%3D3
(201) https://de.wikipedia.org/wiki/Claudius
(202) https://he.wikipedia.org/wiki/%D7%9E%D7%AA%D7%AA%D7%99%D7%94%D7%95_%D7%94%D7%9B%D7%94%D7%9F
(203) https://he.wikipedia.org/wiki/%D7%99%D7%95%D7%A1%D7%A3_%D7%91%D7%9F_%D7%9E%D7%AA%D7%AA%D7%99%D7%94%D7%95

(204) http://www.stupidedia.org/stupi/Sieben_Tods%C3%BCnden
(205) https://de.wikipedia.org/wiki/Flavius_Josephus
(206) https://de.wikipedia.org/wiki/Vespasian
(207) http://www.perseus.tufts.edu/hopper/text?doc=Perseus%3atext%3a1999.01.0150
(208) https://de.wikipedia.org/wiki/Alexandra_(Hasmon%C3%A4erin)
https://he.wikipedia.org/wiki/%D7%A9%D7%9C%D7%95%D7%9E%D7%A6%D7%99%D7%95%D7%9F_%D7%94%D7%9E%D7%9C%D7%9B%D7%94
(209) https://de.wikipedia.org/wiki/Poppaea_Sabina
(300) https://de.wikipedia.org/wiki/Nero
(301) https://de.wikipedia.org/wiki/Flavius
(302) https://de.wikipedia.org/wiki/Circus_Maximus
(303) https://de.wikipedia.org/wiki/Gro%C3%9Fer_Brand_Roms
(304) https://de.wikipedia.org/wiki/R%C3%B6mische_Stadtbr%C3%A4nde
(305) https://de.wikipedia.org/wiki/Petersdom
(306) https://de.wikipedia.org/wiki/Petruskreuz
(307) https://www.heiligenlexikon.de/Literatur/Grab_des_Petrus.html
(308) http://totus-catholicus.blogspot.de/2008/02/der-martertod-der-heiligen-apostel.html
(309) https://de.wikipedia.org/wiki/Gaius_Cassius_Longinus_%28Verschw%C3%B6rer%29
(400) https://de.wikipedia.org/wiki/Massaker_bei_Beth_Horon
(401) https://de.wikipedia.org/wiki/Herodes_Agrippa_II.
(402) https://de.wikipedia.org/wiki/Essener
(403) https://de.wikipedia.org/wiki/Zenobia
(404) https://de.wikipedia.org/wiki/Konstantin_der_Gro%C3%9Fe
(405) https://de.wikipedia.org/wiki/Brief_des_Paulus_an_die_Galater
(406) https://de.wikipedia.org/wiki/Armenien
(407) https://de.wikipedia.org/wiki/Neues_Testament
(408) https://de.wikipedia.org/wiki/Evangelium_nach_Markus
(409) https://de.wikipedia.org/wiki/Evangelium_nach_Lukas
(500) https://de.wikipedia.org/wiki/Evangelium_nach_Matth%C3%A4us
(501) https://de.wikipedia.org/wiki/Evangelium_nach_Johannes
(502) https://de.qwe.wiki/wiki/Flavius_Simonides_Agrippa
(503) https://de.wikipedia.org/wiki/GottesmordPaulus
(504) https://de.wikipedia.org/wiki/Makkab%C3%A4er
(505) https://de.wikipedia.org/wiki/Migdal
(506) https://de.wikipedia.org/wiki/Matth%C3%A4us_%28Evangelist%29
(507) https://de.wikipedia.org/wiki/Jakobus,_Sohn_des_Alph%C3%A4us
(508) https://de.wikipedia.org/wiki/Judas_Thadd%C3%A4us
(509) https://de.wikipedia.org/wiki/Simon_Zelotes

(600). https://de.wikipedia.org/wiki/Judas_Iskariot
(601) https://de.wikipedia.org/wiki/Johannes_der_T%C3%A4ufer
(602) https://www.bibelkommentare.de/bibel/elb_bk/lukas/2
(603) https://de.wikipedia.org/wiki/Kindermord_in_Bethlehem
(604) https://de.wikipedia.org/wiki/Aristobulos_(Sohn_des_Herodes)
(605) https://www.br.de/wissen/stern-komet-weihnachtsstern100.html
(606) https://de.wikipedia.org/wiki/Chronologie_des_Lebens_Jesu
(607) https://he.wikipedia.org/wiki/%D7%9B%D7%94%D7%9F_%D7%9
2%D7%93%D7%95%D7%9C